Layout
Matthias Balonier, Lützelbach

Mitarbeit von
Elke Kurz, Kernen i. R.
Karin Mall, Berlin

Grafiken
Matthias Balonier, Lützelbach
Udo Buffler, Marburg
d. Biografiker, München
Joachim Hormann, Stuttgart
Jeanne Kloepfer, Lindenfels
Angelika Kramer, Stuttgart
Karin Mall, Berlin
Tom Menzel, Rohlsdorf
Gerhart Römer, Ihringen
Prof. Jürgen Wirth, Darmstadt

Umschlaggestaltung
KOMA AMOK®,
Kunstbüro für Gestaltung, Stuttgart

Projektmanagement
Dr. Andreas Henseler

Projektsteuerung
Hans Klement

Redaktion
Ute Schuhmacher
Rolf Strecker

Assistenz
Nina Müller

Gestaltung
Jörg Adrion
Horst Andres

Autoren
Marion Barmeier
Wolfram Bäurle
Manfred Bergau
Anke Beuren
Irmgard Bohm
Heinz Joachim Ciprina
Eycke Fröchtenicht
Dr. Günter Ganz
Gerda Hagen
Dr. Klaus Hell
Barbara Hoppe
Claudia Lissé-Thöneböhn
Michael Maiworm
Anke Méndez
Reinhard Peppmeier
Dr. Helmut Prechtl
Burkhard Schäfer
Dr. Hans-Jürgen Seitz
Silva Wallaschek
Charlotte Willmer-Klumpp
Ulrike Wolf

Mitarbeit von
Wolfgang Zink
Gregor Svoboda
Joachim Boldt

1. Auflage   1 6 5 4 3 | 2009

Alle Drucke dieser Auflage können im Unterricht nebeneinander benutzt werden, sie sind untereinander unverändert. Die letzte Zahl bezeichnet das Jahr dieses Druckes.
Das Werk und seine Teile sind urheberrechtlich geschützt. Jede Nutzung in anderen als den gesetzlich zugelassenen Fällen bedarf der vorherigen schriftlichen Einwilligung des Verlages. Hinweis zu § 52a UrhG: Weder das Werk noch seine Teile dürfen ohne eine solche Einwilligung überspielt, gespeichert und in ein Netzwerk eingestellt werden. Dies gilt auch für Intranets von Schulen und sonstigen Bildungseinrichtungen.

© Ernst Klett Verlag GmbH,
Stuttgart 2004.
Alle Rechte vorbehalten.

Internetadresse
http://www.klett.de

Reproduktion
Meyle + Müller,
Medien-Management, Pforzheim

Druck
Aprinta, Wemding

ISBN 3-12-068602-6

9783120686026

PRISMA NWA 1|2

Baden-Württemberg

Marion Barmeier
Wolfram Bäurle
Manfred Bergau
Anke Beuren
Irmgard Bohm
Heinz Joachim Ciprina
Eycke Fröchtenicht
Günter Ganz
Gerda Hagen
Klaus Hell
Barbara Hoppe
Claudia Lissé-Thöneböhn
Michael Maiworm
Anke Méndez
Reinhard Peppmeier
Helmut Prechtl
Burkhard Schäfer
Hans-Jürgen Seitz
Silva Wallaschek
Charlotte Willmer-Klumpp
Ulrike Wolf

Ernst Klett Verlag
Stuttgart Düsseldorf Leipzig

Inhaltsverzeichnis

10 Außerschulische Lernorte

12 Naturwissenschaftliches Arbeiten erforscht die Erde und das Leben

- 14 Das Experiment
- 15 Das Versuchsprotokoll
- 16 Umgang mit Tieren und Pflanzen
- 17 Umgang mit Geräten und Materialien
- 18 Der NWA-Schrank
- 20 Im NWA-Raum
- 21 Experimente – aber sicher
- 22 Der Gasbrenner
- 23 Werkstatt: Umgang mit dem Gasbrenner
- 24 Schlusspunkt
- 25 Aufgaben

Wie Tiere leben

26 Menschen halten Tiere – und sind für sie verantwortlich

- 28 Kennzeichen des Lebendigen
- 29 Zeitpunkt: Von den Androiden
- 30 Mein Haustier
- 32 Haustiere brauchen viel Pflege
- 33 Strategie: Richtig beobachten – wie die Forscher
- 34 Katzen sind Artisten auf Samtpfoten
- 36 Katzen sind Säugetiere
- 37 Lexikon: Die Verwandtschaft unserer Hauskatze
- 38 Vom Wolf zum Hund
- 40 Der Hund ist ein treuer Begleiter mit besonderen Fähigkeiten
- 42 Rinder – unsere wichtigsten Nutztiere
- 44 Wie Rinder gehalten werden
- 46 Das Leben mit Pferdestärken
- 48 Schlusspunkt
- 49 Aufgaben

50 Ohne Wirbel durch das Leben

- 52 Werkstatt: Versuche mit dem Regenwurm
- 53 Der Regenwurm
- 54 Strategie: Ein Arbeitsblatt für die Klasse
- 56 Die Weinbergschnecke
- 57 Werkstatt: Den Schnecken auf der Spur
- 58 Der Mehlkäfer
- 59 Werkstatt: Die Entwicklungsstadien des Mehlkäfers
- 60 Werkstatt: Wie Asseln leben
- 61 Asseln – kleine graue Krebse
- 62 Schlusspunkt
- 63 Aufgaben

Geheimnisvolle Kräfte

64 Magnetismus

66 Werkstatt: Die magnetische Wirkung
67 Die magnetische Wirkung
68 Dem Magnetismus auf der Spur
69 Werkstatt: Die magnetischen Polgesetze
70 Werkstatt: Magnetisieren und Entmagnetisieren
71 Magnetismus – eine Eigenschaft
72 Werkstatt: Eigenschaften von Magneten
72 Brennpunkt: Modelle
73 Elementarmagnete
74 Das magnetische Feld
75 Werkstatt: Das Magnetfeld wird erkundet
76 Das magnetische Feld wird sichtbar
77 Zwei Magnetfelder begegnen sich
77 Werkstatt: Kunstwerke aus Eisenfeilspänen
78 Zeitpunkt: Der Kompass
79 Brennpunkt: Orientierung ohne Kompass
80 Die Erde – ein riesiger Magnet
82 Strategie: Suchen und finden im Internet
84 Brennpunkt: Wissenswertes zum Magnetismus
86 Schlusspunkt
87 Aufgaben

88 Elektrostatik – elektrische Ladungen

90 Körper werden elektrisch geladen
91 Werkstatt: Ladungserscheinungen
92 Zeitpunkt: Elektrostatik in der Natur
93 Brennpunkt: Elektrostatik in der Technik
94 Werkstatt: Kräfte zwischen geladenen Körpern
95 Unterschiedlich geladene Körper
96 Das Elektroskop
97 Werkstatt: Ein selbst gebautes Elektroskop
98 Elektrizität zwischen Himmel und Erde
100 Schlusspunkt
101 Aufgaben

Umgang mit Stoffen aus dem Alltag

102 Den Stoffeigenschaften auf der Spur

- 104 Werkstatt: Stoffe sehen, riechen, schmecken, fühlen
- 105 Mit den Sinnen prüfen
- 106 Brennpunkt: Spürnasen und Feinschmecker
- 107 Auf das Material kommt es an
- 108 Werkstatt: Stoffe werden untersucht
- 109 Werkstatt: Schmuck aus Metallen geformt
- 110 Temperatur und Thermometer
- 111 Werkstatt: Zuerst fühlen und dann messen
- 112 Werkstatt: Temperaturkurven
- 113 Zeitpunkt: Anders Celsius berichtet aus seinem Leben
- 114 Schmelzen – Verdampfen – und zurück
- 115 Werkstatt: Verdampfen und Verflüssigen
- 116 Werkstatt: Schmelzen und wieder erstarren lassen
- 117 Erwärmen mit „Köpfchen"
- 117 Werkstatt: Wärmeleitfähigkeit
- 118 In Wasser lösen
- 119 Werkstatt: Zuckerwasser – heiß oder kalt
- 120 Stromleiter oder Nichtleiter
- 121 Werkstatt: Entscheidung im Stromkreis
- 122 Strategie: Wir erstellen einen Stoffsteckbrief
- 123 Werkstatt: Den Stoffen auf der Spur
- 124 Schlusspunkt
- 125 Aufgaben

126 Stoffe mischen und trennen

- 128 Werkstatt: Je nach Geschmack
- 129 Auf der Suche nach einzelnen Stoffen im Stoffgemisch
- 130 Mischungen im Alltag und in der Natur
- 131 Werkstatt: Soßen selbst gemacht
- 132 Brennpunkt: Gemischtes, fix und fertig
- 133 Einfach wieder trennen
- 134 Werkstatt: Auslesen, Sieben, Abgießen
- 135 Zeitpunkt: Goldgräber bei der Arbeit
- 136 Filtrieren und Eindampfen
- 137 Werkstatt: Kochsalz aus Steinsalz
- 138 Zeitpunkt: Das weiße Gold
- 139 Werkstatt: Kristalle selbst gezüchtet
- 140 Brennpunkt: Ein lebender Filter
- 141 Werkstatt: Was Filter leisten können
- 142 Brennpunkt: Schleudern
- 143 Werkstatt: Farbstifte im Test
- 144 Werkstatt: Naturfarben und Lebensmittelfarben
- 145 Lexikon: Trennverfahren von A bis Z
- 146 Schlusspunkt
- 147 Aufgaben

Pflanzen leben anders

148 Grüne Pflanzen – Grundlage für das Leben

- 150 Pflanzen sind Lebewesen
- 151 Werkstatt: Wie reagieren Blüten auf Temperaturunterschiede?
- 152 Zelle und Mikroskop
- 153 Werkstatt: Mikroskopieren
- 154 Die Zelle
- 156 Pflanzen im Klassenzimmer
- 157 Werkstatt: Zimmerpflanzen – nicht nur zum Anschauen!
- 158 Aus Samen entwickeln sich Pflanzen
- 160 Werkstatt: Quellung und Keimung
- 161 Werkstatt: Wachstum
- 162 Aufbau einer Blütenpflanze
- 163 Strategie: Mein NWA-Heft wird super!
- 164 Pflanzen benötigen Wasser zum Leben
- 165 Werkstatt: Auch Blätter schwitzen
- 166 Wie ernähren sich die Pflanzen?
- 167 Zeitpunkt: Erste Forschungen zur Fotosynthese
- 167 Werkstatt: Versuche zur Fotosynthese
- 168 Bionik – von der Natur abgeschaut
- 168 Werkstatt: Leichtbaukonstruktionen
- 170 Blüten
- 171 Werkstatt: Das Legebild einer Blüte entsteht
- 172 Auch Pflanzen haben Verwandte
- 173 Schmetterlingsblütengewächse und Kreuzblütengewächse – ein Vergleich
- 173 Brennpunkt: Der Riesen-Bärenklau
- 174 Wir bestimmen Laubbäume
- 175 Strategie: Sammeln und aufbewahren
- 176 Pflanzenfamilien
- 178 Von der Blüte zur Frucht
- 180 Haselstrauch und Salweide
- 181 Lexikon: Tricks bei der Bestäubung
- 182 Ungeschlechtliche Vermehrung
- 183 Zeitpunkt: Eine Wasserpflanze wird zum Problem
- 183 Werkstatt: Ungeschlechtliche Vermehrung von Pflanzen
- 184 Die Kartoffel ist eine Nutzpflanze
- 185 Gräser ernähren die Menschheit
- 186 Vom Wildgras zur Nutzpflanze
- 186 Lexikon: Nachwachsende Rohstoffe
- 187 Zeitpunkt: Zucker macht das Leben süß!?
- 188 Schlusspunkt
- 189 Aufgaben

Erfassen eines Lebensraumes

190 Pflanzen und Tiere im Schulumfeld

192	Tierfang-Expeditionen auf dem Schulgelände
193	Trittpflanzen
194	Tiere im Gefolge des Menschen
196	Alte Mauern sind künstliche Felsen
197	Hecken sind wertvolle Lebensräume
197	Brennpunkt: Vorsicht Giftpflanzen!
198	Wir beobachten Vögel beim Nestbau
199	Aufzucht der Jungen
200	Das gibt´s nicht an jeder Schule
201	Werkstatt: Wir helfen Insekten
202	Ein Garten für Tiere
203	Schlusspunkt
203	Aufgaben

204 Der Wald – ein Lebensraum für Pflanze, Tier und Mensch

206	Strategie: Raus aus dem Klassenzimmer
207	Die Stockwerke des Waldes
208	Ein Lebensraum für Pflanzen
209	Werkstatt: Wir untersuchen Pflanzen im Wald
210	Wer zuerst blüht, bekommt das meiste Licht
211	Lexikon: Frühblüher
212	Der Wald – Lebensraum für Tiere
213	Werkstatt: Wir untersuchen Tiere im Wald
214	Spechte können gut klettern
216	Lebensgemeinschaften im Wald
217	Der Wald ist gefährdet
218	Schlusspunkt
219	Aufgaben

220 Anpassung an den Lebensraum

- 222 Reh und Hirsch
- 224 Eichhörnchen sind Kletterkünstler
- 225 Der Maulwurf – ein Leben unter Tage
- 226 Die Fledermaus – ein fliegendes Säugetier
- 228 Strategie: Ein Referat wird geplant
- 230 Was macht den Fisch zum Fisch?
- 232 Werkstatt: Wir untersuchen eine Forelle
- 233 Werkstatt: Vom Schwimmen und Tauchen
- 234 Fortpflanzung und Entwicklung bei Forellen
- 235 Lexikon: Erstaunliches über Fische
- 236 Aal und Lachs – Wanderer zwischen zwei Lebensräumen
- 237 Strategie: Wie erstelle ich ein Plakat?
- 238 Der Lurch und seine Freunde
- 239 Frösche sind gute Schwimmer
- 240 Vom Laich zum Frosch
- 242 Amphibien brauchen Schutz
- 244 Die Vielfalt der Reptilien
- 245 Eidechsen sind Sonnenanbeter
- 246 Blindschleiche – Schlange oder Eidechse?
- 247 Kreuzotter und Ringelnatter
- 248 Lexikon: Reptilien in aller Welt
- 249 Deutschland – ein Land der Dinosaurier
- 250 Der Plateosaurus – Deutschlands berühmtester Saurier
- 251 Strategie: Lesen wie ein Profi
- 252 Warum können Vögel fliegen?
- 254 Flugarten
- 254 Werkstatt: Versuche zum Fliegen
- 256 Der Mäusebussard – ein eleganter Jäger
- 257 Lexikon: Greifvögel
- 257 Der Turmfalke lebt in Dorf und Stadt
- 258 Der Waldkauz – ein Jäger der Nacht
- 259 Lexikon: Eulen
- 260 Spezialisten
- 262 Fortpflanzung und Entwicklung beim Haushuhn
- 264 Schlusspunkt
- 267 Aufgaben

Bewegung in Technik und Natur

268 Körper in Bewegung

- 270 Bewegungen
- 272 Werkstatt: Der 50-Meter-Lauf
- 273 Die Geschwindigkeit
- 274 Strategie: Hilfen beim Lösen physikalischer Aufgaben
- 276 Brennpunkt: Skater und Radfahrer
- 277 Zeit-Weg-Diagramm
- 278 Brennpunkt: Geschwindigkeiten in Natur und Technik
- 280 Schlusspunkt
- 281 Aufgaben

282 Bewegung hält fit und macht Spaß

284 Das Skelett – deine stabile innere Stütze
285 Eine Reise in das Innere des Knochens
286 Ganz schön gelenkig
287 Das hat Hand und Fuß
288 Die Wirbelsäule
290 Ganz schön stark – die Muskulatur
292 Aus Rück(en)sicht
293 Brennpunkt: Erstversorgung bei Sportverletzungen
294 Strategie: Tipps für erfolgreiches Lernen
295 Brennpunkt: Leistungs- oder Breitensport
296 Schlusspunkt
297 Aufgaben

Luft – mehr als nichts

298 Luft und Feuer

300 Werkstatt: Versuche mit einer Kerze
301 Zeitpunkt: Vom Feuerstein zum Feuerzeug
302 Werkstatt: Brennmaterial für ein Lagerfeuer
303 Ein Brand entsteht
304 Werkstatt: Zündende Versuche
305 Zeitpunkt: Holz verkohlen wie vor 2000 Jahren
306 Werkstatt: Wir verbrennen Stoffe
307 Verbrennung – eine chemische Reaktion
308 Brandbekämpfung
309 Über Brandgefahren Bescheid wissen
310 Strategie: Eine Dokumentation erstellen
311 Brennpunkt: Feurige Ratschläge
312 Schlusspunkt
313 Aufgaben

314 Alles nur Luft

316 Luft – ein unsichtbarer Stoff
317 Werkstatt: Eigenschaften von Luft
318 Luft unter Druck
319 Zeitpunkt: Otto von Guericke
320 Brennpunkt: Luftkissenfahrzeuge
321 Zeitpunkt: Gerettet in einer Luftblase
322 Die Luft ändert ihr Volumen
323 Werkstatt: Die Ausdehnung von Luft
323 Zeitpunkt: Ein geheimnisvoller Altar
324 Luft in Bewegung
325 Werkstatt: Baue einen Heißluftballon
326 Luft – ein Gasgemisch
327 Werkstatt: Nachweis der Luftbestandteile
328 Der Kreislauf der Luft
329 Werkstatt: Stoffproduktion sichtbar gemacht
330 Atmen heißt leben
332 Smog – belastete Luft
333 Werkstatt: Smog im Glas
334 Schlusspunkt
335 Aufgaben

336 Wetter und Klima

338	Wetter und Klima
340	Temperaturen – überall anders
341	Werkstatt: Temperaturen messen und berechnen
342	Luftfeuchtigkeit – Wolken – Niederschläge
343	Werkstatt: Geräte für die Wetterbeobachtung
344	Strategie: Ein Diagramm erstellen und deuten
346	Der Luftdruck
347	Werkstatt: Luftdruck – messen und erfahren
348	Wind – Luft in Bewegung
349	Werkstatt: Was die Luft bewegt
350	Lexikon: Die Messgeräte der Wetterstation
351	Werkstatt: Wetterbeobachtung und -aufzeichnung
352	Wetterbericht und Wetterkarte
354	Extreme Wettersituationen – bei uns und weltweit
355	Werkstatt: Der Rüssel des Tornados
356	Einfluss von Wetter und Klima auf Menschen, Tiere und Pflanzen
357	Brennpunkt: Pflanzenwachstum zwischen Pol und Äquator
358	Säugetiere in der Wüste
359	Säugetiere in der Arktis
360	Schlusspunkt
361	Aufgaben

Wir werden erwachsen

362 Eine neue Zeit beginnt

364	Immer mehr Gefühle bestimmen dein Leben
366	Jungen werden zu jungen Männern
368	Mädchen werden zu jungen Frauen
370	Der Menstruationszyklus
372	Körperpflege ist wichtig
373	Zeitpunkt: Ohne Wasser stinkt's gewaltig
374	Ein neuer Mensch entsteht
376	Ein neuer Mensch kommt auf die Welt
377	Manchmal kommen zwei Babys auf die Welt
378	Dein Körper gehört dir!
378	Lexikon: Verhütung – erst recht beim ersten Mal
380	Schlusspunkt
381	Aufgaben

Anhang

382	Musterlösungen
386	Stichwortverzeichnis
392	Bildnachweis

Außerschulische Lernorte

Museen

1. Staatliches Museum für Naturkunde, Karlsruhe
2. Schwarzwälder Freilichtmuseum Vogtsbauernhof, Gutach
3. Staatliches Museum für Naturkunde, Stuttgart
4. Museumsbergwerk Schauinsland, Freiburg
5. Naturkundliches Bildungszentrum, Ulm
6. Bodensee-Naturmuseum, Konstanz
7. Carl Bosch Museum, Heidelberg
8. Optisches Museum der Firma Carl Zeiss, Oberkochen
9. Mercedes-Benz-Museum, Stuttgart
10. Zeppelin Museum, Friedrichshafen
11. Besucherbergwerk Tiefer Stollen, Aalen-Wasseralfingen
12. Bergbaumuseum, Bergbaulehrpfad, Sulzburg
13. Freilichtmuseum Neuhausen ob Eck, Tuttlingen
14. Urweltmuseum Hauff, Holzmaden
15. Adelhauser Museum für Natur- und Völkerkunde, Freiburg
16. Museum im Ritterhaus, Offenburg
17. Hegau-Museum, Singen
18. Salinenmuseum Unteres Bohrhaus, Rottweil
19. Auto- und Technikmuseum, Sinsheim
20. Heimatmuseum, Trossingen

Ökologische Schwerpunkte

21. Mundenhof Naturerlebnispark, Freiburg
22. Ökostation Freiburg, Freiburg
23. Haus des Waldes, Stuttgart
24. Naturschutzzentrum „Schopflocher Alb", Schopfloch
25. Naturschutzzentrum Obere Donau, Beuron
26. Schulbauernhof Pfitzingen, Niederstetten
27. Lachsteppen, Iffezheim
28. Affenberg, Salem
29. Eriskircher Ried, Eriskirch
30. Wilhelma, Stuttgart
31. Steinwasen-Park, Oberried
32. Zoo Karlsruhe
33. Schwarzwaldpark, Löffingen
34. Walderlebnispfad Heidelberg
35. Waldschulheim Indelhausen
36. Waldschulheim Höllhof
37. Waldschulheim Burg Hornberg
38. Waldschulheim Kloster Schöntal
39. Luisenpark, Mannheim
40. „Grüne Schule", Insel Mainau

Außerschulische Lernorte

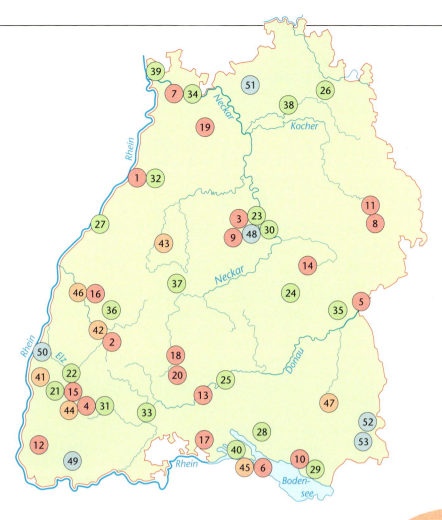

Ausstellungen

41 Naturschutzzentrum Kaiserstuhl

42 Glasbläserhütte, Hausach

43 Rußhütte Enzklösterle, Kulturdenkmal der Chemiegeschichte, Darstellung alter Waldberufe

44 Besucherbergwerk Teufelsgrund, Münstertal

45 Sea Life, Konstanz

46 Ernährungszentrum Südlicher Oberrhein, Offenburg

47 Ernährungszentrum Bodensee-Oberschwaben, Bad Waldsee

Sonstiges

48 Schwäbische Sternwarte, Stuttgart

49 Erdmannshöhle, Hasel

50 Science Days, Rust

51 Tropfsteinhöhle, Eberstadt

52 Allgäuer Kräuterschaugarten, Eglofs

53 Hammer- und Kunstschmiede, Argenbühl

Ökomobil

BioLab Baden-Württemberg

11

Startpunkt

Naturwissenschaftliches Arbeiten erforscht die Erde und das Leben

Bestimmt habt ihr die Begriffe Biologie, Chemie und Physik schon einmal gehört. Das sind die Naturwissenschaften. Wie der Name schon sagt, beschäftigen sie sich mit der Natur und erforschen Zusammenhänge, die die gesamte Umwelt des Menschen betreffen. Naturwissenschaftler stellen Fragen an die Natur und versuchen diese mithilfe von Beobachtungen und Versuchen zu beantworten.

Die Naturwissenschaft, die das Leben auf der Erde erforscht, ist die Biologie. Die Chemie untersucht die Eigenschaften von Materialien und die Physik erforscht die Erscheinungen in der Natur.

Alle Naturwissenschaften sind im Fächerverbund Naturwissenschaftliches Arbeiten miteinander verknüpft.

Bestimmt hast du viele Fragen an die Natur. Dein neues NWA-Buch kann dir helfen, Antworten auf deine Fragen zu finden.

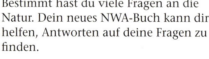

- Wie entsteht ein Kristall?
- Was brennt bei einem Feuer?
- Warum schwimmt Fett auf der Suppe?

- Was blüht auf der Wiese?
- Wie funktioniert das Auge?
- Wie leben Wölfe?

Naturwissenschaftliches Arbeiten
- Fragen stellen
- experimentieren
- Beobachtungen machen
- Ergebnisse finden

- Was passiert bei einem Gewitter?
- Was ist elektrischer Strom?
- Wie funktioniert eine Schwebebahn?

Das Experiment

Was ist ein Magnet? Warum schwimmt ein Schiff?

Du hast dir bestimmt schon viele solcher Fragen gestellt. Jeden Tag stolpert man über interessante Naturerscheinungen. Im Fach „Naturwissenschaftliches Arbeiten" hast du die Gelegenheit, dich damit zu beschäftigen.

Natürlich kannst du die Antworten auf deine Fragen auch in Büchern nachlesen. Aber eigentlich ist es besser, ein Problem selbst zu lösen. Oft kann dir ein Versuch dabei helfen. Das ist naturwissenschaftliches Arbeiten.

Bei der Durchführung eines Versuchs musst du aber auf ein paar Dinge achten.

Vor dem Versuch

Bevor du mit dem Experimentieren beginnst, musst du die Versuchsanleitung (▷ B 1) gründlich lesen. Sieh dir dann die Materialliste an. Wenn ihr in der Gruppe arbeitet, solltet ihr entscheiden, wer die Materialien holt. Räumt alles vom Tisch, was ihr gerade nicht braucht.

Nun kann es losgehen! Sicherheitsvorkehrungen sind beim Experimentieren sehr wichtig. Bei gefährlichen Versuchen musst du eine Schutzbrille aufsetzen. Sie ist – wenn du sie benötigst – in der Materialliste aufgeführt.

Während des Versuchs

Führe den Versuch gewissenhaft durch. Nur wenn du dich an die Anleitung im Buch und die Anweisungen der Lehrkraft hältst, kannst du sicher sein, dass der Versuch gelingt. Notiere den Ablauf des Versuchs Schritt für Schritt in einem Protokoll. Trage dort alle Beobachtungen ein. So kannst du auch später nochmals nachlesen, was du herausgefunden hast.

Nach dem Versuch

Nachdem du das Experiment durchgeführt hast, musst du die Materialien gut säubern und sie wieder an ihren Aufbewahrungsort bringen. Manche Materialien sind nach der Verwendung unbrauchbar oder beschädigt. Sie müssen vorschriftsgemäß entsorgt werden.

1 Versuchsanleitung

Werkstatt
Feuergefährliche Flüssigkeiten

1 Benzindämpfe sind gefährlich

Material
Schutzbrille, Wundbenzin (kein Tankstellenbenzin), Abdampfschale (Glas), Streifen aus Pappe, Filzstift, Schere, Lineal, Holzspan, kleine Metallplatte, Streichhölzer

Versuchsanleitung
Fertige zunächst einen 15 cm langen Pappstreifen mit einer cm-Einteilung an (▷ B 1).

Nähere jetzt ganz langsam einen brennenden Holzspan entlang des Pappstreifens und miss die „Übersprungsstrecke" der Flamme. Das brennende Benzin wird danach durch Abdecken mit einer Metallplatte sofort gelöscht.

Aufgabe
Welche Folgerungen ergeben sich aufgrund der Versuchsbeobachtungen für den Umgang mit Benzin?

2 Die Flammtemperatur von Brennspiritus

Streiche dann mit einem brennenden Holzspan über den Kreisausschnitt in der Folie und prüfe so auf Brennbarkeit. Wiederhole den Versuch so oft, bis der Brennspiritus entflammt.

Notiere die Temperatur, bei der der Spiritus zum ersten Mal entflammt (Flammtemperatur). Der brennende Spiritus wird durch Abdecken mit der Metallplatte sofort gelöscht.

Das Versuchsprotokoll

Zu jedem Versuch ein Versuchsprotokoll
Zur vollständigen Durchführung eines Versuches gehört auch die Anfertigung eines schriftlichen Protokolls. Das Versuchsprotokoll dient dazu, alle Versuchsschritte zu dokumentieren.

Ein Versuchsprotokoll sollte übersichtlich angefertigt und klar gegliedert sein. Die Auswertung eines Versuches gelingt nur dann, wenn im Protokoll alle Beobachtungen und Messergebnisse genau festgehalten wurden.

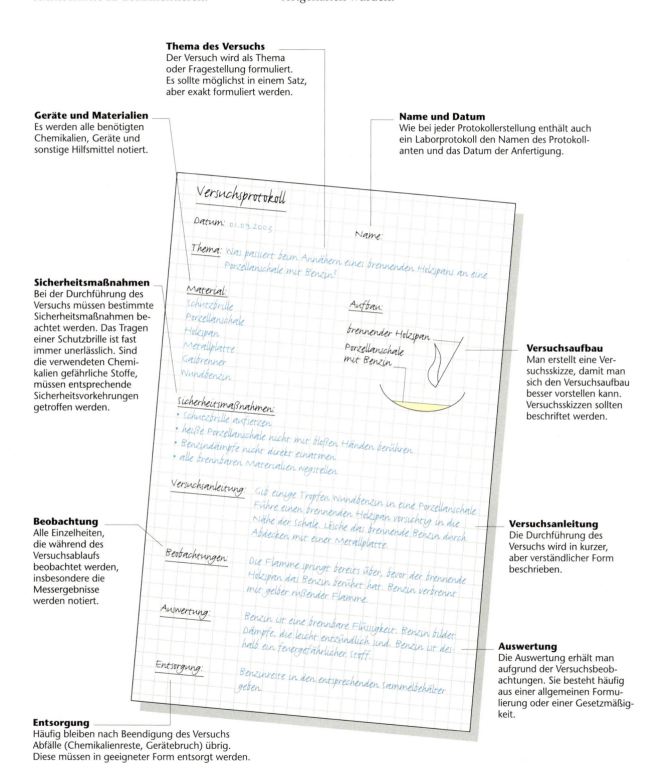

Thema des Versuchs
Der Versuch wird als Thema oder Fragestellung formuliert. Es sollte möglichst in einem Satz, aber exakt formuliert werden.

Geräte und Materialien
Es werden alle benötigten Chemikalien, Geräte und sonstige Hilfsmittel notiert.

Name und Datum
Wie bei jeder Protokollerstellung enthält auch ein Laborprotokoll den Namen des Protokollanten und das Datum der Anfertigung.

Sicherheitsmaßnahmen
Bei der Durchführung des Versuchs müssen bestimmte Sicherheitsmaßnahmen beachtet werden. Das Tragen einer Schutzbrille ist fast immer unerlässlich. Sind die verwendeten Chemikalien gefährliche Stoffe, müssen entsprechende Sicherheitsvorkehrungen getroffen werden.

Versuchsaufbau
Man erstellt eine Versuchsskizze, damit man sich den Versuchsaufbau besser vorstellen kann. Versuchsskizzen sollten beschriftet werden.

Beobachtung
Alle Einzelheiten, die während des Versuchsablaufs beobachtet werden, insbesondere die Messergebnisse werden notiert.

Versuchsanleitung
Die Durchführung des Versuchs wird in kurzer, aber verständlicher Form beschrieben.

Auswertung
Die Auswertung erhält man aufgrund der Versuchsbeobachtungen. Sie besteht häufig aus einer allgemeinen Formulierung oder einer Gesetzmäßigkeit.

Entsorgung
Häufig bleiben nach Beendigung des Versuchs Abfälle (Chemikalienreste, Gerätebruch) übrig. Diese müssen in geeigneter Form entsorgt werden.

Umgang mit Tieren und Pflanzen

1 Ein präparierter Rotfuchs

2 Pflücke Blumen nur dann, wenn du sie wirklich brauchst.

Tiere und Pflanzen in der Schule
Viele wichtige Erkenntnisse werden beim naturwissenschaftlichen Arbeiten durch Beobachtungen an Tieren und Pflanzen gewonnen. Einige Fragen lassen sich zwar anhand von präparierten Tieren (▷ B 1), Grafiken oder Modellen beantworten, im Unterricht wirst du aber auch mit lebenden Tieren und Pflanzen in Berührung kommen.

Umgang mit lebenden Tieren
Solltest du z. B. einmal einen Regenwurm (▷ B 4) im Unterricht beobachten, so musst du einiges beachten.
Tiere sind Lebewesen. Damit Tiere richtig behandelt werden, gibt es das Tierschutzgesetz (TschG).
Ein Tier zu halten bedeutet, Verantwortung für das Tier zu übernehmen. Es ist völlig auf den Menschen angewiesen. Dem Tier dürfen keine Schmerzen, kein Leid und kein Schaden zugefügt werden.

Nach Abschluss der Beobachtungen müssen die Tiere wieder in ihren Lebensraum entlassen werden (▷ B 3).

Pflanzen im Unterricht
In der Natur, im Garten, auf dem Balkon und vielleicht auch bei dir zu Hause gibt es Pflanzen. Pflanzen sind Lebewesen, die für die Menschen lebenswichtig sind. Deshalb müssen wir mit ihnen sorgsam umgehen.

Beim Lerngang
Gehe mit Pflanzen und Tieren verantwortungsvoll um – egal ob du auf einem Lerngang oder in deiner Freizeit unterwegs bist. Pflücke nur so viele Pflanzen, wie du für die Durchführung deines Versuchs benötigst (▷ B 2). Lasse Tiere in ihrer natürlichen Umgebung und störe sie möglichst nicht.

Geschützte Tiere und Pflanzen
Manche Tiere und Pflanzen sind vom Aussterben bedroht (▷ B 5). Sie werden durch besondere Gesetze geschützt. Solche Lebewesen stehen in einem bestimmten Verzeichnis, welches „Rote Liste" heißt.

4 Der Regenwurm in seiner natürlichen Umgebung

3 Tiere immer zurückbringen.

5 Die Großtrappe, ein bedrohter Vogel

Umgang mit Geräten und Materialien

1 Experimentieren ist interessant.

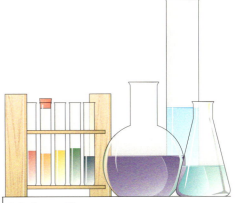

2 Geräte aus Glas

Geräte und Materialien

Für die meisten Versuche benötigst du Geräte und Materialien. Dazu gehören Glasgeräte in unterschiedlichen Formen (▷ B 2), z. B. Rundkolben, Reagenzgläser, Bechergläser oder Erlenmeyerkolben. Du wirst feststellen, dass jedes Glasgerät für bestimmte Zwecke geeignet ist. Oft tragen die Gefäße den Namen ihrer Erfinder, wie die Petrischale (▷ B 3), in der du gut die Bildung von Kristallen beobachten kannst.

Jedes Gerät hat seinen Zweck

Je nachdem was man erforschen möchte, werden besondere Geräte verwendet. Wie man damit umgeht, lernst du im NWA-Unterricht.
Ein Netzgerät (▷ B 4) braucht man zum Beispiel für die Experimente mit Strom. Das Mikroskop hilft dir Dinge zu sehen, die du mit bloßem Auge nicht erkennen kannst (▷ B 5). Zum Erhitzen von Materialien dient der Gasbrenner (▷ B 6). Im NWA-Raum gibt es daher Gasanschlüsse.

Umgang mit Geräten und Materialien

Mit Geräten und Materialien musst du sorgsam umgehen, denn sie sind oft teuer. Experimentierst du mit einem defekten Gerät oder mit unbrauchbarem Material, kann das zu falschen Ergebnissen und im schlimmsten Fall sogar zu Unfällen führen. Deshalb musst du deiner Lehrkraft sofort melden, wenn ein Gerät nicht in Ordnung ist.

Manchmal werden in einem Versuch gefährliche Materialien verwendet. Dann musst du das Experiment besonders umsichtig durchführen und die vorgegebenen Sicherheitsmaßnahmen beachten.

3 Petrischale

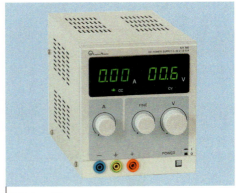

4 Netzgerät

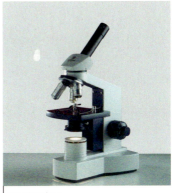

5 Mikroskop

6 Gasbrenner

Der NWA-Schrank

Ein Schrank voller Geräte

Für die Beobachtungen und Experimente im Fach Naturwissenschaftliches Arbeiten benötigst du eine Vielfalt von Gefäßen und Geräten.

Damit du immer die richtigen Materialien für deine Versuche aus dem Schrank holst, sind auf dieser Seite die wichtigsten Geräte abgebildet und mit ihrem Namen bezeichnet.

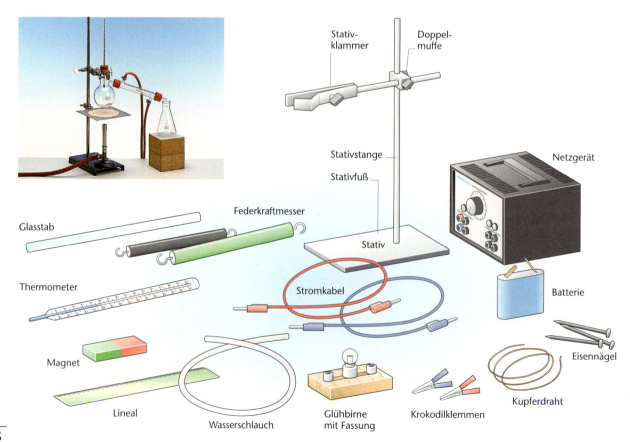

Der NWA-Schrank

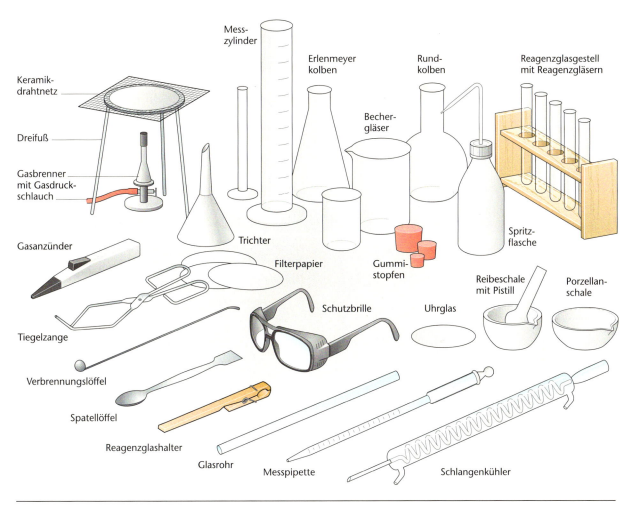

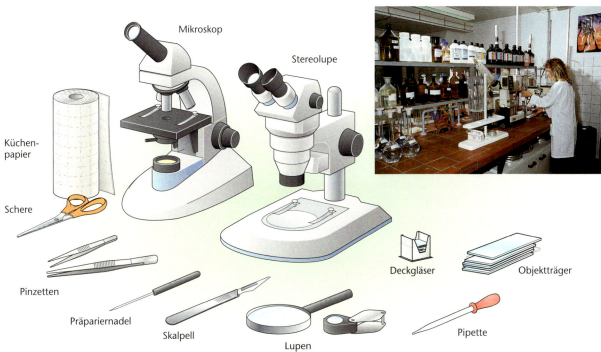

Im NWA-Raum

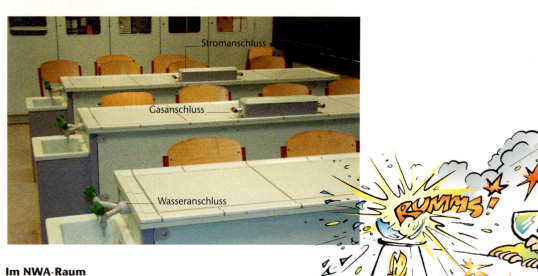

Im NWA-Raum
Sieh dich einmal in deinem NWA-Raum um. Es gibt Anschlüsse für **Strom**, **Gas** und **Wasser** und auch einige Einrichtungen, die deiner Sicherheit dienen. Da du in Zukunft viele Experimente selbst durchführen wirst, musst du unbedingt mit den Sicherheitseinrichtungen vertraut sein.

Neben den Türen und am Lehrerpult findest du **NOT-AUS-Schalter**. Wenn ein solcher Schalter gedrückt ist, sind alle Strom- und Gaszuleitungen unterbrochen. So können bei einem Unfall alle angeschlossenen Geräte gleichzeitig abgestellt werden.

Das grüne Schild zeigt dir den **Fluchtweg** ins Freie an. Du solltest diesen Weg einmal zusammen mit deiner Lehrerin oder deinem Lehrer gegangen sein. Dann kennst du bei einem Unfall diesen Weg bereits und kannst dadurch mehr Ruhe bewahren.

Für den Fall, dass ein Feuer ausbricht, sind ein **Feuerlöscher** und eine **Löschdecke** vorhanden. Sollte dir einmal etwas ins Auge geraten, kannst du es mithilfe der **Augendusche** auswaschen.
Spiele nie an diesen Geräten herum! Das gefährdet deine Sicherheit, weil sie im Ernstfall versagen könnten!

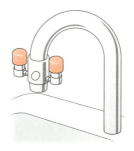

Der **Erste-Hilfe-Kasten** enthält Verbandsmaterial für den Fall, dass du dich beim Experimentieren verletzen solltest.

Experimente – aber sicher

Grundregeln beim Experimentieren

1. Viele Experimente wirst du in einer Gruppe mit anderen Schülerinnen und Schülern durchführen. Bestimmt eine Person aus eurer Gruppe, die das Material an den Tisch holt (▷ B 1).

2. Wenn du Experimente mit elektrischem Strom durchführst, darfst du als Stromquelle nur Batterien oder Netzgeräte aus der Schule verwenden (▷ B 2). Andere Geräte können gefährlich sein. Experimente mit der Steckdose sind lebensgefährlich.

3. Der Gasbrenner erzeugt sehr hohe Temperaturen, du kannst dich leicht an ihm verbrennen. Achte darauf, dass der Brenner nicht umfallen kann und dass sich in seiner Nähe keine brennbaren Gegenstände befinden.
Heißem Glas siehst du seine Temperatur nicht an! Sei daher vorsichtig im Umgang mit erwärmten Glasgefäßen.
Lange Haare und lose Kleidung müssen vor Versuchsbeginn zusammengebunden werden. Trage außerdem bei jedem Experiment mit dem Gasbrenner eine Schutzbrille (▷ B 3).

4. An zerbrochenen Glasgeräten kannst du dich leicht schneiden (▷ B 4). Melde deshalb jeden Glasbruch deiner Lehrerin oder deinem Lehrer und benutze das defekte Glasgerät nicht weiter.

5. Nach dem Experimentieren müssen alle Geräte wieder an ihren Platz gebracht werden. Die verwendeten Chemikalien werden nach Anleitung entsorgt, die Geräte gespült und aufgeräumt (▷ B 5). Dabei helfen alle Mitglieder der Gruppe.

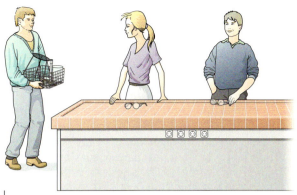
1 Einer holt das Material.

2 Experimente mit elektrischem Strom nur mit Batterie oder Netzgerät

3 Vorsicht beim Experimentieren mit dem Gasbrenner

4 Vorsicht bei Glasbruch – Verletzungsgefahr!

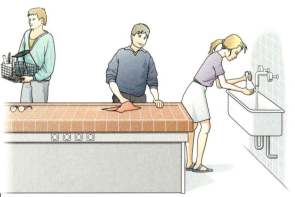
5 Hinterlasse immer einen sauberen Arbeitsplatz.

Der Gasbrenner

1 Teelicht

2 Teclubrenner

3 Bunsenbrenner

Ein brennendes Teelicht (▷ B 1) reicht aus, um den Tee in der Kanne warm zu halten. Benötigt man in kurzer Zeit mehr Wärme, ist ein Gasbrenner besser geeignet (▷ B 2).

Den Gasbrenner kennen lernen

Es gibt verschiedene Arten von Gasbrennern (▷ B 2, B 3). Den Aufbau eines Teclubrenners zeigt dir Bild 4. Seitlich am Gasbrenner befindet sich eine Schraube, sie dient zur Regulierung der Gaszufuhr. Drehst du die Schraube auf, strömt Gas durch eine feine Düse in das Brennerrohr. Unten am Brennerrohr befindet sich ein Rädchen, das sich nach unten und wieder nach oben drehen lässt. Drehst du es nach unten, strömt durch eine Öffnung Luft ein und vermischt sich mit dem Erdgas. Drehst du das Rädchen ganz nach oben, ist die Luftzufuhr geschlossen.

Flammen, Hitze und Ruß

Ist die Luftzufuhr am Gasbrenner geschlossen, entsteht eine leuchtende Gasflamme, die wie eine große Kerzenflamme aussieht. Sie leuchtet gelb und rußt stark (▷ B 5, links).
Drehst du das Rädchen am Brennerrohr nach unten, verschwindet das Leuchten. Es entsteht eine nicht leuchtende Flamme, mit der in den meisten Fällen gearbeitet wird (▷ B 5, rechts).
Ist die Luftzufuhr ganz geöffnet, hörst du ein Rauschen. Es entsteht eine rauschende Flamme mit einem hellblauen Kegel im Inneren. Diese Flamme ist sehr heiß. An der Spitze des hellblauen Kegels kann die Temperatur 1200 °C erreichen (▷ B 6).

▶ Abhängig von der Luftzufuhr kann man am Gasbrenner eine leuchtende, eine nicht leuchtende oder eine rauschende Flamme einstellen.

Beim Entzünden des Gases am Brenner musst du immer eine bestimmte Reihenfolge einhalten.

Schritt für Schritt wird das Brennergas entzündet

- Setze zuerst eine Schutzbrille auf.
- Stelle den Gasbrenner in die Tischmitte und achte darauf, dass er stabil und sicher steht.
- Lege Streichhölzer oder Gasanzünder bereit.
- Verbinde den Schlauch fest mit der Gasleitung am Tisch.
- Kontrolliere das Rädchen für die Luftzufuhr und die Schraube für die Gaszufuhr am Brenner. Beide müssen geschlossen sein.
- Öffne den Gashahn am Tisch.
- Öffne die Gaszufuhr am Brenner und entzünde das ausströmende Gas sofort.

Sicher ist sicher

Achte immer darauf, dass nicht unbemerkt Gas ausströmen kann. Erdgas bildet mit Luft ein explosives Gemisch. Geht die Brennerflamme aus, muss der Gashahn sofort geschlossen werden.

5 Leuchtende und nicht leuchtende Flamme

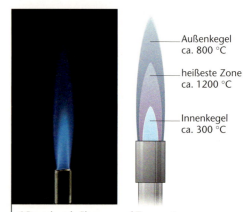

Außenkegel ca. 800 °C
heißeste Zone ca. 1200 °C
Innenkegel ca. 300 °C

6 Rauschende Flamme und Temperaturzonen

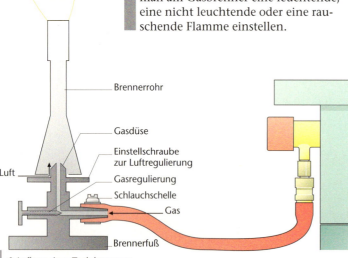

Brennerrohr
Gasdüse
Einstellschraube zur Luftregulierung
Gasregulierung
Schlauchschelle
Luft
Gas
Brennerfuß

4 Aufbau eines Teclubrenners

Werkstatt

Umgang mit dem Gasbrenner

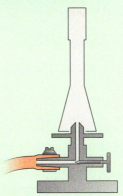

1 Ein Teclubrenner im Schnitt

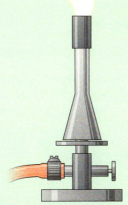

2 Bei geschlossener Luftzufuhr entsteht eine leuchtende Flamme.

3 Ist die Luftzufuhr geöffnet, entsteht eine rauschende Flamme.

Sieh dir den Gasbrenner genau an, bevor du damit umgehst.

1 Bedienungsanleitung für einen Gasbrenner
Material
Schutzbrille, Haarband, Gasbrenner, Anzünder

Hinweis: Führe alle Versuche im Stehen durch!

Versuchsanleitung
a) Setze die Schutzbrille auf. Binde lange Haare zusammen!

b) Stelle den Brenner standsicher auf den Tisch.

c) Verbinde die Kupplung des Gasschlauches mit der zentralen Gasversorgung am Tisch.

d) Schließe die Luftzufuhr.

e) Öffne die Schraube zur Gasregulierung und entzünde das ausströmende Gas sofort.

f) Öffne die Luftzufuhr und schließe sie wieder.

g) Schließe die Gaszufuhr und kopple den Gasschlauch von der Gasversorgung am Tisch ab.

Aufgaben
1. Zeichne die Skizze des Brenners (▷ B 1) ab und beschrifte die Teile.

2. Übertrage die wichtigsten Stationen zur Bedienung eines Gasbrenners in dein Heft. Achte auf die richtige Reihenfolge.

2 Flammenzonen
Material
Schutzbrille, Haarband, Gasbrenner, Anzünder, Magnesiastäbchen, Holzstäbchen

Versuchsanleitung
a) Halte ein Magnesiastäbchen in verschiedenen Höhen in die rauschende Flamme (▷ B 4).

b) Führe einen Holzspan durch den unteren Bereich der rauschenden Flamme. Arbeite rasch und achte darauf, dass der Holzspan kein Feuer fängt.

Aufgabe
Beobachte! Wo ist die Flamme am heißesten?

3 Gelb leuchtend – schwarz rußend
Material
Schutzbrille, Haarband, Teelicht, Gasbrenner, Anzünder, Reagenzglas, Reagenzglashalter, Reagenzglasgestell

Versuchsanleitung
a) Bewege über der Flamme eines Teelichtes ein Reagenzglas, bis es am Boden verrußt ist (▷ B 5).

b) Halte das verrußte Reagenzglas in die rauschende Flamme eines Gasbrenners und warte, bis der Rußbelag wieder verschwunden ist.

4 Zu Versuch 2a

5 Zu Versuch 3

Schlusspunkt

Naturwissenschaftliches Arbeiten

▶ Sicherheitseinrichtungen und Schutzausrüstung
Die Information über Sicherheitseinrichtungen und das Tragen von Schutzausrüstung gewährleisten eine sichere Versuchsdurchführung.

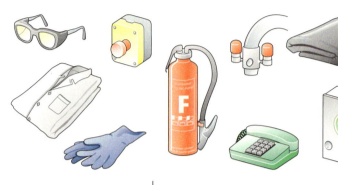

1 Sicherheitseinrichtungen und Schutzausrüstung

▶ Der Gasbrenner
Man unterscheidet verschiedene Typen von Gasbrennern: Bunsenbrenner, Teclubrenner und Kartuschenbrenner (▷ B 2). Je nach Luftzufuhr kann mit dem Gasbrenner eine leuchtende, nicht leuchtende oder rauschende Flamme erzeugt werden. In der Regel wird mit der nicht leuchtenden Flamme gearbeitet.

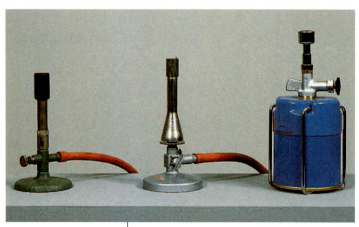

2 Bunsenbrenner, Teclubrenner, Kartuschenbrenner

▶ Versuchsprotokoll
Ein vollständiges Versuchsprotokoll enthält folgende Angaben: Name des Protokollanten, Datum, Thema des Versuches, Material, Sicherheitsmaßnahmen, Versuchsanleitung, Beobachtungen, Auswertung und Entsorgung.

▶ Grundregeln beim Experimentieren
Die Versuchsanleitung muss sorgfältig gelesen werden. Die Materialien werden nach der Materialliste zusammengetragen.

Vorsicht beim Umgang mit Strom, Gas und zerbrochenem Glas.
Nach dem Experimentieren müssen alle Materialien wieder an ihren Platz gebracht werden.

▶ Wichtige Geräte
Für die Beobachtungen und Experimente im NWA-Unterricht werden unterschiedliche Geräte verwendet (▷ B 3). Einige Geräte wie zum Beispiel die Petrischale werden nach ihren Erfindern benannt.
Gehe immer vorsichtig mit den Geräten um.

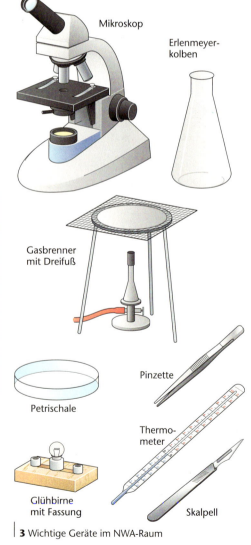

3 Wichtige Geräte im NWA-Raum

Aufgaben

1 Erkläre die unterschiedlichen Funktionen der Sicherheitseinrichtungen im NWA-Raum.

2 Welche Schutzausrüstung muss beim Experimentieren verwendet werden?

3 Wodurch unterscheidet sich eine Labor-Schutzbrille von einer normalen Sehbrille?

4 Warum ist es besonders wichtig, dass jeder die Lage des NOT-AUS-Schalters im NWA-Raum genau kennt?

5 Nenne einige Grundregeln für den sachgemäßen Umgang mit Materialien, Tieren und Pflanzen.

6 Nenne mindestens fünf Geräte, die man in einem NWA-Schrank finden kann.

7 Eines der wichtigsten Laborgeräte ist der Gasbrenner.
a) Nenne die Bestandteile eines Gasbrenners.
b) Welche Schritte sind notwendig, um einen Gasbrenner in Betrieb zu setzen?

8 In Bild 2 sind verschiedene Zonen einer rauschenden Brennerflamme zu erkennen.
a) Welche Temperaturen gehören zu diesen Zonen?
b) Warum wird nur selten mit einer rauschenden Brennerflamme gearbeitet?
c) Wie sollte die Luftzufuhr eines Gasbrenners in einer Experimentierpause eingestellt werden? Begründe.

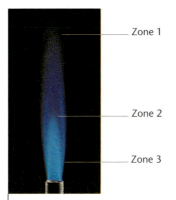

2 Zu Aufgabe 8

9 Warum werden brennbare Flüssigkeiten, wie beispielsweise Benzin, nicht in einem gebräuchlichen Chemikalienschrank, sondern in Spezialschränken aufbewahrt?

3 Zu Aufgabe 10

10 Informiere dich im Internet über Tiere und Pflanzen, die auf der „Roten Liste" stehen. Was kannst du zum Schutz gefährdeter oder bedrohter Tiere und Pflanzen beitragen?

11 Bei jedem Versuch solltest du ein Protokoll erstellen. Was muss im Versuchsprotokoll festgehalten werden?

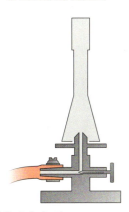

1 Zu Aufgabe 7

Startpunkt

Menschen halten Tiere
– und sind für sie verantwortlich

Tiere leben in freier Natur und mit uns Menschen. Häufig halten wir Tiere auch zu unserem Nutzen. In jedem Fall müssen wir sie richtig behandeln und für sie da sein.

Warum leben Menschen so gerne mit Tieren zusammen? Sicher gibt es dafür ganz unterschiedliche Gründe.

Viele sind froh darüber, dass ihre Tiere sie brauchen. Mit ihnen täglich zusammen zu sein und sie immer besser kennen zu lernen, macht Spaß, bedeutet aber auch eine große Verantwortung.
Denn im Gegensatz zum Computer sind Tiere Lebewesen wie wir Menschen.

Als Nutztiere geben sie uns Fleisch, Milch, Leder, Haare, Borsten, Federn oder Eier, die verkauft werden können.
Sollen Fleisch, Milch oder Eier in großen Mengen und billig produziert werden, wird an Platz und Zeit für die Tiere gespart.

Alle unsere Haus- und Nutztiere stammen von Wildtieren ab.
Vor einigen tausend Jahren zähmten die Menschen Wildtiere. Dadurch blieben einige Tiere in der Nähe des Menschen. Die besonderen Eigenschaften der Tiere konnten durch Züchtungen verstärkt werden.
Heute sehen deshalb viele unserer Haus- und Nutztiere ihren Vorfahren kaum mehr ähnlich.

Kennzeichen des Lebendigen

Leben – was ist das?
Moffel ist ein Zwergkaninchen und lebt bei Felix zu Hause. Er ist ein lebhaftes, kleines Kaninchen und die ganze Familie hat ihn ins Herz geschlossen.
Felix hat ihn als junges Tier geschenkt bekommen (▷ B 1). Inzwischen ist Moffel kräftig gewachsen. **Wachstum** ist ein Kennzeichen, das alle Lebewesen auf der Erde besitzen.

Neben dem Wachstum gibt es noch andere Kennzeichen, die das Leben ausmachen.

1 Zwergkaninchen

Moffel hoppelt gerne in der ganzen Wohnung oder in seinem Käfig im Garten herum (▷ B 2). Das Tier braucht diese Bewegung, damit es gesund bleibt. **Bewegung** ist ebenfalls ein Merkmal von Lebewesen.

2 Bewegung

Wenn Moffel erschrickt und Angst bekommt, läuft er sofort in ein Versteck (▷ B 3). Er zeigt aber auch, wenn er sich wohl fühlt. Diese Reaktion auf Reize aus der Umwelt nennen Biologen **Reizbarkeit**. Auch dies ist ein Kennzeichen des Lebens. Fast alle Lebewesen haben Sinnesorgane, wie z. B. Augen, mit denen sie Reize aus der Umwelt aufnehmen.

3 Reizbarkeit

Wenn Felix Zwergkaninchen züchten wollte, dann müsste er dafür sorgen, dass Moffel sich mit einem weiblichen Kaninchen paaren kann. Etwa 28–30 Tage nach der Paarung bekommt das Weibchen mehrere blinde, nackte und taube Junge.
Fortpflanzung (▷ B 4) gehört also auch zum Leben. Könnten sich Zwergkaninchen nicht fortpflanzen, würden sie allmählich aussterben.

4 Fortpflanzung

Kennzeichen des Lebendigen

5 Kaninchen haben einen Stoffwechsel.

Der kleine Kerl hat einen ganz schönen Appetit. Moffel braucht Wasser und gutes Futter, sonst fühlt er sich nicht wohl oder wird krank. Was sein Körper von der Nahrung nicht braucht, scheidet er wieder aus. Diesen Vorgang nennt man Stoffwechsel (▷ B 5). Auch der **Stoffwechsel** ist ein Kennzeichen aller Lebewesen.

Aber auch ein Zwergkaninchen lebt nicht ewig. Wie alle anderen Lebewesen wird Moffel einmal sterben. Zwergkaninchen werden im Durchschnitt etwa sieben Jahre alt. Bei guter Pflege und Gesundheit können sie aber auch bis zu zehn Jahre alt werden. So merkwürdig es klingen mag, aber auch der **Tod** (▷ B 6) gehört zum Leben, denn alles, was lebt, muss einmal sterben.

> Die Kennzeichen des Lebendigen sind: Wachstum, Bewegung, Reizbarkeit, Fortpflanzung und Stoffwechsel.
> Durch den Tod wird das Leben beendet.

6 Tod

Aufgaben

1. Überprüfe bei folgenden Dingen, ob es Lebewesen sind oder nicht: Schlange, Wolke, Kerzenflamme, Pilz, Teddybär.

2. Notiere welche verschiedenen Lebewesen dir an einem Tag begegnen.

Tierart	Höchstalter
Schildkröte	150 Jahre
Mensch	122 Jahre
Wal	100 Jahre
Karpfen	100 Jahre
Kakadu	100 Jahre
Elefant	70 Jahre
Pferd	50 Jahre
Erdkröte	40 Jahre
Riesenschlange	28 Jahre
Stubenfliege	76 Tage
Eintagsfliege	4 Stunden

7 Höchstalter verschiedener Tierarten

Zeitpunkt

Von den Androiden

Schon immer hatten die Menschen den Wunsch, künstliches Leben zu schaffen. Der Arzt Frankenstein fügte im Film aus Leichenteilen einen neuen Menschen zusammen und erweckte das Wesen mithilfe von elektrischem Strom zum Leben. Heute schaffen wir künstliche Menschen, so genannte Androiden, die in manchen Filmen sehr menschenähnlich dargestellt sind.

Aufgabe

1. Sind Androiden echte Lebewesen? Begründe deine Antwort.

Mein Haustier

1 Felix beim Züchter

Felix erzählt von seinem Haustier
„Seit letzter Woche wohnt Moffel bei uns, ein lustiges Zwergkaninchen mit braunen Augen. Ich habe ihn nicht aus einem Zoogeschäft, sondern direkt von einem Züchter aus unserer Stadt bekommen. Ich konnte mir Moffel schon als ganz kleines Fellbündel aussuchen, aber dann musste er noch acht Wochen bei seiner Mutter bleiben, bis er groß genug war, um von ihr getrennt zu werden. Vor Moffels Ankunft haben wir sein neues Zuhause schon komplett eingerichtet. In den ersten Stunden haben wir ihn möglichst wenig gestört, damit er sich an seine neue Umgebung gewöhnen konnte."

Moffels Zuhause
Zwergkaninchen sind sehr bewegungsfreudige Tiere, die auch in ihrem Käfig gerne herumhoppeln. Außerdem brauchen sie einen Ruheplatz, wo sie sich lang ausstrecken können, und eine Ecke für ihr „Geschäft". Der Käfig sollte ungefähr 100 cm x 50 cm groß und 50 cm hoch sein, damit sich die neugierigen Tiere auch einmal aufrichten können (▷ B 2). Als Einrichtungsgegenstände braucht Moffel einen Futternapf und eine spezielle Tränke. Sein Zwergkaninchenheim steht in einer hellen, ruhigen Ecke des Zimmers. Pralle Sonne oder Zugluft sind ungesund. Futterschüssel und Tränke wäscht Felix regelmäßig mit heißem Wasser aus. Ein- bis zweimal in der Woche wischt er den Käfigboden aus und erneuert die Einstreu komplett. Einmal im Monat ist Großputz: Käfig und Gitteroberteil werden heiß abgebraust.

▶ Jedes Haustier braucht einen geräumigen Käfig, das richtige Zubehör und genügend Auslauf.

Haltung und Pflege
Zwergkaninchen sind unkomplizierte Haustiere. Regelmäßige Pflege und ausgewogenes Futter sind aber auch für sie Grundvoraussetzungen für ein langes, gesundes Leben. Der tägliche Auslauf ist wichtig für die Gesundheit und Lebensfreude des Zwergkaninchens. Aber du solltest auf jeden Fall dabei sein und aufpassen. Während des Fellwechsels im Frühjahr wird Moffel mit einer nicht zu harten Bürste gekämmt. Baden und Duschen verträgt er überhaupt nicht. Seine Krallen müssen ab und zu gekürzt werden. Der Züchter hat es Felix einmal gezeigt. Um seine Zähne, die regelmäßig nachwachsen, abzureiben, bekommt Moffel Knabberkräcker und Sticks. Sein Speiseplan sieht so aus: täglich Trockenfutter und frisches Wasser, dazu Grünfutter. Besonders gerne frisst Moffel Löwenzahn und Feldsalat.
Als Leckerbissen gibt es ab und zu ein Stückchen Knäckebrot, ein Stück Apfel oder etwas Petersilie.

▶ Mit der Anschaffung eines Haustieres sind Verpflichtungen verbunden.

2 Zwergkaninchenkäfig

Mein Haustier

Moffel streckt alle Viere von sich. Dann ist er entspannt und möchte sich ausruhen.

Jetzt solltest du ihn besser nicht stören.

Wenn Moffel am Türrahmen oder an einem Stuhlbein nagt, tut er das, um seine ständig nachwachsenden Zähne abzunutzen.

Biete ihm Zweige von ungespritzten Laubbäumen oder ein Stück altes Brot an.

„Zwergkaninchen-Dolmetscher"
So wie sich Kaninchen untereinander verständigen können, ist auch eine Verständigung zwischen Kaninchen und Menschen möglich. Hierfür ist es wichtig, dass Felix sich intensiv mit Moffel beschäftigt, denn je intensiver der Kontakt zwischen Besitzer und Haustier ist, umso besser kann Felix verstehen, in welcher „Stimmung" Moffel gerade ist oder was er ihm mitteilen möchte. Felix beobachtet Moffel genau und kann bald „Zwergkaninchen-Dolmetscher" werden.

Wenn Moffel Männchen macht, möchte er sich Überblick verschaffen.

Biete ihm einen Karton zum Hinaufklettern an.

Wenn Moffel sich flach auf den Boden duckt, hat er große Angst.

Jetzt darfst du dich nur langsam nähern und solltest sehr ruhig mit ihm sprechen.

Moffel leckt Felix die Hand. Damit zeigt er ihm, dass er ihn mag.

Nimm dir ein wenig Zeit und spiele mit ihm.

Haustiere brauchen viel Pflege

Das richtige Haustier?
Mit Haustieren kannst du viel erleben: In einem Aquarium kannst du dir eine kleine Unterwasserwelt mit Fischen und Pflanzen aufbauen. Meerschweinchen, Hamster oder Zwergkaninchen sind etwas zum Schmusen und Kuscheln. Eine Katze kann lieb, aber auch sehr eigensinnig sein. Wellensittiche sind lustige Zeitgenossen. Sie sind sehr lebhaft, wenn man sie als Pärchen hält. Ein Hund wird schnell zu deinem besten Freund. Haustiere sind auf uns angewiesen. Sie brauchen Futter, ausreichend Platz und vor allem Zeit – und das Tag für Tag, auch am Wochenende und in den Ferien. Daran solltest du denken, bevor du dir ein Haustier anschaffst. Mach doch zuerst einmal den **Haustiertest**, vielleicht wird dir dann einiges klarer.

Haustiertest

Bei dir zu Hause ...
- ◆ darf es nie unordentlich sein
- ● darf es schon mal unordentlich sein
- ✚ ist nur in deinem Zimmer Unordnung erlaubt

Wo darf sich dein Haustier aufhalten?
- ◆ nur außerhalb der Wohnung (Stall, Zwinger)
- ● in der ganzen Wohnung
- ✚ nur in deinem Zimmer

Dein Haustier macht in deinem Zimmer „sein Geschäft" auf den Boden,
- ◆ da ekelst du dich
- ● das würdest du schnell sauber machen
- ✚ keine Ahnung, was du tun würdest

Wie viel Zeit hast du am Tag für dein Haustier?
- ● eine Stunde, manchmal mehr
- ✚ eine halbe Stunde höchstens
- ◆ mal viel, mal wenig, je nach Lust und Hausaufgaben

Hättest du Unterstützung bei der Pflege?
- ✚ nein, deine Eltern sagen, es sei dein Tier
- ◆ du brauchst keine Hilfe
- ● ja, alle wollen mithelfen

Leidet in deiner Familie jemand an einer Allergie?
- ● nein
- ◆ ja
- ✚ keine Ahnung

Weißt du schon über dein Haustier Bescheid?
- ● ja, du hast viel darüber gelesen
- ◆ noch nichts
- ✚ du fragst mal nach

Was machst du in den Ferien mit deinem Haustier?
- ◆ weißt du noch nicht
- ● du hast eine zuverlässige Pflegeperson
- ✚ du würdest auf den Urlaub verzichten

Auswertung:
Wie oft hast du ● angekreuzt?

7- bis 8-mal:
Bei dir scheinen die Voraussetzungen für eine gute Tierhaltung gegeben zu sein. Aber ohne Hilfe verliert man schnell die Lust an seinem Haustier. Gemeinsam mit deiner Familie kannst du einem Tier ein Zuhause bieten.

5- bis 6-mal:
Nicht jedes Tier passt zu dir. Wenn du wenig Unterstützung hast, solltest du genau überlegen, ob und welches Haustier du dir anschaffst.

4-mal und weniger:
Bei dir hätte es ein Haustier nicht leicht. Die Bedingungen sind schlecht. Verzichte lieber auf ein Haustier.

Strategie

Richtig beobachten – wie die Forscher

Biologen untersuchen die Zusammenhänge in der Natur. Sie wollen dem Leben der Pflanzen oder dem Verhalten der Tiere auf die Spur kommen. Richtige Forscher gehen Schritt für Schritt vor:

a) Formuliere eine Frage, z. B.: Wie verhält sich Moffel, wenn er Hunger hat?
b) Vermute, wie die Antwort lauten könnte.
c) Überlege dir einen Versuch, mit dessen Hilfe du die Frage beantworten kannst.
d) Beobachte sorgfältig und notiere deine Beobachtungen genau in einem Beobachtungsprotokoll.

Manchmal musst du lange beobachten und viel Geduld haben.

Datum: 20. März
Beobachtungszeitraum: 16.00 bis 16.15 Uhr
Beobachter: Felix
Tier: Zwergkaninchen Moffel
Frage: Wie verhält sich Moffel, wenn er Hunger hat?
Beobachtung: 16.00 Uhr

Der Futternapf ist leer.

Moffel kommt aus seinem Versteck unter dem Bett hervor.

Er hoppelt zum Fressnapf und beschnuppert ihn.

Er steckt den Kopf hinein und leckt mit seiner Zunge den Boden ab. Er hoppelt zu mir und stupst mich mit der Schnauze an. Dann hoppelt er aufgeregt vor dem Fressnapf herum. Er putzt sich. Danach kommt er wieder zum Fressnapf zurück und schiebt ihn ein Stück vor sich her. Jetzt schaut er mich an.

16.15 Uhr
Ich gebe Moffel das Futter und er frisst.

Bald wirst du feststellen, dass du immer genauer beobachten kannst und dir immer mehr Einzelheiten auffallen. Diese Beobachtungsgabe ist für deine weiteren Forschungen eine große Hilfe.

Überlege, welche Tiere du noch beobachten könntest. Auch Pflanzen sind lohnende Beobachtungsobjekte. Vielleicht kannst du ein Naturtagebuch führen. Suche dir draußen einen Platz aus: eine Wiese, einen Teich oder eine Ecke in deinem Garten. Beobachte den ausgewählten Ort vom Frühjahr bis in den Herbst. Aus allen Beobachtungen, Erlebnissen, Veränderungen und allem, was dir sonst noch auffällt, gestaltest du dein eigenes Naturtagebuch. Du kannst Beobachtungsprotokolle erstellen und dazu malen, dichten oder erzählen. Klebe selbstgemachte Fotos dazu oder Bilder, die du gesammelt hast.

Aufgaben

1. Sieh im Internet unter dem Stichwort „Naturtagebuch" nach.

2. Führe selbst ein Naturtagebuch zu einem Thema, das dich interessiert.

Katzen sind Artisten auf Samtpfoten

1 Katze pirscht sich an.

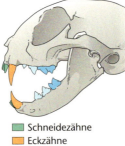

- Schneidezähne
- Eckzähne
- vordere Backenzähne
- hintere Backenzähne

2 Schädel einer Katze

„Die Katze lässt das Mausen nicht"
sagt eine Redewendung. Was bedeutet das?

Auch die vom Menschen gefütterte Katze geht auf die Jagd, wenn sie Gelegenheit dazu hat. Mäuse, aber auch Ratten, Eidechsen, Kaninchen und vor allem junge Vögel stehen dann auf ihrem Speiseplan.

Die Katze jagt als **Einzelgänger** immer allein.
Als **Schleichjäger** zeigt sie ein besonderes Jagdverhalten. Egal, ob auf dem Dachboden, in der Scheune oder auf der Wiese, sie darf beim Jagen keinerlei Geräusche machen, damit ihre Beute nicht vorgewarnt wird.

Sie pirscht sich mit ihren kurzen Beinen in geduckter Haltung langsam heran (▷ B 1). Dabei tritt die Katze nur mit den Zehen auf. Sie läuft auf weichen Fußballen und mit eingezogenen Krallen wie auf Samtpfoten. Ist sie nahe genug herangekommen, schnellt sie mit einem Satz vor. Die scharfen Krallen der Vorderpfoten hat sie jetzt aus den Hautfalten geschoben und packt damit die Beute. Ein Nackenbiss mit den dolchartigen Eckzähnen tötet blitzschnell. Die scharfhöckrigen Backenzähne zerschneiden die Beute. Die Katze hat ein **Fleischfressergebiss** (▷ B 2).
Manchmal lässt die Katze ihr Beutetier frei und spielt mit ihm.

Katzenkrallen müssen kratzen
Um ihre Krallen (▷ B 3) abzuschleifen und nachzuschärfen, kratzt die Katze an Baumrinden oder anderen rauen Gegenständen. In der Wohnung können dies auch Möbel oder Tapeten sein, wenn sie keinen Kratzbaum hat.

Immer im Gleichgewicht
Vielleicht hast du das schon einmal beobachtet: Eine Katze balanciert über schmale Gartenzäune, dünne Äste oder Balkongeländer – wie ein Artist!
Ihr Schwanz hilft ihr das Gleichgewicht zu halten. Fällt sie aus nicht zu großer Höhe, dreht sie sich so geschickt, dass sie wieder sicher auf allen Vieren landet. Auch dabei wirkt ihr Schwanz wie ein Ruder.

Nicht alle Katzen sind Schmusekatzen
Katzen können sehr zutraulich und anschmiegsam sein. Sie bestimmen aber immer selbst, wann und wie oft sie schmusen wollen. Als Einzelgänger werden sie nie so anhänglich wie ein Hund und lassen sich nur schwer erziehen. Im Gegensatz zum Hund sind Katzen immer an das Haus und nicht an den Menschen gebunden.

▶ Katzen jagen als Einzelgänger. Sie sind Schleichjäger und haben ein Fleischfressergebiss.

Katzen sind Artisten auf Samtpfoten

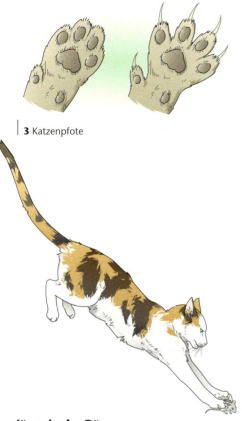

3 Katzenpfote

4 Pupillen bei unterschiedlicher Helligkeit

5 Katzenaugen leuchten, wenn sie angestrahlt werden.

Jäger in der Dämmerung

Katzen siehst du vor allem in der Dämmerung jagen. Sie sehen im Dunkeln sehr viel besser als wir, weil sie besonders lichtempfindliche Augen haben. Die Pupillen öffnen sich bei Dunkelheit kreisrund, damit möglichst viel Licht ins Auge fallen kann (▷ B 4). Eine besondere Farbschicht spiegelt das einfallende Licht und verstärkt es so noch einmal. Katzenaugen leuchten deshalb auf, wenn sie von einem Licht angestrahlt werden (▷ B 5). Katzen sind **Dämmerungsjäger**.

Bei völliger Dunkelheit kann auch die Katze nichts mehr sehen. Sie verlässt sich dann auf ihr feines **Gehör** und ihre empfindlichen **Schnurrhaare**. Diese ragen rechts und links über die Kopfbreite hinaus. So kann das Tier die Breite eines Schlupfloches, ohne zu sehen, genau bemessen. Mit ihren spitzen Tütenohren, die sich unabhängig voneinander drehen können, peilt sie jedes Geräusch an. Selbst auf größere Entfernung nimmt sie leises Rascheln wahr.

▶ Katzen sind Dämmerungsjäger. Sie haben besonders lichtempfindliche Augen und ein gutes Gehör.

Aufgaben

1 Beschreibe wie die Katze als Schleichjäger Beute macht.

2 Beobachte eine Katze, wenn sie sich bedroht fühlt.
Schreibe deine Beobachtungen auf.

3 Erstelle eine Liste mit Fragen, mit denen du klären kannst, ob eine Katze das richtige Haustier für dich wäre.

4 Überprüft in Partnerarbeit die Veränderung der menschlichen Pupillen im Hellen und im Dunkeln.
Dazu müsst ihr euch gegenseitig in die Augen sehen. Schließt die Augen für einige Zeit und öffnet sie dann schnell wieder. Beschreibt die Veränderungen.

5 Vergleicht das Aussehen eurer Pupillen mit denen der Katzen in den Abbildungen 4 und 5. Zeichnet die jeweiligen Pupillenformen.

6 Finde eine Erklärung dafür, warum man Rückstrahler am Fahrrad oder an Leitpfosten „Katzenaugen" nennt.

Katzen sind Säugetiere

1 Katzenmutter mit Jungen

Katzenkinder
Hast du nachts schon einmal kreischende jaulende Laute gehört, die an Babygeschrei erinnern?
So werben Kater um eine Katze, wenn sie 2–3-mal im Jahr paarungsbereit sind.
In dieser Zeit verhält sich die Katze sehr auffällig: Sie rollt sich auf dem Boden hin und her – sie ist **rollig**.
Nach der Paarung dauert es etwa zwei Monate, bis die Katze in einem gut gepolsterten Versteck die jungen Kätzchen zur Welt bringt. Sie sind völlig hilflos, blind und nur wenig behaart, wenn sie sich aus ihrer Fruchtblase befreit haben. Die Katzenmutter wärmt ihre unselbstständigen Kleinen, säubert sie und das Lager: Sie betreibt intensive **Brutpflege**.

Bald kriechen die Kleinen unbeholfen über den Boden und gelangen an die warme Bauchseite ihrer liegenden Mutter. Dort stoßen sie mit ihren Schnäuzchen in das Fell der Katze und finden die **Zitzen**, aus denen sie Milch saugen (▷ B 1). Um die Milchdrüsen anzuregen, treten die Kätzchen mit den Vorderpfoten gegen die Umgebung der Zitzen: das nennt man **Milchtritt**. Suchen, Saugen und Milchtreten sind angeborene Fähigkeiten.

▶ Alle Tiere, die wie Katzen Haare haben, lebende Junge gebären und diese säugen, heißen Säugetiere.

Spielend lernen
Nach einer Woche öffnen die Kätzchen die Augen und werden immer lebhafter. Sie spielen viel miteinander. Dabei üben sie schon das spätere Jagdverhalten als Raubtier: Anschleichen und Beute-Ergreifen.

Manchmal packt die Katze ihre Kleinen mit den Zähnen im Genick und trägt sie davon. Hat sich ein Junges weiter entfernt, wird es mit maunzenden Lauten zurückgerufen.
Nach drei Wochen beginnen die Zähne zu wachsen. Mit ungefähr einem Vierteljahr sind die Kätzchen selbstständig.

Nur eine Katzenwäsche?
Da Katzen sehr reinlich sind, lecken und glätten sie ihr Fell und ihre Pfoten bei jeder Gelegenheit. Ihre raue Zunge wirkt bei der Katzenwäsche wie Bürste und Waschlappen. Der Speichel schützt dabei das Fell vor Schädlingen. Dieses angeborene **Putzverhalten** (▷ B 2) soll verhindern, dass die Beutetiere sie vorzeitig riechen.
Deshalb verscharren Katzen auch ihren Kot sorgfältig.
Dagegen nutzen sie den Geruch des Urins als **Duftmarke**, wenn sie ihr Revier markieren.

2 Katzenwäsche

Aufgaben

1 Nenne Haustiere, die auch Säugetiere sind.

2 Liste Tätigkeiten der Katzenmutter auf, die zur Brutpflege gehören.

3 Erläutere, wozu das Spielverhalten der jungen Kätzchen nützlich ist.

4 Finde Gründe für die Reinlichkeit der Katzen.

Lexikon

Die Verwandtschaft unserer Hauskatze

Katzen haben es gerne warm. Das weist auf ihre Herkunft hin. Sie stammen von der **Falbkatze** ab, die vor mehr als 5 000 Jahren in Ägypten gezähmt wurde. Wahrscheinlich hatten Mäuse in den großen Getreidevorräten Wildkatzen angelockt. Die Ägypter nahmen diese Katzen in Pflege, damit sie halfen, die Vorräte zu schützen.

Die ägyptische **Göttin Bastet** hatte sogar Katzengestalt.
Unsere Hauskatzen, die erst seit ungefähr 1000 Jahren in Europa heimisch sind, stammen alle von der ägyptischen Urform ab.
Sie wurde schon immer als Mäusefänger geschätzt. Gezüchtet wurde sie nicht so häufig, daher gibt es viel weniger Rassen als bei Hunden. Katzen ähneln äußerlich und im Wesen viel mehr der Ursprungsform.

Unsere Hauskatze hat wild lebende Verwandte, die **Wildkatzen**. Sie leben versteckt in großen Wäldern wie Eifel und Harz. Erst in der Dämmerung verlassen sie das sichere Versteck und gehen

allein auf die Jagd. Nur an ihrem buschigen Schwanz mit 3–4 breiten, dunklen Ringen sind sie von der kleineren Hauskatze zu unterscheiden.

Der **Tiger** lebt als Einzelgänger in Asien, vor allem in Indien. Mit seinen schwarzen Streifen auf gelb-braunem Fell ist er gut getarnt, weil im hohen Gras die Schatten der Blätter ein ähnliches Muster haben. Er braucht ein ausgedehntes Revier mit großen Beutetieren.
Der sibirische Tiger ist die größte lebende Raubkatze.
Weltweit sind Tiger vom Aussterben bedroht, weil sie von Menschen zu stark bejagt wurden.

Löwen leben in Rudeln von 1–2 Männchen und 5–9 Weibchen mit ihren Jungtieren zusammen. Die Löwen sind nicht die „Wüstenkönige", sondern leben in Savannen-, Busch- oder Graslandschaften Zentralafrikas. Durch lautes Brüllen scheuchen die Löwen Tiere auf, die von den versteckt lauernden Weibchen und Jungtieren gejagt werden. Satte Löwen sind sehr friedliche Tiere.

Die größte europäische Wildkatze ist der **Luchs**, der an seinem beweglichen Backenbart und den Pinselohren zu erkennen ist. Diese menschenscheue Katze jagt im Wald Vögel, Nagetiere, Rehe und anderes Wild. Im Bayerischen Wald und im Harz wird der Luchs wieder angesiedelt.

Der **Gepard** mit seinem sehr schlanken Körperbau und den langen Beinen ist ein Hetzjäger. Er schleicht kaum noch und hat auch keine zurückziehbaren Krallen.
In Steppen hetzt er mit einer Geschwindigkeit von bis zu 120 km/h vor allem Gazellen.
Er ist der schnellste Läufer überhaupt. Allerdings kann er diese hohe Geschwindigkeit nur einige hundert Meter weit halten.

Vom Wolf zum Hund

1 Wolfsrudel

2 Körpersprache bei Wölfen

Wölfe sind Rudeltiere
Wölfe leben in einer Gemeinschaft von 5–12 Tieren zusammen. In so einem **Rudel** (▷ B 1) herrscht eine feste Rangordnung, jedes Mitglied nimmt einen bestimmten Platz ein. Es gibt jeweils ein männliches und ein weibliches **Leittier**, die zusammen das Rudel anführen. Alle anderen Rudelmitglieder sind den beiden Leittieren untergeordnet. Die Leittiere haben ihre Stellung im Rudel durch Kämpfe mit anderen Mitgliedern erworben.

Verständigung im Rudel
Die Tiere verständigen sich im Rudel durch Laute und **Körpersprache** (▷ B 2). Der Leitwolf frisst als Erster. Er hebt den Kopf, richtet den Schwanz auf und spitzt die Ohren. So **imponiert** er den anderen, das heißt, er stellt seine Größe zur Schau.

Fühlt er sich bedroht, sträubt er die Nacken- und Rückenhaare. Oft fletscht er die Zähne: **Er droht**.

Rangniedere Tiere halten den Schwanz gesenkt oder sogar zwischen die Beine geklemmt.
Im Kampf um einen höheren Rang wirft der Unterlegene sich auf den Rücken und bietet dem Gegner seine ungeschützte Hals- und Bauchseite dar. Dieses **Demutsverhalten** hemmt die Angriffslust.

Die Grenzen ihres großen Jagdreviers **markieren** Wölfe eines Rudels mit Harn und Kot, um fremde Rudel fern zu halten.

Wölfe sind Hetzjäger
Nur in der Gemeinschaft jagen sie erfolgreich. Wölfe verfolgen ihre Beute so lange, bis sich größere Tiere wie Elch oder Hirsch zum Kampf stellen oder vor Erschöpfung nicht mehr fliehen können. Oft erlegen Wölfe kranke und schwache Tiere.

▶ Wölfe leben im Rudel mit einer festen Rangordnung.

Wie durch Züchtung verschiedene Hunderassen entstanden
Schon vor 12 000 Jahren haben Altsteinzeitmenschen begonnen Wölfe zu halten. Die scheuen Tiere blieben wahrscheinlich in Menschennähe, da sie nach der Jagd

Reste von der Beute fressen konnten. Zogen die Menschen weiter, folgten ihnen die Tiere. Die Wölfe konnten durch ihr besonders gutes Gehör viel früher als die Menschen Geräusche wahrnehmen und durch Bellen auf Gefahren aufmerksam machen. Mit ihrer empfindlichen Nase spürten sie Beutetiere eher auf.

Vielleicht gelang es Jägern, junge Wölfe mitzunehmen und sie zu **zähmen**.

Von den Nachkommen dieser Wölfe wählten die Menschen immer nur solche Tiere zur Fortpflanzung aus, die durch besondere Eigenschaften auffielen.

Durch diese **Züchtungen** sind über lange Zeiträume mehr als 400 **Hunderassen** entstanden, die der Ursprungsform Wolf nur noch wenig ähnlich sehen.

Da sich Rassen untereinander fortpflanzen können, sind auch Mischformen, so genannte Mischlinge, möglich.

▶ Der Wolf gilt als Stammform des Hundes. Durch Zähmung und Züchtung entstanden in Jahrtausenden alle heutigen Hunderassen.

Aufgaben

1 Welche Vorteile bringt den Wölfen das Leben im Rudel?

2 Nenne Märchen, Sagen und Fabeln, in denen Wölfe eine Rolle spielen.

3 Suche im Internet Länder, in denen Wölfe heute noch vorkommen.

4 Hunde mit „Beruf"? Beschreibe die Eigenschaften der abgebildeten Hunderassen und den jeweiligen Nutzen für den Menschen. Suche weitere Beispiele für Hunde mit „Berufen".

Windhund als Rennhund

Schäferhund als Lawinensuchhund

Schäferhund als Drogensuchhund

Münsterländer als Jagdhund

Mischling als Familienhund

Labrador als Blindenhund

Der Hund ist ein treuer Begleiter mit besonderen Fähigkeiten

Heftige Explosion in Düsseldo[rf]

Hundenasen retten zuverlässig Menschenleben

Nach einer verheerenden Gasexplosion in Düsseldorf wurde ein Überlebender mithilfe eines hochempfindlichen Messgerätes unter den bis zu sechs Meter hohen Trümmern geortet. Die sofort eingeleiteten Grabungen hatten Erfolg, und der Betroffene konnte gerettet werden. Die „hochempfindliche Messeinrichtung" war die Spürnase eines Hundes!

Der Einsatz moderner Technik wird beim Aufspüren von Verschütteten zwar immer wichtiger, dennoch werden Rettungshunde unverzichtbar bleiben, denn sie übertreffen die technischen Geräte oft mit Leichtigkeit:
– Hunde sind sofort einsatzbereit
– Hunde lassen sich nicht ablenken durch Rauch, Staub und Gestank
– Hundenasen sind absolut treffsicher
– Hundenasen sind weniger störanfällig

Wenn es um Menschenleben geht, ist keine Zeit zu verlieren und dürfen keine Kompro[misse ...]

und bleibt ei[ne ...] Organisation [der] Polizei.

Die hohen A[nforderungen, die] gestellt werde[n, erfordern ein] jahrelanges [Training von] Fachleuten [im] Rettungsdie[nst.]

1 Hunde im Rettungsdienst

Immer der Nase nach
Wenn du schon einmal einen Hund beobachtet hast, ist dir aufgefallen, dass er am Boden schnuppert. Er orientiert sich als **Nasentier** auf diese Weise in seiner Umwelt.

Der Hund ist ein Meister im Riechen. Mit seiner hochempfindlichen Nase kann er Duftstoffe sehr viel besser wahrnehmen als wir. In der Riechschleimhaut des Hundes gibt es dazu etwa 230 Millionen Riechzellen. Der Mensch hat dagegen nur etwa 20–30 Millionen Riechzellen.

Die besondere Riechleistung von Hunden nutzt auch die Polizei: Der Schäferhund „Joker" kann als besonders ausgebildeter und begabter Fährtenspürhund auch mehrere Stunden alte Spuren kilometerweit verfolgen. Bis zu 300-mal in der Minute schnuppert seine Nase nach der Fährte. „Joker" sucht flüchtende Verbrecher genauso wie vermisste Personen.

Er hört selbst das, was du nicht hörst
Ein schlafender Hund wird bei jedem ungewohnten Geräusch hellwach. Selbst auf hohe Töne, die wir gar nicht hören, reagiert er, indem er den Kopf hebt, die Ohren spitzt, aufspringt und bellt. Es gibt Hundepfeifen, deren Ton das menschliche Gehör nicht wahrnehmen kann. Mit seinem guten Gehörsinn ist der Hund auch ein **Ohrentier**.
Da der Hund keine Sprache erlernen kann, hört er nur auf Tonfall und Lautstärke.

▶ Hunde nehmen ihre Umwelt als Nasen- und Ohrentiere vor allem über Gerüche und Geräusche wahr.

Auf Zehen schneller voran – das Skelett macht's möglich
Hunde haben wie Menschen eine bewegliche **Wirbelsäule** aus einzelnen Wirbeln (▷ B 2). Durch Muskeln wird sie gekrümmt und wieder in die Ausgangslage zurückgebracht. Versuchst du neben einem großen Hund herzulaufen, musst du bald feststellen, dass er viel schneller ist als du.

Mit seinen langen Beinen kann er in großen, ausholenden Sätzen rennen. Außerdem läuft der Hund nur auf den Zehen, Mittelfuß und Ferse treten nicht mit auf. Er ist ein **Zehengänger**. Seine dicken, verhornten Ballen unter den Zehen federn den Körper ab und schützen ihn beim Dauerlauf. Die immer ausgefahrenen Krallen geben Halt auf rutschigem Untergrund.

Durch seinen besonderen Körperbau kann der Hund als Langstreckenläufer manchmal mit Höchstgeschwindigkeit Beutetiere

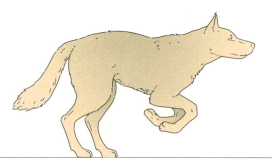
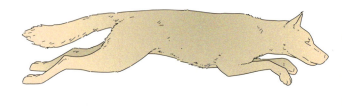

Der Hund ist ein treuer Begleiter mit besonderen Fähigkeiten

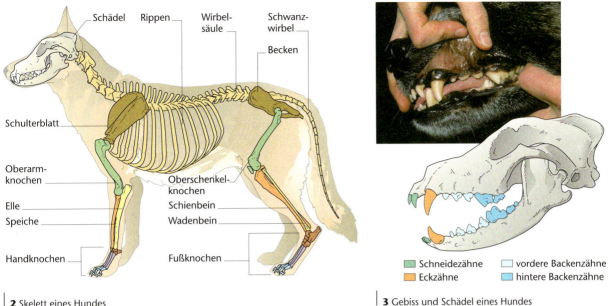

2 Skelett eines Hundes

3 Gebiss und Schädel eines Hundes

jagen. Du erkennst daran noch gut das Erbe des Hetzjägers Wolf.

▶ Hunde sind Zehengänger, die ihre Beute hetzen.

Fangen – zerreißen – schlucken
Hunde sind Fleischfresser. Sofort fallen dir am **Fleischfressergebiss** (▷ B 3) des Hundes die riesigen Eckzähne, die Fangzähne, auf. Mit ihren dolchartigen Spitzen wird die Beute festgehalten und mit einem schnellen, kräftigen Biss getötet.

Die größten Zähne unter den gezackten Backenzähnen sind die Reißzähne, die mit ihren messerscharfen Kanten wie eine Schere arbeiten. Damit zerteilen Hunde Fleisch und zerbrechen sogar Knochen. Ohne viel zu kauen werden abgerissene Fleisch- und Knochenstücke verschluckt und von Verdauungssäften im Magen und Dünndarm zersetzt. Mit den Schneidezähnen können sie feine Fleischreste von den Knochen abschaben. Die hinteren Backenzähne dienen dazu, Knochen zu zermalmen und auch Pflanzen zu zerquetschen.

▶ Hunde haben ein typisches Fleischfressergebiss.

Aufgaben

1 Unsere Hunde werden meist als Einzeltiere gehalten, obwohl sie eigentlich Rudeltiere sind. Welche Rolle übernimmt der Mensch als Hundehalter?

2 Beschreibe das Unterordnungsverhalten eines Hundes und vergleiche es mit dem Verhalten der Wölfe.

3 a) Beschreibe die besonderen Körpermerkmale, die den Hund zum schnellen Langstreckenläufer machen.
b) Vergleiche die Hundepfote (▷ B 4) mit dem Fuß eines Sportlers, der beim Sprint Schuhe mit Spikes trägt.

4 Begründe, warum Hunde nicht nur auf weichem Boden laufen sollen.

5 Informiere dich in einem Lexikon über das Skelett und das Gebiss des Menschen.
a) Vergleiche das Skelett des Hundes in Abbildung 2 mit dem menschlichen Skelett.
b) Vergleiche die Arbeitsweise der Schneidezähne von Mensch und Hund.
c) Erkläre die Aufgaben der verschiedenen Zahnarten beim Fleischfressergebiss.

4 Hundepfote

Rinder – unsere wichtigsten Nutztiere

1 Rinder auf der Weide

Rinder sind Herdentiere
Bedächtig grasen Rinder gemeinsam auf der Weide (▷ B 1). Sie sind typische **Herdentiere**, die sich in einer Gruppe von Artgenossen am wohlsten fühlen. Diese Verhaltensweisen haben die Hausrinder von ihrem Stammvater, dem **Auerochsen** oder Ur (▷ B 2) geerbt.

Abstammung des Hausrindes
Die wilden Vorfahren unserer Hausrinder lebten in sumpfigen, lichten Wäldern und offenem Weideland und ernährten sich von den Blättern und Knospen der Laubbäume und von Gras. Sie bildeten kleine Herden, die aus einem Bullen und mehreren Kühen sowie deren Kälbern bestanden. Geführt wurde die Herde von einer erfahrenen Kuh. Der Bulle übernahm den Schutz. Mit einer Länge von 3 m, einer Höhe von 1,80 m und einem Gewicht von 1 000 kg war er ein beeindruckendes Tier. Zur Verteidigung gegen Wölfe und Bären setzte er seine spitzen Hörner ein.

2 Zurückgezüchteter Auerochse

Steinzeitliche Höhlenmalereien (▷ B 3) zeigen, dass die Wildrinder bei den damaligen Menschen als Jagdbeute sehr begehrt waren. Für die Steinzeitmenschen mit ihren einfachen Waffen waren sie sicherlich keine leichte Beute.

Uns erscheint es ganz selbstverständlich, dass es Rinder als Haustiere gibt. Doch erst als der Mensch vor etwa 8 000 Jahren mit der Zähmung von Rindern Erfolg hatte, konnte er sie für seine Zwecke nutzen. Den Völkern in Mesopotamien, Ägypten und Persien waren die Rinder heilig und sie opferten die Tiere ihren Göttern. Schnell erkannten die Menschen aber ihren Wert als Arbeits- und Fleischtiere, erst später nutzte man sie auch als Milchlieferanten. Für die Zucht wurden nur Tiere ausgewählt, deren Eigenschaften erwünscht waren. Auf diese Art entstanden mehrere hundert verschiedene Rinderrassen.

Heute gibt es keine ursprünglichen Auerochsen mehr, denn der letzte Vertreter dieser Rasse ist vor ca. 300 Jahren vom Menschen erlegt worden.

▶ Das Hausrind stammt vom Auerochsen ab und zählt zu den ältesten Haustieren.

Rinder sind Weidetiere
Je nach Rasse wiegt eine Kuh bis zu 700 kg. Getragen wird der Körper von vier stämmigen Beinen. Das Rind ist ein **Zehenspitzengänger**, denn es tritt nur mit den Spitzen der beiden mittleren Zehen auf, die besonders stark ausgebildet sind. Jede Zehe ist von einem Huf umgeben, deshalb heißen die Rinder **Paarhufer** (▷ B 6). Die Hufe werden beim Auftreten leicht gespreizt, sodass die Rinder trotz ihres großen Gewichts nur wenig in weiche Böden einsinken.

▶ Das Rind ist ein Zehenspitzengänger. Es tritt nur mit zwei Zehen auf und gehört deshalb zu den Paarhufern.

Erst mal fressen und dann kauen
Rinder grasen den ganzen Tag. Zwischendurch legen sie sich nieder und kauen immerzu, obwohl sie gar keine Nahrung zu sich nehmen. Dieses rätselhafte Verhalten hängt mit ihrer komplizierten Verdauung zusammen.

Ihre Hauptnahrung, das Gras, ist schwer verdaulich und enthält nur wenig Nährstoffe. Deshalb müssen sie täglich etwa 70 kg Futter fressen, um satt zu werden.

3 Höhlenmalerei mit Auerochse

Die aufgenommene Nahrung wird mit viel Speichel vermischt und dann fast unzerkaut geschluckt. Nur so kann das Rind in kurzer Zeit so große Futtermengen aufnehmen. Das Futter gelangt als erstes in den **Pansen** (▷B 5), den größten der drei Vormägen. Er fasst bis zu 200 l, das ist etwa eine große Badewanne voll. Im Pansen leben viele Milliarden einzelliger Lebewesen. Sie helfen mit, die Nahrung für die Verdauung vorzubereiten. Das vorverdaute Futter wird im **Netzmagen** in mundgerechte Happen geformt, hochgeschluckt und gründlich gekaut. Dazu legen sich die Rinder nieder. Dieser Vorgang heißt **Wiederkäuen**.

Das so vorbereitete Futter gelangt nach dem Schlucken wieder in den Pansen und dann weiter in den **Blättermagen** (▷B 5). Hier wird der Nahrung Wasser entzogen. Die Vorverdauung ist damit abgeschlossen. Jetzt gleitet das Futter in den **Labmagen** (▷B 5), den letzten Abschnitt. Hier werden Verdauungssäfte zugegeben und die eigentliche Verdauung beginnt. Im 50–60 m langen Darm gelangen die in ihre Bausteine zerlegten Nährstoffe ins Blut.

Rinder haben ein Pflanzenfressergebiss

Das Gras können Rinder nicht einfach abbeißen, denn sie haben im Oberkiefer keine Schneidezähne. Deshalb umfassen sie mit ihrer rauen, beweglichen Zunge die Grasbüschel und ziehen sie über die scharfe Kante der Schneidezähne im Unterkiefer. Dabei drücken sie das Gras gegen die Knorpelleiste des Oberkiefers, rupfen kurz und schlucken es ohne weiteres Kauen hinunter. Erst beim Wiederkäuen kommen die kräftigen **Backenzähne** (▷B 4) mit einer breiten Kaufläche zum Einsatz. Die Backenzähne des Rindes haben harte Schmelzfalten. Dadurch bekommen sie eine raue Oberfläche, die wie eine Reibe wirkt. Das harte Gras kann so gründlich zerrieben werden.

▶ Rinder sind wiederkäuende Pflanzenfresser. Ihr Magen ist in vier Abschnitte unterteilt.

Aufgaben

1 a) Zeichne den Rindermagen in dein Heft. Beschrifte die einzelnen Abschnitte. Zeichne den ersten Durchgang der Nahrung mit einer roten Linie, den zweiten Durchgang mit einer blauen Linie ein.
b) Schreibe auf, welche Aufgaben die einzelnen Abschnitte des Magens haben.

2 a) Welche Tiere gehören zu den Wiederkäuern? Informiere dich über deren Lebensweise. Erstelle eine kleine Übersicht.
b) Welche Vorteile haben die Wiederkäuer dadurch, dass sie ihr Futter so schnell schlucken und erst später verdauen? Schreibe deine Vermutungen auf.

3 Vergleiche die Backenzähne des Rindes mit denen eines Fleischfressers (Katze/Hund). Zeichne beide Zahnarten in dein Heft.

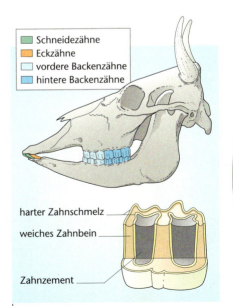

4 Schädel und Backenzahn eines Rindes

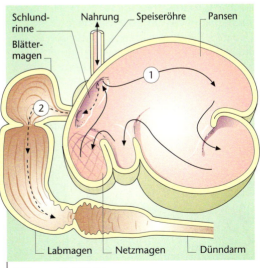

5 Magen eines Rindes

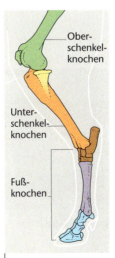

6 Hinterbein, Rind

Wie Rinder gehalten werden

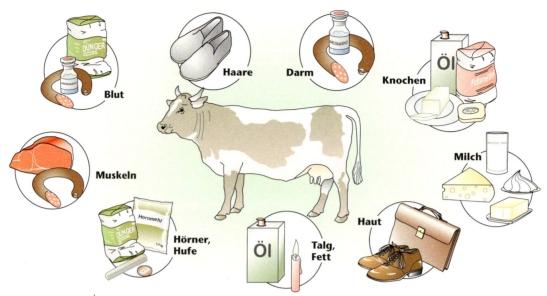

1 Nutzung des Rindes

Weidewirtschaft und Massentierhaltung
Auf der Weide können Rinder weitgehend so leben, wie es ihren natürlichen Bedürfnissen entspricht. Diese Form der Rinderhaltung nennt man **Weidewirtschaft**. Doch kommt sie zunehmend seltener vor. Die meisten Rinder werden heutzutage in Ställen gehalten, die so groß sind, dass sie an Fabrikhallen erinnern. Ziel dieser **Massentierhaltung** ist es, dass viele Tiere von wenigen Menschen versorgt werden können. Nur so können die Produkte (▷ B 1), welche wir aus Rindern gewinnen, billig produziert werden.
Die Tiere stehen auf Betonböden ohne Stroh und können sich kaum bewegen (▷ B 3). Kot und Urin fallen durch Spalten im Boden in die darunterliegenden Güllebehälter. Landwirte brauchen also den Stall nicht auszumisten und sparen dadurch Zeit und Geld. Fließbänder transportieren das Futter heran. Damit die Rinder sich gegenseitig nicht verletzen können, werden ihnen die Hörner entfernt.

Artgerechte Stallhaltung
Bei einer artgerechten Stallhaltung (▷ B 2) wird auf die Lebensgewohnheiten der Tiere Rücksicht genommen. Die Tiere sind nicht angebunden. Sie können Kontakt zueinander aufnehmen und sich frei zwischen Liegeplätzen und voneinander getrennten Futtertrögen bewegen. Das entspricht ihrer natürlichen Lebensweise. Dabei ist so viel Platz vorhanden, dass die Kühe Abstand zueinander halten können, denn Rinder vermeiden Körperkontakte, obwohl es Herdentiere sind. Die Liegeboxen sind mit Stroh oder Sägespänen gefüllt und so geräumig, dass die Kühe ungehindert aufstehen und sich niederlegen können.
Heu und Gras holen sie sich nach Belieben vom Futtertisch. Aus einem Automaten

2 Laufstall

3 Anbindestall

können die Kühe eiweißreiches Kraftfutter bekommen. Moderne Melkanlagen melken die Tiere schonend und erlauben ein bequemes und aufrechtes Arbeiten. So können Landwirte den Gesundheitszustand der Euter und Zitzen gut kontrollieren.

Ein Kälbchen wird geboren
Nur die besten Rinder sollen sich fortpflanzen. Deshalb überlässt man beim Nachwuchs der Kühe nichts dem Zufall. Zeichnet sich ein Bulle durch gute Erbeigenschaften aus, möchte man von ihm möglichst viele Nachkommen. Daher wird heutzutage die Kuh meistens durch künstliche Besamung befruchtet. So ist es möglich, gleichzeitig mehrere Kühe zu befruchten.

Ist die Kuh trächtig, kommt nach einer Tragzeit von neun Monaten ein Kalb auf die Welt (▷ B 4). Wenige Minuten nach der Geburt versucht es, sich auf die noch wackeligen Beine zu stellen. Das Kälbchen wird mit Fell geboren und kann von Anfang an sehen. Das Muttertier leckt mit der rauen Zunge sorgfältig das Fell trocken. Erstes Ziel des Kalbes ist das Euter, aus dem es die Milch saugt (▷ B 5). Sie enthält alle notwendigen Nährstoffe für sein Wachstum. Weil die Kälber ziemlich schnell nach der Geburt der Mutter folgen können, heißen diese Tiere **Nestflüchter**.

Milchkühe
Die Kühe geben erst Milch, nachdem sie ihr erstes Kalb geboren haben. Dann wird in den **Milchdrüsen** des Euters aus den Nährstoffen im Blut Milch gebildet. Der Mensch melkt die Kühe weiter, auch wenn die Kälber schon aufgehört haben zu trinken. So produzieren die Kühe weiterhin Milch. Doch die Kuh muss jedes Jahr ein Kalb bekommen, sonst gibt sie keine Milch mehr. Unsere Milchkühe erhalten hochwertiges Kraftfutter, sodass sie viel Milch geben und zweimal am Tag gemolken werden können. Sie geben zwischen 5 000 und 8 000 l Milch pro Jahr.

Aufzucht
Mastkälber kommen oft in Einzelboxen, in denen sie sich nur wenig bewegen können und keinen Kontakt zu Artgenossen haben. Sie erhalten energiereiches Mastfutter, damit sie viel Fleisch in möglichst kurzer Zeit ansetzen. Nach ungefähr zehn Monaten haben sie ihr Schlachtgewicht erreicht.

▷ Das Rind liefert Milch und Fleisch sowie viele andere Produkte. Moderne Großställe enthalten automatische Melk- und Fütterungsanlagen. So ist eine preisgünstige Produktion von Milch und Fleisch möglich.

4 Ein Kalb wird geboren.

5 Ein Kalb wird gesäugt.

6 Mastkälber im Laufstall

7 Mastkälber im Boxenstall

Aufgaben
1 Auf welche natürlichen Verhaltensweisen der Rinder sollten Landwirte bei der Stallhaltung Rücksicht nehmen?

2 Sieh dich in einem Supermarkt um, welche Produkte aus Milch angeboten werden. Sammle Bilder aus Zeitschriften und fertige eine Collage dazu an.

Das Leben mit Pferdestärken

1 Ausritt

2 Junge mit Pferd

3 Polizeipferde im Einsatz

Kaltblut

Warmblut

Vollblut

4 Pferdetypen

Pferde unterscheiden sich im Körperbau

Wenn du Pferde einmal genauer betrachtest, fallen dir Unterschiede in der Fellfarbe, in der Größe und in der Gestalt auf. Pferde werden nach ihrem Körperbau eingeteilt in **Kaltblut**, **Warmblut** und **Vollblut** (▷ B 4). Diese Typenbezeichnung hat natürlich nichts mit der Temperatur des Blutes zu tun, die selbstverständlich bei allen gleich ist.

Kaltblutpferde wirken wuchtig und kommen dort zum Einsatz, wo mehr Kraft als Schnelligkeit gebraucht wird. Deshalb arbeiten sie vor allem als Zugpferde, wobei ihre Ruhe und die langsamen Bewegungen von Vorteil sind.

Im Gegensatz dazu sind Vollblüter temperamentvoll und schnell. Sie gelten als die edelsten und schönsten Pferde. Zwischen diesen beiden gegensätzlichen Typen liegen die Warmblutpferde mit ihrem kompakten, aber eleganten Körperbau. Sie sind die häufigsten Reit- und Nutzpferde.

Ponys sind widerstandsfähige und genügsame Tiere, die anders als ihre großen Verwandten den überwiegenden Teil ihrer Zeit im Freien verbringen können. Sie brauchen nur ein Schutzdach. Ponys kann man reiten, aber auch vor kleine Kutschen spannen.

▶ Pferde werden nach ihrem Körperbau eingeteilt in Kaltblut, Warmblut und Vollblut.

Immer mehr Kinder und Erwachsene verbringen ihre Freizeit mit Pferden oder Ponys. Auf Reiterhöfen kannst du lernen, wie du mit Pferden umgehst oder reitest.

Noch vor wenigen Jahren waren Pferde aus dem Arbeitsleben fast ganz verschwunden. Heute haben wir Menschen die vielfältigen Einsatzmöglichkeiten dieser Tiere wieder neu entdeckt. Überall dort, wo Fahrzeuge nicht eingesetzt werden können oder störend sind, kommen Pferde wieder öfter zum Einsatz (▷ B 3).

Auf der Speisekarte der Pferde stehen Pflanzen

Pferde sind **Weidetiere**, die den ganzen Tag fressen. Mit ihren weichen Lippen umschließen sie das Futter und rupfen es mit den schräg gestellten Schneidezähnen ab. Bevor es geschluckt wird, zermahlen die großen Backenzähne das Futter. Dabei nutzen sie sich nach und nach ab. Geschulte Pferdehalter können an dieser Abnutzung das Alter des Pferdes erkennen. Der kleine Magen kann nur wenig Futter aufnehmen. Deshalb müssen Pferde viel häufiger fressen als Kühe, denn sie sind keine Wiederkäuer.

Das Leben mit Pferdestärken

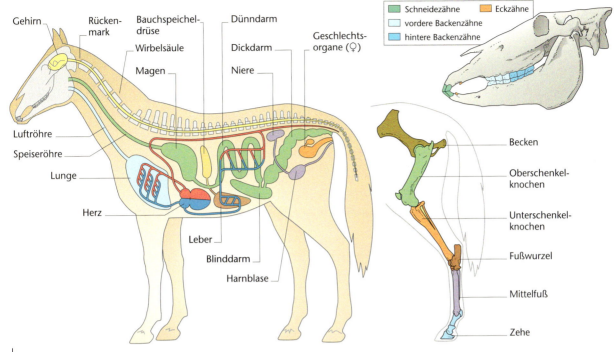

5 Körperbau eines Pferdes

Die Hauptverdauungsarbeit leisten dann der lange Darm und ein riesiger Blinddarm.

▶ Pferde haben ein Pflanzenfressergebiss und sind keine Wiederkäuer.

Schnelles Laufen auf Zehenspitzen
Ausdauer und Geschwindigkeit werden durch den Bau des Beinskeletts aus kräftigen Knochen (▷ B 5) möglich.
Pferde treten nur mit der Spitze einer Zehe, der verbreiterten Mittelzehe, auf. Sie sind **Zehenspitzengänger**.
Jeweils ein Zehennagel aus Horn umschließt als Huf das vorderste Zehenglied. Pferde sind also **Unpaarhufer**.
Der Huf berührt den Boden nur mit seinen harten Rändern. Auf steinigem Untergrund braucht er ein schützendes Hufeisen. Das Pferd wird dann „beschlagen" (▷ B 7). Der englische Begriff „horse shoe" für das Hufeisen macht die Funktion des Eisens besonders deutlich.
Pferde laufen in verschiedenen **Gangarten** unterschiedlich schnell (▷ B 6). Im **Schritt** könntest du nebenher gehen. Beim **Trab** müsstest du schon ein Fahrrad benutzen. **Galoppiert** ein Pferd, kannst du im Auto hinterher fahren. Gute Rennpferde erreichen Geschwindigkeiten bis zu 60 km/h.

▶ Pferde sind Unpaarhufer. Sie treten als Zehenspitzengänger nur mit den Spitzen der Mittelzehen auf.

Aufgaben
1. Erstellt in Gruppen Plakate mit Abbildungen aus Zeitschriften, auf denen Pferde mit unterschiedlichen „Berufen" zu sehen sind und ordnet sie den drei Pferdetypen zu.

2. Vergleiche das Gebiss von Pferd und Rind und erkläre, warum die beiden Tiere so unterschiedlich Nahrung aufnehmen.

3. Begründe, warum ein Pferd auf der Weide fast den ganzen Tag lang frisst.

7 Beim Hufschmied

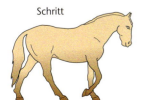
Schritt

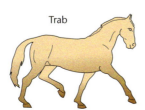
Trab

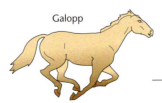
Galopp

6 Gangarten der Pferde

47

Schlusspunkt

Menschen halten Tiere – und sind für sie verantwortlich

▶ Vom Wildtier zum Haustier
In vielen tausend Jahren sind durch Zähmung und Züchtung aus wild lebenden Vorfahren unsere Haus- und Nutztiere entstanden.

Wenn Menschen Tiere halten, übernehmen sie eine große Verantwortung. Durch artgerechte Haltung nehmen wir auf die Lebensbedürfnisse unserer Haus- und Nutztiere Rücksicht und sorgen dafür, dass es ihnen gut geht.

▶ Unsere Haus- und Nutztiere gehören zu den Wirbeltieren
Wirbeltiere haben ein Knochengerüst mit Wirbelsäule – das Skelett. Es stützt den Körper und gibt ihm seine Gestalt.

▶ Fortbewegung auf Beinen
Die Beine der Wirbeltiere haben alle den gleichen Grundbauplan, auch wenn sie bei den verschiedenen Tieren unterschiedlich aussehen.
Katzen und Hunde treten nur mit den Zehen auf, sie sind Zehengänger.
Rinder und Pferde laufen nur auf den Zehenspitzen und sind Zehenspitzengänger.

▶ Säugetiere entwickeln sich im mütterlichen Körper
Nach der Geburt säugt die Mutter ihre Jungen bis sie sich selbstständig ernähren können. Die Jungen von Katze und Hund werden von den Tiermüttern eine Zeit lang versorgt und gepflegt.
Herdentiere wie Rinder und Pferde müssen bald nach der Geburt laufen können und mit der Herde weiterziehen.

▶ Jagen oder weiden
Katzen jagen als Einzelgänger. Sie sind Raubtiere, die als Schleichjäger ihre Beute fangen. Durch besonders lichtempfindliche Augen und ein gutes Gehör können sie auch in der Dämmerung erfolgreich jagen.

Hunde sind Raubtiere, die ursprünglich im Rudel jagten und die Beute als Hetzjäger gemeinsam erlegten. Als „Nasentiere" können sie besonders gut riechen. Außerdem besitzen sie ein ausgezeichnetes Gehör.

Rinder schlucken zunächst große Mengen Pflanzennahrung, die sie als Wiederkäuer hochwürgen und dann erst zerkauen. Vier Mägen sind an der Verdauung beteiligt.

Pferde sind Pflanzenfresser, die den ganzen Tag weiden. Da sie keine Wiederkäuer sind, müssen sie ihren kleinen Magen portionsweise füllen.

▶ Gebisse und Nahrung sind aufeinander abgestimmt
Katzen und Hunde haben ein Fleischfressergebiss mit besonderen Fang- und Reißzähnen.
Rinder und Pferde fressen Pflanzennahrung, die von breiten, grobhöckrigen Backenzähnen im Pflanzenfressergebiss zermahlen wird.

▶ Zu viele Tiere auf zu wenig Raum
Rinder werden oft in riesigen Ställen und viel zu engen Boxen gehalten, in denen sie sich kaum bewegen können. Ihr Futter können sie nicht mehr selber suchen, denn große Futterautomaten liefern die vorberechnete Menge und Mischung.

Massentierhaltung wird nötig, wenn viel Fleisch zu niedrigen Preisen angeboten werden soll.

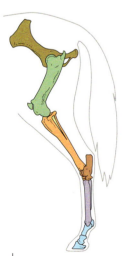
1 Hinterbein, Pferd

2 Berner Sennenhund

Menschen halten Tiere – und sind für sie verantwortlich

Aufgaben

1 Können Tiere Freunde sein? Diskutiert über folgende Aussagen:
Freunde teilen miteinander.
Freunde unternehmen etwas gemeinsam (▷ B 2).

2 Was müssen Menschen beachten, wenn sie sich Haustiere halten? Erstelle dazu ein Merkblatt.

3 „Je nach Gebissart ernähren sich die Haustiere unterschiedlich." Beschreibe das jeweilige Gebiss und erkläre die Aussage am Beispiel von Rind, Pferd, Hund und Katze.

4 Welche Grundausrüstung brauchen Katze und Hund, wenn du sie zu dir nimmst?

5 In Bild 3 kannst du einige Redewendungen lesen.
a) Ordne zu und erkläre, woher die Redewendung kommt.
b) Kennst du noch weitere Redensarten?

6 Richtig zusammengesetzt ergeben die Silbenschnipsel in Bild 1 die Namen der abgebildeten Tierkinder und deren Elterntiere. Schreibe die Namen in eine Tabelle, geordnet nach der jeweiligen Tierart.

ber – Bul – chen – chen – de – din – E – Fer – Foh – gst – Ha – ne – Hen – hn – Hen – Hün – K – Ka – Kat – Kälb – Kätz – kel – ken – Kü – le – len – pe – Rü – Sau – Stu – ter – te – uh – Wel – ze

1 Zu Aufgabe 6

1 Katzenwäsche machen.

A Jemanden lange hinhalten.

2 Wie die Katze um den heißen Brei herumschleichen.

B Wer etwas angestellt hat, wird es wieder tun.

3 Mit jemandem Katz und Maus spielen

C Sich nicht an eine Sache herantrauen.

4 Eine Katze im Sack kaufen.

D Sich nur flüchtig waschen.

5 Die Katze lässt das Mausen nicht.

E Etwas kaufen ohne es genau zu kennen.

2 Zu Aufgabe 1

3 Zu Aufgabe 5

Startpunkt

Ohne Wirbel
durch das Leben

Für den Menschen sind einige wirbellose Tiere nützlich, andere jedoch schädlich. So stellen Bienen Honig her, aber Schnecken fressen unseren Salat.

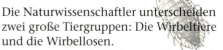

Die Naturwissenschaftler unterscheiden zwei große Tiergruppen: Die Wirbeltiere und die Wirbellosen.
Säugetiere, Vögel, Fische, Reptilien und Lurche sind Wirbeltiere. Zu den wirbellosen Tieren gehören Insekten, Würmer, Krebse, Schnecken und Spinnen.

Die wirbellosen Tiere unterscheiden sich von den Wirbeltieren vor allem dadurch, dass sie keine Wirbelsäule besitzen. Dafür besitzen viele Wirbellose eine harte Haut, die ihnen Festigkeit und Gestalt verleiht. Andere Wirbellose, wie die Weinbergschnecke, tragen sogar ihr eigenes Haus auf dem Rücken.

Der Regenwurm und die Kellerassel sind häufig im Garten oder Haus anzutreffen. Doch wie leben diese Tiere? Dieses Kapitel gibt dir Antworten auf diese Frage.

Werkstatt

Versuche mit dem Regenwurm

Alle Versuche, an denen lebende Tiere – also auch unser Regenwurm – beteiligt sind, musst du äußerst vorsichtig und behutsam durchführen.

1 Die Fortbewegung
Material
Glasscheibe, Papier

Versuchsanleitung
Lege den Wurm auf eine befeuchtete Glasplatte und beschreibe, wie er sich fortbewegt. Das unten stehende Bild kann dir dabei helfen. Lasse den Wurm danach auf einem Blatt Papier kriechen. Sei ganz leise und beschreibe dann, was du gehört hast. Erkläre!

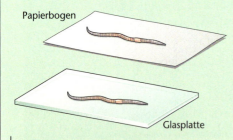

1 Welche Geräusche macht der Regenwurm?

2 Wie mögen es Regenwürmer – hell oder dunkel?
Material
Glasrohr, schwarzes Papier, Klebefilm

Versuchsanleitung
Lasse den Wurm in eine Glasröhre kriechen. Nimm einen Bogen schwarzes Papier und umhülle einen Teil des Glasrohres damit, sodass der Wurm etwas bedeckt ist. Wie reagiert das Tier? Erkläre sein Verhalten.

2 Mag er Helligkeit oder Dunkelheit?

3 Reaktion auf chemische Reize
Material
Pinsel, Glasscheibe, verdünnte Essigsäure

Versuchsanleitung
Ziehe auf der Glasplatte um den Regenwurm herum einen Kreis mit dem Pinsel, den du in verdünnte Essigsäure getaucht hast. Beobachte wie der Wurm reagiert, wenn er mit der Essigsäure in Berührung kommt.

3 Mag der Wurm Essigsäure?

4 Reaktion auf Berührung
Material
Bleistift

Versuchsanleitung
Berühre den Wurm vorsichtig mit der Spitze des Bleistifts und beschreibe seine Reaktion. Versuche zu erklären.

5 Wie reagiert der Regenwurm auf Geräusche?
Versuchsanleitung
Klatsche neben dem Wurm ganz laut in die Hände. Wie reagiert er?

6 Durchmischen die Würmer wirklich den Boden?
Material
Großes Einmachglas, heller Sand, dunkle Gartenerde, dunkles Tuch, Salat, Haferflocken

Versuchsanleitung
Fülle das Einmachglas abwechselnd mit je 2 Schichten Gartenerde und Sand. Die Schichten sollten jeweils etwa 4 cm dick sein. Gib nun zwei bis drei Regenwürmer in das Glas und decke es mit dem dunklen Tuch ab.

Feuchte die Erde alle zwei bis drei Tage vorsichtig mit wenig Wasser an. Gib auch etwas Nahrung in das Glas, zum Beispiel Salatblätter oder Haferflocken.

Beobachte über einen Zeitraum von 3 bis 4 Wochen, was sich in dem Glas verändert. Notiere deine Beobachtungen.

4 Material zu Versuch 6

Aufgabe
Überlege dir einen Versuch, mit dem du zeigen kannst, wie der Wurm auf Kälte und Wärme reagiert.

Der Regenwurm

1 Ein nützlicher Geselle – der Regenwurm

Der rege Wurm
Seinen Namen hat der Regenwurm (▷ B 1) wohl daher, dass man ihn meist nur nach starken Regenfällen an der Erdoberfläche sieht. Er muss dann aus dem Boden herauskommen, um nicht zu ertrinken. Eine andere Erklärung für seinen Namen stammt aus dem Mittelalter: Zu dieser Zeit sprach man vom „regen" Wurm und spielte damit auf seine unaufhaltsame Wühltätigkeit an.

Ein Wurm mit großer Bedeutung
Die biologische Bedeutung des Regenwurms ist sehr groß. Durch das Graben unterirdischer Gänge lockert er das Erdreich, sodass es gut durchlüftet wird. Der Regenwurm frisst sich regelrecht durch den Boden. Er nimmt ständig Erde auf und ernährt sich von den darin enthaltenen pflanzlichen und tierischen Überresten. Mit seinen Ausscheidungen düngt er den Boden und sorgt für die Humusbildung. Somit spielen Regenwürmer bei der Kompostierung von Abfällen in der Natur eine wichtige Rolle.

Ein nächtlicher Pflanzenfresser
Der Regenwurm kommt meist nur nachts an die Erdoberfläche, um nach Nahrung zu suchen. Er zieht mit dem Mund Pflanzenteile in seine Röhre hinein. Nur wenn sie angefault sind, können sie dem Regenwurm als Nahrung dienen. Frisches Laub kann er nicht fressen, da er weder einen Kiefer noch Zähne besitzt.

Ein schleimiger Geselle
Der Regenwurm atmet über die gesamte Hautoberfläche. Damit seine Haut feucht bleibt, sondert er **Schleim** ab. Außerdem benötigt er eine feuchte Umgebung.

Wie er leibt und lebt
Der Körper des Regenwurms kann bis zu 30 cm lang werden und ist in bis zu 180 Abschnitte gegliedert. Das Vorderteil befindet sich in der Nähe des Gürtels. Fortbewegen kann sich der Wurm mithilfe der **Borsten**, die an jedem Körperabschnitt aus der Haut ragen.

Ein australischer Verwandter unseres einheimischen Regenwurms kann die erstaunliche Länge von bis zu 3 m erreichen.

Nicht ohne Sinne
Der Regenwurm kann eine ganze Reihe von Umweltreizen aufnehmen und darauf reagieren. Er besitzt am gesamten Körper **Lichtsinneszellen**, mit denen er zwischen Helligkeit und Dunkelheit unterscheiden kann. Er reagiert auch auf chemische Reize, das hilft ihm bei der Nahrungssuche. Außerdem kann er Erschütterungen und Temperaturreize wahrnehmen. Hören kann er allerdings nicht.

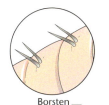

Aus eins mach zwei
Es stimmt nicht, dass man einen Regenwurm in der Mitte teilen kann und dann zwei Würmer hat. Wird ein Regenwurm z. B. von einem Vogel beim Fressen versehentlich geteilt, so kann das Vorderteil wieder ein neues Hinterende ergänzen. Ein abgetrenntes Hinterende kann aber meist kein neues Vorderteil nachbilden, es stirbt ab.

Häufig trotz vieler Feinde
Der Regenwurm hat viele Feinde. Vögel, Kröten, Maulwürfe und viele andere Tiere fressen ihn mit Vorliebe. Da sich der Regenwurm aber sehr stark vermehrt, ist er ein häufig vorkommendes Tier. Unter einem Quadratmeter Wiesenboden kann man bis zu 300 dieser Würmer finden.

> Regenwürmer sind an das Leben im Boden angepasst. Sie brauchen Feuchtigkeit und fressen vermodernde Pflanzenteile. Sie sind für die Bodenqualität sehr nützlich.

Strategie

Ein Arbeitsblatt für die Klasse

Du sollst bis zur nächsten Woche für deine Mitschülerinnen und Mitschüler ein Arbeitsblatt über den Regenwurm erstellen. Dazu hast du die entsprechenden Seiten im Schulbuch durchgelesen und noch über 20 Seiten aus dem Internet ausgedruckt.
Wie bekommst du nun eine sinnvolle Gliederung in diese Informationsmenge?

A. Was ist wichtig?
Frage dich zuerst, was deine Klassenkameraden über den Regenwurm unbedingt wissen sollten. Notiere die Begriffe, die du gefunden hast, auf kleine Kärtchen. Schreibe zu jedem Begriff ein oder zwei Stichworte.

B. Interessant gestalten – gewusst wie!
Wenn du dir genügend Fragen überlegt hast, geht es an die Gestaltung deines Arbeitsblattes. Es sollte möglichst abwechslungsreich sein. Du weißt sicher, dass Menschen sich auf unterschiedliche Weise Dinge einprägen und lernen: Manche brauchen ein Bild zum Anschauen, andere lesen lieber einen Text.

Auf dieser Seite findest du viele Ideen, wie du dein Arbeitsblatt gestalten kannst. Sicher fallen dir noch weitere ein. Schau auch einmal in Rätselheften nach.

Du könntest zum Beispiel danach fragen, woher der Regenwurm seinen Namen hat.

Plane genügend Platz für die Antworten ein. Du kannst mit der Anzahl der Striche schon eine kleine Hilfe geben, wie viele Erklärungsmöglichkeiten es geben könnte.

Aber nur Fragen zu stellen, die sich auf den Text im NWA-Buch beziehen, ist nicht so spannend. Bemühe dich deshalb, Fragen zu entwickeln, die auf unterschiedliche Weise beantwortet werden können.

Auch ein Lückentext ist interessant, in den deine Mitschülerinnen und Mitschüler wichtige Begriffe eintragen können. Dabei kannst du die fehlenden Begriffe auf dem Arbeitsblatt bereits vorgeben oder auch nicht.

In einem Wortsuchspiel kannst du wichtige Begriffe verstecken. Vielleicht findest du ein entsprechendes Programm im Internet. Ansonsten kannst du die Tabellenfunktion deines Schreibprogramms benutzen. Gib noch an, wie die Begriffe im Wortsuchspiel verteilt sind: vorwärts, rückwärts, waagerecht, senkrecht oder diagonal.

Auf dein Arbeitsblatt darfst du auch etwas zeichnen, wenn du das kannst. Beziehe diese Zeichnung in deine Frage mit ein. Deine Mitschülerinnen und Mitschüler erinnern sich vielleicht später noch an diese Zeichnung und dann fallen ihnen die Begriffe dazu schneller wieder ein.

DAS GROSSE REGENWURM-RÄTSEL

Ergänze die fehlenden Wörter:

Ein Regenwurm _____ über seine Hautoberfläche. Deshalb braucht er viel _____. Er sondert _____ ab, damit er nicht austrocknet und die Haut immer _____ bleibt.

Hier haben sich drei Feinde des Regenwurms versteckt. Finde sie und rahme sie farbig ein.

K	I	B	J	P	A	M	N
V	O	G	E	L	P	D	S
B	A	F	W	E	Z	T	E
R	N	X	T	N	S	D	J
—	R	Ö	F	K	C	H	O
—	R	U	W	L	U	A	M
—	Y	Q	U	P	G	K	L
—	A	L	T	S	I	E	K

Was frisst ein Regenwurm?
Setze die Silben richtig zusammen.

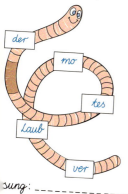

der — mo — tes — Laub — ver

Lösung: _____

Stimmt's oder stimmt's nicht?
Du musst dich entscheiden.
Sind alle Antworten richtig, ergeben die roten Buchstaben ein Lösungswort:

Unter einem Quadratmeter Wiesenboden leben
a) 30 Regenwürmer (R)
b) 300 Regenwürmer (H)

Der Körper eines Regenwurms ist gegliedert in
a) 20 Segmente (E)
b) 180 Segmente (U)

Der Regenwurm kann
a) hören (S)
b) nicht hören (M)

Der Regenwurm mag
a) Helligkeit (L)
b) Dunkelheit (U)

Regenwürmer kommen aus der Erde
a) bei Hitze und Trockenheit (A)
b) bei starkem Regen (S)

Lösung: _____

Hoppla, hier ist etwas durcheinandergeraten. Kannst du erklären, was?

SUUHM _____
Erklärung: _____

NIICHT _____
Erklärung: _____

SORTBEN _____
Erklärung: _____

MILCHSE _____
Erklärung: _____

Bei den „Stimmt/stimmt nicht"-Fragen müssen sich deine Mitschülerinnen und Mitschüler entscheiden, welche der beiden angegebenen Antworten richtig ist. Formuliere die falsche Antwort nicht zu unwahrscheinlich, damit sie überlegen müssen.

Wenn du hinter die falschen und richtigen Antworten noch Buchstaben setzt, könnte sich am Schluss – wenn alle richtigen Antworten erkannt wurden – ein Lösungswort ergeben.

Wie wäre es mit einem Kreuzworträtsel? Auch dazu findest du im Internet entsprechende Programme.

Anstelle eines Kreuzworträtsels kannst du die Buchstaben wichtiger Begriffe auch durcheinander wirbeln. Deine Mitschülerinnen und Mitschüler müssen sie zu sinnvollen Wörtern ordnen. Lasse sie die Begriffe dann aber noch einmal mit eigenen Worten erklären.

Vielleicht findest du zum Schluss noch einen Spruch oder einen Comic. Dann lösen deine Mitschülerinnen und Mitschüler dein Arbeitsblatt sicher mit noch mehr Spaß.

Die Weinbergschnecke

1 Die Weinbergschnecke

2 Schnecken bei der Paarung

3 Ablegen der Eier

Auf leisen Sohlen ganz langsam durch die Welt

Schnecken sind Tiere, die man meist nur nach einem Sommerregen, in der Dämmerung oder nachts sieht. Da die Schnecken viel Feuchtigkeit brauchen, leben sie an warmen Tagen meist versteckt in feuchter Umgebung. Die Weinbergschnecke (▷ B 1) ist die größte einheimische Gehäuseschnecke. Wie alle Schnecken gehört sie zu den **Weichtieren**, zu denen man auch Muscheln und Tintenfische zählt.

Eine Zunge zum Raspeln

Weinbergschnecken sind Pflanzenfresser. Sie besitzen einen harten Oberkiefer und eine Raspelzunge, die **Radula** (▷ B 4). Diese Zunge ist mit feinen Chitinzähnchen besetzt, mit denen das Tier Pflanzenteile geradezu abraspelt.
Chitin ist eine feste und doch elastische Substanz, aus der z. B. auch der Insektenkörper aufgebaut ist.

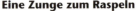

4 Radula (vergrößerter Ausschnitt)

Wie sie lebt

Die Weinbergschnecke hat einfache Augen, mit denen sie grobe Umrisse erkennen kann. Die Augen sitzen an dem langen Fühlerpaar am Kopf und können bei Gefahr eingezogen werden.
Schnecken brauchen zur Fortbewegung ständig Feuchtigkeit. Sie sondern Schleim ab, sodass sie von einem Feuchtigkeitsfilm umgeben sind.

Weinbergschnecken sind **Zwitter**, d. h. jedes Tier besitzt männliche und weibliche Geschlechtsorgane. Nach der Paarung (▷ B 2) legen die Tiere etwa 80 Eier in eine selbst gegrabene Erdhöhle ab (▷ B 3). Nach wenigen Wochen schlüpfen die Jungtiere, die bereits ein kleines Schneckenhaus auf dem Rücken tragen (▷ B 6).

Im sicheren Haus durch den Winter

Vor dem Winter graben sich die Tiere in lockeres Erdreich ein, ziehen sich in ihr Haus zurück und verschließen dieses mit einem festen Kalkdeckel. Dann fallen sie in eine **Winterstarre** (▷ B 5).

▶ Weinbergschnecken sind Zwitter. Sie gehören zu den Weichtieren.
Weil sie Feuchtigkeit brauchen, sondern Schnecken ständig Schleim ab.

Aufgabe

1 Informiere dich über andere Schnecken, die kein Gehäuse besitzen.

5 Schnecken überwintern im Boden

6 Frisch geschlüpfte Jungschnecken

Werkstatt

Den Schnecken auf der Spur

Vorsicht!
Mit lebenden Weinbergschnecken müsst ihr stets sehr vorsichtig und behutsam umgehen!

1 Betrachten und Beobachten der Schnecke

Material
Glasplatte

Versuchsanleitung
Setze die Schnecke auf die Glasplatte. Betrachte ganz sorgfältig ihren Körperbau (▷ B 2). Suche das Atemloch und beobachte, wie die Atemöffnung langsam geschlossen und geöffnet wird.
Betrachte nun die Schnecke auf der Glasplatte von unten und beobachte, wie sie sich fortbewegt. Beschreibe die Art der Bewegung des Fußes. Notiere deine Beobachtungen.

2 Sinnesleistungen

Material
Glasplatte, Apfel, Messer, verdünnte Essigsäure, Pinsel

Versuchsanleitung
Setze die Schnecke auf die Glasplatte und ziehe mit einem Apfelstück eine Duftspur auf dem Glas (▷ B 1). Beobachte, wie die Schnecke reagiert, und notiere deine Beobachtungen.
Ziehe danach mithilfe des Pinsels eine Essigsäurespur um das Tier. Beobachte und beschreibe wie die Schnecke reagiert, wenn sie die Essigsäurespur berührt.

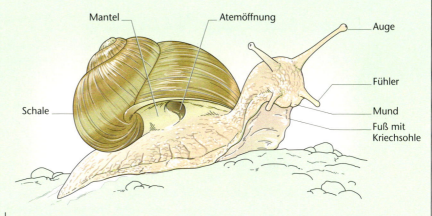

2 Körperbau einer Schnecke

3 Hindernislauf

Material
Glasplatte, Messer

Versuchsanleitung
Wenn du herausfinden willst, wie gut Schnecken Hindernisse überwinden, dann führe den folgenden Versuch durch: Lege vorsichtig ein scharfes Messer oder Skalpell flach auf die Glasplatte und setze die Schnecke darauf (▷ B 3a). Stelle das Messer nun senkrecht (▷ B 3b) auf und beobachte, wie die Schnecke sich verhält.

4 Die Rennschnecke

Material
Glasplatte, Lineal, Stoppuhr

Versuchsanleitung
Du kannst auch messen, wie schnell deine Schnecke ist. Miss mit der Stoppuhr, wie lange deine Schnecke braucht, um eine Strecke von 10 cm zurückzulegen. Notiere die Zeit und vergleiche sie mit den Ergebnissen deiner Klassenkameraden. Wer hat die schnellste Schnecke?

5 Wie frisst die Schnecke?

Material
Salatblätter

Versuchsanleitung
Füttere deine Schnecke mit einem Salatblatt. Achte auf die Geräusche und beschreibe sie. Was kannst du hören?

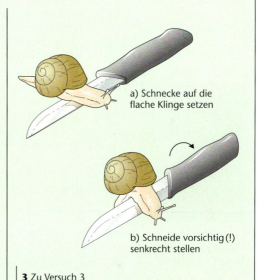

a) Schnecke auf die flache Klinge setzen

b) Schneide vorsichtig (!) senkrecht stellen

3 Zu Versuch 3

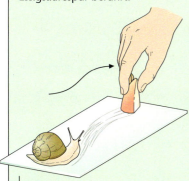

1 Zu Versuch 2

4 Zu Versuch 4

Der Mehlkäfer

1 Der Mehlkäfer und seine Larven fressen gerne Brot.

Vier Stufen zum Käfer

Aus einem etwa 1,5 mm langen, ovalen Ei schlüpft eine **Larve**, die ungefähr 2 mm lang ist. Diese Larve wird oft auch **Mehlwurm** genannt, obwohl es eigentlich kein Wurm ist.

Die kleine Larve muss sich etwa 10- bis 20-mal häuten, bevor sie ihre endgültige Größe von etwa 25 bis 30 mm erreicht hat. Eine frisch gehäutete Larve ist meist weiß und bekommt erst nach einigen Tagen ihre gelbliche Farbe.

Nach ungefähr vier bis fünf Monaten verpuppt sich die Larve. Die **Puppe** ist etwas kleiner als die Larve, meist etwa 15 mm lang. Das Puppenstadium dauert noch einmal elf Tage. Dann schlüpft der fertige Käfer. Der Schlüpfvorgang kann bis zu einer Stunde dauern. Der frisch geschlüpfte Käfer ist zunächst weiß und bekommt nach einigen Tagen seine dunkelbraune bis fast schwarze Farbe.

Die Käfer pflanzen sich sehr bald schon wieder fort. Sie leben nur wenige Monate und sterben dann. Das Weibchen kann bis zu 500 Eier legen. Aus diesen Eiern schlüpfen dann nach einer Woche die neuen Larven und der Lebenszyklus beginnt von vorne. Das Leben eines Mehlkäfers vom Schlüpfen bis zum Tod dauert etwa sechs bis sieben Monate.

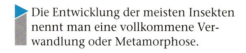

2 Der Kopf eines Käfers, stark vergrößert

Ein interessanter Schädling

Der Mehlkäfer ist ein Vorratsschädling in unseren Haushalten (▷ B 1). Sowohl die Larven, die als Mehlwürmer bezeichnet werden, als auch die erwachsenen Käfer ernähren sich von Getreideprodukten, wie Teig- und Backwaren. Durch die moderne Vorratshaltung kann er heute allerdings nur noch wenig Schaden anrichten. Mehlkäfer werden als Futtertiere für Insekten fressende Terrarienbewohner gezüchtet. Man kann sie im Zoofachgeschäft kaufen und dann selber weiter züchten. Vor allem die Entwicklung der Mehlkäfer ist interessant. Sie umfasst vier verschiedene Stadien: Ei, Larve, Puppe und erwachsener Käfer (▷ B 2). Diese Art der Entwicklung nennen Biologen eine vollständige Verwandlung oder **Metamorphose**. In einer Mehlkäferzucht findest du meist alle Stadien der Entwicklung und kannst sie dir genau ansehen.

▶ Die Entwicklung der meisten Insekten nennt man eine vollkommene Verwandlung oder Metamorphose.

Aufgaben

1 Informiere dich im Internet über die Entwicklung bei Schmetterlingen.

2 Versuche herauszufinden, welche Insekten keine Metamorphose durchlaufen. Stelle einen kurzen Bericht zusammen.

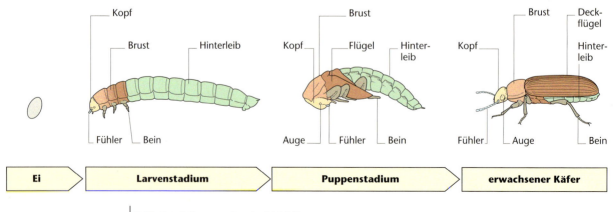

3 Die Entwicklungsstadien des Mehlkäfers

Werkstatt

Die Entwicklungsstadien des Mehlkäfers

1 Eine Aufzuchtstation für Mehlkäfer

1 Wir züchten Mehlkäfer

Material
Großes Einmachglas, Gaze, Kleie, Mehl, trockenes Brot, Apfelscheiben, feuchtes Tuch

Versuchsanleitung
Um die Entwicklungsstadien des Mehlkäfers betrachten zu können, musst du dir eine Mehlkäferzucht anlegen (▷ B 1).
Dazu gibst du in das Einmachglas etwas Kleie, Mehl und trockenes Brot. Außerdem brauchen die Käfer Feuchtigkeit. Lege deshalb noch einige Apfelscheiben dazu.

Das Glas verschließen wir mit einer Gaze und stellen es an einen nicht zu hellen Platz. Gelegentlich muss man die Gaze befeuchten. Einmal pro Woche sollte das Glas mit einem feuchten Tuch gereinigt werden, damit sich kein Schimmel bildet. Sei vorsichtig und achte darauf, dass du die Puppen oder Larven dabei nicht schädigst.

In regelmäßigen Abständen kannst du nun das Leben im Glas beobachten. Du erkennst sicher bald die verschiedenen Stadien der Entwicklung.

2 Wie sieht der Körper einer Mehlkäferlarve aus?

Material
Petrischale, Lupe, Mehlwurm

Versuchsanleitung
Lege die Larve des Mehlkäfers, den „Mehlwurm", in eine Petrischale und betrachte sie unter der Lupe. Beschreibe:
a) Wie ist der Körper aufgebaut?
b) Wie viele Beine hat das Tier und wo sitzen diese?
c) Fertige eine Skizze an.
d) Informiere dich, warum Mehlkäfer schädlich sind und wie sie sorgfältig entsorgt werden können.

2 Zu Versuch 2

3 Wir betrachten den fertigen Mehlkäfer

Material
Petrischale, Lupe, Mehlkäfer

Versuchsanleitung
Betrachte auch einen Mehlkäfer genau mit der Lupe und beschreibe sein Aussehen.
a) Wie ist der Körper aufgebaut?
b) Fertige eine Skizze an.

4 Mögen es die Mehlwürmer hell oder dunkel?

Material
Mehlwürmer, Petrischale, weißes Papier, Schere, schwarzes Papier, Tacker

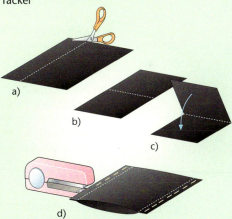

3 Zu Versuch 4

Versuchsanleitung
Bastele zunächst nach der Anleitung in Bild 3 eine Tüte aus schwarzem Papier.
Schneide aus dem weißen Papier einen Kreis aus, der genau in die Petrischale passt. Schiebe die Petrischale anschließend zur Hälfte in die schwarze Papiertüte.
Lege nun 2 bis 3 Mehlwürmer auf den unbedeckten Teil der Schale. Beobachte, was die Mehlwürmer tun.

Aufgaben
1. Überlege dir weitere Experimente, die man mit dem Mehlwurm durchführen könnte.

2. Überlege dir ein Experiment, mit dem man herausfinden kann, was der Mehlwurm am liebsten frisst.

Werkstatt

Wie Asseln leben

Asseln findest du an feuchten, dunklen Orten rund um das Haus oder im Garten unter Steinen und Laub.
In einem großen Einmachglas kann man sie in feuchter Erde mit etwas Laubstreu gut halten (▷ B 2). Dabei musst du darauf achten, dass die Erde ständig feucht bleibt.

Wir wollen untersuchen, wie Asseln auf verschiedene Umweltbedingungen reagieren.

Führst du Experimente mit lebenden Tieren durch, musst du sehr sorgfältig mit ihnen umgehen. Die Tiere dürfen nicht gequält oder in einer anderen Weise geschädigt werden.

1 Wie mögen es Asseln – trocken oder feucht?

Material
Petrischalen, Haushaltstücher

Versuchsanleitung
Lege in eine Hälfte der Petrischale ein feuchtes Haushaltstuch. Die andere Hälfte bleibt trocken (▷ B 1). Gib einige Asseln in die Petrischale und beobachte sie. Notiere das Ergebnis deiner Beobachtungen.

2 Wie reagieren Asseln auf Helligkeit?

Material
Petrischalen, Haushaltstücher, schwarzes Papier oder schwarzer Karton, Tacker

Versuchsanleitung
Teste nun, wie Asseln auf Helligkeit und Dunkelheit reagieren.
Bastele zunächst nach der Anleitung, wie bei dem Mehlkäfer, eine Tüte aus schwarzem Papier.
Lege dann auf den Boden der Petrischale ein feuchtes Haushaltstuch und stecke die Petrischale zur Hälfte in die Papiertüte (▷ B 3). Gib einige Asseln in die offene Hälfte der Schale und beobachte ihr Verhalten.
Notiere auch hier das Ergebnis des Experiments.

Aufgaben

1. Überlege, wie du herausfinden kannst, was Asseln am liebsten fressen.

2. Welche Experimente könnte man mit Asseln noch machen? Überlege und stelle eine Versuchsanordnung zusammen.

a) Das Haushaltstuch zurechtschneiden und in die Petrischale legen

b) Eine Hälfte des Haushaltstuchs befeuchten

c) Die Asseln dazusetzen und die Petrischale abdecken.

1 Zu Versuch 1

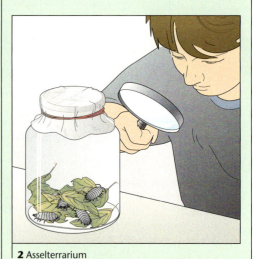

2 Asselterrarium

3 Zu Versuch 2

Asseln – kleine graue Krebse

1 Mauerassel

2 Kellerasseln

Ein Leben im Verborgenen

Sicher hast du schon einmal die kleinen grauen Kellerasseln (▷B2) gesehen. Sie leben zwar im Verborgenen, aber wenn du Steine umdrehst oder unter Laubhaufen nachschaust, kannst du dort Asseln in großer Zahl finden. Asseln sind keine Insekten, sondern landlebende kleine **Krebse**. Sie sind z. B. mit dem Flusskrebs und dem Hummer verwandt.

Die meisten Krebstiere leben im Salz- oder Süßwasser. Nur wenige Arten, wie z. B. die graue Kellerassel und die bräunliche Mauerassel (▷B1, B2), leben an Land. Da fast alle Asseln aber noch mit **Kiemen** atmen, können sie nur in feuchter Umgebung existieren. Kiemen sind Atmungsorgane, die Sauerstoff nur aufnehmen können, wenn sie ständig feucht gehalten werden. Der Körper der Assel ist in Abschnitte, so genannte **Segmente**, aufgeteilt (▷B4). Die Tiere besitzen sieben Beinpaare, an jedem Brustsegment eines.

Wohl behütet in das Leben

Eine Besonderheit bei Asseln ist die **Brutpflege**. Die Weibchen tragen die befruchteten Eier mit sich herum. In einem speziellen Brutraum an der Unterseite des Tieres können sich 25 bis 90 Eier 45 Tage lang geschützt entwickeln.

Die geschlüpften Jungtiere sehen den erwachsenen Tieren schon recht ähnlich. Nach etwa zehn **Häutungen** im Abstand von ungefähr zwei Wochen sind die Tiere voll entwickelt.

Fleißige Abfallbeseitiger

Asseln ernähren sich vorwiegend von tierischen und pflanzlichen Abfallstoffen. Damit haben sie eine wichtige Aufgabe in der Natur. Zusammen mit anderen Tieren sorgen sie dafür, dass Abfallstoffe beseitigt und allmählich in Humusboden verwandelt werden.

3 Asseln sind kleine graue Krebse

▶ Asseln gehören zu den Krebsen und atmen mit Kiemen.
Asseln betreiben Brutpflege und ernähren sich von tierischen und pflanzlichen Abfallstoffen.

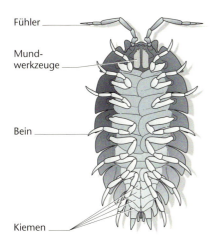

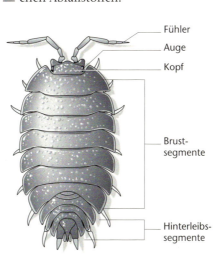

4 Der Körperbau der Assel

Schlusspunkt

Ohne Wirbel durch das Leben

▶ Der Regenwurm mag keinen Regen

Der Regenwurm (▷B2) ist ein sehr nützliches Tier: Er lockert das Erdreich, durchmischt den Boden und düngt ihn mit seinen Ausscheidungen. Das Tier atmet über die gesamte Hautoberfläche und muss deshalb immer eine feuchte Haut haben. Bei völliger Trockenheit stirbt das Tier. Der Regenwurm kann hell und dunkel unterscheiden und reagiert auf verschiedene Umweltreize.

2 Regenwurm

▶ Die Weinbergschnecke

Die Weinbergschnecke (▷B3) gehört wie die Muscheln und die Tintenfische zu den Weichtieren. Sie sondert ständig Schleim ab, den sie zur Fortbewegung braucht. Sie ist ein reiner Pflanzenfresser. Das Tier besitzt eine Raspelzunge, die Radula genannt wird. Die Schnecke besitzt einfache Augen, mit denen sie grobe Umrisse erkennen kann. Weinbergschnecken sind Zwitter. Im Winter verschließen sie ihr Haus mit einem Kalkdeckel (▷B1).

1 Überwinternde Weinbergschnecke

3 Weinbergschnecke

▶ Mehlkäfer verwandeln sich

Der Mehlkäfer (▷B4) gehört zu den Insekten und durchläuft in seiner Entwicklung vier Stadien, was man vollständige Verwandlung oder Metamorphose nennt. Diese Entwicklungsstadien sind:

Ei – Larve – Puppe – Käfer

Die Larve des Käfers wird Mehlwurm genannt. Der Käfer und seine Larve ernähren sich hauptsächlich von Getreideprodukten.

▶ Asseln – kleine Landkrebse

Asseln gehören zu den Krebsen (▷B5). Krebse leben fast ausschließlich im Süß- oder Salzwasser. Nur wenige Krebse wie die Mauer- oder Kellerasseln haben sich an das Landleben angepasst. Asseln betreiben eine Art Brutpflege, indem sie die befruchteten Eier mit sich herumtragen. Asseln sind wichtige Abfallbeseitiger, da sie sich von pflanzlichen und tierischen Abfallprodukten ernähren.

4 Mehlkäfer

5 Assel

Ohne Wirbel durch das Leben

Aufgaben

1 Worin unterscheiden sich wirbellose Tiere von den Wirbeltieren?

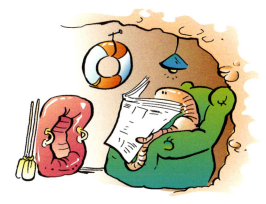

1 Weinbergschnecken

2 Zu Aufgabe 12

2 Begründe, weshalb ein Regenwurm bei starkem Regen den Boden verlassen muss.

3 Schau dir das Regenwurmrätsel an. Entscheide, welche Aussagen stimmen. Notiere die Buchstaben, die hinter den richtigen Antworten stehen. Bringst du alle Buchstaben in die richtige Reihenfolge, hast du das Lösungswort gefunden.

4 Was heißt es, wenn der Biologe sagt, dass Weinbergschnecken (▷ B 1) Zwitter sind?

6 Wie überdauern Weinbergschnecken den Winter?

7 Wie atmen Kellerasseln?

8 Wie unterscheiden sich Mauer- und Kellerassel (▷ B 4, B 5)?

9 Auf welche Umweltreize reagieren Asseln besonders?

10 Warum ist der Mehlwurm kein Wurm?

11 Nenne und beschreibe die Stufen der vollkommenen Verwandlung bei Insekten.

12 Informiere dich in einer Zoohandlung, zu welchem Zweck Mehlkäfer heute vor allem gezüchtet werden (▷ B 2).

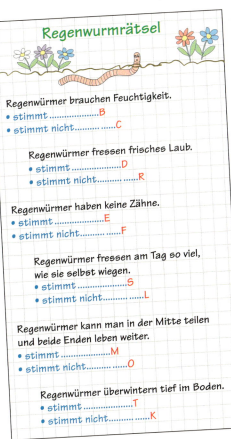

3 Zu Aufgabe 5

5 Beschreibe, mit welchen Sinnesorganen die Weinbergschnecke welche Umweltreize aufnehmen kann (▷ B 3).

4 Mauerassel

5 Kellerassel

63

Startpunkt

Magnetismus

Jeder kennt Magnete. Mal groß, mal klein – als nützliche Helfer begegnen dir Magnete überall im Alltag.

Du hast sicher schon einmal mit Magneten gespielt und dabei festgestellt, dass sie einige Gegenstände anziehen. Magnete werden als Türschließer, zum Anheften von Notizzetteln, aber auch im Kompass verwendet.
Manche Vögel nutzen den Magnetismus, um sich beim Fliegen zu orientieren. Besonders starke Kräfte haben Magnete, die mithilfe des elektrischen Stroms erzeugt werden.

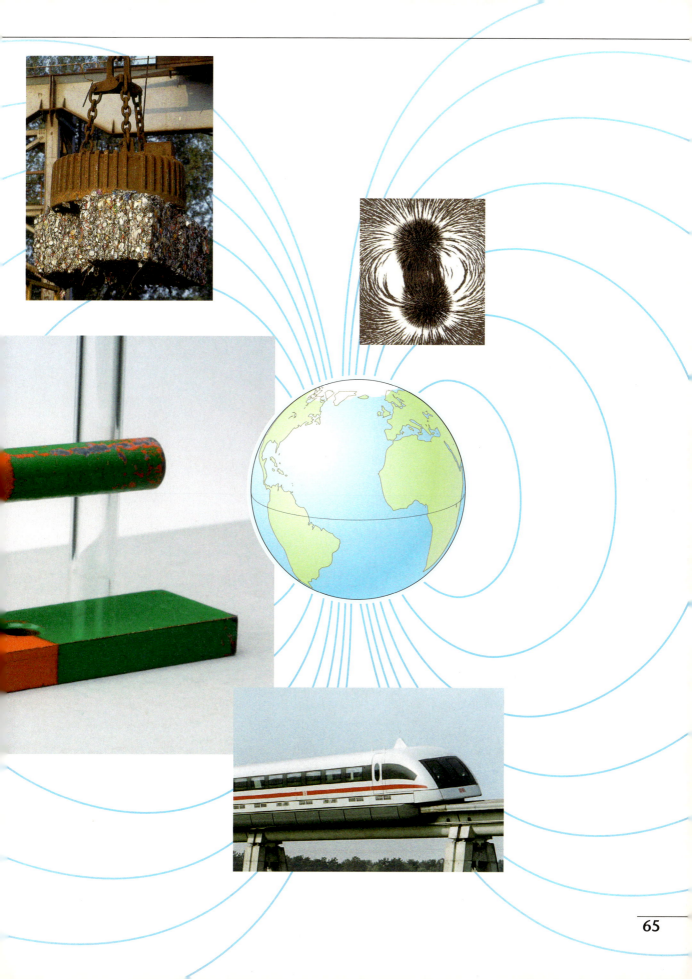

65

Werkstatt

Die magnetische Wirkung

1 Welche Gegenstände zieht ein Magnet an?

Material
1 Magnet, verschiedene Gegenstände, z. B. Lineal, Radiergummi, Schere, verschiedene Schlüssel, Anspitzer, Trinkglas, Becher, Schrauben, Muttern, Münzen u. a.

Versuchsanleitung
Nimm einen Magneten und nähere ihn den verschiedenen Gegenständen (▷ B 2).
Lege eine Tabelle an, in der du notierst, ob der Gegenstand vom Magneten angezogen wird oder nicht (▷ B 1).

Gegenstand	Anziehung?
Schere	
Lineal	
Schlüssel	
Anspitzer	

1 Tabelle zu Versuch 1

Aufgabe
Betrachte die Ergebnisse. Kannst du eindeutig sagen, welche Art von Gegenständen von dem Magneten angezogen werden?

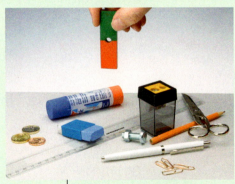

2 Welche Gegenstände werden von einem Magneten angezogen?

2 Welche Stoffe zieht ein Magnet an?

Material
1 Magnet, Prüfstücke aus Eisen, Nickel, Kupfer, Kunststoff, Graphit, Holz, Aluminium, Glas u. a.

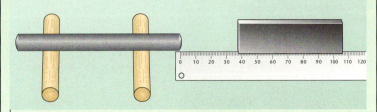

3 Ein Magnet wirkt auch auf die Entfernung.

Versuchsanleitung
Nimm einen Magneten und halte ihn an die verschiedenen Prüfstücke. Notiere in einer Tabelle, welcher Stoff von dem Magneten angezogen wird (▷ B 4).

Stoff	Anziehung?
Kupfer	
Eisen	
Plastik	
Holz	

4 Tabelle zu Versuch 2

Aufgabe
Kannst du eindeutig sagen, welche Stoffe bzw. Materialien von dem Magneten angezogen werden? Vergleiche deine Ergebnisse mit den Ergebnissen aus Versuch 1.

3 Fernwirkung

Material
1 Stabmagnet, 1 Lineal, 1 Eisenstab, 2 Rundhölzer

Versuchsanleitung
Lege den Eisenstab auf die beiden Rundhölzer. Richte den Eisenstab am Nullpunkt des Lineals aus. Nähere den Stabmagneten langsam dem Eisenstab (▷ B 3).

Aufgabe
Von welcher Entfernung an wird der Eisenstab angezogen?

4 Durchdringung oder Abschirmung?

Material
1 Magnet, 1 Eisennagel, Pappe, Papier, Backblech (oder eine Eisenplatte), Aluminiumfolie, Holzplatte sowie weitere Materialien, die du prüfen möchtest

Versuchsanleitung
Halte nacheinander die verschiedenen Stoffe zwischen den Magneten und den Nagel. Prüfe jeweils, in welcher Entfernung der Nagel noch angezogen wird.

Aufgabe
Durch welche Stoffe wirkt der Magnet hindurch? Welche Stoffe schirmen seine Wirkung ab?

5 Weiterleiten der Magnetwirkung

Material
1 Magnet, viele Eisennägel

Versuchsanleitung
Hänge einen Nagel an einen Stabmagneten (▷ B 5). Hänge an das Ende des Nagels einen weiteren Nagel und an diesen nochmals einen Nagel usw.

Aufgabe
Wie viele Nägel kannst du aneinander reihen?

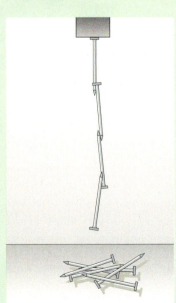

5 Zu Versuch 5

Die magnetische Wirkung

Anziehung durch Magnete

Magnete gibt es in unterschiedlichen Formen und Größen (▷ B 1). Du weißt, dass Magnete andere Gegenstände anziehen können. Wenn du Versuche mit Magneten durchführst wirst du aber feststellen, dass die Anziehung nicht bei allen Gegenständen auftritt. Selbst bei scheinbar gleichen Gegenständen gibt es manchmal eine Anziehung, manchmal auch nicht.
So kannst du manchmal zwischen dem Magneten und einem Schlüssel eine magnetische Wirkung beobachten (▷ B 2), während ein anderer Schlüssel nicht angezogen wird. Es hängt nicht vom verwendeten Gegenstand ab, ob er vom Magneten angezogen wird oder nicht. Entscheidend ist das Material bzw. der Stoff, aus dem der Gegenstand besteht.

Da viele Gegenstände, z. B. Münzen, aus mehreren Stoffen bestehen, muss man jeden Einzelnen dieser Stoffe auf seine magnetischen Eigenschaften untersuchen. Gegenstände, die Eisen enthalten, werden von einem Magneten angezogen. Diese Eigenschaft haben neben Eisen auch noch die Stoffe Nickel und Cobalt.
Manche Geldstücke (▷ B 3) enthalten die magnetischen Stoffe Nickel und Eisen.

▶ Zwischen einem Magneten und Gegenständen, die Eisen, Nickel oder Cobalt enthalten, gibt es eine magnetische Anziehung.

Eigenschaften der Magnetwirkung

Die magnetische Anziehung zwischen einem Magneten und einem Eisennagel lässt sich schon feststellen, bevor sich die beiden berühren.
Die magnetische Anziehungskraft wirkt also über eine Entfernung hinweg.

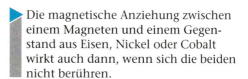

1 Formen von Magneten

▶ Die magnetische Anziehung zwischen einem Magneten und einem Gegenstand aus Eisen, Nickel oder Cobalt wirkt auch dann, wenn sich die beiden nicht berühren.

Hältst du z. B. ein Stück Holz zwischen den Magneten und den Eisennagel, dann wird der Nagel trotzdem angezogen. Die magnetische Anziehung kann bestimmte Stoffe durchdringen. Bringst du dagegen ein Stück Eisenblech zwischen Magneten und Eisennagel (die drei Gegenstände sollten sich dabei nicht berühren), dann wird die Anziehung zwischen den beiden schwächer. Diese Beobachtung machst du auch, wenn du einen Gegenstand aus Cobalt oder Nickel zwischen den Magneten und den Eisennagel bringst.

Berührt ein Magnet einen Gegenstand aus Eisen, dann wirkt die magnetische Kraft im Eisen weiter. Hängst du z. B. einen Nagel an einen Magneten, dann kannst du an das Ende des Nagels einen weiteren anhängen. Auch Gegenstände aus Nickel oder Cobalt können die magnetische Wirkung weiterleiten.

▶ Die magnetische Wirkung durchdringt manche Stoffe. Sie lässt sich aber auch abschirmen und weiterleiten.

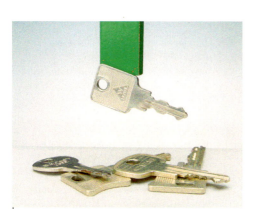

2 Nicht jeder Schlüssel ist magnetisch.

3 Magnetische Wirkung bei Münzen

Dem Magnetismus auf der Spur

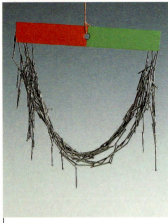

1 Zu Versuch 1   **2** Zu Versuch 2

Magnetpole

Jeder Magnet hat zwei **Pole**. Bei einem Stabmagneten befinden sie sich an seinen beiden Enden. Im Bereich der Pole ist die magnetische Kraft am größten (▷ V 2). In der Mitte des Magneten wirkt keine magnetische Kraft (▷ B 2).

Die magnetischen Kräfte zwischen dem Pol eines Magneten und einem Gegenstand aus Eisen, Nickel oder Cobalt wirken wechselseitig. Das bedeutet, dass der Magnet den Eisenstab anzieht und der Eisenstab umgekehrt den Magneten anzieht (▷ V 3).

Ein frei drehbar aufgehängter Magnet richtet sich immer so aus, dass die eine Seite nach Norden zeigt, die andere nach Süden (▷ V 4).
Die Ausrichtung des Magneten ist dabei immer gleich, d. h. es zeigt immer dieselbe Seite nach Norden.
Dieses Verhalten eines frei drehbaren Magneten nutzt man beim Kompass (▷ B 4). Der Pol, der nach Norden zeigt, heißt **Nordpol** des Magneten. Den Pol, der nach Süden zeigt, bezeichnet man als **Südpol**.

Damit man die Pole schnell erkennt, sind sie bei den Magneten für den NWA-Unterricht farbig markiert. Die Seite des Nordpols ist meist rot, die Seite des Südpols meist grün lackiert.

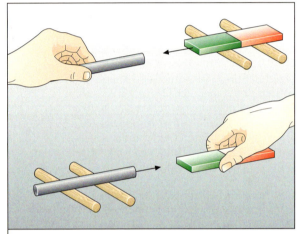

3 Magnet und Eisenstab ziehen sich gegenseitig an.

4 Drehbare Magnete zeigen in Nord-Süd-Richtung.

Versuche

1 Hänge eine Büroklammer an einen Bindfaden. Nähere die Büroklammer einem Magneten (▷ B 1). Was stellst du fest?

2 Halte einen Stabmagneten in eine Kiste mit Eisennägeln (▷ B 2). Wo wirkt die größte magnetische Kraft?

3 Lege einen Magneten auf zwei runde Hölzer. Nähere einen Eisenstab dem Magneten (▷ B 3). Wiederhole den Versuch. Lege diesmal aber den Eisenstab auf die Hölzer.

4 Lege einen Magneten auf eine frei drehbare Halterung oder hänge ihn frei drehbar auf (▷ B 4). Was stellst du fest? Markiere eine Seite des Magneten. Drehe den Magneten etwas und beobachte wieder.

Die magnetischen Polgesetze

Zwischen zwei Magneten können anziehende und abstoßende Kräfte auftreten. Der Nordpol des einen Magneten zieht den Südpol des anderen Magneten an und umgekehrt.
Nähert man jedoch den Nordpol des einen Magneten dem Nordpol des anderen Magneten, tritt eine abstoßende Kraft auf. Gleiches gilt auch für zwei Südpole.

▶ Ungleichnamige Pole ziehen sich an.
  Gleichnamige Pole stoßen sich ab.

Nähert man dem Nordpol eines Magneten, an dem ein Eisennagel hängt, einen etwa gleich starken Südpol (▷ B 5), so heben sich an dieser Stelle die Magnetkräfte auf. Der Eisennagel fällt herab. Die freien Pole der Magnete behalten aber ihre magnetische Wirkung bei.

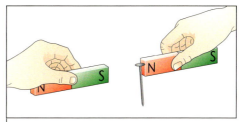

5 Magnetkräfte können sich gegenseitig schwächen.

Die magnetische Wirkung kann man verstärken, indem man zwei gleiche Pole nebeneinander hält.
Die magnetische Wirkung wird abgeschwächt, wenn man ungleichnamige Pole aneinander hält.

6 Ein schwebender Magnet

Aufgabe
1 Warum schwebt der Magnet in Bild 6? Gibt es zwei Lösungen?

Werkstatt

Die magnetischen Polgesetze

1 Anziehung und Abstoßung

Material
1 farbig gekennzeichneter Stabmagnet, 1 Kompass

Versuchsanleitung
Nähere zuerst den Nordpol, anschließend den Südpol eines Magneten einer Kompassnadel. Was stellst du fest?
Notiere deine Beobachtungen.

1 Experimente mit Magneten

2 Polgesetze

Material
2 farbig gekennzeichnete Magnete

Versuchsanleitung
Halte den Nordpol des einen Magneten an den Südpol des anderen Magneten.
Führe weitere Versuche durch, halte nun aber jeweils die Nordpole und anschließend die Südpole der Magnete aneinander.

Aufgabe
Welche Pole ziehen sich an?
Welche Pole stoßen sich ab?

3 Wirkung zweier Magnete

Material
2 farbig gekennzeichnete Magnete, Kompass

Versuchsanleitung
a) Halte einen Magneten senkrecht zur Kompassnadel. Bestimme den Abstand, ab dem die Kompassnadel beginnt sich zu bewegen.

b) Lege nun zwei Magnete so nebeneinander, dass die ungleichnamigen Pole aneinander grenzen. Bringe diese Anordnung in die Nähe der Kompassnadel und bestimme wiederum den Abstand, ab dem sich die Kompassnadel bewegt.

c) Ordne die beiden Magnete so an, dass die gleichnamigen Pole nebeneinander liegen. Miss wiederum den Abstand, ab dem sich die Kompassnadel bewegt.

d) Ordne die Magnete nun hintereinander an: Lege den Nordpol des einen Magneten an den Südpol des anderen Magneten. Bestimme den Abstand, ab dem sich die Kompassnadel bewegt.

Werkstatt

Magnetisieren und Entmagnetisieren

1 Material zu Versuch 1

1 Ein Eisendraht wird magnetisch

Material
1 Stabmagnet, Blumendraht (aus Eisen), Kneifzange, Kompass, Klebeetiketten

Versuchsanleitung
Trenne vom Blumendraht mithilfe einer Kneifzange ein etwa 20 cm langes Stück sowie mehrere kleine Drahtstückchen von etwa 2 cm Länge ab. Markiere eine Seite des langen Drahtstücks mit einem Klebeetikett.
a) Streiche mehrmals mit dem Nordpol des Magneten von oben nach unten über das lange Drahtstück (▷ B 2, links). Halte den langen Draht an die kurzen Drahtstückchen (▷ B 4).

Nähere das lange Drahtstück einem Kompass. Wo befindet sich der Nordpol des Drahts?
b) Wiederhole den Versuch. Streiche nun aber mit dem Südpol des Magneten von oben nach unten über den Eisendraht (▷ B 2, rechts). Verwende auch hier den Kompass um festzustellen, wo sich der Nordpol des Drahts befindet.
c) Wiederhole die Versuche 1a und 1b. Streiche nun aber jeweils von unten nach oben über den Draht.

Aufgabe
Erstelle ein Protokoll zum Versuch.

2 Entmagnetisieren

Material
1 Stabmagnet, 3 Eisendrahtstücke (20 cm lang), mehrere kurze Drahtstücke (etwa 2 cm lang), 1 Holzbrett, 1 Hammer

Versuchsanleitung
Magnetisiere vor jedem der drei Versuchsteile zuerst eines der langen Eisendrahtstücke mit dem Magneten. Gehe dazu vor wie in Versuch 1 beschrieben.
Überprüfe die magnetische Wirkung der langen Drähte mithilfe eines kurzen Drahtstücks (▷ B 4).

a) Entmagnetisieren mit einem Magneten
Hänge an ein Ende des magnetisierten Drahtes ein kurzes Drahtstückchen.

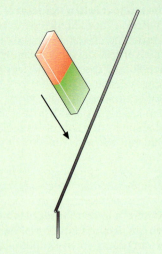

3 Der Draht wird entmagnetisiert.

Nähere der Mitte des langen Eisendrahts einen Magneten (▷ B 3). Was stellst du fest?
Überprüfe anschließend, ob der lange Eisendraht das kurze Drahtstückchen noch anzieht.
b) Entmagnetisieren durch Erschütterung
Schlage ein magnetisiertes Drahtstück mehrmals auf den Tisch. Überprüfe wiederum, ob der lange Eisendraht das kurze Drahtstück noch anzieht.
c) Entmagnetisieren mithilfe eines Hammers
Lege das lange, magnetisierte Drahtstück auf das Holzbrett. Schlage mit dem Hammer mehrfach auf den Draht.
Überprüfe, ob das kurze Drahtstückchen nach den Hammerschlägen von dem langen Eisendraht noch angezogen wird.

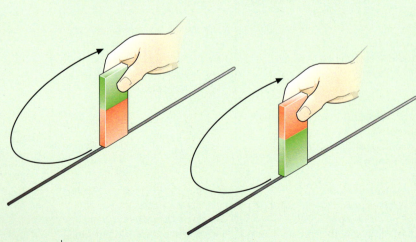

2 Magnetisieren eines Eisendrahts mit dem Nordpol (links) und dem Südpol (rechts)

4 Ein Magnet aus Blumendraht

70

Magnetismus – eine Eigenschaft

Herstellen eines Magneten

Du kannst Körper, die Eisen, Nickel oder Cobalt enthalten, zu einem Magneten machen – du kannst sie **magnetisieren**. Dazu musst du mit einem Pol eines Magneten immer wieder in der gleichen Richtung über den Körper streichen.
Unter dem Einfluss des Magneten wird z. B. ein Eisendraht magnetisch. An den Enden des Drahtes entstehen die Pole des neuen Magneten (▷ B 2).

Wenn du mit dem Nordpol von oben nach unten über den Eisendraht streichst, dann entsteht am unteren Ende des Drahtes ein Südpol und am oberen Ende ein Nordpol.
Streichst du von unten nach oben, dann liegt der Nordpol unten und der Südpol oben.
Verwendest du anstelle des Nordpols beim Überstreichen einen Südpol, so erhältst du genau die umgekehrten Ergebnisse.

▶ Der Magnetismus ist eine Eigenschaft der Stoffe Eisen, Nickel und Cobalt. Körper, die diese Stoffe enthalten, kann man zu einem Magneten machen.

Entmagnetisieren

Einem magnetisierten Eisendraht können seine magnetischen Eigenschaften wieder genommen werden. Man kann ihn **entmagnetisieren**.
Der Draht verliert die magnetische Eigenschaft sehr schnell, wenn man ihn z. B. stark erhitzt (▷ V 1, ▷ B 1). Auch durch starke Erschütterungen oder unter dem Einfluss anderer starker Magnete kann der Eisendraht seine magnetische Wirkung verlieren.

▶ Ein Magnet kann seine magnetische Wirkung durch Erhitzen, Erschütterung oder unter dem Einfluss eines starken Magneten verlieren.

1 Ein Draht wird durch Glühen entmagnetisiert.

Im naturwissenschaftlichen Unterricht verwendet man Magnete, die ihre magnetische Wirkung über eine lange Zeit behalten. Diese Magnete heißen deshalb **Dauermagnete**.
Aber auch Dauermagnete können ihre magnetische Wirkung verlieren, z. B. wenn du sie versehentlich fallen lässt. Gehe deshalb immer sorgfältig und umsichtig mit den Versuchsgeräten um.

Versuch

1 Magnetisiere einen Eisendraht mithilfe eines Magneten.
Prüfe die magnetische Wirkung des Drahtes an Gegenständen aus Eisen. Halte den Draht einige Zeit in die nicht leuchtende Flamme eines Gasbrenners (▷ B 1). Prüfe, ob der Draht anschließend immer noch magnetische Eigenschaften besitzt.

2 Pol eines magnetisierten Eisendrahts

3 Wie man mit Magneten nicht umgehen darf.

Werkstatt

Eigenschaften von Magneten

1 Wo wirkt die magnetische Kraft?

Material
1 Magnet, 20 cm langer Eisendraht (Blumendraht), mehrere kurze Drahtstücke

Versuchsanleitung
a) Halte den langen Eisendraht an verschiedene Stellen eines Magneten. An welchen Stellen zeigt der Magnet keine Anziehung?

b) Magnetisiere das lange Eisendrahtstück, indem du mit einem Magneten darüber streichst. Biege den Draht in der Mitte, sodass ein großes V entsteht (▷ B 1).

Überprüfe mithilfe eines kurzen Drahtstücks, ob der gebogene Draht an seiner Spitze magnetisch ist. Prüfe außerdem, ob die Enden des gebogenen Drahtes magnetisch sind.

1 Zu Versuch 1

2 Zu Versuch 2

2 Ein Magnet wird geteilt

Material
1 Magnet, 20 cm langer Eisendraht, kurze Eisendrahtstücke, Kompass, Zange

Versuchsanleitung
a) Magnetisiere den langen Eisendraht. Teile den magnetisierten Draht mithilfe einer Zange in der Mitte.
Überprüfe, ob die beiden Drahtstücke eine magnetische Wirkung zeigen (▷ B 2).

b) Teile die beiden Drähte jeweils in mehrere Stücke. Überprüfe wiederum die magnetische Wirkung der kurzen Drahtstücke.

c) Untersuche mithilfe eines Kompasses, ob die kurzen Drahtstücke einen Nord- und einen Südpol besitzen.

Gelingt es dir in den Versuchen, nur Nordpole oder nur Südpole herzustellen?

Brennpunkt

Modelle

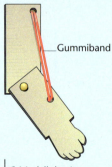

1 Modell des Armes

Modelle und ihre Funktionen

Sehr häufig stellen Modelle Fahrzeuge, Bauwerke etc. verkleinert dar, sodass man nicht unbedingt immer das große Original betrachten muss. Ein solches Anschauungsmodell ist z. B. die Nachbildung eines Oldtimers.

Manchmal bilden Modelle aber auch das Original vergrößert ab. Im naturwissenschaftlichen Unterricht wirst du z. B. das Modell einer Blüte kennen lernen. Hier ist das Modell größer als das Original, sodass man die Funktion der einzelnen Teile der Blüte besser erkennen und erklären kann.

Modelle werden aber auch verwendet, wenn man etwas Kompliziertes auf einfache Weise erklären möchte. Das Modell ist dann ein vereinfachtes Bild des Originals, in dem unwichtige Details weggelassen wurden.

Ein Beispiel für eine solche Vereinfachung findest du in der Biologie: Mithilfe eines Gummiband-Modells lässt sich die Arbeit eines Armmuskels anschaulich beschreiben (▷ B 1). Das Modell zeigt dir, wie der Muskel beim Strecken des Arms gedehnt wird und wie er sich beim Beugen des Arms zusammenzieht. Den Aufbau der Muskeln und ihr Zusammenspiel mit Sehnen, Knochen und Nerven lässt man außer Acht; diese Details sind nicht notwendig, um das Beugen des Arms zu erklären.

Elementarmagnete

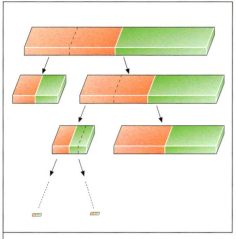

1 Magnete lassen sich teilen – aber nicht beliebig oft

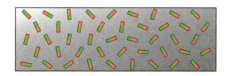

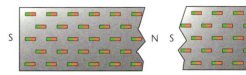

2 Das Modell der Elementarmagnete

Ein Modell des inneren Aufbaus von Magneten

Jeder Magnet hat einen Nordpol und einen Südpol. An den Polen eines Stabmagneten kannst du eine deutliche magnetische Wirkung nachweisen. In der Mitte des Magneten lässt sich keine magnetische Wirkung feststellen.

Teilst du einen Magneten in mehrere kleine Teile, so wird jedes Teilstück wieder zu einem vollständigen Magneten mit einem Nord- und einem Südpol (▷ B 1). Einen einzelnen Nordpol oder einen einzelnen Südpol kannst du nicht herstellen.

Um die Vorgänge beim Magnetisieren, Entmagnetisieren und Teilen von Magneten besser erklären zu können, verwendet man das Modell der **Elementarmagnete**.

Elementarmagnete

Elementarmagnete kannst du dir so vorstellen: Ein Magnet wird immer weiter in kleinere Magnete geteilt. Irgendwann wird der Magnet so klein, dass du ihn nicht weiter teilen kannst. Diesen kleinsten Magneten bezeichnen wir als Elementarmagneten. Elementarmagnete existieren nicht wirklich, sie sind nur ein **Modell**.

In einem unmagnetisierten Eisenstück sind die Elementarmagnete ungeordnet (▷ B 2, oben). Durch mehrfaches Überstreichen mit einem Pol eines Magneten richten sich die Elementarmagnete (fast) alle gleichmäßig aus, es bilden sich Nord- und Südpol (▷ B 2, Mitte).

Lässt man das magnetisierte Eisenstück fallen oder setzt man es großer Hitze aus, so werden die Elementarmagnete wieder durcheinandergeschüttelt. Das Eisenstück wird entmagnetisiert.

In Dauermagneten, wie sie z. B. in der Schule verwendet werden, geht die magnetische Wirkung durch Stöße kaum verloren. Stelle dir vor, dass die Elementarmagnete hier sehr fest verankert sind.

Teilst du einen Magneten, dann bleiben die Elementarmagnete in seinem Inneren geordnet. An der Bruchstelle entstehen ein Nord- und ein Südpol (▷ B 2, unten). Genauso verhält es sich, wenn du Magnete mit unterschiedlichen Polen zusammensetzt. Da ein Nord- und ein Südpol aufeinander treffen, hebt sich dort die magnetische Wirkung auf, falls die Magnete gleich stark sind.

Aufgabe

1 Erkläre, weshalb ein Eisenstück bei Annäherung eines Magneten sowohl von dessen Nord- als auch von dessen Südpol angezogen wird.

3 Auf der Suche nach den Elementarmagneten

Das magnetische Feld

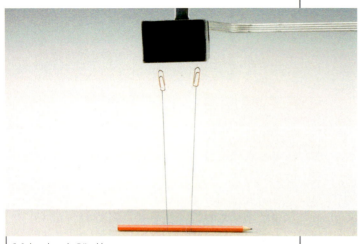

1 Schwebende Büroklammern

Je weiter du die Büroklammer vom Magneten entfernst, desto schwächer ist die Magnetkraft. Verwendest du anstelle der Büroklammer eine Kompassnadel, dann kannst du die magnetische Wirkung in noch größeren Entfernungen feststellen. Die Magnetkraft wird mit zunehmender Entfernung vom Magneten zwar schwächer, niemals aber verschwindet sie ganz.

Der Wirkungsbereich um einen Magneten wird als **magnetisches Feld** bezeichnet. Das magnetische Feld ist nicht sichtbar, aber du kannst es an seiner Wirkung auf Gegenstände erkennen, die Eisen, Nickel oder Cobalt enthalten. Befindet sich ein solcher Gegenstand im Feld eines Magneten, wird er angezogen (▷B 2).

▶ Ein Magnet ist von einem magnetischen Feld umgeben.

Winzlinge im Magnetfeld

Wie musst du dir das magnetische Feld vorstellen? Du kannst dir ein Bild davon machen, indem du winzige und sehr leichte Eisenfeilspäne in ein magnetisches Feld bringst.
Unter dem Einfluss der Magnetkraft werden die Eisenspäne selbst zu kleinen magnetischen Nadeln und richten sich im magnetischen Feld aus. In den Polbereichen des Stabmagneten scheinen sie in alle Richtungen abzustehen (▷B 4). Sie hängen aber nicht ungeordnet am Magneten, sondern sind wie bei einer Kette im Bogen aneinandergereiht. Entlang dieser „Ketten" wirkt die magnetische Kraft.

Wie wird die Magnetkraft übertragen?

Du hast sicherlich schon herausgefunden, dass sich in dem schwarzen Kasten in Bild 1 ein Magnet befindet. Er zieht die Büroklammer an, obwohl er sie nicht berührt. Hast du dich vielleicht schon gefragt, wie das möglich ist?
Näherst du eine Büroklammer einem Magneten von verschiedenen Seiten, spürst du die magnetische Wirkung rings um den Magneten. Allerdings wirst du feststellen, dass die Magnetkräfte nur innerhalb eines bestimmten Abstandes auf die Klammer wirken.

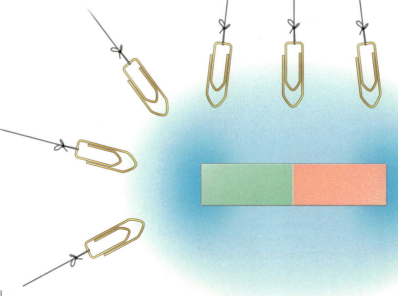

2 Jeder Magnet ist von einem magnetischen Feld umgeben.

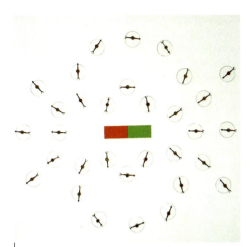

3 Kompassnadeln im Feld eines Stabmagneten

Der Weg zum Magnetpol

Im Bild 3 sind viele kleine Kompassnadeln um den Stabmagneten herum aufgestellt. Du kannst sehen, dass sich auch diese Nadeln im Magnetfeld ausgerichtet haben. Jede Kompassnadel gibt an, in welche Richtung die Magnetkraft an diesem Ort wirkt. Bei genauer Betrachtung erkennst du die bogenförmigen Linien aus Bild 4 wieder.

Eisenspäne und Büroklammern bewegen sich deshalb nicht in gerader Linie auf den Magneten zu. Sie werden durch die magnetische Kraft auf leicht gekrümmten Bahnen in Richtung eines Pols gezogen.

Aufgabe

1 Begründe, weshalb die Büroklammern in Bild 1 auf den Fäden „stehen". Verwende die Begriffe Magnetkraft, Magnetfeld und Abstand.

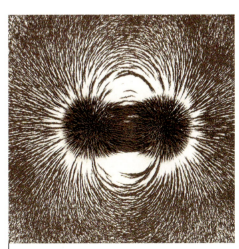

4 Eisenfeilspäne im Feld eines Stabmagneten

Werkstatt

Das Magnetfeld wird erkundet

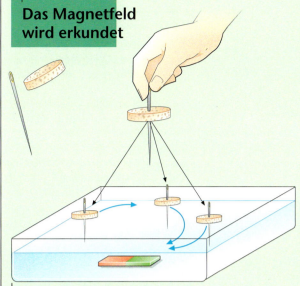

1 Die Bewegung einer magnetisierten Nadel

1 Wirkungsbereich der magnetischen Kraft

Material
1 Stabmagnet, 1 Büroklammer, Faden, Papier, Stift

Versuchsanleitung
Lege den Stabmagneten auf ein Blatt Papier. Befestige die Büroklammer an dem Faden. Nähere die Büroklammer dem Magneten nun langsam von verschiedenen Seiten.

Aufgabe
Wo beginnt die Magnetkraft zu wirken? Woran erkennst du das? Beschreibe den Wirkungsbereich. Markiere mit dem Stift den Bereich, in dem du die Magnetkraft spürst.

2 Wege zum Magnetpol

Material
1 Stabmagnet, Wasserschale, 1 Nähnadel, Korkscheibe

Versuchsanleitung
a) Lege den Stabmagneten in die Wasserschale (▷ B 1). Stecke die Nähnadel durch die Korkscheibe und setze sie an verschiedenen Stellen auf das Wasser.
b) Wiederhole den Versuch. Benutze aber nun eine Nähnadel, die du zuvor magnetisiert hast.

Aufgabe
Beobachte die Nadel und beschreibe den Weg, auf dem sie sich zu den Polen bewegt. Wann schwimmt die Nadel auf den Nordpol zu und wann auf den Südpol?

Das magnetische Feld wird sichtbar

Versuch

  a) Fülle etwas Speiseöl in eine Glasschale. Gib einige Eisenfeilspäne dazu und rühre gut um.

b) Lege einen Stabmagneten unter die Schale und beobachte die Eisenfeilspäne.

c) Führe den beschriebenen Versuch mit anderen Magnetformen durch.

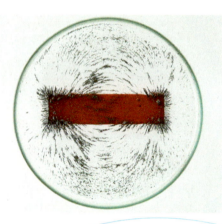

1 Eisenfeilspäne im Feld eines Stabmagneten

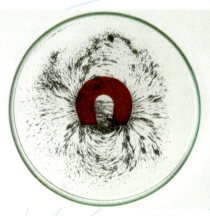

2 Eisenfeilspäne im Feld eines Hufeisenmagneten

Magnetische Feldlinien

Im Versuch 1 kannst du beobachten, wie sich die Eisenfeilspäne langsam zu den Polen im magnetischen Feld bewegen. An jedem Ort in der Umgebung des Magneten wirkt die magnetische Kraft in eine bestimmte Richtung. Deshalb ordnen sich die Eisenfeilspäne hintereinander in Linien an (▷ B 1, B 2).
Zeichnest du diese Linien gedanklich nach, dann erhältst du **magnetische Feldlinien**. Mit ihrer Hilfe kannst du dir das magnetische Feld vorstellen, obwohl es unsichtbar ist.

▶ Magnetische Feldlinien geben die Richtung der Magnetkraft an. Sie sind gedachte Linien und können mit Eisenfeilspänen sichtbar gemacht werden.

In einem **Feldlinienbild** werden viele magnetische Feldlinien dargestellt (▷ B 3). So kannst du sofort erkennen, wie das Magnetfeld um den Magneten aussieht und wo die Magnetkraft am stärksten ist. Je größer nämlich die magnetische Kraft an einem Ort im Magnetfeld ist, desto enger liegen dort auch die Feldlinien beieinander. In der Nähe der Pole ist die Magnetkraft am größten. Demzufolge sind dort auch die Feldlinien am dichtesten.

▶ Je dichter die magnetischen Feldlinien liegen, desto größer ist an dieser Stelle die magnetische Kraft.

Aufgabe

1 Zeichne die Feldlinienbilder des Stabmagneten und des Hufeisenmagneten ab (▷ B 1 und B 2).
Beschreibe Gemeinsamkeiten und Unterschiede der beiden Magnetfelder.

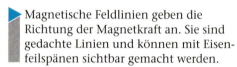

Zwei Magnetfelder begegnen sich

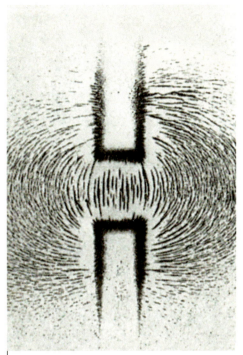

1 Magnetisches Feld zweier ungleichnamiger Pole

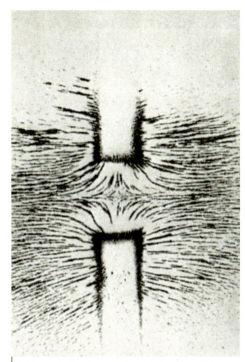

2 Magnetisches Feld zweier gleichnamiger Pole

Anziehung und Abstoßung

Magnete können sich anziehen oder abstoßen. Das hängt davon ab, ob sich gleichnamige oder ungleichnamige Pole gegenüberliegen.
Kannst du dir vorstellen, wie das gemeinsame Feldlinienbild der zwei Magnete aussieht?
Da du das magnetische Feld nicht sehen kannst, werden Eisenfeilspäne zu Hilfe genommen.

In Bild 1 liegen sich der Nord- und der Südpol zweier Stabmagnete gegenüber. Die beiden Magnete ziehen sich an. Im Feldlinienbild wird dies dadurch deutlich, dass die Feldlinien von einem Magneten zum anderen Magneten verlaufen.
In Bild 2 liegen sich gleichnamige Magnetpole gegenüber. Die Feldlinien weichen sich scheinbar aus – die beiden Magnete stoßen sich ab.

Werkstatt

Kunstwerke aus Eisenfeilspänen

Material
2 Magnete, Papier, Bücher, Eisenfeilspäne, Sprühlack

Versuchsanleitung
Lege zwei Stabmagnete so auf den Tisch, dass sich die gleichnamigen Pole der beiden Magnete gegenüberliegen.
Decke die Magnete mit einem Blatt Papier ab, das an jeder Seite durch ein Buch gestützt wird (▷ B 1). Streue vorsichtig Eisenfeilspäne auf das Papier. Klopfe leicht auf das Blatt, bis das Feldlinienbild deutlich zu erkennen ist.

Besprühe das Bild vorsichtig von weitem mit farblosem Lack. Lasse es einige Minuten trocknen – und fertig ist das Kunstwerk.

Aufgabe
Verwende verschiedene Magnetformen. Experimentiere mit mehreren Magneten.

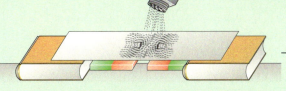

1 Versuchsaufbau

Zeitpunkt

Der Kompass

1 Magnetit

3 Einfacher Kompass

2 Vielleicht wurde so früher auf Schiffen die Nord-Süd-Richtung bestimmt.

Ein anziehender Stein

Schon im Altertum kannten die Menschen ein Gestein, das kleine Eisenteilchen anziehen kann. Viele Legenden ranken sich um den Stein mit den besonderen Fähigkeiten. So berichteten Seefahrer über einen magnetischen Felsen irgendwo im Ozean, der angeblich mit ungeheurer Kraft alle Eisennägel aus den Schiffen zog, sobald sie sich in die Nähe des geheimnisvollen Felsens wagten.

Solche natürlichen Magnet-Steine existieren wirklich – aber ihre Anziehung ist längst nicht so stark. Der Magnet-Stein besteht aus Eisenoxid und wird **Magnetit** (Magneteisenstein) genannt (▷ B 1).

Wer erfand den Kompass?

Vermutlich waren Chinesen die ersten Menschen, die den Magnetismus zur Orientierung benutzten. Schon vor ungefähr 1500 Jahren wussten sie, dass es besondere Steine gibt, mit deren Hilfe sie überall auf der Erde den richtigen Weg finden konnten: Hängt nämlich ein Magneteisenstein an einem Faden, dreht er sich stets in Nord-Süd-Richtung.

Auch Seefahrer nutzten diese Erfahrungen, denn so konnten sie sich zeitweise auch ohne Sonne und Sterne auf See orientieren (▷ B 2). Allerdings war der Erfolg dieser Methode noch sehr beschränkt.

Im 13. Jahrhundert gelangte die Nachricht vom richtungweisenden Stein nach Europa und italienische Seeleute entwickelten eine genauere Anzeige. Mit einem Magneteisenstein magnetisierten sie eine Eisennadel, steckten sie durch ein Stück Kork und setzten das Ganze in eine Schale Wasser (▷ B 3). Solch einen einfachen Kompass nutzte vermutlich auch KOLUMBUS, als er 1492 Amerika entdeckte.

Im Laufe der Jahrhunderte wurde der Kompass immer weiter verbessert (▷ B 4). Die Magnetnadel wurde auf eine Scheibe gesetzt, auf der die Himmelsrichtungen eingezeichnet waren. So konnten beliebige Richtungen genau bestimmt werden.

4 Ein Schiffskompass

Brennpunkt

Orientierung ohne Kompass

Einen Kompass zu besitzen und mit ihm umgehen zu können, ist sehr praktisch. Doch was machst du, wenn du dich ohne Kompass in einem fremden Gelände zurechtfinden musst?
Solange andere Menschen dir über deinen Weg Auskunft geben können, wirst du leicht dein Ziel finden.

Grobe Richtungsbestimmung

Wenn die Sonne scheint, dann kannst du anhand der Uhrzeit die Himmelsrichtungen bestimmen. Die Sonne steht bei uns zu jeder Jahreszeit nach mitteleuropäischer Normalzeit (keine Sommerzeit) etwa um 6 Uhr im Osten, etwa um 12 Uhr im Süden und etwa um 18 Uhr im Westen.

Ist deine Uhr auf Sommerzeit gestellt, dann musst du jeweils eine Stunde der Sommerzeit abziehen.

Bestimmung der Südrichtung mithilfe der Uhr

Man kann auch die genaue Südrichtung mit der Uhr bestimmen. Dazu musst du die Uhr so drehen, dass der Stundenzeiger in Richtung Sonne zeigt (▷ B 1). Die Mitte zwischen dem Stundenzeiger und der 12 gibt jetzt die Südrichtung an.

Bestimmung der Richtung bei Nacht

Der Polarstern steht im Norden, schon die Seefahrer der Antike haben sich deshalb nach ihm gerichtet. Den Polarstern kannst du als einen hellen Stern am Himmel schnell finden, wenn du dich an den Sternbildern des Großen und Kleinen Wagens orientierst (▷ B 2).

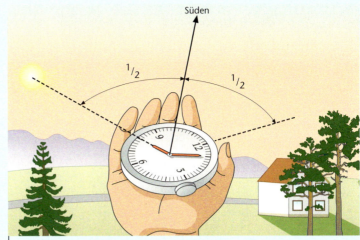

1 Richtungsbestimmung mithilfe einer Uhr

Weitere Orientierungshilfen

Bei bewölktem Himmel oder bei einbrechender Dunkelheit können dir folgende Tipps bei der groben Richtungsfindung helfen:
– Ameisenhaufen befinden sich meist an der Südseite von Bäumen.
– Türme älterer Kirchen stehen meist auf der Westseite, die Altäre sind nach Osten gerichtet.

GPS

Das GPS (Global Positioning System = weltweites Ortsbestimmungssystem) ist ein satellitengestütztes System zur Positionsbestimmung. Ein GPS-Empfänger erhält von mindestens vier GPS-Satelliten ein Signal und berechnet daraus die Position des Empfängers mit einem Fehler von nur wenigen Metern.

Das GPS wird in Flugzeugen und Schiffen eingesetzt, mittlerweile gibt es GPS-Empfänger auch für das Auto oder für Fußgänger (▷ B 3).

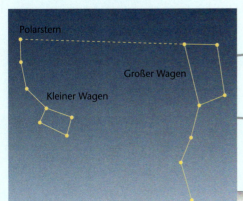

2 Der Polarstern ist leicht zu finden.

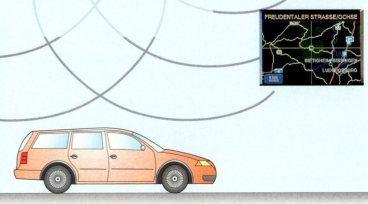

3 Die Orientierung beim Autofahren wird dank GPS zunehmend einfacher.

Die Erde – ein riesiger Magnet

Versuch

1. Hänge einen Stabmagneten an einen Faden und warte, bis er sich nicht mehr bewegt (▷B 1).
Welcher Pol des Magneten zeigt nach Norden?

Du lebst auf einem großen Magneten
Seit hunderten von Jahren dient der Kompass zur Orientierung. Aber weshalb zeigt ein Kompass die Nord-Süd-Richtung an?

Im 13. Jahrhundert begannen viele Menschen, ernsthaft eine Antwort auf diese Frage zu suchen. Damals hatte der Gelehrte PIERRE DE MARICOURT die Idee, ein Modell der Erde anzufertigen. So experimentierte er mit einem Magneteisenstein, den er zu einer Kugel geschliffen hatte. Verblüfft erkannte er, dass sich kleine Eisenteilchen, die er auf die Kugel gestreut hatte, entlang bestimmter Linien ordneten und an zwei Stellen wieder sammelten. Dabei wurden die Eisenteilchen selbst magnetisch. Er verglich die Magnetkugel mit der Erde und überlegte: Der Magnetstein ist ein Stück aus der Erde. Könnte die Erde demzufolge ein riesiger Magnet sein, der seine Magnetkraft auf den Stein übertragen hatte?

Ungefähr 350 Jahre später bewies der Leibarzt von Königin Elizabeth I., WILLIAM GILBERT (1544–1603), dass die Erde ein Magnetfeld besitzt.
Für seine Versuche benutzte er eine Magnetnadel, die in jede Richtung frei beweglich war. Zuerst konnte er zeigen, dass die Magnetkraft auch in der weiteren Umgebung von Magneten wirkt und dass sich die magnetischen Felder einer Magnetkugel und eines Stabmagneten ähneln. Dann übertrug er seine Erkenntnisse auf die Erde und tatsächlich: Genauso wie bei der Magnetkugel richtete sich GILBERTS Magnetnadel überall auf der Erde entlang von magnetischen Feldlinien aus.

Warum zeigt die Kompassnadel nach Norden?
Im Versuch 1 stellt sich der Stabmagnet unter dem Einfluss des Magnetfelds der Erde in Nord-Süd-Richtung ein (▷B 1). Das ist nichts Neues für dich.
Warum zeigt aber der Nordpol des Magneten nach Norden? Nach den magnetischen Gesetzen müsste doch der Nordpol des Magneten nach Süden weisen.

Um dieses scheinbare Missverständnis aufzuklären, musst du zwischen den geografischen Polen und den magnetischen Polen der Erde unterscheiden.

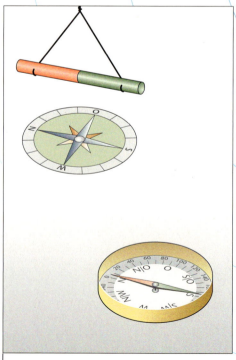

1 Der Nordpol des Magneten zeigt nach Norden.

Die Erde – ein riesiger Magnet

Geografische Pole der Erde

Innerhalb von 24 Stunden dreht sich unsere Erdkugel einmal um die eigene Achse. Die „Drehachse" kannst du dir als Stab vorstellen, der vom Nord- zum Südpol genau durch die Erdmitte führt. Die **geografischen Pole** befinden sich an den Orten, wo diese Achse an den Oberflächen austritt. Der geografische Nordpol liegt im Nordpolarmeer, der geografische Südpol in der Antarktis.

Magnetische Pole der Erde

Die Erde ist ein riesiger Magnet. Die Pole des **Erdmagneten** und die geografischen Pole liegen aber an völlig verschiedenen Orten.

Der Nordpol des Erdmagneten befindet sich auf der Südhalbkugel der Erde in der Antarktis. Die Entfernung zum geografische Südpol beträgt etwa 2900 km.

Den magnetischen Südpol findest du dagegen auf der Nordhalbkugel der Erde in Nordkanada. Bis zum geografischen Nordpol sind es von dort aus noch etwa 1500 km (vgl. auch S. 80, ▷ B 2).

Jetzt kannst du erklären, warum die Kompassnadel nach Norden weist: Nach den magnetischen Gesetzen zeigt der Nordpol der Kompassnadel zum magnetischen Südpol der Erde, der in nördlicher Himmelsrichtung liegt.

Missweisung

Die Kompassnadel zeigt nicht genau in Nord-Süd-Richtung, sondern zu den magnetischen Polen. Diese Abweichung nennt man **magnetische Missweisung**.

Demnach müssen beispielsweise Seefahrer genau wissen, wie weit die Richtung der Kompassnadel vom Nordkurs abweicht, sonst erreichen sie nicht ihr Ziel. Deshalb wird der Winkel zwischen der geografischen Nordrichtung und der magnetischen Südrichtung gemessen. Der Wert kann anschließend am Kompass eingestellt werden, z. B. mit einer drehbaren Winkelskala (▷ B 2).

Aufgabe

1. Wo würdest du ankommen, wenn du der Kompassnadel folgen würdest? Sieh im Atlas nach, wo die magnetischen Pole und die geografischen Pole liegen.

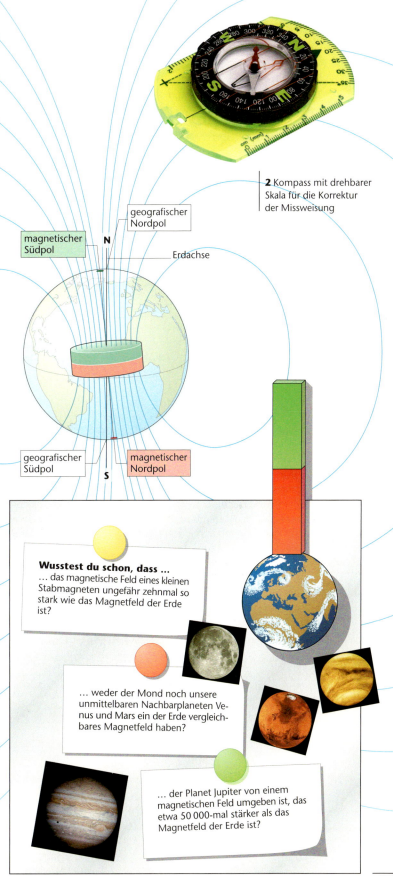

2 Kompass mit drehbarer Skala für die Korrektur der Missweisung

Wusstest du schon, dass …
… das magnetische Feld eines kleinen Stabmagneten ungefähr zehnmal so stark wie das Magnetfeld der Erde ist?

… weder der Mond noch unsere unmittelbaren Nachbarplaneten Venus und Mars ein der Erde vergleichbares Magnetfeld haben?

… der Planet Jupiter von einem magnetischen Feld umgeben ist, das etwa 50 000-mal stärker als das Magnetfeld der Erde ist?

Strategie

Suchen und Finden im Internet

Das Internet

Das Internet ist ein Zusammenschluss vieler Computer. Auf diese Weise ist eine Art riesige Bibliothek entstanden, in der vielfältige Informationen zu finden sind.

Um in das Internet zu gelangen, muss man sich über einen so genannten Provider telefonisch einwählen. Ein Provider ist eine Firma, die dir den Zugang zum Internet ermöglicht. In der Schule genügt es meistens, am Computer einen Browser (engl. browse = stöbern) zu starten, die telefonische Anwahl geschieht meist automatisch. Zu Hause sollten dir deine Eltern den Zugang zum Internet zeigen.

Mit einem Browser bewegst du dich im World Wide Web (Weltweites Netzwerk). In der Adresszeile kannst du sofort bekannte WWW-Adressen eingeben, z. B. **www.weltderphysik.de** oder **www.klett.de**.

Viele dieser Seiten sind Ausgangsseiten (Portale), die durch Verweise auf andere Seiten zeigen. Diese Verweise (so genannte Links) erkennst du daran, dass sie unterstrichen und meist farbig hervorgehoben sind. Zudem wird beim Überstreichen eines Links aus dem Mauszeiger eine Hand. Einige Links sind auch durch kleine Grafiken dargestellt. Wenn du einen Link anklickst, wechselst du zu der Seite, auf die der Link verweist. In der Adresszeile steht jetzt meist eine neue Adresse.

Suchen & Finden

Wenn du spezielle Informationen benötigst, musst du die Adresse kennen, unter der die Informationen zu finden sind. Nur in den wenigsten Fällen wirst du über Portale an die entsprechenden Informationen gelangen.

Effektiver ist es, eine Suchmaschine zu benutzen. Eine Suchmaschine kannst du dir wie ein riesiges Lexikon vorstellen. Nach Eingabe eines Begriffs erstellt die Suchmaschine eine Liste mit Seiten, die deinen Suchbegriff enthalten. Suchmaschinen sind z. B. zu finden unter:

www.altavista.de
www.fireball.de
www.google.de
www.lycos.de
www.yahoo.de

Wenn du in dem Feld „Suche nach" ein Stichwort eingibst und dann auf „Suche starten" klickst oder die Eingabetaste drückst, beginnt die Suchmaschine damit, passende Seiten zu suchen.
Als Ergebnis gibt die Suchmaschine eine Linkliste der Seiten zurück, die diesen Suchbegriff enthalten.

Wenn du z. B. Informationen über Magnete benötigst, musst du in der Suchzeile das Wort Magnet eingeben.
In den meisten Fällen erzielt die Suchmaschine jetzt aber nicht nur einen Treffer, sondern viele, vielleicht sogar Millionen. Dein Suchbegriff ist dann zu allgemein und die Information, die du eigentlich suchst, ist nur schwer zu finden.

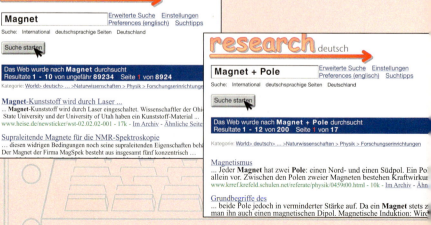

Verfeinern der Suche
Alle Suchmaschinen erlauben es, die Suche zu verfeinern, indem man mehrere Schlagwörter in der Suchzeile einträgt. Zusätzlich sollte man direkt vor jedes Wort das Pluszeichen (+) setzen. Das Pluszeichen bedeutet, dass dieser Begriff im Ergebnis in jedem Fall enthalten sein muss. Suchst du z. B. nach den magnetischen Polen, könntest du als Suchbegriffe eingeben:

+Magnet +Pole

Begriffe ausschließen
Manchmal ist es auch sinnvoll, bestimmte Begriffe bei der Suche auszuschließen. In diesen Fällen musst du ein Minuszeichen (−) vor das Wort stellen. Suchst du z. B. nach den magnetischen Polgesetzen und möchtest du keine Informationen, die von einer Universität stammen, so gibst du ein:

+Magnet +Polgesetz −Universität

Textsuche
Angenommen, du willst ein Referat über Christoph Kolumbus schreiben. Möglicherweise reicht hier die Suche mit

+Christoph +Kolumbus

nicht aus, da jetzt auch andere Vor- und Nachnamenkombinationen denkbar sind, wie z. B. Dokumente, in denen Christoph Meier und Lisa Kolumbus vorkommen. Muss in dem zu suchenden Dokument aber unbedingt der Text Christoph Kolumbus vorkommen, so sind beide Wörter zusammen in doppelte Anführungszeichen zu setzen, also:

„Christoph Kolumbus"

Jetzt erhältst du nur Verweise auf Dokumente, in denen genau dieser Text vorkommt.

1 Ob Internet oder Bibliothek: Man muss wissen, wie man Informationen findet.

Einstellen der Startadresse
Du siehst, nur wenn man geschickt im Internet sucht, findet man auch die richtigen Ergebnisse. Am besten ist es, wenn man den Browser so einstellt, dass er gleich als Startseite eine Suchmaschine aufruft. Eine neue Startseite stellst du im Browser über den Menüpunkt „Einstellungen" oder „Optionen" ein.

Kosten sparen
Auch wenn das Surfen im Internet immer preiswerter wird, es kostet dennoch Geld. Du kannst Kosten sparen, wenn du dir beim Surfen nicht alle Seiten genau durchliest. Dies kannst du später „offline", also ohne Telefonverbindung nachholen. Dazu musst du nur den Browser im Dateimenü in den Offlinebetrieb schalten. Wenn du auch noch den Verlauf anwählst, kannst du die zuletzt besuchten Seiten direkt anwählen und eventuell auch ausdrucken.

Brennpunkt

Wissenswertes zum Magnetismus

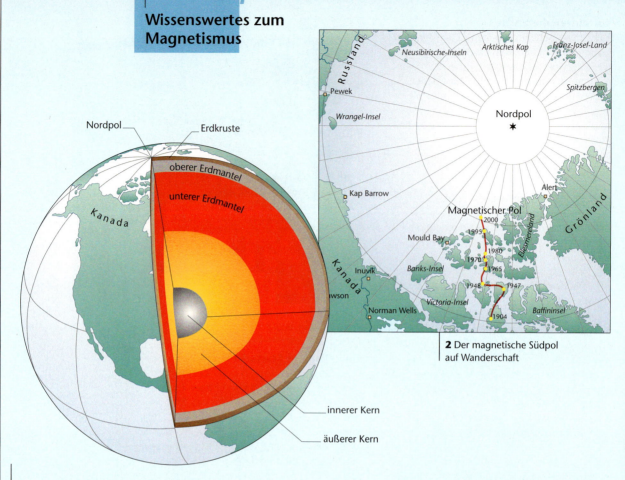

1 Der innere Aufbau der Erde

2 Der magnetische Südpol auf Wanderschaft

Woher kommt der Erdmagnetismus?

Des Rätsels Lösung liegt im Aufbau der Erde. Erst innerhalb der letzten hundert Jahre wurde geklärt, wie das Erdinnere aussieht.

Im Wesentlichen besteht unsere Erde aus der äußeren Erdkruste, dem Erdmantel und dem Erdkern (▷ B 1).

Der äußere Erdkern besteht aus flüssigem, unvorstellbar heißem Eisengestein. Mit einer Geschwindigkeit von etwa 20 km pro Jahr umfließt dieses flüssige Eisengestein den inneren Erdkern, der vermutlich aus festem Eisen und Nickel besteht.

Die Wissenschaftler sind sich heute einig, dass das Magnetfeld der Erde durch diese riesigen Ströme des flüssigen Eisens im äußeren Erdkern erzeugt wird.

Die Magnetpole der Erde wandern

Durch Untersuchungen der Gesteine können Geophysiker viel über die Geschichte und den Aufbau der Erde erfahren. Manche Gesteinsformationen (z. B. Basalt), die vor Millionen von Jahren entstanden sind, haben die Richtung und die Stärke des Erdmagnetfelds jener Zeit gewissermaßen „konserviert".

Durch Vergleich von Gesteinsproben unterschiedlichen Alters konnte festgestellt werden, dass sich im Laufe der Erdgeschichte die Stärke des magnetischen Feldes ständig geändert hat. Auch die Pole blieben nicht am gleichen Ort – das Magnetfeld hat sich in den letzten 50 Millionen Jahren sogar mehrmals vollständig umgepolt. Kannst du dir vorstellen, dass sich der magnetische Südpol schon einmal mitten im Atlantischen Ozean befand? Im Durchschnitt vergehen viele Millionen Jahre bis zu einem Wechsel.

Die letzte Umpolung liegt etwa 750 000 Jahre zurück. Beobachtungen der letzten 150 Jahre zeigen, dass das Magnetfeld wieder schwächer wird. Auch die Magnetpole wandern (▷ B 2). Wissenschaftler rätseln, ob das ein Anzeichen für eine erneute Umpolung sein könnte.

Der innere Kompass der Vögel

Tausende Zugvögel fliegen jährlich von Europa nach Afrika und zurück. Genau wie sie orientieren sich Brieftauben (▷ B 3) auch am Magnetfeld der Erde.
Wie ist das möglich?
In bestimmten Bereichen der Schnabelhaut von Brieftauben befinden sich winzige Magnetitteilchen. Diese reagieren auf kleinste Veränderungen des Erdmagnetfelds. Nervenfasern leiten diese „Botschaft" an das Gehirn weiter und die Brieftauben passen ihre Flugroute an.

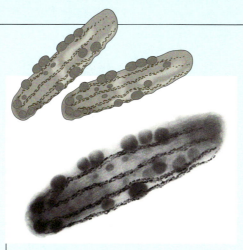

4 Diese Bakterie aus dem Chiemsee enthält Magnetit.

3 Brieftauben orientieren sich am Erdmagnetfeld.

Ein magnetisches Auge

Archäologen nutzen den Magnetismus zum Auffinden von Siedlungsüberresten. Eisenhaltige Sandsteine, die oft zum Bauen benutzt wurden, stören das Magnetfeld der Erde. Die Archäologen stellen diese „Störung" mit einem Messgerät (Magnetometer) fest und können so den genauen Fundort bestimmen. Betrachte zum Beispiel Bild 5. Die Messung wurde bei Ausgrabungen in Troia (Türkei) durchgeführt. Die „Störungen" des Magnetfelds sind an der roten Farbe zu erkennen. Rechts ist eine Zeichnung der Ruine zu sehen, Bild 6 zeigt ausgegrabene Reste.

Magnetischer Sinn beim Menschen

Kalifornische Wissenschaftler fanden im menschlichen Gehirn Millionen kleinster Teilchen aus Magneteisenstein (Magnetit). Tatsächlich konnten sie auch winzige Magnetfelder nachweisen. Haben die Menschen doch einen magnetischen Sinn?
Bis jetzt gibt es noch keinen festen Beweis dafür.

Magnetische Bakterien

Die Natur kennt einen lebenden Kompass wahrscheinlich schon seit vielen Millionen Jahren. Es gibt Bakterienarten, die in Richtung der magnetischen Feldlinien der Erde schwimmen. Diese Bakterien leben in schlammigen, sauerstoffarmen Bodenbereichen, auch in unseren Gewässern (▷ B 4).

Aus Eisen und doch nicht magnetisch

Edelstähle bestehen zu einem Großteil aus Eisen, das besonders gehärtet wurde oder durch Beimischungen, z. B. mit Chrom und Nickel, besonders hart gemacht wurde. Diese Edelstähle werden (fast) nicht mehr von einem Magneten angezogen, weil die Elementarmagnete ungeordnet und so fest verankert sind, dass sie sich nicht ausrichten können.

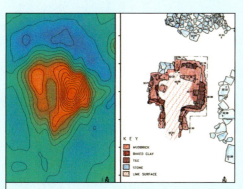

5 Die Messung (links) zeigt die Umrisse der Ruine.

6 Ruine, gefunden mit einem Magnetometer

Schlusspunkt
Magnetismus

▶ Magnetpole
Jeder Magnet hat einen Nord- und einen Südpol. Im Bereich der Pole ist die Magnetkraft am größten. Wird ein Magnet geteilt, so entstehen neue Magnete mit eigenem Nord- und Südpol (▷ B 1).

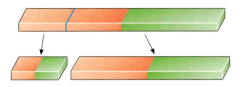

1 Aus einem Magneten werden zwei.

▶ Polgesetze
Ungleichnamige Magnetpole ziehen sich an. Gleichnamige Magnetpole stoßen sich ab.

▶ Magnetisieren, Entmagnetisieren
Körper, die Eisen, Nickel oder Cobalt enthalten, können magnetisiert werden, wenn sie in die Nähe eines Dauermagneten kommen. Ein Magnet kann durch starkes Erhitzen oder durch starke Erschütterung entmagnetisiert werden.

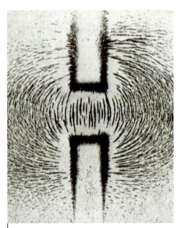

2 Feldverlauf zwischen ungleichnamigen …

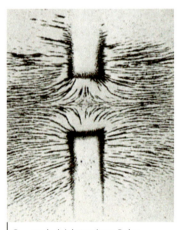

3 … und gleichnamigen Polen

▶ Elementarmagnete
Wir stellen uns vor, dass es kleinste Magnete gibt, die nicht mehr teilbar sind. Diese bezeichnet man als Elementarmagnete.
In Magneten sind die Elementarmagnete alle in der gleichen Richtung geordnet. In entmagnetisierten Körpern sind die Elementarmagnete völlig ungeordnet (▷ B 5).

▶ Magnetfeld
Das Magnetfeld ist der Raum um einen Magneten, in dem magnetische Kräfte wirken.
Magnetische Feldlinien sind ein Modell zur Veranschaulichung des magnetischen Feldes (▷ B 4). Sie zeigen die Richtung der Magnetkraft an und können mit Eisenfeilspänen sichtbar gemacht werden (▷ B 2, B 3).

▶ Kompass
Im Kompass befindet sich eine frei bewegliche Magnetnadel, die sich unter dem Einfluss des Magnetfelds der Erde ausrichtet.
Der Nordpol dieser Magnetnadel zeigt zum magnetischen Südpol der Erde. Dieser liegt etwa 1 500 km vom geografischen Nordpol entfernt.

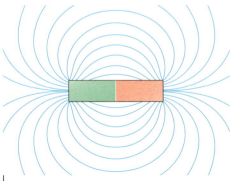

4 Feldlinienbild eines Stabmagneten

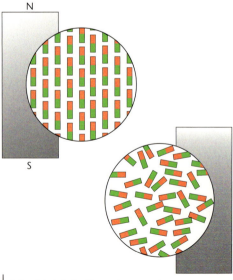

5 Das Modell der Elementarmagnete

Magnetismus

Aufgaben

1 Bild 1 zeigt ein Kreuzworträtsel zum Magnetismus. Kopiere die Vorlage oder übertrage sie in dein Heft. Beantworte die Fragen a) – k) und trage die Lösungen ein. Du erhältst einen Lösungssatz.

Tipp: Wenn du ein Blatt Pergamentpapier auf die Vorlage legst, kannst du die Lösungswörter direkt eintragen.

a) In seinem Bereich ist die magnetische Kraft besonders groß.

b) Diesen Magnet nennt man _____ magnet.

c) Wer wies nach, dass die Erde ein Magnet ist?

d) _____ namige Magnetpole stoßen sich ab.

e) Nenne ein Material, das von Magneten angezogen wird.

f) Womit orientierten sich die Chinesen vor über 1 000 Jahren (Kurzform)?

g) Wie bezeichnet man die Abweichung zwischen den geografischen und den magnetischen Polen der Erde?

h) Womit kannst du – von einem Kompass abgesehen – die Himmelsrichtung bestimmen?

i) Dieser Planet hat ein stärkeres Magnetfeld als die Erde.

j) Wie bezeichnet man den Raum um Magnete?

k) Welches Land liegt in der Nähe des magnetischen Nordpols der Erde?

2 Bei einem Stabmagneten ist leider die Farbe völlig abgeblättert. Wie kannst du herausfinden, wo der Nordpol und wo der Südpol ist? (Du hast keine weiteren Magnete zur Verfügung.)

3 Zwei Eisenstäbe sehen von außen völlig gleich aus (▷ B 2). Wie kannst du ohne weitere Hilfsmittel herausfinden, ob einer der Eisenstäbe ein Magnet ist, und welcher?

4 Richtig oder falsch? Begründe deine Antwort.

a) Der Nordpol der Kompassnadel zeigt zum Südpol.

b) Susi Sorglos überlegt sich: „Ich magnetisiere einfach meine Buntstifte und hänge sie an meine magnetische Pinnwand."

c) Wenn du einen Magneten teilst, erhältst du einen Nord- und einen Südpol (▷ B 4).

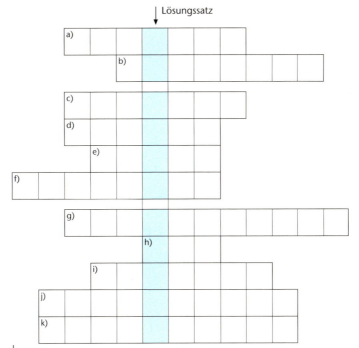

1 Zu Aufgabe 1

2 Zu Aufgabe 3

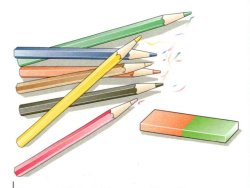

3 Lassen sich Buntstifte magnetisieren?

4 Zu Aufgabe 4c

Startpunkt

Elektrostatik
– elektrische Ladungen

Wie entstehen eigentlich Blitze? Warum stehen dir manchmal die Haare zu Berge, wenn du deinen Pullover ausziehst? Warum lassen sich Plastikbeutel manchmal nur schwer öffnen?

Wenn du deine Umgebung aufmerksam beobachtest, wirst du feststellen, dass dir solche Erscheinungen öfter begegnen. Ihre Wirkungen spürst du manchmal am eigenen Leib – du bekommst einen „elektrischen Schlag" beim Griff an eine Türklinke oder wenn du ein Auto berührst. Manchmal hörst du ein Knistern, wenn du den Pullover ausziehst oder kannst ein Folienstückchen nicht mehr von deiner Hand abschütteln.

Diesen Bereich der Elektrizitätslehre nennt man „Elektrostatik". Auf den folgenden Seiten wirst du elektrostatische Erscheinungen genauer untersuchen und Antworten auf deine Fragen finden.

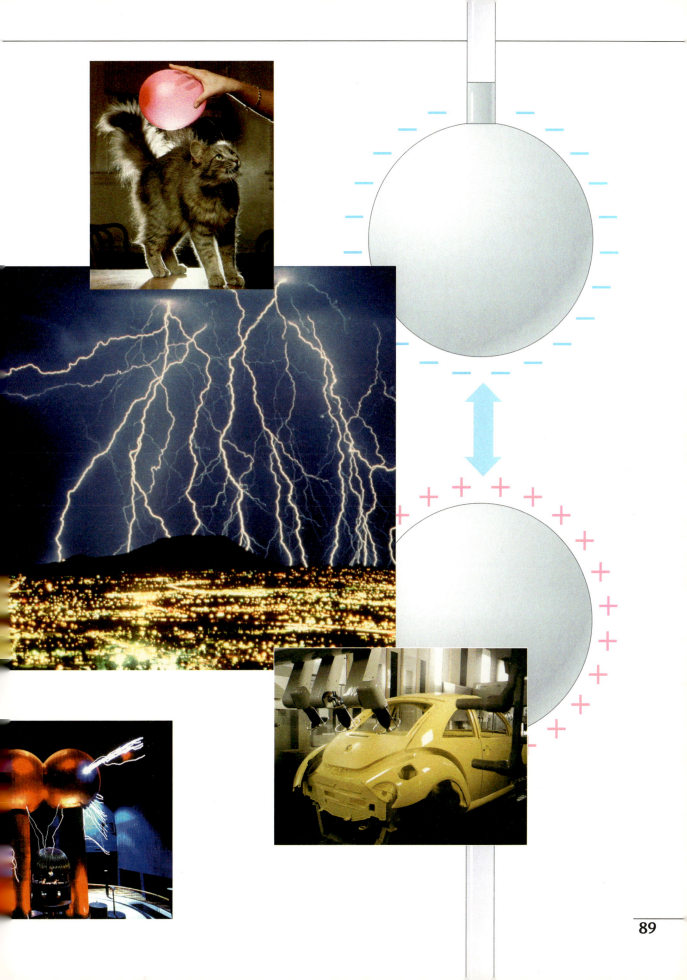

Körper werden elektrisch geladen

1 Die Folie zieht die Papierschnipsel an.

2 Haare werden von einem Luftballon angezogen.

Versuche

1 Schneide einen (doppellagigen) Streifen von einem Tiefkühlbeutel ab.
a) Ziehe die Folien auseinander, ohne dass sie einen anderen Gegenstand berühren. Was beobachtest du, wenn du eine der Folien in die Nähe von Papierschnipseln bringst (▷ B 1) oder an eine Glimmlampe hältst?
b) Ziehe die Folien erst auseinander und lege sie dann wieder genau aufeinander. Was passiert nun mit den Papierschnipseln?
c) Wiederhole a) und b) mit einem Kunststoffstab und einem Wolltuch. Reibe beide Gegenstände vorher kräftig aneinander.

2 Reibe einen Luftballon oder eine Folie an den Haaren einer Mitschülerin oder eines Mitschülers. Was musst du tun, damit die „Haare zu Berge stehen" (▷ B 2)?

3 Reibe verschiedene Kunststoffgegenstände (Lineal, Folien, Löffel, alte Filmnegative usw.) kräftig mit einem Fell oder Wolle. Halte eine Glimmlampe an die geriebenen Gegenstände. Achte speziell auf das Leuchten der Glimmlampe. Findest du Unterschiede?

Wodurch werden Körper elektrisch geladen?

Beim Aussteigen aus dem Auto erhältst du ab und zu einen elektrischen Schlag. Wenn du den Pullover ausziehst, knistert es manchmal.

Ein einfacher Versuch verrät dir die Ursache dafür: Wenn du zwei Folien aneinander reibst, laden sie sich elektrisch auf. Du merkst das daran, dass die Folien jetzt Haare, Papierschnipsel oder andere leichte Dinge anziehen.
Diese Anziehung tritt aber erst dann auf, wenn du die beiden Folien voneinander trennst (▷ B 1).

▶ Körper können elektrisch geladen werden, indem man sie aneinander reibt und anschließend trennt.

Bringst du die geladenen Körper wieder zusammen, wird der „elektrische Frieden" wieder hergestellt. Die beiden Folien sind dann ungeladen.

Diesen ungeladenen Zustand bezeichnet man als elektrisch neutral.

Die Glimmlampe als Ladungsanzeiger

Berührst du eine der geladenen Folien mit einer Glimmlampe, blitzt diese kurz auf (▷ V 1). Mithilfe der Glimmlampe wurde die Folienstelle entladen – sie ist nun wieder elektrisch neutral. An anderen Stellen dieser Folie wirst du dasselbe beobachten.

Halte nun die Glimmlampe an die andere Folie. Ist dir aufgefallen, dass jetzt die andere Seite der Glimmlampe aufleuchtet? In einem Fall beobachtest du ein Leuchten auf der Seite, die den geladenen Körper berührt. Im anderen Fall glimmt die Lampe auf der anderen Seite auf. Sind die beiden Folien unterschiedlich geladen?

Zwei verschiedene Ladungen

Der Franzose CHARLES DU FAY (1698–1739) experimentierte viel mit Glas und Bernstein (versteinertem Harz). Dabei erkannte er, dass es tatsächlich zwei Arten von

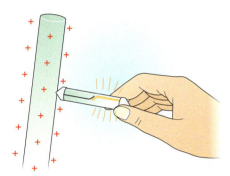

3 Ist ein Körper negativ geladen, dann leuchtet die Glimmlampe auf der Seite des Körpers auf.

4 Ist ein Körper positiv geladen, dann leuchtet die Glimmlampe auf der Seite der Hand auf.

elektrischen Ladungen gibt. Er nannte die Ladungsarten „Glaselektrizität" und „Harzelektrizität".
Es gibt aber noch weitere Materialien, die sich wie Glas aufladen und andere, die sich wie Bernstein aufladen. Was früher „Glas-" bzw. „Harzelektrizität" genannt wurde, bezeichnet man heute als **positive** (+) bzw. **negative Ladung** (–).

Mithilfe der Glimmlampe kannst du die Ladungsarten unterscheiden (▷ B 3; B 4). Wenn du zwei Körper aneinander reibst und dann trennst, ist einer der beiden Körper positiv geladen – die Glimmlampe leuchtet an der „Handseite" auf. Der andere Körper ist negativ geladen – dort glimmt die Gegenseite auf.

▶ Es gibt positive und negative Ladungen. Mit der Glimmlampe lassen sich beide Ladungsarten unterscheiden.

Aufgabe
1. Erkläre, warum du manchmal einen „elektrischen Schlag" bekommst, wenn du aus dem Auto aussteigst.

Werkstatt

Ladungserscheinungen

1 Trennung von Pfeffer und Zucker

Mit diesen Versuchen kannst du selbst elektrostatische Erscheinungen erforschen. Notiere zu jedem Versuch, was du beobachtet hast.

Tipp: Wiederhole die Versuche mehrmals, dann kannst du die Erscheinungen besser beobachten.

1 Pfeffer in der Zuckerdose?
Material
Kunststoffstab, Wolltuch oder Fell, Glasschale, Pfeffer, Zucker

Versuchsanleitung
Mische in einer Glasschale Zucker mit etwas Pfeffer. Reibe einen Kunststoffstab kräftig an einem Wolltuch und nähere ihn langsam von oben der Mischung (▷ B 1).

2 Tanzende Papierschnipsel
Material
Acrylglasscheibe, Wolltuch oder Fell, Blechboden einer Backform, zwei Bücher, Seidenpapier

Versuchsanleitung
Über dem Blechboden einer Backform befindet sich eine Acrylglasscheibe, die von zwei Büchern gestützt wird. Schneide kleine Schnipsel aus Seidenpapier aus und lege sie auf den Blechboden. Reibe die Acrylglasscheibe kräftig mit einem Wolltuch ab.

3 Der zuckende Zeigefinger
Material
Wolltuch oder Fell, Aluminiumbackblech, Glimmlampe, Glas, Folie

Versuchsanleitung
Diesen Versuch musst du zusammen mit einem Partner durchführen.
Auf einem Glas liegt das Backblech (▷ B 2). Dein Partner hält die Spitze seines Zeigefingers ganz nah an den Rand des Blechs.

Reibe eine Folie mehrmals kräftig mit einem Wolltuch ab. Lege die Folie auf das Backblech und ziehe sie sofort darüber hinweg.

Wiederholt den Versuch. Berührt das Backblech dieses Mal nicht mit dem Finger, sondern mit einer Glimmlampe.

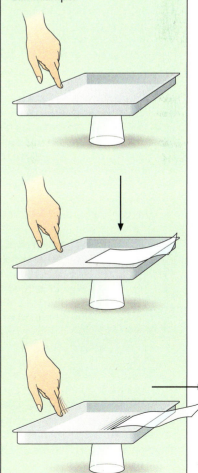

2 Zu Versuch 3

Zeitpunkt

Elektrostatik in der Natur

1 Elektrisch geladener Bernstein

Seltsame Steine

Schon in der Antike (vor über 2500 Jahren) wussten die Menschen, dass Magneteisenstein kleine Eisenstückchen anzieht. Ein ähnliches Verhalten beobachteten die Griechen bei einem anderen Stein – dem Bernstein (versteinertes Harz).
Wenn Bernstein – z. B. bei der Schmuckherstellung – gerieben wird, zeigt er eine seltsame Anziehungskraft. Staub, Haare oder Federn bewegen sich wie von Geisterhand auf den Bernstein zu (▷ B 1).
Der griechische Mathematiker THALES VON MILET (um 600 v. Chr.) war einer der Ersten, der über die Ursachen nachdachte und einfache Versuche dazu machte. Er glaubte zunächst, eine neue Form des Magnetismus gefunden zu haben. Lange Zeit änderte sich nichts an dieser Vorstellung.

Elektrische Anziehung

Fast 2000 Jahre später griff der englische Forscher WILLIAM GILBERT (1544–1603) die Überlegungen von THALES wieder auf. Mit vielen Experimenten bewies GILBERT, dass die Anziehung, die vom Bernstein ausgeht, nichts mit magnetischen Kräften zu tun hat. Er erkannte, dass nicht nur Bernstein, sondern auch Körper aus anderen Stoffen nach dem Reiben Staub oder Haare anziehen.
GILBERT nannte diese anziehende Kraft „elektrische Kraft". Diese Bezeichnung geht vermutlich auf den griechischen Philosophen ARISTOTELES (384–322 v. Chr.) zurück, der den Bernstein „electron" nannte.

Nach GILBERTS Entdeckungen vergingen nochmals fast 100 Jahre, bis der Magdeburger Bürgermeister OTTO VON GUERICKE (1602–1686) erkannte, dass sich geriebene Gegenstände nicht nur anziehen, sondern auch abstoßen können.

Blitze

Im Altertum wurden Gewitter als Ausdruck des Götterzorns betrachtet. Die Griechen meinten, dass Göttervater Zeus feurige Speere aus den Wolken schleudere und die Germanen betrachteten Blitze als funkelnde Waffen des Donnergottes Thor.

Erst vor etwa 250 Jahren erkannte der Amerikaner BENJAMIN FRANKLIN (1706–1790), dass Blitze (▷ B 2) elektrische Naturerscheinungen sind und dieselbe Ursache haben wie die anziehenden Kräfte, die sich nach dem Reiben von Bernstein beobachten lassen.

2 Blitzeinschlag im Eiffelturm

Brennpunkt

Elektrostatik in der Technik

1 Fernsehnachrichten einmal anders

2 Herstellung von Mikrochips in staubfreien Räumen

Elektrostatik – unsichtbar, aber vorhanden

Auch du hast jeden Tag mit elektrostatischen Erscheinungen zu tun. In deiner Umgebung gibt es dafür unzählige Beispiele. Der Staub auf dem Fernsehschirm (▷ B 1) haftet z. B. nur, weil sich das Glas des Fernsehgerätes elektrisch aufgeladen hat.

Die Folge elektrostatischer Erscheinungen sind häufig Entladungen, die du auch am eigenen Leib spüren kannst.

Ob beim Aussteigen aus dem Auto oder beim Griff an die Türklinke – fast jeder hat schon einmal einen elektrischen Schlag bekommen. Ziehst du dir den Pullover aus, hörst du manchmal ein Knistern, die Haare „fliegen" und gelegentlich siehst du sogar Funken sprühen.

Elektrostatik kann nützlich sein

Trotz der unangenehmen Begleiterscheinungen wird das Phänomen der Elektrostatik in vielen Industriebereichen ganz gezielt eingesetzt.

Durch die elektrostatische Auflladung von Karosserie und Farbteilchen wird bei Autos eine gleichmäßige Lackierung erreicht. Bei der Herstellung von Kassetten, Fotoobjektiven oder Mikrochips (▷ B 2) müssen die Produktionsräume absolut staubfrei sein. Mithilfe der Elektrostatik kann der Staub entfernt werden.

Ein ähnliches Verfahren wird auch eingesetzt, um das Pulver auf den Rändern von Kaffee-Verpackungen nach dem Abfüllen zu entfernen. Erst dann kann die Tüte luftdicht verklebt werden.

Elektrostatik kann gefährlich sein

Die Entladung von Körpern, die du als leises Knistern wahrnimmst, stören uns normalerweise kaum. Dennoch kann diese Entladung gefährliche Folgen haben. Überall dort, wo Pulver abgefüllt oder über Förderbänder transportiert wird, kommt es durch Reibung zu elektrostatischen Aufladungen. Bereits ein kleiner Funke kann dabei eine Explosion auslösen.

Deshalb werden z. B. in Mühlen, bei der Zuckerproduktion oder bei der Herstellung von Farbpulver Maßnahmen getroffen, um unkontrollierte Entladungen zu verhindern.

Auch beim Umgang mit leicht entzündlichen Stoffen (z. B. Benzin) können elektrostatische Aufladungen sehr gefährlich sein. Bei Tankwagen wird die Entstehung von Funken durch ein Kabel verhindert, das die Ladung in die Erde ableitet (▷ B 3).

4 Pulver können sich leicht elektrisch aufladen.

3 Das Erdungskabel verhindert eine elektrostatische Aufladung.

Werkstatt

Kräfte zwischen geladenen Körpern

Tipp: Die Versuche gelingen bei trockenem Wetter in einem warmen Raum am besten. Verwende nur trockene Materialien.

1 Anziehung und Abstoßung
Material
4 Folienstücke (Postkartengröße), Klebestreifen, Nähgarn, Folienschreiber, Glimmlampe, Locher

Versuchsanleitung
Beschrifte die vier Folienstücke mit A, B, C und D. Loche jede Folie und knote ein Stück Nähgarn (etwa 30 cm lang) daran.

Hänge die Folien A und B z. B. an einem Türrahmen auf, indem du das Nähgarn mit einem Klebestreifen befestigst. Achte darauf, dass sich die Folien frei drehen

können. Reibe nun die beiden Folien A und B kräftig aneinander. Lade anschließend die Folien C und D durch kräftiges Reiben auf.

a) Nähere die Folie C erst der Folie A, dann der Folie B. Was kannst du beobachten?

b) Nähere die Folie D erst der Folie A, dann der Folie B. Welche Beobachtung machst du jetzt?
Halte zum Schluss eine Glimmlampe an alle Folienstücke. Notiere, welche Seite der Glimmlampe jeweils aufblitzt.

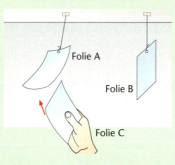

Aufgabe
Erstelle ein Versuchsprotokoll. Kannst du aus den Ergebnissen deiner Versuche ableiten, welche Folien positiv und welche negativ geladen sind? Begründe.

2 Ein Wasserstrahl auf Abwegen
Material
Luftballon

Versuchsanleitung
Lade einen Luftballon auf, indem du ihn an einem Wollpullover oder an Haaren reibst.

Bringe den Luftballon in die Nähe eines dünnen Wasserstrahls. Was kannst du beobachten?

3 Der magische Finger
Material
2 Folienstücke (Postkartengröße), Klebeband, Nähgarn

Versuchsanleitung
Hänge ein Folienstück mithilfe des Nähgarns und eines Klebestreifens an einem Türrahmen auf.
Lade das Folienstück durch Reiben an der zweiten Folie auf.
Nähere dich der geladenen Folie mit einem Finger.

Aufgabe
Beschreibe deine Beobachtung und erkläre sie.
Wiederhole den Versuch mit anderen ungeladenen Gegenständen.

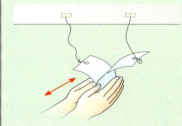

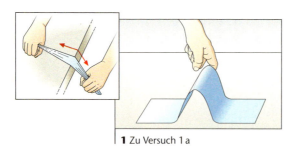

1 Zu Versuch 1 a

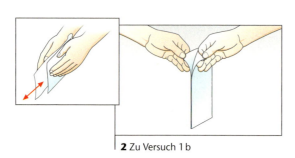

2 Zu Versuch 1 b

Anziehung und Abstoßung
Du weißt nun, dass es unterschiedliche Arten von Ladungen gibt. Wie aber verhalten sich zwei geladene Körper, wenn du sie einander annäherst?

Je nachdem, wie du einen Folienstreifen durch Reiben auflädst, machst du unterschiedliche Beobachtungen, obwohl du das gleiche Material verwendest:
Reibst du die Folie an der Tischkante, spreizen sich die Folienhälften (▷ B 1).
Reibst du die Folienhälften aneinander, haften sie zusammen (▷ B 2).

Der Test mit der Glimmlampe beweist: Im ersten Versuch ist die Folie positiv geladen, der Tisch negativ.
Knickst du die Folie, hängen sich also zwei positiv geladene Folienhälften gegenüber.

Unterschiedlich geladene Körper

Du kannst beobachten, dass sich die beiden gleichartig geladenen Folienhälften abstoßen.

▶ Gleichartig geladene Körper stoßen sich ab.

Im zweiten Versuch reibst du dagegen die beiden Hälften desselben Folienstreifens aneinander und trennst sie dann. Die beiden Folienhälften sind jetzt unterschiedlich geladen. Aus diesem Grund ziehen sie sich an und haften aneinander.

▶ Verschiedenartig geladene Körper ziehen sich an.

Näherst du einen elektrisch geladenen Luftballon einer Wand, dann kannst du beobachten, dass der Luftballon an der Wand „kleben" bleibt (▷ V 2). Der Luftballon und die Wand ziehen sich gegenseitig an, obwohl nur der Ballon eine Ladung trägt. Eine anziehende Wirkung tritt also auch zwischen einem elektrisch geladenen Körper und einem ungeladenen Körper auf.

▶ Geladene Körper ziehen ungeladene Körper an und umgekehrt (▷ B 4).

Aufgaben

1 Frisch gewaschene Haare lassen sich mit einem Plastikkamm manchmal nur schlecht kämmen.
Begründe, warum das so ist.

2 Was kannst du über die Ladungen der beiden Luftballons in Bild 3 aussagen?

Versuche

1 a) Schneide einen Streifen von einem Müll- oder Tiefkühlbeutel ab und reibe ihn kräftig an der Tischkante. Greife den Streifen in der Mitte und hebe ihn vom Tisch ab (▷ B 1).
Was beobachtest du?
b) Knicke einen neuen Streifen in der Mitte und reibe beide Folienteile kräftig aneinander. Trenne die Hälften voneinander (▷ B 2). Verhalten sich die Folienteile wie im ersten Versuch?

2 Lade einen Luftballon auf, indem du ihn an einem Wollpullover oder an Haaren reibst. Halte den Luftballon anschließend an eine Wand. Was kannst du beobachten?
Lasse den geladenen Luftballon auch an deiner Hand „kleben".
Erkläre deine Beobachtungen.

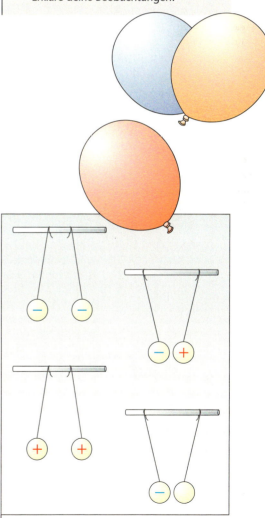

3 Die Luftballons stoßen sich ab.

4 Anziehung und Abstoßung zwischen unterschiedlich geladenen Körpern

Das Elektroskop

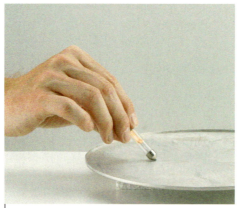

1 Zu Versuch 2

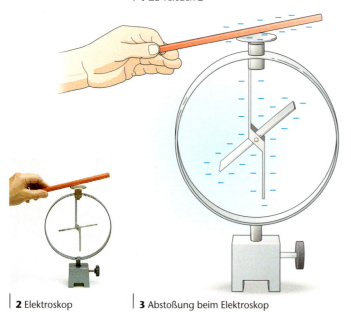

2 Elektroskop   3 Abstoßung beim Elektroskop

Versuche

1 Reibe eine Metallplatte an einem Stück Stoff oder an Papier. Halte die Platte an ein Elektroskop. Wiederhole den Versuch. Befestige die Platte zuvor aber an einem Kunststoffstab. Warum schlägt das Elektroskop jetzt aus?

2 Stelle ein Backblech auf eine nicht leitende Unterlage. Reibe es mit einer Folie. Halte eine Glimmlampe an verschiedene Stellen des Blechs (▷ B 1).

Du kannst das mithilfe einer Glimmlampe nachprüfen: Berührst du ein geladenes Metallstück mit der Glimmlampe, leuchtet sie nur ein einziges Mal auf (▷ V 2).

▶ Metalle können Ladungen speichern, wenn sie isoliert befestigt sind.

Das Elektroskop

Das Elektroskop ist ein Gerät, mit dem sich Ladungen nachweisen lassen. Es besteht aus Metall und ist isoliert an der Halterung befestigt.

Beim Elektroskop nutzt man aus, dass Metalle gute elektrische Leiter sind. Das Elektroskop wird z. B. durch Berührung mit einem negativ geladenen Gegenstand aufgeladen (▷ B 3). Die negativen Ladungen stoßen sich gegenseitig ab. Da sie im Metall wandern können, verteilen sie sich über das gesamte Elektroskop. Der bewegliche Zeiger und der feste Teil des Elektroskops sind nun gleichartig geladen und stoßen sich deshalb ab – der Zeiger schlägt aus.

Dasselbe kannst du beobachten, wenn du das Elektroskop mit einem positiv geladenen Gegenstand berührst.

▶ Ein Elektroskop zeigt an, ob ein Körper geladen oder ungeladen ist. Die Art der Ladung kann mit einem Elektroskop nicht festgestellt werden.

Metalle speichern Ladungen

Auch ein Metallstück kannst du positiv oder negativ aufladen. Dazu musst du es z. B. mit einem geladenen Gegenstand berühren. Metalle sind gute elektrische Leiter, d. h. die Ladungen können sich im Metall verteilen. Metalle können elektrische Ladungen nur dann speichern, wenn sie isoliert befestigt sind, z. B. an einem Kunststoffstab. Auf Isolatoren können sich die Ladungen nicht verteilen. Ist das Metall nicht isoliert befestigt, entlädt es sich sofort wieder (▷ V 1).

4 Zu Aufgabe 1

Aufgaben

1 Lade einen Plastikstab elektrisch auf. Halte den Stab in die Nähe von kleinen Papierschnipseln und kleinen Aluminiumschnipseln (▷ B 4). Erkläre das unterschiedliche Verhalten von Aluminium und Papier.

2 Lade zwei Folien durch Reiben aneinander auf. Halte zunächst die eine Folie und dann die andere an das Elektroskop. Warum schlägt der Zeiger zunächst aus und geht dann wieder in die Ausgangsstellung zurück?

Werkstatt

Ein selbst gebautes Elektroskop

Für deine Untersuchungen, ob Körper elektrisch geladen sind, kannst du dir selbst ein Elektroskop mit einfachen Mitteln bauen.

Material
1 durchsichtiges Gefäß mit Schraubdeckel (Marmeladen-, Honig- oder Schokocremeglas), dicker, fester Metalldraht (etwa 10 cm), 1 Weinkorken, Aluminiumfolie (Haushaltsfolie), Klebstoff, 1 Schere, 1 Messer, 1 Bohrer, 1 Abisolierzange

3 Materialien für ein einfaches Elektroskop

Versuchsanleitung
Bohre in den Deckel des Gefäßes ein Loch, dessen Größe etwa der Dicke des Metalldrahts entspricht. Schiebe den Metalldraht durch das Loch (▷ B 1).
Schneide vom Weinkorken zwei etwa 0,5 cm dicke Scheiben ab. Stecke jeweils eine Scheibe von oben und von unten auf den Metalldraht (▷ B 2). Klebe die Korkscheiben am Deckel fest.

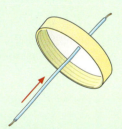

1 Schritt 1

Biege die Enden des Metalldrahts auf etwa 2 cm Länge um (▷ B 4). Sofern der Metalldraht isoliert ist, entferne die Isolierung an den abgebogenen Stücken mit der Zange. Schneide einen etwa 16 cm langen und 1 cm breiten Aluminiumstreifen aus.
Knicke den Aluminiumstreifen in der Mitte und lege ihn auf das untere Ende des Metalldrahts (▷ B 5).

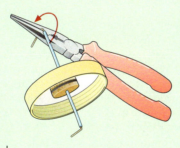

4 Schritt 3

Du kannst den Aluminiumstreifen auch festkleben, achte dann aber darauf, dass er Kontakt zum Draht hat.

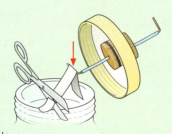

5 Schritt 4

Schneide den Aluminiumstreifen so weit ab, dass er den Boden des Glases nicht berührt.
Schraube den Deckel auf das Glas, fertig ist dein Elektroskop.

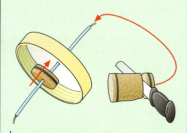

2 Schritt 2

Du kannst auch noch eine Kugel aus Aluminiumfolie formen und auf das obere Ende des Elektroskops stecken (▷ B 6). Mit der Aluminiumkugel schlägt der Zeiger noch besser aus.

Aufgaben
1. Prüfe verschiedene geladene und ungeladene Stoffe mit deinem Elektroskop. Schlägt der

6 Ein selbst gebautes Elektroskop

Zeiger (die Aluminiumfolie) immer gleich weit aus?

2. Halte einen geladenen Luftballon an dein Elektroskop. Wie lange zeigt das Elektroskop eine Ladung an?

3. Was beobachtest du, wenn du deinem Elektroskop einen geladenen Luftballon näherst? Hörst du auch etwas? Beschreibe.

Elektrizität zwischen Himmel und Erde

1 Blitze sind elektrische Entladungen

Blitz und Donner
Gewitter sind beeindruckende Naturereignisse: Erst ziehen dunkle Wolken auf, dann zucken plötzlich helle Blitze über den Himmel, die von lautem Krachen und Donnergrollen begleitet werden.
Viele Menschen fürchten sich vor dieser Wettererscheinung. Sie bleiben in einem Gebäude, bis das Gewitter vorbei ist und vermeiden es, zu telefonieren, fernzusehen oder Radio zu hören.

Wie entstehen Gewitter?
In riesigen Wolken, die sich bis zu 12 km hoch auftürmen können, entstehen Gewitter. Die Wolken bestehen vorwiegend aus Wassertröpfchen. In den oberen Wolkenschichten ist es aber so kalt, dass die Tröpfchen dort zu Hagelkörnern gefrieren können.

Weil sich innerhalb der Wolken Luft auf und ab bewegt, prallen die Wassertröpfchen und die Hagelkörner ständig aufeinander. Ähnlich wie zwei Körper, die aneinander gerieben werden, laden sich auch die Wassertröpfchen und die Hagelkörner dabei unterschiedlich auf.
Die Luftströmung in den Wolken trägt leichte Teilchen mit positiver Ladung in die Höhe. Schwerere Teilchen mit negativer Ladung bleiben in der unteren Wolkenschicht zurück.

2 Folgen eines Blitzeinschlags

Ladungsausgleich durch den Blitz
Um den neutralen Zustand wiederherzustellen, müsste man die gegensätzlich geladenen Teilchen wieder zusammenbringen. Die unterschiedlichen Ladungen können sich aber noch auf andere Weise ausgleichen, und zwar durch eine Funkenentladung.
Der Blitz ist eine solche Funkenentladung zwischen einem positiv und einem negativ geladenen Wolkenbereich (▷ B 1).

Ladungsunterschiede können nicht nur zwischen verschiedenen Wolkenschichten, sondern auch zwischen den Wolken und der Erdoberfläche entstehen. Du kannst deshalb unterschiedliche Blitze beobachten. Die meisten Blitze verlaufen innerhalb der Wolken, manchmal schlägt aber auch ein Blitz in den Erdboden ein.

Woher kommt der Donner?
Ein Blitz dauert nur Bruchteile von Sekunden. Während der Funkenentladung kann die Temperatur fünfmal größer als an der Oberfläche der Sonne werden. Die plötzlich erhitzte Luft dehnt sich explosionsartig aus. Das hörst du als Donner.
Warum hörst du das Donnern erst, nachdem du den Blitz gesehen hast?
Das liegt daran, dass das Licht und der Schall unterschiedlich schnell sind: Das Licht legt in einer Sekunde eine Strecke von 300 000 km zurück – es könnte in dieser Zeit fast siebeneinhalb Mal um die Erde laufen. Der Schall schafft in einer Sekunde nur etwa 330 m.
Mithilfe der Schallgeschwindigkeit kannst du auch abschätzen, wie weit ein Gewitter entfernt ist. Zähle, nachdem du den Blitz gesehen hast, die Sekunden bis zum Donner. Teile diese Zahl durch drei – nun weißt du, wie viele Kilometer das Gewitter etwa entfernt ist.

Blitzschutz
Rund um die Erde toben Tag für Tag etwa 45 000 Gewitter. Dabei zucken pro Sekunde ungefähr 100 Blitze über den Himmel. Blitze sind häufig die Ursache für Störungen in den Energieversorgungsnetzen. Auch für den Flugverkehr können sie gefährlich werden. Damit niemand in Gefahr gerät, werden die Flugrouten deshalb abgeändert.

Auch in Haushalten können diese faszinierenden Naturphänomene gewaltige Schäden anrichten. Ein Blitzeinschlag kann elektrische Geräte und Leitungen zerstören oder einen Brand auslösen. Viele Häuser sind deshalb mit einer Blitzschutzanlage ausgerüstet (▷ B 4). Der Blitz wird mithilfe eines Blitzableiters „eingefangen". Blitzableiter sind spitze Metallstäbe, die über dicke Kabel mit dem Erdboden verbunden sind.

Verhalten bei Gewittern
Blitze schlagen bevorzugt in die höchsten Punkte, z. B. Bäume ein. Daran musst du denken, wenn du im Freien von einem Gewitter überrascht wirst.
Halte also möglichst großen Abstand zu Bäumen und hohen Geländepunkten. Der Blitz kann auch noch 100 m von der Einschlagstelle entfernt für dich gefährlich werden.

Im freien Gelände bist du am besten geschützt, wenn du dich in eine Bodenmulde kauerst und deine Füße nahe nebeneinander stellst. Gehst du weiter, bildest du einen hervorragenden Blitzableiter.

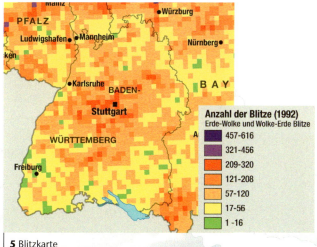

5 Blitzkarte

3 Gewitter über einer Stadt

Aufgaben

1 Suche im Internet nach Blitzkarten (▷ B 5). In welcher Region Europas gibt es gerade die meisten Gewitter? Welche Informationen erhältst du noch aus Blitzkarten?

2 Wie weit ist der Blitzort entfernt, wenn zwischen Blitz und Donner etwa 7 Sekunden vergehen?

3 Informiere dich, welche Blitzschutzanlagen in eurem Haus vorhanden sind.

4 Warum handeln Menschen, die bei Gewitter baden, äußerst leichtsinnig? Suche weitere Verhaltensregeln.

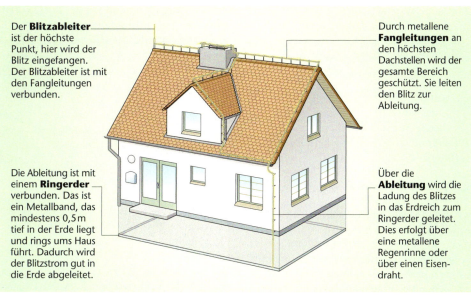

Der **Blitzableiter** ist der höchste Punkt, hier wird der Blitz eingefangen. Der Blitzableiter ist mit den Fangleitungen verbunden.

Durch metallene **Fangleitungen** an den höchsten Dachstellen wird der gesamte Bereich geschützt. Sie leiten den Blitz zur Ableitung.

Die Ableitung ist mit einem **Ringerder** verbunden. Das ist ein Metallband, das mindestens 0,5 m tief in der Erde liegt und rings ums Haus führt. Dadurch wird der Blitzstrom gut in die Erde abgeleitet.

Über die **Ableitung** wird die Ladung des Blitzes in das Erdreich zum Ringerder geleitet. Dies erfolgt über eine metallene Regenrinne oder über einen Eisendraht.

4 Blitzschutzanlage am Haus

Schlusspunkt

Elektrostatik – elektrische Ladungen

▶ **Elektrische Aufladung von Körpern**
Zwei Körper können elektrisch aufgeladen werden, indem man sie aneinander reibt und anschließend trennt.

▶ **Ladungsarten**
Es gibt zwei Arten von Ladungen: positive und negative Ladungen.
Trennt man zwei Körper nach dem Reiben, ist der eine Körper positiv, der andere negativ geladen (▷ B 2).

▶ **Entladen**
Beim Entladen gleichen sich die Ladungen eines positiv und eines negativ geladenen Körpers wieder aus.
Sind die Ladungsunterschiede groß genug, kannst du dabei einen Funken beobachten.

Nach dem Entladen sind die Körper wieder ungeladen. Diesen Zustand bezeichnet man als elektrisch neutral.

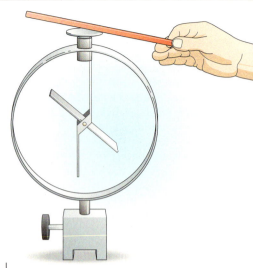

3 Ladungsnachweis mit einem Elektroskop

▶ **Elektroskop**
Mithilfe eines Elektroskops kannst du nachweisen, dass ein Körper elektrisch geladen ist.
Die Ladung wird auf das Elektroskop übertragen und verteilt sich dort. Da sich gleiche Ladungen abstoßen, schlägt der Zeiger aus (▷ B 3).
Mit dem Elektroskop kannst du allerdings nicht die Art der Ladung bestimmen.

▶ **Glimmlampe**
Mithilfe einer Glimmlampe kannst du Ladungen nicht nur nachweisen, sondern auch die Ladungsarten unterscheiden (▷ B 4).
Berührst du mit der Glimmlampe einen positiv geladenen Körper, leuchtet sie an der Seite der Hand auf. Bei der Berührung mit einem negativ geladenen Körper glimmt sie auf der Seite des Körpers auf.

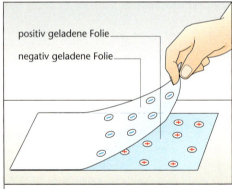

2 Zwei Körper werden elektrisch geladen.

▶ **Blitze**
Blitze sind elektrische Entladungen, die zwischen unterschiedlich geladenen Wolken oder zwischen Wolken und Erde auftreten.

▶ **Elektrische Kräfte**
Verschiedenartig geladene Körper ziehen sich an, gleichartig geladene Körper stoßen sich ab (▷ B 1).
Auch zwischen einem (positiv oder negativ) geladenen Körper und einem ungeladenen Körper treten elektrische Kräfte auf. Geladene und ungeladene Körper ziehen sich gegenseitig an.

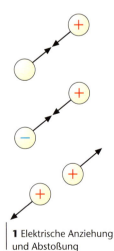

1 Elektrische Anziehung und Abstoßung

4 Die Glimmlampe zeigt die Ladungsart an.

Elektrostatik – elektrische Ladungen

Aufgaben

1 Kreuzworträtsel

Tipp: Schneide eine Prospekthülle an einer Seite auf und schiebe sie so über das Blatt, dass sie das Bild 2 überdeckt. Dann kannst du deine Antworten direkt auf die Folie schreiben.

a) Um zwei Körper elektrisch aufzuladen, muss man sie nicht nur aneinander reiben, sondern auch voneinander …
b) Wenn sie aufleuchtet, kannst du erkennen, ob ein Körper positiv oder negativ geladen ist.
c) Er erkannte im 16. Jahrhundert, dass viele Gegenstände nach dem Reiben Staub oder Haare anziehen.
d) Dieser Name stimmt uns heiter, denn er erfand den Blitzableiter.
e) Leuchterscheinung bei einem Gewitter
f) Der Blitzableiter ist mit dem … verbunden.
g) Wenn man zwei Folien aneinander reibt, dann ist die eine Folie negativ und die andere … geladen.
h) Versteinertes Harz, das nach dem Reiben z. B. Federn anzieht
i) Dieses Teilgebiet der Naturwissenschaft Physik beschäftigt sich mit der elektrischen Anziehung und Abstoßung.
j) Nach einem Blitz folgt der …
k) So heißt dein NWA-Buch.

2 Zu Aufgabe 1

2 Warum solltest du dich bei einem Gewitter im Freien am besten in eine Bodenmulde kauern (▷ B 1)?

3 Betrachte das Bild 3. Beschreibe, was dort zu sehen ist und erkläre, wie dieses Phänomen zustande kommt.
Führe den Versuch anschließend selbst durch.

4 Weshalb stehen einem Kind nach dem Trampolinspringen die Haare ab? Was passiert, wenn das Kind das Trampolin verlässt? Begründe.

5 Ein Elektroskop wurde negativ aufgeladen. Was geschieht, wenn du es mit einem positiv geladenen Stab berührst?

6 Näherst du eine geladene Folie der Spitze eines drehbar gelagerten Besenstiels, bewegt sich der Stiel wie von Geisterhand auf die Folie zu (▷ B 4). Warum ist das so? Probiere den Versuch selbst aus.

1 Zu Aufgabe 2

3 Zu Aufgabe 3

4 Zu Aufgabe 6

101

Startpunkt

Den Stoffeigenschaften auf der Spur

Die Produkte, die wir im Alltag benutzen, bestehen aus verschiedenen Materialien mit ganz unterschiedlichen Eigenschaften. Mithilfe von Experimenten lassen sich diese Eigenschaften ermitteln und genauer untersuchen.

Im Alltag und in der Natur gibt es viel zu entdecken und auszuprobieren. Ein See friert im Winter bei großer Kälte zu. Meerwasser schmeckt im Unterschied zu Trinkwasser salzig. Im Sommer ist das Salz manchmal sogar in flachen Meerwasserbecken zu sehen.

Zu Hause und in der Schule benutzt du Dinge, die aus unterschiedlichen Materialien gefertigt sind. Es gibt Federmäppchen aus Leder oder aus Kunststoff. Einige Schülerinnen und Schüler bewahren ihr Schreibzeug in Holzkästchen oder Metallschachteln auf. Papiertüten oder Tonschalen sind dafür weniger geeignet.
Aus Ton oder Knetmasse kannst du Figuren formen. Papier lässt sich schneiden, zerreißen, kleben und falten.

Die verschiedenen Materialien haben ganz unterschiedliche Eigenschaften, die die Verwendung des Materials im täglichen Gebrauch bestimmen. Um diese Eigenschaften zu untersuchen, kannst du Experimente durchführen. Dazu benötigst du meist Hilfsmittel, wie verschiedene Glasgefäße und Geräte. Beim Experimentieren ist wichtig, dass du alle Sicherheitshinweise genau beachtest.

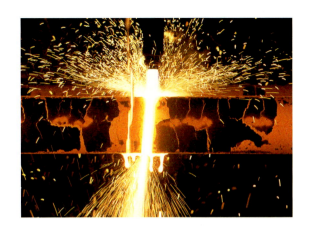

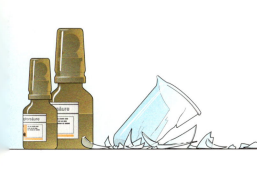

Werkstatt

Stoffe sehen, riechen, schmecken, fühlen

Wir untersuchen die Eigenschaften von Gegenständen mit unseren Sinnen.

1 Auf einen Blick
Material
Gummibärchen, Teller, Fruchtbonbons, Alufolie, Löffel aus Holz, Silber, Chromargan®, Aluminium, Porzellan, Kunststoff

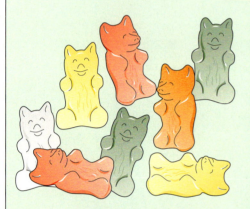

1 Eine farbenfrohe Gesellschaft

Versuchsanleitung
a) Schütte die Gummibärchen aus der Verpackung auf einen Teller. Sieh sie dir genau an. Welchen Unterschied stellst du fest? Wiederhole den Versuch mit Fruchtbonbons. Sortiere die Bonbons.

b) Nimm ein Stück Alufolie in die Hand und betrachte sie von beiden Seiten. Beschreibe den Unterschied.

c) Sortiere die Löffel so, dass die glänzenden auf einer Seite liegen, die mit matter Oberfläche auf der anderen Seite.

Aufgabe
Schreibe bei jedem Versuchsteil alle Unterschiede zwischen den Gegenständen auf, die du auf einen Blick feststellen konntest. Durch welche Eigenschaften kann sich ein Gegenstand auszeichnen?

2 Oberflächen, glänzend oder matt

2 Wie schmeckt es?
Material
Wasser, Zitronensaft, Grapefruitsaft, Zucker, Salz, Zimt, Schälchen, Teelöffel, 3 Gläser, Wattestäbchen

Versuchsanleitung
a) Gib in je ein Trinkglas Zitronensaft, Wasser und Grapefruitsaft. Probiere die Getränke nacheinander und beschreibe ihren Geschmack.

b) Bringe mit den Wattestäbchen erst einige Tropfen Zuckerwasser, dann Salzwasser auf die Zunge.

c) Halte dir die Nase zu und probiere einen halben Teelöffel Zimt. Was schmeckst du?
Öffne nach deiner Geschmacksprobe die Nase wieder.
Welche Eigenschaften hat Zimt?

Aufgabe
Ordne Wasser, Zitronensaft, Grapefruitsaft, Zucker, Zimt und Salz die Eigenschaften süß, salzig, bitter, geschmacklos und sauer zu.

3 Wie schmeckt es?

3 Duft oder Gestank?
Material
Wasser, Essig, Nagellackentferner, Parfüm, Deo, Curry

Versuchsanleitung
a) Öffne eine Flasche Essig und nimm eine Geruchsprobe. Fächle dazu mit der geschlossenen Hand wie in Bild 4 über die Öffnung des Gefäßes.

b) Rieche nacheinander an einer geöffneten Wasserflasche, an Nagellackentferner, Parfüm, Deo und einer Gewürzpackung Curry.

Aufgabe
Welchen der Gerüche würdest du als Duft und welchen als Gestank bezeichnen?

4 Wie riecht es?

4 Fühlen und tasten
Material
Kugeln aus verschiedenen Materialien, z. B. Holz, Glas, Styropor®, Stahl und Gummi, Ball aus Leder, Wollknäuel, Metalldose, Tuch

Versuchsanleitung
Lege die Kugeln und Bälle aus den unterschiedlichen Materialien in die Dose und decke sie mit dem Tuch ab. Taste die Oberfläche der Gegenstände mit deinen Fingern ab.

Aufgabe
Ordne die Kugeln und Bälle danach, ob sie sich kalt oder warm, rau oder glatt, hart oder weich anfühlen.

Mit den Sinnen prüfen

1 Eine Brille aus Kunststoff oder Glas?

Ein Gegenstand – viele Materialien
Kaffeelöffel gibt es aus wertvollem Silber, aus leichtem Aluminium oder aus glänzendem Edelstahl. Eierlöffel werden häufig aus Kunststoff gefertigt. Die kleinen Suppenlöffel im Chinarestaurant sind aus Porzellan. Rührlöffel und Salatbesteck bestehen oft aus Holz. Solche Materialien bezeichnet der Naturwissenschaftler als **Stoffe**.

Silber, Aluminium, Kunststoff, Porzellan und Holz haben unterschiedliche Eigenschaften. Die Eigenschaften der Stoffe prüfen wir zuerst mithilfe unserer Sinne.

▶ Gegenstände bestehen aus Stoffen. Verschiedene Stoffe besitzen unterschiedliche Eigenschaften.

Mit den Augen prüfen – Aussehen
Mithilfe deiner Augen kannst du nicht nur **Farben** unterscheiden, sondern auch die **Oberflächenbeschaffenheit** eines Gegenstands erkennen. Diese Eigenschaften reichen manchmal aus, um das Material zu bestimmen, aus dem ein Gegenstand besteht. Ein Schmuckstück aus Gold z. B. hat eine gelbliche Farbe und häufig eine glänzende Oberfläche.
Anderen Gegenständen sieht man dagegen nicht an, aus welchem Material sie bestehen. Ein durchsichtiges Brillenglas kann aus bruchsicherem Kunststoff oder aus zerbrechlichem Glas gefertigt sein (▷ B 1).

Geschmack und Geruch
Zitronensaft schmeckt sauer, Grapefruitsaft ist etwas bitter. Schokolade und Bonbons haben einen süßen Geschmack. Meerwasser ist salzig.

Der **Geschmack** von Stoffen wird mit der Zunge bestimmt (▷ B 2). Geschmacksproben dürfen nur durchgeführt werden, wenn es die Lehrerin oder der Lehrer erlaubt. Probiere nie unbekannte Stoffe, sie könnten schon in kleinen Mengen zu einer Vergiftung führen.

Manche Stoffe riechen angenehm, manche sind geruchlos, wieder andere stinken. Auch bei der Geruchsprobe musst du vorsichtig sein, denn einige Stoffe geben schädliche Dämpfe ab oder reizen die Nasenschleimhaut. Fächle deshalb immer mit deiner Hand über die Probe, wenn du den **Geruch** bestimmen möchtest (▷ B 2).

2 Schmecken und riechen

Mit den Ohren erkennen – der Klang
Auch mit dem Hörsinn kannst du Stoffe unterscheiden. Ob eine Murmel aus Glas, Holz oder Metall besteht, hörst du am Klang, wenn sie zu Boden fällt.

Tasten und Fühlen
Manche Stoffe fühlen sich warm an, andere kalt. Mit den Fingern kannst du die Oberfläche ertasten (▷ B 3). Sie kann rau oder glatt, haarig oder pelzig sein.

▶ Aussehen, Geschmack, Geruch, Klang und Oberflächenbeschaffenheit sind Stoffeigenschaften, die man mit den Sinnesorganen erkennen kann.

3 Der Tastsinn wird schon früh geschult.

Brennpunkt

Spürnasen und Feinschmecker

Duft, Geruch oder Gestank

Im Garten steigt uns der Duft von Rosen in die Nase. Auf der Straße riecht es unangenehm nach Abgasen und Benzin. Auf dem Bauernhof stinkt es nach Mist und Gülle. Ein fauliger Geruch warnt uns vor verdorbenen Speisen. Brandgeruch kann auch über weite Entfernungen auf ein Feuer hinweisen. Ein Deo beseitigt oder überdeckt lästigen Körpergeruch. Sprichwörtlich heißt es manchmal: „Ich kann dich nicht riechen!"

4 Geruchsprobe im Labor

1 Jäger und Hund auf der Pirsch

2 Das Rehkitz wittert einen Menschen

Mit der Atemluft gelangen gasförmige Geruchsstoffe in die Nase. Mit der Riechschleimhaut im oberen Bereich der Nasenhöhle kannst du viele verschiedene Gerüche wahrnehmen, z. B. blumige, würzige, faulige oder stechende. Begabte Parfümeure können bis zu 4000 Düfte unterscheiden, wenn sie jeden Tag trainieren.

Das menschliche Riechfeld hat ausgebreitet etwa die Größe einer Briefmarke (▷ B 3). Beim Schäferhund ist es 30-mal größer, etwa so groß wie ein Taschentuch. Hunde können deshalb sehr viel besser riechen als Menschen. Ein Lawinensuchhund kann durch eine 3 Meter hohe Schneedecke hindurch einen Menschen wittern.

Noch besser riechen Rehe, ihre Riechschleimhaut ist größer als die von Hunden. Rehe wittern einen Menschen lange bevor sie ihn sehen können. Jäger pirschen sich deshalb immer gegen den Wind an sie heran.

Auf den Geschmack kommt es an

Unser Geschmackssinn dient dem Prüfen von Nahrungsmitteln. Ein guter Geschmack erzeugt beim Essen und Trinken ein angenehmes Gefühl und regt den Appetit an. Beim Kauen lösen sich die Geschmacksstoffe im Speichel und gelangen so auf die Zunge. Auf der Oberfläche der Zunge befinden sich Furchen und kleine Erhebungen, die wie Warzen aussehen. Hier sitzen die Geschmacksknospen, die über feine Härchen Aromastoffe wahrnehmen.

Beim Essen wirken Geruch und Geschmack immer zusammen. Unser Lieblingsgericht schmeckt nicht nur gut, wir mögen auch seinen Geruch.

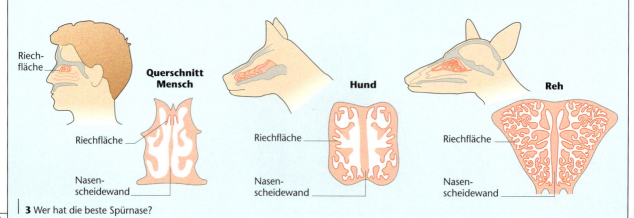

3 Wer hat die beste Spürnase?

Auf das Material kommt es an

1 Teller ist nicht gleich Teller

Teller aus unterschiedlichen Materialien
Teller aus Porzellan, Ton oder Glas haben eine glatte, harte Oberfläche und sind leicht zu reinigen. Die Oberfläche von Holztellern ist schnell zerkratzt.
Teller aus Zinn oder Silber werden oft als Wandschmuck verwendet. Beim Reinigen der wertvollen Metallteller muss man vorsichtig sein. Ein Scheuerschwamm würde auf der Oberfläche hässliche Kratzspuren hinterlassen. Teller aus Kunststoff sind leicht und unzerbrechlich und werden oft als Campinggeschirr verwendet. Pappteller lassen sich nicht reinigen, sie weichen im Wasser auf. Deshalb werden sie nach einmaligem Gebrauch weggeworfen (▷ B 1).

Die Stoffe Porzellan, Glas, Holz, Metall, Kunststoff und Pappe haben unterschiedliche Eigenschaften. Diese Eigenschaften kannst du mit einfachen Versuchen bestimmen.

Hart oder weich?
Kerzenwachs, Ton und Knetmasse kannst du mit einem Holzstäbchen oder mit dem Fingernagel einritzen. Auch manche Holzstücke und Speckstein lassen sich leicht ritzen oder mit dem Messer schnitzen. Der härtere Stoff ritzt dabei den weniger harten.
Auf Hartholz, Glas oder Stahl hinterlässt der Fingernagel keine Spuren. Diese Stoffe sind härter als der Nagel.

Glas wird mit einem Glasschneider geritzt. Auf der Schnittkante des Glasschneiders befindet sich Diamantstaub. Diamant ist der härteste aller natürlichen Stoffe. Mit Diamantbohrern (▷ B 4) kann man sogar hartes Gestein durchbohren.

▶ Die Härte von Stoffen lässt sich mithilfe eines Ritztests vergleichen.

Verformbar oder spröde?
Viele Metalle sind verformbar: Blumendraht aus Eisen lässt sich leicht verbiegen, Aluminiumbleche kann man zu sehr dünnen Folien auswalzen, Kupferbleche werden zu Schalen ausgehämmert. Gold ist so weich, dass es sich zu dünnen Blättchen verarbeiten lässt. Mit Blattgold kann man Schmuckstücke oder Statuen vergolden. Gegenstände aus Glas, Porzellan und Keramik zerbrechen, wenn ein zu großer Druck auf sie wirkt. Diese Stoffe sind spröde.

▶ Viele Metalle sind verformbar. Glas und Keramik sind spröde.

Aufgabe

1 Becher können aus unterschiedlichen Stoffen bestehen. Gib Beispiele und ihre Verwendung im Alltag an.
Diskutiere in der Gruppe die vorteilhaften und nachteiligen Eigenschaften der Stoffe.

2 Kupferrohre

3 Goldstatue

4 Diamantbohrer

5 Diamant

Werkstatt

Stoffe werden untersucht

Die unterschiedlichen Eigenschaften von Stoffen lassen sich nicht immer mit den Sinnen bestimmen. Mithilfe einfacher Versuche kannst du die Härte und die Verformbarkeit der Stoffe prüfen.

1 Ritztest

1 Lässt es sich ritzen?

Material
1 Satz Metallbleche, Holzstück, Wachs, Tonstück, Speckstein, Gipsstück, Stahlnagel

Versuchsanleitung
a) Nimm die einzelnen Materialien und versuche, sie mit dem Stahlnagel zu ritzen (▷ B 1).
b) Wiederhole den Versuch, benutze aber anstelle des Stahlnagels deinen Fingernagel.

Aufgaben
1. Lege alle Stoffe nebeneinander, die du mit deinem Fingernagel ritzen konntest.

2. Lege alle Stoffe nebeneinander, die du mit dem Stahlnagel ritzen konntest.

3. Ordne die Materialien nach ihrer Härte.

4. Plane einen Versuch: Welche Oberflächen kannst du mit welchen Gegenständen ritzen?

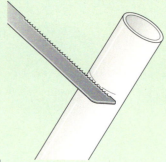

2 Anritzen eines Glasrohres

2 Ritzen und schneiden

Material
Glasrohre, Glasschneider, Ampullensäge, Dreikantfeile, Handtuch

Versuchsanleitung
a) Nimm eine Dreikantfeile oder eine Ampullensäge und ritze damit ein Glasrohr (▷ B 2). Achte darauf, dass du möglichst gleichmäßig arbeitest. Nach einer Drehung des Röhrchens solltest du wieder an dem Punkt angelangt sein, an dem du die Säge angesetzt hast.
b) Ritze ein Glasrohr in der Mitte so ein, dass der Schnitt fast ganz um das Rohr herum läuft. Achte beim Verwenden eines Glasschneiders darauf, dass du mit Daumen und Mittelfinger einen gleich bleibenden Druck ausübst.
Umwickle das Rohr zum Schutz der Hände mit einem Tuch (▷ B 3). Brich das Rohr entzwei. Achte darauf, dass du die Bruchkanten immer vom Körper weg bewegst (▷ B 3). Sammle Glasbruch in einem Behälter für Glasabfälle.

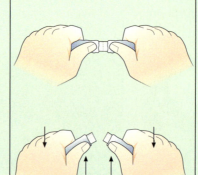

3 Brechen des Glasrohres

Aufgaben
1. Beschreibe die Eigenschaft von Glas.

2. Stelle mithilfe eines Lexikons oder dem Internet Stoffe zusammen, die Glas ritzen können.

3 Verformen

Material
Knetmasse, Blumendraht, Kneifzange, Eierschalen

Versuchsanleitung
a) Nimm ein Stück Knetmasse und forme daraus eine kleine Figur.
b) Schneide mit einer Kneifzange von einer Rolle Blumendraht ein etwa 1 m langes Drahtstück ab. Forme aus dem Blumendraht eine Figur (▷ B 4).
c) Nimm Eierschalen in die Hand und versuche vorsichtig, sie zu verformen.

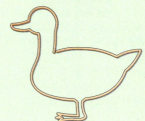

4 Figuren aus Knetmasse und Draht

Aufgaben
1. Gib an, welche Materialien du verformen konntest.

2. Welche weiteren Beispiele für verformbare Materialien kennst du aus dem Alltag?

Werkstatt

Schmuck aus Metallen geformt

Metalle wie Silber und Kupfer besitzen Eigenschaften, die es dir ermöglichen, Schmuckgegenstände herzustellen.

1 Schmuck aus Silber

Material
Silberdraht (0,6 mm Durchmesser), Seitenschneider, Rundstab (Bleistift oder Stricknadel), Pinzette, Rundzange (für Schmuckarbeiten)

Entscheide zunächst, welche Art von Schmuckstück du herstellen möchtest. Die Anleitung beschreibt, wie eine kleine Kette gefertigt wird (▷ B 4).

Versuchsanleitung
a) Schneide mit einem Seitenschneider (▷ B 1) ein Stück Silberdraht ab.
b) Wickle das Drahtstück spiralförmig um einen Rundstab (▷ B 2). Wichtig ist, dass du das eine Drahtende mit dem Finger gut festhältst.

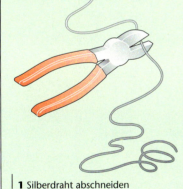

1 Silberdraht abschneiden

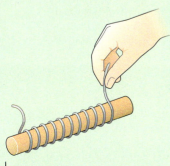

2 Silberdraht um einen Stab wickeln

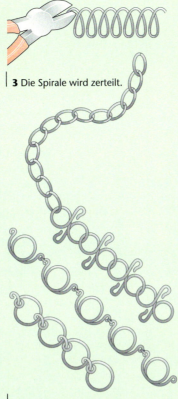

3 Die Spirale wird zerteilt.

4 Die Gliederstücke lassen sich noch formen.

c) Streife die Spirale vom Stab ab. Schneide von der Spirale runde Glieder ab. Hänge die Glieder ineinander ein und biege sie jeweils zu einem geschlossenen Ring. Mit der Rundzange kannst du die Glieder nachformen (▷ B 4).

2 Sternzeichen aus Kupfer

Material
Bleistift, dünnes Kupferblech (4 cm x 4 cm), Stahlnagel, Papier, Holzunterlage, Tuch, Schere, Klebestreifen, Farbkarton (5 cm x 10 cm)

Versuchsanleitung
a) Zeichne dein Sternzeichen zunächst mit dem Bleistift auf ein Stück Papier (▷ B 5). Befestige die Zeichnung mit den Klebestreifen auf einem Kupferblech.
b) Lege unter das Kupferblech zum Schutz ein Tuch. Drücke mit einem Stahlnagel die Form des Sternzeichens in das dünne Kupferblech. Das Papier dient dir dabei als Schablone.

c) Stelle für das Sternzeichen aus Kupfer einen Rahmen her. Falte dazu das Farbkartonstück in der Mitte. Schneide auf der einen Hälfte ein Fenster in den Karton (etwa 3 cm x 3 cm). Lege das Kupferbild in den Karton, klebe es fest und schließe den Rahmen.

Widder, Waage, Stier, Skorpion, Zwilling, Schütze, Krebs, Steinbock, Löwe, Wassermann, Jungfrau, Fische

5 Sternzeichen

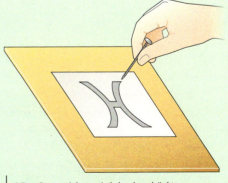

6 Das Sternzeichen wird durchgedrückt.

Aufgabe
Warum sind Metalle wie Kupfer und Silber für die Schmuckherstellung geeignet?

109

Temperatur und Thermometer

① Steigrohr

② Skala

③ Gefäß

1 Flüssigkeitsthermometer

Warm oder kalt?
Stefan und Annika wollen im Nichtschwimmerbecken des Freibads Wasserball spielen. Stefan kommt gerade aus dem kühlen Schwimmerbecken, während Annika vorher auf der Decke in der warmen Sonne gelegen hat. Was die beiden beim Eintauchen in das Wasser empfinden, siehst du in Bild 2.

Der Temperatursinn
Unsere Haut ist nicht nur eine Hülle, sondern ein Organ, das auf verschiedene Reize reagiert: Wärme, Kälte und Berührung. In der Haut liegen so genannte Körperchen, mit denen man Wärme und Kälte fühlt. Kältekörperchen sind viel häufiger vorhanden als Wärmekörperchen und liegen nicht so tief in der Haut (▷ B 2).

Kälte- und Wärmekörperchen sind nicht gleichmäßig über die Haut verteilt. Du hast sicher schon beobachtet, dass du im Winter in deinem Gesicht die Kälte an der Nase besonders schnell spürst. Hier liegen viele Kältekörperchen dicht beieinander. Das Gesicht ist insgesamt sehr temperaturempfindlich.

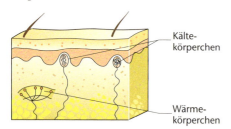

Kältekörperchen

Wärmekörperchen

2 Ist das Wasser warm oder kalt?

Was geschieht nun bei Stefan und Annika in Bild 2? Obwohl sich beide im Wasser mit derselben Temperatur aufhalten, reagieren bei Stefan die Wärmekörperchen in der Haut, bei Annika die Kältekörperchen. Daher empfindet Stefan das Wasser als warm und Annika als kalt. Unser **Temperatursinn** ist also nicht dazu geeignet, Temperaturen zu messen.

▶ Der Mensch besitzt einen Temperatursinn, der ihn einen Gegenstand als warm oder kalt empfinden lässt.

Thermometer
Temperaturen misst man mit dem Thermometer. Das Thermometer in Bild 1 heißt **Flüssigkeitsthermometer**. Beim Erwärmen steigt der Flüssigkeitsspiegel, beim Abkühlen sinkt er. Thermometer, die bei uns im täglichen Gebrauch sind, haben eine Celsius-Skala. Sie ist nach ANDERS CELSIUS (1701–1744) benannt.

▶ Die Temperatur gibt man in Grad Celsius (°C) an. Bei Temperaturen unter 0 °C setzt man ein Minuszeichen vor die Zahl.

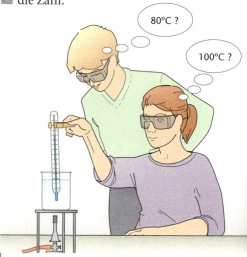

3 Temperaturen richtig messen

Temperaturen – richtig gemessen?
Obwohl in Bild 3 beide Schüler die Wassertemperatur gleichzeitig ablesen, stimmen die Werte nicht überein.
Zwei Regeln musst du beim Messen beachten:

▶ 1. Die Spitze des Thermometers muss vollständig in das Wasser eingetaucht sein.
2. Du musst beim Ablesen senkrecht auf das Thermometer sehen.

Werkstatt

Zuerst fühlen und dann messen

Mit deinem Temperaturempfinden kannst du feststellen, ob dir ein Gegenstand warm oder kalt erscheint. Mit einem Thermometer kannst du die Temperatur genau messen.

1 Wärmer oder kälter?

Material
3 Schalen, Handtuch, kaltes, warmes und lauwarmes Wasser

Versuchsanleitung
Tauche deine rechte Hand in die Schale mit kaltem Wasser und gleichzeitig deine linke Hand in die Schale mit warmem Wasser. Tauche anschließend beide Hände in die Schale mit lauwarmem Wasser (▷ B 1).

| 1 Wärme fühlen

Aufgabe
Beschreibe, was du an deiner linken bzw. rechten Hand empfindest.

2 Temperatur ablesen, drinnen und draußen

Material
Thermometerarten (innen, außen)

Versuchsanleitung
Miss die Temperatur im Haus, im Garten, im Schatten und in der Sonne.
Tipp: Um eine angezeigte Temperatur genau ablesen zu können,

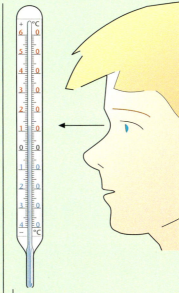

| 2 Richtiges Ablesen

muss sich das Ende der Flüssigkeitssäule direkt auf Augenhöhe befinden (▷ B 2).

Aufgaben
1. Betrachte Thermometer, mit denen Temperaturen im Raum, im Gefrierfach, an der Heizung, im Badewasser und bei Fieber im Körper gemessen werden können. Welcher Temperaturbereich kann angezeigt werden?

2. Welchen Unterschied gibt es zwischen einem Außenthermometer und einem Raumthermometer?

| 3 Innen- und Außenthermometer

3 Temperatur messen

Material
Verschiedene heiße und kalte Getränke, Leitungswasser, gefrorene Früchte, Bechergläser (250 ml), Thermometer

Versuchsanleitung
Fülle die Bechergläser nacheinander mit Leitungswasser, mit einem heißen Getränk, mit einem kalten Getränk und mit gefrorenen Früchten aus der Tiefkühltruhe (▷ B 4, B 5). Miss die Temperaturen möglichst genau!
Achte darauf, dass die Spitze des Thermometers vollständig in den Stoff eintaucht.

Aufgabe
Vergleiche die Temperatur von Leitungswasser mit der Raumtemperatur.
Überlege, wie sich der Unterschied begründen lässt.

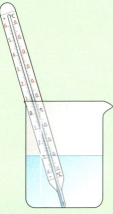

| 4 Becherglas mit Leitungswasser

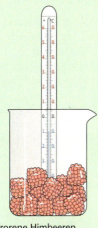

| 5 Gefrorene Himbeeren

Werkstatt
Temperaturkurven

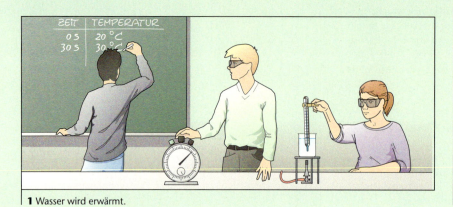

1 Wasser wird erwärmt.

Zeit in min	Temperatur in °C
0	20
1	28
2	37
3	46
4	54
5	61
6	68
7	74
8	80
9	85
10	89
11	92
12	94

2 Messwerte

3 Säulendiagramm

4 Temperaturkurve zu Versuch 1

Mit diesem Versuch lernst du, wie man gemessene Temperaturwerte in einer Grafik darstellt.

1 Erwärmen von Wasser

Material
1 Becherglas, 1 Heizplatte, 1 Thermometer, Wasser, 1 Stoppuhr

Versuchsanleitung
Wenn ihr diesen Versuch zu dritt durchführt, könnt ihr die Aufgaben – Zeitmessung, Ablesen und Notieren der Messwerte – untereinander aufteilen (▷ B 1).
Erwärmt das Wasser im Becherglas auf der Heizplatte. Rührt dabei mehrmals um, damit sich die Wärme gleichmäßig verteilt. Haltet das Thermometer ins Wasser und beginnt mit der Messung, sobald das Wasser 20 °C erreicht hat. Lest nach jeweils einer Minute die Temperatur ab und notiert die Werte in einer Tabelle (▷ B 2).

Grafik erstellen
a) Erstellt aus euren Messwerten ein Säulendiagramm. Die x-Achse ist die Zeitachse, die y-Achse die Temperaturachse (▷ B 3). Achtet auf den Maßstab an den Achsen!
b) Bei der zweiten Zeichnung (▷ B 4) könnt ihr euch Arbeit „sparen": Markiert nur die Spitzen der Säulendiagramme durch Kreuze. Der x-Wert ist der Zeitwert, der y-Wert der Temperaturwert. Die Kreuze könnt ihr zu einer Temperaturkurve verbinden.

Grafik auswerten
Ihr lest das Thermometer nur zu bestimmten Zeitpunkten ab. Die Wassertemperatur steigt aber während der ganzen Messung an. Mithilfe der Temperaturkurve könnt ihr deshalb bestimmen, welche Werte die Temperatur zwischen den einzelnen Messpunkten hat. Mithilfe der gestrichelten Linien in Bild 4 findet ihr z. B. heraus, dass nach 2,5 min die Temperatur 41 °C beträgt. Umgekehrt könnt ihr angeben, dass die Temperatur von 70 °C nach 6,4 min erreicht ist.

Zeitpunkt

ANDERS CELSIUS berichtet aus seinem Leben

CELSIUS berichtet zur Temperaturmessung

„Zunächst möchte ich zur Temperaturskala noch etwas ergänzen. Auf die Idee, Gefrier- und Siedepunkt des Wassers für die Skala zu verwenden, bin ich bei einer Expedition in Lappland gekommen. Allerdings habe ich den Siedepunkt mit 0 °C und den Gefrierpunkt mit 100 °C bezeichnet. Nach der Rückkehr von meiner Reise habe ich meine Überlegungen zur Temperaturmessung in einer Abhandlung der schwedischen Akademie der Wissenschaften veröffentlicht (▷ B 1).

Dort habe ich auch vorgeschlagen, meine Skala auf einem Quecksilberthermometer anzubringen. Allerdings bin ich nicht der Einzige gewesen, der sich Gedanken um die Temperaturmessung gemacht hat. Bereits 30 Jahre vor mir entwickelten meine Kollegen FAHRENHEIT und RÉAUMUR eine Temperaturskala. Die Skala von RÉAUMUR hat allerdings den Nachteil, dass sie in 80 und nicht in 100 Schritte unterteilt ist. Man wird sehen, welche Skala sich in Zukunft durchsetzt.

Vielleicht hast du dich eben gewundert, dass ich meine Skala zunächst in Schweden bekannt gemacht habe. Dort – in Uppsala – bin ich am 27. Januar 1701 geboren. Mein Vater war an der Universität Professor für Sternkunde – allerdings ohne ein Fernrohr zu haben. Ein unmöglicher Zustand!"

CELSIUS – immer unterwegs?

„Als Erwachsener beschloss ich, in die Fußstapfen meines Vaters zu treten. Mit 29 Jahren ernannte man mich zu seinem Nachfolger. Ich bekam den Auftrag, mir in anderen Ländern Sternwarten anzusehen und mich dort über Sternkunde (Astronomie) zu informieren. Über Nürnberg und Rom kam ich 1734 nach Paris. Dort stritten englische und französische Kollegen über die Form der Erde: Ist sie eine Kugel oder an den Polen abgeplattet (▷ B 2)?

Das musst du dir wie einen leicht eingedrückten Ball vorstellen. Man beschloss, zu Messungen nach Lappland zu reisen, und ich fuhr mit. Wir konnten 1737 die Abplattung nachweisen."

1 In diesem Band berichtete CELSIUS zuerst über seine Temperaturskala.

Wieder zu Hause!

„Nach insgesamt fünf Jahren kam ich nach Uppsala zurück, um nun endlich eine Sternwarte errichten zu lassen. Das dauerte nochmal drei Jahre und dann konnten wir hier Himmelsforschung betreiben. Ich habe zum Beispiel die Helligkeit von Sternen gemessen."

Beobachtungen am Strand

„Ich gehe gern spazieren und beobachte die Natur. Dabei ist mir aufgefallen, dass die Strände an Nord- und Ostsee breiter werden (▷ B 3). Ich schließe daraus, dass sich der Meeresspiegel senkt. Wenn meine Beobachtungen zu einem interessanten Ergebnis führen, schreibe ich es auf und du kannst es dann in meinen Büchern nachlesen."

2 Die Erde ist keine Kugel.

3 CELSIUS beobachtete den Meeresspiegel.

Schmelzen – Verdampfen – und zurück

Wasser in der Natur

Im Sommer ist es angenehm, auf einem See Boot zu fahren oder im Wasser zu plantschen. Bleibt es lange Zeit heiß und trocken, sinkt der Wasserspiegel im See, das Wasser verdunstet. Es bildet sich unsichtbarer Wasserdampf.
An kühlen Herbsttagen ist der See unter weißen Nebelschwaden verborgen. Nebel besteht aus kleinen Wassertröpfchen, die in der Luft schweben.
Bleibt es lange Zeit kalt, bedeckt eine Eisschicht den See (▷ B 1). Das Wasser ist gefroren.

1 Eisläufer

Wasser kommt in drei Zustandsarten vor. Als Eis ist es fest, als Wasser flüssig und als Wasserdampf gasförmig (▷ B 2 – B 7). Diese Zustandsarten werden auch **Aggregatzustände** genannt. In welchem Aggregatzustand sich das Wasser befindet, hängt von der Temperatur ab.

▶ Wasser kann in drei Aggregatzuständen vorliegen: fest, flüssig oder gasförmig.

2 Feuchte Luft

3 Bach

4 Eisberg

5 Wasserdampf

6 Flüssiges Wasser

7 Gefrorenes Wasser

8 Wolken, Wasser, Schnee und Eis

Die Aggregatzustände ändern sich

Am Südpol in der Antarktis gibt es nur Schnee und Eis. Die Forscher, die dort leben, müssen ihr Trinkwasser selbst herstellen. Sie brechen Blöcke aus dem Eis und erwärmen sie in großen Kesseln. Das Eis schmilzt zu Wasser. Beim Erwärmen ändert der Feststoff seinen Aggregatzustand, er wird flüssig. Den Übergang von fest zu flüssig nennt man **Schmelzen**. Erwärmt man den Kessel weiter, geht die Flüssigkeit in den gasförmigen Zustand über. Es entsteht Wasserdampf. Diesen Vorgang nennt man **Verdampfen**.

▶ Beim Schmelzen wird ein Feststoff flüssig. Beim Verdampfen wird eine Flüssigkeit gasförmig. Dazu muss der Stoff erwärmt werden.

Beim Kochen füllt sich die Küche mit Wasserdampf. Kalte Fensterscheiben beschlagen, weil der Wasserdampf wieder flüssig wird. Diesen Vorgang nennt man **Kondensieren**. Im Gefrierfach kann man Eiswürfel herstellen. Bei tiefen Temperaturen **erstarrt** Wasser zu Eis.

▶ Beim Kondensieren wird ein Gas flüssig. Beim Erstarren wird eine Flüssigkeit fest. Dabei muss gekühlt werden.

Versuche

1. Gib in ein Becherglas zwei Eiswürfel und erwärme sie mit der nicht leuchtenden Brennerflamme. Miss die Zeit, bis die Eiswürfel geschmolzen sind.

2. Erhitze im Erlenmeyerkolben etwas Wasser bis zum Sieden. Halte kurz eine kalte Glasscheibe in den Wasserdampf.

Schmelzen – Verdampfen – und zurück

Bei welcher Temperatur siedet Wasser?
Um Tee oder Kaffee aufzubrühen, verwendest du siedendes Wasser. Das Sieden des Wassers ist gut daran zu erkennen, dass sich Blasen bilden, die an die Wasseroberfläche steigen. Würdest du gleichzeitig die Temperatur messen, würdest du feststellen, dass das Wasser bei 100 °C zu sieden beginnt. Ab dieser Temperatur geht flüssiges Wassers in Wasserdampf über. Diese Temperatur nennt man **Siedetemperatur** des Wassers.

Bei welcher Temperatur schmilzt Eis?
Auch die Temperatur, bei der Eis zu schmelzen beginnt, also flüssig wird, kann man genau bestimmen.

Diese Temperatur liegt bei 0 °C und wird **Schmelztemperatur** des Wassers genannt. So wie für Wasser kann man für jeden anderen Stoff eine Siedetemperatur und eine Schmelztemperatur bestimmen.

Diese Temperaturwerte sind bei jeder Messung dieselben. Die Siedetemperatur und die Schmelztemperatur bezeichnet man daher als **messbare Stoffeigenschaften**, an denen man einen reinen Stoff eindeutig erkennen kann.

▶ Die Siedetemperatur ist die Temperatur, bei der ein Stoff siedet. Die Schmelztemperatur ist die Temperatur, bei der ein Stoff schmilzt.

Werkstatt

Verdampfen und Verflüssigen

Im Haushalt kannst du beobachten, dass Wasser siedet. Es bildet sich Wasserdampf. An einer kühlen Glasscheibe wird daraus wieder Wasser. Achtung! Pass auf, dass du dich nicht verbrühst.

1 Bei welcher Temperatur siedet Wasser?
Material
Schutzbrille, Becherglas (400 ml), Dreifuß, Keramikdrahtnetz, Gasbrenner, Anzünder, Thermometer (–10 °C bis +110 °C), Stoppuhr, Wasser

Versuchsanleitung
a) Zeichne in dein Heft eine Tabelle wie in Bild 1 gezeigt.

b) Fülle das Becherglas zu drei Vierteln mit Wasser und stelle das Glas auf den Dreifuß mit Keramikdrahtnetz. Erwärme das Wasser mit der rauschenden Brennerflamme bis zum Sieden.

c) Bewege das Thermometer im Wasser und lies die Temperatur in Abständen von 1 Minute ab. Achte darauf, dass das Thermometer den Boden des Becherglases nicht berührt. Trage die gemessenen Werte in deine Tabelle ein.

d) Zeichne ein Achsenkreuz. Trage an der waagerechten Achse die Zeit in Minuten ein, an der senkrechten Achse die Temperatur in Grad Celsius (°C).

e) Übertrage die Werte aus deiner Tabelle in das Achsenkreuz und verbinde die Punkte anschließend zu einer Temperaturkurve.

Aufgabe
Werte deine Messkurve aus: Bei welcher Temperatur wird Wasser zu Wasserdampf? Wie verläuft die Kurve ab dieser Temperatur?

Zeit in min	Temperatur in °C
1	
2	
3	
4	
5	
6	
7	
8	

1 Tabelle anlegen

2 Wasserdampf wieder verflüssigen
Material
Schutzbrille, Gasbrenner, Stativ, Doppelmuffe, Universalklemme, 2 Reagenzgläser (Durchmesser 20 mm und 30 mm), Stopfen (einfach durchbohrt), hohes Becherglas (400 ml), Glasrohr (gewinkelt, ungleichschenklig), Wasser

Versuchsanleitung
Baue eine Apparatur wie in Bild 2 gezeigt auf. Erwärme das Wasser bis zum Sieden. (Pass auf, dass du dich dabei nicht verbrühst!) Was passiert im rechten Reagenzglas?

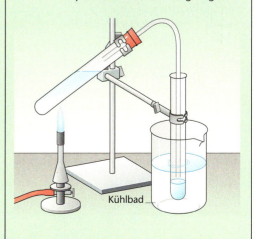

2 Wasserdampf entsteht.

Werkstatt

Schmelzen und wieder erstarren lassen

Der Zustand von Stoffen ändert sich mit der Temperatur. Dies kannst Du am Beispiel von Eis und Wachs untersuchen.

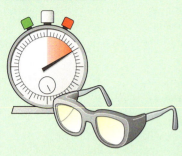

1 Schmelztemperatur von Eis

Material
Schutzbrille, Becherglas (400 ml, hohe Form), Wasser, zerkleinerte Eiswürfel, Stoppuhr, Thermometer (−10 °C bis +110 °C), Reagenzglas (Durchmesser 30 mm), Stativ, Doppelmuffe, Universalklemme, Dreifuß, Keramikdrahtnetz, Gasbrenner, Anzünder

Versuchsanleitung
a) Zeichne in dein Heft eine Tabelle, in die du die Zeit und die gemessenen Temperaturen einträgst.
b) Befestige das Reagenzglas so am Stativ, dass es in ein Wasserbad eintaucht. Fülle in das Reagenzglas zerkleinerte Eiswürfel und stelle ein Thermometer in das Eis (▷ B 2).
c) Lasse die Eiswürfel im Wasserbad schmelzen und lies die Temperatur jeweils in Abständen von 1 Minute ab. Trage die gemessenen Temperaturwerte in die Tabelle ein.
d) Zeichne ein Achsenkreuz. Trage an der waagerechten Achse die Zeit in Minuten ein, an der senkrechten Achse die Temperatur in Grad Celsius (°C).
e) Übertrage die Werte aus deiner Tabelle in das Achsenkreuz und verbinde die Punkte anschließend zu einer Temperaturkurve.

Aufgabe
Werte deine Messkurve aus: Bei welcher Temperatur wird Eis zu Wasser? Wie verläuft die Kurve bei dieser Temperatur?

2 Schmelzen und Erstarren von Wachs

Material
Schutzbrille, Becherglas (400 ml), Wachsraspel, Thermometer (−10 °C bis +110 °C), Reagenzglas (Durchmesser 30 mm), Stativ, Doppelmuffe, Universalklemme, Dreifuß, Keramikdrahtnetz, Gasbrenner, Anzünder

Versuchsanleitung
Fülle ein Becherglas zur Hälfte mit Wasser und stelle es auf einen Dreifuß mit Keramikdrahtnetz. Gib die Wachsraspel in ein Reagenzglas. Befestige das Reagenzglas so an der Stativstange, dass es in das Wasserbad eintaucht. Erhitze das Wasserbad mithilfe eines Gasbrenners (rauschende Flamme). Stelle ein Thermometer in das Reagenzglas (▷ B 2).
Notiere die Temperatur, bei der das Wachs schmilzt. Nimm das Reagenzglas aus dem Wasserbad und lasse das Wachs wieder erstarren. Bei welcher Temperatur wird das Wachs wieder fest?

3 Metall gießen

Material
Schutzbrille, Schmelzlöffel aus Metall, Teelicht oder Kerze, Zinn, Messer, Schüssel (Glas oder Keramik), Wasser, Zündhölzer

Versuchsanleitung
Schneide mit dem Messer einige Stückchen von der Zinnstange ab. Erwärme diese Stückchen in einem Metalllöffel über einer Flamme bis sie geschmolzen sind. Gieße das flüssige Metall in kaltes Wasser. Vergleicht eure „Kunstwerke". Warum sehen sie so unterschiedlich aus?

Zeit in min	Temperatur in °C
1	
2	
3	
4	
5	
6	
7	
8	

1 Tabelle anlegen

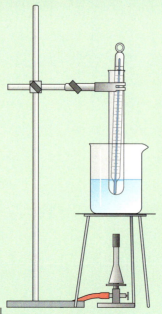

2 Schmelzen im Wasserbad

3 Das Metall erstarrt zu ganz ungewöhnlichen Formen.

Aufgaben
1. Informiere dich im Internet, bei welcher Temperatur die Stoffe Glas, Eisen und Blei schmelzen.

2. Warum kann man bei Schokolade unterschiedliche Schmelztemperaturen finden?

Erwärmen mit „Köpfchen"

Wärme wandert weiter

In siedend heißem Tee erwärmt sich ein Teelöffel aus Metall rasch, sodass du dir die Finger daran verbrennen kannst. Mit einem Löffel aus Kunststoff oder mit einem Holzstäbchen kann das nicht passieren. Verschiedene Stoffe leiten die Wärme unterschiedlich gut. Im Metall wandert die Wärme leicht weiter. Metalle sind gute Wärmeleiter, man sagt auch, sie haben eine gute **Wärmeleitfähigkeit**. Holz, Kunststoff oder Glas leiten die Wärme viel schlechter als Metalle.

▶ Metalle sind gute Wärmeleiter. Holz und Kunststoff sind schlechte Wärmeleiter.

Erwärmen in der Küche

Viele Speisen werden in Metalltöpfen oder Metallpfannen zubereitet (▷B1). Die Metallgefäße werden rasch heiß und leiten die Wärme gut weiter. Manche Speisen werden in hitzebeständigen Glasgefäßen schonend erwärmt.

Für die Schokoladenglasur eines Rührkuchens muss die Schokolade vorsichtig erwärmt werden. Damit sie im Topf nicht anbrennt, wird sie im heißen Wasserbad geschmolzen (▷B2).

Erwärmen im Labor

Kleine Stoffportionen werden im Reagenzglas erwärmt. Damit nichts herausspritzt, wird das Reagenzglas über der nicht leuchtenden Brennerflamme ständig hin und her bewegt. Die Öffnung des Reagenzglases darf nie auf Personen gerichtet sein. Besteht die Gefahr, dass ein Stoff beim Erwärmen im Gefäß anbrennt oder sich entzündet, wird er im Wasserbad (▷B2) erwärmt.

1 Pfanne auf dem Herd

2 Heißes Wasserbad

Werkstatt

Wärmeleitfähigkeit

1 Stoffe im Wärmetest

Material
Schutzbrille, Becherglas (200 ml, hohe Form), Dreifuß, Keramikdrahtnetz, Gasbrenner, Anzünder, Stoppuhr, Wasser, Papierhandtuch, Löffel aus Kunststoff, Metall, Holz und Porzellan, Glasstab und Metallstab (jeweils gleiche Länge und Dicke)

Versuchsanleitung
a) Fülle das Becherglas zur Hälfte mit Wasser. Lege ein Keramikdrahtnetz auf einen Dreifuß und stelle das Becherglas mitten auf das Drahtnetz. Erwärme das Wasser im Becherglas mit der schwach rauschenden Brennerflamme, bis es zu sieden beginnt.
b) Mach den Gasbrenner aus. Stelle anschließend Löffel aus unterschiedlichen Stoffen in das Becherglas mit heißem Wasser. Achte darauf, dass sich die Löffel nicht berühren. Prüfe am oberen

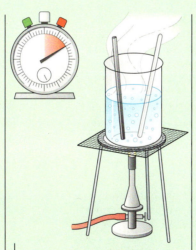

1 Wasser im Becherglas erhitzen

Ende durch Anfassen, welcher Löffel sich zuerst erwärmt. In welcher Reihenfolge erwärmen sich die Löffelstiele? Miss jeweils die Zeit mit der Stoppuhr.
c) Erwärme das Wasser im Becherglas nochmals bis zum Sieden. Mach den Gasbrenner aus. Tauche den Glasstab und den Metallstab gleichzeitig in das heiße Wasser (▷B1). Prüfe am oberen Ende, in welchem Stab die Wärme schneller wandert.

Ziehe die Stäbe nach 20 Sekunden gleichzeitig wieder aus dem Wasser. Trockne sie mit dem Papierhandtuch ab und befühle sie (▷B2).

Aufgaben
1. Erstelle ein Versuchsprotokoll zu Versuchsteil b. Welche Löffel leiten die Wärme gut weiter, welche schlecht?
2. Erstelle ein Versuchsprotokoll zu Versuchsteil c. Beschreibe die Wärmeleitfähigkeit der beiden Stoffe.

2 Welcher Stab wird schneller warm?

In Wasser lösen

1 Meerwasser

Das Meer im Becherglas
Meerwasser ist nicht zum Trinken geeignet, es enthält zu viel Salz. Dieses Salz kannst du schmecken, aber nicht sehen (▷B 1). Das Salz hat sich gelöst, Meerwasser ist eine **Lösung**.

Salzwasser kannst du leicht selbst herstellen. Gibst du in ein Becherglas Wasser und einige Kochsalzkörnchen, verschwindet das Salz, es löst sich auf. Wasser ist das **Lösungsmittel**. Gibst du weiter Salz dazu, kommt irgendwann der Moment, in dem sich das Salz nicht mehr löst. Es setzt sich am Boden des Glases ab. Sobald sich ein Bodensatz bildet, ist die Lösung gesättigt. Das bedeutet, dass sich in einer bestimmten Menge Wasser nur eine bestimmte Menge Salz löst.
In 100 g Wasser können nur 36 g Kochsalz gelöst werden (▷V 1).

▶ Wird ein Stoff in Wasser gelöst, entsteht eine Lösung.
Wasser ist das Lösungsmittel.

Nicht alles ist in Wasser löslich
Zucker und Salz lösen sich gut in Wasser. Holzkohle und Asche dagegen verschmutzen es, die kleinen schwarzen Körnchen schweben ungelöst im Wasser. Essig lässt sich gut mit Wasser mischen. Öl dagegen schwimmt auf Wasser, es löst sich darin nicht auf.
Manche Stoffe bleiben im Wasser sichtbar. Gibt man einige schwarzviolette Kaliumpermanganatkristalle in Wasser, entsteht eine violette Lösung (▷B 2 bis B 5, ▷V 2).

Kalt oder heiß lösen
Kleine Wunden im Gesicht bluten oft stark. Betupft man die Wunde mit einem feuchten Rasierstein, wird die Blutung rasch gestillt.

Der Rasierstein besteht aus Alaun (▷B 7). Alaun ist ein Salz, das sich gut in Wasser löst. Erwärmt man eine gesättigte Lösung von Alaun in Wasser, löst sich der Bodensatz auf. Warmes Wasser kann mehr Alaun lösen als kaltes (▷V 3).

▶ Warmes Wasser kann mehr von einem Stoff lösen als kaltes Wasser.

6 Blutstiller **7** Alaunkristalle

Versuche

1 Gib 10 ml Wasser in ein kleines Becherglas und wiege es auf der Waage. Gib etwas Kochsalz dazu und rühre gut um. Gib unter Rühren so lange Kochsalz zu, bis sich ein Bodensatz bildet und wiege erneut. Wie viel Gramm Salz sind im Wasser?

2 Prüfe im Reagenzglas, ob sich folgende Stoffe in Wasser lösen: Alaun, Essig, Salatöl, Kaliumpermanganat, Holzasche und Sägespäne.

3 Fülle in ein Reagenzglas etwa 2 cm hoch Wasser und gib soviel Alaun dazu, dass sich ein Bodensatz bildet. Erwärme die gesättigte Lösung vorsichtig.

2 Salz in Wasser   **3** Öl und Wasser   **4** Asche in Wasser   **5** Kaliumpermanganatlösung

Werkstatt

Zuckerwasser – heiß oder kalt

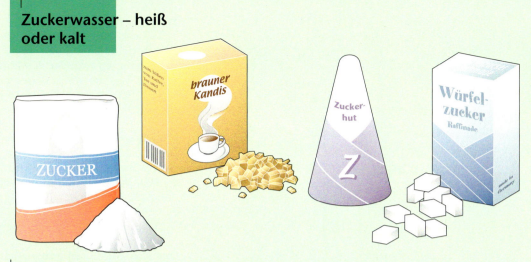

1 Zucker in verschiedenen Formen

Gibt es Unterschiede, wenn du Kandiszucker oder Würfelzucker in Wasser löst? Was bewirkt warmes oder kaltes Wasser?
Diese Fragen kannst du mit folgenden Versuchen untersuchen.

1 Kandiszucker

Material
4 Bechergläser (150 ml), Messzylinder (50 ml), Stoppuhr, Kandiszucker, Wasser, Glasstab, Ablagepapier

Versuchsanleitung
a) Gib ein Stück Kandiszucker in ein Becherglas mit 20 ml kaltem Wasser. Rühre nicht um.
b) Wiederhole den Versuchsteil a), rühre dieses Mal um.
c) Gib ein Stück Kandiszucker in ein Becherglas mit 20 ml warmem Wasser. Rühre nicht um.
d) Wiederhole Versuchsteil c), rühre dieses Mal um.

2 Kandiszucker in Wasser

Aufgabe
In welchem Versuch ist der Kandiszucker zuerst „verschwunden"? Bringe die 4 Versuche in eine Reihenfolge.

2 Würfelzucker

Material
4 Bechergläser (150 ml, hohe Form), Stoppuhr, Wasser, Würfelzucker, Glasstab, Messzylinder (50 ml)

Versuchsanleitung
a) Gib einen Würfelzucker in ein Becherglas mit 20 ml kaltem Wasser. Rühre nicht um.
b) Wiederhole Versuchsteil a), rühre dieses Mal um.
c) Gib einen Würfelzucker in ein Becherglas mit 20 ml warmem Wasser. Rühre nicht um.
d) Wiederhole Versuchsteil c), rühre dieses Mal um.

Aufgaben
1. In welchem Versuch ist der Würfelzucker zuerst „verschwunden"? Bringe die Versuche in eine Reihenfolge.

2. Überlege und notiere, wovon die Löslichkeit eines Stoffes abhängig ist.

3 Wassertropfen auf Zuckerwürfel

Material
Petrischale, Wasser, Würfelzucker, Pipette

Versuchsanleitung
Tropfe mit einer Pipette Wasser auf ein Stück Würfelzucker.

Aufgabe
Was geschieht bei diesem Versuch im Laufe der Zeit mit dem Würfelzucker?

3 Weißer und brauner Kandiszucker

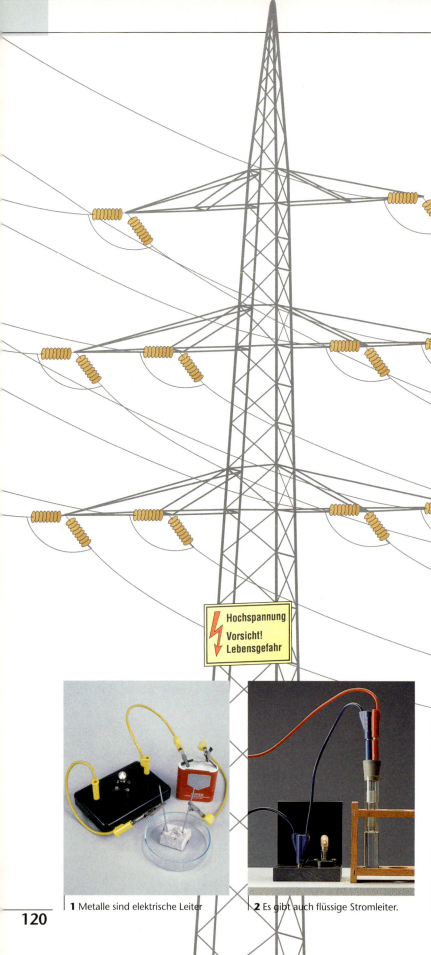

Stromleiter oder Nichtleiter

Strom im Alltag
Elektrischen Strom brauchen wir täglich zum Kochen, Radiohören oder Fernsehen. Hast du dir ein Stromkabel schon einmal genauer angesehen? Sie bestehen meist aus Kupferdrähten, die mit Kunststoff ummantelt sind.

Untersuchungen im Stromkreis
Damit ein Strom fließen kann, muss ein geschlossener Stromkreis vorliegen. Schließt du eine Batterie über Verbindungskabel mit einer Glühlampe und einer Kupferplatte zusammen, leuchtet die Glühlampe. Der Stromkreis ist geschlossen. Tauschst du die Kupferplatte gegen eine Kunststoffscheibe aus, leuchtet die Glühlampe nicht. Und dies, obwohl der Stromkreis geschlossen scheint.

Leiten alle Stoffe den elektrischen Strom?
Bringst du nacheinander verschiedene Gegenstände wie ein Eisenblech, einen Graphitstab, einen Glasstab, trockenes Holz und Hartgummi in den Stromkreis, erhältst du eine Antwort auf diese Frage. Einige Stoffe wie Graphit und alle Metalle (▷ B 1) leiten den Strom, andere wie Glas, trockenes Holz und Hartgummi dagegen nicht. Es wird deshalb zwischen **elektrischen Leitern** und **Nichtleitern** unterschieden.

Die elektrischen Leitungen an den Überlandmasten werden an Glas- oder Keramikisolatoren aufgehängt. Sie verhindern, dass der elektrische Strom den Weg über den Masten nimmt. Es gilt: **Vorsicht beim Umgang mit Strom!** Dies zeigt ein Warnhinweis am Masten.

Prüft man die Leitfähigkeit von Wasser und Salzlösungen zeigt sich, dass Wasser leitet, Salzlösungen ebenfalls (▷ B 2).

▶ Metalle und Salzlösungen sind gute elektrische Leiter. Stoffe wie Holz, Glas und Kunststoff sind Nichtleiter.

Die elektrische Leitfähigkeit ist eine Eigenschaft, durch die man Stoffe unterscheiden kann.

1 Metalle sind elektrische Leiter **2** Es gibt auch flüssige Stromleiter.

Aufgabe
1 Welche Gegenstände in deinem Mäppchen können den elektrischen Strom leiten? Begründe.

Werkstatt

Entscheidung im Stromkreis

Du kannst mit einem einfachen Stromkreis prüfen, welche Stoffe den elektrischen Strom leiten und welche ihn nicht leiten.

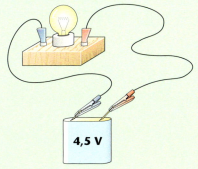

1 Leuchtet das Lämpchen?

1 Ein Lämpchen zum Leuchten bringen

Material
Batterie (4,5 V), 2 Krokodilklemmen (isoliert), Halterung für Glühlämpchen, Glühlämpchen (4 V; 0,04 A), 2 Verbindungskabel

Versuchsanleitung
Schraube ein Glühlämpchen in die Fassung und verbinde sie mit den beiden Polen der Batterie.

Aufgabe
Überlege, warum das Glühlämpchen nur dann leuchtet, wenn du den Stromkreis aufbaust wie in Bild 1 gezeigt.

2 Auf der Suche nach Stromleitern

Material
Flachbatterie (4,5 V), 4 Krokodilklemmen (isoliert, schwarz, rot), Halterung für Glühlämpchen, Glühlämpchen (4 V; 0,04 A), 3 Verbindungskabel, Eisennagel, Kohlestift, Holzstab, Glasstab

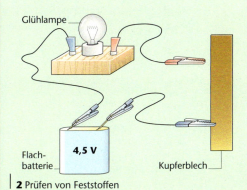

2 Prüfen von Feststoffen

Versuchsanleitung
Baue wie in Bild 2 einen Stromkreis auf. Schließe nacheinander den Eisennagel, den Kohlestift, den Holzstab, den Glasstab und das Kupferblech in den Stromkreis.
Welcher Gegenstand bzw. welcher Stoff leitet den Strom?

Aufgabe
Erstelle eine Liste von elektrischen Leitern und Nichtleitern.

3 Flüssige Stromleiter

Material
Batterie (4,5 V), 4 Krokodilklemmen (isoliert), 3 Verbindungskabel, Halterung mit Glühlämpchen (4 V; 0,04 A), Becherglas, zweiadriges Kabel, Glasstab, destilliertes Wasser, Citronensäure, Zucker, Essig, Zitronensaft, Abisolierzange

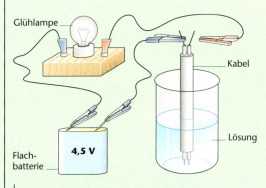

3 Prüfen der Leitfähigkeit von Flüssigkeiten

Versuchsanleitung
a) Fertige einen „Stromprüfer" aus einem Stück Kabel an (▷ B 3). Entferne dazu mit der Zange die Isolierung an den Kabelenden.

b) Baue den Stromkreis aus Bild 3 auf. Fülle Wasser in das Becherglas und löse etwas Kochsalz darin auf. Prüfe, ob das Lämpchen leuchtet.

c) Spüle den „Stromprüfer" gut ab. Wiederhole Versuch b) mit Citronensäurelösung, mit Zuckerlösung, mit Essigwasser und mit Zitronenwasser.

Aufgabe
Zeichne eine Tabelle wie in Bild 4 und trage dort die Ergebnisse deiner Versuche ein.

Flüssigkeit	Lampe leuchtet
Salzlösung	Ja
Citronensäurelösung	
Zuckerlösung	
Essigwasser	

4 Tabelle

Strategie

Wir erstellen einen Stoffsteckbrief

A. Stoffeigenschaften kennen lernen und untersuchen

Jeder Stoff hat bestimmte Eigenschaften. Diese Eigenschaften lassen sich auf unterschiedliche Weise bestimmen.

Prüfe den Stoff zunächst mit deinen Sinnesorganen:
- Farbe und Glanz
- Form und Oberfläche
- Geruch
- Aggregatzustand
- ...

Vorsicht! Unbekannte Stoffe können giftig sein oder die Schleimhaut reizen. Geschmacks- und Geruchsproben von unbekannten Stoffen sind deshalb verboten.

Geruch

Verformbarkeit

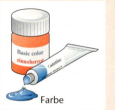
Farbe

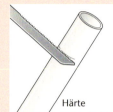
Härte

elektr. Leitfähigkeit

Wärmeleitfähigkeit

Schmelz- und Siedetemperatur

Löslichkeit

Brennbarkeit

Form

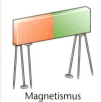
Magnetismus

Führe mit dem Stoff Experimente durch, um weitere Eigenschaften herauszufinden:
- Härte
- Verformbarkeit
- Leitfähigkeit für Strom
- Wärmeleitfähigkeit
- Löslichkeit in Wasser
- magnetische Eigenschaft
- Verhalten beim Erwärmen
- ...
- ...

B. Gemeinsame und unterschiedliche Eigenschaften zu anderen Stoffen erkennen

Die gefundenen Eigenschaften des unbekannten Stoffs kannst du mit den Eigenschaften bekannter Stoffe vergleichen. Stimmen alle Eigenschaften überein, dann handelt es sich um den gleichen Stoff. Durch diesen Vergleich kannst du den Namen des unbekannten Stoffs finden.

C. Eigenschaften auswählen und im Steckbrief beschreiben

Im Steckbrief wird zuerst der Name des Stoffs angegeben. Dann werden untereinander die untersuchten Eigenschaften notiert. Bei jeder Eigenschaft wird das Ergebnis der Experimente eingetragen. Mit dem Steckbrief kannst du den Stoff jederzeit wiedererkennen.

Werkstatt

Den Stoffen auf der Spur

Im Haushalt findest du viele weiße Stoffe, die sich in ihren Eigenschaften voneinander unterscheiden. In vielen Fällen helfen Steckbriefe bei der Unterscheidung.

1 Weißen Stoffen auf der Spur: Mit den Sinnen

Material
Kochsalz, Haushaltszucker, Citronensäure, Lupe, Löffel, Uhrgläser

1 Welcher Stoff ist es?

2 Mit der Lupe untersuchen

Versuchsanleitung
a) Gib mit einem Löffel etwas Kochsalz auf ein Uhrglas. Prüfe das Aussehen mit einer Lupe. Bestimme die Kristallform und stelle den Geruch fest.

b) Wiederhole den Versuchsteil a) mit Haushaltszucker und anschließend mit Citronensäure.

2 Weißen Stoffen auf der Spur: Verformbarkeit

Material
1 Stück Kochsalz, Haushaltszucker, Citronensäure, Hammer, Reibschale mit Pistill, Ablagepapier

Versuchsanleitung
a) Lege ein Stück Kochsalz zwischen zwei Bögen Ablagepapier und klopfe mit einem Hammer darauf.

b) Zerreibe Zucker mit einem Pistill in einer Reibschale.

c) Wiederhole Versuchsteil b) mit Citronensäure.

Aufgabe
Betrachte die Versuchsergebnisse und entscheide, ob der jeweilige Stoff verformbar ist oder nicht.

3 Nachweis der elektrischen Leitfähigkeit

Material
1 Stück Kochsalz, Haushaltszucker, Citronensäure, 2 Spatellöffel, 3 Uhrgläser, Elektrodenhalter mit Glühlämpchen (4 V; 0,04 A), 2 Kohleelektroden, 2 Verbindungskabel, Flachbatterie (4,5 V), 2 Krokodilklemmen (isoliert)

Versuchsanleitung
a) Überprüfe an einem Stück Kochsalz die Leitfähigkeit dieses Stoffs für elektrischen Strom. Drücke dazu die beiden Kohleelektroden auf das Salz. Das Glühlämpchen im geschlossenen Stromkreis entscheidet.

b) Gib etwas Zucker auf ein Uhrglas. Prüfe die elektrische Leitfähigkeit wie in Versuchsteil a).

c) Wiederhole den Versuchsteil b) mit Citronensäure.

4 Weißen Stoffen auf der Spur: Löslichkeit

Material
Schutzbrille, Kochsalz, Haushaltszucker, Citronensäure, 3 Bechergläser (100 ml, weite Form), 3 Spatellöffel, 3 Rührstäbe aus Glas, Wasser aus Spritzflasche, Ablagepapier

Versuchsanleitung
a) Fülle ein Becherglas zur Hälfte mit Wasser. Gib einen Spatellöffel Kochsalz in das Wasser. Rühre mit einem Glasstab um.

b) Wiederhole den Versuch mit Zucker und anschließend mit Citronensäure.

Aufgaben
1. Entwirf nach dem Muster in Bild 3 selbst einen Steckbrief für Kochsalz.

2. Trage die Stoffeigenschaften, die du bestimmt hast, in deinen Steckbrief ein.

3. Stelle für Haushaltszucker und für Citronensäure je einen Steckbrief zusammen. Trage die überprüften Eigenschaften ein.

3 Stoffsteckbrief: Kochsalz

Schlusspunkt

Den Stoffeigenschaften auf der Spur

▶ Stoffeigenschaften mit den Sinnen erfahren

Gegenstände bestehen aus Stoffen (▷ B 1). Verschiedene Stoffe besitzen unterschiedliche Eigenschaften.
Aussehen, Geschmack, Geruch und Oberflächenbeschaffenheit sind Eigenschaften, die mit den Sinnesorganen geprüft werden. Führe nie Geschmacks- und Geruchsproben an unbekannten Stoffen durch.

1 Ein Gegenstand – verschiedene Materialien

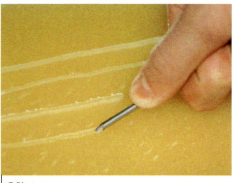

5 Ritztests

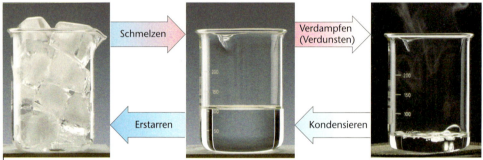

2 Die Aggregatzustände von Wasser

▶ Aggregatzustände

Wasser kann in drei Aggregatzuständen vorliegen: fest, flüssig oder gasförmig (▷ B 2).
Beim Schmelzen wird ein Feststoff flüssig.
Beim Verdampfen wird eine Flüssigkeit gasförmig. Dazu muss der Stoff erwärmt werden.
Beim Kondensieren wird ein Gas flüssig.
Beim Erstarren wird eine Flüssigkeit fest. Dabei muss gekühlt werden.

▶ Siedetemperatur und Schmelztemperatur

Siedetemperatur und Schmelztemperatur sind messbare Stoffeigenschaften. Die Siedetemperatur ist die Temperatur, bei der ein Stoff siedet. Die Schmelztemperatur ist die Temperatur, bei der ein Stoff schmilzt.

▶ Härte und Verformbarkeit

Die Härte von Stoffen lässt sich mithilfe eines Ritztests vergleichen (▷ B 5). Viele Metalle sind verformbar. Glas und Keramik sind spröde.

▶ Wärmeleitfähigkeit

Metalle sind gute Wärmeleiter.

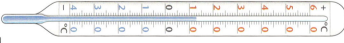

3 Thermometer

▶ Temperatur und Thermometer

Die Temperatur wird mit einem Thermometer gemessen (▷ B 3) und in Grad Celsius (°C) angegeben. Bei Temperaturen unter 0 °C ist ein Minuszeichen vor der Zahl. Mit dem Temperatursinn in der Haut kannst du warm und kalt empfinden.

▶ Stromleiter oder Nichtleiter

Ob ein Stoff elektrisch leitend ist, wird in einem Stromkreis geprüft (▷ B 6).

▶ In Wasser lösen

Wird ein Stoff in Wasser gelöst, so entsteht eine Lösung. Wasser ist ein Lösungsmittel. Warmes Wasser kann mehr von einem Stoff lösen als kaltes Wasser (▷ B 4).

4 Ein Farbstoff löst sich.

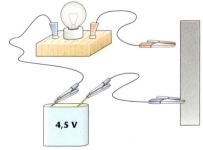

6 Überprüfung der Leitfähigkeit im Stromkreis

Den Stoffeigenschaften auf der Spur

Aufgaben

1 Eis und Schnee sind typisch für die kalte Jahreszeit (▷ B 1).
a) Welcher Stoff verbirgt sich hinter den Bezeichnungen Eis und Schnee? Nenne die Aggregatzustände.
b) Eis kommt in der Natur in vielen Formen vor. Nenne Beispiele dafür.
c) Schreibe eine „eiskalte" Geschichte, in der 5 verschiedene Begriffe vorkommen, die mit Eis oder Schnee zu tun haben.

1 Zu Aufgabe 1

2 Nenne je drei Stoffeigenschaften der folgenden Stoffe: Wasser – Kupfer – Eisen – Diamant.
Erstelle zu einem dieser Stoffe einen Stoffsteckbrief (▷ B 2).

2 Zu Aufgabe 2

3 Zu Aufgabe 3

3 Silber ist ein Schmuckmetall (▷ B 3). Es lässt sich zu Blättchen hämmern, die nur 3 Tausendstel Millimeter dick sind. Silber schmilzt bei 961 °C. Informiere dich in Fachbüchern und im Internet über Silber. Stelle aus diesen Angaben einen Steckbrief für Silber zusammen.

4 Im Alltag gibt es verschiedene Thermometer, die für Temperaturmessungen benutzt werden. In welchen Temperaturbereichen messen folgende Thermometer?
a) Fieberthermometer,
b) Außenthermometer (▷ B 4),
c) Thermometer im Gefrierschrank.

4 Außenthermometer

5 Folgende Stoffe werden jeweils in Wasser verrührt: Sand, Zucker, Mehl, Blumenerde, Kochsalz. Welche der Stoffe bilden mit Wasser eine Lösung?

5 Leitet Paketschnur den Strom?

6 Aus welchen der Stoffen kann man elektrische Leitungen (▷ B 5) herstellen: Glasfaden, Blumendraht, Holzstäbchen, Silberdraht, Baumwollfaden, Paketschnur, Nylonfaden, Golddraht? Begründe.

6 Zu Aufgabe 7

7 Die Härte von Stoffen wird durch Ritzen mit verschiedenen Materialien geprüft. Man kann folgende Beobachtung machen: Gold und Silber lassen sich mit einer Kupfermünze ritzen. Diamant ritzt Fensterglas. Kupfer ist mit dem Taschenmesser ritzbar. Gips und Steinsalz kann man mit dem Fingernagel ritzen. Rotes Eisenerz (▷ B 7) lässt sich mit der Stahlfeile ritzen. Versuche, die Stoffe nach ihrer Härte zu ordnen. Reichen die Angaben?

7 Rotes Eisenerz

Startpunkt

Stoffe *mischen* und *trennen*

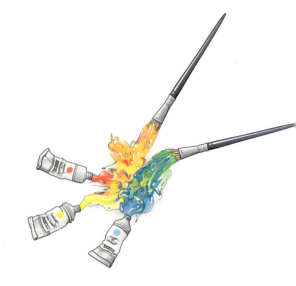

In der Natur und im Alltag gibt es viele Gemische. Manche sind zufällig entstanden, andere werden extra hergestellt. Zur Gewinnung reiner Stoffe werden die Gemische mit verschiedenen Verfahren getrennt.

Beim Malen werden Mischungen absichtlich hergestellt. Ein Malkasten enthält nur wenige unterschiedliche Farben. Durch Mischen oder Verdünnen einzelner Farben entstehen viele neue Farbtöne. Durch Mischen von Rot mit anderen Farben kann man ein dunkles oder helles Rot, ein Orangerot, Pink oder Violett erzeugen.

Auch bei vielen Speisen handelt es sich um Gemische. Für ein Müsli werden Haselnüsse, Mandeln, Haferflocken und andere Zutaten zusammengemischt. Ein Hamburger wird aus ganz unterschiedlichen Nahrungsmitteln zubereitet.

Einige Gemische sind nicht erwünscht. Dazu gehören z. B. Abfälle in Flüssen und Seen oder ölverseuchtes Meerwasser. Hier suchen Naturschützer nach Möglichkeiten, das Gemisch wieder zu trennen.
In manchen Fällen können die unterschiedlichen Stoffe einfach sortiert werden. In anderen Fällen leistet eine Art Kaffeefilter gute Dienste. Um aus Steinsalz Speisesalz zu gewinnen ist ein aufwändiges Trennverfahren notwendig.

Werkstatt

Je nach Geschmack

1 Das Müsli gehört zum Frühstück.

Bei den folgenden Versuchen probierst du verschiedene Lebensmittel. Achte darauf, dass der Tisch, auf dem du arbeitest, und alle Materialien sehr sauber sind.
Die Versuche kannst du auch in der Schulküche durchführen.

1 Müslimischung

Material
1 Packung Müsli, Zahnstocher, flacher Teller

Versuchsanleitung
Gib etwas Müsli aus der Packung auf den Teller. Sortiere die Bestandteile nach ihrem Aussehen, ihrer Farbe und ihrem Geschmack (▷ B 2).

Aufgaben
1. Welche Bestandteile enthält das Müsli? Notiere, was du gefunden hast und vergleiche das Ergebnis mit den Angaben auf der Packung.

2. Aus welchen Zutaten würdest du ein Müsli mischen? Notiere das Rezept für dein Lieblingsmüsli.

2 Was ist drin im Müsli?

2 Früchtetee aus dem Beutel

Material
Früchtetee (lose oder im Beutel), Zahnstocher, flacher Teller, Schere, Teelöffel, Teefilter, Tasse, Wasserkocher, Zucker

Versuchsanleitung
a) Schneide den Teebeutel auf und schütte die Früchtetee-Mischung auf den Teller. Sortiere die Bestandteile mit dem Zahnstocher nach Aussehen und Farbe.

3 Früchtetee – selbst gemischt und zubereitet

b) Wähle einige Bestandteile aus und mische sie. Fülle das Gemisch in einen Teefilter. Hänge den Teefilter in eine Tasse und gieße heißes Wasser dazu (▷ B 3). Lasse den Tee 5 Minuten ziehen. Süße nach Geschmack mit Zucker und probiere das Getränk.

Aufgabe
Welche Bestandteile kannst du im Tee erkennen? Lies die Angaben auf der Packung und versuche, sie den Bestandteilen zuzuordnen.

4 Brausepulver

3 Brausepulver unter der Lupe

Material
Brausepulver, Zahnstocher, Lupe, Papierhandtuch, flacher Teller, Teelöffel

Versuchsanleitung
a) Schütte das Brausepulver auf einen Teller und betrachte es unter der Lupe. Versuche, verschiedene Bestandteile zu erkennen und mithilfe des Zahnstochers zu sortieren.

b) Prüfe nacheinander den Geschmack der gefundenen Bestandteile. Befeuchte dazu einen Teelöffel mit Wasser, tupfe einige Körnchen der verschiedenen Stoffe auf und schlecke den Löffel ab. Spüle den Löffel nach jeder Geschmacksprobe gründlich ab.

Aufgaben
1. Lies die Angaben auf der Verpackung. Aus welchen Zutaten besteht das Brausepulver?

2. Beschreibe, wonach die einzelnen Stoffe schmecken. Kannst du die verschiedenen Geschmacksrichtungen den Bestandteilen zuordnen, die auf der Verpackung angegeben sind?

Auf der Suche nach einzelnen Stoffen im Stoffgemisch

Ein prickelndes Gefühl auf der Zunge

Brausestäbchen zum Schlecken schäumen und prickeln auf der Zunge. Sie schmecken sauer und zugleich süß. Diese Eigenschaft deutet darauf hin, dass die Brause aus unterschiedlichen Stoffen besteht. Brausepulver ist ein **Gemisch** aus verschiedenen reinen Stoffen (▷ B 6). Zu den wichtigsten gehören Citronensäure oder Weinsäure sowie Natron und Zucker. Diese Stoffe sind an ihren Eigenschaften zu erkennen.

Reine Stoffe im Haushalt

Reine Citronensäure wird als Kalklöser verkauft. Damit lassen sich Kalkreste in Küche, Bad und WC entfernen. Reine Citronensäure ist ein Gefahrstoff (▷ B 1), sie reizt z. B. die Augen. Sie muss deshalb mit dem Gefahrensymbol für „reizende" Stoffe gekennzeichnet werden (▷ B 2).

Reines Natron wird in kleinen Päckchen verkauft (▷ B 3). Es schäumt und prickelt auf der Zunge. Natron verfeinert den Geschmack saurer Früchte und enthärtet das Wasser für Kaffee oder Tee. Manch einer trinkt es in Wasser aufgelöst nach einer schwer verdaulichen Mahlzeit. Naturwissenschaftler bezeichnen Natron auch als Natriumhydrogencarbonat. Diese Bezeichnung findest du auch auf der Brausepulverpackung.

Der Haushaltszucker wird meist aus Zuckerrüben hergestellt (▷ B 5). Rübenzucker schmeckt süß. Er wird in verschiedenen Formen verkauft, z. B. als Kristallzucker oder Würfelzucker.

▶ Da Stoffe wie Natron, Citronensäure und reiner Zucker nur aus einer Stoffart bestehen, werden sie auch Reinstoffe genannt.

Aufgaben

1. Wozu wird reine Citronensäure im Haushalt verwendet? Welche Sicherheitshinweise müssen dabei beachtet werden?

2. Welche der folgenden Gewürze sind Reinstoffe, welche sind Stoffgemische: Pfeffer, Curry, Salz?

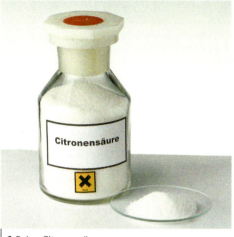

1 Reine Citronensäure

2 Achtung, reizend!

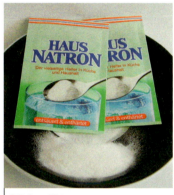

3 Reines Natron

4 Zuckerraffinade

5 Haushaltszucker wird aus Zuckerrüben hergestellt.

6 Brause – ein prickelndes Gemisch

Mischungen im Alltag und in der Natur

2 Granit ist ein Feststoffgemisch

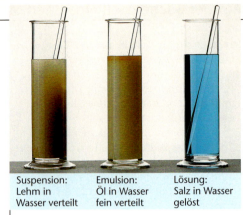

3 Mischungen
Suspension: Lehm in Wasser verteilt
Emulsion: Öl in Wasser fein verteilt
Lösung: Salz in Wasser gelöst

Feststoffgemische

Wenn du Pflastersteine genauer betrachtest, kannst du unterschiedlich gefärbte Körnchen entdecken. Pflastersteine bestehen aus Granit. Im Granit sind verschiedene Feststoffe enthalten. Unter der Lupe kannst du rötlichen Feldspat, weißen Quarz und schwarzen Glimmer erkennen (▷ B 2, V 1).

Mischungen aus Feststoffen und Flüssigkeiten

Wasserfarben lösen sich in Wasser. Es entstehen Farblösungen (▷ B 1). Zucker und Speisesalz haben im festen Zustand eine weiße Farbe. Gibt man etwas davon in Wasser, entstehen klare, farblose **Lösungen**. Der gelöste Stoff ist nicht mehr zu erkennen.

1 Wasserfarben

Allerdings lösen sich nicht alle Feststoffe in Wasser. Wird Schlamm oder Lehm im Flusswasser mitgerissen, sieht das Wasser trüb und braun aus. Die Feststoffe sind im Wasser fein verteilt. Ein solches Gemisch aus Schlamm und Wasser nennt man **Aufschlämmung** oder **Suspension** (▷ B 3).

Auch Flüssigkeiten lassen sich nicht immer gut vermischen. Speiseöl z. B. setzt sich an der Wasseroberfläche ab. Schüttelt man ein Gemisch aus Wasser und Öl kräftig, entsteht eine trübe, milchige Flüssigkeit. Die Öltröpfchen bleiben für kurze Zeit fein verteilt im Wasser. Man bezeichnet das als **Emulsion**. Milch und Majonäse sind haltbare Emulsionen. Darin sind Eiweiß und Eigelb enthalten, die eine Trennung von Öl und Wasser verhindern.

▶ Liegt Schlamm fein verteilt in Wasser vor, spricht man von einer Suspension. Fein verteilte Öltröpfchen in Wasser bezeichnet man als Emulsion.

Versuche

1 Betrachte Granit unter der Lupe. Notiere Farbe und Form der Teilchen, die du erkennen kannst.

2 Mische im Reagenzglas und schüttle
a) Lehm und Wasser,
b) Speiseöl und Wasser.
Kannst du Unterschiede feststellen?

Aufgabe

1 In Bild 4 sind eine Lösung, eine Emulsion und eine Suspension abgebildet. Ordne die Getränke richtig zu und begründe.

4 Orangensaft, Apfelsaft, Milch

Werkstatt

Soßen selbst gemacht

In der Küche stellen wir die unterschiedlichsten Gemische her. Achte bei diesen Versuchen besonders auf saubere Materialien.

1 Essig und Öl

Material
6 Reagenzgläser mit Stopfen, Reagenzglasgestell, Wasser, Essig, Speiseöl, Kochsalz

Versuchsanleitung
Stelle im Reagenzglas zunächst eines der Gemische a) bis f) her. Verschließe dann das Glas mit einem Stopfen und schüttle es kräftig. Stelle das Reagenzglas im Reagenzglasgestell ab und beobachte das Gemisch.
a) Fülle ein Reagenzglas 1 cm hoch mit Wasser und gib Essig dazu.
b) Fülle ein Reagenzglas 1 cm hoch mit Wasser und gib Speiseöl dazu.
c) Fülle ein Reagenzglas 1 cm hoch mit Essig und gib Speiseöl dazu.
d) Fülle ein Reagenzglas 1 cm hoch mit Wasser und gib einige Salzkörnchen dazu.
e) Fülle ein Reagenzglas 1 cm hoch mit Essig und gib einige Salzkörnchen dazu.
f) Fülle ein Reagenzglas 1 cm hoch mit Speiseöl und gib einige Salzkörnchen dazu.

1 Versuche mit Essig und Speiseöl

Gemisch	Aussehen im Reagenzglas	Beobachtung
Essig und Wasser		
Speiseöl und Wasser		
Essig und Speiseöl		

2 Beschreibung von Gemischen

Aufgaben
1. Fertige in einer Tabelle wie in Bild 2 eine Zeichnung des Gemisches im Reagenzglas an. Beschreibe das Verhalten der Mischungen in Stichworten.

2. Schreibe ein Rezept für eine Salatsoße auf. In welcher Reihenfolge werden die Zutaten gemischt?

2 Öl und Wasser und Ei

Material
Reagenzglas mit Stopfen, Reagenzglasgestell, Teelöffel, Wasser, Speiseöl, Eigelb

Versuchsanleitung
Mische im Reagenzglas Speiseöl und Wasser. Gib nun einen halben Teelöffel Eigelb dazu. Verschließe das Glas mit einem Stopfen und schüttle es. Lasse das Reagenzglas stehen. Beobachte das Gemisch einige Minuten.

Aufgabe
Was beobachtest du beim Mischen von Wasser, Öl und Eigelb? Vergleiche mit Versuch 1b. Kennst du ein Lebensmittel, das aus den drei im Versuch verwendeten Zutaten besteht?

3 Milch und Pulver

Material
1 Packung Dessertsoße ohne Kochen (Schokoladen- oder Vanille-Geschmack), 250 ml kalte Milch, Rührschüssel, Löffel, Schneebesen, Dessertschalen

Versuchsanleitung
Gib 250 ml kalte Milch in eine Rührschüssel. Füge unter ständigem Rühren das Soßenpulver hinzu. Schlage die Mischung anschließend eine Minute lang mit dem Schneebesen schnell und kräftig auf, damit sich keine Klümpchen bilden. Stelle die fertige Soße kalt und verteile anschließend Kostproben.

Aufgabe
Lies die Inhaltsangabe auf der Packung. Welche der genannten Reinstoffe kennst du?

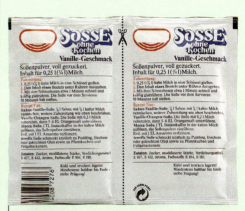

3 Inhaltsstoffe einer Dessertsoße

4 Dieser Nachtisch ist schnell zubereitet.

Brennpunkt

Gemischtes, fix und fertig

Nimm die Tomaten aus dem Wasser und lasse sie kurz abkühlen. Jetzt kannst du sie schälen und in Würfel schneiden. Schneide eine Zwiebel und hacke eine Knoblauchzehe in feine Stücke. Dünste die Zwiebel und den Knoblauch in Olivenöl bis sie glasig sind. Gib nun die Tomaten dazu und koche die Soße unter Rühren

Zutaten

Spaghetti: Hartweizen; Tomatenmark (28%); Würzmischung (4,5%): Zwiebeln, Speisesalz, modifizierte Stärke, Speisewürze (enthält Soja- und Weizeneiweiß), Stärke, Zucker, Kräuter (enthalten Sellerie), Knoblauch, Gewürze, Rote-Beete-Pulver;

Gemischtes – von morgens bis abends

Am Morgen Müsli und Früchtetee, zu Mittag Suppe, gemischter Salat, Spagetti mit Tomatensoße, gemischtes Eis und abends belegte Brote: All diese Speisen sind Gemische. Manche werden in der Küche frisch hergestellt, andere sind schon fertig gemischt in der Packung.

Frisch oder abgepackt

Nudeln mit Tomatensoße sind schnell zubereitet und ideal für den großen Hunger. Tomatensoße gibt es fertig gemischt in Tüten, Dosen oder Gläsern. Das Trockenpulver wird zuerst mit Wasser angerührt und dann erhitzt. In wenigen Minuten steht die fertige Soße auf dem Tisch.
Möchtest du die Tomatensoße frisch zubereiten, benötigst du verschiedene Zutaten und Küchengeräte sowie etwas Zeit.
Und so bereitest du die Soße zu: Schneide die Tomaten kreuzweise ein und lege sie einige Sekunden in kochendes Wasser.

auf. Würze sie zum Schluss mit Salz, Pfeffer und Kräutern.

Das Etikett verrät den Inhalt

Besteht ein Nahrungsmittel aus verschiedenen Bestandteilen, müssen diese auf der Verpackung angegeben werden. Bei Suppen und Soßen ist die Zutatenliste sehr lang. Andere Lebensmittel enthalten nur wenige Zutaten. Eiernudeln z. B. werden aus Hartweizengrieß, Eiern und Wasser hergestellt.
Neben der Zutatenliste stehen auf der Fertigpackung noch folgende Angaben: die Bezeichnung des Lebensmittels, die Mengenangabe, das Datum der Mindesthaltbarkeit sowie Name und Anschrift des Herstellers.

Aufgaben

1. Diskutiert in der Gruppe die Vor- und Nachteile von frisch zubereiteter Tomatensoße im Vergleich zur Fertigsoße.

2. Gibt es im Supermarkt Packungen mit Reinstoffen? Zähle auf.

Einfach wieder trennen

An einem Vogelhaus kann man reges Treiben beobachten. Was dem einen Vogel nicht schmeckt, wird von einem anderen aufgepickt.

Trennen durch Auslesen
Oft werden die Vogelfuttermischungen fertig gekauft. Die einzelnen Bestandteile lassen sich leicht voneinander unterscheiden und durch Auslesen trennen. Unbekannte Gemischbestandteile sortiert man einfach nach Form, Größe und Farbe.

Trennen durch Sieben
Im Frühjahr wird in manchen Gärten der Kompost umgesetzt. Mit einer Schaufel wirft man den fertigen Kompost gegen ein großes Metallsieb. An diesem Sieb trennt sich die feine, krümelige Erde von den nicht verrotteten Ästchen und den Steinen (▷ B 3).

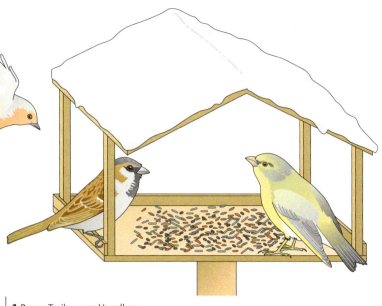

1 Reges Treiben am Vogelhaus

2 Der Wind trennt die leichte Spreu vom Weizen.

3 Der Kompost wird an einem Sieb getrennt.

Windsichten
Bei diesem Trennverfahren wird der Wind zu Hilfe genommen. Man lässt ein Gemisch aus Korn und Spreu im Wind zu Boden rieseln. Das schwerere Korn fällt zur Erde, die Spreu verweht im Wind (▷ B 2).

Absetzen lassen und abgießen
Entnimmt man einem Gartenteich nach einem Regenguss Wasser, erscheint es im Licht meist recht trüb. Mit der Zeit klärt sich der Inhalt, gleichzeitig bildet sich ein Bodensatz. Durch vorsichtiges und langsames Abgießen lässt sich die geklärte Flüssigkeit vom Bodensatz trennen (▷ B 4). Wiederholt man den Vorgang mehrfach, werden das Wasser und die festen Stoffe vollständig voneinander getrennt.

▶ Auslesen, Sieben, Windsichten, Absetzenlassen und Abgießen sind Trennverfahren, um Gemischbestandteile voneinander zu trennen.

4 Absetzen lassen und abgießen

Werkstatt

Auslesen, Sieben, Abgießen

1 Studentenfutter auslesen

Material
1 flacher Teller, Holzstäbchen, 1 Packung Studentenfutter

Versuchsanleitung
a) Schütte das Studentenfutter aus der Packung auf einen flachen Teller.
b) Nimm ein Holzstäbchen und sortiere die im Studentenfutter enthaltenen Bestandteile.

Aufgabe
Nach welchen Eigenschaften hast du die Bestandteile ausgelesen?

2 Trennen mit unterschiedlichen Sieben

Material
Siebe mit unterschiedlichen Maschenweiten, Tee, Nudeln, Kies, Sand, Wasser, Salz, Gasbrenner, Anzünder, Topf, Teller, Glas

Versuchsanleitung
a) Schütte zunächst etwas Sand zum Kies. Versuche nun, diese Mischung mithilfe eines Siebes wieder zu trennen (▷ B 1).
b) Brühe einen Tee aus kochendem Wasser und Teeblättern auf. Gieße den Tee anschließend durch ein Teesieb in ein Glas (▷ B 2).
c) Koche Nudeln in einem Topf mit Salzwasser. Schütte die fertigen Nudeln durch ein Nudelsieb ab (▷ B 3).

1 Trennen durch ein Sieb

2 Ein Teesieb hat feine Maschen.

3 Beim Nudelsieb können die Maschen weiter sein.

Aufgabe
Fertige im Heft eine Tabelle an wie in Bild 4. Trage ein, welche Bestandteile der Gemische im Sieb bleiben und welche durch das Sieb durchgehen.

Gemisch	Bestandteil im Sieb	Bestandteil unter dem Sieb
Sand/Kies		
Wasser/Teeblätter		
Salzwasser/Nudeln		

4 Was man mit dem Sieb alles trennen kann

3 Absetzen lassen und abgießen

Material
Standzylinder, Erlenmeyerkolben, Becherglas (150 ml, hohe Form), Uhrglas (groß), Löffel, Glasstab, (250 ml, Weithals), Wasser, Sand, Erde

Versuchsanleitung
a) Fülle einen Standzylinder etwa zur Hälfte mit Wasser. Gib mit einem Löffel Sand und Erde in das Wasser.
b) Rühre mit einem Glasstab gut um. Lasse den Standzylinder ohne weitere Bewegung stehen.
c) Gieße das überstehende klare Wasser vorsichtig in einen Erlenmeyerkolben ab (▷ B 5). Achte darauf, dass weder Sand noch Erde mit abgegossen werden.
d) Stelle die abgegossene Flüssigkeit neben ein Becherglas mit Wasser.

Aufgabe
Vergleiche die abgegossene Flüssigkeit mit dem Wasser im Becherglas. Ist die Flüssigkeit jetzt rein?

Sand und Erde
Wasser

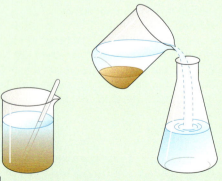

5 Trennen durch Abgießen

Zeitpunkt

Goldgräber bei der Arbeit

Seit Sommer 1998 können Besucher von San Francisco den Spuren der Goldgräber folgen. Entlang einer sieben Kilometer langen Strecke sind in den Bürgersteig Plaketten eingelassen, die auf Museen, alte Kneipen und andere Stätten aus der Goldgräberzeit hinweisen.

1 Goldsucherinnen um 1850

2 Goldwäscher bei der Arbeit

Goldrausch in Kalifornien

Am 24. Januar 1848 wurde beim Bau einer Sägemühle an einem Nebenfluss des Sacramento Gold gefunden. Die Nachricht verbreitete sich rasch bis San Francisco. Der Goldrausch erfasste die ganze Stadt. Die Menschen hatten nur noch den einen Gedanken – reich zu werden!
Geschäfte und Schulen wurden geschlossen. Viele verließen ihre Arbeitsstelle und machten sich auf in die Wildnis, um Gold zu suchen (▷ B 1). An den Ufern des Sacramento, im Sand seiner Nebenflüsse und in den Schluchten der Bergbäche gab es Gold im Überfluss.

Goldwaschen am Fluss

Bei ihrer Ankunft am Fluss steckten die Goldgräber so genannte Claims ab. Sie rammten Pfähle in den Boden und kennzeichneten auf diese Weise ihr Suchgebiet. Dann begann die fieberhafte Suche nach Gold – mit Spitzhacke, Schaufel, Sieb und Goldwäscherpfanne.
Über ihre Pfanne gebeugt wuschen sie aus Schaufeln voller Kies und Schlamm dünne Goldblättchen heraus (▷ B 2). Das schwere Gold blieb beim vorsichtigen Schwenken am Boden der Pfanne zurück.

Hunderttausende durchwühlten Sand und Erde. Im Boden am Ufer der Bäche wurden manchmal Goldklumpen (Nuggets) gefunden, die mehr als 50 Gramm wogen.
Die Nachricht vom Goldreichtum lockte selbst aus Europa Einwanderer nach Kalifornien. Aber das Leben im Wilden Westen war gefährlich. Streitereien und bewaffnete Überfälle waren an der Tagesordnung. Viele der Glücklichen, die über Nacht reich geworden waren, verloren ihr Gold beim Glücksspiel oder gaben es in Bars aus. Die große Zeit des Goldrausches dauerte nur etwa fünf Jahre. Dann war der größte Teil des Goldes gefunden und die Menschen verließen die Goldgräbersiedlungen wieder.

3 Goldwaschpfanne

4 Goldbarren

Filtrieren und Eindampfen

1 Das Wasser des Aquariums wird ständig gefiltert.

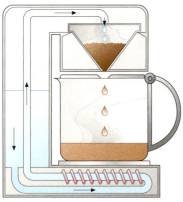

2 Ein gefiltertes Produkt – der Kaffee

Filter im Alltag

In einer Kaffeemaschine (▷ B 2) tropft kochend heißes Wasser auf Kaffeepulver in einem Papierfilter. Der heiße, dunkelbraune Filterkaffee wird in der Kanne aufgefangen. Im Papierfilter bleibt das unlösliche Kaffeepulver zurück.

In Aquarien sind Filteranlagen eingebaut. Sie befreien das Wasser von den Verunreinigungen, die darin schweben. Das klare, gefilterte Wasser wird ins Aquarium zurückgeleitet (▷ B 1).

Sand-Kies-Filter (▷ B 4) sind Mehrschichtenfilter. Das verschmutzte Wasser wird in den verschiedenen Schichten von den im Wasser unlöslichen Feststoffen befreit. Klares Wasser verlässt den Filter.

▶ Durch Filtrieren kann man ungelöste Feststoffe von einer Flüssigkeit trennen.

Eindampfen in der Küche

Kocht man Salzwasser für Reis oder Nudeln, setzt sich Salz am Topfrand ab, ein Teil des Wassers verdampft. Wird beim Marmeladekochen nicht ständig gerührt, brennt die eindickende Marmelade ein. In einen Dampfkochtopf muss zu Beginn eine bestimmte Menge Wasser eingefüllt werden, damit die Kartoffeln im Topf nicht anbrennen.
Bratensoße wird beim Erwärmen dickflüssig, sie schmeckt intensiv nach Salz und anderen Gewürzen.

▶ Durch Eindampfen werden gelöste Stoffe zurückgewonnen. Die Flüssigkeit verdampft, die Feststoffe bleiben zurück.

Versuche

1 Gieße durch einen Papierfilter eine Steinsalzlösung in einen Trichter. Fange das Filtrat in einem Erlenmeyerkolben auf. Betrachte das Filterpapier nach dem Versuch.

2 Erwärme in einer schwarzen Porzellanschale das Filtrat aus Versuch 1, bis ein fester, weißer Rückstand entsteht. Betrachte den Rückstand unter der Lupe.

3 In der Küche wird vieles eingekocht.

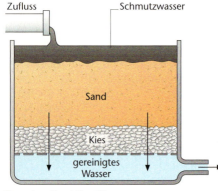

4 Aufbau eines Sand-Kies-Filters

Werkstatt

Kochsalz aus Steinsalz

Mithilfe verschiedener Versuche kannst du Kochsalz herstellen. Man gewinnt es aus Steinsalz, welches noch Sand enthält.

1 Zerkleinern
Material
Schutzbrille, einige Steinsalz-Brocken, Mörser mit Pistill

1 Zerkleinern im Mörser

Versuchsanleitung
Zerkleinere das Steinsalz in einem Mörser mit einem Pistill (▷ B 1).

2 Lösen in Wasser
Material
Becherglas (250 ml), Spatellöffel, Glasstab, Wasser, zerkleinertes Steinsalz

Versuchsanleitung
Fülle Wasser in ein Becherglas. Löse darin einen Teil des zerriebenen Steinsalzes aus Versuch 1. Rühre zwischendurch um (▷ B 2).

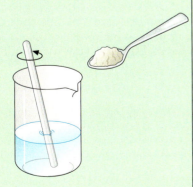

2 In Wasser lösen

3 Absetzen lassen und abgießen
Material
Becherglas mit Steinsalz-Aufschlämmung aus Versuch 2, Becherglas

Versuchsanleitung
Lasse zunächst das Becherglas mit der Steinsalz-Aufschlämmung einige Zeit ruhig stehen.
Gieße dann vorsichtig die klare Flüssigkeit in ein Becherglas ab, sodass der Bodensatz zurückbleibt (▷ B 3).

3 Abgießen der geklärten Flüssigkeit

4 Filtrieren
Material
Rundfilter, Trichter, Erlenmeyerkolben (250 ml, Enghals), Becherglas mit der klaren Flüssigkeit aus Versuch 3

Versuchsanleitung
a) Nimm ein Rundfilterpapier und falte es zunächst in der Mitte.

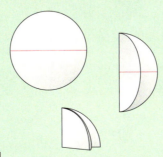

4 Das Filterpapier wird gefaltet.

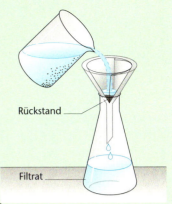

5 Filtern

Falte dieses halbierte Papier noch einmal in der Mitte, sodass das Filterpapier die Form eines Viertelkreises hat (▷ B 4).

b) Forme aus dem Filterpapier einen Trichter. Stecke diesen in einen Kunststofftrichter und gieße die Flüssigkeit aus dem Becherglas hinein. Fange das Filtrat im Erlenmeyerkolben auf (▷ B 5).

5 Eindampfen
Material
Schutzbrille, Filtrat aus Versuch 4, Dreifuß, Keramikdrahtnetz, Gasbrenner, Anzünder, Abdampfschale (schwarz), Tiegelzange, Lupe

Versuchsanleitung
Erwärme das Filtrat in einer schwarzen Abdampfschale bis zum Sieden. Lasse das Wasser verdampfen, sodass in der Abdampfschale ein fester, weißer Rückstand übrig bleibt (▷ B 6). Betrachte diesen mit einer Lupe.

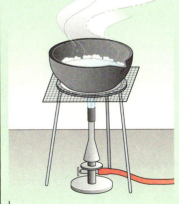

6 Eindampfen

Zeitpunkt

Das weiße Gold

1 Salztransport

2 Salzgewinnung um 1650

3 Salzgewinnung um 1770

4 Der Salzmarkt heute

Salzstraßen

Früher besaß das Kochsalz eine wesentlich größere Bedeutung als heute. Mit Pferdekarren wurde das weiße Gold auf den so genannten Salzstraßen über weite Strecken transportiert (▷ B 1). Wegen des hohen Wertes, den das Salz hatte, mussten die Transporte vor Räubern geschützt werden.

Noch heute kann man auf Landkarten an den Namen vieler Orte und Städte den einstigen Verlauf der Handelsstraßen nachvollziehen. Die Ortsnamen enthalten Silben wie -salz, -sol oder -hall. Auch Brauchtumsfeste wie der Haller Siedertanz, der in Schwäbisch Hall stattfindet, erinnern an diese Zeit.

Salz als Zahlungsmittel

Auf den Handelsstraßen des Mittelalters wurde das kostbare Salz als Tausch- und Zahlungsmittel von Stadt zu Stadt gebracht. Der Handel mit Salz brachte Reichtum. Aus diesem Grund wurde das Salz als weißes Gold bezeichnet.

Früher im Salzbergwerk

Die Arbeit im Salzbergwerk war früher hart und anstrengend. Das Salz wurde nur mit Muskelkraft in unterirdischen Stollen abgebaut und dann in Körben oder Fässern nach oben transportiert. Die Aufzüge in den Salzdomen wurden von Grubenpferden bewegt (▷ B 2).

Salzmärkte

Wie im Mittelalter werden auf afrikanischen Salzmärkten auch heute noch Waren wie Stoffe oder Teppiche gegen Salz getauscht (▷ B 4). Dort hat das weiße Gold noch nichts von seiner Bedeutung eingebüßt.

Werkstatt

Kristalle selbst gezüchtet

1 Herstellen einer gesättigten Lösung

Material
Schutzbrille, Alaunsalz, destilliertes Wasser, Dreifuß, Keramikdrahtnetz, Becherglas (500 ml, niedere Form), Gasbrenner, Anzünder, Spatellöffel, Glasstab, Thermometer (−10 °C bis 110 °C)

Versuchsanleitung
Fülle ein Becherglas etwa zur Hälfte mit destilliertem Wasser. Gib mit einem Spatellöffel Alaun ins Wasser und rühre es ständig mit einem Glasstab um. Falls sich ein Bodensatz bildet, erwärme die Lösung auf höchstens 50 °C (▷ B 1).

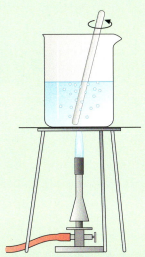

| 1 Erwärmen einer gesättigten Lösung

2 Filtrieren

Material
Trichter, Filterpapier (rund), Erlenmeyerkolben (250 ml, Enghals)

Versuchsanleitung
Lasse die Lösung aus Versuch 1 abkühlen und filtriere sie durch einen Papierfilter (▷ B 2). Fange das Filtrat in einem Erlenmeyerkolben auf.
Wenn du gewissenhaft arbeitest, bleibt eine klare Flüssigkeit ohne Bodensatz zurück.

| 2 Filtrieren der Lösung

3 Züchtung kleiner Kristalle

Material
1 Petrischale mit Deckel, Filtrat aus Versuch 2, Pinzette

| 3 Die ersten Kristalle entstehen.

Versuchsanleitung
Gieße etwas von der klaren Salzlösung in die Petrischale. Lege den Deckel auf. Nach etwa einem Tag haben sich am Boden kleine Kristalle gebildet (▷ B 3). Nimm mit der Pinzette zwei oder drei Kristalle aus der Lösung und bewahre sie auf. Gieße den Rest der Lösung in ein Vorratsgefäß.

4 Wachsen lassen

Material
Becherglas (250 ml, hohe Form), Glasstab, Nähgarn, Kristallisierschale, Pinzette, klare, gesättigte Salzlösung, Rundfilter

Versuchsanleitung
a) Fülle die Kristallisierschale bis zur Hälfte mit der klaren Salzlösung aus Versuch 2. Nimm mit einer Pinzette einen Salzkristall und lege ihn auf den Boden der Kristallisierschale. Decke die Schale mit einem Rundfilter ab, damit kein Staub in die Lösung kommt.
Wende den Kristall täglich, damit er gleichmäßig wachsen kann.
b) Gieße nun die klare gesättigte Salzlösung in ein Becherglas. Befestige den Kristall an einem Faden und hänge ihn in die Lösung (▷ B 4).
c) Bei zu hohen Temperaturen können sich die Kristalle wieder auflösen. Stelle die Lösung deshalb nicht in die Sonne.

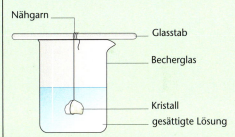

| 4 Kristallzucht am Faden

d) Kontrolliere die Salzlösung im Zuchtgefäß mindestens einmal in der Woche. Wenn auf der Oberfläche Kristalle schwimmen oder an den Gefäßwänden Salzablagerungen zu sehen sind, nimm den Zuchtkristall heraus, filtriere die Lösung, reinige das Gefäß und setze den Kristall wieder ein.

Aufgabe
Betrachte deinen Kristall mithilfe einer Lupe.
Fertige eine Skizze von deinem Kristall an und vergleiche diese mit denen deiner Mitschüler und Mitschülerinnen.

Brennpunkt

Ein lebender Filter

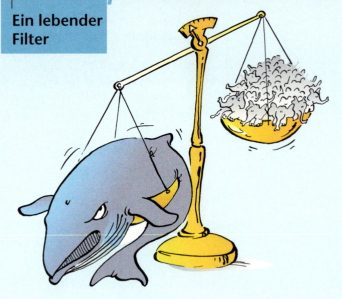

Ein riesiges Maul ohne Zähne

Der Blauwal hat keine Zähne. Stattdessen hängen von seinem Gaumen lange Hornplatten mit vielen haarartigen Fransen ins Maul herab. Diese Hornplatten nennt man Barten. Die Blauwale gehören zur Gruppe der **Bartenwale** (▷ B 3).
Zum Fressen öffnen die Bartenwale das Maul und lassen Wasser mitsamt dem Plankton hineinströmen (▷ B 2). Beim Schließen des Mauls pressen sie das Wasser mit der Zunge durch die Barten wieder hinaus. Die Barten wirken wie ein riesiger Filter, sie halten die Nahrung zurück. Mit einem Maul voll können so 50 kg Krill in den Magen des Wals gelangen.
Aufgrund ihrer Fressgewohnheiten gehören auch Buckelwale, Grönlandwale und Finnwale zu den Bartenwalen.

Blauwale – Giganten im Meer

Blauwale sind die größten Tiere, die jemals auf der Erde gelebt haben. Sie können bis zu 30 Meter lang werden. Ein Blauwal wiegt etwa so viel wie 33 Elefanten. Das Erstaunliche ist, dass sich diese Riesen von winzig kleinen Lebewesen ernähren, die man Plankton nennt. Ein Blauwal kann 100 Millionen Mal größer sein als die Nahrung, die er frisst.

Im Eismeer am Nordpol schweben Billionen von Planktonlebewesen nahe der Wasseroberfläche. Die kleinen Krebse, die in Massen unter dem Plankton zu finden sind, nennt man Krill. Die orangefarbenen Krebschen sind ungefähr so lang wie Streichhölzer (▷ B 1). Sie gedeihen am besten in sehr kaltem Wasser. Um satt zu werden, muss der Wal eine riesige Menge Krill fressen.

1 Ein Krill im Größenvergleich

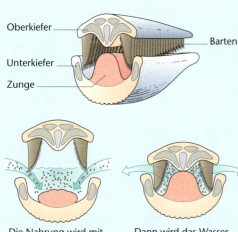

Die Nahrung wird mitsamt dem Meerwasser aufgenommen.

Dann wird das Wasser nach außen gedrückt, während die Nahrung von den Barten zurückgehalten wird.

2 Nahrungsaufnahme beim Bartenwal

3 Wale im Eismeer

140

Werkstatt

Was Filter leisten können

1 Wie man Kohlestaub aus Wasser entfernt

Material
Mörser mit Pistill, Holzkohlestücke, Sieb (engmaschig), Becherglas (250 ml, niedere Form), Erlenmeyerkolben (250 ml, Enghals), Glastrichter, Filterpapier (rund), Spatellöffel, Glasstab

1 Zerreiben von Holzkohle

Versuchsanleitung
a) Zerreibe einige Holzkohle-Stückchen mit dem Pistill im Mörser (▷ B 1). Arbeite sorgfältig, sodass kein Holzkohlepulver neben den Mörser fällt.

b) Siebe das Holzkohlepulver über dem Becherglas, das zur Hälfte mit Wasser gefüllt ist (▷ B 2). Rühre die Flüssigkeit ständig um.

c) Gieße die Holzkohlesuspension durch einen Papierfilter in den Erlenmeyerkolben (▷ B 3). Betrachte die gefilterte Flüssigkeit.

2 Herstellung einer Holzkohlesuspension

3 Filtrieren der Holzkohlesuspension

2 Wie man einen Farbstoff zurückhält

Material
Wasser, Filterpapier (rund), Aktivkohlefilter (rund), 2 Glastrichter, 1 Glasstab, 2 Erlenmeyerkolben (250 ml, Enghals), rote Schokolinsen

Versuchsanleitung
a) Löse zwei oder drei rote Schokolinsen in Wasser auf. Rühre die Lösung mit dem Glasstab um (▷ B 5).

b) Gieße die Hälfte der farbigen Lösung durch einen Papierfilter in einen Erlenmeyerkolben (▷ B 6).

c) Gieße die andere Hälfte der farbigen Lösung durch einen Aktivkohlefilter in den anderen Erlenmeyerkolben (▷ B 6).

Aufgaben
1. Vergleiche die Flüssigkeiten, die du durch das Filtrieren mit dem Papierfilter und mit dem Aktivkohlefilter (▷ B 4) erhältst.
Welchen Unterschied stellst du fest? Wie kannst du dir den Unterschied erklären?

2. Aktivkohlefilter werden in verschiedenen Geräten für den Haushalt und für die Industrie eingesetzt.
Informiere dich im Internet, wo diese Filter überall verwendet werden und welche Vorteile sie gegenüber anderen Filtern haben.

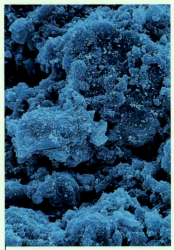

4 Aktivkohlefilter (Vergrößerung)

5 Die farbige Hülle der Schokolinsen löst sich im Wasser.

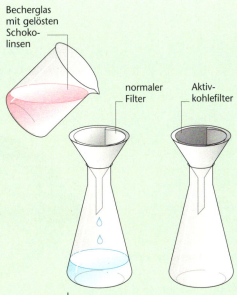

6 Die Farblösung wird filtriert.

Brennpunkt

Schleudern

1 Salatschleuder

Salat schleudern ist Handarbeit

Eine Salatschleuder ist ein trickreiches Gerät (▷ B 1). Sie besteht aus einer Schüssel, einem Sieb und einem Deckel. Dreht man an der außen angebrachten Kurbel, wird das Sieb in der Schüssel in schnelle Umdrehungen versetzt. Der tropfnasse Salat wird an die Wand des Siebs gepresst. Das Wasser wird durch die Öffnungen im Sieb geschleudert und sammelt sich unten in der Schüssel. Das Wasser wird so vom Salat getrennt.

Wäsche schleudern in der Maschine

Jede Waschmaschine ist zugleich eine Schleudermaschine (▷ B 2). Nach dem Waschen ist die Wäsche tropfnass. Im Schleudergang dreht sich die Trommel in der Maschine sehr schnell. Dabei wird das Wasser aus der Wäsche geschleudert und abgepumpt.

Feinwäsche und Kleidungsstücke aus Wolle zerknittern leicht. Sie werden nur kurz und schonend bei 400 Umdrehungen pro Minute geschleudert. Bei Kochwäsche und Buntwäsche kann sich die Waschtrommel 900- bis über 1400-mal in der Minute drehen. Eine zusätzliche Wäscheschleuder entfernt das Wasser noch besser. Sie erreicht bis zu 2 800 Umdrehungen pro Minute.

Honig aus der Honigschleuder

Bienen sammeln im Sommer Nektar aus Blüten. Ein Nektartropfen geht durch Hunderte von Bienenmägen, bis er zu Honig wird. Die Bienen lagern den Honig in den Waben (▷ B 3), damit sie auch im Winter genügend Nahrung haben. Ist der Honig reif, verschließen sie die Zellen der Wabe mit Wachsdeckelchen.

Jetzt beginnt die Arbeit des Imkers: Er nimmt die Honigwaben aus dem Bienenstock und ersetzt den Nahrungsvorrat der Bienen durch Zuckerwasser. Dann entfernt er mit einer Spezialgabel die Wachsdeckel von den Honigwaben. Die Waben werden in die Honigschleuder gestellt (▷ B 4). Durch die schnelle Drehung wird der Honig an die Wand der Maschine geschleudert und läuft dort herab. Im unteren Bereich ist die Schleuder wie ein Trichter aufgebaut. Dort sammelt sich der Honig an und fließt dann über feine Siebe direkt in den Abfülleimer. Zum Schluss wird der Honig in Gläser abgefüllt.

3 Bienenwabe

2 Wäscheschleuder

4 Honig wird durch Schleudern gewonnen.

Werkstatt

Farbstifte im Test

Für die folgenden Versuche kannst du alle Filzstifte benutzen, deren Farbe wasserlöslich ist. Wenn du deine Ergebnisse mit denen deiner Mitschülerinnen und Mitschüler vergleichst, werden interessante Unterschiede sichtbar.

1 Gemischtes aus Braun
Material
Schere, brauner Filzstift, Rundfilterpapier, Streifen aus Filterpapier, Petrischale, Wasser

Versuchsanleitung
a) Schneide mit einer Schere in die Mitte eines Rundfilters ein Kreuz. Zeichne die Schnittstelle mit dem braunen Filzstift nach.

b) Schneide einen 2 cm breiten und etwa 20 cm langen Streifen Filterpapier aus und rolle ihn zu einem Docht auf.

c) Fülle eine Petrischale etwa 1 cm hoch mit Wasser.

d) Schiebe den Docht durch das Kreuz im Rundfilter und lege beides auf die Petrischale, sodass der Docht ins Wasser taucht.

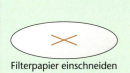
Filterpapier einschneiden

Docht aus Filterpapier

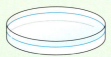
Petrischale mit Wasser

Petrischale mit Docht

Aufgaben
1. Beschreibe, was du auf dem runden Filterpapier beobachtest.

2. Woran kannst du erkennen, dass die Farbe Braun ein Farbstoffgemisch ist?

3. Vergleicht die Ergebnisse in der Klasse. Überlegt euch, wodurch die Unterschiede zustande kommen.

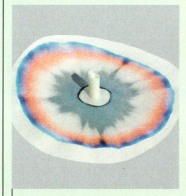
1 Viele Farben sind Mischfarben

2 Schwarz ist nicht gleich schwarz
Material
Schere, Rundfilterpapier, Kristallisierschale, Alkohol-Wasser-Gemisch (aus einem Teil Wasser und einem Teil Alkohol), verschiedene schwarze Filzstifte

Versuchsanleitung
a) Schneide einen Rundfilter nach der Skizze ein und klappe die Papierzunge nach unten (▷ B 2). Fülle die Kristallisierschale etwa 1 cm hoch mit dem Alkohol-Wasser-Gemisch.

b) Markiere das Filterpapier wie in der Skizze vorgegeben mit einem schwarzen Filzstift.

c) Lege das Filterpapier auf die Kristallisierschale und lasse die Papierzunge in die Flüssigkeit eintauchen.

d) Wiederhole den Versuch mit andersfarbigen Filzstiften.

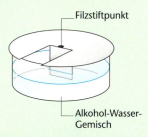
2 Woraus besteht Schwarz?

Aufgaben
1. Zum Schreiben und Malen gibt es viele verschiedene Stifte. Plane und beschreibe einen Versuch, mit dem du herausfinden kannst, welcher deiner Stifte wasserlösliche Farbe enthält. Führe den Versuch anschließend durch.

2. Herr Strecker musste sich 10 € leihen. Auf einem Löschpapier hat er sich den Betrag rasch notiert. Am nächsten Tag stand auf dem Blatt ein Betrag von 100 €. Überlege dir, wie du die Fälschung nachweisen kannst. Plane einen entsprechenden Versuch und führe ihn durch.

3 Wie überführt man einen Fälscher?

Werkstatt

Naturfarben und Lebensmittelfarben

1 Brennnessel und Taubnessel

1 Blätter entfärben

Material
Schere, grüne Blätter (Brennnessel, Taubnessel oder Spinat), Becherglas (100 ml), Mörser mit Pistill, Sand, Brennspiritus

Sicherheitshinweis
Brennspiritus ist leicht entzündlich. Er gehört zu den Gefahrstoffen. Arbeite nie in der Nähe einer offenen Flamme mit Spiritus.

Versuchsanleitung
Zerschneide einige Blätter in kleine Stücke und gib sie in den Mörser. Füge etwas Sand und einige Milliliter Brennspiritus zu. Zerreibe das Gemisch intensiv mit dem Pistill. Gieße die grüne Flüssigkeit, die so genannte Blattgrünlösung, vorsichtig in ein Becherglas ab und bewahre sie für den Versuch 2 auf.

2 Zerreiben der Blätter im Mörser

2 Naturfarben laufen lassen

Material
Blattgrünlösung, Pipette, Petrischale, Rundfilter, Papierhandtuch

Versuchsanleitung
Lege ein rundes Filterpapier auf die Petrischale. Tropfe mithilfe der Pipette drei Tropfen Blattgrünlösung in die Mitte des Rundfilters (▷ B 3). Warte, bis das Filterpapier die Flüssigkeit vollständig aufgesaugt hat. Fahre so fort, bis die Flüssigkeit den Rand des Filterpapiers erreicht. Lasse das Papier trocknen.

3 Auftropfen der Blattgrünlösung

Aufgaben
1. Beschreibe, was du beim Auftropfen der Flüssigkeit auf das Filterpapier beobachten kannst.

2. Woran kannst du erkennen, dass die Blattgrünlösung ein Farbstoffgemisch ist?

3. Das Verfahren, mit dem man ein Farbstoffgemisch in seine einzelnen Bestandteile trennen kann, heißt Chromatografie. Schlage im Lexikon nach, woher dieser Name stammt.

4. In welcher Jahreszeit zeigt sich, dass Blätter nicht nur einen grünen Farbstoff enthalten? Welche Farben haben Laubblätter zu dieser Zeit?

3 Lebensmittelfarben laufen lassen

Material
1 Packung Mini-Schokolinsen, 2 Reagenzgläser, Stopfen, Reagenzglasgestell, Petrischale, Pipette, Rundfilter, Papierhandtuch

Versuchsanleitung
a) Wähle drei oder vier Schokolinsen einer Farbe aus und gib sie in ein Reagenzglas. Tropfe mit der Pipette soviel Wasser dazu, dass die Schokolinsen bedeckt sind. Verschließe das Reagenzglas mit einem Stopfen und schüttle kurz (▷ B 4). Fülle die farbige Lösung in das zweite Reagenzglas.

b) Lege ein rundes Filterpapier auf die Petrischale und tropfe wie in Versuch 3 die farbige Lösung in die Mitte des Rundfilters.

Aufgaben
1. Beschreibe, was du beim Auftropfen der Flüssigkeit auf das Filterpapier beobachten kannst.

2. Woran kannst du erkennen, ob es sich bei der Farbe um einen Reinstoff oder ein Farbstoffgemisch handelt?

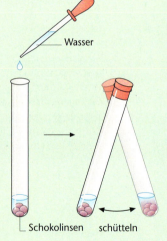

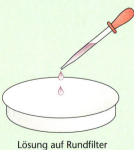

Lösung auf Rundfilter

4 Zu Versuch 3

Lexikon

Trennverfahren von A bis Z

Absetzenlassen
Beim Goldwaschen werden Schlamm, Steine und Sand von den winzigen Goldkörnchen getrennt. Durch geschicktes Schwenken der Schale erreicht man, dass sich über den Steinen Sand und Schlamm absetzen, während die winzigen Goldkörnchen am Boden der Schale zurückbleiben.

Auspressen
Mit einfachen Handpressen werden die halbierten Früchte ausgepresst. Dabei fließt der Saft durch ein Sieb, in dem das Fruchtfleisch hängen bleibt.

Chromatografieren
Man trägt wasserlösliche Filzstiftfarben um das Loch eines durchbohrten Rundfilters auf. Tränkt man das Rundfilterpapier von innen mit Wasser, so beobachtet man die Entstehung verschiedener Farbzonen. Das Wasser transportiert die Farbstoffe mit unterschiedlicher Geschwindigkeit.

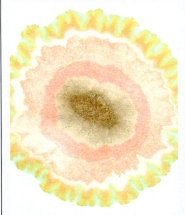

Entsaften
Der Saft von Karotten und Tomaten wird meist nicht ausgepresst, sondern durch Entsaften gewonnen. Im Entsafter wird das Gemüse zuerst zerkleinert. Die Masse wird dann in ein siebartiges Gitter gegeben, das sich sehr schnell dreht. Das Gemüse wird dadurch nach außen gepresst, der Saft fließt durch das Gitter in eine Rinne und läuft über eine Austrittsöffnung ins Glas.

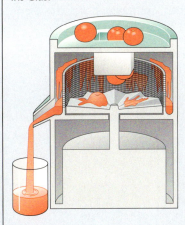

Filtrieren
Kaffeepulver wird mit heißem Wasser aufgebrüht. Die festen Bestandteile werden von einem Filter zurückgehalten. Die gelösten Farb- und Geschmacksstoffe können dagegen den Filter passieren.

Magnettrennung
Bei der Mülltrennung und der Verwertung von Schrott nutzt man die magnetischen Eigenschaften von Eisen aus. Mithilfe eines Elektromagneten werden Eisenteile aus dem zerkleinerten Müll auf dem Förderband aussortiert. Auch bei der Schrottverwertung wird Eisen auf diese Weise von anderen Metallen getrennt. Das wichtige Metall Eisen kann so zurückgewonnen und weiterverwertet werden.

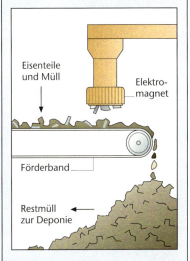

Zentrifugieren
Eine Zentrifuge arbeitet ähnlich wie eine Schleuder. Das flüssige Stoffgemisch wird in eine Trommel gegeben, die sich sehr schnell dreht. Die schweren Bestandteile werden nach außen geschleudert und so von den leichteren getrennt. Das Verfahren wird z. B. bei der Milch angewendet, um die Molke vom Fett zu trennen.

Schlusspunkt

Stoffe mischen und trennen

1 Granit – ein Feststoffgemisch

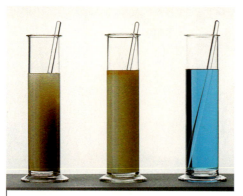

2 Suspension, Emulsion, Lösung

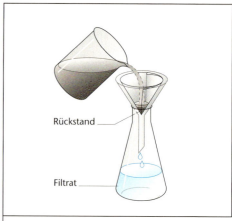

3 Filtrieren

▶ Stoffgemische
Stoffgemische (▷ B 1, B 2) enthalten verschiedene Stoffe. Reinstoffe kann man durch ihre Eigenschaften unterscheiden.

In einer Suspension liegt ein ungelöster Feststoff fein verteilt in Wasser vor.
In einer Emulsion liegen die Tröpfchen einer Flüssigkeit fein verteilt in Wasser vor.
Löst sich ein fester oder flüssiger Stoff in Wasser, entsteht eine klare Lösung.

▶ Auslesen und sieben
Bestandteile im Feststoffgemisch, die sich im Aussehen oder in der Korngröße unterscheiden, kann man durch Auslesen (▷ B 5) oder Sieben (▷ B 6) trennen.

▶ Filtrieren
Durch Filtrieren (▷ B 3) kann man ungelöste Feststoffe von einer Flüssigkeit trennen. Die Feststoffe bleiben im Filter zurück.

▶ Absetzen lassen und abgießen
Ungelöste Feststoffe setzen sich in einer Flüssigkeit ab. Durch vorsichtiges Abgießen lassen sich Flüssigkeit und Feststoff trennen (▷ B 4).

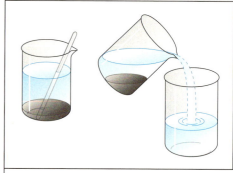

4 Absetzen lassen und abgießen

▶ Eindampfen
Durch das Eindampfen werden gelöste Stoffe zurückgewonnen (▷ B 7). Die Flüssigkeit verdampft, der Feststoff bleibt zurück.

5 Auslesen

6 Sieben

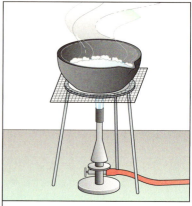

7 Eindampfen

Stoffe mischen und trennen

Aufgaben

1. Viele Lebensmittel sind Gemische.
   a) Welche Bestandteile sind im Studentenfutter enthalten (▷ B 1)?
   b) Welche Zutaten werden für einen Obstsalat gemischt (▷ B 2)?

1 Studentenfutter

2 Obstsalat

2. Wenn man Milch unter dem Mikroskop betrachtet, sieht man viele kleine Tröpfchen, die in einer Flüssigkeit schweben (▷ B 3).
   a) Um welchen Stoff handelt es sich bei den fein verteilten Tröpfchen in der Milch?
   b) Zu welcher Art von Stoffgemisch gehört Milch?

3 Zu Aufgabe 2

4 Gipsputz

3. Gipsputz wird auf Wände und Decken gesprüht (▷ B 4). Er wird aus Gips und Wasser hergestellt. Lässt man das Gemisch einige Zeit stehen, setzt sich der Gips im Wasser ab. Rührt man kräftig um, verteilen sich die festen Teilchen im Wasser. Wie nennt man ein solches Stoffgemisch?

4. Saurer Sprudel ist ein Gemisch aus einem Gas und einer Flüssigkeit. Gießt man ihn in ein Glas, steigen Gasbläschen auf (▷ B 5). Die Flüssigkeit ist klar und durchsichtig. Wie bezeichnet man dieses Stoffgemisch?

5 Sprudel

5. Mit einem Staubsauger kann man feine Staub- und Schmutzteilchen aufsaugen. Der Schmutz bleibt im Staubsauger-Beutel, die Luft wird wieder in den Raum geblasen. Ist der Beutel voll, wird ein neuer eingelegt. Ab und zu muss man im Staubsauger noch zwei Filter auswechseln (▷ B 6), den Abluftfilter und den Motorschutzfilter.
   a) In einer Packung Staubsauger-Beutel sind noch zwei

6 Staubsaugerfilter

   Filter enthalten. Beschreibe ihr Aussehen.
   b) Versuche anhand der beiden Filternamen deren Aufgabe zu erklären.

6. Reiner Zucker wird aus Zuckerrüben hergestellt (▷ B 7). Kocht man Rübenschnitzel in Wasser, löst sich der Zucker. Beschreibe ein Trennverfahren, mit dem man Zucker aus dem Zuckerwasser gewinnen kann.

7 Zuckerrüben

7. Motoröl darf nicht in die Umwelt gelangen. Ölhaltiges Wasser aus Tankstellen muss durch einen Ölabscheider geleitet werden (▷ B 8). Beschreibe, wie Motoröl von Wasser getrennt wird.

8 Ölabscheider

147

Grüne Pflanzen
– Grundlage für das Leben

Ohne Pflanzen gäbe es kein Leben auf der Erde. Sie allein bauen die Nährstoffe auf, von denen letzlich alle anderen Lebewesen auf der Erde leben.

Sind Pflanzen Lebewesen wie Tiere? Leben Pflanzen anders als Tiere? Wie leben Pflanzen?
Wenn wir diese Fragen beantworten wollen, so müssen wir zunächst einmal klären, was Leben überhaupt ist.
Du kannst die Kennzeichen des Lebens mit denen von Tieren und Menschen vergleichen.

Die Pflanze ist wie jedes Lebewesen aus Zellen aufgebaut. Mithilfe des Mikroskops kann man diese sichtbar machen.

In diesem Kapitel erfährst du wie Pflanzen aufgebaut sind, wie sie sich fortpflanzen und welche wichtigen Nutzpflanzen wir anbauen.

Pflanzen sind Lebewesen

Zeigen auch Pflanzen die Kennzeichen des Lebens?
Beim **Wachstum** können wir das sofort bestätigen. Die meisten Pflanzen wachsen aus Samen heran. Am Beispiel des Apfelbaumes kannst du das leicht erkennen. Manche Baumarten, wie z. B. die Mammutbäume in Amerika, können über 100 m hoch werden; fast so hoch wie der Kölner Dom (▷ B 1).

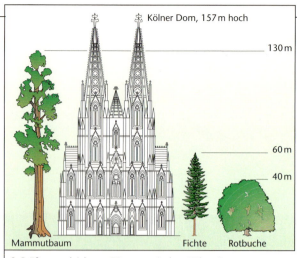

1 Größenvergleich von Bäumen mit dem Kölner Dom

2 Bewegung

Können sich Pflanzen wirklich bewegen?
Die **Bewegung** bei Pflanzen kannst du ganz einfach z. B. bei einem Gänseblümchen beobachten. Je nach Tageszeit oder Temperatur öffnet oder schließt sich die Blüte der Pflanze (▷ B 2). Auch die Blüten des Löwenzahns richten sich nach der Helligkeit. Pflanzen bewegen sich, selbst wenn wir das nicht immer sofort erkennen, da die Bewegungen für unser Auge meist zu langsam sind.

Pflanzen zeigen **Reizbarkeit**: Sie nehmen Umweltreize wahr und reagieren darauf. Sehr eindrucksvoll kannst du das bei der Mimose beobachten: Wenn man diese Pflanze berührt, klappen ihre Blätter ein (▷ B 3).

3 Reizbarkeit: Mimose bei Berührung

4 Fortpflanzung

Fortpflanzung ist auch bei Pflanzen notwendig. Aus der befruchteten Blüte eines Apfelbaumes zum Beispiel entwickelt sich die Frucht mit den Samen (▷ B 4). Aus diesen Samen entstehen wieder Apfelbäume, wenn sie in die Erde gelangen und dort austreiben können.

Pflanzen sind Lebewesen

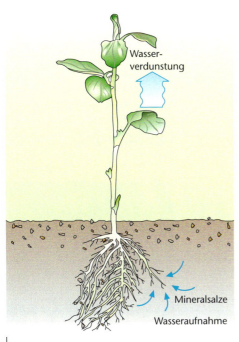

5 Pflanzen haben einen Stoffwechsel.

Den **Stoffwechsel** kannst du bei Pflanzen nicht so einfach erkennen. Aber Pflanzen nehmen Stoffe, wie z. B. Wasser und Mineralsalze, aus der Umwelt auf und wandeln diese um (▷ B 5).

Wie alle anderen Lebewesen müssen Pflanzen einmal sterben. Erst der **Tod** beendet das Wachstum der Pflanzen (▷ B 6).

6 Tote Bäume

> Auch Pflanzen zeigen die Kennzeichen des Lebendigen. Pflanzen haben einen Stoffwechsel, sie wachsen, sie pflanzen sich fort, sie reagieren auf Umweltreize und können sich bewegen. Pflanzen wachsen bis zu ihrem Tod.

Aufgaben

1. Überlege, wo du schon einmal die Bewegung von Pflanzen gesehen hast und berichte.

2. Was meint man damit, wenn man von einem Menschen sagt, er sei eine Mimose? Erkläre den Vergleich.

Pflanzenart	Höchstalter
Borstenkiefer	4600 Jahre
Mammutbaum	4000 Jahre
Fichte	1100 Jahre
Wacholder	500 Jahre
Birnbaum	300 Jahre
Eberesche	80 Jahre
Heidelbeere	25 Jahre
Bärlapp	7 Jahre
Wiesenbärenklau	2 Jahre
Einjähriges Rispengras	1 Jahr

7 Höchstalter verschiedener Pflanzenarten

Werkstatt

Wie reagieren Blüten auf Temperaturunterschiede?

Material
Gänseblümchen, zwei kleine Gefäße

Versuchsanleitung
In eines der Gefäße füllst du lauwarmes Wasser (ca. 30 °C) und in das andere gibst du kaltes Wasser. In jedes der Gefäße stellst du zwei bis drei Gänseblümchen.

Was denkst du, wird als Ergebnis herauskommen?
Stelle zunächst einige Vermutungen an.

Beobachte nun etwa 20 Minuten lang und notiere dann deine Beobachtung.

Zelle und Mikroskop

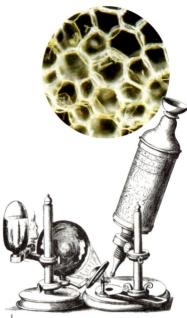

„Unsichtbares" wird sichtbar
So sieht die Haut deines Handrückens aus (▷ B 3). Ohne Lupe oder Mikroskop kannst du nur wenige Einzelheiten, wie z. B. die Poren, erkennen.
Mit etwa tausendfacher Vergrößerung unter dem Mikroskop sieht eine Schweißpore in der menschlichen Haut aus wie ein riesiger Tunnel (▷ B 3, unten).

Mit einem Mikroskop, wie du es in Abbildung 1 siehst, untersuchte der Engländer ROBERT HOOKE (1635–1703) Flaschenkork aus Korkeichen. Er sah kleine Gebilde, die er Zellen nannte. Auch in den Blättern anderer Pflanzen konnte er Zellen erkennen. Inzwischen weiß man, dass alle Lebewesen aus Zellen bestehen. Zellen sind die kleinsten lebenden Bausteine von Pflanze, Tier und Mensch.

▶ Alle Lebewesen bestehen aus Zellen. Die Zellen kann man unter dem Mikroskop sehen.

1 Mikroskop von ROBERT HOOKE (unten), Korkzellen unter dem Lichtmikroskop (oben)

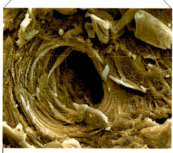

3 Menschliche Haut mit Schweißpore, unten 880fach vergrößert.

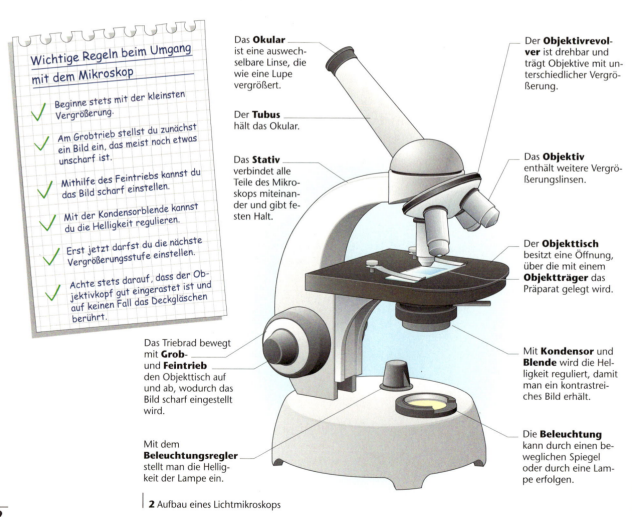

2 Aufbau eines Lichtmikroskops

Werkstatt

Mikroskopieren

Wir untersuchen die Zellen einer Küchenzwiebel. Dafür benötigen wir die oben abgebildeten Arbeitsgeräte. Mit diesen Geräten musst du sehr sorgfältig umgehen, damit du dich oder andere nicht verletzt.

Material
Küchenzwiebel, Messer, Rasierklinge (klebe eine Seite mit Gewebeband ab), Pinzette, Objektträger, Löschpapier, Präpariernadel, Wasser, Mikroskop, Deckgläschen und Pipette

Versuchsanleitung
a) Lege die Arbeitsgeräte bereit und zerschneide die Zwiebel.

b) Löse eine Zwiebelschuppe heraus.

c) Schneide die Zwiebelschuppe mit dem Skalpell oder einer Rasierklinge ein.

d) Gib mit einer Pipette einen Tropfen Wasser auf den Objektträger.

e) Löse mit der Pinzette ein kleines Stückchen Zwiebelhaut heraus.

f) Lege das Zwiebelhäutchen in den Wassertropfen auf dem Objektträger.

g) Senke das Deckgläschen vorsichtig auf das Zwiebelhäutchen ab, am besten mithilfe der Präpariernadel.

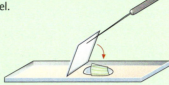

h) Sauge überschüssiges Wasser mit einem Löschblatt ab.

i) Lege das fertige Präparat unter das Mikroskop.

j) Beginne mit der kleinsten Vergrößerung.

k) Stelle eine immer stärkere Vergrößerung ein.

l) Schaue dir das Präparat in Ruhe genau an.

m) Fertige eine große Zeichnung von dem Zwiebelhautpräparat an. Zeichne mindestens drei Zellen.

n) Wenn du fertig bist, nimm das Präparat vom Objekttisch und reinige Objektträger und Deckgläschen.

o) Stelle das Mikroskop wieder auf die kleinste Vergrößerung und räume alle Arbeitsgeräte auf.

Aufgaben

1. Betrachte einen Salzkristall unter dem Mikroskop und zeichne ihn.

2. Besorge dir Blättchen der Wasserpest und betrachte sie unter dem Mikroskop. Fertige eine Skizze der Zellen an.

Die Zelle

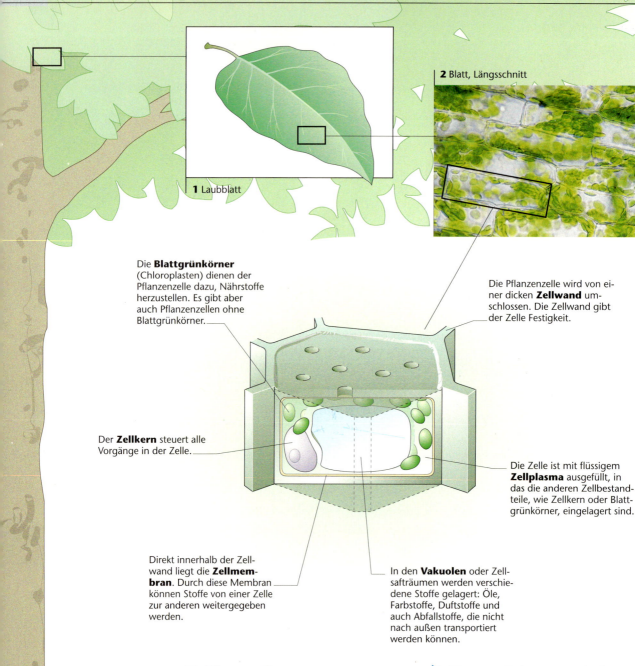

1 Laubblatt

2 Blatt, Längsschnitt

Die **Blattgrünkörner** (Chloroplasten) dienen der Pflanzenzelle dazu, Nährstoffe herzustellen. Es gibt aber auch Pflanzenzellen ohne Blattgrünkörner.

Die Pflanzenzelle wird von einer dicken **Zellwand** umschlossen. Die Zellwand gibt der Zelle Festigkeit.

Der **Zellkern** steuert alle Vorgänge in der Zelle.

Die Zelle ist mit flüssigem **Zellplasma** ausgefüllt, in das die anderen Zellbestandteile, wie Zellkern oder Blattgrünkörner, eingelagert sind.

Direkt innerhalb der Zellwand liegt die **Zellmembran**. Durch diese Membran können Stoffe von einer Zelle zur anderen weitergegeben werden.

In den **Vakuolen** oder Zellsafträumen werden verschiedene Stoffe gelagert: Öle, Farbstoffe, Duftstoffe und auch Abfallstoffe, die nicht nach außen transportiert werden können.

Die Pflanzenzelle

Betrachtest du einen Teil eines Laubblattes unter dem Mikroskop, so kannst du die einzelnen Zellen erkennen (▷ B 2).
Bei einer starken Vergrößerung entdeckt man in den Zellen viele kleine Zellbestandteile, die **Zellorganellen** genannt werden. Zu den Zellorganellen gehören z. B. der **Zellkern**, die **Blattgrünkörner** und die **Vakuole**.
Jede Zelle ist ein kleines Wunderwerk der Natur: Nur wenn die kleinen Zellorganellen richtig zusammenarbeiten, kann die Zelle leben. Zellen können sehr unterschiedlich gebaut sein.

▶ Die wesentlichen Bestandteile einer Pflanzenzelle sind:

– Zellkern
– Vakuole
– Zellplasma
– Blattgrünkörner bei grünen Pflanzen
– Zellwand
– Zellmembran

Aufgabe

1 Vergleiche die Zellen der Küchenzwiebel mit denen der Wasserpest. Nenne Unterschiede und Gemeinsamkeiten.

Die Tier- und Menschenzelle

Die Zellen von Mensch und Tier weisen drei wesentliche Unterschiede zu Pflanzenzellen auf: Die Mundschleimhautzellen (▷ B 3) besitzen keine **Zellwand**, sondern nur eine dünne **Zellmembran**. Sie haben keine Blattgrünkörner und meist keine Vakuole.
Jede Zelle erfüllt eine ganz bestimmte Aufgabe. Zellen, die gleiche Aufgaben in einem Körper erfüllen, werden **Gewebe** genannt.

Ein Beispiel ist das Muskelgewebe. Verschiedene Gewebe bilden zusammen ein **Organ**. Die Haut des Menschen ist aus verschiedenen Geweben aufgebaut und wird deshalb ein Organ genannt.

▶ Im Unterschied zu Pflanzenzellen besitzen Menschen- und Tierzellen keine Blattgrünkörner, keine Zellwand und meist keine Vakuolen.

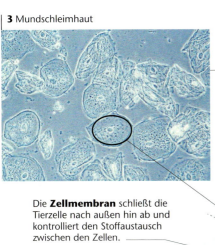

3 Mundschleimhaut

4 Mund

Die **Zellmembran** schließt die Tierzelle nach außen hin ab und kontrolliert den Stoffaustausch zwischen den Zellen.

Der **Zellkern** regelt auch in der Tierzelle alle Lebensvorgänge.

Das **Zellplasma** füllt die gesamte Zelle aus.

Dass Zellen sehr klein sind, weißt du bereits. Wie klein sie tatsächlich sind, siehst du, wenn du sie mit einem menschlichen Haar vergleichst.

menschliches Haar (120fach vergrößert)

menschliches Haar Originalgröße: Ø 100 µm

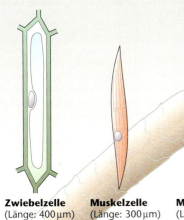

Zwiebelzelle (Länge: 400 µm)
Muskelzelle (Länge: 300 µm)
Moosblattzelle (Länge: 250 µm)
menschliche Eizelle (Ø 100 µm)
menschliche Mundschleimhautzelle (Ø 70 µm)
rote Blutzelle (Ø 8 µm)
menschliche Samenzelle (Kopfbreite: 5 µm)

5 Verschiedene Zellen im Vergleich

Pflanzen im Klassenzimmer

Die 5a bezieht nach den Sommerferien ihr neues Klassenzimmer. „Oh je" ruft Tim, „das sieht ja langweilig aus!" „Vielleicht können wir mit Pflanzen etwas Leben in unseren Raum bringen. Immer zwei von uns könnten doch eine Zimmerpflanze in Pflege nehmen", meint Lisa. Am nächsten Tag bringt sie einige Bücher über Zimmerpflanzen in den Unterricht mit. Die Klasse informiert sich zuerst in Gruppen über das Thema Zimmerpflanzen.

Richtige Pflege von Zimmerpflanzen

Nicht immer gedeihen unsere Zimmerpflanzen gut, obwohl wir sie regelmäßig gießen. In ihrer Heimat herrschen nämlich andere Lebensbedingungen als bei uns im Klassenraum. Deshalb sollte man folgende Regeln kennen, bevor man sich „grüne Pfleglinge" ins Zimmer holt.

3 Grundausstattung für die Zimmerpflanzenpflege

Viele Zimmerpflanzen kommen aus tropischen Ländern mit feucht-warmem Klima. In unseren Räumen mit Zentralheizung ist es zwar warm, aber es fehlt die nötige Luftfeuchtigkeit. Gießen allein hilft nicht, wir müssen einen Handzerstäuber benutzen. Gönne deinen Pflanzen ab und zu ein „Bad im Regen".

Oft sterben Zimmerpflanzen ab, weil sie zu viel und zu häufig gegossen werden. Erkundige dich zuerst nach dem Wasserbedarf deiner Pflanzen und gieße nur mit

1 Zypergras

2 Yucca

zimmerwarmem Wasser. Vermeide ein „Fußbad", sonst faulen die Wurzeln. Mit großer Sorgfalt solltest du den Standort deiner Zimmerpflanzen auswählen. Halte dich an die Ratschläge von Gärtnern, sie sind die Fachleute. Wenige Pflanzen vertragen die pralle Sonne.

Achte regelmäßig auf Schädlinge an deiner Zimmerpflanze, z. B. Blattläuse oder Milben. Du erkennst eine Pflanzenkrankheit oft am Zustand der Blätter. Blattläuse kannst du übrigens mit bloßem Auge sehen.
Ab und zu braucht deine Zimmerpflanze einen neuen, größeren Topf und frische Blumenerde. „Umtopfen" nennen Gärtner diese Aktion.
Im Zimmer kann man Wärme, Licht und Bodenfeuchtigkeit so regeln, dass Pflanzen zu allen Jahreszeiten blühen und wachsen.

Die 5a braucht eine Grundausstattung an Arbeitsmaterial und kleinen Gartengeräten, ohne die sie die Pflege ihrer Zimmerpflanzen nicht durchführen kann (▷ B 3).

4 Bogenhanf (Sanseverie)

5 Grünlilie

Werkstatt

Zimmerpflanzen – nicht nur zum Anschauen!

1 Buchstabensalat
Material
Kressesamen, Blumendraht, Watte, Teller und Wasser

Versuchsanleitung
Forme aus Blumendraht den Anfangsbuchstaben deines Namens. Befestige eine dicke Watteschicht um den Draht. Besprühe den Wattebuchstaben mit Wasser und bestreue ihn mit Kressesamen. Lege den Buchstaben auf einen Teller. Halte alles feucht und beobachte. Wenn die Kressesamen gewachsen sind, ergibt sich eine tolle Dekoration.
Die Kresse schmeckt später auf einem Tomatenbrot besonders gut.

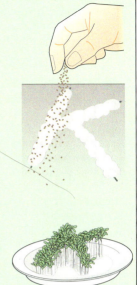

1 Kressebuchstabe

2 Anzucht von Kopfstecklingen
Material
Zypergras, Messer, Tasse und Regenwasser

Versuchsanleitung
Schneide von einem Zypergras einen Stiel ungefähr 5 cm unter dem Blattquirl ab. Kürze alle Blätter um die Hälfte und lege Blätter und Stiel in eine Tasse mit Wasser. Was geschieht? Den Vorgang nennt man Anzucht von „Kopfstecklingen".

2 Kopfsteckling

3 Avocadopflanzen
Material
Avocadokern, Messer, Streichhölzer, Marmeladenglas und Wasser

Versuchsanleitung
Schneide einen Avocadokern an der breiten Seite ungefähr bis zur Mitte auf. Spitze drei Streichhölzer so an, dass du sie an drei Stellen des Kerns hineinstecken kannst. Lege nun den Kern in ein Marmeladenglas mit Wasser; dabei darf nur der untere Teil des Kerns ins Wasser eintauchen. Nun musst du einige Wochen Geduld haben. Was geschieht? Schreibe deine Beobachtungen ins NWA-Heft.

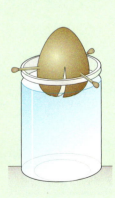

3 Avocadokern zur Anzucht einer neuen Avocadopflanze

Aus Samen entwickeln sich Pflanzen

Versuche

1. Lege einen Bohnensamen einen Tag ins Wasser und entferne dann die Samenschale. Klappe die beiden weißlichen Hälften auseinander, betrachte sie mit der Lupe und zeichne sie.

2. Untersuche ein eingeweichtes Weizenkorn mit einer Lupe.

3. Gib auf die geschälte Bohne und das Weizenkorn Iodkaliumiodid-Lösung. Was kannst du beobachten? Erkläre.

Aufbau eines Bohnensamens

Der Bohnensamen (▷ B 1) ist von einer harten Samenschale umgeben. Deutlich kannst du den Nabel, die Stelle, an der die Bohne an der Hülse angewachsen war, erkennen. Der geschälte Samen besteht aus zwei dicken, weißlichen Hälften, den **Keimblättern**. Sie sind voller Nährstoffe und enthalten vor allem Stärke. Ihre Aufgabe ist die Ernährung des jungen Keimlings, der aus dem Samen entsteht. Du kannst diesen Keimling, den **Pflanzenembryo** (▷ B 2), zwischen den beiden Keimblättern finden. Mit der Lupe erkennst du seine Einzelteile: den Keimstängel mit den ersten Laubblättern, die Keimknospe und die Keimwurzel. Der Keimling ist also bereits ein vollständiges Pflänzchen, das nur noch heranwachsen muss.

Aufbau eines Weizenkorns

Das Weizenkorn (▷ B 3) hat nur ein Keimblatt. Ein Querschnitt zeigt dir den Bau des Korns: Der größte Teil wird von dem stärkehaltigen **Mehlkörper** ausgefüllt. Er ist von einer Frucht- und Samenschale umgeben. Der Keimling befindet sich unterhalb des Mehlkörpers. Der Pflanzenembryo besitzt nur ein kleines Keimblatt, das Schildchen. Dieses versorgt das junge Pflänzchen mit den Nährstoffen aus dem Mehlkörper.

▶ Der Samen enthält den Keimling der neuen Pflanze. Keimblätter versorgen den Keimling mit Nährstoffen.

1 Bohnensamen

2 Bohnenembryo

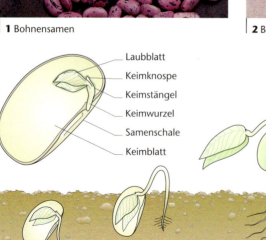

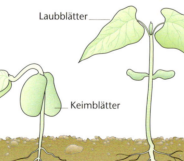

Samenruhe und Quellung

Solange die Samen der Bohne oder die Weizenkörner nicht mit Wasser in Berührung kommen, geschieht nichts. Sie scheinen völlig leblos. Man sagt, sie befinden sich in der **Samenruhe**. Gelangt aber Feuchtigkeit an die Samen, so verändern sie ihr Aussehen: Sie quellen, werden größer, die Samenschale platzt und die Keimung beginnt.

Der Bohnensamen keimt

Die Keimung kann nur beginnen, wenn ausreichend Feuchtigkeit, Wärme und Sauerstoff vorhanden sind. Dann läuft der Keimungsvorgang innerhalb weniger Tage ab.
Bei der Bohne bricht die Keimwurzel durch die Samenschale, dringt in den Boden ein und entwickelt Seitenwurzeln. Jetzt wird der wie ein Haken gekrümmte Stängel sichtbar. Er wächst nach oben und zieht dabei die beiden Keimblätter aus der Samenschale heraus. Wenn sich die ersten grünen Blätter entfalten, verkümmern die Keimblätter und fallen schließlich ab.

Die junge Pflanze kann nun wachsen. Dazu braucht sie viel Licht und genügend Wasser mit Mineralsalzen aus dem Boden, da die Vorratsstoffe des Samens aufgebraucht sind.

Das Weizenkorn keimt

Die Keimung des Weizens verläuft ähnlich wie bei der Bohne. Das einzige Keimblatt keimt spitz aus, also nicht im Bogen wie bei der Bohne.

Nach der Zahl der Keimblätter teilen die Biologen die Blütenpflanzen in **zweikeimblättrige** und **einkeimblättrige Pflanzen** ein. Alle Gräser, also auch die Getreidearten, sind einkeimblättrig.

▶ Samen benötigen zur Keimung Wasser, Wärme und Sauerstoff.

3 Weizenkörner

Werkstatt

Quellung und Keimung

Trocken kannst du Pflanzensamen lange aufbewahren. Erst wenn sie mit Wasser zusammenkommen, beginnen sie zu keimen.

1 Was geschieht bei der Quellung von Samen?
Material
Trockene Erbsen und Bohnen, 2 Bechergläser, Messzylinder, Waage, Zentimetermaß

Versuchsanleitung
1. a) Wiege zweimal je 50 g trockene Erbsen ab und schütte sie in zwei Bechergläser. Gib in jedes Becherglas 100 cm³ Wasser.
b) Gieße das Wasser des einen Becherglases sofort wieder ab. Miss mithilfe des Messzylinders die Menge des zurückgegossenen Wassers und wiege die Erbsen.
c) Nach 24 Stunden machst du es mit dem Wasser und den Erbsen des zweiten Becherglases genauso.
Vergleiche die Ergebnisse und erkläre sie.

2. Miss die Länge eines trockenen Bohnensamens. Lege ihn über Nacht in Wasser und miss erneut. Was stellst du fest?
Erkläre.

2 Was die Quellung alles schafft!
Material
Reagenzglas, Stopfen, Erbsen- und Bohnensamen, Gips, 2 leere Jogurtbecher

Versuchsanleitung
1. Fülle ein Reagenzglas oder Arzneifläschchen mit trockenen Erbsen, gib soviel Wasser hinzu, bis das Glas randvoll ist und verschließe es fest mit einem Stopfen. Stelle es dann einen Tag in ein größeres Gefäß mit Wasser (Vorsicht!).
Beobachte, protokolliere und erkläre.

2. a) Rühre in zwei Jogurtbechern etwas Gips an, stecke sechs Bohnensamen in den Gips des einen Bechers und gieße den Inhalt des zweiten Bechers darüber.
b) Lege den Gipsblock, nachdem er ausgehärtet ist, für zwei Tage in eine wassergefüllte Schale. Beobachte und protokolliere.
Was bedeutet das Ergebnis für die Samen im Boden?

3 Was benötigt der Samen für die Keimung?
Material
60 Kressesamen, 6 Glasschalen (Petrischalen), rundes Filterpapier Eiswürfel, Frischhaltefolie

Versuchsanleitung
a) Lege in die sechs Petrischalen jeweils drei Rundfilter und lege darauf jeweils 10 Kressesamen. Denk daran: Schalen beschriften!
b) Die Schalen 1 und 2 erhalten einen hellen Standort, ausreichend Wärme, Wasser und Luft. Sie sind unsere Kontrollversuche.
Auch die übrigen Schalen versorgen wir ähnlich, aber
– Schale 3 wird in einen Schrank ohne Licht gestellt.
– Schale 4 wird nicht gegossen.
– In die Schale 5 werden wiederholt Eiswürfel gelegt, um die Samen kalt zu halten.
– Schale 6 wird dicht mit einer Frischhaltefolie eingewickelt, damit möglichst wenig Luft an die Samen gelangen kann.
c) Beobachte die Schalen über mehrere Tage, protokolliere und versuche die Ergebnisse zu erklären.
Achtung: Eine Keimung ist gelungen, wenn sich die ersten grünen Blättchen sehen lassen.

4 Keimen Pflanzen unterschiedlich?
Material
Watte, Mais- und Weizenkörner, Bohnen- und Erbsensamen, Petrischale

Versuchsanleitung
1. Die Getreidekörner und die Samen der Erbse und der Bohne werden etwa sechs Stunden in Wasser gelegt und dann in einer Glasschale in Watte gesteckt. Die Watte muss stets feucht bleiben.
2. Beobachte und zeichne, was bei der Keimung geschieht.
3. Wie unterscheiden sich die Keime der Getreidearten von denen der Bohnen und Erbsen? Beschreibe deine Beobachtung.

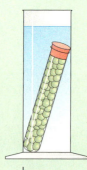

1 Zu Versuch 2

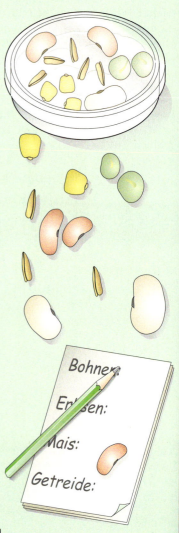

2 Zu Versuch 4

Werkstatt
Wachstum

1 Kann man Pflanzen wachsen sehen?

Material
Zwiebel der Hyazinthe, Bohnensamen, Watte, Lineal, Filzstift

Versuchsanleitung
a) Wenn du das Wachstum der Sprossachse untersuchen willst, musst du regelmäßig die Länge der Sprossachse messen und protokollieren. Nach den gemessenen Werten kannst du eine Wachstumskurve zeichnen.
Miss drei Wochen lang den Blütentrieb, der aus der Zwiebel einer Hyazinthe herauswächst. Erstelle eine Tabelle und zeichne die Wachstumskurve in dein Heft.
b) Feuerbohnen werden in feuchter Watte zum Keimen gebracht. Wenn Sprossachse bzw. Wurzel etwa 2 cm lang sind, werden mit einem dünnen, wasserfesten Filzstift Markierungsstriche im Abstand von 2 mm angebracht. Nach vier Tagen wird kontrolliert. Vergleiche die Ergebnisse mit nebenstehender Abbildung.

2 Pflanzen wachsen zum Licht

Material
Blumentöpfe, Bohnensamen, Blumenerde, Hülse, Pappkiste

Versuchsanleitung
Ziehe in drei Blumentöpfen einige Bohnenkeimlinge heran. Führe damit folgende Versuche durch:
a) Stelle den ersten Topf in einen schwarz ausgekleideten Kasten. Durch eine Hülse kann das Licht so einfallen, dass es die Spitze der Keimlinge trifft.
b) Lege den zweiten Topf an einem hellen Platz waagerecht hin.
c) Stelle den dritten Topf senkrecht daneben. Er dient dir später zum Vergleich (Kontrollversuch).
Beschreibe nach 14 Tagen das Aussehen der Keimlinge in den drei Töpfen.
Vergleiche mit den Kontrollpflanzen und gib Gründe für das unterschiedliche Wachstum an.

Aufgabe
1. Bambus kann am Tag 84 cm wachsen. Wie viel Zentimeter wächst diese tropische Pflanze in der Stunde?

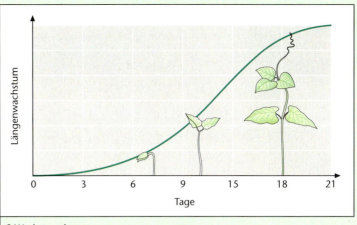
1 Wachstumskurve

2 Stängelwachstum

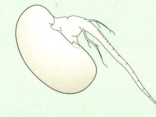
3 Wurzelwachstum

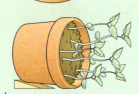

4 Lichtwendigkeit

Aufbau einer Blütenpflanze

2 Saatmohn

Schau dir einmal Pflanzen, die auf dem Schulgelände wachsen, genauer an. Du wirst auf den ersten Blick die Unterschiede sehen, denn Saatmohn (▷ B 2) sieht ganz anders aus als ein Gänseblümchen oder das Hirtentäschelkraut, das in Bild 1 gezeigt ist.

Vergleichst du die Pflanzen genauer, so kannst du sehen, dass bei allen die gleichen Teile vorkommen: **Blätter**, **Blüten**, **Stängel** und **Wurzeln**. Die Pflanzenteile sehen aber sehr verschieden aus. Fachleuten verrät der unterschiedliche Bau oft schon auf den ersten Blick, unter welchen Lebensbedingungen die Pflanzen wachsen.

▶ Alle Blütenpflanzen haben die gleichen Grundorgane: Blüte, Sprossachse, Blatt und Wurzel. Diese Grundorgane benötigt die Pflanze, um zu wachsen, sich zu ernähren und sich fortzupflanzen.

Aufgaben

1 Sammle einige Pflanzen aus der Umgebung der Schule. Überprüfe, ob du bei allen die auf dieser Seite dargestellten Grundorgane erkennen kannst.

2 Bereite eine Ausstellung vor, für die du unterschiedliche Blätter, Blüten und Wurzeln sammelst.

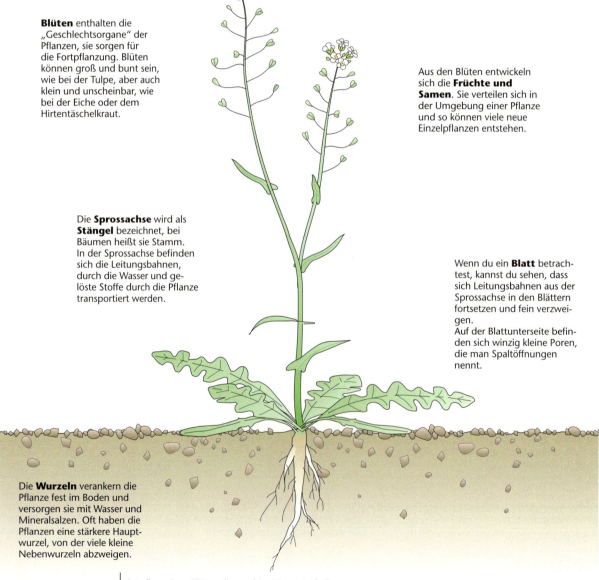

Blüten enthalten die „Geschlechtsorgane" der Pflanzen, sie sorgen für die Fortpflanzung. Blüten können groß und bunt sein, wie bei der Tulpe, aber auch klein und unscheinbar, wie bei der Eiche oder dem Hirtentäschelkraut.

Die **Sprossachse** wird als **Stängel** bezeichnet, bei Bäumen heißt sie Stamm. In der Sprossachse befinden sich die Leitungsbahnen, durch die Wasser und gelöste Stoffe durch die Pflanze transportiert werden.

Die **Wurzeln** verankern die Pflanze fest im Boden und versorgen sie mit Wasser und Mineralsalzen. Oft haben die Pflanzen eine stärkere Hauptwurzel, von der viele kleine Nebenwurzeln abzweigen.

Aus den Blüten entwickeln sich die **Früchte und Samen**. Sie verteilen sich in der Umgebung einer Pflanze und so können viele neue Einzelpflanzen entstehen.

Wenn du ein **Blatt** betrachtest, kannst du sehen, dass sich Leitungsbahnen aus der Sprossachse in den Blättern fortsetzen und fein verzweigen.
Auf der Blattunterseite befinden sich winzig kleine Poren, die man Spaltöffnungen nennt.

1 Aufbau einer Blütenpflanze, hier Hirtentäschelkraut

Strategie

Mein NWA-Heft wird super!

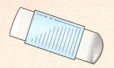

In deinem **NWA-Heft** oder **Ordner** kannst du jederzeit nachschauen, was ihr im Unterricht besprochen habt. Das erleichtert dir das Lernen. Dazu ist es allerdings wichtig, dass dein Heft oder dein Ordner übersichtlich und ansprechend gestaltet ist. Die Leser, also auch du selbst, müssen sich schnell zurechtfinden können und „Blickfänge" vorfinden. Dann macht das Lesen und Betrachten Spaß.

Du musst den Ordner oder das Heft deutlich mit Fach, Name, Klasse und Schuljahr beschriften. Auch braucht dein Heft einen sauberen Einband.

Arbeitsblätter werden komplett und fehlerfrei ausgefüllt, eventuell zuerst mit Bleistift, und dann in der richtigen Reihenfolge eingeklebt oder eingeheftet.

Achte auf eine ordentliche, lesbare Schrift. Vielleicht schreibst du im Unterricht zuerst vor und trägst deine Notizen später in Ruhe ein.

Teile die Heftseite sinnvoll ein. Halte links und rechts einen Rand von etwa 2–3 cm. Hier kannst du mit Bleistift Lernhilfen oder „Eselsbrücken" eintragen.

Gliedere den Text in Absätze, wähle Überschriften und schreibe sie groß oder farbig. Merke dir: für jedes Thema eine neue Seite anfangen!

Wer Lust hat, kann selbst Fotos machen oder Bilder einkleben.

Eigene Skizzen und Zeichnungen werden groß und mit Bleistift angefertigt. Vergiss die Beschriftung nicht!

Falls du etwas korrigieren musst, radiere ordentlich.

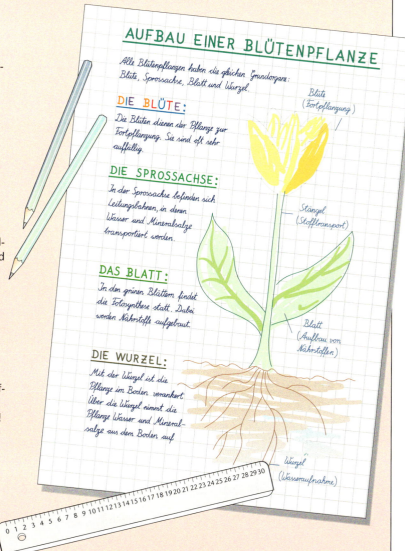

Themenhefte
Ein besonderer Fall ist das **Themenheft** oder der **Sachordner**. Hier widmest du einem Thema ein ganzes Heft. Themen für ein Themenheft könnten sein: unser Garten, Tiere und Pflanzen auf unserem Balkon, meine Zimmerpflanze, ein Besuch im Zoo.

Pflanzen benötigen Wasser zum Leben

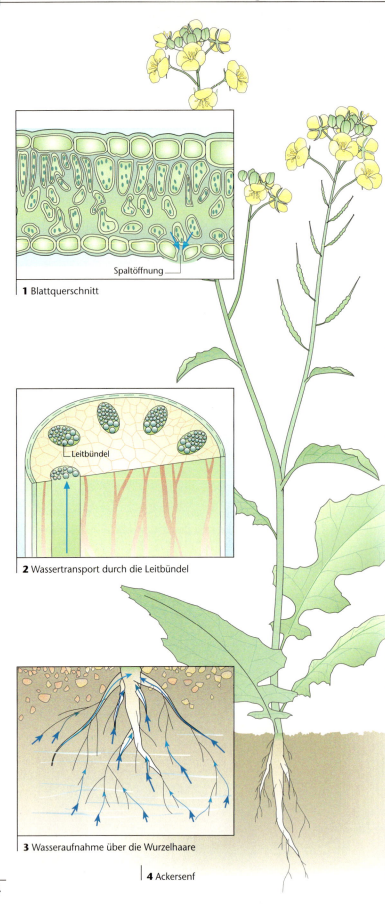

1 Blattquerschnitt

2 Wassertransport durch die Leitbündel

3 Wasseraufnahme über die Wurzelhaare

4 Ackersenf

Wasserverdunstung

Marie hat mit ihrer Mutter auf dem Markt mehrere Kisten mit Pflanzen für die Balkonkästen gekauft. Sie stehen im Auto auf der hinteren Ladefläche. Als sie zu Hause ankommen, sieht Marie, dass hinten im Auto alle Scheiben beschlagen sind. „Das ist alles Wasser, das die Pflanzen abgegeben haben! Wie viel das wohl sein mag?", fragt Mutter.

Die Menge an Wasser, die Pflanzen durch ihre Blätter abgeben, ist tatsächlich sehr groß. Eine Sonnenblume bringt es an einem heißen Tag auf fast 5 l, eine Birke sogar auf über 300 l – das entspricht dem Inhalt von etwa 36 Kisten Mineralwasser!

Wasserleitung

Wie gelangt nun ständig neues Wasser in die Blätter? Die Pflanze nimmt das Wasser aus der Erde auf. Kurz hinter der Wurzelspitze befindet sich ein weißlicher Überzug; es sind die **Wurzelhaare**. Durch ihre Oberfläche gelangt das Wasser in die Pflanze (▷ B 3). Den Transport in Sprossachse und Blatt übernehmen bestimmte Wasserleitungsbahnen, die **Leitbündel** (▷ B 2). Über sie werden alle Pflanzenteile von der Wurzel aus mit Wasser versorgt.

Die **Wasserverdunstung** bewirkt, dass die Blätter gekühlt werden und dass weiteres Wasser aus dem Boden nachgezogen wird. Mithilfe dieses Wasserstroms kann die Pflanze auch wichtige Mineralsalze aufnehmen. Diese werden durch das Wasser aus dem Boden herausgelöst und dann durch die Wurzeln in die Pflanze aufgenommen.

Wie wird die Wasserabgabe kontrolliert?

Die Blätter der meisten Landpflanzen besitzen winzige Öffnungen. Diese **Spaltöffnungen** befinden sich fast immer auf der Blattunterseite (▷ B 1). Durch das Mikroskop erkennt man, dass der Spalt von zwei bohnenförmigen Zellen gebildet wird. Aus der Öffnung, die zwischen den beiden Zellen liegt, verdunstet das Wasser. Die Spaltöffnungen können geöffnet und geschlossen werden, die Pflanze kann so die Wasserabgabe beeinflussen.

▶ Die Wurzelhaare nehmen Wasser mit gelösten Mineralsalzen auf. Es wird durch die Leitbündel in alle Teile der Pflanze transportiert.

Werkstatt

Auch Blätter schwitzen

1 Blätter müssen schwitzen

Material
Zweig mit 2–3 Blättern, Messbecher, Wasser, Speiseöl, kariertes Papier, Buntstift

Versuchsanleitung

a) Zeichne die Umrisse der Blätter auf kariertes Papier und errechne die ungefähre Gesamtfläche.

b) Fülle einen Messbecher mit 1 Liter Wasser und stelle den frisch angeschnittenen Zweig hinein.

c) Gieße vorsichtig eine Schicht Speiseöl auf die Wasseroberfläche.

d) Stelle den Messbecher an einen hellen Ort.

e) Miss nach einem Tag die Wassermenge, die die Blätter verdunstet haben.

f) Um die Menge des Wassers zu errechnen, die 1 cm² Blatt am Tag verdunstet, musst du die verdunstete Wassermenge durch die Gesamtfläche aller Blätter teilen.

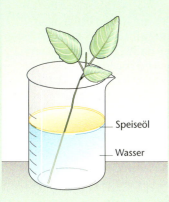

2 Wassertransport im Stängel

Material
Weiße Tulpe oder Nelke, Glas mit Wasser, 2 Tintenpatronen, Messer

Versuchsanleitung

a) Lege die Blume über Nacht an einen kühlen Ort.

Tulpe

b) Schneide den Stängel unten schräg an.

c) Drücke den Inhalt der zwei blauen Tintenpatronen in ein Glas Wasser.

d) Stelle die Blume nun in das Tintenwasser. Was stellst du fest? Wie kannst du das erklären?

Aufgabe
Schneide den Stängel in der Mitte durch und betrachte den Querschnitt mit einer Lupe.

3 Auf der Suche nach Wasser

Material
Eierschale, Blumenerde, Ringelblumensamen, Eierbecher, Wasser

Versuchsanleitung

a) Fülle eine halbe Eierschale mit Blumenerde.

b) Streue etwa 10 Ringelblumensamen darauf und decke sie mit etwas feuchter Erde zu.

c) Stelle die Eierschale in einen Eierbecher, gieße unten etwas Wasser hinein.

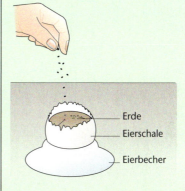

Erde
Eierschale
Eierbecher

d) Nach ein paar Tagen keimen die Samen. Nimm die Eierschale täglich aus dem Eierbecher und beobachte die Unterseite. Was stellst du fest? Wie erklärst du das?

1 Ringelblumen

Wie ernähren sich die Pflanzen?

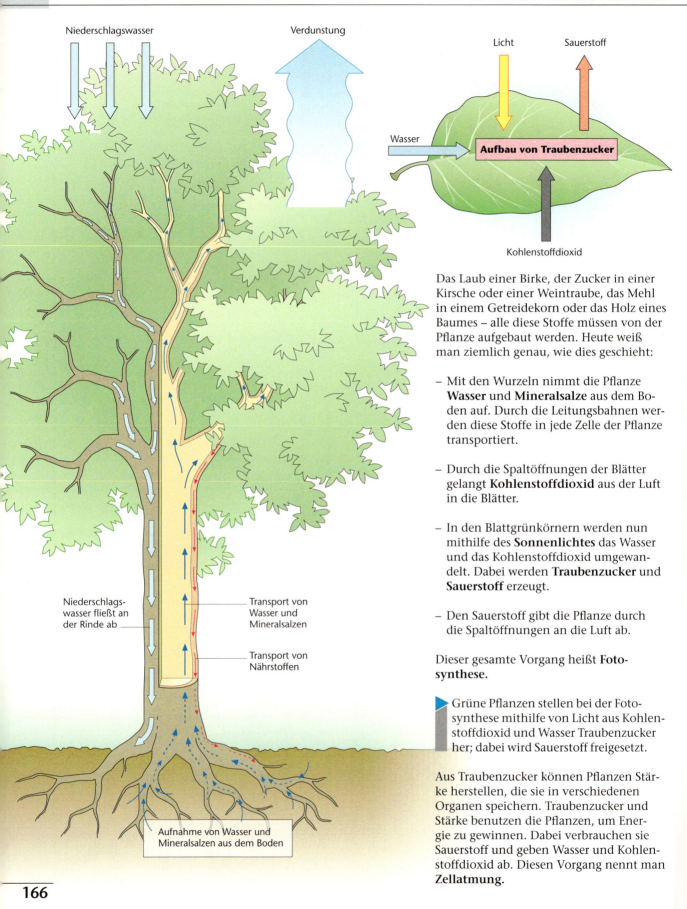

Das Laub einer Birke, der Zucker in einer Kirsche oder einer Weintraube, das Mehl in einem Getreidekorn oder das Holz eines Baumes – alle diese Stoffe müssen von der Pflanze aufgebaut werden. Heute weiß man ziemlich genau, wie dies geschieht:

– Mit den Wurzeln nimmt die Pflanze **Wasser** und **Mineralsalze** aus dem Boden auf. Durch die Leitungsbahnen werden diese Stoffe in jede Zelle der Pflanze transportiert.

– Durch die Spaltöffnungen der Blätter gelangt **Kohlenstoffdioxid** aus der Luft in die Blätter.

– In den Blattgrünkörnern werden nun mithilfe des **Sonnenlichtes** das Wasser und das Kohlenstoffdioxid umgewandelt. Dabei werden **Traubenzucker** und **Sauerstoff** erzeugt.

– Den Sauerstoff gibt die Pflanze durch die Spaltöffnungen an die Luft ab.

Dieser gesamte Vorgang heißt **Fotosynthese**.

▶ Grüne Pflanzen stellen bei der Fotosynthese mithilfe von Licht aus Kohlenstoffdioxid und Wasser Traubenzucker her; dabei wird Sauerstoff freigesetzt.

Aus Traubenzucker können Pflanzen Stärke herstellen, die sie in verschiedenen Organen speichern. Traubenzucker und Stärke benutzen die Pflanzen, um Energie zu gewinnen. Dabei verbrauchen sie Sauerstoff und geben Wasser und Kohlenstoffdioxid ab. Diesen Vorgang nennt man **Zellatmung**.

Zeitpunkt

Erste Forschungen zur Fotosynthese

1772 entdeckte JOSEPH PRIESTLEY (1733–1804), dass Pflanzen Luft verbessern können. Seine Experimente führte er mit einfachen Geräten durch: In einem hellen Raum stellte er luftdicht verschlossene Glasglocken auf. In beiden Glasglocken ließ er so lange Kerzen brennen, bis sie erloschen. Dann stellte er unter die eine Glasglocke eine Pfefferminzpflanze. Sie wuchs in der „verbrauchten" Luft bestens. Nach einigen Wochen führte er in beiden Glocken einen weiteren Versuch mit Kerzen durch. In der Glocke, in der die Pflanze gestanden hatte, erlosch die Kerze nicht, in der anderen dagegen sofort. Nun setzte PRIESTLEY Mäuse in die luftdicht verschlossenen Glasbehälter. Schon nach kurzer Zeit wurden die Tiere ohnmächtig. Nachdem vier Wochen lang Pflanzen in der „verbrauchten" Luft gewachsen waren, setzte er die Mäuse wieder ein. Die Tiere konnten nun längere Zeit unter der Glocke leben und atmen.

Aufgabe

1 Erkläre, warum die Kerze in dem Glas ohne Pflanze sofort erlosch, während die Kerze in dem Glas mit Pflanze länger brannte.

Werkstatt

Versuche zur Fotosynthese

1 Welche Pflanzenteile enthalten Stärke?
Material
Iodkaliumiodid-Lösung, Reis, Apfel, Getreidekörner, Kartoffeln

Versuchsanleitung
Gibst du einige Tropfen einer Iodkaliumiodid-Lösung auf Stärke, so kannst du eine blauschwarze Färbung beobachten.
Untersuche Reis, Getreidekörner, Apfelscheiben und angeschnittene, frische Kartoffeln und stelle fest, ob sie Stärke enthalten.

2 Grün-weiße Blätter
Material
Pflanzen mit grün-weißen Blättern (z. B. von der Buntnessel), Tischlampe mit 100-Watt-Birne, Iodkaliumiodid-Lösung, Kartonpapier, Brennspiritus (Vorsicht brennbar!)

Versuchsanleitung
a) Belichte das Blatt einer Zimmerpflanze, die weiß-grüne Blätter hat, 24 Stunden lang mit einer sehr hellen Tischlampe.
b) Schneide dann das Blatt ab und zeichne es, um die Verteilung der weißen und grünen Stellen auf dem Blatt festzuhalten.
c) Lege nun das Blatt so lange (einige Stunden) in Brennspiritus (Vorsicht!), bis das Blatt einfarbig gelblich aussieht.
d) Lege das Blatt danach in eine Iodkaliumiodid-Lösung.
e) An welchen Stellen konnte Stärke nachgewiesen werden? Vergleiche das Ergebnis mit deiner Zeichnung. Erkläre.

3 Nachweis von Sauerstoff
Wird ein glimmender Span in Sauerstoff gehalten, so flammt er hell auf.

Material
Großes Becherglas, Glastrichter, Reagenzglas, Glimmspan, Pflanzen der Wasserpest

Versuchsanleitung
a) Gib einige Zweige der Wasserpest in ein Becherglas und stülpe einen Trichter darüber. Der Trichter muss zu Beginn des Versuchs vollständig mit Wasser gefüllt sein. Fülle ein Reagenzglas vollständig mit Wasser, halte es mit dem Daumen zu und stülpe es unter Wasser über die Trichteröffnung. Belichte die Pflanze 24 Stunden mit einer starken Lampe.
b) Wenn genügend Wasser aus dem Reagenzglas verdrängt wurde, nimm es vom Trichter und halte schnell einen glimmenden Span in das Glas.
c) Beschreibe, was mit dem Glimmspan geschieht. Erkläre deine Beobachtung.

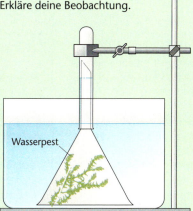

Bionik – von der Natur abgeschaut

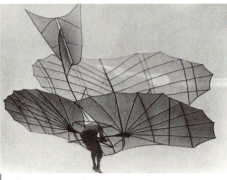

1 Der Gleiter von OTTO LILIENTHAL

Viele Pflanzen und Tiere sind Vorbild für den Bau technischer Geräte. Sie liefern dem Menschen Ideen für schwierige Konstruktionen.

Der Traum vom Fliegen

Die Natur hat im Laufe von Millionen von Jahren für fast alle Probleme eine Lösung gefunden. Der Mensch erforscht diese natürlichen Entwicklungen und versucht, diese als Vorbild für seine eigenen technischen Konstruktionen zu nehmen. So entstand die **Bionik**. Das Wort ist zusammengesetzt aus **Bio**logie und Tech**nik**. Bewundernd schaut der Mensch den Vögeln nach und wünscht sich, ebenso elegant fliegen zu können wie diese. LEONARDO DA VINCI (1452–1519) studierte den Vogelflug und den Bau der Flügel und Federn. Im Jahre 1480 entwickelte er den ersten technischen Flugapparat. Leider funktionierte dieser nicht.

Den Traum vom Fliegen verwirklichte OTTO LILIENTHAL im Jahre 1891. Mit seinem Segelflugapparat (▷ B 1) gelangen ihm bereits Flüge von bis zu 400 m.
Heute fliegen wir mit Düsenflugzeugen rund um die Erde (▷ B 2).

2 Modernes Düsenflugzeug

Werkstatt

Leichtbaukonstruktionen

1 Stabilität von Papierkonstruktionen

Material
Papier (DIN A4), Schere, Kleber, Plastikbeutel, Bindfaden, Sand, mehrere Ziegelsteine, Waage, Lineal

Versuchsanleitung
Baue zwei Brückenpfeiler, indem du zwei bis drei Ziegelsteine aufeinander stapelst. Ordne die beiden Pfeiler im Abstand von etwa 18 cm an.

Konstruiere aus Papier verschiedene, möglichst stabile Brücken. Du kannst das Papier falten, rollen, zerschneiden und wieder zusammenkleben.
Allerdings darfst du für jede Konstruktion jeweils nur ein Blatt verwenden. Fertige von jeder deiner Konstruktionen eine Skizze an.

Lege deine Brückenkonstruktionen auf die Pfeiler und belaste sie mit einem sandgefüllten Beutel. Je nach Form der Brücke kannst du den Beutel darauf stellen oder an der Brücke anhängen.
Verwende zunächst einen Beutel mit wenig Sand. Steigere das Gewicht der Last langsam, indem du mehr Sand in den Beutel hineinfüllst. Bestimme jeweils das Gewicht des Beutels.

Notiere jeweils das Gewicht des Beutels, das die Konstruktionen gerade noch tragen konnten. Welche deiner Konstruktionen ist die stabilste?

Aufgabe
Besorge dir ein Stück Wellpappe und betrachte es genau. Beschreibe, wie es aufgebaut ist.

2 Stabilität eines Pflanzenstängels

Material
Mais- oder Schilfrohrstängel, Beutel, Sand, Waage, Ziegelsteine

Versuchsanleitung
Lege nun einen Stängel auf die Ziegelsteine. Befestige in der Mitte des Stängels den sandgefüllten Beutel. Erhöhe langsam das Gewicht des Beutels. Welche Last kann der Stängel tragen?
Schneide den Stängel in der Mitte quer durch. Betrachte seinen Aufbau und vergleiche ihn mit deinen Papierkonstruktionen.

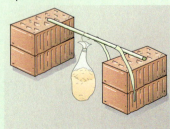

Bionik – von der Natur abgeschaut

1 Gewächshauskonstruktion in London

2 Die Unterseite eines Riesenseerosenblattes

Leichtbauweise

Im Bauwesen dient die Natur als Vorbild für technische Konstruktionen.
Das Schwimmblatt der Riesenseerose z.B. ist so stabil, dass es sogar kleine Kinder tragen könnte. Betrachtet man das Blatt von unten, so erkennt man ein System aus vielen Längs- und Querrippen (▷B 2). Die einen verlaufen kreisförmig und die anderen quer. Mit wenig Materialaufwand wird so eine sehr große Stabilität erreicht.
Dieses Schwimmblatt diente einem englischen Gärtner und Amateuringenieur als Vorbild für eine neuartige Gewächshauskonstruktion (▷B 1). Er entwarf ein Dach, das ebenfalls aus solchen Rippen konstruiert war.

Kletten

Wenn du eine Klettfrucht mit der Lupe betrachtest, so erkennst du, dass diese Frucht mit vielen Widerhaken ausgestattet ist (▷B 3). Diese Widerhaken verhaken sich im Fell von Tieren und werden von diesen oft über weite Strecken mitgetragen und dienen so der Samenverbreitung.
Bereits um 1950 haben Forscher dieses Prinzip nachgebaut. Ein Wollband und ein Klettband werden zusammengedrückt. Die Widerhaken des Klettbandes verhaken sich im Wollband und die beiden Bänder sind nur noch schwer wieder zu lösen. Schuhe und viele andere alltägliche Gegenstände werden heute mit Klettverschlüssen versehen (▷B 4).

Nie mehr putzen

Die Lotusblume wächst in schlammigen Gewässern in Asien. Dennoch ist die Pflanze immer so sauber, dass sie in Indien z. B. ein Symbol der Reinheit überhaupt ist. Wie kommt es aber, dass diese Pflanze nicht schmutzig wird? Das Geheimnis kann man unter dem Mikroskop entdecken. Die Blattfläche ist nicht glatt, wie man vielleicht vermuten würde, sondern besitzt unzählige kleine Noppen. In Bild 6 kannst du das sehr gut erkennen. An diesen Noppen können Schmutzteilchen nicht haften und werden von wenig Wasser ganz einfach mitgenommen. So ist das Blatt ständig sauber.
Der Mensch versucht, solche selbstreinigenden Oberflächen nachzubauen. Es werden selbstreinigende Lacke und Farben für Autos und Häuser entwickelt.
Ein mit einer solchen „Lotusoberfläche" versehener Kunststofflöffel zeigt eindrucksvoll, dass nicht einmal klebriger Honig an dem Löffel haften bleibt.

3 Blüte der Klette

4 Klettverschluss

5 Wasser perlt auf einem Lotusblatt ab.

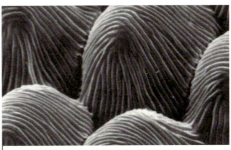

6 Oberfläche eines Lotusblattes stark vergrößert

Blüten

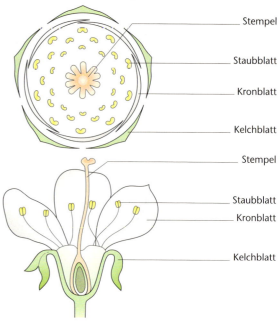

1 Kirschblüten

Aufbau einer Blüte

Blüten können groß und farbig sein, so wie bei einer Rose oder klein und unscheinbar wie bei der Eiche.

Schau dir mal eine Kirschblüte genauer an.
Als äußere Hülle findest du fünf grüne **Kelchblätter**. Sie umgeben bei der ungeöffneten Blüte schützend die anderen Blütenteile.

Besonders auffällig sind die fünf weißen **Kronblätter**, die man auch Blütenblätter nennt. Die Kronblätter locken durch ihre Farben Insekten an, sie wirken also wie ein Reklameschild.

Die Kronblätter umgeben die etwa 30 fadenförmigen **Staubblätter**. Jeder Faden trägt eine gelbe Verdickung an der Spitze, den **Staubbeutel**. Die Staubbeutel enthalten den Blütenstaub oder **Pollen**, das sind die männlichen Geschlechtszellen. Staubblätter sind männliche Blütenteile.

In der Mitte der Blüte befindet sich in einer kleinen Aushöhlung des Blütenbodens der **Fruchtknoten**. In ihm liegen die Eizellen, aus denen später die Samen entstehen. Nach oben verlängert sich der Fruchtknoten zum **Griffel**, an dessen Ende findet man die **Narbe**. Griffel, Narbe und Fruchtknoten werden zusammen auch als Stempel oder Fruchtblatt bezeichnet. Das **Fruchtblatt** ist der weibliche Blütenteil.

Auf dem Blütenboden befindet sich bei vielen Pflanzen der Nektar, eine süße Flüssigkeit, die Insekten sehr gerne aufsaugen.
Obwohl es die verschiedensten Blütenformen gibt, findest du die gleichen Bestandteile bei fast allen Blüten.

▶ Blüten bestehen meistens aus Kelchblättern, Kronblättern, Staubblättern und Fruchtblättern.

2 Aufbau von Rosen-, Salbei- und Nelkenblüte

Blüten

Aufgaben

1 a) Betrachtet Pollen unter dem Mikroskop. Arbeitet dabei in Gruppen und untersucht möglichst viele verschiedene Pflanzen.
b) Zeichnet Pollen und vergleicht sie.
c) Betrachtet Pollen von Tanne, Fichte oder Kiefer.
Was fällt auf?
Welche Vorteile bietet diese Form der Pollen?

2 „Der Weihnachtsstern hat kleine, gelbe Blüten". So steht es in einem Buch für Blumenfreunde.
Prüfe diese Aussage.

3 Linden werden zur Zeit ihrer Blüte von zahlreichen Insekten, vor allem Hummeln, besucht. Die Blüten sind aber ziemlich unauffällig (▷ B 4).
Untersuche die Blüten der Linde und erkläre, warum der Baum trotz der fehlenden Blütenfarben so stark von Insekten besucht wird.

3 Weihnachtsstern

4 Lindenblüten

Werkstatt

Das Legebild einer Blüte entsteht

Material
Pinzette, 6 cm x 6 cm große Stücke Klebefolie, Kirsch- oder Apfelblüten, evtl. weitere Blüten (Ackersenf, Wicke, Bohne), Zirkel, Papier

Versuchsanleitung
a) Betrachte zunächst die Blüte genau und bemühe dich, die einzelnen Teile richtig zu benennen.

b) Zeichne auf einem weißen Blatt mit dem Zirkel mehrere Kreise ein (Abstand ca. 1 cm).
c) Lege darüber die Klebefolie mit der klebenden Seite nach oben.
d) Zupfe nun mit der Pinzette die einzelnen Teile aus der Blüte und lege sie auf die Folie. Nimm zunächst die großen Kronblätter und ordne sie auf dem äußeren Kreis an (▷ B 1). Lege nun die Kelchblätter zwischen die Kronblätter. In die Mitte lege den Stempel und ordne die Staubblätter um diesen herum an.
e) Anschließend brauchst du die Folie nur noch vorsichtig in dein Heft oder auf ein Blatt zu kleben – und fertig ist das Legebild.
f) Vergiss nicht, die Teile zu beschriften (Folienstifte).
g) Fertige ein weiteres Legebild an. Probiere es einmal mit Blüten von Garten-Wicken, Bohnen oder Ackersenf (▷ B 2).

1 Legebild der Apfelblüte

2 Ackersenf: Blüte und Legebild

Auch Pflanzen haben Verwandte

1 Brennnessel

2 Weiße Taubnessel

3 Rote Taubnessel

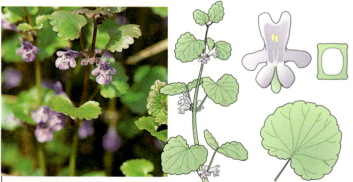
4 Gundermann

Nessel gleich Nessel?
An Wegrändern stehen dichte Bestände der Großen Brennnessel (▷ B 1). Wenn du die Blätter berührst, spürst du ein unangenehmes Brennen auf der Haut.

Ebenfalls am Wegrand wächst die Weiße Taubnessel (▷ B 2). Ihre Blätter sehen der Brennnessel ähnlich. Aber keine Angst, die Taubnessel brennt nicht! Diese Pflanze hat große weiße Blüten.
Vielleicht findest du auf Acker- und Gartenland noch eine Pflanze, die der Weißen Taubnessel sehr ähnlich sieht, aber rote Blüten hat: Das ist die Rote Taubnessel (▷ B 3).

Drei verschiedene „Nesseln"! Aber schon der Blick auf die Blüten zeigt, dass die Brennnessel aus dieser Gruppe herausfällt. Die beiden Taubnesseln sind einander sehr ähnlich: Ihre Blüten sind wie zwei Lippen geformt, der Stängel ist vierkantig und hohl, die Blätter stehen einander genau gegenüber und wenn du die Frucht mit der Lupe untersuchst, siehst du, dass sie aus vier gleichen Teilen aufgebaut ist.

Was ist eine Art?
Bei Menschen sehen sich Verwandte oft ähnlich. So ist es auch in der Pflanzenwelt. Pflanzen, die sich in vielen Merkmalen gleichen, sind meist miteinander verwandt. Biologen, die Ordnung in die Vielfalt der Pflanzen gebracht haben, sagen: Weiße und Rote Taubnessel sind zwei sehr ähnliche und deshalb eng verwandte **Arten**.

Familienmitglieder
Auch der Gundermann (▷ B 4) ähnelt den Taubnesseln. Wenn du die Blüten genau anschaust, siehst du, dass beim Gundermann die Oberlippe klein und flach ist; die Blätter sind rundlich. Bei den Taubnesseln ist die Oberlippe gewölbt und nur die Blätter erinnern an die Brennnessel.

Gundermann und Taubnesseln rechnet man wegen ihrer Ähnlichkeit und den lippenförmigen Blüten zu einer **Familie**, den **Lippenblütengewächsen**.

Am Bau der Blüten kannst du erkennen, dass die Brennnessel überhaupt nicht mit den Lippenblütengewächsen verwandt ist.

▶ Pflanzenarten lassen sich nach gemeinsamen Merkmalen in Familien zusammenfassen.

Schmetterlingsblütengewächse und Kreuzblütengewächse – ein Vergleich

Kreuzblütengewächse und Schmetterlingsblütengewächse sind zwei große Familien. Die typischen Merkmale findest du in Abbildung 1 und 2. In jedem Garten kannst du Vertreter dieser Gruppe finden.

Aufgaben

1. Suche mithilfe von Abbildung 1 und 2 von jeder der beiden Familien einen Vertreter.

2. Fertige von einer Gartenwicke und einer Raps- oder Senfpflanze jeweils ein Legebild an.

3. Besorge dir von Wicken, Erbsen oder Bohnen die Früchte. Vergleiche sie mit den Früchten von Raps oder Senf. Schneide sie durch und zeichne die Querschnitte.

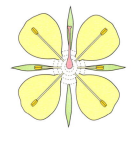

1 Kreuzblütengewächs mit Legebild

2 Schmetterlingsblütengewächs mit Legebild

Brennpunkt

Der Riesen-Bärenklau

Der Riesen-Bärenklau (▷ B 1), auch Herkulesstaude genannt, wurde vor etwa 100 Jahren als Zierpflanze aus dem Kaukasus eingeführt. Er bevorzugt mineralsalzreiche Böden und bildet vor allem an Bächen und in Flusstälern dichte Bestände. Die Herkulesstaude kann über 3 m hoch werden und bildet im zweiten oder dritten Jahr eine riesige weiße Doldenblüte (▷ B 3) aus.

Heute ist die Pflanze weit verbreitet und wird oft zum Problem: Das Berühren der Pflanze ist gefährlich, denn Blätter und Sprossachse enthalten einen Stoff, der die Haut gegen die UV-Strahlen der Sonne sehr empfindlich macht. Es entstehen starke Verbrennungen mit Rötungen, Schwellungen oder Blasen.

Der Riesen-Bärenklau sollte daher niemals mit der bloßen Haut berührt werden. Auf jeden Fall ist ein Arzt oder eine Ärztin aufzusuchen, wenn es zu Verbrennungen gekommen ist.
Die weitere Ausbreitung dieser Pflanze wird am besten dadurch gestoppt, dass man sie im Herbst mit einem Spaten im oberen Teil der Wurzel absticht und im Sommer die Blüten vor der Samenreife entfernt.

Ein harmloser einheimischer Verwandter ist der Wiesen-Bärenklau (▷ B 2).

1 Riesen-Bärenklau   **2** Wiesen-Bärenklau

3 Dolde und Döldchen

Wir bestimmen Laubbäume

Kennst du den Baum?
Wenn du feststellen möchtest, von welchem Baum ein Blatt stammt, vergleiche es einfach mit den Abbildungen unten. Bei einer kleinen Auswahl funktioniert das. Um aber aus einer sehr großen Anzahl von Lebewesen das richtige herauszufinden, benutzen Biologen einen **Bestimmungsschlüssel**.

Auf dieser Seite siehst du einen einfachen Schlüssel für die häufigsten Laubbäume.

So kannst du das Blatt bestimmen:
Du beginnst beim Start. Hier werden dir zwei Möglichkeiten angeboten. Du schaust dir dein Blatt genau an und entscheidest dich dann für die richtige Antwort. Wenn am Ende der betreffenden Zeile der Name eines Baumes steht, bist du am Ziel, sonst musst du weiterbestimmen. Entscheide an jeder Wegkreuzung, welche Merkmale auf dein Blatt zutreffen. So geht es weiter, bis du den richtigen Baum gefunden hast. Zur Kontrolle vergleichst du das Blatt mit der Zeichnung.

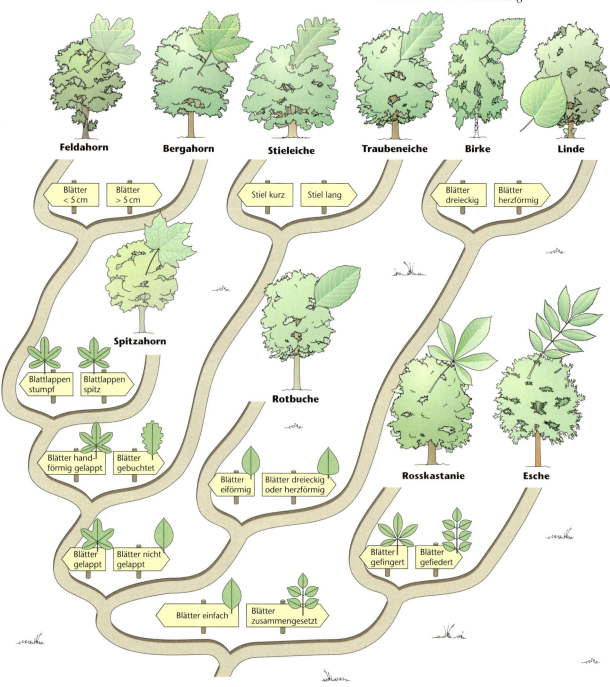

174

Strategie

Sammeln und aufbewahren

Auf dem Weg zum Sportplatz hast du zwei schöne Vogelfedern gefunden. Du nimmst sie mit und möchtest sie gerne aufbewahren. Vielleicht findest du noch weitere Exemplare, dann könntest du dir eine Sammlung anlegen.

Für Biologen ist das Sammeln sehr wichtig, denn beim Sammeln und Vergleichen lernen sie Pflanzen und Tiere gut kennen. Zoologen sammeln z. B. Federn oder Schneckenhäuser, Botaniker sammeln Früchte, Samen oder Blätter.

Fundstück	Schwungfeder
Art	Amsel, Weibchen
Familie	Drosseln
Fundort	Stadtpark
Datum	3. Juli 2004

A. Ein Platz für deine Sammlung
Willst du dir deine eigene Sammlung anlegen, brauchst du Schachteln oder Kartons. Unterteile sie in verschiedene Fächer und lege das Gesammelte übersichtlich auf Sägespäne, Watte oder Papier. Beschrifte alles deutlich, damit du immer wieder weißt, was es ist.

B. Ordnung muss sein
Ordne und sortiere deine Sammlung; stelle Unterschiede und Ähnlichkeiten zwischen den Sammlerstücken fest. Finde die Namen und die wissenschaftlichen Bezeichnungen heraus, frage jemanden oder schlage in Bestimmungsbüchern nach.

C. Das Herbarium
Eine besondere Sammlung ist das Herbarium, kurz Herbar genannt. Das ist eine Sammlung von flach gepressten und getrockneten Pflanzen.

Um ein Herbar anzulegen, brauchst du eine Pflanzenpresse und Zeitungen, zwischen die du die Pflanzen legst. Stelle deine Pflanzenpresse an einen sonnigen, luftigen Ort.

Sind die Pflanzen trocken, so wird jede einzeln auf einen weißen Papierbogen geklebt und mit einem Etikett versehen.

Auf dem Etikett sollte vermerkt sein, zu welcher Art und Familie die Pflanze gehört, wo und wann du sie gefunden hast.

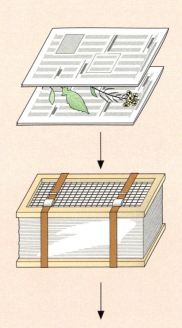

Achtung!
Sammle keine unter Naturschutz stehenden Pflanzen. Informiere dich vorher darüber in einem Bestimmungsbuch.

Art	Ackersenf
Gattung	Senf
Familie	Kreuzblütengewächse
Fundort	Feldweg, Bauer Old
Datum	10. Mai 2004

Zeige die Sammlung deinen Eltern und Klassenkameraden oder gestalte eine Vitrine in der Schule mit deinen Sammlerstücken.

Pflanzenfamilien

a

b

c

Lippenblütengewächse
Zu den Lippenblütengewächsen (▷ B 1) gehören weltweit mehr als 3 000 Arten. Allein in Deutschland wachsen etwa 100 verschiedene Arten. Darunter sind viele Heil- oder Gewürzpflanzen: Salbei, Lavendel, Zitronenmelisse, Bohnenkraut, Majoran, Thymian, Rosmarin, Pfefferminze, Basilikum.

Kreuzblütengewächse
Kreuzblütengewächse (▷ B 2) sind leicht zu erkennen: Die vier Kelch- und Kronblätter sind wie ein Kreuz angeordnet. Fast immer kannst du mit der Lupe die vier langen und zwei kurzen Staubblätter entdecken. Kennzeichnend sind auch ihre Früchte: kurze, oft sogar runde **Schötchen** oder lange **Schoten** (▷ B 2). Ist die Frucht reif, dann springen die beiden Deckel auf und du erkennst die dünne Mittelwand, an der die Samen angeheftet sind. Kaum eine Pflanzenfamilie hat so viele Nutzpflanzen aufzuweisen wie die Familie der Kreuzblütengewächse: Raps, Rettich, Radieschen, Senf und alle Kohlsorten.
Das häufigste Kreuzblütengewächs im Umkreis deiner Schule ist sicherlich das Hirtentäschelkraut.

Korbblütengewächse
Wenn du eine Sonnenblume anschaust, wirst du feststellen, dass rund um die große Blütenscheibe große, gelbe Blütenblätter stehen. Da sie wie Zungen aussehen, heißen sie **Zungenblüten** (▷ B 3). Im Inneren stehen sehr viele **röhrenförmige Blüten** (▷ B 3) dicht beieinander. Die Sonnenblume hat also nicht etwa eine große Blüte, sondern ist ein Blütenstand aus über 100 kleinen Einzelblüten. Da die Blüten wie in einem Korb angeordnet sind, zählt man alle Pflanzen mit solchen Blütenständen zur Familie der Korbblütengewächse. Diese Familie ist besonders artenreich.

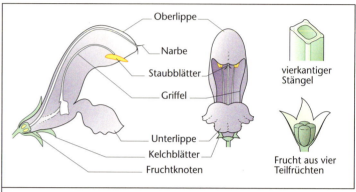

1 Lippenblütengewächse

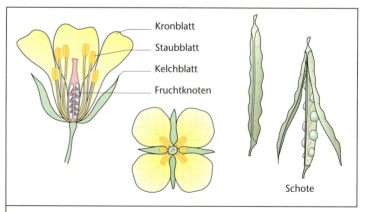

2 Kreuzblütengewächse

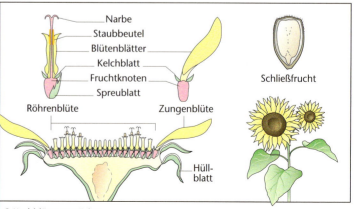

3 Korbblütengewächse

Pflanzenfamilien

d

e

f

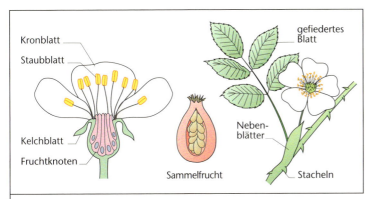

4 Rosenblütengewächse

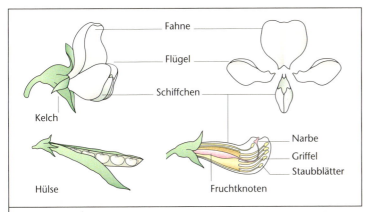

5 Schmetterlingsblütengewächse

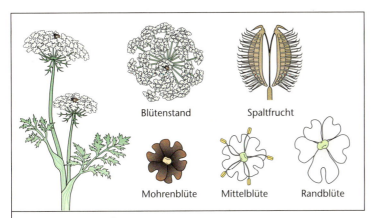

6 Doldenblütengewächse

Über 300 Arten findet man alleine in Europa – auf der ganzen Welt sind es 5000 Arten.

Rosenblütengewächse
Die Heckenrose, aber auch Apfel, Kirsche und Birne gehören zu den Rosenblütengewächsen (▷B4). Die Pflanzen haben meistens fünf Kelchblätter, fünf Kronblätter und eine sehr große Zahl von Staubgefäßen. Die Blätter besitzen oft noch kleinere Nebenblätter, die direkt neben ihnen wachsen.

Schmetterlingsblütengewächse
Die Saat-Wicke ist ein Schmetterlingsblütengewächs (▷B5). Die Bestandteile der Blüte werden Fahne, Flügel und Schiffchen genannt. Früchte der Schmetterlingsblütengewächse sind Hülsen, sie besitzen keine Scheidewand wie die Schoten der Kreuzblütengewächse. Viele Futterpflanzen wie Klee, Lupine und Luzerne gehören zu dieser Familie.

Doldenblütengewächse
Die Wilde Möhre ist ein Doldenblütengewächs (▷B6). Ihr Blütenstand ist eine große Doppeldolde, die auf den ersten Blick wie eine Einzelblüte aussieht, in Wirklichkeit jedoch aus vielen kleinen Einzelblüten besteht. Jede von ihnen besitzt jeweils fünf Kelch-, Blüten- und Staubblätter sowie einen Fruchtknoten. Viele Doldenblütengewächse werden sehr hoch. Zu der Familie gehören bekannte Gewürzpflanzen wie Dill, Kerbel, Petersilie, Anis, Kümmel und aber auch der Riesen-Bärenklau.

Aufgaben

1 Ordne die Fotos dieser Doppelseite der richtigen Pflanzenfamilie zu.

2 Warum bezeichnet man die Sonnenblume als „Korbblütengewächs"?

Von der Blüte zur Frucht

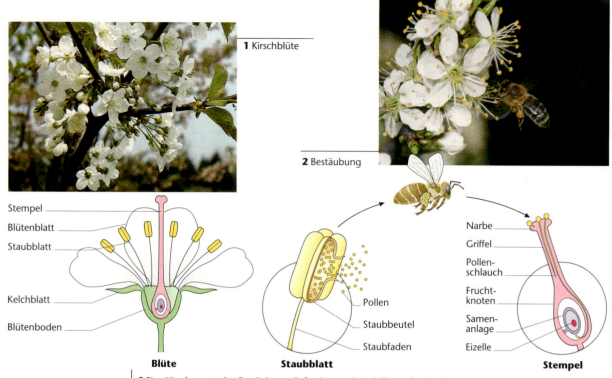

1 Kirschblüte

2 Bestäubung

5 Eine Kirsche entsteht: Bestäubung, Befruchtung, Entwicklung der Frucht

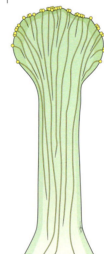

6 Pollenschläuche wachsen

Blüten werden bestäubt
An einem warmen Frühlingstag kannst du hunderte von Bienen sehen, die um einen blühenden Kirschbaum herumfliegen. Schaust du einmal genauer hin, siehst du, dass jede Biene versucht, an den Grund der Blüte zu gelangen. Dort sucht sie eine süße Flüssigkeit, den Nektar.
Die Biene muss sich an den Staubblättern vorbeidrängen und pudert dabei ihren pelzigen Körper mit dem Pollen aus den Staubbeuteln ein. Nun fliegt sie zur nächsten Blüte, um auch dort nach dem süßen Nektar zu suchen. Dabei berührt sie die klebrige Narbe und es bleiben einige Pollenkörner hängen. Die Biene hat für die **Bestäubung** (▷ B 2) der Blüte gesorgt.

▶ Bestäubung nennt man den Vorgang, durch den Pollen auf die Narbe einer Blüte gelangt.

In der Blüte erfolgt die Befruchtung
Was sich nun im Inneren des Stempels abspielt, wird nur unter dem Mikroskop sichtbar. Der Pollen, in dem die männlichen Keimzellen der Pflanze enthalten sind, bildet Pollenschläuche (▷ B 6). Diese wachsen durch die Narbe und den Griffel hindurch bis ins Innere des Fruchtknotens. Dort befindet sich die Samenanlage mit einer oder mehreren Eizellen. Der erste Pollenschlauch, der die Samenanlage erreicht, öffnet sich. Aus ihm wird ein Zellkern frei, der mit dem Zellkern der Eizelle verschmilzt. Dieser Vorgang heißt **Befruchtung**. Nur wenn in der Blüte eine Befruchtung erfolgt ist, kann sich daraus eine Kirsche entwickeln. Aus dem Kirschkern kann später eine neue Pflanze entstehen.

▶ Bei der Befruchtung verschmilzt die männliche Geschlechtszelle aus dem Pollenschlauch mit der Eizelle.

Eine Kirsche entsteht
In den nächsten Wochen entwickelt sich aus der befruchteten Blüte die Kirsche. Zunächst werden die Kronblätter welk und fallen herab. Dann wird auch der Blütenboden mit den trockenen Staubblättern und Kelchblättern abgestoßen. Der Fruchtknoten dagegen wird immer größer, man erkennt allmählich die Kirsche. Aus der Wand des Fruchtknotens entstehen das rote Fruchtfleisch der Kirsche und der harte Kirschkern. Aus der Samenanlage der befruchteten Eizelle hat sich im Innern des Kirschkerns der Samen entwickelt. Wenn dieser in den Boden gelangt, kann

Von der Blüte zur Frucht

3 Unreife Früchte

4 Reife Früchte

zurückgebildete Blüte
(ca. 2 Wochen)

unreife Frucht
(ca. 2 Monate)

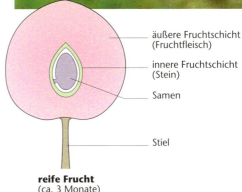

äußere Fruchtschicht (Fruchtfleisch)
innere Fruchtschicht (Stein)
Samen
Stiel

reife Frucht
(ca. 3 Monate)

er auskeimen und zu einem neuen Kirschbaum heranwachsen.

Auch der Wind bestäubt Pflanzen
Vielleicht ist dir schon einmal aufgefallen, dass nach Regentagen im Frühling die Pfützen und Teiche mit einem gelben Staub überpudert sind (▷ B 7). Betrachtest du diesen Staub unter dem Mikroskop, so kannst du sehen, dass die gelbe Schicht Pollen von sehr vielen verschiedenen Pflanzen enthält. Bäume und Sträucher wie Kiefer, Fichte, Birke, Eiche und Haselnuss, aber auch Gräser brauchen nämlich für die Bestäubung keine Insekten. Sie produzieren große Mengen von Pollen, die dann durch den Wind in dichten Wolken verstreut werden. Dabei ist es ziemlich sicher, dass auf fast jede Narbe der weiblichen Blüten auch wirklich Pollen gelangt.

Aufgaben

1 Was würde geschehen, wenn man eine Blütenknospe, bevor sie aufblüht, mit einer kleinen Plastiktüte umhüllen würde? Begründe deine Antwort.

2 In manchen Geschäften werden Flaschen angeboten, in denen die vollständige Frucht einer Birne in Alkohol liegt. Erkläre, wie die große Birne in eine Flasche kommt.

3 Viele Waldbäume, aber nur wenige Waldblumen werden durch den Wind bestäubt. Erkläre.

4 Haselsträucher sind zur Blütezeit im Vorfrühling noch ohne Laub. Warum ist dies für die Pflanze sehr günstig?

7 Pollen auf einem Gewässer, rechts Kiefernpollen

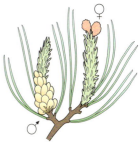

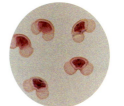

Haselstrauch und Salweide

Der Haselstrauch ist einhäusig

Viele Pflanzen haben **Zwitterblüten**, in denen sich männliche Organe, also Staubblätter und weibliche Organe, die Fruchtblätter befinden.

Die langen und dünnen Kätzchen des Haselstrauches, die nach einigen Tagen gelben Staub abgeben, sind männliche Blüten. Sie produzieren den Pollen. Die weiblichen Blüten sind kleine eiförmige Gebilde, aus denen die klebrigen Narben als kurze, rote Fäden herausschauen (▷ B 1).

Der Haselstrauch ist getrenntgeschlechtlich. Da beide Blüten auf dem gleichen Strauch zu finden sind, also sozusagen in einem gemeinsamen Haus leben, nennt man solche Pflanzen **einhäusige Pflanzen** (▷ B 1).

Die Salweide ist zweihäusig

Auch Salweiden tragen im Frühjahr Kätzchen (▷ B 2). Sie sind rund, weich und zunächst weiß. Wenn sie den Pollen abgeben, sind sie gelb vom Blütenstaub. Außerdem duften sie stark nach Nektar und locken so die Insekten an. An dem Strauch mit den Kätzchen wirst du vergeblich nach weiblichen Blüten suchen. Sie befinden sich auf einer anderen Salweide, die meistens in nächster Nähe steht. Dort findest du die grünen, langgestreckten und fast stachelig wirkenden Kätzchen (▷ B 2). Sie enthalten die Fruchtknoten und die Stempel mit den Narben. Weiden sind also auch getrenntgeschlechtlich. Sie werden aber als **zweihäusige Pflanzen** bezeichnet, da ihre männlichen und weiblichen Blüten auf zwei verschiedenen Pflanzen der gleichen Art zu finden sind.

▶ Neben Zwitterblüten gibt es auch getrenntgeschlechtliche Blüten, die einhäusig oder zweihäusig vorkommen.

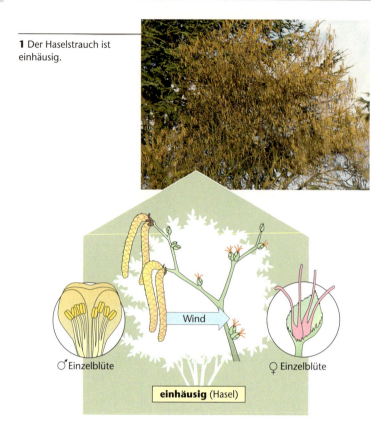

1 Der Haselstrauch ist einhäusig.

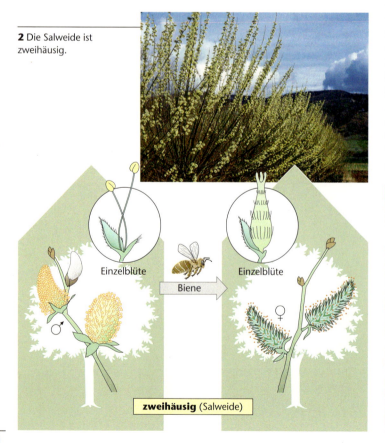

2 Die Salweide ist zweihäusig.

Versuche

1 a) Schau dir den Zweig eines Haselstrauches an, den du im Vorfrühling ins warme Zimmer geholt hast.
b) Untersuche die Kätzchen genau mit der Lupe und betrachte den Blütenstaub unter dem Mikroskop.

2 Suche am Haselzweig nach Pflanzenteilen, die kleine rötliche und klebrige Narben aufweisen.

Lexikon

Tricks bei der Bestäubung

Damit eine Pflanzenart nicht ausstirbt, muss sie Nachkommen haben. Bestäubung und Befruchtung sind also wichtig für das Überleben. Kein Wunder, dass man in der Natur die erstaunlichsten Bestäubungstricks findet.

Ein Beuteltier bestäubt Pflanzen
Der in Australien lebende **Honigbeutler** hat eine lange schmale Schnauze und eine bürstenartige Zunge, mit der er den Nektar in den Blüten erreichen kann. Pollen bleibt an seinem Fell haften und so sorgt er für die Bestäubung.

Vögel als Bestäuber
In Südamerika leben über 300 verschiedene Arten von **Kolibris**. Die kleinen bunten Vögel suchen im Schwirrflug nach Insekten und Nektar in den Blüten. Dabei tragen sie Pollen von einer Blüte zur anderen.

Nächtliche Besucher
Einige Pflanzen duften nach Sonnenuntergang besonders intensiv. Dieser Geruch lockt **Nachtschmetterlinge** an, die mit ihrem langen Rüssel den Nektar saugen. Dabei übertragen sie mit ihrem pelzigen Körper Pollen.

Eine Orchidee täuscht die Fliegenmännchen
Die Blüten der **Fliegenragwurz**, einer Orchidee, ähneln weiblichen Fliegen. Fliegenmännchen versuchen die Blüte zu begatten. Dabei gelangt Pollen an den Körper, die dann zur nächsten Blüte weitergetragen werden.

In der Falle des Aronstabs
Durch Aasgeruch lockt der **Aronstab** Insekten an. Wegen der glatten Blütenoberfläche rutschen die Tiere nach unten. Ein Haarkranz verhindert dort, dass die Insekten ihre Falle verlassen. Sie kriechen umher und bestäuben dabei die klebrigen Narben. Später vertrocknen die Narben und die Staubbeutel geben Blütenstaub ab. Nach wenigen Tagen verdorren die Härchen am Eingang der Falle, und die Insekten fliegen mit den Pollen zur nächsten Pflanze.

Härchen
♂ Blüten
Härchen
♀ Blüten

Die Technik des Wiesensalbeis
Beim **Wiesensalbei** ragt nur das Ende des Griffels mit der Narbe aus dem oberen Teil der Blüte, der so genannten Oberlippe, hervor. Auf der Unterlippe landen Bienen oder Hummeln. Um an den Nektar zu gelangen, schieben sie ihren Körper ins Innere der Blütenröhre. Das Insekt drückt dabei gegen den unteren Teil der in der Oberlippe verborgene Staubfäden.
Wie bei einem Hebel werden diese Staubblätter so auf den Rücken des Insekts gedrückt und pudern es mit Pollen ein.

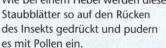
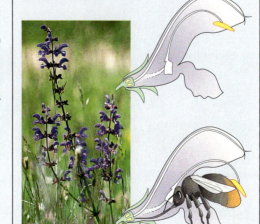

181

Ungeschlechtliche Vermehrung

Pflanzen vermehren sich nicht nur geschlechtlich über Samen, sondern oft viel einfacher über Pflanzenteile. Da hierbei keine Befruchtung erfolgt, spricht man von **ungeschlechtlicher Vermehrung**.
Die ungeschlechtliche Vermehrung ist vorteilhaft für Gartenbau und Landwirtschaft. Alle Nachkommen haben die gleichen Eigenschaften wie die Mutterpflanzen.

So kann man Pflanzen mit besonderen Eigenschaften, z. B. bei der Blütenfarbe oder dem Geschmack, beliebig oft vermehren. Es gibt mehrere Formen der ungeschlechtlichen Vermehrung:

Ausläufer
Die Erdbeere bildet im Sommer lange kriechende **Ausläufer** (▷ B 1). An ihnen entstehen junge Erdbeerpflanzen, die Wurzeln bilden und – wenn man sie trennt – völlig eigenständige Pflanzen sind.

Ableger
Das Brutblatt, eine Zimmerpflanze, vermehrt sich durch **Ableger**. Am Blattrand der Mutterpflanze wachsen winzige **Tochterpflanzen** (▷ B 2) heran. Sie besitzen schon Blättchen und kleine Wurzeln. Wenn sie abfallen oder abgelöst werden, entstehen aus ihnen neue Pflanzen.

1 Erdbeerpflanze mit Ausläufern

Stecklinge
Manche Pflanzen bilden Wurzeln, wenn man nur einen Zweig ins Wasser stellt. Man spricht von **Stecklingen**. Das gelingt besonders gut bei Geranien (▷ B 3) oder Weiden. Es kann sogar vorkommen, dass ein Pfahl aus Weidenholz Wurzeln und neue Blätter bildet.

Knollen
Kartoffeln und Dahlien besitzen unterirdische **Knollen**. Das sind Verdickungen von Sprossachse oder Wurzel (▷ B 4). Beide Arten werden ausschließlich ungeschlechtlich vermehrt.

Zwiebeln
Eine **Zwiebel** (▷ B 5) ist eine unterirdische, verdickte Sprossachse. Viele Zwiebelgewächse, wie z. B. die Tulpe, bilden in jedem Jahr Tochterzwiebeln, aus denen man neue Pflanzen ziehen kann.

2 Brutblatt mit Tochterpflanzen

3 Steckling einer Geranie

> Bei der ungeschlechtlichen Vermehrung entwickelt sich aus Teilen der Mutterpflanze eine vollständige neue Pflanze.

4 Knolle einer Dahlie

5 Zwiebel einer Tulpe

Aufgaben

1 Welche Vorteile bringt die ungeschlechtliche Vermehrung von Pflanzen für Gärtner?

2 Erkläre, warum Pflügen und Hacken den Ackerwildkräutern mit Ausläufern nur Vorteile bringt und ihnen nicht schadet.

Zeitpunkt

Eine Wasserpflanze wird zum Problem

> Sie wächst nur in stehenden oder langsam fließenden Gewässern und vermehrt sich daselbst mit unglaublicher Stärke und Schnelligkeit durch Brutknospen und dadurch, daß selbst das kleinste Bruchstück wieder Wurzeln schlägt.
>
> Sie ist nur in weiblichen Pflanzen 1836 über England aus Nordamerika bei uns bekannt geworden und hat sich überall, wohin sie gelangt ist, so vermehrt, daß sie Kanäle verstopft und Schiffahrt und Öffnen und Schließen der Schleusen erschwert und den Abfluß des Wassers durch ihre Menge gehindert hat und nur mit vielen Kosten entfernt werden konnte. Ihre dichten Polster begünstigen den Aufenthalt der Fischbrut. Ihre großen Massen dienen als Dünger.
>
> (aus Leunigs, Synopsis der Pflanzenkunde, Hannover 1877)

Die Pflanze, von der hier die Rede ist, bekam in Deutschland den bezeichnenden Namen „**Wasserpest**" – und so heißt sie auch noch heute. Sie wird jedoch nicht mehr als Gefahr angesehen und breitet sich nicht mehr so stark aus wie vor 150 Jahren. Wir finden die Pflanze in den meisten Gewässern. Für viele Versuche im NWA-Unterricht lässt sie sich gut verwenden.

Aufgaben

1 Erkläre, warum sich die Wasserpest so rasch vermehren konnte.

2 Besorge dir einige Zweige der Wasserpest, zerteile sie in etwa 5 cm lange Teile, lege sie in ein Glas mit Wasser und beobachte die Entwicklung mehrere Tage lang. Protokolliere deine Beobachtungen.

3 Suche im Internet nach Berichten über die Wasserpest und fasse zusammen.

Werkstatt

Ungeschlechtliche Vermehrung von Pflanzen

1 Ein Gras erobert den Sandkasten

Material
Schaufel, Maßband, Schere, Blumentöpfe

Versuchsanleitung
a) Grabe auf einer Sandfläche eine Pflanze (z. B. die Gewöhnliche Quecke) möglichst mit allen Ausläufern und Wurzeln aus. Miss die Länge der Ausläufer und zähle die oberirdischen Triebe.
b) Zerschneide einen unterirdischen Ausläufer in etwa 5 cm lange Abschnitte und lege diese in Blumentöpfe, die mit Erde gefüllt sind.
Gieße regelmäßig, beobachte und protokolliere alle Veränderungen.

1 Quecke

2 Vermehrung von Zimmerpflanzen

Material
Zimmerpflanzen: Brutblatt, Usambaraveilchen, Geranie, Blumentopf, Blumenerde

Versuchsanleitung
a) Am Blattrand des Brutblatts (Bryophyllum) bilden sich winzige Tochterpflanzen.
Löse einige möglichst große Tochterpflanzen vom Blattrand ab und setze die Pflänzchen in einen vorbereiteten Blumentopf. Vergiss nicht, die Pflanze ausreichend zu gießen. Beobachte die Pflanze etwa zwei Wochen und protokolliere alle Veränderungen.
b) Lege abgeschnittene Blätter vom Usambaraveilchen einige Stunden ins Wasser und dann auf die Erde eines Blumentopfs. Beobachte und protokolliere alle Veränderungen.
c) Brich einen beblätterten Seitentrieb einer Geranie ab. Stelle ihn einige Tage in ein Glas mit Wasser auf die Fensterbank. Beobachte und notiere alle Veränderungen.

2 Brutblatt

3 Usambaraveilchen

Die Kartoffel ist eine Nutzpflanze

1 Kartoffelacker, Kartoffelblüte und Frucht

Die Heimat der Kartoffel (▷ B 1) ist das Hochland von Peru und Bolivien in Südamerika (▷ B 3). Dort wächst sie wild an trockenen und kühlen Plätzen. Indianer bauen diese Pflanze schon seit Jahrhunderten für die Ernährung an. Nach Europa gelangte die Kartoffel zwar schon mit Seefahrern um 1560, aber erst im 17. Jahrhundert wurde ihr Wert als Nahrungsmittel und Nutzpflanze erkannt. Seitdem wurde die Kartoffel neben dem Getreide die wichtigste Pflanze für die Ernährung der Menschen. Kartoffeln sind einjährige Pflanzen. Im Frühling legt man die dicken **Sprossknollen** (▷ B 2) so in den Boden, dass die Triebe möglichst nach oben zeigen. Schon bald entwickeln sich die grünen Pflanzen aus der Knolle. An der Sprossachse bilden sich unter der Erde zahlreiche **Tochterknollen**. Wenn die Pflanze verblüht ist, werden die Tochterknollen aus dem Boden geholt. Sie haben im Laufe des Sommers Stärke als Vorratsstoff gespeichert. Die Mutterknollen sind kaum noch zu erkennen, ihre Vorratsstoffe wurden für das Wachstum der Pflanze aufgebraucht. Aus jeder Tochterknolle kann im nächsten Jahr eine neue Kartoffelpflanze entstehen.

▶ Kartoffelknollen sind verdickte Teile der Sprossachse. Sie enthalten sehr viel Stärke und sind daher wichtige Nahrungsmittel.

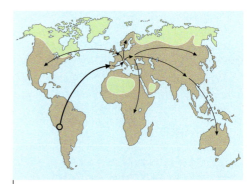

3 Herkunft der Kartoffelpflanze

Versuche

1. Schneide in einen Karton ein etwa 3 cm großes Loch. Lege eine Kartoffel hinein und stelle den Karton mit dem Loch zum Fenster. Prüfe nach einigen Wochen, welche Veränderungen sich an der Kartoffel ergeben haben.

2. Reibe geschälte Kartoffeln, gib etwas Wasser dazu, presse den Brei durch ein Tuch und lasse die ausgepresste Flüssigkeit stehen. Tauche ein kleines Leinentuch in die am Boden abgesetzte Flüssigkeit und lasse dieses trocknen. Erkläre.

3. Gib einige Tropfen Iodkaliumiodid-Lösung auf eine angeschnittene Kartoffel. Beschreibe die Reaktion und erkläre.

Aufgabe

1. a) Beschreibe die Frucht der Kartoffel.
   b) Im Haushalt verwendet man viele Produkte, die aus Kartoffeln hergestellt werden. Nenne einige.

Blüte
Beerenfrucht
Laubblatt
Tochterknolle
Mutterknolle

2 Aufbau der Kartoffelpflanze

Gräser ernähren die Menschheit

Gräser sind nicht nur für die Ernährung der Tiere wichtig, sie bilden auch die Nahrungsgrundlage der Menschen. Sämtliche Getreidearten wurden aus Wildgräsern gezüchtet.

Weizen ist das wichtigste Brotgetreide (▷ B 1). Er wächst schnell und kann bereits Ende Juli geerntet werden. Mit Mähdreschern werden die Halme geschnitten und gedroschen. Weizen wird hauptsächlich fein gemahlen und so zu hochwertigem Mehl verarbeitet. Auch Nudeln werden aus Weizen hergestellt.

Roggen ist ebenfalls ein wichtiges Brotgetreide. Roggenbrötchen und -brote sind dunkler als Produkte aus Weizenmehl.

Gerste wird als Futtergetreide für das Vieh genutzt. Angekeimte und anschließend geröstete Gerstenkörner bezeichnet man als Malz. Malz bildet die wichtigste Grundlage bei der Bierherstellung.

Hafer war früher vor allem als Pferdefutter sehr gefragt. Heute gelangen die geschälten und gequetschten Körner als Haferflocken in unsere Küchen.

Reis ist eine Sumpfpflanze und benötigt sehr viel Wasser. Ursprünglich in Ostasien angebaut, wird Reis heute in fast allen Teilen der Welt angepflanzt, in denen genügend Wasser und Wärme vorhanden sind (▷ B 2). Reis ist die Nahrungsgrundlage für fast die Hälfte aller Erdbewohner. In manchen asiatischen Sprachen ist das Wort „Reis essen" das gleiche Wort wie „essen".

Hirse (▷ B 3) war vor der Einführung der Kartoffel ein wichtiges Nahrungsmittel in Europa. Hirsebrei gehört heute in den tropischen Gebieten Afrikas zur täglichen Mahlzeit.

Mais wurde in Süd- und Mittelamerika wegen seiner Körner angebaut. Heute dient er auch in Europa als Futterpflanze für Rinder. Wir essen Mais als Gemüse oder Popcorn.

▶ Getreidepflanzen sind für die Ernährung der Menschen auf der ganzen Welt von besonderer Bedeutung.

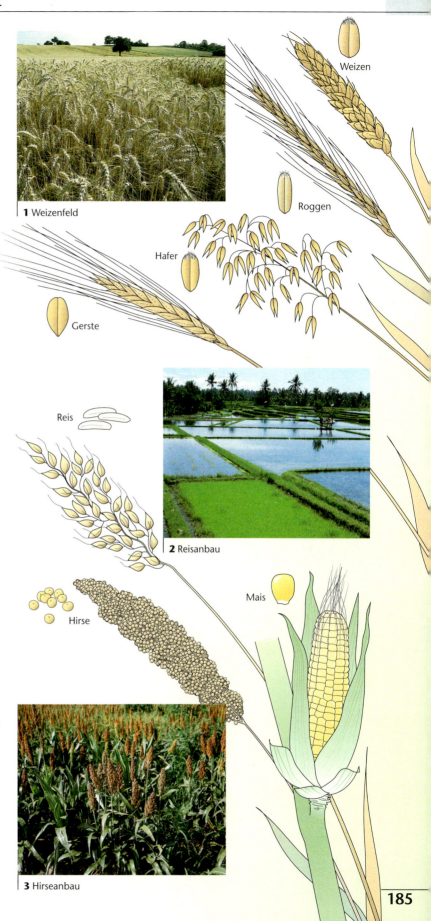

1 Weizenfeld

2 Reisanbau

3 Hirseanbau

Vom Wildgras zur Nutzpflanze

1 Wildeinkorn

2 Weizen

Wissenschaftler haben herausgefunden, dass Getreide schon seit mindestens 9000 Jahren angebaut wird. Die Körner waren aber noch viel kleiner als bei den heutigen Getreidesorten. Wie ist das zu erklären? Alle Nutzpflanzen des Menschen stammen von wildlebenden Pflanzen ab, auch unser heutiger Weizen. Sein Vorfahre war wahrscheinlich das **Wildeinkorn** (▷ B 1) aus Asien. Es hat nur sehr kleine Körner. Seine Halme sind dünn und knicken bei Wind schnell um.

Der Mensch hat diese Wildpflanze durch **Züchtung** über Jahrtausende hinweg verändert: Er säte immer nur die Samen aus, die von besonders kräftigen und ertragreichen Pflanzen stammten. So entstand unsere kräftige und ertragreiche Weizenpflanze (▷ B 2). Wissenschaftler versuchen aber immer noch, neue Formen des Weizens zu züchten, die Frost ertragen und gegen Schädlinge unempfindlich sind.

▶ Unsere heutigen Getreidearten entstanden durch Züchtung aus Wildgräsern.

Lexikon

Nachwachsende Rohstoffe

Die Rohstoffe für viele Waren werden immer knapper. Eine mögliche Lösung wäre: Wir züchten Pflanzen, die Rohstoffe liefern. Dann können wir dafür sorgen, dass diese Rohstoffe immer wieder nachwachsen.

Die Samen des gelb blühenden **Raps** enthalten sehr viel Öl. Dieses kann technisch so bearbeitet werden, dass man es als Kraftstoff für Dieselmotoren nutzen kann. Das Rapsöl wird an Tankstellen als „Biodiesel" verkauft.

Hanf ist eine uralte Kulturpflanze. Aus den Fasern im Stängel dieser Pflanze stellte man Garne, Seile, Papier und Schiffssegel her. Weil der Hanf auch als Droge genutzt wurde, war der Anbau lange Zeit verboten. Nachdem es Wissenschaftlern gelang, Hanfsorten zu züchten, aus denen man keine Rauschmittel gewinnen kann, wird der Anbau wieder gefördert. Hanf liefert Fasern, die vor allem für Autopolster, Kleidung, Schnüre usw. genutzt werden. Man kann damit einen Teil der Kunststoffe ersetzen, die aus Erdöl hergestellt werden.

Schon lange werden die Fasern von **Flachs** oder **Lein** für verschiedene Textilien verwendet. Auch die Autoindustrie verarbeitet Flachs, damit die Bauteile biologisch abbaubar sind oder später wieder genutzt werden können. Dieses Verfahren nennt man Recycling. Flachs liefert zudem ein wertvolles Öl, das vor allem für die Herstellung von Farben genutzt wird.

Zeitpunkt

Zucker macht das Leben süß!?

1 Sklaven beim Zuckeranbau

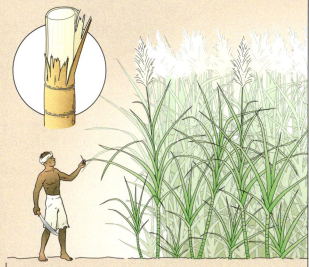

2 Zuckerrohr

Zuckerrohr – ein süßes Gras

Das Zuckerrohr (▷ B 2) wurde vor 1200 Jahren von den Arabern ins Mittelmeergebiet gebracht. Als KOLUMBUS (1451–1506) Amerika 1492 entdeckte, erkannte man schnell, dass sich dieser Kontinent sehr gut für den Anbau von Zuckerrohr eignete und dass damit viel Geld verdient werden könnte. So entstanden auf den Inseln der Karibik und in Südamerika riesige Zuckerrohrplantagen. Unter schlimmsten Bedingungen mussten schwarze Sklaven aus Afrika dort arbeiten, damit die Verbraucher in Europa genügend Zucker erhielten.

Zucker aus Zuckerrüben

Der Chemiker ANDREAS SIGISMUND MARGGRAF (1709–1782) entdeckte im Jahr 1747, dass in Runkelrüben der gleiche Zucker enthalten ist wie im Zuckerrohr. Nach 15 Jahren Züchtung und Forschungstätigkeit gelang es ihm, besonders zuckerhaltige Rüben zu züchten. Im Jahr 1801 wurde die erste Zuckerfabrik der Welt in Betrieb genommen.

Die Bedeutung des Zuckerrohranbaues in der Karibik und Südamerika ging in den nächsten Jahrzehnten schnell zurück und damit auch die unmenschliche Quälerei vieler Sklaven in den Zuckerrohrplantagen und Zuckerfabriken.

Zuckerrüben (▷ B 3) wachsen nur auf allerbesten Böden. Nach der Aussaat bildet die Pflanze zunächst eine schmale Pfahlwurzel. Wenn genügend Blätter ausgebildet sind, verdickt sich ein Teil des Stängels und der obere Teil der Hauptwurzel wird zur Rübe. Diese wird höchstens 35 cm lang, die Pfahlwurzel kann bis zu 2 m tief in den Erdboden vordringen. Zuckerrüben benötigen viel Sonne, Regen und intensive Pflege.

In der Zuckerfabrik

Nach der Ernte im Herbst liefern die Landwirte die Zuckerrüben in die Zuckerfabriken (▷ B 4). Dort wäscht man die Rüben und zerteilt sie in kleine Stücke. Der Saft wird ausgepresst, gefiltert, gereinigt und verdampft. Das Ergebnis ist ein brauner, klebriger Zucker. Durch einen weiteren Reinigungsvorgang, den man Raffinieren nennt, entsteht schließlich unser weißer Streuzucker. Eine große Rübe kann bis zu 240 g Zucker liefern.

Der Zuckerverbrauch ist in den letzten Jahrzehnten stark gestiegen. Das hat auch ungünstige Folgen für die Gesundheit. Zu viel Zuckergenuss kann zu Übergewicht und Karies führen.

3 Zuckerrübe

4 Zuckerfabrik

Schlusspunkt

Grüne Pflanzen – Grundlage für das Leben

▶ Kennzeichen des Lebendigen
Das Leben von Tieren und Pflanzen wird durch folgende Kennzeichen bestimmt: Bewegung, Fortpflanzung, Reizbarkeit, Wachstum und Stoffwechsel. Am Ende jeden Lebens steht der Tod.

▶ „Unsichtbares" wird sichtbar
Mithilfe von Mikroskopen ist es möglich, winzig kleine Dinge sichtbar zu machen. Der Engländer ROBERT HOOKE entwickelte im 17. Jahrhundert das erste brauchbare Mikroskop.

▶ Zimmerpflanzen
Zimmerpflanzen sind Lebewesen, die gepflegt werden müssen. Sie gedeihen im Klassenzimmer nur dann, wenn du dich vorher über ihre Herkunft und Bedürfnisse informierst und sie richtig versorgst.

▶ Die Zelle
Pflanzenzellen bestehen aus Zellwand, Zellkern, Zellplasma, Vakuole, Blattgrünkörpern und Zellmembran.
Tier- und Menschenzellen haben keine Zellwand, keine Blattgrünkörper und meist keine Vakuole.

▶ Keimung
Samen enthalten den Keimling der neuen Pflanze. Bekommt ein reifer Samen Wasser, so beginnt der Keimling zu wachsen. Für die Keimung werden Wasser, Luftsauerstoff und Wärme benötigt. Die Keimung ist beendet, wenn sich die ersten Laubblätter gebildet haben.

▶ Bau der Blütenpflanze
Blütenpflanzen haben die gleichen Grundorgane: Sprossachse, Blatt, Wurzel und Blüte.

▶ Blüten
Blüten bestehen meistens aus Kelchblättern, Kronblättern, Staubblättern und Fruchtblättern.
Sie sind die Fortpflanzungsorgane von Pflanzen. Männliche Organe sind die Staubblätter, die Pollen bilden. Weibliche Organe sind Fruchtblatt mit Griffel, Narbe, Fruchtknoten und Eizelle.

▶ Die Sprossachse
In der Sprossachse befinden sich Leitungsbahnen, die Wasser und gelöste Stoffe durch die Pflanze leiten. Die Sprossachse wird Stängel genannt, bei Bäumen und Sträuchern heißt sie Stamm.

▶ Wurzeln
Wurzeln verankern die Pflanze im Boden. Mit den feinen Wurzelhärchen werden Wasser und darin gelöste Mineralsalze aufgenommen.

▶ Fotosynthese
Pflanzen wandeln in den Blattgrünkörpern der Blätter Kohlenstoffdioxid aus der Luft und Wasser aus dem Boden zu Traubenzucker um. Dazu brauchen sie das Sonnenlicht.
Tiere dagegen benötigen pflanzliche oder tierische Nahrung, um körpereigene Stoffe aufzubauen.

▶ Bionik
Der Mensch lernt von der Natur, indem er sie als Vorbild für technische Konstruktionen nimmt. Das Wort **Bionik** setzt sich aus **Bio**logie und Tech**nik** zusammen.

▶ Verwandtschaft
Pflanzenarten werden wegen ihrer gemeinsamen Merkmale zu Familien zusammengefasst.

▶ Von der Blüte zur Frucht
Bei der Bestäubung gelangen Pollen auf die Narbe einer Blüte. Bei der Befruchtung verschmilzt die männliche Geschlechtszelle im Pollen mit der Eizelle im Fruchtknoten.

▶ Vielfalt der Blüten
Nicht jede Blüte besitzt alle Blütenteile. Es gibt Pflanzen mit Zwitterblüten, in denen sich männliche und weibliche Organe befinden. Befinden sich auf einer Pflanze sowohl männliche als auch weibliche Blüten nennt man sie einhäusig.
Bunte Blüten locken Insekten für die Bestäubung an. Windbestäuber haben meist unscheinbare Blüten. Sie produzieren große Mengen von Pollen.

▶ Nutzpflanzen
Der Mensch nutzt die in den Pflanzen gebildeten Stoffe, vor allem Zucker und Stärke, für seine Ernährung. Aus zahlreichen Wildpflanzen hat er ertragreiche Nutzpflanzen, z.B. Getreide, gezüchtet.

Aufgaben

1 In den Abbildungen werden einige Kennzeichen des Lebendigen dargestellt. Sammle weitere Bilder zu diesem Thema und klebe sie dann in dein Heft.

2 Reizbarkeit

3 Bewegung

4 Fortpflanzung

5 Stoffwechsel

1 Wachstum

2 Erstelle eine Tabelle, in der du die Unterschiede zwischen Tier- und Pflanzenzelle einträgst.

3 Suche im Internet nach Informationen, welche Zimmerpflanzen viel Sonnenlicht brauchen, welche kaum Sonne vertragen. Befrage auch einen Gärtner oder eine Gärtnerin.

4 Beim Bäcker kannst du viel über Weizenkeimlinge erfahren. Erstelle nach deinem Besuch ein Plakat.

5 Von welchem Gemüse isst du die Blätter, die Früchte, die Sprossachse oder die Wurzel? Erstelle eine Tabelle für die Antworten.

6 Sammle Bilder aus Biologie und Technik, mit denen du zeigen kannst, dass der Mensch von der Natur abgeschaut hat.

7 Welche Begriffe sind unter a) bis k) beschrieben? Wenn du die Lösungswörter auf ein Blatt Papier in der richtigen Reihenfolge untereinander schreibst, ergeben die Anfangsbuchstaben aller Begriffe den Namen der kleinsten deutschen Blütenpflanze (1–3 mm groß).

a) Sie verankern die Pflanze im Boden.
b) Durch sie vermehrt sich die Erdbeere ungeschlechtlich.
c) Das dicke Ende der Staubblätter.
d) So nennt man Griffel, Narbe und Fruchtknoten gemeinsam.
e) Schmetterlingsblütengewächs mit weißer Blüte – liefert ein gutes Gemüse.
f) Gras in Asien – ein wichtiges Nahrungsmittel.
g) Damit können wir Blütenteile genauer anschauen.
h) Sie helfen vielen Pflanzen bei der Bestäubung – die Biene ist nur eine von ihnen.
i) Die Blätter von Fichte, Tanne und Kiefer.
j) Sie ist die Schutzhülle des Bohnensamens.
k) Das enthält der Fruchtknoten.

Startpunkt

Pflanzen und Tiere im Schulumfeld

Der Schulhof ist voller Leben! Mit Fernglas, Bestimmungsbuch, Lupe und vor allem offenen Augen und Ohren kannst du dort viele interessante Tiere und Pflanzen entdecken.

Die „Schulhof-Krähe"

Es hat zur Stunde geläutet. Die letzten Schülerinnen und Schüler sind im Gebäude verschwunden und auf dem Schulhof wird es still.

Zwei Rabenkrähen, die während der Pause auf dem Schuldach gesessen haben, fliegen herab und streiten sich um den Rest eines belegten Brotes, das einem Schüler auf den Boden gefallen ist. Der stärkere Vogel zieht sich mit dem Futter an seinen Stammplatz auf der Ecke des Schuldaches zurück.

Von diesem Platz aus kann die Rabenkrähe das gesamte Schulgelände übersehen. Da sie ein Allesfresser ist, gibt es für sie überall etwas zu finden: am Schulteich, unter der Hecke und auf den Rasenflächen.

Der Schulhof lebt!
Der Schulhof lockt nicht nur Krähen an. Auch andere Vogelarten finden hier Futter. Einige suchen nach Resten von Obst oder picken die Beeren auf, die unter den Sträuchern liegen. Andere machen Jagd auf Insekten, die sich auf den erwärmten Steinen des gepflasterten Schulhofs aufhalten.

In den Sträuchern füttern Amseln ihre Jungen und in einem Nistkasten brüten Kohlmeisen. Rasen, Sportgelände und Wegränder sind voller Gänseblümchen und Löwenzahnblüten. Am Schulteich schwirren Libellen über die Wasserfläche.

Du siehst, es gibt überall etwas zu entdecken.

Tierfang-Expeditionen auf dem Schulgelände

1 Kröte im Kellerschacht

Lebensraum Schulteich
Am Schulteich gibt es immer etwas Besonderes zu sehen. Am Ufer wachsen Schilf und die schöne, gelb blühende Sumpfschwertlilie.

Über dem Wasser fliegen im Sommer zahlreiche Libellen. Das Wasser selbst ist voller interessanter Tiere, vielleicht entdeckst du sogar einmal einen Teichmolch. Mit einem Kescher kannst du die Tiere fangen und dann beobachten.

▶ Achtung: Befreie gefangene Tiere und setze sie nach der Beobachtung wieder in ihren Lebensraum zurück!

Fallgruben auf dem Schulgelände
Mithilfe des Hausmeisters kannst du „Fallgruben" auf deinem Schulgelände untersuchen. Das sind z. B. Außentreppen zum Keller, die Schächte unter den Kellerfenstern und unter den Fußrosten.
Hier findest du vor allem Tiere, die in der Nacht auf Beutefang waren und dabei in diese Fallgruben gerieten (▷ B 1).

Welche Tiere leben unter Brettern und Steinen?
Viele der kleinen Tiere sind nur in der Nacht aktiv. Manche von ihnen sind empfindlich gegen Sonnenstrahlen, denn sie würden schnell austrocknen. Deshalb verstecken sie sich am Tag unter Steinen, Brettern oder sonstigen Gegenständen, die auf dem Boden liegen.

Aufgaben

1 Fange vorsichtig verschiedene Kleintiere auf dem Schulgelände.
a) Betrachte die Kleintiere mit der Becherlupe. Bestimme die Tiere mit einem Bestimmungsbuch.
b) Notiere die Namen der Tiere in deinem Heft und informiere dich über die Lebensweise dieser Tiere.
Tipp: Informationen dazu findest du in Fachbüchern oder im Internet.

2 Bereitet in Gruppenarbeit eine Ausstellung zum Thema „Tiere auf dem Schulgelände" vor.
Erstellt zu jedem Lebensraum ein Plakat.

2 Tiere und Pflanzen auf dem Schulgelände

Trittpflanzen

1 Trittrasen

2 Breitblättriger Wegerich

3 Löwenzahn

Einige Pflanzen nehmen Tritte nicht übel

Der Rasen des Sportplatzes ist sehr gepflegt. Nur direkt vor den Fußballtoren will das Gras nicht so richtig gedeihen (▷ B 1). Zu viele Füße trampeln hier herum. Untersuche diese Stellen einmal genauer. Du kannst feststellen, dass der Boden durch die vielen Tritte fester und härter geworden ist als auf der übrigen Rasenfläche. Bei starkem Regen bleibt das Wasser dort länger stehen, weil es nicht versickern kann.

Nicht nur der Boden ist anders. Es wachsen dort auch Pflanzen, denen es überhaupt nichts ausmacht, ständig getreten zu werden. Die Biologen nennen diese Pflanzen „**Trittpflanzen**" und eine Lebensgemeinschaft aus solchen Pflanzen einen „**Trittrasen**". Die meisten Pflanzen, die hier wachsen, haben ihre Blätter flach auf dem Boden ausgebreitet; sie bilden eine Rosette (▷ B 2 und 3). Die Wurzeln reichen sehr tief in den Boden, um die Pflanze auch bei längerer Trockenheit noch mit Wasser versorgen zu können. Die Blätter und Stängel sind hart und nur schwer zu zerreißen.

▶ Trittpflanzen sind widerstandsfähig; sie vertragen Tritte, Trockenheit und Nässe. Ihre Stängel sind hart und die Blätter liegen meist flach auf dem Boden auf.

Aufgaben

1 a) Untersuche, welche Pflanzen vor dem Fußballtor auf dem Sportplatz wachsen.
b) Kennzeichne mit einer langen Schnur, die du auf den Rasen legst, den Bereich vor einem Fußballtor, in dem der Breitblättrige Wegerich wächst. Was fällt dir auf?
c) Vergleiche die Pflanzen der Pflasterritzen mit denen vor dem Fußballtor. Gibt es Unterschiede?

2 Wo könntest du noch weitere Trittpflanzen finden?

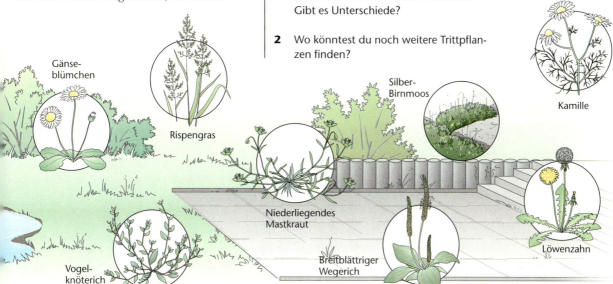

Tiere im Gefolge des Menschen

1 Eichhörnchen

2 Rotkehlchen

3 Turmfalke

Viele Lebensräume in der Stadt

„In der Stadt gibt es kaum Natur, Tiere kann man nur in der freien Landschaft beobachten!" Stimmt gar nicht: Allein in Berlin brüten über 140 verschiedene Vogelarten und Wissenschaftler schätzen, dass in jeder europäischen Großstadt etwa 18 000 verschiedene Tierarten leben. Dabei werden natürlich auch sehr kleine Tiere mitgezählt. In der Stadt gibt es sogar mehr Tierarten als auf den Äckern oder Weiden.

Die Stadt bietet viele verschiedene Lebensräume: In Parks leben Tiere des Waldes wie Rotkehlchen, Eichhörnchen und Igel. Türme und Mauern sind **künstliche Felsen**, an denen Turmfalke und Mauersegler brüten. Abfalleimer locken Krähen, Ratten, Mäuse und sogar Füchse und Waschbären an. Auf Gewässern schwimmen Enten und Gänse.
Die meisten Tiere haben in der Stadt nur wenige natürliche Feinde und verlieren oft auch die Scheu vor den Menschen. Tiere, die bevorzugt in menschlichen Siedlungen leben, nennt man **Kulturfolger**.

Der Waschbär – ein Einwanderer aus Amerika

Erst vor wenigen Jahren ist der Waschbär in unseren Städten heimisch geworden. Der Kleinbär hat seine Heimat in den Wäldern Nordamerikas. Seit 1929 gibt es ihn auch in Mitteleuropa. Er entwich aus Pelztierfarmen oder wurde ausgesetzt. Seit einigen Jahren wird er immer häufiger in Städten gesehen. Als Allesfresser durchstöbert er nachts die Mülltonnen nach Nahrung (▷ B 10).

Ungeliebte Nager

Nicht alle Tiere, die den Menschen in Städte und Dörfer folgten, sind dort willkommen. Besonders unbeliebt ist die Wanderratte (▷ B 6). Sie frisst kleinere Tiere, benagt Lebensmittel und sogar Elektrokabel. Ratten können Krankheiten übertragen, unter anderem die Pest, an der im Mittelalter viele Millionen Menschen starben. Auch noch heute müssen Städte und Gemeinden viel Geld ausgeben, um die Nagetiere zu bekämpfen, die sich in Kanälen, verlassenen Gebäuden und auf Müll ausgesprochen wohl fühlen. Auch Hausmäuse (▷ B 5) nagen Lebensmittel, Kleidung und gelagerte Gegenstände an.

Marder – Raubtiere in unseren Städten

Auch der Steinmarder (▷ B 12) hat sich die menschliche Kulturlandschaft erobert. Ursprünglich war er Bewohner von steinigen Schluchten und Gebieten mit vielen Felsen. Heute fühlt er sich in Ställen, Spei-

4 Igel

5 Hausmaus

6 Wanderratte

7 Mauersegler

8 Stockenten, Pärchen

9 Tauben in der Stadt

chern, Schuppen und sogar auf Dachböden sehr wohl. Als Raubtier jagt er nachts Mäuse und Ratten, aber auch junge Vögel, vor allem Stadttauben, stehen auf seinem Speiseplan.

Durch seine Vorliebe für Autos hat sich der Steinmarder bei manchen Autobesitzern äußerst unbeliebt gemacht. Die neugierigen Tiere kriechen in den Motorraum und zerbeißen dort Zündkabel, Wasserschläuche und andere Dinge aus Gummi oder Kunststoff. Dies kann recht teuer und gefährlich werden und einen wirksamen Schutz scheint es nicht zu geben.

Wildkaninchen

In fast allen Dörfern und Städten haben sich Wildkaninchen (▷ B 11) angesiedelt und stark vermehrt. Zum Ärger der Bewohner fressen sie die Blumen in den Parks und Gärten und schonen auch die Bepflanzungen von Gräbern nicht. Die Zahl der Kaninchen steigt schnell an, da die natürlichen Feinde – vor allem Fuchs und Habicht – in den Städten sehr selten sind. Immer wieder breitet sich aber eine Krankheit unter den Tieren aus, an der fast der gesamte Bestand stirbt.

Tauben werden zum Problem

In manchen Städten werden verwilderte Haustauben (▷ B 9) zum Problem. Sie nisten in Mauernischen und beschmutzen mit ihrem Kot die Gebäude. Die Vögel finden überall ausreichend Futter und viele Menschen füttern sie sogar noch. Sie tragen so dazu bei, dass sich die Tiere noch stärker vermehren. Der Bestand wird größer und Krankheiten breiten sich schnell aus.
Kaum einer weiß, dass diese Tauben von der Felsentaube abstammen, die in einsamen Felsenhöhlen am Mittelmeer und am Atlantik brütet. In den Mauernischen alter Gebäude finden die Vögel einen guten Ersatz für die Felsen ihrer früheren Heimat.

▶ Mit dem Menschen sind zahlreiche Tiere in Dorf und Stadt eingewandert. Sie werden Kulturfolger genannt.

Aufgaben

1. Erstelle eine Tabelle und trage in die eine Spalte Kulturfolger ein. Schreibe in die andere Spalte Namen von Tieren, die fast nie in der Stadt vorkommen (Kulturflüchter).

2. Warum ist es in vielen Städten verboten, Tauben zu füttern?

3. Nenne Gründe dafür, dass einige Tierarten in der Stadt in größerer Zahl vorkommen als in der freien Landschaft.

10 Waschbären

11 Wildkaninchen

12 Steinmarder

Alte Mauern sind künstliche Felsen

1 Natursteinmauer

Die Steinmauer als Lebensraum

Obwohl **Mauern** kleine Lebensräume sind, haben sie doch eine Menge zu bieten. Du kannst dort an warmen Tagen Eidechsen beobachten und in den Fugen der Mauer wachsen viele interessante Pflanzen. Besonders artenreich sind Mauern, die ohne Mörtel aufgeschichtet wurden (Trockenmauern) oder Kalkmörtelfugen haben. Sie sind künstliche Felsen, auf denen Farnarten und Kräuter wachsen, wie sie oft nur in den Bergen vorkommen. Einige dieser Pflanzen bevorzugen die Sonnen-, andere mehr die Schattenseite der Mauer (▷ B 1).

Die Pflanzen der Sonnenseite sind oft mit kleinen, dickfleischigen Blättern ausgestattet, in denen sie Wasser speichern. So können sie lange ohne Wasser auskommen.

Wenn die Mauer von der Sonne beschienen wird, speichern die Steine die Wärme, sodass sie nachts schön warm bleiben. Kleine Tiere wie Eidechsen, Spinnen und Insekten haben hier ideale Lebensbedingungen. Die Tiere finden in den vielen Ritzen genügend Schutz vor zu starker Sonneneinstrahlung und vor Feinden.

Auch der Fuß der Mauer, also der Boden direkt vor der Mauer, ist ein besonderer Lebensraum. Es ist dort warm und weil der Regen an der Mauer herabrinnt, gibt es stets genügend Feuchtigkeit. Abfälle und Pflanzenreste düngen den Boden sehr gut.
Wenn der Mauerfuß nicht von Wildkräutern freigehalten wird, wachsen dort u.a. Schöllkraut, Weiße Taubnessel, Große Brennnessel sowie das Kanadische Berufkraut.

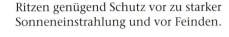
Schöllkraut

Große Brennnessel

Weiße Taubnessel

▶ Mauern sind künstliche Felsen und Lebensraum für Wärme liebende Tiere. Die Pflanzen der Mauern können Wassermangel ertragen.

Versuche

1 Miss an einem warmen Tag die Temperaturen an verschiedenen Stellen einer Mauer (Sonnenseite, Schattenseite, Mauerkrone, Mauerfuß). Notiere die Werte.

2 a) Untersuche eine Mauer und bestimme mithilfe eines Bestimmungsbuches die Pflanzen an der Sonnenseite, auf der Mauerkrone und am Fuß der Mauer.
b) Trage in eine Tabelle ein, wo die Pflanzen an der Mauer wachsen.

Aufgabe

1 Eidechsen kannst du besonders häufig an Mauern beobachten. Begründe, warum ihnen dieser Lebensraum gefällt.

Scharfer Mauerpfeffer · Mauer-Zimbelkraut · Braunstieliger Streifenfarn

Kanadisches Berufkraut · Mauerraute

Hecken sind wertvolle Lebensräume

1 Die Singdrossel frisst die Früchte des Schneeballstrauches.

2 Blühende Hecke

Auf dem Schulgelände gibt es eine Hecke. Die Sträucher bieten im Sommer Schatten und der Wind kann nicht mehr so stark über den Hof pfeifen.
Im Frühling ist die Hecke voller Blüten (▷ B 2), die von Schmetterlingen und Bienen besucht werden. An einem warmen Sommerabend entdecken Kinder eine Igelfamilie, die im alten Laub unter der Hecke nach Insekten sucht.

Am schönsten ist die Hecke aber im Herbst. Dann haben sich die Blätter verfärbt und die Früchte leuchten in vielen Farben. Selbst im Winter finden viele Vögel noch einige Beeren, die sie fressen können (▷ B 1). Wenn die Sträucher ohne Laub sind, kannst du manches Vogelnest entdecken, das im Sommer gut versteckt war.

▶ Hecken und Sträucher sind Lebensräume für viele Tiere. Sie bieten Nahrung und Schutz.

Aufgaben

1 Stelle in einer Liste zusammen, welche Vorteile die Laubhecke dem Menschen und der Tierwelt bringt.

2 Hat eine Hecke aus Nadelhölzern für Menschen und Tiere die gleichen Vorteile wie eine Laubhecke? Diskutiert die Frage.

Brennpunkt

Vorsicht Giftpflanzen!

1 Seidelbast

Manche Früchte unserer Heckensträucher sehen zwar schön aus, sind aber sehr giftig. Schon das Essen weniger dieser Früchte kann Übelkeit, Magenschmerzen, Erbrechen oder sogar den Tod herbeiführen. Am besten vermeidest du grundsätzlich, Blätter, Blüten oder Früchte unbekannter Pflanzen in den Mund zu nehmen. Bei Vergiftungserscheinungen muss unbedingt ein Arzt aufgesucht werden!

Achtung: Die Informationszentrale gegen Vergiftungen in Freiburg ist unter der Telefonnummer **0761/19 240** Tag und Nacht zu erreichen!

2 Heckenkirsche

3 Eibe

4 Goldregen

Wir beobachten Vögel beim Nestbau

1 Ein Amselmännchen warnt andere Männchen.

2 Amselweibchen beim Nestbau

3 Eier von Amseln

Amseleltern
Mit Gesang lockt das Amselmännchen im Frühjahr ein Weibchen an. Nun umwirbt es die Amsel. Dabei läuft es mit gesenkten Schwanzfedern um sie herum. Ist auch das Weibchen in Paarungsstimmung, fordert es das Männchen mit aufgestellten Schwanzfedern und gestreckter Körperhaltung zur Paarung auf.
Schaust du einmal im Garten einem Amselweibchen hinterher, das mit Grashalmen im Schnabel davonfliegt, kannst du leicht seinen Nistplatz entdecken. Er befindet sich meistens nicht weit entfernt in einer Hecke oder auf einem Baum.

Arbeitsteilung
Das Nest baut bei den Amseln das Weibchen alleine (▷ B 2). Dazu trägt es trockene Pflanzenteile herbei. Halme, Blätter und kleine Zweige legt es in einer Astgabel ab und tritt sie fest. So entsteht die Nestgrundlage. Mit Drehungen des Körpers und scharrenden Beinbewegungen formt es darin eine Mulde. Überstehende Halme flicht es mit dem Schnabel geschickt in die Wand ein. Das Nestinnere wird mit feuchtem Lehm verklebt und mit weichen Pflanzenteilen ausgepolstert.
Das Weibchen braucht die Technik des Nestbauens nicht zu lernen. Sie ist angeboren.

4 Elterntier am Nest

▶ Die Technik des Nestbauens ist den Vögeln angeboren.

Das Männchen sichert inzwischen die Umgebung des Nistplatzes. Es warnt andere Männchen durch seinen Gesang davor, dem eigenen **Revier** zu nahe zu kommen. Damit ist der Lebensraum gemeint, in dem die Tiere brüten und nach Nahrung suchen. Wird diese eindeutige Warnung nicht beachtet, so folgen Drohrufe und manchmal sogar heftige Angriffe gegen den Eindringling. Das Amselrevier hat eine Fläche von etwa 45 m x 45 m. Zum Vergleich: Auf ein Fußballfeld würden etwa vier Amselreviere passen.

▶ Der Gesang der Vögel dient der Reviermarkierung und lockt Weibchen an.

Aufgaben

1 Schreibe ein Naturtagebuch über den Fahrplan des Frühlings: Welche Vogelart singt als erste? Welche Zugvögel sind als erste zurück? Notiere die Reihenfolge.

2 Beobachte das Brutverhalten einer Vogelart. Achte bei deinen Beobachtungen auf einen großen Abstand zum Nistplatz. Du gefährdest sonst den Bruterfolg!
Beispiele für Beobachtungsaufgaben:
a) Welche Vogelarten haben im Garten oder in Schulnähe ihr Revier?
b) Hat das Männchen einen bevorzugten Platz, an dem es singt?
Beschreibe diese Singwarte genau.
c) Wo wird das Nest gebaut?
In welcher Höhe?
d) Wer baut das Nest?
e) Aus welchem Material wird das Nest gebaut?
f) Wie lange dauert es, bis das Nest fertig ist?

Aufzucht der Jungen

Im Unterschied zu Amseln bauen Kohlmeisen ihr Nest in einer Bruthöhle (▷ B 4). Die Höhle kann ein Astloch in einem alten Baum sein oder auch ein künstlicher Nistkasten. Als Nistmaterial verwenden Kohlmeisen Halme, Moos, Haare und Federn.

Junge Amseln und Meisen sind Nesthocker
Das Weibchen brütet zwei Wochen, bis das erste Meisenjunge schlüpft. Bis zu 14 Geschwister drängeln sich dann in dem kleinen Nest zusammen. So viele Nachkommen sind auch erforderlich, denn während der ersten 10 Monate sterben bereits etwa 8 von 10 Jungvögeln. Die Jungvögel sind vielen Gefahren ausgesetzt. Hauskatzen, aber auch Greifvögel wie der Sperber oder der Waldkauz, sind ihre Hauptfeinde.

Beide Eltern sorgen für Nahrung. Bis die Jungen flügge sind, bringen sie bis zu 14 000 Mal Insekten und Insektenlarven heran. Die jungen Meisen sind wie die Amseln **Nesthocker**, die erst nach 15 bis 20 Tagen flügge, das bedeutet flugfähig, werden und dann ihr Nest verlassen. Sie werden anschließend noch 1 bis 2 Wochen von den Eltern betreut. Erst dann können sie allein auf Nahrungssuche gehen.

	Brutdauer (Tage)	**Aufenthalt im Nest** (Tage)
Nestflüchter:		
Höckerschwan	35,5	
Stockente	22–26	
Lachmöwe	22–24	
Kiebitz	24	
Nesthocker:		
Buchfink	12–13	13–14
Kohlmeise	13–14	15–20
Amsel	13–14	13–15
Mäusebussard	28–31	42–49
Weißstorch	31–34	54–55

3 Brutdauer verschiedener Vögel

4 Junge Kohlmeisen im Nest

Junge Stockenten sind Nestflüchter
Anfang Mai beginnen die Stockenten zu brüten. Das Nest wird meist in Wassernähe, zwischen hohen Kräutern versteckt, angelegt. Die Jungvögel verlassen ihr Nest bereits während der ersten Tage nach dem Schlüpfen. Sie sind **Nestflüchter**, die schon nach einer Woche zum ersten Mal ins Wasser gehen (▷ B 1).

> Nesthocker bleiben nach dem Schlüpfen noch einige Zeit im Nest und werden dort gefüttert. Nestflüchter verlassen gleich nach dem Schlüpfen das Nest und folgen ihrer Mutter.

1 Junge Stockenten mit Muttertier

2 Junge Höckerschwäne mit Muttertier

Aufgabe

1. Im Internet findest du so genannte Web-Cams (Kameras), die Bilder aus Vogelnestern übertragen. Gib die Suchwörter „Vögel" und „Web-Cam" ein und durchsuche die Trefferergebnisse. Du kannst auch gezielt nach einer Vogelart suchen, z. B. dem Weißstorch. Fertige über einen Zeitraum von etwa einer halben Stunde ein Beobachtungsprotokoll an.

Das gibt's nicht an jeder Schule

1 Schulgarten
2 Gartenarbeit
3 Komposthaufen

Ein eigener Garten an der Schule
Aus dem eigenen Garten Gemüse, Blumen und Obst ernten, das Jahr über Freude an Blumen haben, immer Schmetterlinge, Bienen und andere Gartentiere in Schulnähe beobachten können! Das alles ist möglich, wenn ihr einen Schulgarten anlegt.

Was ist zu bedenken, bevor ihr einen Schulgarten anlegt?
Wenn ihr einen Schulgarten plant, müsst ihr einiges beachten:
– Wo soll der Garten angelegt werden?
– Ist der Boden geeignet und nah genug am Schulgebäude?
– Habt ihr genügend Helfer für die Gartenarbeit?
– Wen müsst ihr vorher um Genehmigung bitten?
– Gibt es jemanden, der das Projekt ständig begleitet?
– Wer trägt die Kosten, die sicherlich entstehen werden?
– Wer kümmert sich in den Ferien um den Garten?
– Wo bleiben die Früchte oder das Gemüse, das ihr erntet?

Gärtnern ohne Gift
Kaum ist der Garten angelegt, werdet ihr feststellen, dass eine Menge Tiere – besonders Insekten – ebenfalls an den Pflanzen Gefallen finden. Die mühevoll gezogenen Jungpflanzen schmecken Schnecken und Blattläusen natürlich auch. Ihr solltet diese ungebetenen Gäste durchaus bekämpfen – aber nicht mit Gift, denn darunter würden auch andere Tiere leiden. Eine **Brennnesselbrühe** ist gegen einige dieser Schädlinge ein gutes Mittel. Noch besser ist es, wenn ihr im Garten für die natürlichen Feinde dieser Tiere Unterschlupf und Niststätten baut. Besorgt euch dazu Tipps und Bauanleitungen von den Naturschutzverbänden.

Ein Komposthaufen gehört in jeden Garten
Auf einem Komposthaufen könnt ihr alle Gartenabfälle und die gejäteten Wildkräuter entsorgen. Auch Küchenabfälle, Laub und Grasschnitt gehören in den Kompost. Speisereste sollte man aber nicht hinzufügen; sie würden Ratten und Mäuse anlocken.
Nach etwa einem Jahr haben Kleintiere wie Regenwürmer, Asseln und Tausendfüßer ganze Arbeit geleistet: Das Pflanzenmaterial ist verrottet und kann als fruchtbarer Humus auf die Beete ausgebracht werden. Der Komposthaufen darf nicht zu groß sein, da er von allen Seiten ausreichend mit Luft versorgt werden muss. Er wird aus Brettern an einer halbschattigen Stelle gebaut und darf nicht zu nass werden.

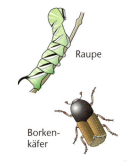
Raupe

Borkenkäfer

Blattlaus

Schildlaus

4 Schädlinge

Rezept für Brennnesselbrühe

Jeweils ein Kilogramm frische Brennnesseln wird mit 10 Liter Regenwasser in einem Holz- oder Plastikbottich angesetzt.

Nach zwei Tagen kann man die Brühe auf die Pflanzen spritzen oder mit der Gießkanne verteilen.

Die Behandlung sollte nach 14 Tagen wiederholt werden.

Werkstatt

Wir helfen Insekten

Schmetterlinge, Käfer, Hummeln, Wespen und Grillen kannst du im Garten gut beobachten.
Viele dieser Insekten sind außerdem noch hilfreich: Sie bestäuben Blüten und fressen „schädliche" Insekten.
Hier sind Tipps, wie wir die für uns nützlichen Insektenarten in Gärten und im Schulgelände ansiedeln und schützen können.

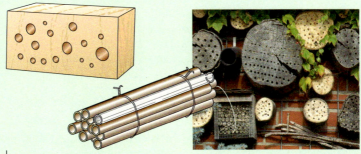

2 Nisthilfen für Insekten

1 Ohrwurm

1 Hilfe für den Ohrwurm

Ohrwürmer sehen zwar gefährlich aus, sind aber für uns Menschen völlig harmlos. Schon gar nicht kneifen oder klettern sie in die Ohren. Innerhalb von wenigen Tagen fressen sie alle Blattläuse, die auf einer Pflanze leben.

Material
Blumentopf (Ton), Holzwolle, Draht, Zange

Versuchsanleitung
Forme aus der Holzwolle ein Knäuel und umwickle dieses locker mit Draht. Fädle das Ende des Drahtes durch das Abflussloch im Blumentopf. Jetzt kannst du die „Ohrwurmwohnung" an einen Obstbaum hängen.

2 Löcher und Röhren für Bienen und Wespen

Es gibt zahlreiche Bienen- und Wespenarten, die einzeln, also nicht in großen Gemeinschaftsnestern, leben. Sie helfen uns im Garten, weil sie zum Beispiel Raupen jagen.
Die Insekten bauen Brutröhren in morschem Holz. Dort legen sie die Eier ab und bringen als Nahrungsvorrat für die Larven Blütenstaub oder Insekten in die Kammer, die sie dann verschließen.

Material
Holzklötze, Bohrer verschiedener Stärken, Bambus- oder Schilfrohre, Draht

Versuchsanleitung
Es gibt zwei Möglichkeiten:
a) Bohre in einen Holzklotz mehrere waagerechte Löcher mit einem Durchmesser von 1 bis 10 mm und einer Tiefe von 5 bis 10 cm.
b) Bündle etwa 20 cm lange Röhrchen aus Bambus oder Schilf mit Draht. Jedes Rohr muss auf einer Seite verschlossen sein. Hänge diese Bündel waagerecht an trockenen und sonnigen Stellen im Garten auf. Füge ein Glasröhrchen in das Bündel ein, damit du die Insekten gut beobachten kannst.

3 Wildbiene

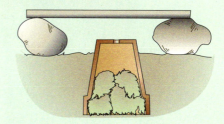

4 Nisthilfe für Erdhummeln

3 Eine Höhle für Hummeln

Hummeln sind neben Bienen die wichtigsten Bestäuber. Viele Arten werden seltener, sodass diese Insekten unsere Hilfe benötigen.

Material
Blumentopf (Ton), Moos, Spaten

Versuchsanleitung
Fülle einen größeren Ton-Blumentopf zur Hälfte mit weichem, trockenem Material (z. B. Moos). Grabe den Topf an einem sonnigen, trockenen Platz umgekehrt in die Erde ein.
Der Rand muss einige Zentimeter herausragen. Das Loch im Topfboden – es sollte etwa 15 mm breit sein – dient als Einflugloch.

Ein Garten für Tiere

Wer möchte nicht die unten abgebildeten Tiere in seinem Garten beobachten können? Hier findest du Ideen, wie die verschiedensten Lebensräume im Garten geschaffen werden können.

Überlegt gemeinsam, welche der Ideen an eurer Schule verwirklicht werden können. Ihr werdet staunen, wie schnell sich die Tiere dann einfinden!

Tipp 1

Wenn ihr **Hecken und Büsche** aus einheimischen Gehölzen pflanzt, locken die Früchte Singvögel an, die dort auch geeignete Brutplätze finden.

Tipp 2

Eine **Wandbegrünung** aus Efeu oder Wildem Wein sieht nicht nur schön aus, sie isoliert auch das Haus und bietet Vögeln Brutplätze.

Tipp 3

Viele schöne Schmetterlinge brauchen **Brennnesseln**. Die Raupen fressen ihre Blätter und die Falter schlüpfen in ihrem Schutz.

Tipp 4

Wer seinen Rasen zur **Wiese** werden lässt, spart sich nicht nur Arbeit, er lockt auch zahlreiche Insekten an, die an den Blüten der Wiese nach Nektar suchen.

Tipp 5

In alten **Baumstümpfen** finden viele Insekten und Kleintiere Unterschlupf und Nahrung. Sie locken Singvögel und Spechte an.

Tipp 6

Sandflächen in sonniger Lage sind der Lebensraum vieler Kleintiere, die trockene und warme Böden benötigen.

Tipp 7

Ein **Steinhaufen** bietet Tieren ideale Verstecke. Da die Steine die Wärme lange speichern, ist dieses ein idealer Lebensraum für wechselwarme Tiere.

Tipp 8

Selbst ein kleiner **Gartenteich**, der mit einer Folie ausgelegt ist, lockt zahlreiche Kleinlebewesen, vor allem Insekten, an.

Tipp 9

Ein **Reisighaufen** aus abgeschnittenen Ästen und Zweigen ist der ideale Platz für den Igel. Ist der Haufen hoch genug, kann der Igel dort sogar den Winter verbringen.

Schlusspunkt

Pflanzen und Tiere im Schulumfeld

▶ Lebensraum Schulhof
In den unterschiedlichen Lebensräumen eines Schulhofes können zahlreiche Tier- und Pflanzenarten leben. In Pflasterritzen und auf dem Sportplatz wachsen besonders widerstandsfähige Trittpflanzen.

▶ Kulturfolger
Mit dem Menschen sind viele Tiere wie Hausmaus, Ratte, Haustaube und Steinmarder in die Dörfer und Städte eingewandert. Man bezeichnet sie als Kulturfolger.

▶ Hecken und Gärten
Hecken und Sträucher sind Lebensräume für viele Tier- und Pflanzenarten. Vor allem bieten sie zahlreichen Arten Nahrung und Nistmöglichkeiten. Auch ein Garten bietet vielen Tieren Lebensraum.

▶ Nesthocker und Nestflüchter
Die meisten Vögel im Schulgelände sind Nesthocker. Junge Amseln werden von den Eltern im Nest gefüttert bis sie flügge sind. Nestflüchter wie Stockenten sind dagegen bald selbstständig und verlassen ihr Nest.

Aufgaben

1 „Erfinde" eine Pflanze, die in den Ritzen von Pflastern leben könnte. Wie müsste sie gebaut sein? Welche Anpassungsmerkmale müsste sie haben?

2 Unter Brettern und Steinen findest du Schnecken. Warum müssen sich die Tiere am Tag dort verkriechen?

3 Kannst du erklären, warum Amseln in jedem Jahr ein neues Nest bauen und selten das alte weiterbenutzen. (Tipp: Schau dir ein Amselnest an.)

4 Viele Tiere und Pflanzen, die in der Stadt leben, sind erst in den letzten Jahrhunderten aus fernen Ländern zu uns gekommen. Erkläre, warum diese Tiere vor allem in den großen Hafenstädten vorkommen.

5 In der rechten Spalte findest du Tiere abgebildet und daneben einen Buchstaben. Wenn du diese Tiere den Beschreibungen richtig zuordnest, ergeben die Buchstaben ein Lösungswort.

a) Der günstige Platz auf der Ecke des Schuldachs gibt diesem Vogel den Überblick!

b) Man findet sie häufig unter Brettern und Steinen.

c) Er sitzt im Frühling auf den ersten Blüten an der Hecke.

d) Dieses Tier ist im Keller und auf Dachböden, aber hoffentlich nicht in der Schulküche zu finden!

e) Wenn du die Holzwolle der aufgehängten Tontöpfe untersuchst, findest du viele davon.

f) Er sucht im Laub unter der Hecke nach Schnecken und Würmern.

g) Am Abend ging sie auf Jagd nach Würmern und Insekten. Nun sitzt sie im Kellerschacht.

h) Sie leben in Löchern der alten Holzwand.

i) Nicht jeder freut sich über diese Gäste, die auf Mauervorsprüngen sitzen.

j) Die Beeren der Hecke locken diesen Vogel an.

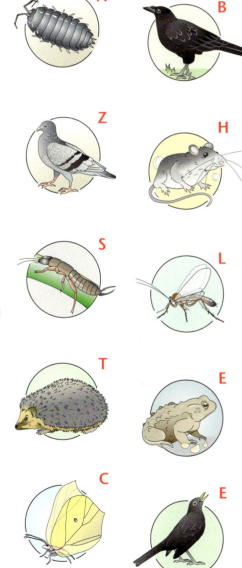

Startpunkt

Der Wald – ein Lebensraum für Pflanze, Tier und Mensch

In ihrer Freizeit zieht es viele Menschen in den Wald. Dort kann man joggen, Rad fahren, spazieren gehen oder einfach ausruhen. Aber der Wald bietet noch viel mehr!

Du kannst im Wald Rehe, Buntspechte und viele andere Tiere beobachten. Die scheuen Tiere zeigen sich allerdings nur dann, wenn es ganz ruhig ist – du darfst also keinen Lärm machen.

Wenn du den Wald erforschen möchtest, wirst du auf den nächsten Seiten viele Anregungen dazu bekommen. Dabei lernst du den Wald als Lebensraum für Tier- und Pflanzenarten kennen. Dass sie voneinander abhängig sind, wirst du an mehreren Beispielen erfahren.

Auch das seit Jahren anhaltende Waldsterben wirst du kennen lernen. Aber es gibt noch andere Störungen und Gefahren, die den Wald bedrohen. Vielleicht gelingt es dir ja, dem Wald ein wenig zu helfen.

Aufgaben

1. Zahlreiche Forstämter haben eigene Internetseiten. Eine Suchmaschine hilft dir weiter. Hier kannst du viele zusätzliche Informationen über die verschiedenen Wälder erhalten. Stelle eine kleine Liste zusammen.

2. Plant mit den Informationen aus Aufgabe 1 eine Exkursion in den nächstgelegenen Wald und notiert dabei alles, was ihr für wichtig haltet und was für euch neu ist. Nehmt folgende Dinge mit: Rucksack, Notizbuch und Bleistift, Beutel oder Schachteln zum Sammeln. Falls vorhanden, nehmt Bestimmungsbücher, Fernglas und Fotoapparat mit.

205

Strategie

Raus aus dem Klassenzimmer

Nicht immer nur stillsitzen. Exkursionen sind auch Unterricht, aber anders: Sie sind Unterricht „vor Ort". Auf einer Exkursion könnt ihr viele Einblicke in die Natur und eure Umwelt bekommen, die ihr im Klassenzimmer nicht so lebendig erfahren könnt.

A. So könnt ihr mithelfen

Eine Exkursion sollte nicht der Lehrer allein planen, ihr solltet auch eigene Ideen einbringen und bei der Vorbereitung mithelfen. Sprecht zuerst das grobe Thema mit eurer Lehrerin oder eurem Lehrer ab.

B. Sammelt Informationen über das Ziel eurer Exkursion

- Studiert Karten,
- fordert Broschüren an,
- recherchiert im Internet oder nehmt Kontakt mit Fachleuten, z. B. dem Förster, auf.

C. Legt den Ablauf fest und erstellt einen Zeitplan

- Wann geht es los?
- Wie kommt ihr an euer Ziel?
- Wo plant ihr Treffpunkte?
- Wann wollt ihr fertig sein?

D. Fragen stellen

Sammelt gemeinsam Fragen, die ihr beantwortet haben möchtet. Vielleicht kennt sich ein Mitschüler aus und kann an der Führung mitarbeiten.

E. Was ihr braucht

- Eine Schreibunterlage, Schreibzeug und Papier zum Protokollieren
- Technische Hilfsmittel wie Fernglas, Fotoapparat, Videokamera oder Kassettenrekorder
- Natürlich dürft ihr auch Lupe, Gläschen und Bestimmungsbücher nicht vergessen.
- In der freien Natur solltet ihr zweckmäßig gekleidet sein: Festes Schuhwerk und Regenschutz braucht ihr auf jeden Fall.

F. Was soll's denn kosten?

Denkt rechtzeitig an die Kosten. Wie viel müsst ihr für An- und Abreise einrechnen? Müssen eventuell auch Eintrittsgelder bezahlt werden?

Noch ist die Arbeit nicht zu Ende ...

... denn nach der Exkursion solltet ihr eure Ergebnisse dokumentieren. Ihr könnt z. B. einen Exkursionsbericht schreiben oder die gesammelten Exkursionsfunde in einer Ausstellung präsentieren. Vielleicht habt ihr auch Fotos gemacht oder gefilmt.

Viel Spaß bei eurer nächsten Exkursion!

Die Stockwerke des Waldes

Bei einer Exkursion durch das Forstrevier hält der Förster mit der Schulklasse am Rande eines Waldstücks an. Die hohen Eichen und Birken mit ihren lockeren Baumkronen lassen genügend Licht für die Pflanzen darunter hindurch.
„Stellt euch einmal vor, wir würden hier am höchsten Baum einen Fahrstuhl einrichten, um die Vögel in den Sträuchern und oben in den Bäumen beobachten zu können. Wir müssten vier Haltestationen bauen. Unten würden wir im Erdgeschoss zwischen der **Moosschicht** und der **Krautschicht** anfangen. Der nächste Halt wäre im 1. Stock in etwa 3 m Höhe, in der **Strauchschicht**." „Den nächsten Aussichtspunkt würde ich auf Höhe der kleineren Bäume, da vorne bei der Vogelbeere in 10 m Höhe bauen – an der Spitze der **ersten Baumschicht**", schlägt Sebastian vor. „Gut, Endstation wäre dann die Baumkrone unserer Eiche in der **zweiten Baumschicht** in ungefähr …, ich schätze mal 20 m Höhe", meint Ina. „Mich würde auch das Untergeschoss des Waldes interessieren, die **Wurzelschicht**. Da gibt es zwar keine Vögel, aber sicher viele andere Tiere", schlägt Ünal vor.

Nicht in allen Wäldern sind sämtliche Baumschichten vorhanden. In Buchenwäldern dringt nur wenig Licht durch das dichte Kronendach. Hier findet man neben der ersten Baumschicht meist nur eine Krautschicht. Aber auch die besteht häufig nur aus so genannten Frühblühern. Das sind Pflanzen, die im Frühjahr erscheinen, wenn die Buchen noch kein Laub haben.

▶ Der Wald ist in Wurzelschicht, Moosschicht, Krautschicht, Strauchschicht und Baumschicht gegliedert.

Ein Lebensraum für Pflanzen

1 Farne mögen es schattig.

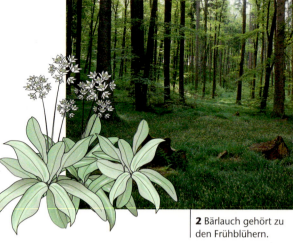

2 Bärlauch gehört zu den Frühblühern.

3 Walderdbeeren und Tollkirschen brauchen Licht.

Unterwegs im Rotbuchenwald

Wie in einer riesigen Halle mit einem Dach aus Blättern fühlen sich Rolf und Ute auf ihrem Weg durch den Buchenwald. Alle Bäume sind etwa gleich alt und gleich groß, da sie zur gleichen Zeit gepflanzt wurden. Kein Sonnenstrahl erreicht den Boden. Die Baumkronen sind dicht geschlossen. Der Waldboden ist fast nur mit Laub vom Vorjahr bedeckt. An manchen Stellen wachsen Farne (▷ B 1), die mit dem wenigen Licht am Boden auskommen. Nur dort, wo aufgrund umgestürzter Bäume Licht hinfällt, wächst ein fast undurchdringliches Dickicht.

Kleine Lichtungen

Auf Waldlichtungen kann man interessante Beobachtungen machen. Hier wachsen an mehreren Stellen Walderdbeeren. Diese Pflanzen brauchen viel Licht, um Zucker für die Früchte bilden zu können.
Eine andere „lichthungrige" Pflanze ist die Tollkirsche (▷ B 3). Ihre Früchte sehen wie Kirschen aus, sind aber äußerst giftig. Für Amseln und andere Vögel sind die Beeren der Tollkirsche dagegen unschädlich. Die Tiere scheiden die unverdaulichen Samen aus, die an geeigneten Standorten auskeimen.
Die Walderdbeere und die Tollkirsche sind Pflanzen, die auf Kahlschlägen und Waldlichtungen nicht nur wegen des Lichtes besonders gute Lebensbedingungen finden. Der humusreiche Waldboden liefert ihnen Mineralsalze, die sie hier ohne die Konkurrenz durch Bäume aufnehmen können.

Frühling im Wald

Im Frühjahr bietet der Buchenwald ein ganz anderes Bild. Der Waldboden ist fast vollständig mit blühenden Kräutern übersät. Die Rotbuchen tragen jetzt noch keine Blätter, sodass genügend Sonnenlicht auf den Boden fällt. Der Bärlauch (▷ B 2) keimt als Frühblüher aus einer länglichen Zwiebel, die über den Winter Nährstoffe gespeichert hat. Diese stellt sie jetzt der jungen Pflanze zur Verfügung, die innerhalb weniger Wochen blühen und Früchte ausbilden muss.

Auch am Waldrand zeigt sich der Frühling. Hier wachsen Sträucher, von denen einige ebenfalls früh mit der Blüte beginnen. Die Haselnuss zeigt bereits im Februar ihre Kätzchenblüten und die Schlehe sieht im April wegen ihrer vielen weißen Blüten wie mit Schnee bedeckt aus.

▶ Licht- und Bodenverhältnisse bestimmen, welche Pflanzen an einem Standort vorkommen.

Werkstatt

Wir untersuchen Pflanzen im Wald

1 Eichenblatt mit Galläpfeln

2 Bucheckern

1 Tinte aus „Galläpfeln"

Untersuche die Blätter einer Eiche. An einigen sitzen runde Gallen. Diese „Galläpfel" (▷ B 1) werden vom Blatt gebildet, wenn eine Gallwespe das Blatt ansticht und ihre Eier hineinlegt.

Material
Eichenblätter mit Galläpfeln, Lupe, Messer, Eisenfeilspäne, Glasstab, Erlenmeyerkolben, Gasbrenner

Versuchsanleitung
Öffne einen Gallapfel. Falls noch eine Larve darin sitzt, musst du sie entfernen. Nimm einige Galläpfel und schneide sie in Stücke. Lege die Stücke in einen Erlenmeyerkolben. Befülle den Erlenmeyerkolben mit 50 ml Wasser und mit 5 g Eisenfeilspänen aus der Sammlung (Vorsicht!).
Erhitze das Gemisch mit einem Gasbrenner und rühre es dabei mit einem Glasstab um.
Lasse das Gemisch abkühlen und gieße die Flüssigkeit dann vorsichtig ab. Du erhältst eine Tinte, mit der du schreiben kannst.

2 Wir sammeln Bucheckern

Bucheckern (▷ B 2) sind die Früchte der Rotbuche. Wenn du die harte Schale entfernst, kannst du sie wie Nüsse essen. Bucheckern enthalten ein nahrhaftes Öl, das für viele Tierarten ein wichtiges Nahrungsmittel ist. Du kannst das Öl leicht aus den Bucheckern gewinnen.

Material
Bucheckern, Mixer, Gazebeutel, Plastikschüssel, Gewichtsstück (mehrere Kilogramm)

Versuchsanleitung
Die sauberen Bucheckern werden mit Schale in einem Mixer zerkleinert und in einen Gazebeutel abgefüllt. Den Beutel legst du in eine Plastikschüssel und stellst ein schweres Gewicht darauf. Das Öl wird nun mit der Zeit herausgepresst. Koste das Öl mit der Fingerspitze.
Bucheckernöl wird für schmackhafte Pilz- und Wildgerichte, aber auch für Pfannkuchen verwendet.

3 Wir erstellen eine Pflanzenkarte

Material
Bestimmungsbuch, Schreibblock, Bleistift, Zollstock, Bindfaden, 4 Holzpflöcke (ca. 30 cm lang)

Versuchsanleitung
a) Wähle am Waldrand eine Untersuchungsfläche von 2 m x 2 m aus. Begrenze sie an den Eckpunkten mit jeweils einem Pflock oder einem kräftigen Stock. Verbinde die Pflöcke mit einem Bindfaden zu einem Quadrat.

b) Bestimme nun die Namen aller Pflanzenarten auf deiner Untersuchungsfläche.

c) Verwende für jede Pflanzenart ein leicht zu zeichnendes Symbol. Beispiel: + für Buschwindröschen

d) Zeichne nun auf Papier ein Quadrat mit 20 cm Seitenlänge. Es ist ein verkleinertes Abbild deiner Untersuchungsfläche. Zeichne dort möglichst alle Pflanzen mit den Symbolen ein.

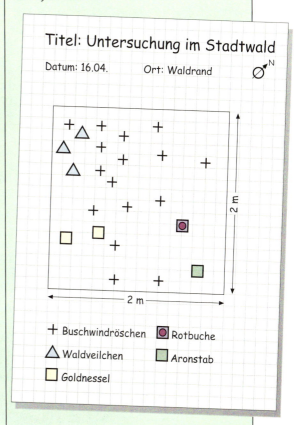

Aufgaben
1. Welche Art ist die häufigste?

2. Welche Pflanzen wachsen im Schatten anderer? Denke an die Bäume.

3. Zu welchen Schichten des Waldes gehören die einzelnen Arten?

4. Welche Arten wachsen einzeln, welche in Gruppen? Welche wachsen im Licht, welche im Schatten?

Wer zuerst blüht, bekommt das meiste Licht

1 Laubwald im Frühjahr (links) und im Sommer (rechts)

2 Das Scharbockskraut hat Wurzelknollen.

3 Buschwindröschen haben Erdstängel.

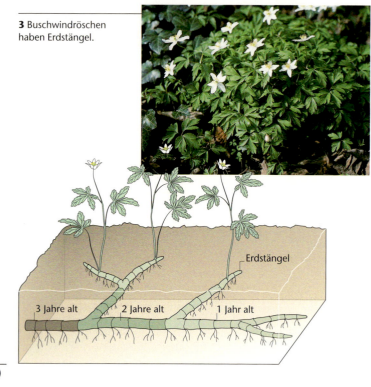

Frühblüher leben vom Vorrat

In den Osterferien darf Anne ihre Oma in der Großstadt besuchen. An einem warmen Frühlingstag fahren die beiden mit der Straßenbahn zum Stadtwald. Die Bäume haben noch keine Blätter, aber der gesamte Waldboden ist mit weißen, gelben und blauen Blüten übersät. Anne kann sich nicht erinnern, diese Blütenpracht im Sommer hier gesehen zu haben. Sie hat Recht, denn einige Pflanzen blühen nur im Frühjahr. Nicht nur das Schneeglöckchen hat **Zwiebeln**, auch zahlreiche andere Pflanzen haben unterirdische Speicher für Nährstoffe. Alle diese Pflanzen können deshalb sehr früh im Jahr ihre Blätter und Blüten entwickeln. Deshalb nennt man sie **Frühblüher**.

Erdstängel und Wurzelknollen

Die weißen Blüten, die den Waldboden wie ein Teppich bedecken, gehören dem Buschwindröschen (▷ B 1). Wenn man vorsichtig eine Pflanze ausgräbt, dann kann man entdecken, dass sich der Stängel waagerecht im Boden fortsetzt. Dieser braune **Erdstängel** (▷ B 3) ist voller Nährstoffe. Deshalb kann die Pflanze sehr schnell austreiben. Sobald sich die Blätter an den Bäumen entwickeln, fällt weniger Licht auf den Waldboden. Die Blüten und Blätter des Buschwindröschens verschwinden. Der mit frischen Nährstoffen angefüllte Erdstängel ruht bis zum nächsten Frühjahr.

An Grabenrändern und auf dem Waldboden wächst – oft gemeinsam mit dem Buschwindröschen – das gelb blühende Scharbockskraut. Es erscheint auch vor den Blättern der Waldbäume. Das Scharbockskraut hat seine Nährstoffe in dicken **Wurzelknollen** (▷ B 2) eingelagert.

▶ Zwiebel, Knolle und Erdstängel sind unterirdische Speicherorgane der Frühblüher. Die gespeicherten Nährstoffe ermöglichen es der Pflanze, früh im Jahr Blätter und Blüten auszutreiben.

Aufgaben

1. Welchen Vorteil hat es für die Frühblüher, dass sie blühen, bevor die Bäume ihre Blätter bekommen?

2. a) Nenne die wichtigsten Speicherorgane der Frühblüher und gib an, welche Pflanzen diese Organe besitzen.
b) Zeichne und beschrifte sie.

210

Lexikon
Frühblüher

Arten kommen selten auch in Deutschland vor und wachsen in alten Weinbergen. Die Blüten entwickeln sich im April aus den kleinen Zwiebeln. Die oberen, duftenden Blüten sind unfruchtbar und haben die Aufgabe, Insekten anzulocken.

Die Heimat des wilden **Märzenbechers** ist Mittel- und Südeuropa. Die Pflanze ähnelt dem Schneeglöckchen, hat aber eine glockige Blüte mit grünen Flecken. Die Pflanzen entwickeln ihre Blüten im März aus der unterirdischen Zwiebel heraus.

Die Blüte der **Schachblume** ist purpurn gefärbt mit einem Karomuster, das an ein Schachbrett erinnert. Sie stammt aus dem Mittelmeergebiet.
Die Pflanze entwickelt sich ab April aus einer sehr kleinen Zwiebel.

Wildtulpen gibt es in Vorderasien. Sie wurden im 12. Jahrhundert von Kreuzrittern nach Mitteleuropa gebracht und bereits sehr früh in verschiedenen Sorten gezüchtet. Sie waren so begehrt, dass man die Zwiebeln mit Gold bezahlte.
Heute gibt es eine unübersehbare Zahl verschiedener Formen und Farben von **Gartentulpen**.

Aus den Knollen der **Gartenkrokusse** sprießen schon im März die ersten Blüten. Die Vorfahren dieser Pflanze stammen aus dem Mittelmeergebiet.
Eine verwandte kleine, meist weiß blühende Art bedeckt im Frühjahr zu Tausenden die Bergwiesen im Hochgebirge.
Die getrockneten Narben einer wilden Krokusart liefern das teure Gewürz Safran. Man benötigt fast 200 000 Blüten für die Herstellung von 1 kg dieses Gewürzes, das Speisen gelb färbt.

Die Heimat der **Traubenhyazinthe** ist Kleinasien. Verwandte

Wilde **Narzissen** kann man heute noch überall in den Mittelmeerländern und in den Alpen finden. Gärtner haben viele verschiedene Sorten aus der Stammform gezüchtet.
Da viele Narzissenarten im März oder April, also zur Osterzeit blühen, nennt man die Pflanze auch **Osterglocke**.

Der Wald – Lebensraum für Tiere

1 Buchfink

2 Eichhörnchen

3 Schwarzspecht

4 Hohltaube

Wo die Buchen nicht alle die gleiche Größe haben, ist der Wald zu einem fast undurchdringlichen Dickicht gewachsen. Von hier aus beginnen die Wildschweine in der Dämmerung ihre Streifzüge. Sie wühlen bei der Suche nach Nahrung den Boden auf und finden mit ihrer empfindlichen Nase Engerlinge (▷ B 5), Würmer, Pilze und Bucheckern, die Früchte der Buchen.

Die meisten Tiere leben im Boden
Engerlinge sind die Larven der Maikäfer. Sie ernähren sich von Wurzeln und verbringen rund drei Jahre bis zur Verpuppung im Boden. Der Maikäfer selbst frisst während seines kurzen Lebens von etwa zwei Monaten die Blätter der verschiedensten Baumarten. Seine Eier legt er wieder in den weichen Waldboden.

Eichhörnchen nisten in den Kronen
Das Eichhörnchen kannst du mit etwas Glück bei seinen Kletterkünsten beobachten. Sein Lebensraum sind die Baumkronen. Hier baut es auch seinen Kobel, wie die Jäger das Nest nennen. Es besteht aus Zweigen, Laub, Gras und Wolle. Baumsamen, Beeren, Pilze, Nüsse, Insekten und manchmal auch Vogeleier bilden die Hauptnahrung des Eichhörnchens.

Waldtiere sind scheu
Rehe, Hirsche, Wildschweine und Spechte sind jedem Kind bekannt (▷ B 3, B 6). Aber wohl nur wenige haben sie schon in freier Natur beobachtet. Die Erklärung dafür ist einfach: Die meisten Tiere des Waldes sind dem Menschen gegenüber sehr scheu und fliehen bei einer Begegnung sofort. Dieses Verhalten schützt die Tiere auch vor ihren natürlichen Feinden.

Wildschweine fressen (fast) alles
Der Wald bietet den Tieren Flucht- und Versteckmöglichkeiten und erfüllt außerdem die unterschiedlichsten Ansprüche.

Der Buchfink – ein eifriger Sänger
Buchfinken sind im Buchenwald die häufigste Vogelart. Hier finden sie reichlich Insektennahrung, aber auch Samen verschiedener Pflanzen fressen sie gerne. Auffällig ist der schmetternde Gesang des Männchens. Damit lockt er Weibchen an und warnt Rivalen vor dem Eindringen in sein Revier.

▶ Der Wald hält für die Tiere viele passende Nahrungsquellen und Plätze als Lebensraum bereit.

5 Maikäferlarve (Engerling)

6 Wildsau mit Frischlingen

Werkstatt

Wir untersuchen Tiere im Wald

Springschwanz

Steinläufer

Saftkugler

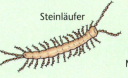
Mistkäfer

Regenwurm

1 Bewohner des Waldbodens

1 Tiere zersetzen altes Laub

Material
Probe aus der oberen feuchten Bodenschicht, Pinzette, Lupe (Stereomikroskop), Bestimmungsbuch

Versuchsanleitung
Suche in der oberen Bodenschicht nach den abgebildeten Tieren, die sich von abgestorbenen Pflanzenteilen ernähren. Betrachte dazu ein zersetztes Laubstück und andere Pflanzenreste mit der Lupe.

Aufgabe
Schreibe auf, welche und wie viele Tiere du gefunden hast.

2 Moospolster sind Kleinstlebensräume für Tiere

Material
Frisches Waldmoos, Stereomikroskop, Bestimmungsbuch

Versuchsanleitung
Untersuche einzelne Moospflänzchen mit dem Stereomikroskop bei etwa 40facher Vergrößerung.

Aufgabe
Suche nach kleinen Tieren und begründe, warum Moospolster (▷ B 2) für diese Tierarten geeignete Lebensräume sind.

2 Waldmoos

3 Wir suchen nach Rindenbewohnern

Material
Rinde alter Nadelbäume, Zeichenpapier, Bleistift

Versuchsanleitung
Im Wald findest du abgestorbene Nadelbäume, von denen du leicht die Rinde abheben kannst. Dahinter sind Fraßspuren des Borkenkäfers (▷ B 3) und seiner Larven zu finden.
Von einem senkrechten Gang, den das Weibchen angelegt hat, fressen die Larven seitliche Larvengänge. In den Puppenkammern am Ende der Gänge verwandeln sich die Larven zu Käfern.

3 Borkenkäfer

Aufgabe
Zeichne die Fraßspuren des Borkenkäfers und seiner Larve in deinen Schreibblock. Vergleiche deine Zeichnungen mit Bildern aus dem Lexikon.

4 Zapfen der Nadelbäume sind begehrte Nahrung

An die nahrhaften Samen der Nadelbäume gelangen manche Tiere dank ihrer besonderen „Werkzeuge". An der Art und Weise, wie die Zapfen bearbeitet wurden, kann man die Tierart erkennen.

Material
Von Tieren bearbeitete Zapfen, Fotoapparat

Versuchsanleitung
Sammle im Nadelwald Zapfen, die Fraßspuren erkennen lassen und ordne sie den Tierarten zu:
Von Eichhörnchen angefressene Zapfen sehen zerfranst aus, besonders am Zapfenende (▷ B 4).

4 Fraßspur des Eichhörnchens

Von Mäusen angefressene Zapfen sind unten abgerundet und an der Achse gleichmäßig bearbeitet (▷ B 5). Die Zapfen findet man meist an etwas versteckten Orten.

5 Fraßspur der Maus

Vom Specht bearbeitete Zapfen wirken zerhauen (▷ B 6). Sie sitzen oft in „Spechtschmieden" oder sind in der Baumrinde verkeilt.

6 Fraßspur des Spechts

Aufgabe
Fotografiere deine Funde und fertige eine kleine Ausstellung an.

Spechte können gut klettern

1 Buntspecht

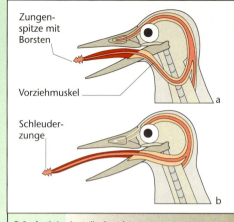

2 So funktioniert die Spechtzunge

Trommelwirbel im Wald

Trommeln verrät den Buntspecht – auch wenn man ihn nicht sieht. Das Trommeln soll Weibchen anlocken und dient gleichzeitig dazu, das Revier abzustecken.
Die Nahrung des Buntspechts besteht aus den Samen von Nadelbäumen, aus Früchten sowie Insekten und deren Larven. Mit seinem **kräftigen Schnabel** meißelt der Buntspecht Äste, Nüsse und Zapfen auf. Man nennt den Schnabel deshalb **Meißelschnabel**. Ohne besondere Stoßdämpfer würde der Vogelschädel die dabei auftretenden Erschütterungen nicht aushalten. Knochenverstärkungen und kräftige Schädelmuskeln federn die harten Schläge ab.

Mit Steigeisen und Harpune unterwegs

Die **lange Zunge** ermöglicht eine besondere Nahrungsaufnahme. Spechte können ihre Zunge weit vorstrecken. Sie ist vorne verhornt und besitzt kleine Borsten, an denen Insekten wie an den Widerhaken einer Harpune hängen bleiben (▷ B 2). Insekten können so aus engsten Gängen herausgezogen werden.
Der **Kletterfuß** mit seinen spitzen Krallen ist eine weitere Besonderheit der Spechte. Wie mit Steigeisen können sie damit an Baumstämmen hinaufklettern. Zwei Zehenpaare stehen einander gegenüber (▷ B 3). Das untere Zehenpaar dient als Stütze, das obere wirkt wie ein Haken. Wenn sie meißeln oder hüpfend abwärts klettern, stützen sich die Spechte mit den festen Federn des **Stützschwanzes** ab (▷ B 3).

> Die lange Zunge, der Meißelschnabel, der Stützschwanz und die Kletterfüße sind Anpassungen der Spechte an ihren Lebensraum.

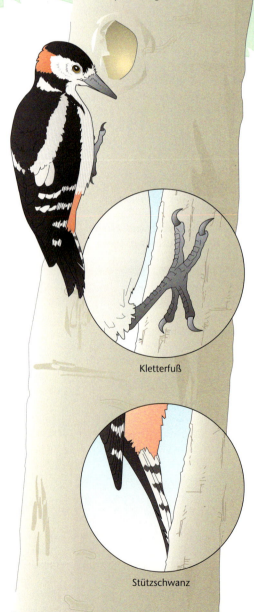

3 Anpassung an das Leben auf Bäumen

Spechte können gut klettern

4 Schwarzspecht an der Bruthöhle

5 Spechtschmiede und Spechtspuren

6 Grünspecht

Spuren im Wald
Beim Herumstreifen im Wald kannst du eine Entdeckung machen: An einem Baumstamm liegen dicht verstreut Haselnussschalen oder Nadelholzzapfen. Hier handelt es sich wahrscheinlich um eine **Spechtschmiede** (▷ B 5). Besonders im Herbst und im Winter, wenn nicht mehr so viele Insekten zur Verfügung stehen, ernährt sich der Buntspecht von den ölhaltigen Samen der Nadelbäume. Er klemmt die Zapfen oder auch die Haselnüsse fest in eine Baumspalte, die er manchmal selbst zurechtmeißelt. Nüsse behackt er stets der Länge nach, bis sie aufspringen. Da er die Baumspalte mehrfach benutzt, findet man darunter stets größere „Abfallmengen".

Nachmieter für Spechthöhlen
Buntspechte brüten in Höhlen, die sie selbst in vorwiegend morsche Bäume gemeißelt haben (▷ B 4). Hierfür braucht ein Pärchen etwa 2 bis 4 Wochen. Die Eier werden auf den Boden der Bruthöhle abgelegt. Ein Nest bauen die Buntspechte nicht. Beide Eltern brüten abwechselnd. Neben dem Buntspecht kommen bei uns auch der Grünspecht und der Schwarzspecht vor. Den Grünspecht (▷ B 6) sieht man gelegentlich auch am Boden, da er gerne Ameisen frisst.
Leere Bruthöhlen von Spechten sind wichtige Nistplätze für zahlreiche Waldvögel. Meisen, Stare, Dohlen und viele andere sind auf sie angewiesen.

▶ Spechte sind Höhlenbrüter, deren Wohnungen auch anderen Vogelarten als Nistplatz dienen.

Aufgaben

1. Ist der Buntspecht aus der Sicht des Waldbesitzers ein Schädling? Begründe deine Antwort!

2. Fasse in eigenen Worten zusammen, wodurch Spechte in besonderer Weise an ihre Lebensweise und den Lebensraum angepasst sind.

3. Suche im Internet nach Spechtarten in anderen Ländern und Erdteilen. (Specht = engl. woodpecker)

4. Welche Tierarten könnten als „Nachmieter" in verlassene Spechthöhlen einziehen? Tipp: Nimm ein Bestimmungsbuch für einheimische Tiere zu Hilfe.

Lebensgemeinschaften im Wald

1 Nahrungskette

Fressen und gefressen werden

Den Zitronenfalter kannst du im Frühjahr als einen der ersten Schmetterlinge beobachten. Seine Raupen fressen im Sommer die Blätter des Faulbaums. Andere pflanzliche Nahrung nehmen sie nicht auf.
Für die Kohlmeise ist der Schmetterling ein Leckerbissen. Die Kohlmeise selbst steht auf dem Speisezettel mehrerer Fressfeinde. In Acht nehmen muss sie sich besonders vor dem Baummarder, der ihr vor allem während des Brütens und bei der Fütterung der Jungen gefährlich werden kann. Der Baummarder wiederum kennt nur einen Feind. Der seltene Uhu schafft es bei seiner nächtlichen Jagd ab und zu, einen Baummarder zu überwältigen. Am Tag hat der flinke Jäger dagegen kaum Feinde zu fürchten.

Faulbaum, Zitronenfalter, Kohlmeise, Baummarder und Uhu bilden eine **Nahrungskette** (▷B 1). Am Anfang steht immer eine Pflanze als **Erzeuger**. Sie bildet Nährstoffe, von denen Tiere und Menschen leben. Tiere und Menschen bezeichnet man als **Verbraucher**, denn sie verzehren die gespeicherten Nährstoffe. Einige dieser Pflanzen fressenden Tiere dienen anderen Verbrauchern als Nahrung. Stehen diese am Ende der Nahrungskette, bezeichnet man sie als **Endverbraucher**.

Nahrungsnetze im Wald

Würde der Baummarder nur von Kohlmeisen leben, müsste er bald verhungern. Er macht Jagd auf alle Tiere, die er überwältigen kann. Dazu gehört auch das Eichhörnchen, das ein Glied in einer ganz anderen Nahrungskette ist.
Auch die Kohlmeise ist nicht nur auf ein Beutetier angewiesen. Viele Arten von Insekten und deren Larven bilden ihre Nahrung. So stehen Tiere und Pflanzen des Waldes wie in einem Netz miteinander in enger Verbindung.

▶ Tiere und Pflanzen sind Glieder zahlreicher Nahrungsketten, die miteinander ein verzweigtes Nahrungsnetz bilden.

Der Wald ist gefährdet

1 Müll schadet dem Wald.

2 Lärm stört die Waldbewohner.

Wir müssen Rücksicht nehmen

Auf den ersten Blick scheint alles in Ordnung zu sein. Am Waldrand treiben die Sträucher neue Blätter aus, und auch die Nadelbäume zeigen die ersten grünen Spitzen. „Schaut mal nach oben", bittet der Förster die Schulklasse. „Fällt euch an den Fichten da vorn etwas auf?" Die Wipfel der Bäume wirken stark ausgelichtet und sind deshalb sehr durchsichtig.

Nadelbäume sind besonders empfindlich gegenüber Autoabgasen und Rauch aus den Schornsteinen der Häuser und Fabriken. Diese Schadstoffe haben den Bäumen schwere Schäden zugefügt. Am deutlichsten ist das an den Nadeln zu erkennen, die gelb werden und nach einiger Zeit abfallen (▷ B 4). Durch Filteranlagen, moderne Heizkessel und Katalysatoren in den Autos konnten die Schadstoffe inzwischen deutlich verringert werden. Aber die Zunahme des Straßenverkehrs ist immer noch das Hauptproblem. Früher glaubte man, nur Nadelbäume würden durch die Schadstoffe in der Luft geschädigt. Inzwischen weiß man aber, dass auch Laubbäume dadurch krank werden (▷ B 3). Vor allem Buchen sind gegenüber Abgasen aus dem Straßenverkehr sehr empfindlich.

Lärm und Müll schaden dem Wald

Viele Menschen verbringen, wie du vielleicht auch, im Wald einen Teil ihrer Freizeit. Du kannst dort spielen, Rad fahren oder mit deinem Hund laufen. Doch du wirst beobachtet! Viele Tiere verfolgen aus sicherer Entfernung, ob von dir eine Gefahr ausgeht. Musik, lautes Geschrei und die Fahrradklingel vertreiben sie sofort (▷ B 2). Hunde können zu einer richtigen Gefahr für die Tiere werden. Jedes Jahr werden im Frühjahr und Sommer viele Tiere, besonders Rehkitze, von frei laufenden Hunden schwer verletzt oder getötet. Immer wieder sieht man besonders an Waldrändern ganze Müllberge, die achtlos hier abgeladen werden (▷ B 1). Bauschutt, selbst Kühlschränke hat man da schon gefunden. Solche „Umweltsünden" zerstören Lebensgemeinschaften und verschandeln die Landschaft. Und schließlich hat schon manche Glasscherbe einen Waldbrand ausgelöst.

▶ Schadstoffe der Luft, Lärm und Müll bedrohen die empfindlichen Lebensgemeinschaften des Waldes.

Aufgaben

1. Entwerft Plakate, auf denen die Ursachen der Waldschäden dargestellt werden. Fasst die Plakate zu einer Ausstellung zusammen. Material erhaltet ihr bei Forstämtern, Naturschutzvereinen und im Internet mithilfe einer Suchmaschine.

2. Stellt Regeln für das Verhalten von Spaziergängern und Sportlern im Wald auf. Fasst diese Regeln zu einem kleinen Flyer zusammen und denkt euch eine passende Überschrift aus.

3 Kranke Buche

4 Waldsterben

Schlusspunkt
Der Wald

1 Frühjahr

2 Sommer

3 Herbst

▶ Der Wald ist in Stockwerke gegliedert

Alle Pflanzen des Waldes lassen sich einzelnen Stockwerken zuordnen (▷ B 4). Auf die unterste Schicht, die Moosschicht, folgt die Krautschicht. Daran schließen sich Strauchschicht sowie erste und zweite Baumschicht an. Im Waldboden verborgen befindet sich die Wurzelschicht.

▶ Wälder sind Lebensräume für Pflanzen

Pflanzen sind vom Licht, vom Wasser und von Nährstoffen im Boden abhängig. Dabei sind die Ansprüche nicht bei allen Arten gleich. Im Wald wachsen einige Pflanzen im Schatten, wie zum Beispiel die meisten Farne. Andere benötigen sehr viel Licht. Hierzu zählen die Pflanzen am Waldrand und auf den Lichtungen.

▶ Pflanzen des Waldes überwintern

Den Winter überstehen die Pflanzen auf sehr unterschiedliche Weise. Die Frühblüher des Waldes legen sich Nährstoffspeicher an. Zwiebeln, Erdstängel oder Wurzelknollen enthalten so viele Nährstoffe, dass die Pflanzen im Frühjahr sofort Blätter und Blüten bilden können. Diese Pflanzen haben dadurch einen Vorsprung gegenüber anderen Arten, die erst nach und nach die Nährstoffe mithilfe des Sonnenlichtes herstellen müssen.

▶ Wälder sind Lebensräume für Tiere

Pflanzen sind Nahrung für viele Tiere des Waldes und deshalb die Grundlage für jede Lebensgemeinschaft. Nahezu alle Pflanzenteile werden von irgendeiner Tierart genutzt. Selbst abgestorbene Pflanzen werden von vielen Tieren im Waldboden gefressen. Die einzelnen Tierarten sind in ihrem Körperbau und mit ihrer Lebensweise dieser Nahrung angepasst.

▶ Spechte sind an ihren Lebensraum angepasst

Spechte sind typische Waldbewohner. Sie fressen Insekten, aber auch Samen und Früchte der Bäume und Sträucher. Ihr Meißelschnabel dient zum Öffnen von Nüssen und Früchten und zum Hacken nach Insekten, die unter der Baumrinde leben. Der Stützschwanz und die Kletterfüße ermöglichen das geschickte Klettern an Baumstämmen und Ästen.

4 Die Stockwerke des Waldes

5 Einige Bewohner des Waldes

6 Winter

▶ Lebewesen bilden Nahrungsketten

Am Anfang jeder Nahrungskette stehen Pflanzen als Erzeuger von Nährstoffen. Pflanzenfresser sind Verbraucher. Sie gewinnen Energie aus den Nährstoffen der Pflanze. Pflanzenfresser dienen ihrerseits anderen Verbrauchern als Nahrung. Am Ende jeder Nahrungskette stehen Endverbraucher, deren Zahl jedoch in der Natur sehr klein ist. Nahrungsketten sind über einzelne Glieder oft zu Nahrungsnetzen verknüpft.

▶ Schadstoffe in der Luft belasten die Wälder

Luftschadstoffe aus Industrie, Haushalten und Straßenverkehr führen zu einer Schwächung und Schädigung der Bäume. Dadurch sind sie besonders anfällig gegenüber Schädlingen und Infektionen durch Krankheitserreger. Auch Lärm und Müll stören und gefährden Pflanzen und Tiere des Waldes. Hier kann jeder durch richtiges Verhalten einen wirksamen Beitrag zum Schutz dieses wertvollen Lebensraumes leisten.

Aufgaben

1 Wodurch entstehen die unterschiedlichen Stockwerke im Wald?

2 Welche Waldtiere kennst du? In welchen Stockwerken halten sie sich vorwiegend auf?

3 Welche Frühblüher wachsen in deinem Wohnort auf Wiesen, in Wäldern und Parks? Bestimme die Pflanzen mithilfe eines Bestimmungs- oder Gartenbuchs.

4 Stelle mindestens zwei Nahrungsnetze auf, in denen der Buntspecht (▷ B 1) vorkommt.

5 Der Körper des Spechts ist in besonderer Weise an den Lebensraum Wald angepasst. Vergleiche diese Körpermerkmale mit technischen Werkzeugen oder Geräten. Beispiel: Schnabel – Meißel

6 Nach Beendigung der letzten Eiszeit vor ca. 12 000 Jahren bestanden die ersten Wälder zunächst aus Birken und Kiefern. Begründe, warum Buchen und Stieleichen noch nicht vorkamen. Ermittle dazu die Klimabedingungen für diese Baumarten.

7 Ermittle über das Internet die Waldflächen in den einzelnen Bundesländern. Welche Bundesländer haben die größten Waldflächen? Lässt sich eine Reihenfolge aufstellen?

8 Im Winter ruht der Stoffwechsel unserer einheimischen Pflanzen weitgehend. Dennoch nimmt der Sauerstoffgehalt der Luft nicht ab. Nenne hierfür eine Begründung.

9 Da in unseren Wäldern die Endverbraucher wie Wolf oder Luchs ausgestorben sind oder nur selten vorkommen, haben sich deren Beutetiere wie Rehe und Hirsche stark vermehrt. Welche Probleme für den Wald könnten sich daraus ergeben?

10 In deiner Schule gibt es eine Schulordnung. Wie müsste deiner Meinung nach eine „Waldordnung" für Besucher des Waldes aussehen? Gestalte einen Entwurf in Form eines kleinen Plakats.

11 Nicht nur Waldbäume, sondern auch Straßenbäume werden durch Schadstoffe belastet und geschädigt.
a) Erkundige dich bei der Gemeinde- oder Stadtverwaltung, ob es in deinem Heimatort solche Probleme gibt und welches die Ursachen sind.
b) Frage nach, welche Baumarten besonders empfindlich auf Schadstoffe reagieren.
c) Erkundige dich auch, ob es unempfindlichere Arten gibt.

1 Der Buntspecht

Startpunkt

Anpassung
an den Lebensraum

Säugetiere, Fische, Lurche, Reptilien und Vögel bilden die Gruppe der Wirbeltiere. Sie haben fast alle Lebensräume der Erde besiedelt.

Fledermäuse haben den Luftraum erobert, Maulwürfe leben unter der Erde und Wale schwimmen in den Meeren. Auf unseren Wiesen leben Hasen, Kaninchen und am Waldrand kannst du Rehe beobachten. Mit über 25 000 Arten sind die Fische die größte Gruppe der Wirbeltiere. In den unterschiedlichsten Farben und Formen besiedeln sie die Gewässer der Erde. Für das Leben in so verschiedenen Lebensräumen benötigen die Wirbeltiere ganz besondere Körpermerkmale.

Einige Tierarten, wie z. B. der Feuersalamander oder die Sumpfschildkröte, sind vom Aussterben bedroht, weil ihre Lebensräume zerstört werden. Sie brauchen unseren Schutz.

Fliegen wie ein Vogel – davon träumen wir alle. Einige Experimente zeigen dir, warum Vögel fliegen können.

Aufgaben

1 Welche der abgebildeten Tiere hast du schon einmal in der Natur beobachtet? Berichte darüber.

2 Überlege, welche typischen Merkmale Wirbeltiere haben.

Reh und Hirsch

1 Rehbock mit Ricke

Rehe sind Kulturfolger
In der Dämmerung kommen Rehe (▷ B 1) aus dem Schutz des Waldes auf angrenzende Wiesen und Felder. In kleinen Rudeln suchen sie hier nach Nahrung. Mit den Nutzpflanzen, die sie hier finden, ergänzen sie ihre natürliche Nahrung, die aus Wildfrüchten, Kräutern, Blättern und Knospen besteht. Damit sind Rehe typische **Kulturfolger**. So nennt man Tiere, die die Nähe menschlicher Siedlungen und Anbauflächen suchen. Rehe sind **Wiederkäuer**: Sie verschlingen ihre Nahrung schnell, um diese später, im Schutz des Waldrandes, in Ruhe wiederzukäuen und zu verdauen.

Scheu wie ein Reh
Rehe sehen nicht sehr gut, können aber einen Menschen schon aus 300 m Entfernung wittern und haben ein gutes Gehör. Die Tiere besitzen einen hellen Fellfleck am Hinterende, den **Spiegel**. Bei der Flucht wirkt der Spiegel für die nachfolgenden Tiere wie eine Signallampe, der sie folgen.

Schutz für Kitze
Im Mai oder Juni bringt die Ricke 1 bis 2 Kitze zur Welt. Da die Jungen in den ersten Lebenswochen keinen Geruch an sich haben, können Feinde sie nicht wittern. Durch ihre braune Farbe mit den weißen Punkten sind die Jungtiere gut getarnt (▷ B 2). Nach der Geburt liegen die Kitze etwa 3 bis 5 Tage auf der Erde. Dann folgen sie der Mutter und fressen etwa ab dem zehnten Tag selbst Pflanzennahrung.

▶ Rehe haben einen sehr guten Geruchssinn und ein gutes Gehör. Die Kitze sind durch die Färbung und ihre Geruchlosigkeit gut getarnt.

Gibt es zu viele Rehe?
Da Rehe bei uns kaum natürliche Feinde wie Wolf, Bär und Luchs haben, können sie sich stark vermehren. Die Tiere schädigen die Bäume im Wald durch den Verbiss von Knospen und jungen Trieben. Deshalb muss der Mensch mithilfe der Jagd den Rehbestand in Grenzen halten.

Kräftemessen mit dem Geweih
Nur der Rehbock trägt ein **Geweih**. Es dient ihm in der Paarungszeit als Waffe gegen Rivalen im Kampf um die Weibchen. Das Geweih besteht aus Knochen und wird jedes Jahr im November oder Dezember abgeworfen. Sofort danach wächst über die Bruchstelle eine Haut, unter der sich der neue Knochen für das nächste Geweih aufbaut (▷ B 4). Sind die neuen Geweihstangen im März fertig, so stirbt der Knochen ab. Die Haut, die den Knochen mit Nährstoffen versorgt hat, wird nun nicht mehr benötigt und der Rehbock streift sie ab. Da er dies an Bäumen und Sträuchern tut, kann deren Rinde geschädigt werden.

2 Rehkitz

3 Ricke säugt ihr Kitz

Der Rothirsch ist ein Wanderer

Sommer- und Winterquartier der Hirsche liegen oft weit auseinander, sodass die Tiere weite Wanderungen auf sich nehmen müssen, wenn sie das Revier wechseln. Hirsche sind ausdauernde Läufer. In unserer zergliederten Waldlandschaft haben die Tiere allerdings Schwierigkeiten, geeignete Reviere zu finden. Hirsche sind deutlich größer als Rehe und besitzen keinen Spiegel am Hinterende. Sie ernähren sich ähnlich wie die Rehe. Das Geweih des Hirsches ist wesentlich größer als das des Rehbocks. Die Geweihbildung vollzieht sich aber auf die gleiche Weise.

Der Rothirsch wirft sein Geweih im Februar oder März ab. Es dauert etwa drei Monate bis das Geweih wieder vollständig nachgewachsen ist.

Wer wird Platzhirsch?

Hirsche sind gesellige Tiere und leben in getrenntgeschlechtlichen **Rudeln**. Ein Rudel mit Hirschkühen und Jungtieren, die Hirschkälber genannt werden, umfasst etwa 8 bis 10 Tiere.

In der Paarungszeit, der **Brunft**, treiben geschlechtsreife Hirsche ein Rudel mit weiblichen Tieren zusammen. Der Platzhirsch muss sein Revier und die Weibchen oft gegen jüngere Rivalen verteidigen. Durch lautes Röhren wird der Platzhirsch zum Kampf (▷ B 5) herausgefordert. Meist verlaufen die Kämpfe, die mit dem mächtigen Geweih ausgetragen werden, unblutig. Es kann aber auch zu schweren Verletzungen kommen. Im Mai oder Juni des nächsten Jahres bringt die Hirschkuh ein Kalb zur Welt. Das Kalb bleibt fast ein Jahr bei der Mutter, bis im nächsten Jahr ein neues Kalb geboren wird.

▶ Hirsche leben in großen Waldgebieten. Die Männchen besitzen ein großes Geweih. In der Brunftzeit finden heftige Kämpfe der männlichen Tiere um die Weibchen und das Revier statt.

Aufgaben

1 Stelle in einer Tabelle Gemeinsamkeiten und Unterschiede von Reh und Hirsch zusammen.

2 Beschreibe die Geweihbildung bei Rehbock und Hirsch.

3 Oft werden Rehe und Hirsche im Winter vom Menschen gefüttert. Nenne Gründe für und gegen die Winterfütterung.

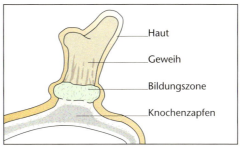

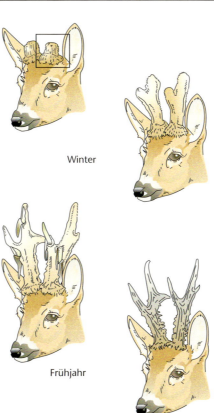

4 Geweihentwicklung beim Rehbock

5 Kämpfende Hirsche

Eichhörnchen sind Kletterkünstler

1 Eichhörnchen beim Sprung

2 Junges Eichhörnchen im Kobel

Leben auf Bäumen
Geschickt klettert ein Eichhörnchen den Baumstamm rauf und runter und springt gekonnt von Ast zu Ast (▷B 1).
Die langen, scharfen Krallen an Fingern und Zehen haken sich in die Rinde des Baumes ein.
Der buschige Schwanz hilft den Tieren, beim Klettern, Springen und Balancieren das Gleichgewicht zu halten.

Eine Wohnung in den Baumkronen
Eichhörnchen werden hoch oben in den Bäumen geboren. Ihr kugelförmiges Nest, der **Kobel** (▷B 2), besteht aus einem Geflecht von Zweigen. Er besitzt ein dichtes Dach und wird mit Moos und Gras ausgepolstert.
Im Frühjahr bringt das Weibchen meist fünf nackte und blinde Junge zur Welt. Die Jungtiere sind **Nesthocker**. Viele Jungtiere fallen dem Baummarder oder Greifvögeln zum Opfer.

Eichhörnchen sind Nagetiere
Die Nahrung der Eichhörnchen besteht hauptsächlich aus Eicheln, Nüssen, Bucheckern sowie den Samen aus Tannen- und Fichtenzapfen. Aber auch Insekten, Vogeleier oder sogar aus dem Nest gefallene Jungvögel werden nicht verschmäht.

Eichhörnchen gehören zu den **Nagetieren.** Wie alle Nagetiere haben sie im Ober- und Unterkiefer ein Paar kräftige Schneidezähne, die **Nagezähne** (▷B 4). Dort, wo bei uns die Eckzähne sitzen, haben Nagetiere eine Zahnlücke. Die kräftigen Nagezähne knacken jede noch so harte Nuss. Dabei nutzen sich die Zähne allmählich ab. Für die Tiere kein Problem, denn die Nagezähne wachsen ständig nach.

Eichhörnchen im Winter
Eichhörnchen halten **Winterruhe**. Sie schlafen nur einige Tage in ihrem Kobel, wachen auf und fressen von ihren Vorräten, die sie im Herbst angelegt haben. Mit ihrem sehr guten Geruchssinn finden sie die meisten der angelegten Vorräte auch wieder. Da sie aber dennoch manche der vergrabenen Samen und Früchte nicht mehr finden, tragen sie so auch zur Verbreitung von Pflanzen bei.

▶ Lange Krallen an Zehen und Fingern ermöglichen den Eichhörnchen, schnell an Bäumen zu klettern. Der buschige Schwanz hilft ihnen dabei, das Gleichgewicht zu halten.

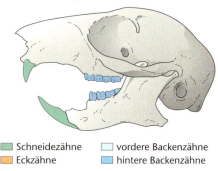

■ Schneidezähne   □ vordere Backenzähne
■ Eckzähne   ■ hintere Backenzähne

4 Schädel eines Eichhörnchens

3 Von Eichhörnchen bearbeitete Nüsse

Aufgaben
1 Nenne Beispiele von Haustieren, die zu den Nagetieren gehören.

2 Beschreibe, wie Eichhörnchen den Winter überstehen.

Der Maulwurf – ein Leben unter Tage

Eine unterirdische Erdwohnung

Die vielen kleinen Hügel auf Feldern, Wiesen und in Gärten zeigen uns, dass hier ein Maulwurf sein Revier hat. Könnten wir unter die Erde sehen, so würden wir ein weit verzweigtes unterirdisches Gangsystem erkennen, in dem neben einem großen Wohnkessel verschiedene Vorratsräume vorhanden sind (▷ B 3).

Der Spezialist unter Tage

Der Körper des Maulwurfs ist sehr gut an das Leben unter der Erde angepasst. Sein etwa 15 cm langer Körper ist **walzenförmig**. Die Kopfform ist spitz, sodass er gut in der Erde wühlen kann. Dabei hilft dem Maulwurf auch die rüsselartig verlängerte Nase.

Für seine Wühlarbeit unter der Erde besitzt der Maulwurf eine speziell ausgebildete **Grabhand**. Die Grabhände haben eine zusätzliche Kralle, das **Sichelbein** (▷ B 3), das beim Graben hilft. Das dichte Fell des Maulwurfs hat keine bestimmte Wuchsrichtung, deshalb kann er ohne Probleme vorwärts und rückwärts durch seine Gänge laufen.

Der Maulwurf sieht schlecht, dafür sind sein **Geruchs**- und sein **Tastsinn** sehr gut ausgebildet. Die Ohren liegen unter dem Fell und haben keine Ohrmuscheln. Dennoch hört der Maulwurf sehr gut.

Der Maulwurf – ein unermüdlicher Jäger

Mit den kleinen, spitzen Zähnen des **Insektenfressergebisses** (▷ B 1) jagt er vor allem Würmer, Asseln, Spinnen, Lurche, kleine Kriechtiere, Mäuse, Schnecken, Spitzmäuse und Insektenlarven. Alle 3 bis 4 Stunden durchstreift er seine Gänge, um nach Nahrung zu suchen.

Maulwürfe sind Einzelgänger

Treffen zwei Maulwürfe aufeinander, kämpfen die Einzelgänger auf Leben und Tod. Es kommt sogar vor, dass der Sieger den unterlegenen Artgenossen auffrisst.

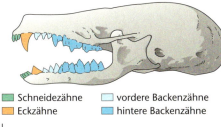

- ■ Schneidezähne ■ vordere Backenzähne
- ■ Eckzähne ■ hintere Backenzähne

1 Schädel eines Maulwurfs

2 Maulwurf

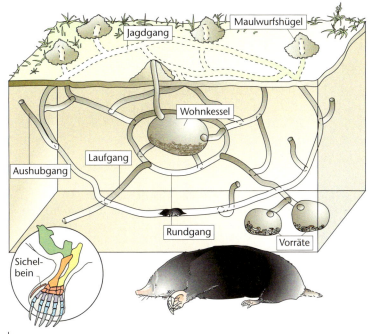

3 Bau des Maulwurfs, Grabhand

Vorräte für den Winter

Der Maulwurf hält keinen Winterschlaf. Für den Winter legt er Vorräte in speziellen Kammern an. Vor allem Insekten und Regenwürmer dienen als Nahrung in der kalten Jahreszeit. Die Regenwürmer lähmt er durch einen Biss, sodass sie zwar noch leben, sich aber nicht mehr in der Erde vergraben können.

▶ Maulwürfe sind durch den walzenförmigen Körper, die Grabhände, das Fell ohne Wuchsrichtung und den feinen Geruchs- und Tastsinn sehr gut an das Leben unter der Erde angepasst.

Aufgabe

1 a) Erkläre die wesentlichen Anpassungen des Maulwurfs an das Leben unter der Erde.
b) Weshalb kann der Maulwurf ohne Winterschlaf auskommen?
c) Warum ist der Maulwurf bei Gärtnern ein ungeliebter Gast?

Die Fledermaus – ein fliegendes Säugetier

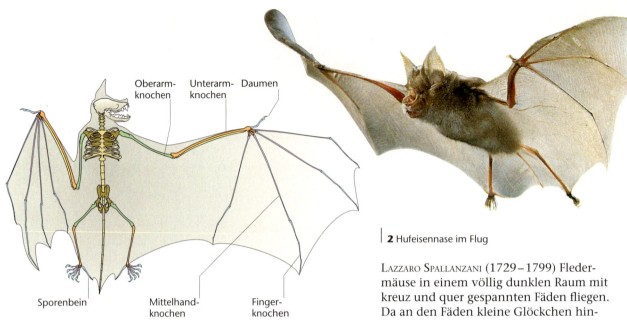

1 Skelett einer Fledermaus

2 Hufeisennase im Flug

3 Schädel einer Fledermaus

- Schneidezähne
- Eckzähne
- vordere Backenzähne
- hintere Backenzähne

Die mit den Händen fliegen
Fledermäuse sind weder mit den Vögeln noch mit den Mäusen verwandt. Der wissenschaftliche Name der Tiere ist sehr treffend gewählt. Chiroptera, die – mit – den – Händen – fliegen.

Eine Fledermausart, die du bei uns gelegentlich sehen kannst, ist z. B. der Abendsegler. Die Hufeisennase (▷B 2) ist dagegen sehr selten.
Die Flügel der Fledermäuse sind elastische Häute, die zwischen den Vorder- und Hinterbeinen sowie dem Schwanz gespannt sind. Die Finger sind stark verlängert und bilden so eine Stütze für die Flughaut (▷B 1 und 2). Der Körper der Fledermäuse ist mit einem dichten Haarkleid bedeckt. Flughäute und Ohren sind meist haarlos. Fledermäuse leben im Verborgenen: Tagsüber schlafen sie in Höhlen, auf Dachböden oder in Kirchtürmen, dabei hängen sie kopfüber an Balken oder Mauervorsprüngen und hüllen sich mit ihrer Flughaut ein (▷B 6). Nachts gehen die Tiere auf Jagd.

Viele Fledermäuse fressen Insekten
Die heimischen Fledermausarten ernähren sich fast durchweg von Insekten. Ihr Gebiss (▷B 3) besteht aus kleinen spitzen Zähnen. In den Tropen gibt es aber auch reine Vegetarier unter den Fledermäusen.

Mit Ultraschall durch die Nacht
Wie finden Fledermäuse in völliger Dunkelheit ihre Beute? Um das herauszufinden, ließ der italienische Naturforscher LAZZARO SPALLANZANI (1729–1799) Fledermäuse in einem völlig dunklen Raum mit kreuz und quer gespannten Fäden fliegen. Da an den Fäden kleine Glöckchen hingen, konnte er feststellen, dass die Tiere nie an die Fäden stießen. Verstopfte er den Fledermäusen allerdings die Ohren, so konnten sie sich nicht mehr orientieren und stießen gegen die Fäden. Erst 1938 entdeckten Forscher, dass Fledermäuse sehr hohe und für den Menschen unhörbare Schreie ausstoßen. Diese für uns unhörbaren Töne nennt man **Ultraschall**. Diese Schallwellen werden von Hindernissen und Beutetieren als Echo zurückgeworfen und von den Tieren mit ihren empfindlichen Ohren wahrgenommen. So können die Tiere auch bei völliger Dunkelheit jagen. Fledermäuse „sehen also mit den Ohren". Dabei können sie erstaunlich schnell fliegen. Manche Arten bringen es auf bis zu 50 km/h.

Hättest du das gedacht?

Die kleinste bekannte Fledermausart ist die **Hummelfledermaus** mit einem Gewicht von 2 g, einer Länge von 3 cm und einer Spannweite von 12 cm.

Der **Riesen-Flughund** hat ein Gewicht von 1,5 kg, ist etwa 50 cm lang und hat eine Flügelspannweite von 170 cm. Er lebt in Südamerika.

Einzelkinder

Im Juni bringen die Weibchen in speziellen „Wochenstuben", eigens dafür ausgesuchten Höhlen, meist ein Junges zur Welt. Die Jungtiere werden gesäugt und sind nach etwa 6 bis 8 Wochen selbstständig.

Kopfüber durch den Winter

Unsere heimischen Fledermäuse halten einen **Winterschlaf**. Sie hängen sich in ihren Winterquartieren in Gruppen kopfüber an Vorsprüngen auf, umhüllen sich mit der Flughaut und fallen in einen tiefen Schlaf. Mit dem Fettvorrat, den die Tiere sich im Laufe des Jahres angefressen haben, müssen sie 5 bis 6 Monate auskommen.

Nicht gejagt – und doch bedroht

Fledermäuse stehen unter Naturschutz. Trotzdem sind unsere heimischen Arten bedroht. Eine der Ursachen hierfür ist der Verlust an Schlafplätzen, da der Mensch immer mehr Kirchtürme, Scheunen und Höhlen verschließt. Eine andere Ursache liegt in der Verwendung von Insektengiften. Diese vernichten die Nahrung der Fledermäuse. Auch die Fledermäuse können durch das Insektengift geschädigt werden.

▶ Fledermäuse sind fliegende Säugetiere, die sich mit Ultraschall orientieren. Sie fressen Insekten und halten Winterschlaf. Fledermäuse sind bedroht.

Vampire – gibt's die wirklich?

Es gibt tatsächlich auch Vampire (▷ B 5) unter den Fledermäusen. Mit den kleinen, messerscharfen Zähnen ritzen sie die Haut ihrer „Blutspender" unmerklich an und lecken das austretende Blut auf. Diese Vampire leben ausschließlich in Mittel- und Südamerika. Sie ernähren sich vor allem vom Blut von Pferden, Rindern, Hunden oder Ziegen. Aber auch schlafende Menschen werden nicht verschont. Der Biss an sich ist aber völlig harmlos und der Blutverlust nicht groß. Die größte Gefahr bei solchen Fledermausbissen liegt in der Übertragung ansteckender Krankheiten.

Aufgaben

1. Wie gelingt es Fledermäusen, sich in völliger Dunkelheit zurechtzufinden?

2. a) Nenne Gründe, weshalb Fledermäuse bedroht sind.
   b) Wie kann der Mensch den vom Aussterben bedrohten Fledermäusen helfen?

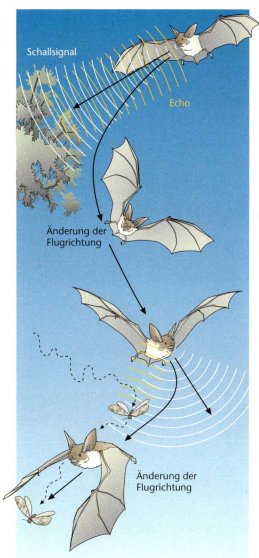

4 Fledermäuse orientieren sich mit Ultraschall.

6 Schlafende Fledermaus

5 Vampirfledermaus

Strategie

Ein Referat wird geplant

Fledermäuse sind interessante Lebewesen. Es lohnt sich daher, sich einmal näher mit ihnen zu beschäftigen.
Vielleicht kannst du gemeinsam mit einer Klassenkameradin oder einem Klassenkameraden ein Referat über die Fledermaus anfertigen und es dann eurer Klasse vortragen.

Hier nun einige Tipps, wie man bei der Anfertigung eines solchen Referats vorgeht.

A. Informationen zusammentragen
Zunächst heißt es, Informationen und Material zu sammeln.

B. Sortieren und auswählen
Bei der Menge an Informationsmaterial, die du finden wirst, ist es wichtig, eine Auswahl zu treffen. Hier kommt es z.B. darauf an, ob du den Schwerpunkt auf die Physik oder die Biologie legen willst. Benutze nur Texte, die du selbst verstehst und die du interessant und spannend findest.
Suche einige Fotos und Abbildungen aus, die die Fledermaus deutlich zeigen.

wichtig / unwichtig

Bilder / Stichworte / Texte

interessant / langweilig

C. Das Referat schreiben
Wenn du eine Vorauswahl getroffen hast, wird es Zeit zu überlegen, welche Form das Referat haben soll.

Ein Referat sollte so aufgebaut werden:
- Einleitung
Hier gibst du eine kurze Einführung zum Thema. Worüber wirst du berichten? Warum hast du dieses Thema ausgesucht?

- Hauptteil
Dieser Teil enthält alles, was du herausgefunden hast.

- Quellenangabe
Hier führst du auf, welche Bücher, Texte usw. du benutzt hast, um dein Referat zu schreiben.

Meistens ist es so, dass du zunächst dein Referat schreibst. Damit deine Mitschülerinnen und Mitschüler erfahren, was du alles herausgefunden hast, ist es möglich, das Referat zu kopieren und es an alle zu verteilen. Oft ist es aber für die anderen interessanter, wenn du ihnen deine Ergebnisse vorträgst.

Fasse dich kurz. Schreibe die wirklich wichtigen Dinge auf. Dafür reichen meistens 1 bis 2 DIN-A4-Seiten. Bei dieser Menge ist es dann vielleicht auch möglich, das Referat für alle Mitschüler deiner Klasse zu kopieren.
Möglicherweise kannst du sogar Arbeitsblätter machen (mit Lückentexten oder Ähnlichem), die du in der Klasse verteilst.

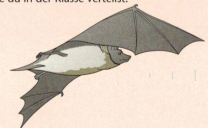

Wenn du Bilder findest, die für alle interessant sind, dann lasse sie dir von deiner Lehrerin oder deinem Lehrer kopieren. Vielleicht sind sie so gut, dass sie im Klassenraum aufgehängt werden können. Andere Bilder kannst du aber sicher auch selbst (ab)malen.
Auch ein Modell (z.B. eine präparierte Fledermaus aus der naturwissenschaftlichen Sammlung) könnte das Referat noch abwechslungsreicher machen.
Manchmal gibt es im Fernsehen Naturfilme zu sehen. Vielleicht gelingt es dir, einen Film über Fledermäuse aufzunehmen. Du könntest ein Stück des Films im Unterricht zeigen, damit alle die Fledermaus einmal in der Natur sehen.

Bei einem Referat ist es wichtig, dass es ordentlich geschrieben ist. Schreibe also leserlich oder, wenn du einen Computer zur Verfügung hast, drucke das Referat aus.

Aber: Schreibe niemals Texte aus Büchern oder aus dem Internet ab, die du selbst nicht verstehst. Deine Mitschülerinnen und Mitschüler sollen verstehen, was vorgetragen wird. Wenn du einen Begriff nicht kennst, dann kannst du im Lexikon, in anderen Büchern oder auch im Internet nach Erklärungen suchen.

D. Der Vortrag

Ein Referat soll möglichst nicht vorgelesen werden. Für die Zuhörer ist es spannender und interessanter, wenn du ihnen die wichtigsten Inhalte frei vorträgst. Das ist gar nicht so schwer, wenn du folgende Tipps beachtest.

- Unterstreiche / markiere in deinem geschriebenen Referat wichtige Sätze und Begriffe.

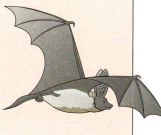

- Notiere diese Stichpunkte auf einem Blatt oder auf kleinen Karteikarten, die du durchnummerierst. Nur diese Stichpunkte solltest du bei deinem Vortrag benutzen.

- Übe den Vortrag zu Hause, z.B. vor dem Spiegel, einer Freundin oder einem Freund.

- Bitte bei deinem Probevortrag die Zuhörer, dir Fragen zu stellen. Merke dir, welche Fragen gestellt wurden, und ergänze deinen Vortrag entsprechend.

- Schaue deine Mitschülerinnen und Mitschüler beim Vortrag an.

- Manche wichtige Fakten kannst du an der Tafel vermerken, sodass sie mitgeschrieben werden können. Auch hier gilt: kurz fassen!

Nun kann eigentlich nichts mehr schief gehen!

Was macht den Fisch zum Fisch?

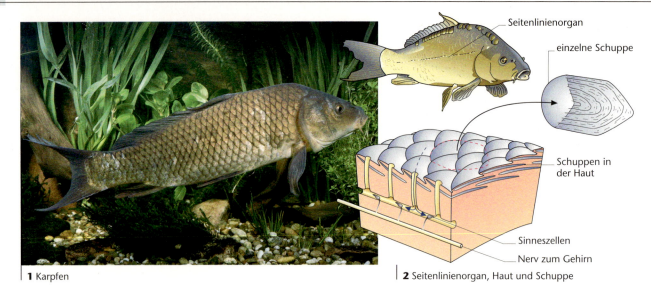

1 Karpfen

2 Seitenlinienorgan, Haut und Schuppe

Karpfen – ein Leben im Teich

Karpfen (▷ B 1) verbringen ihr ganzes Leben im Wasser: Hier werden sie geboren und hier wachsen sie heran. Im Wasser finden die Fische ihre Nahrung, hauptsächlich Pflanzenteile und kleine Tiere. Sie atmen unter Wasser und pflanzen sich auch hier fort. Sie sind also hervorragend an das Leben im Wasser angepasst. Aber was genau kennzeichnet den Karpfen als Fisch?

Die Wirbelsäule stützt den Körper

Der stromlinienförmige Körper eines Karpfens ist in Kopf, Rumpf und Schwanz untergliedert. Dadurch gleitet er ohne großen Widerstand durchs Wasser. Im Innern dient die **Wirbelsäule** (▷ B 3) als Stütze für den Fischkörper.

Neben den Skelettknochen besitzen Fische noch die dünnen fadenartigen **Gräten**, die aus verknöchertem Bindegewebe bestehen. Im Unterschied zu den Rippen sind die Gräten nicht mit der Wirbelsäule verbunden.

Flossen zur Fortbewegung

Karpfen schwimmen mit schlängelnden Bewegungen. Diese kommen durch das abwechselnde Zusammenziehen der seitlichen Rumpfmuskeln zustande. Als zusätzlicher Antrieb dient die **Schwanzflosse**. Zur Steuerung setzen die Fische die **Brust**- und **Bauchflossen** ein, die paarweise vorhanden sind. Mit der **Rücken**- und der **Afterflosse** halten die Karpfen während des Schwimmens das Gleichgewicht.

Schuppen bedecken den Körper

Die Körperhülle der Karpfen besteht aus einer Hautschicht mit Schleimzellen. Der von ihnen abgegebene Schleim vermindert den Reibungswiderstand beim Schwimmen und schützt vor Hautkrankheiten. Bei den meisten Fischarten liegen in der Haut kleine Knochenplättchen, die **Schuppen** (▷ B 2). Diese sind wie Dachziegel angeordnet und schützen so den Körper.
Die Körpertemperatur der Fische ist von der Wassertemperatur abhängig: Fische sind **wechselwarme** Tiere.

Das Seitenlinienorgan – ein besonderes Sinnesorgan

Fische haben ein besonderes Sinnesorgan, das du bei anderen Tieren nicht findest: das **Seitenlinienorgan**. Von außen sieht man nur winzige Poren, die vom Kopf bis zum Schwanz eine Linie bilden (▷ B 2). Diese Poren führen zu einem Kanal unter der Haut, in dem **Sinneszellen** liegen, die durch Wasserbewegungen gereizt werden.

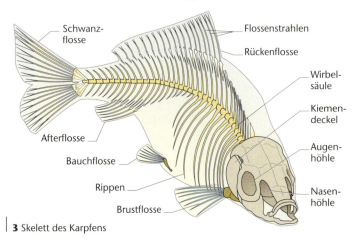

3 Skelett des Karpfens

So nehmen Fische kleinste Veränderungen der Wasserströmung wahr.

Blick ins Innere

Betrachtet man die inneren Organe eines Karpfens, fällt die **Schwimmblase** (▷ B 4) auf. Es handelt sich um eine gasgefüllte Blase, die die meisten Fische besitzen. Dieses Organ ermöglicht es den Fischen, im Wasser zu schweben, aufzusteigen oder abzusinken. Hierzu wird die Gasmenge in der Schwimmblase vergrößert oder verringert.

Atmen unter Wasser

Das wichtigste Merkmal der Fische ist ihre Fähigkeit, unter Wasser zu atmen. Wasserlebende Säugetiere wie Wale können zwar bis zu zwei Stunden tauchen, müssen dann jedoch an die Wasseroberfläche schwimmen, um Luft zu holen.

Fische dagegen besitzen spezielle Atmungsorgane – die **Kiemen** (▷ B 5). Mit ihnen nehmen sie den nötigen Sauerstoff direkt aus dem Wasser auf.
Dazu pumpen sie durch Bewegungen ihrer Mund- und Kiemenhöhlen Wasser an den Kiemen vorbei. Hinter den Kiemendeckeln liegen hintereinander vier Kiemenbögen mit vielen sehr dünnen, stark durchbluteten **Kiemenblättchen** (▷ B 5). An diesen strömt ständig Wasser vorbei. Der im Wasser gelöste Sauerstoff wird hier ins Blut aufgenommen, Kohlenstoffdioxid wird an das Wasser abgegeben.

▶ Typische Merkmale eines Fisches sind:
– der stromlinienförmige Körper,
– die Flossen,
– die Schuppen,
– das Seitenlinienorgan,
– die Schwimmblase sowie
– die Kiemen.

Aufgaben

1. a) Skizziere den Körperumriss eines Fisches, zeichne die Flossen ein und beschrifte sie.
   b) Welche Flossen eines Karpfens sind paarweise vorhanden, welche einzeln? Nenne jeweils ihre Funktion.

2. Wo liegt bei Fischen die Schwimmblase? Erkläre die Funktion dieses Organs.

3. Beschreibe den Weg des Wassers, das ein Fisch beim Atmen einsaugt.

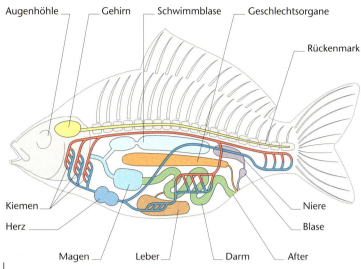

4 Innere Organe eines Fisches

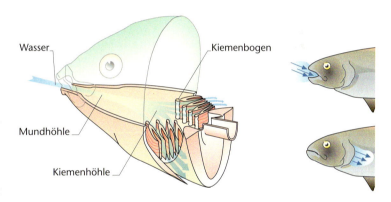

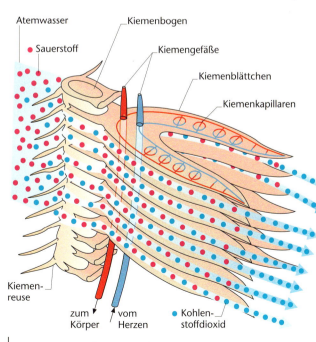

5 Aufbau und Funktionsweise der Kiemen

Werkstatt

Wir untersuchen eine Forelle

Material
Forelle (nicht ausgenommen, ca. 25 cm lang), Präparierschale, Papiertücher, spitze Schere, Pinzette, Präpariernadel, Lupe, Skalpell (Beachte bitte, dass Skalpelle sehr scharf sind, du musst deshalb vorsichtig damit umgehen!)

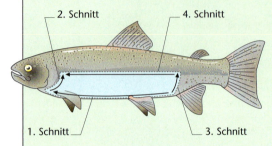

1 Schnittführung

1 Körperbau der Forelle
Versuchsanleitung
Lege die Forelle in die Präparierschale und betrachte sie zuerst ohne, dann mit Lupe.
Beantworte die Aufgaben schriftlich in deinem Heft.

Aufgaben
1. Zeichne den Umriss des Fisches.
a) Beschreibe die Lage, die Form und die Oberfläche der Flossen.
b) Welche Flossen sind paarweise, welche einzeln vorhanden?
2. Beschreibe die Kiemendeckel.
3. Suche die Poren des Seitenlinienorgans. Wie ist der Verlauf?
4. Beschreibe Haut, Augen, Nase und Zähne der Forelle.
5. Zeichne die untersuchten Körperteile in deine Skizze ein.

2 Die inneren Organe
Versuchsanleitung
Um die inneren Organe betrachten zu können, öffnest du mit der Schere vorsichtig den Bauch der Forelle. Arbeite sorgfältig und führe die Schnitte wie in Abbildung 1 gezeigt durch:
1. Schneide vom After bis zur Kiemenhöhle.
2. Schneide an der Kiemenhöhle entlang bis auf Höhe des Seitenlinienorgans.
3. Schneide vom After nach oben.
4. Klappe die Bauchwand mit der Pinzette nach oben und trenne das Fleisch mit einem Schnitt von hinten nach vorne ab.

Aufgaben
1. Suche mithilfe von Abbildung 2 die einzelnen Organe.
2. Fertige eine Skizze mit genauer Lage der Organe an und beschrifte deine Zeichnung.
3. Löse mit Pinzette und Skalpell vorsichtig die einzelnen Organe etwas voneinander und beschreibe sie (Farbe, Größe).

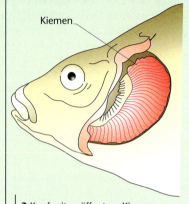

3 Kopf mit geöffnetem Kiemendeckel

3 Die Kiemenhöhle
Versuchsanleitung
Schneide mit der Schere den linken Kiemendeckel ab. Die Kiemenbögen liegen jetzt frei.

Aufgaben
1. Wie viele Kiemenbögen erkennst du?
2. Trenne mit der Schere oder dem Skalpell vorsichtig einen Kiemenbogen heraus.
Skizziere und beschreibe ihn. Beschrifte die einzelnen Teile.

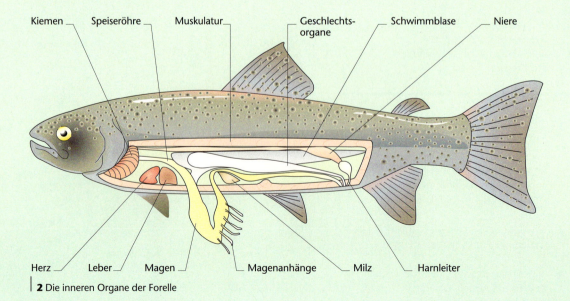

2 Die inneren Organe der Forelle

Werkstatt

Vom Schwimmen und Tauchen

1 Wer ist der schnellste Schwimmer?

Seepferdchen

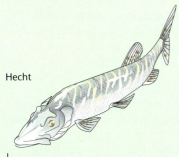
Hecht

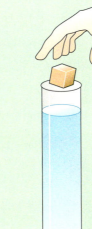
Mondfisch

1 Zu Aufgabe 4

Material
Modelliermasse, Standzylinder (Höhe 30 cm), Notizpapier, Messer, Waage, langer Holzstab (z. B. Schaschlikspieß)

Versuchsanleitung
1. Teile die Knetmasse mit dem Messer in vier gleich schwere Teile (ca. 5 g). Kontrolliere das Gewicht mit der Waage.
2. Stelle anschließend aus der Knetmasse, wie in Abbildung 2 dargestellt, verschieden geformte Körper her.
3. Fülle den Standzylinder fast bis zum oberen Rand mit Wasser.
4. Lasse die Körper nacheinander ins Wasser fallen. Vergleiche die Absinkzeiten der verschiedenen Körper.
5. Den abgesunkenen Körper kannst du leicht wieder aus dem Wasser holen, wenn du mit dem Holzstab hineinstichst und ihn dann vorsichtig aus dem Wasser nimmst.

Aufgaben
1. Ordne den Körpern die folgenden Begriffe zu: kugelförmig, zylindrisch, würfelförmig, scheibenförmig.
2. Ordne die Körper nach ihrer jeweiligen Absinkzeit. Vergleiche deine Ergebnisse mit denen deiner Mitschüler und Mitschülerinnen.
3. Forme aus der Knetmasse nach eigenen Ideen weitere gleich schwere Körper. Schätze vor der Versuchsdurchführung die Absinkzeit und führe dann den Versuch durch. Überlege dir, wie die Absinkzeit von der Körperform abhängt.
4. Vergleiche die Körperform von Hecht, Mondfisch und Seepferdchen. Welcher Fisch ist der schnellste, welcher der langsamste Schwimmer? Begründe deine Antwort.

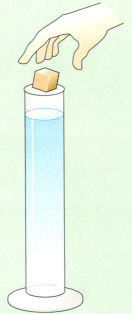

2 Zu Versuch 1

2 Wie funktioniert die Schwimmblase?

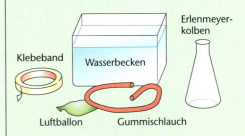
Klebeband — Wasserbecken — Erlenmeyerkolben
Luftballon — Gummischlauch

Material
Wasserbecken (mindestens 30 cm x 20 cm x 20 cm), Erlenmeyerkolben (500 ml), Gummischlauch, Luftballon, Klebeband

Versuchsanleitung
1. Fülle das Becken fast bis zum Rand mit Wasser.
2. Klebe den Luftballon an das Schlauchende und stecke ihn dann in den Erlenmeyerkolben.
3. Tauche den Erlenmeyerkolben unter Wasser, sodass er ganz mit Wasser gefüllt ist.
4. Blase anschließend Luft durch den Gummischlauch.
5. Lasse die Luft langsam wieder ab.
6. Versuche den Erlenmeyerkolben in der Schwebe zu halten.

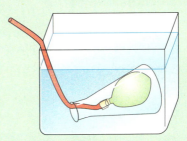

Aufgaben
1. Schreibe deine Beobachtungen auf.
2. Erkläre anhand der Versuche wie die Schwimmblase funktioniert.

Fortpflanzung und Entwicklung bei Forellen

1 Bachforelle

2 Forellenzuchtanlage

3 Abstreifen einer Forelle

4 Schlüpfende Larve

5 Larve mit Dottersack

6 Jungfisch

Bachforellen haben im Winter Geburtstag
Bachforellen (▷B1) gehören zur Familie der Lachse. Sie leben vorwiegend in kalten, schnell fließenden Gebirgsflüssen mit sauerstoffreichem Wasser. Hier jagen sie kleinere Fische und Wasserinsekten. Zwischen Oktober und Januar pflanzen sich die Bachforellen fort. Das Weibchen schlägt mit dem Schwanz eine Grube in den sandigen Boden des Baches und legt die Eier hinein: Es **laicht** ab. Anschließend schwimmt das Männchen über die Eier und gibt seine Spermien ab. Da die Eier dabei außerhalb des weiblichen Körpers befruchtet werden, spricht man von **äußerer Befruchtung**.

Aus den befruchteten Eiern schlüpfen nach einigen Wochen kleine **Larven**. So nennen Biologen alle Jungtiere, die außerhalb der Eihülle selbstständig leben. Sie unterscheiden sich im Aussehen noch stark von den erwachsenen Tieren. Die Forellenlarven entwickeln sich innerhalb von vier Jahren zu geschlechtsreifen Forellen.

Der ideale Beobachtungsort – eine Forellenzuchtanlage
In einer Forellenzuchtanlage (▷B2) kannst du die Vorgänge der Fortpflanzung und Entwicklung bei Forellen beobachten. Hier werden die Tiere, je nach Entwicklungsstadium, in verschiedenen Becken gehalten.

Eier müssen befruchtet werden
Auch in der Forellenzuchtanlage werden die Eier außerhalb des Körpers befruchtet; allerdings nicht in einem Teich. Züchter pressen zuerst die Eier der Weibchen, den **Rogen**, dann die Spermienflüssigkeit der Männchen, die **Milch**, aus den Tieren in Schüsseln. Nach dem „Abstreifen" (▷B3) geben sie Rogen, Milch und Wasser zusammen – die Eier werden befruchtet.

Eier – Larven – Jungfische
In speziellen Brutbecken, durch die ständig frisches, ca. 8 °C kaltes Wasser fließt, schlüpfen aus den befruchteten Eiern nach etwa sieben Wochen die Larven. Sie sind an ihrem dünnen Flossensaum und dem großen, gelben Dottersack zu erkennen (▷B5). Im Dottersack befinden sich Nährstoffvorräte, von denen sich die Larven nach dem Schlüpfen ernähren. Im Verlauf von drei Wochen wird der Nahrungsvorrat des Dottersacks aufgebraucht,

Fortpflanzung und Entwicklung bei Forellen

die Jungfische (▷B 6) sind dann etwa 2 cm lang. Ab dieser Größe setzen die Züchter sie in einen Teich. Hier wachsen sie heran. Die Züchter sortieren in dieser Zeit die Forellen mehrmals nach Größe und Gewicht. Im Alter von etwa vier Jahren sind die Fische, die jetzt ca. 350 g wiegen, geschlechtsreif.

▶ Bei Forellen findet eine äußere Befruchtung der Eier statt. Aus ihnen schlüpfen kleine Forellenlarven, die innerhalb von vier Jahren zu erwachsenen Tieren heranwachsen.

Aufgaben

1 Wieso werden die befruchteten Eier nicht sofort in einen Teich gesetzt, sondern zuerst in ein Brutbecken, durch das ständig frisches Wasser fließt?

2 Informiere dich in einem Lexikon über Wale. Nenne Unterschiede und Gemeinsamkeiten bei der Fortpflanzung von Forellen und Walen.

3 Was meint der Züchter, wenn er von „Rogner" und „Milchner" spricht?

Lexikon

Erstaunliches über Fische

Schützenfische (▷B 1) fressen Insekten, die sie mit einem Wasserstrahl von Blättern schießen.

Es gibt auch „**fliegende" Fische**, die in Schwärmen in tropischen Meeren leben. Sie springen mit hoher Geschwindigkeit aus dem Wasser und „fliegen" gleitend bis zu 50 m weit (▷B 2).

Der bis zu 18 m lange **Walhai** (▷B 3) ist der größte Fisch der Welt. Er ernährt sich von winzigen Meereslebewesen, die er aus dem Wasser filtert. Hat er etwas Falsches gefressen, kann er einfach seinen Magen nach außen stülpen.

Die **Zwerggrundel**, die bei den philippinischen Inseln lebt, ist mit nur 1,1 cm das kleinste Wirbeltier der Welt (▷B 4).

Während der Entwicklung der **Scholle** (▷B 5), einem Plattfisch, wandert das linke Auge auf die rechte Körperseite. Der erwachsene Fisch lebt, flach auf der Seite liegend, auf dem Meeresboden.

1 Schützenfisch

2 Fliegender Fisch

3 Walhai

4 Zwerggrundel

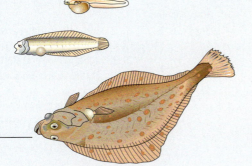

5 Scholle

Aal und Lachs – Wanderer zwischen zwei Lebensräumen

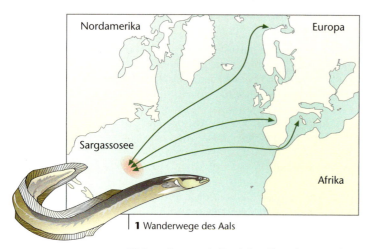

1 Wanderwege des Aals

Neben Arten wie Bachforelle oder Karpfen, die ihr ganzes Leben im gleichen Gewässer bleiben, gibt es Fische, die einen Teil ihres Lebens im Süßwasser, den anderen im Meer verbringen. Dazu gehören Aale und Lachse.

Der Aal – ein Fisch mit schlangenförmigem Körper

Der europäische Aal lebt in Gewässern, die mit dem Meer in Verbindung stehen. Zwischen Juli und Oktober wandern die geschlechtsreifen Tiere flussabwärts zum Ablaichen in den Atlantik. Das Laichgebiet liegt etwa 7 000 km weit entfernt in der Sargassosee (▷ B 1) im Westatlantik vor der Küste Amerikas. Auf dieser Wanderung orientieren sich die Aale am Erdmagnetfeld und an Meeresströmungen. Die Tiere fressen in dieser Zeit nicht. Die benötigten Fettreserven müssen sie sich vorher anfressen. In der Sargassosee legen sie ihre Eier ab, danach sterben die Eltern. Die geschlüpften Larven werden im Laufe von drei Jahren mit dem Golfstrom zurück nach Europa getrieben.

Während dieser Zeit verändern sie ihr Aussehen. An der europäischen Küste angekommen, wandern sie die Flüsse hinauf. Dabei werden die Fische vermutlich durch den Geruch und den Geschmack des Süßwassers angelockt.

Der Lebenszyklus des Lachses

Lachse laichen im Winter in den Quellgebieten von Fließgewässern ab. Hier bleiben die Jungtiere 2–3 Jahre, dann wandern sie flussabwärts ins Meer. Dort leben die Lachse räuberisch von anderen Fischen und wachsen heran. Innerhalb der nächsten zwei Jahre werden die Tiere geschlechtsreif. Sie sind dann etwa 1 m lang und über 30 kg schwer. Die erwachsenen Tiere schwimmen aus dem Meer in die Flüsse zu den Laichplätzen. Mit ihrem sehr guten Geruchssinn erkennen sie den Fluss, in dem sie selbst geschlüpft sind. Während ihrer Wanderung überspringen Lachse Stromschnellen, Wasserfälle und Wehre, nehmen jedoch keine Nahrung zu sich.

▶ Aale und Lachse sind Wanderfische. Sie verbringen ihr Leben im Süßwasser und im Meer.

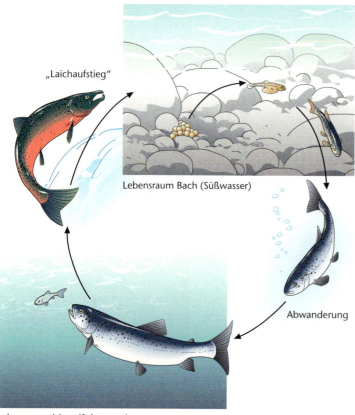

2 Lebenszyklus des Lachses

Aufgaben

1. Vergleiche die Entwicklung von Lachs und Aal. Nenne Gemeinsamkeiten und Unterschiede.

2. Zeichne den Lebenszyklus des Aals.

3. Nenne einige Gefahren, denen Aale auf ihrer Wanderung ausgesetzt sind.

4. Informiere dich im Internet, in welchen Ländern es Lachsfarmen gibt. Wie werden die Tiere dort gehalten? Gestalte dazu ein Plakat.

Strategie

Wie erstelle ich ein Plakat?

Plakate kennst du als öffentlich angebrachte Werbung an Wänden oder Litfaßsäulen. Ein Plakat soll für etwas werben und die Werbefachleute setzen geschickt Bild und Text ein, damit dir als Vorübergehendem die Werbebotschaft auffällt und in Erinnerung bleibt. So soll es auch mit Plakaten sein, die du für den NWA-Unterricht gestaltest. Hier ein paar Tipps:

A. Das Wichtigste zuerst – die Überschrift
Die Überschrift deines Plakates muss groß und deutlich geschrieben werden, damit man rasch erkennt, um welches Thema es geht. Benutze dazu z. B. die breite Seite deines Filzstiftes.

B. Ein Bild sagt mehr …
Du findest bestimmt Bilder zu deinem Thema. Suche solche, die das Thema möglichst groß und deutlich abbilden. Gehe aber sparsam mit den Bildern um. Das Plakat soll am Ende nicht aussehen wie ein Fotoalbum.

DER LACHS – EIN WANDERER

AUSSEHEN:
Lachse sind silbrig glänzend gefärbt. Sie können 1,20 m lang und bis zu 45 kg schwer werden.

C. Fasse dich kurz
Rede nicht lange um den heißen Brei. Schreibe nur wenig Text. Kurze Sätze lassen sich leicht lesen und prägen sich besser ein.

LEBENSRAUM:
Die jungen Lachse leben in Flüssen
Erwachsene Lachse leben im Meer

D. Den Text gliedern
Unterteile das Thema in Abschnitte. Gleiche Inhalte werden dazu unter einer Zwischenüberschrift zusammengefasst.

FORTPFLANZUNG:
Lachse wandern zum Ablaichen vom Meer in die Quellregion von Flüssen. Sie sind im Süßwasser laichende Meeresfische.

E. Ordnung schaffen
Bilder und Texte sollten nicht wahllos durcheinandergewürfelt werden. Benutze Farben und Symbole, um den Platz auf deinem Plakat aufzuteilen und zu ordnen. Eine gute optische Aufteilung fällt sofort ins Auge und verleitet zum Hinschauen.

WANDERUNG:
Springende Lachse überwinden bis zu 3 m hohe Wasserfälle und können bis zu 4000 km zurücklegen. Bei ihrer Wanderung fressen sie nichts.

F. Zeichnungen helfen erklären
Manche Dinge lassen sich weder mit Worten noch mit Fotos beschreiben. Für solche Fälle kannst du auch selber etwas zeichnen, um dein Thema zu erklären.

G. Keine Langeweile bitte
Auf ein Plakat darfst du auch ungewöhnliche Dinge kleben, sofern sie mit dem Thema zu tun haben.

H. Weniger ist immer mehr
Ein Plakat darf nicht zu voll und überladen sein. Es braucht auch leere Flächen. Versuche zum Rand hin immer etwas Platz zu lassen.

Der Lurch und seine Freunde

1 In diesem Frosch steckt ein Prinz.

2 Pfeilgiftfrosch

Märchenhafte Amphibien

Kennst du das Märchen vom Froschkönig? Die Prinzessin küsst den Frosch und dieser verwandelt sich daraufhin in einen schönen Prinzen.

3 Feuersalamander

Was sind eigentlich Amphibien?

Das Wort „Amphibien" kommt aus dem Griechischen und bedeutet „Zwei-Leben". Dieser Name besagt also, dass die Tiere in zwei Lebensräumen, im Wasser und auf dem Land, leben. Amphibien pflanzen sich meist im Wasser fort und verbringen als erwachsene Tiere ihr Leben sowohl an Land als auch im Wasser. Aber sie brauchen in jedem Fall eine feuchte Umgebung.

Amphibien werden oft auch Lurche genannt. Zu den Amphibien gehören vor allem die **Froschlurche**, wie Frösche und Kröten, und die **Schwanzlurche**, wie Salamander und Molche.

Riesen und Zwerge

Es gibt etwa 3 000 verschiedenen Amphibienarten. Darunter sind Riesen und Zwerge.

Der in China und Japan lebende Riesensalamander wird 1,50 m lang. Der mexikanische Pygmäensalamander aber ist nur 4 cm klein. Der in Westafrika lebende Goliathfrosch kann bis zu 45 cm lang werden und bis zu 2 kg wiegen, während der kubanische Zwergfrosch nur 1 cm lang werden kann.

Es gibt harmlose Tiere wie unseren Laubfrosch (▷ B 5), aber es gibt auch sehr giftige Tiere, wie z. B. den südamerikanischen Pfeilgiftfrosch (▷ B 2).

4 Grasfrosch

5 Laubfrosch

Frösche sind gute Schwimmer

Ein heißer Tag! Kai und Svenja sind zum Baden an den Baggersee gefahren. Schon von weitem hören sie ein lautes Froschkonzert. „Komm, lass uns leise ranschleichen, vielleicht können wir einen Frosch beim Quaken beobachten", sagt Svenja. Aber trotz aller Vorsicht: Kaum treten sie näher, verstummt das Konzert.

Frösche haben empfindliche Sinnesorgane. Sie hören sehr gut und spüren feinste Bodenerschütterungen sofort. Mit ihren muskulösen Hinterbeinen können sie weite Sprünge ins rettende Wasser machen. Sie strecken beim Sprung die Hinterbeine fast vollständig durch und fangen den weiten Satz mit den Vorderbeinen abfedernd auf (▷ B 1).
Brustschwimmer haben den Fröschen einiges abgeschaut: Vor dem Beinschlag werden die Beine angezogen und anschließend mit seitwärts gestellten Füßen nach hinten gestoßen (▷ B 2).

Außerdem haben Frösche zwischen ihren fünf Zehen **Schwimmhäute**, so können die Tiere schnell schwimmen.

Beim Beutefang bieten die seitlich sitzenden Augen eine gute Rundumsicht. Ist das Insekt oder der Wurm nah genug, passieren zwei Vorgänge fast gleichzeitig: Der Frosch springt kräftig ab und schon schnappt seine klebrige **Klappzunge** (▷ B 3) zu. Die Zunge zieht die Beute danach sofort ins Maul. Einmal schlucken – und schon kann der nächste Leckerbissen kommen.

▶ Mit ihren kräftigen Beinen und den Schwimmhäuten können Frösche sehr gut springen und schwimmen. Die Klappzunge dient dem Beutefang.

Hättest du das gedacht?

Der **Goliathfrosch** ist mit 45 cm Körperlänge der größte Frosch der Welt. Er lebt in den afrikanischen Ländern Angola und Kamerun.

Der **kleinste Frosch (Stumpffia tridactyla)** der Welt ist 10–12 mm lang und wiegt ein Viertel Gramm. Er lebt auf feuchtem Waldboden in Madagaskar.

Die in Afrika lebenden Männchen der **Haarfrösche** tragen in der Paarungszeit an den Flanken und Schenkeln durchblutete Hautfäden, die wie Haare aussehen.

1 Springender Frosch

2 Schwimmender Frosch

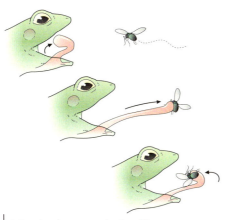

3 Frosch schnappt nach einer Fliege

4 Quakender Teichfrosch

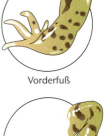

Vorderfuß

Hinterfuß

239

Vom Laich zum Frosch

1 Grasfrösche

2 Laichballen

Huckepack zum Laichplatz

Ist im Frühjahr das letzte Eis getaut, legen die Grasfrösche ihren Laich ab. Feuchte Wälder und Wiesen sind ihr bevorzugter Lebensraum. Wenn das Wetter günstig ist, machen sich die Frösche auf die Wanderschaft zu dem Gewässer, in dem sie selbst aufgewachsen sind.

Die Männchen der Grasfrösche locken mit leise knurrenden Geräuschen Weibchen an. Kommt ein Weibchen in die Nähe, klammert sich das kleinere Männchen auf ihm fest und lässt sich huckepack zum Wasser tragen (▷ B 1). Dort gibt das Weibchen bis zu 4000 Eier ab – den **Laich** (▷ B 2). Das Männchen befruchtet die Eier sofort mit seiner Spermienflüssigkeit.

Eine Kaulquappe verwandelt sich

In den einzelnen Eiern der Laichballen entwickeln sich jetzt kleine **Kaulquappen** (▷ B 5), die nach etwa drei Wochen schlüpfen. Sie atmen durch **Kiemen**, die als kleine Büschel außen am Kopf sitzen. Als Nahrung nehmen sie mit ihrem kleinen Hornschnabel winzige Algen auf. Die Kaulquappe bewegt sich dabei mit ihrem langen **Ruderschwanz** vorwärts.
Nach und nach entwickeln sich jetzt die Hinterbeine (▷ B 6). Die Außenkiemen werden von einer Hautfalte überwachsen. Nur eine kleine Öffnung bleibt frei. Hier kann das Atemwasser wieder austreten, das durch das Maul aufgenommen wurde. Kurz vor der Umwandlung zum Frosch erscheinen die Vorderbeine und die inzwischen gebildete Lunge übernimmt die Atmung. Die Kaulquappe muss nun ab und zu auftauchen, um Luft zu bekommen. Der Hornschnabel verschwindet, das Froschmaul bildet sich aus und vom Ruderschwanz ist nur noch ein kleiner Stummel übrig.
Der nun 1,5 cm lange Jungfrosch muss langsam seine Nahrung von Pflanzen auf Fleisch umstellen. Die Larvenentwicklung dauert zwei bis drei Monate und wird als **Metamorphose** (Verwandlung) bezeichnet. Im Juni verlassen die Jungfrösche das Wasser. Die geschlechtsreifen Tiere kehren im Alter von drei Jahren zu „ihrem" Laichgewässer zurück.

> Kaulquappen schlüpfen aus Eiern. Sie atmen durch Kiemen und entwickeln sich in einer Metamorphose zu Fröschen.

Amphibien

Lurche sind keine reinen Landtiere, da sie zur Eiablage ins Wasser kommen. Sie heißen deshalb auch **Amphibien** (griech., *amphi* = beide, zwei; *bios* = Leben). Übrigens: Amphibienfahrzeuge fahren im Wasser und auf dem Land.

8 Jungfrosch

7 Frosch mit Ruderschwanz

Vom Laich zum Frosch

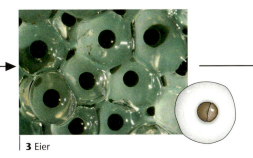

3 Eier

4 Eier, kurz bevor die Kaulquappen schlüpfen

Wenn es kalt wird

Lurche fühlen sich meist kalt an, sie sind **wechselwarme Tiere**. Ihre Körpertemperatur wird von der Umgebungstemperatur bestimmt. Im späten Herbst ziehen sich die Lurche deshalb an frostsichere Stellen zurück und fallen in eine **Winterstarre**. Sie wirken dabei fast leblos.

Atmung und Skelett

Vielleicht hast du dich schon gewundert, warum Frösche so lange unter Wasser bleiben können. Lurche sind zwar Lungenatmer, können aber auch über die Haut atmen. Dabei gelangt Sauerstoff aus dem Wasser durch die dünne Haut in die darunter liegenden Blutgefäße. Damit das funktioniert, muss die Haut ständig feucht sein. Hierfür sorgen Schleimdrüsen in der Haut und der Aufenthalt in feuchten Lebensräumen.

Das Skelett der Frösche zeigt viele Übereinstimmungen mit den Merkmalen der übrigen **Wirbeltiere** (▷ B 9). Alle haben eine Wirbelsäule, von der diese Tiergruppe ihren Namen erhalten hat. Das Armskelett ist gelenkig mit dem Brustkorb verbunden und das Beinskelett mit dem Becken.

▶ Lurche sind wechselwarme Wirbeltiere. Im Winter fallen die Tiere in eine Winterstarre.

Aufgaben

1 Schreibe zu den Bildern 1–8 jeweils einen kurzen, erklärenden Text.

2 In der Kulturlandschaft sind Grasfrösche an vielen Orten fast völlig verschwunden. Was könnten die Ursachen sein?

3 Nenne Anpassungen, die der Kaulquappe das Leben im Wasser ermöglichen.

4 Froschlaich zeigt immer mit der dunklen Seite nach oben. Im Laichballen ist die Temperatur gegenüber dem Wasser bei Sonnenschein bis zu 10 °C höher. Vergleiche mit der Farbe von Sonnenkollektoren und versuche zu erklären.

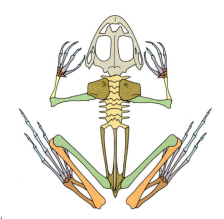

9 Skelett eines Froschlurches

6 Kaulquappe mit Hinterbeinen

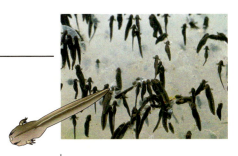

5 Kaulquappen

Amphibien brauchen Schutz

Vorsicht Krötenwanderung!

Jedes Jahr die gleiche Mühe! Schon Ende Februar treffen sich die Mitglieder der Naturschutz-AG zur Krötenzaun-Aktion.

Vor allem Erdkröten sind es, die abends zu ihren Laichgewässern wandern. Von Fröschen unterscheiden sie sich durch ihre warzige Haut. Die plumpen Tiere kommen nur langsam voran. Bis zu 2 km legen sie bis zum Ziel zurück. Sie sind ausgesprochen laichplatztreu, da sie wie die Grasfrösche zu dem Gewässer zurückkehren, in dem sie selbst ihre Metamorphose durchgemacht haben. Fast alle Weibchen tragen ein etwas kleineres Männchen auf dem Rücken mit zum Gewässer. Dieses Verhalten ist angeboren. Die Männchen klammern sich an allem fest, was sich bewegt und lassen auch bei Anwendung von Gewalt nicht los.

Haben die Kröten das Laichgewässer erreicht, meistens einen See oder einen Teich ohne Strömung, dauert es noch mehrere Tage, bis sie ihre Eier ablegen. Die Eier werden wie an Schnüren aufgereiht abgegeben (▷ B 4) und sofort vom Männchen besamt. Anschließend trennen sich die Tiere und wandern zum Sommerrevier zurück.

Sicher auf die andere Straßenseite

Damit die Wanderung möglichst gefahrlos verlaufen kann, werden entlang der Straße kleine Plastikzäune (▷ B 2) aufgestellt, die unten einige Zentimeter in den Boden eingelassen sind. Die Kröten laufen am Zaun entlang, bis sie nach einigen Metern in einen eingegrabenen Eimer (▷ B 3) plumpsen. An manchen Straßen werden sie auf diese Weise zu einem Tunnel geleitet. Jeden Morgen kommen Helfer, die genau aufschreiben, wie viele Tiere gefangen und anschließend gefahrlos über die Straße getragen wurden. Neben Erdkröten sind oft auch Molche, Frösche und Salamander in den Eimern zu finden. Ohne die zeitaufwändige Arbeit der vielen freiwilligen Helfer kämen an zahlreichen Gewässern in der Nähe viel befahrener Straßen wohl keine Kröten mehr vor.

Auch Spritzmittel in den Gärten und in der Landwirtschaft sind für die heimischen Lurche sehr schädlich. Einleitungen von Abwässern in Bäche und Flüsse schädigen die Amphibienlarven.

▶ Die Krötenzaun-Aktionen ermöglichen das Überleben der Kröten in der Nähe von Straßen.

1 Erdkrötenpärchen

2 Krötenzaun

3 Sammeleimer

Krötenwanderung

Wie können wir Amphibien helfen?

In den vergangenen Jahrzehnten sind viele Gewässer aus unserer Landschaft verschwunden. Dorfteiche wurden vielfach zugeschüttet, Tümpel als wilde Müllkippen missbraucht.
Inzwischen setzen sich viele Städte und Gemeinden für den Amphibienschutz ein: Vorhandene Gewässer werden gepflegt und geschützt, neue werden angelegt. Häufig legen auch Gartenbesitzer einen eigenen Teich an.

4 Kröten beim Laichen

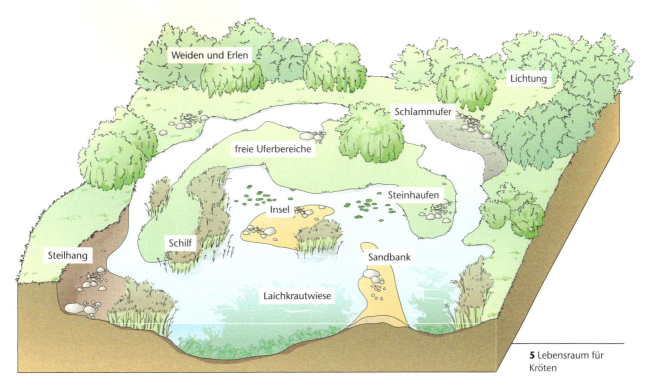

5 Lebensraum für Kröten

Aufgaben

1. Plant zum Thema „Amphibienschutz" ein Projekt.
   Hier einige Tipps:
   a) Überprüft, ob die Gewässer in der Nähe eures Wohnortes als dauerhafte Lebensräume für Amphibien geeignet sind. Falls ein Schulteich vorhanden ist, legt Steinhaufen als Verstecke für Erdkröten, Molche und andere Tiere an.
   b) Für Molche könnt ihr als Verstecke auch gewölbte Dachziegel oder mit Erde überschüttete Apfelsinenkistchen anlegen.
   c) Legt an einer sonnigen Seite eine flache Wasserzone mit sandigem Ufer an.

2. Molche und einige andere Lurche laichen selbst in kleinen Gewässern. Baut deshalb mit Teichfolie ein eigenes Laichgewässer. Beachtet die geltenden Sicherheitsbestimmungen!

3. Kellerlöcher sind für Amphibien oft Fallgruben, aus denen es kein Entrinnen gibt. Da muss Hilfe organisiert werden (Hausmeister um Erlaubnis und Hilfe bitten).

4. Fragt bei der Gemeinde- oder Stadtverwaltung nach, ob Krötenzäune aufgestellt werden. An wen muss man sich wenden, falls eine Schulklasse mithelfen möchte?

5. Erkundigt euch bei eurem örtlichen Naturschutzverein nach Ursachen für den Rückgang der Amphibien und nach Projekten zu deren Schutz.
   Schreibt dazu einen kurzen Bericht.

Die Vielfalt der Reptilien

1 Nilkrokodil

Reptilien gibt es schon wesentlich länger auf der Erde als Vögel und Säugetiere. Die ersten tauchten vor 300 Millionen Jahren auf. Als Saurier waren sie die beherrschenden Lebewesen im Wasser, zu Lande und in der Luft. Heute treffen wir Saurier nur noch im Kino oder in Museen, in denen naturgetreue Nachbildungen der riesigen Tiere stehen.

Im Gegensatz zu den Krokodilen kommen Schildkröten auch in Europa vor, z. B. die Europäische Sumpfschildkröte, ein Allesfresser, und die Pflanzen fressende Griechische Landschildkröte. Beide Arten sind infolge der Zerstörung ihrer Lebensräume gefährdet und stehen auf der roten Liste. Der Handel mit ihnen ist verboten.

Who is who bei den Reptilien?
Während die Saurier ausgestorben sind, haben sich viele andere Reptilienarten seit 200 Millionen Jahren gar nicht verändert. Reptilien bezeichnet man wegen ihres Gangs auch als Kriechtiere. Diese Fortbewegungsart ist aber nicht immer typisch für Reptilien. Das Nilkrokodil ist mit bis zu 7 m Länge das größte lebende Reptil. An Land rutscht es auf den Bauch. Es kann aber auch, ohne mit dem Bauch den Boden zu berühren, hochbeinig und schnell laufen. Sein Körperbau ist aber mehr an die Fortbewegung im Wasser angepasst. Krokodile ernähren sich ebenso wie die Schlangen von der Jagd auf Tiere.

2 Eidechse

3 Europäische Sumpfschildkröte

Eidechsen sind Sonnenanbeter

Eidechsen gibt es fast in ganz Europa
Bei uns in Mitteleuropa sind Zaun- und Waldeidechsen die häufigsten Arten. Überraschst du eines der Tiere beim Sonnenbaden, verschwindet es blitzschnell in einem Versteck. Mit ihren abstehenden, seitlich ansitzenden Beinen bewegen sich Eidechsen sehr flink. Der Körper liegt dabei flach auf dem Boden. Daher erklärt sich der Name „Kriechtiere".

1 Zauneidechse

Die Zauneidechse (▷ B 1) findest du an sonnigen und unbewachsenen Böschungen, in Heidegebieten, Steinbrüchen oder auf Trockenrasen.
Die Waldeidechse (▷ B 2) kannst du auf Waldlichtungen entdecken, wenn sie sich auf einem Baumstamm oder Stein sonnt. Sie bevorzugt im Vergleich zur Zauneidechse etwas feuchtere Plätze.
Eidechsen haben eine Haut mit dichten **Hornschuppen**. Diese schützen die Tiere vor Verletzungen und verhindern, dass ihr Körper austrocknet. Da die abgestorbene Haut nicht mitwachsen kann, häuten sich Eidechsen in regelmäßigen Abständen.

2 Waldeidechse

Eidechsen sind wechselwarme Tiere
Die Körpertemperatur der Kriechtiere wird von der Umgebungstemperatur bestimmt. Sie sind **wechselwarm**. Den Winter verbringen die Tiere in frostsicheren Verstecken. Die Tiere zeigen dann nur noch geringe Lebenstätigkeit und fallen in eine **Winterstarre**. Sobald es wärmer wird, kommen sie heraus, und die Männchen beginnen mit der Balz.
Die Zauneidechse legt im Juni bis zu 12 Eier in ein selbst gegrabenes Loch. Zwei Monate später schlüpfen die Jungen, indem sie mit ihrem Eizahn die Eischale aufritzen. Im Unterschied zu Lurchen ist die Fortpflanzung der Kriechtiere von Gewässern unabhängig. Sie sind **echte Landtiere**.

Eidechsen als Jäger
Sobald sich die Eidechsen am Morgen genügend aufgewärmt haben, beginnt die Jagd auf Insekten, Spinnen und andere Kleintiere. Dabei nehmen sie mit ihrer Zunge den Geruch der Beute auf und drücken die Zunge dann gegen den Gaumen, wo das Riechorgan sitzt.
Wird eine Eidechse von einem Fressfeind am Schwanz gepackt, kann sie ihn abwerfen und damit den Angreifer ablenken. Oft gelingt Eidechsen dadurch die Flucht.

3 Schlüpfende Zauneidechse

▶ Eidechsen sind wechselwarme Landtiere. Sie haben eine schuppige Haut.

Aufgaben

1 Welche Merkmale muss ein Garten besitzen, damit dort Eidechsen leben können? Zeichne einen Plan und beschrifte ihn.

2 Eidechsen sind Wirbeltiere. Begründe diesen Satz mithilfe von Abbildung 4.

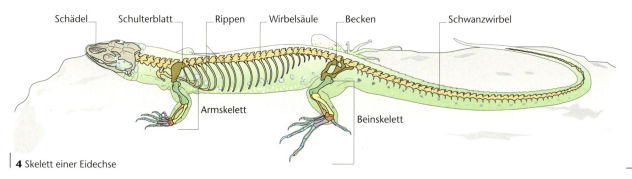

4 Skelett einer Eidechse

Blindschleiche – Schlange oder Eidechse?

1 Blindschleiche mit Jungen

Vor Schlangen hatten Menschen schon immer Angst. Märchen von Riesenschlangen, die als Meeresungeheuer ganze Schiffe in die Tiefe reißen konnten, trugen sicher dazu bei. Noch heute leiden viele Kriechtiere unter alten Vorurteilen. Auch andere Tiere, die nur aussehen wie eine Schlange, werden verfolgt. Ein Beispiel hierfür ist die harmlose Blindschleiche (▷ B 1). Viele der für den Menschen völlig ungefährlichen Tiere werden mutwillig totgeschlagen.

Bei genauerer Untersuchung einer Blindschleiche zeigen sich aber mehr Ähnlichkeiten mit den Eidechsen als mit Schlangen. Die früher einmal vorhandenen Gliedmaßen haben sich im Laufe von Jahrmillionen zurückgebildet. Am Skelett (▷ B 2) finden sich noch Reste ehemaliger Beckenknochen und des Schultergürtels. Wie die Eidechsen kann auch die Blindschleiche bei Gefahr ihren Schwanz an einer Bruchstelle abwerfen. Die Jungen werden lebend in einer Eihülle geboren (▷ B 1), die gleich nach der Geburt zerreißt. Nur deshalb können sich die Blindschleichen übrigens weit bis nach Norden verbreiten. Eier würden in diesen kalten Regionen nicht genügend Wärme bekommen.

▶ Die Blindschleiche ist keine Schlange, sondern ist mit den Eidechsen verwandt.

Die bis zu 45 cm langen Blindschleichen leben in unterholzreichen Wäldern, auf Wiesen und in Parkanlagen. Besonders abends nach einem Regenschauer kannst du sie auf Waldwegen beobachten. Sie ernähren sich vorwiegend von Regenwürmern und Nacktschnecken, die sie mit ihren spitzen Zähnen packen.

Im Spätherbst fallen die Blindschleichen wie die anderen einheimischen Kriechtiere in **Winterstarre**. Zu mehreren ziehen sie sich dann in Erdlöcher zurück, wo sie gemeinsam die kalte Jahreszeit überstehen.

Die Blindschleiche ist nicht blind, sondern kann gut sehen. Allerdings „schleicht" sie wie eine Schlange dahin. Im Mittelalter hieß sie „Plintslicho" (Blendschleicher). Ihre Haut glänzt bronzefarben wie ein Mineral, das man heute noch „Blende" nennt.

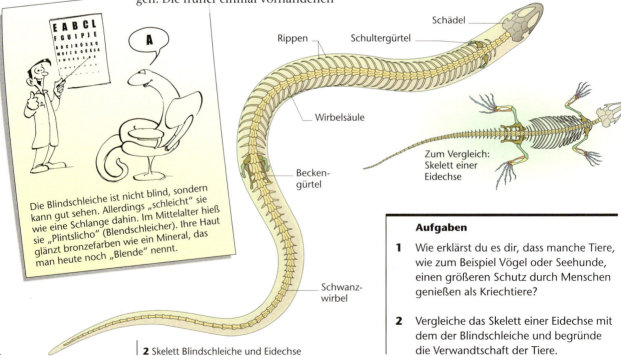

2 Skelett Blindschleiche und Eidechse

Aufgaben

1 Wie erklärst du es dir, dass manche Tiere, wie zum Beispiel Vögel oder Seehunde, einen größeren Schutz durch Menschen genießen als Kriechtiere?

2 Vergleiche das Skelett einer Eidechse mit dem der Blindschleiche und begründe die Verwandtschaft der Tiere.

Kreuzotter und Ringelnatter

1 Die Kreuzotter hat ein schwarzes Kreuz auf dem Kopf.

Schülerin von Kreuzotter gebissen

Am Samstagabend wurde eine 15-jährige Schülerin im Naturschutzgebiet am Waldsee von einer Kreuzotter gebissen. Das Mädchen war auf der Suche nach einer Freundin versehentlich auf das Tier getreten, als die Schlange zubiss.

Nach Auskunft von Oberarzt Dr. Bernhard Müller vom Kreiskrankenhaus gilt bei uns ein Kreuzotterbiss als nicht lebensbedrohend. „In den vergangenen 100 Jahren ist in Deutschland noch niemand daran gestorben. Man sollte jedoch ein Naturschutzgebiet nicht mit offenen Sandalen betreten."

Die Kreuzotter ist eigentlich recht scheu. Bei Gefahr flieht sie normalerweise unter

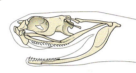

2 Bauchschuppen

Kreuzottern – kein Grund zur Panik

Die Maus entkommt nicht. Blitzschnell bohren sich die Giftzähne der Schlange in die Beute. Das Gift wirkt sofort. Nach wenigen Sekunden bleibt die Maus gelähmt liegen, wird von der Schlange züngelnd aufgespürt und im Ganzen verschlungen.

Die Kreuzotter (▷ B 1) ist eine der wenigen Giftschlangen in Europa. Sie lebt in Mooren, Heidegebieten und an Waldrändern. Zu ihrer Beute zählen Mäuse, Frösche und Eidechsen. Die beiden langen **Giftzähne** befinden sich vorn im Oberkiefer und sind bei geschlossenem Maul nach hinten geklappt. Beim Öffnen werden sie mithilfe eines Gelenks aufgerichtet (▷ B 4). Durch die Zähne zieht sich ein Giftkanal, der mit einer Giftdrüse im Kopf verbunden ist.

Schlangen bewegen sich schlängelnd voran. Dabei spreizen sie die Bauchschuppen ab und bieten dadurch dem Boden einen Widerstand. Verkürzen sich die Muskeln zwischen den Rippen und der Haut, so richten sich die dort liegenden Schuppen (▷ B 2) ein wenig auf.

Kreuzottern sind selten geworden, weil ihre Lebensräume – Moore, Heiden und lichte Wälder – zurückgegangen sind. Inzwischen stehen sie unter Schutz.

Kreuzottern beißen nur zu, wenn sie sich bedroht fühlen. Feste Schuhe und lange Hosen bieten genügend Schutz. Kreuzottern ziehen sich bei geringsten Bodenerschütterungen in ein Versteck zurück, sodass Menschen nur sehr selten gebissen werden.

▶ Die Kreuzotter ist eine Giftschlange, die ihre Beute durch einen Biss mit den beiden Giftzähnen lähmt.

Die Schlange mit dem gelben Halbmond

Ringelnattern (▷ B 3) haben keine Giftzähne. Sie besiedeln Feuchtgebiete in ganz Europa. Als ausgezeichnete Schwimmer ernähren sie sich vorwiegend von Fröschen, Molchen und kleinen Fischen. Wird die Ringelnatter angegriffen, gibt sie durch eine Stinkdrüse eine übel riechende Flüssigkeit ab. Für uns Menschen ist die Ringelnatter völlig ungefährlich. Du kannst sie an dem gelben Halbmond am Kopf leicht erkennen.

▶ Die Ringelnatter ist eine ungiftige Schlange, die in der Nähe von Gewässern lebt.

4 Schädel einer Kreuzotter

3 Ringelnatter

Lexikon

Reptilien in aller Welt

Europäische Sumpfschildkröten sind sehr scheu, daher bekommt man sie kaum zu Gesicht. Sie leben in ruhigen Gewässern, die reichlich mit Pflanzen bewachsen sind. In Deutschland kommen sie westlich der Elbe jedoch nur noch sehr selten vor. Ihr Panzer wird bis zu 30 cm lang und ist meistens schwärzlich gefärbt. Bei schönem Wetter sonnen sie sich gern auf Steinen. Sie legen etwa 10 Eier an Land in einer kleinen Mulde ab, die nach der Eiablage wieder verschlossen wird.

Die **Rotwangenschmuckschildkröte** stammt aus Nordamerika. Ihren Namen verdankt sie dem typischen roten Fleck. Diese Wasserschildkröten haben sich inzwischen auch in zahlreichen europäischen Gewässern verbreitet. Als lästig gewordene Haustiere wurden sie von ihren Besitzern kurzerhand in der freien Natur „entsorgt". Man streitet darüber, ob solche Tiere zu einer Bereicherung oder zu einer Gefahr für die Lebensgemeinschaften unserer Gewässer werden.

Nilkrokodile legen ihre Eier während der Trockenzeit im Dezember oder Januar ab. Sie graben nicht allzu weit vom Wasser entfernt Nestgruben in den Sand. Das Weibchen verteidigt sein Gelege gegen Eiräuber. Die jungen Krokodile werden nach dem Schlüpfen noch längere Zeit von ihrer Mutter bewacht. Dennoch sind die Verluste durch Fressfeinde sehr hoch. Auf dem Rücken von Krokodilen sitzen manchmal Vögel, die Krokodilwächter. Diese Vögel suchen ihre Nahrung auf der Haut der Krokodile und geben bei Gefahr laute Warnrufe ab, die auch die Krokodile warnen.

Die **Anakonda** lebt in den Dschungeln Südamerikas. Sie kann 7 m lang werden und über 200 kg wiegen. Bei der Jagd hilft der feine Geruchssinn. Das Geruchsorgan liegt im Gaumenbereich, dem die Zunge ständig Luft zufächelt. Die Schlange packt ihre Beute mit den scharfen Zähnen, umwickelt das Tier mit dem langen Körper und erdrückt es dann. Ober- und Unterkiefer lassen sich aus dem Gelenk lösen. Dadurch kann die Schlange das Maul weit aufreißen und auch große Beutetiere, wie z. B. Wildschweine, verschlingen.

Der **Mauergecko** ist rund um das Mittelmeer zu finden. Er besitzt an den breiten Zehen Haftpolster, deren winzige Härchen sich in den Untergrund einhaken. Dadurch kann er sogar an der Decke hängend auf Nahrungssuche gehen. Auffallend sind seine großen Pupillen, die sich tagsüber zu einem Spalt verengen und nachts weit öffnen. Der Gecko ist ein Nachttier, das sich hauptsächlich von Insekten ernährt. Die Weibchen kleben ihre Eier an die Wände von Höhlen und Spalten.
Geckos kann man nachts zirpen hören, sie sind die einzigen Kriechtiere mit Stimme.

Der **Grüne Leguan** kann über 2 m lang werden. Auffallend ist sein seitlich zusammengedrückter Kehlsack. Über den Rücken läuft ein Stachelkamm, der ihm ein wehrhaftes Aussehen gibt. In den tropischen Wäldern Mittel- und Südamerikas lebt er besonders in der Nähe von Flussufern, wo er bis in die Wipfel der Bäume klettert. Der Grüne Leguan ernährt sich ausschließlich von Pflanzen. Die etwa 30 Eier vergräbt das Weibchen im Erdboden. Von den Einwohnern wird der Leguan wegen seines Fleisches verfolgt. Da er sich aber stark vermehrt, ist sein Bestand dadurch nicht bedroht.

Deutschland – ein Land der Dinosaurier

1 Fundorte von Saurierskeletten und -spuren in Deutschland

2 Saurierfährten bei Bad Essen

„Sind die Saurier da hochgelaufen?", fragt ein Schüler staunend den Lehrer, der gerade an einer Steilwand im Wiehengebirge bei Bad Essen versteinerte Dinosaurierfährten (▷B 2) erklärt.

Einige der im Wiehengebirge gefundenen Saurierfährten stammen wahrscheinlich von 10–15 m langen Pflanzenfressern, die in Herden durch flaches Wasser zogen. Im feuchten Uferschlamm hinterließen sie tiefe Fußabdrücke, die mit Sand überweht wurden und sich im Laufe der Jahrmillionen zu Stein verfestigten. Als sich später durch Kräfte aus dem Erdinneren das Wiehengebirge langsam auffaltete, wurden die ehemals waagerechten Gesteinsplatten schräg emporgekippt (▷B 3).

Dinosaurier sind Kriechtiere, die vor rund 220–65 Millionen Jahren auf der Erde lebten. Von anderen Kriechtieren unterscheiden sie sich vor allem durch die Stellung ihrer Beine. Wie Elefanten standen sie auf säulenartigen Beinen, während zum Beispiel Krokodile oder Eidechsen seitlich abstehende Beine besitzen.

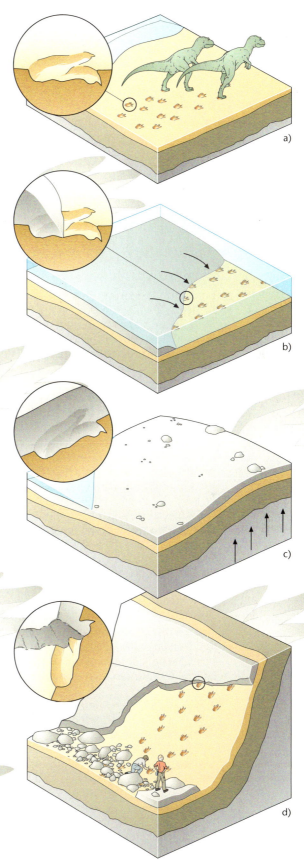

3 Entstehung von Saurierfährten

Der Plateosaurus – Deutschlands berühmtester Saurier

1 Herde von Plateosauriern

2 Vorderfuß mit Daumenkralle

Der Plateosaurus (▷ B 1) – auch „Deutscher Lindwurm" genannt, ist der am häufigsten in Deutschland gefundene Dinosaurier. Einige Fundstellen kann man geradezu als Saurier„friedhöfe" bezeichnen. Bei Trossingen wurden allein rund 50 Skelette gefunden.

Riesige Pflanzenfresser
Wenn eine Herde von Plateosauriern vor mehr als 200 Millionen Jahren durch die Wälder zog, bot sich ein beeindruckendes Schauspiel: Mit einer Körperlänge von bis zu 10 m gehörten sie zu den größten damals in unserem Gebiet lebenden Tieren.

Zahnuntersuchungen lassen vermuten, dass sie **Pflanzenfresser** waren. Die Plateosaurier konnten sich auf ihren kräftigen Hinterbeinen aufrichten und mithilfe des langen Halses noch Nahrung in einer Höhe von 5–6 m erreichen. Mit dem kräftigen Schwanz stützten sie sich dabei auf dem Boden ab. Sie rissen Pflanzenteile einfach mit ihrem kräftigen Gebiss ab. In den Backen wurde die Nahrung zunächst mit Speichel vorverdaut und dann ohne zu kauen hinuntergeschluckt.

Die spitzen Zähne waren zum Kauen ungeeignet, sodass wahrscheinlich **Magensteine** das endgültige Zerkleinern übernehmen mussten. Man hat bei mehreren Skeletten blank polierte Steine entdeckt, die dafür infrage kommen.

Fortbewegung
Obwohl die Hinterbeine eines Plateosaurus erheblich kräftiger waren als die Vorderbeine (▷ B 3), wird er meistens auf allen Vieren gegangen sein. Es ist denkbar, dass er sich jedoch auf der Flucht vor räuberischen Sauriern im schnellen Lauf auf die Hinterbeine aufgerichtet hat. Ob er dadurch eine Chance hatte, den schnellen Raubdinosauriern zu entkommen, ist fraglich. Vermutlich haben sich die Tiere im Schutz der Herde mit ihren kräftigen Krallen verteidigt. Am „Daumen" trugen sie eine besonders große gebogene Kralle (▷ B 2), die höchstwahrscheinlich der Verteidigung diente.

▶ Der Plateosaurus war ein Pflanzenfresser, der sich im Schutz der Herde mithilfe der Daumenkralle gegen Feinde verteidigte.

Fortpflanzung
Über die Fortpflanzung kann man zurzeit nur Vermutungen anstellen, da man bisher keine Eier oder Reste von Jungtieren gefunden hat. Aus Funden bei anderen Saurierarten kann man jedoch schließen, dass auch der Plateosaurus wie die heutigen Kriechtiere Eier gelegt hat.

Rätselhaftes Sauriersterben
Bis heute ist unklar, wie die vielen gefundenen Plateosaurier gestorben sind. Eine mögliche Erklärung ist folgende: In der **Triaszeit** vor 200 Millionen Jahren gab es bei uns große Wüsten, in denen es nur selten regnete. Viele Saurier versammelten sich an den wenigen Wasserstellen. Mit ihrem Gewicht von bis zu zwei Tonnen sanken viele Tiere im Schlamm ein und konnten sich nicht mehr befreien. Sie wurden zur leichten Beute für Raubdinosaurier.

Ebenso unklar ist das Aussterben aller Saurier vor etwa 65 Millionen Jahren. Meteoriteneinschläge oder die sich immer weiter entwickelnden Säugetiere können dazu beigetragen haben.

3 Skelett und Rekonstruktion eines Plateosaurus

Strategie

Lesen wie ein Profi

„Lest bis zur nächsten Stunde den Text über die Dinosaurier", sagt die Lehrerin am Schluss der Stunde. „Ich möchte, dass ihr auf Fragen zum Inhalt antworten könnt."

Weißt du eigentlich, wie „Leseprofis" lesen? Hier kannst du ein paar Tipps von ihnen übernehmen.

A. Erst mal überfliegen …
Zuerst solltest du den ganzen Text „überfliegen", das heißt flüchtig lesen. Diese erste Information ist nützlich und hilft dir, einen groben Überblick über den Inhalt des Textes zu bekommen. Achte auf die Überschriften und die fett gedruckten Begriffe. Schau dir auch die Bilder auf der Seite an.

B. … dann genauer hinschauen
Beim genauen Lesen im Anschluss geht es darum, den Text möglichst gut zu verstehen, um sich später auch an Einzelheiten erinnern zu können. Du solltest dazu Absatz für Absatz langsam lesen und nach jedem Abschnitt den Inhalt mit eigenen Worten wiedergeben.

C. Aktiv lesen
Um den Inhalt zu verstehen und zu behalten und für einen Test oder eine mündliche Prüfung fit zu sein, reicht das aber noch nicht. Jetzt musst du „aktiv lesen". Da du auf einer Buchseite nicht schreiben darfst, mache eine Fotokopie, auf der du arbeiten kannst oder lege ein Blatt Papier neben das Buch.

D. Unbekanntes markieren
Markiere alle Wörter, die du nicht verstehst. Frage deine Lehrerin oder deinen Lehrer oder schau in einem Lexikon nach.

E. Wichtiges notieren
Unterstreiche wichtige Begriffe, ordne die gesammelten Informationen, setze Farben ein und verwende Symbole wie ? (das ist mir unklar) oder ! (das ist wichtig).

F. Zusammenfassen
Zum Schluss kommt die Zusammenfassung. Damit ist das Herausschreiben der wichtigsten Inhalte in Stichworten gemeint. Eine Faustregel besagt: Die Zusammenfassung darf nicht länger als ein Viertel des ursprünglichen Textes sein.

1 So sieht ein Text aus, den ein „Leseprofi" bearbeitet hat.

Warum können Vögel fliegen?

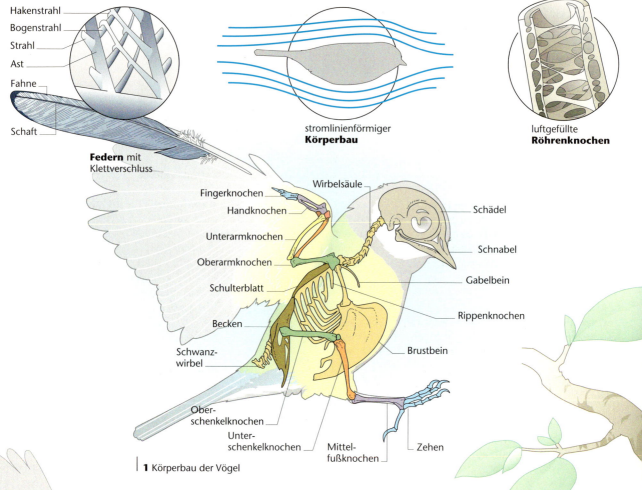

1 Körperbau der Vögel

2 Luftsäcke unterstützen die Atmung.

3 Die Flugmuskeln sind kräftig und ausdauernd.

Der Traum vom Fliegen
Eine Kohlmeise fliegt mit breit gefächertem Schwanz und weit ausgebreiteten Flügeln am Fenster vorbei. Mit lang gestreckten Beinen und gespreizten Zehen steuert sie auf einen Ast zu. Die vier Zehen umschließen den Zweig, der Vogelkörper sackt zusammen, die Flügel werden angelegt – eine perfekte Landung.

Das scheint ganz einfach zu sein und hat die Menschen schon immer begeistert. Manche versuchten, sich mit künstlichen Flügeln in die Luft zu erheben. ALBRECHT BERBLINGER (1770–1829), der berühmt gewordene Schneider von Ulm, ist daran ebenso gescheitert wie viele andere auch. Es genügt also nicht, Flügel anzuschnallen. Unser Körper ist einfach nicht zum Fliegen geschaffen. Wir sind zu schwer und die Kraft der Armmuskeln reicht nicht aus.

Federleicht
Das Körpergewicht der Vögel ist vergleichsweise gering. So wiegt eine Taube nur halb so viel wie ein gleich großer Igel. Ein Grund dafür sind die mit Luft gefüllten Röhrenknochen (▷ B 1) der Vögel. Diese sind bei Säugetieren mit Mark gefüllt.

Im Körper befinden sich **Luftsäcke** (▷ B 2), die mit der Lunge in Verbindung stehen. So können Vögel doppelt so viel Luft aufnehmen wie ein vergleichbar großes Säugetier. Die große Flügelfläche verhindert ein schnelles Absinken. Kräftige Flügelschläge drücken den Körper gegen die Luft nach oben und nach vorn.

Dass Fahrzeuge mit einer **Stromlinienform** weniger Benzin und damit weniger Energie verbrauchen als andere, haben Autohersteller inzwischen erkannt. Der Vogelkörper (▷ B 1) macht es vor: Auch er ist stromlinienförmig gebaut, sodass die Tiere bei geringem Energieverbrauch hohe Fluggeschwindigkeiten erreichen können.

Während des Fliegens wirken durch die auf und ab schlagenden Flügel ganz erhebliche Kräfte auf den Körper des Vogels. Die Flugmuskeln benötigen deshalb bei ihrer schweren Arbeit einen festen Halt. Die zusammengewachsenen Brust- und Lendenwirbel und die Knochen des Brustkorbes bilden trotz der „**Leichtbauweise**" der Knochen ein starres und stabiles Gerüst.

▶ Das geringe Körpergewicht, die Stromlinienform und die kräftige Flugmuskulatur ermöglichen den Vogelflug.

Federn halten warm

Ein bitterkalter Wintertag. Das Amselmännchen sitzt in einem kahlen Fliederstrauch und plustert sein Gefieder auf. Es vergrößert die isolierende Luftschicht zwischen seinen **Daunenfedern**, die den ganzen Körper bedecken. Es tut damit etwas Ähnliches wie wir, wenn wir einen Pullover unter einer Jacke tragen. So schützt sich der Vogel mit seiner „Unterwäsche", den Daunenfedern, gegen Wärmeverlust. Diese Eigenschaft machen wir uns übrigens bei Federbetten zunutze. Vögel sind wie wir **gleichwarme Lebewesen**, deren Körper stets die gleiche Temperatur aufweist.

Die „Oberbekleidung" der Vögel besteht aus den **Deckfedern**, die den Vogelkörper dachziegelartig einhüllen. So schützen sie die Daunenfedern vor Nässe und Wind und geben dem Vogelkörper seine stromlinienförmige Gestalt.

Die schnellen Flieger, z. B. Baumfalken, besitzen sehr harte Gefiederflächen. Deshalb werden diese Vögel von der Luftströmung nur wenig gebremst.

Die beiden übrigen Federtypen haben ganz besondere Aufgaben. Die **Schwungfedern** bilden die Tragflächen. Mit den **Schwanzfedern** kann der Vogel während des Fluges steuern und bei der Landung abbremsen.

▶ Federn schützen vor Kälte und sind eine wichtige Voraussetzung für den Vogelflug.

Wie sind Federn gebaut?

Die einzelne Feder ist ein Meisterwerk der Natur (▷ B 1). Sie besteht aus einem langen Röhrchen, das zur Spitze hin immer dünner wird. Das ist der **Federkiel**, von dem seitlich zahlreiche Seitenäste abzweigen. Im oberen Teil des Federkiels, dem **Schaft**, befinden sich lufthaltige Zellen, die zum geringen Gewicht der Feder beitragen. Der untere Teil, auch **Spule** genannt, ist hohl. Mit der Spule ist die Feder in der Haut des Vogels befestigt.
Vom Schaft laufen zu beiden Seiten kleine Äste, die aneinander zu kleben scheinen.

Erst die Lupe enthüllt das Geheimnis zweier benachbarter Äste. Von dem oberen Ast laufen winzige bogenförmige Strahlen nach unten. In diese greifen zahllose kleine Häkchen, die an Strahlen des unteren Astes sitzen. Wie ein Klettverschluss greifen Haken- und Bogenstrahlen ineinander und bilden die geschlossene **Fahne** (▷ B 1). Dort kommt sehr wenig Luft hindurch.

4 Olympiade der Vögel

Aufgaben

1 Begründe, warum das tägliche Aufschütteln von Federbetten wichtig ist.

2 Erkläre, warum ein Fasan ein weicheres Deckgefieder besitzt als ein Habicht.

Versuche

1 Versuche, eine brennende Kerze durch eine Schwungfeder hindurch auszublasen.

2 Untersuche den Aufbau einer Vogelfeder mit der Lupe. Ziehe dabei vorsichtig die Äste der Feder auseinander und zeichne die Haken- und Bogenstrahlen.

Flugarten

Wie ein Segelflugzeug segelt am Himmel ein Mäusebussard vorüber. Seine Flügel bewegt er dabei kaum. Die aufsteigende warme Luft trägt ihn immer wieder nach oben, sodass er nicht an Höhe verliert. Seine Flügel sind nach vorn gewölbt. Wenn die Luft daran vorbeiströmt, entsteht zusätzlich ein Sog nach oben. So ist es zu erklären, dass Vögel im **Segelflug** (▷ B 1) mit geringem Kraftaufwand oft stundenlang in der Luft bleiben können.

1 Auch Möwen kann man beim Segelflug beobachten.

Kurz vor der Landung gleitet der Bussard aus geringer Höhe auf einen Maulwurfshaufen zu. Mit einigen Flügelschlägen bremst er ab und setzt mit vorgestreckten Beinen auf. Beim **Gleitflug** (▷ B 2) verliert der Mäusebussard nur langsam an Höhe. Der schwerere Adler sinkt dagegen wesentlich schneller zu Boden.

Am häufigsten ist jedoch der **Ruderflug** (▷ B 3) zu beobachten. Dabei schlagen die Vögel ihre Flügel schnell auf und nieder und halten sich dadurch in der Luft. Mit dieser Technik sind sie von Luftströmungen völlig unabhängig.

2 Gleitflug

3 Ruderflug

Werkstatt

Versuche zum Fliegen

1 Wir falten Papierflieger

Falte mehrere Flieger mit unterschiedlicher Flügelgröße. Starte die Flieger der Reihe nach und miss Länge und Dauer des Gleitfluges. Fasse die Ergebnisse in einer Tabelle zusammen und versuche zu erklären.

1 Bastelanleitung für einen Papierflieger

2 Was bewirkt warme Luft beim Fliegen?

Material
Glasrohr, Stativ, Kerze, Feder, Pinzette

Versuchsanleitung
Befestige ein Glasrohr senkrecht am Stativ und stelle die brennende Kerze darunter. Bringe mithilfe der Pinzette die Daunenfeder oberhalb der Flamme ins Glasrohr und beobachte. Was bedeutet das Ergebnis für den Vogelflug?

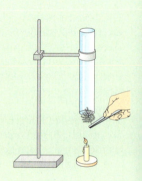

3 Versuche zur Flügelform

Material
2 feste DIN-A4-Papierbögen, Buch

Versuchsanleitung
a) Falte die beiden Papierbögen in der Mitte. Nimm den ersten Bogen und klemme die untere Hälfte in das Buch. Puste den Bogen von vorne an. Achte darauf, dass die freie Papierhälfte nicht gewölbt ist.

b) Lege nun den zweiten Bogen in das Buch und gib der freien Papierhälfte eine deutliche Wölbung nach unten. Puste nun wie zuvor gegen den Bogen. Beschreibe den Unterschied. Was bedeutet dies für den Vogelflügel?

4 Ein Flügel steigt

Vögel haben speziell geformte Flügel, die es ihnen ermöglichen ohne einen Flügelschlag in der Luft zu steigen.

Material
Tonpapier, Strohhalm, Klebeband, Faden, Stift, Schere, Haartrockner

Versuchsanleitung
a) Falte das Tonpapier so, dass eine Seite etwas kürzer ist.

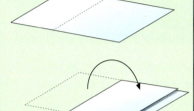

b) Drehe das Tonpapier um. Klebe die längere Seite genau auf die kürzere.

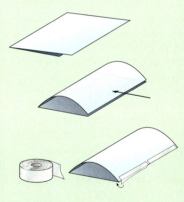

c) Bohre mit dem Bleistift zwei einander gegenüberliegende Löcher in den Karton.

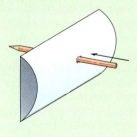

d) Schneide ein Stück Strohhalm ab, das etwas länger ist als der Abstand der Löcher.
Schiebe den Strohhalm durch die Löcher und klebe ihn gut fest.

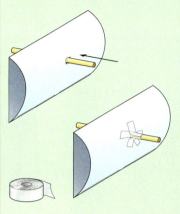

e) Ziehe den Bindfaden durch den Strohhalm und spanne ihn zwischen zwei Querstangen ein.

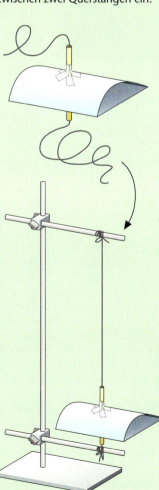

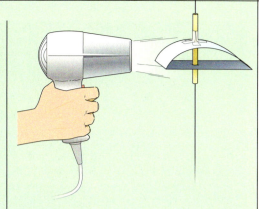

f) Blase mit dem Haartrockner gegen den Flügel. Was kannst du beobachten?

Aufgabe
Vergleiche den Querschnitt deines Modellflügels mit dem eines Vogelflügels (▷ B 2). Nenne Gemeinsamkeiten und Unterschiede.

2 Segelflug

3 Segelflieger

Der Mäusebussard – ein eleganter Jäger

1 Mäusebussard

2 Mäusebussard bei der Fütterung am Horst

3 Mäusebussard am Kröpfplatz

Diesen Augen entgeht fast nichts
Wie ein Mäusebussard aus eigener Kraft am Himmel zu kreisen und die ganze Welt von oben betrachten zu können – das ist für uns leider ein unerfüllbarer Traum! Verlockend sieht das aus, wenn er im Frühjahr gemeinsam mit dem Weibchen im Balzflug über Wiesen und Feldern seine Kreise zieht und dabei laut „Hiäh" ruft.

Mit etwas Geduld kannst du ihn sogar bei der Jagd beobachten. Von einem Zaunpfahl oder einem anderen hohen Platz aus sucht er die Umgebung ab. Manchmal schlägt er seine Beute aber auch aus dem Segelflug heraus. Dann bleibt er plötzlich mit schnellen Flügelschlägen und breit gefächerten, nach unten gestellten Schwanzfedern rüttelnd in der Luft stehen. Er hat mit seinen **scharfen Augen** offensichtlich ein Beutetier erspäht. Wie ein Stein lässt er sich mit angezogenen Flügeln fallen. Kurz vor dem Boden breitet er die Schwingen aus, wie der Jäger die Flügel nennt, und bremst den Sturzflug ab. Mit den scharfen Krallen seiner **Greiffüße** erfasst er das Beutetier und tötet es durch einen gezielten Nackenbiss mit seinem **Hakenschnabel**.

▶ Der Hakenschnabel, die Greiffüße und die scharfen Augen sind Körpermerkmale aller Greifvögel.

Was sind eigentlich Gewölle?
Mit der Spitze seines Hakenschnabels zerreißt er die Beute. Dabei wirkt der Schnabel an beiden Seiten wie eine Schere. Die Stücke verschlingt der Mäusebussard mit Haut und Haaren. Im Magen werden das Fleisch und sogar kleinere Knochen von Verdauungssäften zersetzt. Unverdauliche Reste werden als **Gewölle** zusammengeklumpt und ausgewürgt. Gewölleuntersuchungen zeigen, dass Mäuse die häufigsten Beutetiere des Bussards sind. Ab und zu werden Maulwürfe, Frösche, Eidechsen und verschiedene Vögel erbeutet. Da er als Aasfresser auch verunglückte Tiere frisst, sieht man ihn oft in der Nähe verkehrsreicher Straßen.

▶ Unverdauliche Speisereste speien Bussarde als Gewölle aus.

Nachwuchs
Seinen **Horst**, wie man das Nest der Greifvögel nennt, baut der Mäusebussard im Frühjahr auf einem Waldbaum. Als Grundlage wählt er dickere Zweige, weiter nach oben immer dünnere. Weiche belaubte Zweige bilden die Unterlage für die 2 bis 3 braun gefleckten Eier. Nach rund fünf Wochen Brutzeit schlüpft der erste Jungvogel. Mäusebussarde sind **Nesthocker** (▷ B 2), die von beiden Eltern betreut werden. Das Männchen jagt und das Weibchen füttert. Nach weiteren sechs Wochen sind die Jungen flügge.

4 Mäusebussard sucht Beute

Lexikon

Greifvögel

Den **Rotmilan** erkennt man im Flugbild an seinem tief gegabelten rotbraunen Schwanz. Er liebt offenes Gelände mit einzelnen Bäumen. Sein Horst befindet sich auf einem hohen Baum. Als Nahrung nimmt er Aas und und kleine Tiere wie Mäuse.

In großen Wiesen- und Sumpfgebieten lebt die seltene **Wiesenweihe**. Sie baut ihren Horst auf dem Boden. Ihre Nahrung besteht aus Kleinsäugern, Vögeln, Insekten und Fröschen. Den Winter verbringt sie im tropischen Afrika.

Der **Habicht** ist ein Greifvogel des Waldes. Seine Beute besteht aus Säugetieren bis Mardergröße und Vögeln bis Hühnergröße. Er verhindert, dass sich Ringeltaube und Eichelhäher zu stark vermehren. Der ähnliche, aber nur taubengroße **Sperber** streift gelegentlich im Tiefflug auch durch Gärten und schlägt vorwiegend Kleinvögel.

Der **Fischadler** lebt an Flüssen und Seen mit Bäumen am Ufer. Er kann Fische sogar noch in 1 m Wassertiefe packen, da er sich bei der Jagd mit großer Wucht ins Wasser stürzt. Sein Horst, den er jahrelang nutzt, befindet sich auf einem Baum.

Der Turmfalke lebt in Dorf und Stadt

Ursprünglich nistete der Turmfalke nur auf hohen Einzelbäumen, im Wald oder in Felsnischen. Heute ist er in jeder Stadt in Türmen und an vielen anderen hohen Gebäuden zu Hause. Er baut selber nie ein Nest, deshalb bezieht er gerne alte Krähen- oder Elsternnester. Aber auch Nistkästen nimmt er an.

Für die Jagd sucht der Turmfalke freies Gelände auf. Hier steht er mit schnellen Flügelschlägen rüttelnd auf einer Stelle in der Luft und sucht den Boden nach Mäusen und anderen Kleintieren ab. In Großstädten stehen auch Sperlinge und Buchfinken auf dem Speiseplan.

Sobald er etwas entdeckt hat, schwebt er langsam heran und stößt dann blitzschnell herab. Seine Beute verspeist er dann auf einem Zaunpfahl oder einem anderen erhöhten Platz.

Turmfalkenweibchen lassen sich einige Zeit vor der Brut und auch während des Brütens vom Männchen füttern. Findet das Männchen nicht genug Nahrung, wird die Brut abgebrochen. Die Zahl der Nachkommen hängt also vom Nahrungsangebot ab.

▶ Der Turmfalke ist in Städten der häufigste Greifvogel.

1 Turmfalke

Aufgabe

1 Suche im Internet unter den Stichworten „Vögel" oder „birds" sowie „Webcam" nach Kameras, die in ein Greifvogelnest gerichtet sind.
a) Notiere, in welchen Abständen gefüttert wird. Was wird gefüttert?
b) Wie verhalten sich die Eltern bei der Fütterung?

2 Nistplatz mit Webcam

Der Waldkauz – ein Jäger der Nacht

Die Eule aus den Krimis

Der Waldkauz ist in Mitteleuropa die häufigste Eulenart. In Winternächten bis ins Frühjahr hinein ist der etwas unheimlich klingende Balzgesang des Männchens zu hören. Das durchdringende „Huuh-hu-huuuuuuuuh" kannst du auch in Kriminalfilmen bei nächtlichen Szenen hören. Zwar gilt der Waldkauz als ausgesprochener Nachtvogel, man kann ihn aber auch tagsüber in einem Baum entdecken.

1 Waldkauz beim Beutefang

Wälder, Parkanlagen, aber auch Ortschaften mit ihren hohen Gebäuden und Kirchtürmen sind sein Revier. Als Brutplätze eignen sich Baumhöhlen, Mauernischen und alte Nester von Krähen und Greifvögeln. Keine Eulenart baut ein richtiges Nest. Die 3 bis 5 Eier werden einfach ohne Unterlage auf den Boden gelegt. Im Gegensatz zu jungen Greifvögeln sind Eulenküken zunächst blind.

Obwohl Eulen nachtaktiv sind, können sie auch tagsüber gut sehen. Ihre Augen sind aber für die nächtliche Jagd besonders gut geeignet. Sie sind sehr empfindlich und können deshalb auch bei wenig Restlicht bestens sehen. Die großen Augen sind allerdings unbeweglich.

Will die Eule zur Seite oder nach hinten schauen, muss sie den gesamten Kopf drehen (▷ B 2).

Eulen sind Meister im Hören

Ihre empfindlichen Ohren können selbst leiseste Töne wahrnehmen. Deshalb richten sich Eulen bei völliger Dunkelheit ausschließlich nach ihrem Gehör. Die Ränder der Ohröffnungen können aufgerichtet werden und dienen wie ein Trichter zur Schallverstärkung. Die Federbüschel am Kopf mancher Eulen haben mit dem Hörvorgang nichts zu tun, sondern sind reiner Schmuck. Die „Jagdausrüstung" des Waldkauzes wird vervollständigt durch seine Greiffüße, aus dessen Krallen es kein Entrinnen mehr gibt. Eine der drei nach vorn gerichteten Zehen kann nach hinten gedreht werden (▷ B 1), sodass die Eule noch besser zupacken kann.

Eulen haben ein sehr weiches Gefieder. Deshalb fliegen sie völlig geräuschlos. Die Vorderfahnen der ersten Schwungfedern sind an den Rändern mit einem Fransenkamm (▷ B 1) besetzt und verschlucken jedes Fluggeräusch.

Mäusefänger

Eulen jagen vor allem Mäuse, aber auch andere kleine Säugetiere, Frösche und sogar Vögel gehören zu ihrer Beute. Unverdauliche Speisereste werden wie bei den Greifvögeln als Gewölle ausgewürgt. Sind viele Beutetiere vorhanden, ziehen die Waldkäuze mehr Nachkommen auf (▷ B 3). Manche Eulenpaare brüten dann ein zweites Mal im Jahr. Gibt es wenig Beute, werden weniger Eier gelegt und es brüten nicht alle Eulenpaare.

▶ Das gute Gehör, die lichtempfindlichen Augen, die Greiffüße und das weiche Gefieder machen die Eulen zu erfolgreichen nächtlichen Jägern.

Aufgaben

1. Warum ist es für Eulen wichtig, lautlos zu fliegen? Nenne zwei Gründe.

2. Vergleiche Körperbau und Lebensweise von Eulen und Greifvögeln. Fasse Unterschiede und Gemeinsamkeiten in einer Tabelle zusammen.

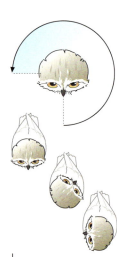

2 Eule peilt Beute an.

3 Waldkauz mit Jungvögeln

Lexikon

Eulen

Die **Schleiereule** besiedelt offenes Gelände und nistet in Scheunen, Kirchtürmen und Ruinen. Typisch ist ihr herzförmiges Gesicht. 4–7 weiße Eier legt sie an einer dunklen Stelle auf den Boden. Ihre Nahrung besteht aus Mäusen, Maulwürfen und anderen Kleintieren. Bei der Balz geben Schleiereulen gedehnte Schnarchlaute („chrrrüh") ab.

Unsere größte Eulenart ist der **Uhu** (Körperlänge ca. 70 cm). Er hat seinen Namen von seinem Ruf – einem tiefen lauten „uhu".
Man hat ihn mit Erfolg in großen Waldgebieten, wo er ausgestorben war, wieder angesiedelt.
Der Nistplatz liegt meistens versteckt in einer Felswand. Seine Beute besteht aus Säugetieren bis Kaninchengröße, aus Rabenvögeln, Tauben, Fröschen, Insekten und Eidechsen. Sogar Igel überwältigt er mit seinen großen Greiffüßen.

Die **Waldohreule** lebt in Wäldern, Parks und Feldgehölzen. Manchmal ist sie sogar in Gärten mit großen Bäumen zu sehen. Sie nistet bevorzugt in alten Krähen- und Elsternnestern. Typisch sind die orangen Augen und die Federbüschel am Kopf. Letztere haben mit dem Hörvorgang nichts zu tun. Sie sind nur Schmuck.

Der **Steinkauz** ist mit 22 cm Körperlänge eine unserer kleineren Eulenarten. Er kommt in offenem Gelände mit einzelnen Bäumen vor, wo er gern in Baumhöhlen nistet. Deshalb ist er besonders auf Streuobstwiesen, in Kopfweiden, gelegentlich aber auch in Steinbrüchen, Ruinen und Gehöften zu finden.
Kleine Säugetiere und Vögel bis Amselgröße bilden seine Hauptnahrung.

---

1. Vor der Untersuchung werden die Gewölle in einem Backofen über mehrere Stunden bei 150°C erhitzt, um eventuell vorhandene Krankheitskeime abzutöten. Dann kannst du die getrockneten Gewölle auf Zeitungspapier mit Präpariernadeln und spitzen Pinzetten zerrupfen.

2. Versuche zunächst anhand der Bestimmungstabelle herauszufinden, von welcher Eulenart das Gewölle stammt.

3. Versuche die Beutetiere und deren Anzahl nach den gefundenen Schädeln und Kieferteilen zu bestimmen.

4. Versuche aus den Knochen der Gewölle nach der Vorlage ein vollständiges Skelett auf ein Blatt Papier aufzukleben. Dein Ergebnis kannst du mit einer selbstklebenden, durchsichtigen Klarsichtfolie schützen. Nach den Untersuchungen musst du dir die Hände waschen!

Gewölle	Schleiereule	Waldohreule	Waldkauz	Steinkauz
Länge (in cm)	2–8	4–7	3–8	3–5
Dicke (in cm)	2–3	2–3	2–3	1–2
Form	glatt, groß, abgerundet	schlank, walzenförmig	dick, unregelmäßig	besonders schlank
Farbe	schwarz	grau	grau	grau
Fundort	Kirchen, Scheunen	Waldrand, Feldgehölze	Wald, Park	Kirchen, Steinbrüche

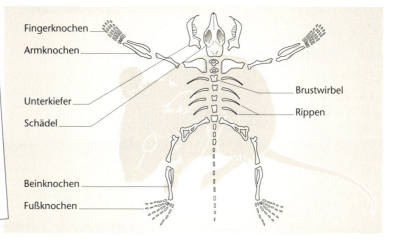

4 Wir untersuchen das Gewölle von Eulen.

Spezialisten

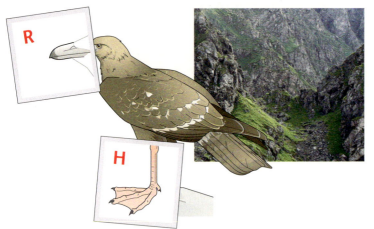

Steinadler
Der Steinadler ist mit einer Spannweite bis zu 2,30 m unser größter Greifvogel. Er lebt vorwiegend im felsigen Gebirge und kommt in Deutschland nur in den Alpen vor. Zu seinen Beutetieren zählen vor allem Murmeltiere. Mit seinem hakenförmigen Schnabel zerlegt er die Beute. Die Seitenränder des Oberschnabels sind scharfe Schneiden, mit denen auch derbhäutige Tiere aufgeschnitten werden können.

Kleiber
Die Kleiber können an Baumstämmen sogar mit dem Kopf nach unten klettern. Die drei Vorderzehen und auch die Hinterzehe besitzen lange gekrümmte Krallen, mit denen sich der Kleiber an der rauen Borke der Bäume gut festhalten kann. Seine Nahrung besteht aus Insekten, die er mit dem kräftigen spitzen Schnabel aus Baumritzen hervorholt.

Silbermöwe
Die Silbermöwe ist an den fleischfarbenen Beinen und an dem kräftigen orangegelben Schnabel zu erkennen. Der Oberschnabel ist hakenartig gekrümmt und wird auch mit harten Nahrungsteilen fertig. Fische, Vogeleier, Muscheln, Krebse und Würmer, aber auch Aas und Abfall werden gefressen. Die Silbermöwe kann wie alle Möwen gut schwimmen. Zwischen ihren Vorderzehen befinden sich Schwimmhäute.

Graureiher
Der Graureiher ist in Mitteleuropa die häufigste Reiherart. Er schreitet auf feuchten Wiesen oder im flachen Wasser vorsichtig an seine Beute heran. Meistens steht er jedoch mit s-förmig zurückgezogenem Hals ruhig da. Plötzlich schnellt der Hals vor. Mit dem langen Pinzettenschnabel spießt er seine Beute auf oder hält sie fest. Kleine Fische, Insektenlarven und Mäuse werden am häufigsten gejagt.

Spezialisten

Großtrappe

Die Großtrappe ist mit rund 15 kg der schwerste flugfähige Vogel in Mitteleuropa. Sie kommt in Deutschland nur noch selten vor. Zu finden ist die Großtrappe östlich der Elbe auf weiten Äckern und Wiesen. Trappen sind Laufvögel mit kräftigen dreizehigen Lauffüßen. Mit ihrem hühnerartigen derben Schnabel nehmen sie Pflanzen auf, aber auch Insekten und sogar Mäuse.

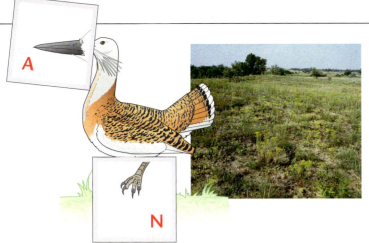

Mauersegler

Der Mauersegler baut sein Nest in Mauerspalten und Hohlräumen an Gebäuden und Felsen. Am Himmel ist er an seinen langen sichelförmigen Flügeln und dem gabelförmigen Schwanz zu erkennen. In pfeilschnellem Flug erreicht er bis zu 280 km/h. Er hat Klammerfüße, mit denen er sich an Mauern festhalten kann. Gehen oder hüpfen kann er damit nicht. Er fängt mit seinem kleinen Schnabel Insekten im Flug. Dabei kann er sein Maul sehr weit öffnen.

Kernbeißer

Der Kernbeißer lebt in Laub- und Mischwäldern und kommt im Winter gelegentlich auch ans Futterhaus. Er ist etwas kleiner als eine Amsel. Sein kräftiger Schnabel ermöglicht ihm sogar das Aufbeißen von Kirschkernen.
Der Kernbeißer hat Sitzfüße: Wenn sich die Gelenke beugen, werden die Sehnen gespannt, und die Zehen umklammern automatisch den Zweig.

Aufgaben

1 Schreibe die Vogelarten der linken Seite untereinander und anschließend die der rechten Seite darunter. Ordne ihnen jeweils zuerst den richtigen Schnabel und dann den Fuß zu. Richtig zugeordnet ergeben die Buchstaben auf den Kärtchen hintereinander gelesen den Namen eines Vogels, der am Haus und im Garten vorkommt.

2 Suche im Werkzeugkasten nach Werkzeugen, die du mit den jeweiligen Vogelschnäbeln vergleichen kannst.
Beispiel: Pinzette – Graureiher.

Fortpflanzung und Entwicklung beim Haushuhn

Die Henne hat gelegt

Bei der Balz umtanzt der auffallend bunt gefärbte Hahn die Henne. Geht die Henne auf die Werbungen ein, so duckt sie sich und der Hahn steigt auf sie auf. Der Hahn „tritt" die Henne, wie Hühnerzüchter sagen. Die Tiere pressen ihre Geschlechtsöffnungen aneinander. Hierbei kommt es zur Besamung (▷ B 1). Im hinteren Teil des Eileiters erfolgt die Befruchtung der Eizelle, womit die Verschmelzung einer Eizelle mit einer Samenzelle gemeint ist.

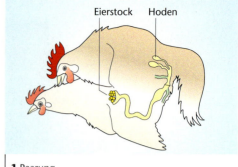

1 Paarung

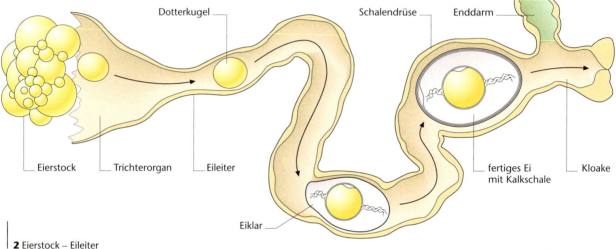

2 Eierstock – Eileiter

3 Einstechen eines Loches

4 Aufbrechen der Kalkschale

Innerhalb von 24 Stunden erfolgt jetzt im Eileiter die Entwicklung zum fertigen Hühnerei, das dann von der Henne abgelegt wird. Im Ei teilt sich die winzige Eizelle mehrfach und bildet die kleine Keimscheibe. Sie ist auf der Dotterkugel bei genauem Hinsehen gut zu erkennen (▷ B 5). Aus ihr entsteht später der Embryo. Nach und nach kommen Eiklar, die Hagelschnüre und die feinen Schalenhäute hinzu. In der Schalendrüse wird schließlich die Kalkschale hinzugefügt. Damit der heranwachsende Embryo atmen kann, enthält die Schale viele kleine luftdurchlässige Öffnungen. Das sind die Poren.

▶ Das Hühnerei enthält Nährstoffe für das heranwachsende Küken, das durch Poren in der Eierschale atmen kann.

Von der Befruchtung bis zur Eiablage dauert es nur 24 Stunden. Entfernt man die Eier, legt die Henne erneut. Dieses Verhalten ist dem Tier angeboren. Eine Henne kann bis zu 250 Eier im Jahr legen. Findet keine Besamung statt, bleiben die Eier unbefruchtet.

Versuche

1 Lege ein Hühnerei waagerecht in die Vertiefung eines Eierkartons. Stich vorsichtig ein kleines Loch in die Eierschale und sauge mit einer Einwegspritze ca. 1,5 ml Eiklar ab.
Mit Schere und Pinzette kannst du jetzt vorsichtig das Loch zu einem kleinen „Fenster" erweitern (▷ B 3 und 4). Welche Teile aus Bild 5 erkennst du wieder?

2 Halte ein Stückchen Kalkschale gegen das Licht und betrachte es mit der Lupe.

3 Drehe das geöffnete Ei. Wie verhält sich die Keimscheibe?

4 Öffne das Ei vollständig und gib den Inhalt in eine Petrischale. Zieh vorsichtig mit einer stumpfen Pinzette an den Hagelschnüren!
Welche Aufgabe könnten die Hagelschnüre haben?

Fortpflanzung und Entwicklung beim Haushuhn

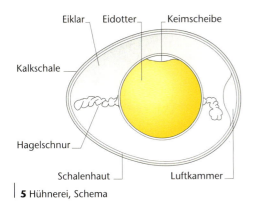

5 Hühnerei, Schema

Ein Küken schlüpft

Wenn die Glucke brütet, hält ihr Körper die Eier gleichmäßig warm. Bis dann schließlich ein Küken schlüpft, passiert unter der Eischale Erstaunliches: Langsam entwickelt sich aus der Keimscheibe der Embryo. Auch wenn die Glucke die Eier wendet – die Keimscheibe bleibt immer oben. Sie schwimmt auf der Dotterkugel. Schon nach drei Tagen sind erste Äderchen auf der Dotterkugel erkennbar. Sie versorgen den Embryo mit Nährstoffen aus dem Dotter und dem Eiklar. Nach 14 Tagen sind Kopf, Schnabel, Augen, Flügel und Federn gut ausgebildet. Um die Eischale durchbrechen zu können, hat das Küken einen kleinen Eizahn auf dem Schnabel. Nach 21 Tagen schlüpft das Hühnerküken.

Als **Nestflüchter** geht das Küken sofort mit der Glucke und den Geschwistern auf Futtersuche.

▶ Damit sich im befruchteten Hühnerei aus der Keimscheibe das Küken entwickeln kann, muss die Henne das Ei beim Brüten gleichmäßig warm halten.

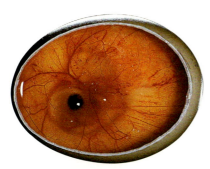

Hättest du das gedacht?

Das Rebhuhn legt 17–22 Eier in ein einziges Gelege.

Der Grauweiße Kolibri lebt auf Jamaika. Das Weibchen legt die mit 0,25 g kleinsten Vogeleier.

Das Straußen-Weibchen legt die schwersten Vogeleier. Mit 1620 g wiegt ein Straußenei soviel wie 30 Hühnereier!

6 Entwicklungsstadien im Hühnerei

Aufgaben

1 Schreibe zu jedem Stadium in Bild 6 einen Text, der die Entwicklung des Kükens beschreibt.

2 Erkläre den Begriff „Nesthocker" und nenne einige Vogelarten, deren Küken Nesthocker sind.

3 Suche im Buch nach weiteren Tierarten, deren Junge Nestflüchter sind.

Schlusspunkt

Anpassung an den Lebensraum

Wirbeltiere haben außer der Antarktis alle Kontinente besiedelt. Sie leben im Meer und haben auch den Luftraum erobert.

▶ Rehe und Hirsche

Rehe leben vorwiegend am Waldrand und ernähren sich als Wiederkäuer von Kräutern, Gräsern und jungen Baumtrieben. Meist leben sie in kleinen Rudeln. Die Kitze sind durch ihre Geruchslosigkeit und die Tarnfärbung sehr gut vor Feinden geschützt. Rehe sind Kulturfolger.
Der Rothirsch ist ein scheuer Waldbewohner. In der Brunftzeit muss der Platzhirsch sein Revier und seine Weibchen gegen Rivalen verteidigen.

▶ Eichhörnchen sind Kletterkünstler

Eichhörnchen verbringen ihr Leben auf Bäumen. Der buschige Schwanz und die langen, spitzen Krallen helfen beim Klettern. Für den Winter, in dem sie Winterruhe halten, legen sie Vorräte an.

▶ Maulwürfe unter uns

Maulwürfe sehen sehr schlecht. Sie sind mit ihrem walzenförmigen Körper und dem ausgezeichneten Geruchs- und Tastsinn gut an das Leben unter der Erde angepasst. Maulwürfe sind Einzelgänger, die Vorräte für den Winter anlegen.

▶ Fliegende Säugetiere

Fledermäuse orientieren sich mithilfe von Ultraschall. Unsere einheimischen Arten fressen fast ausschließlich Insekten, die sie im Flug erbeuten. Für die Aufzucht der Jungen und für den Winterschlaf brauchen sie gut geschützte Höhlen oder offene Türme und Speicher.

▶ Fische – ein Leben im Wasser

Fische sind wechselwarme Wirbeltiere, die an das Leben im Wasser angepasst sind. Sie besitzen einen stromlinienförmigen Körper; zur Fortbewegung dienen Flossen. Bei den meisten Fischen ist die Haut mit Schuppen besetzt, die den Körper schützen.
Fische haben ein besonderes Organ, das Seitenlinienorgan. Hierbei handelt es sich um einen Ferntastsinn, mit dem die Tiere Wasserbewegungen wahrnehmen.

Ein Organ, das nur Fische besitzen, ist die Schwimmblase. Mit ihrer Hilfe können Fische in unterschiedlichen Wassertiefen schweben.
Ein weiteres Kennzeichen ist die Kiemenatmung. Dabei nehmen die Fische den lebensnotwendigen Sauerstoff direkt aus dem Wasser in die Blutgefäße auf.

▶ Befruchtung im Wasser

Die Eier werden bei den Fischen meist außerhalb des weiblichen Körpers befruchtet. Nach dem Laichen kümmern sich die Eltern selten um den Nachwuchs. Eine Ausnahme sind zum Beispiel die Stichlinge, bei denen die Männchen das Gelege versorgen.

Fische besiedeln viele Gewässer

Fische leben in verschiedenen Gewässern, im Süßwasser und in den salzhaltigen Meeren. Viele Meeresfische werden von den Menschen als Speisefische geschätzt. Einige Fischarten sind in der Lage, im Süßwasser und im Meerwasser zu überleben. Hierzu gehören Aale und Lachse.

Lebensraum der Amphibien

Lurche leben sowohl auf dem Land als auch im Wasser. Es sind Amphibien, weil ihr Körper für beide Lebensräume ausgestattet ist. Es gibt Froschlurche und Schwanzlurche. Zu den Froschlurchen gehören Frösche, Unken und Kröten, zu den Schwanzlurchen Salamander und Molche.

Atmung bei Amphibien

Die Haut der Amphibien muss ständig feucht sein, da Lurche als Hautatmer Sauerstoff durch die Haut aufnehmen und deshalb nicht nur auf die Lungenatmung angewiesen sind. Für ausreichend Feuchtigkeit sorgen Schleimdrüsen in der Haut.

Stoffwechsel bei Amphibien

Lurche sind wie die Fische wechselwarme Tiere, deren Körpertemperatur von der Umgebungstemperatur abhängt.

Fortpflanzung bei Amphibien

Die Larven der Lurche entwickeln sich im Wasser. Sie durchlaufen eine Metamorphose, in deren Verlauf sie ihre Gestalt verändern und von Kiemenatmern zu Lungenatmern werden. Die Hautatmung wird beibehalten.

Amphibienschutz

Die Zahl der Lurche geht in unserer Kulturlandschaft immer mehr zurück. Die Gründe hierfür sind z. B. der Mangel an Laichgewässern sowie giftige Spritzmittel. Deshalb ist es wichtig, die Tiere zu schützen und ihnen auch im Garten Unterschlupfmöglichkeiten zu bieten.

Laichablage und Larvenentwicklung im Wasser

Schleimdrüsen in der Haut

Schwimmhäute zwischen den Zehen

Klappzunge für den Beutefang

Reptilien

Die heutigen Reptilien oder Kriechtiere leben überwiegend in tropischen und subtropischen Ländern. Schlangen, Schildkröten und Krokodile sind die bekanntesten Gruppen.
Obwohl sie sehr unterschiedlich aussehen, haben doch alle einige typische Gemeinsamkeiten, die sie von anderen Tieren unterscheiden.

Reptilienhaut

Reptilien tragen ein Schuppenkleid oder einen Panzer. Den Schlangen helfen die Schuppen bei der Fortbewegung. Schuppen und Panzer schützen den Körper vor Verletzungen.

Körpertemperatur

Reptilien sind wechselwarme Tiere. Ihre Körpertemperatur wird von der Umgebungstemperatur bestimmt. In winterkalten Gebieten fallen Reptilien in eine Winterstarre.

1 Wechselkröte

2 Waldeidechse

3 Mäusebussard

4 Struktur eines Vogelknochens

▶ Atmung bei Reptilien
Die undurchlässige Haut der Reptilien lässt Hautatmung nicht zu. Deshalb sind die Tiere auf Lungenatmung angewiesen.

▶ Fortpflanzung bei Reptilien
Reptilien schlüpfen aus Eiern. Ihre Fortpflanzung ist vom Wasser unabhängig. Sie machen kein Larvenstadium durch.

▶ Fortbewegung bei Reptilien
Kriechtiere besitzen seitlich vom Körper abstehende Beine. Dadurch ergibt sich ihr kriechender Gang. Haben sich die Beine wie bei Schlangen und Blindschleichen mehr oder weniger zurückgebildet, schlängeln sich die Tiere voran.

▶ Vorfahren
Die Vorfahren der heutigen Reptilien waren Saurier. Sie beherrschten vor Millionen Jahren die Tierwelt der Erde.

▶ Nur Vögel besitzen Federn
Deckfedern umschließen außen den Vogelkörper. Daunen umhüllen die Körperoberfläche und schützen gegen Kälte. Schwungfedern bilden die Tragflächen des Flügels. Schwanzfedern steuern den Flug und bremsen bei der Landung. Das Gefieder verleiht dem Körper eine Stromlinienform.
Die Knochen der Vögel sind stark lufthaltig. Dadurch verringert sich das Körpergewicht – eine wichtige Voraussetzung für das Fliegen (▷B 4).

▶ Vögel betreiben Brutpflege
Die Eier werden von den Eltern bebrütet. Nach dem Schlüpfen verlassen die Nestflüchter das Nest und folgen dem Eltern bei der Nahrungssuche. Nesthocker bleiben dagegen noch einige Zeit im Nest und werden dann dort gefüttert.

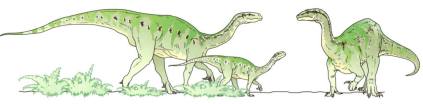

▶ Vögel besiedeln nahezu alle Lebensräume der Erde
Dabei wurden Körperbau und Verhalten den Nahrungsquellen angepasst. Oft sind es Spezialisten, die mit dem Schnabel als Werkzeug und den Krallen als Haltegriffen an ihre Nahrung gelangen.
Die Fähigkeit zu fliegen, ist dabei ihr größter Vorteil. Wenn etwa durch ungünstiges Klima die Nahrungsquellen versiegen, fliegen sie in günstigere Gebiete.

5 Turmfalke füttert Jungvogel.

Aufgaben

1 Begründe, weshalb zu viele Rehe und Hirsche für den Wald schädlich sind.

2 Erkläre, warum Eichhörnchen Vorräte für den Winter anlegen.

3 Manche Gärtner meinen, dass der Maulwurf die Wurzeln von Pflanzen abfrisst. Was kannst du solchen Gärtnern sagen?

4 Auf den Bäumen lebt das Eichhörnchen und unter der Erde der Maulwurf. Überlege, welche Anpassungen der Maulwurf bräuchte, damit auch er auf Bäumen leben könnte.

5 Fledermäuse sind bedroht. Suche im Internet nach Informationen, wie man Fledermäusen helfen kann.

6 Erkläre warum Lurche nicht ersticken, wenn sie während der Winterstarre bewegungslos am Grund von Gewässern überwintern.

7 Warum sondern manche Lurche aus ihrer Haut bei Gefahr bestimmte Stoffe ab? Nenne Beispiele und begründe.

8 Erkläre an einem Beispiel den Begriff „Metamorphose".

9 Das Herz der Lurche hat nur eine Hauptkammer. Sauerstoffarmes und sauerstoffreiches Blut werden dort gemischt. Warum ist das möglich?

10 „Amphibien sind Wirbeltiere, aber keine echten Landtiere". Erkläre diese Aussage.

11 Lurche sind wechselwarme Tiere. Wie müsste ihr Körper gebaut sein, damit sie ständig eine Körpertemperatur von 30 °C halten könnten?

12 Nenne mindestens fünf Besonderheiten beim Körperbau der Vögel, die den Tieren das Fliegen ermöglichen.

13 Der Schnabel eines Vogels kann verraten, was er frisst. Begründe diese Aussage und nenne fünf Beispiele.

14 Der Strauß ist ein Laufvogel der afrikanischen Steppe. Könnte er fliegen, wenn er größere Flügel hätte? Schaue dir das Bild der Feder an und begründe deine Meinung.

15 Warum gehören Saurier zu den Reptilien? Begründe.

16 Wo findest du die „Stromlinienform" in der Technik? Nenne Beispiele und überlege dir, welche Vorteile diese Bauweise hat.

17 Manche Reptilien in nördlichen Ländern behalten die Eier bis zum Schlüpfen der Jungtiere in ihrem Körper. Begründe, warum das für die Tiere von Vorteil ist!

18 Warum können Reptilien nicht wie Lurche über die Haut atmen?

19 Lege ein Kistenmuseum an: In flachen Apfelsinenkisten kannst du Bilder, Fotos, Fundstücke von Reptilien und Amphibien unterbringen und ausstellen.

20 Vergleiche die Merkmale der Reptilien mit denen einer anderen Tiergruppe, z. B. den Vögeln oder Amphibien. Fertige dazu eine Tabelle an. Markiere die Unterschiede farbig.

21 Beschreibe mit eigenen Worten die Entwicklung von Fischen. Fertige dazu Skizzen an.

22 Nenne vier Fischarten, die in Gewässern des Binnenlandes leben.

23 Beschreibe, wie sich die Lebensbedingungen für die Fische in einem Fluss von der Quelle zur Mündung ändern.

24 Heringe leben in Schwärmen. Welche Vorteile bietet ihnen das?

25 Bei der Kiemenatmung werden die Kiemenblättchen von Atemwasser umspült. Welche Voraussetzungen müssen gegeben sein, damit Fische möglichst viel Sauerstoff aus dem Wasser aufnehmen können?

26 Vergleiche die Lungenatmung der Säugetiere mit der Kiemenatmung der Fische.

Startpunkt

Körper in Bewegung

Fliegen, laufen, springen, rollen, radeln, fahren, rennen, drehen, schleichen ...
Es gibt viele Möglichkeiten, sich zu bewegen.

Schaue dich in deiner Umgebung um, überall bewegt sich etwas. Die Zahl der verschiedenen Bewegungen scheint dabei unermesslich groß zu sein. Doch so unterschiedlich diese Bewegungen auch sind, es gibt Gemeinsamkeiten zwischen ihnen. Welche das sind und welche Bedeutung sie haben, wirst du auf den nächsten Seiten erfahren.

268

Bewegungen

1 Radfahrer an einem autofreien Sonntag

Aufgabe

1 Unterscheide die Bewegungen der Radfahrerinnen und Radfahrer in Bild 1 nach ihrer Richtung. Beschreibe genau, welche Bewegungen ausgeführt werden.

Viele unterschiedliche Bewegungen

Betrachte die Radfahrerinnen und Radfahrer in Bild 1. Die einen fahren langsam, die anderen schnell. Kommen sie an eine Kreuzung, halten sie an. Sobald die Kreuzung frei ist, fahren sie wieder zügig los. Manche nehmen den kürzesten Weg, um an ihr Ziel zu gelangen, andere radeln auch mal einen Umweg. Aber es geht mit Sicherheit nicht immer nur geradeaus.

Alle diese **Bewegungen** sind sehr unterschiedlich. Und doch reicht zu ihrer Beschreibung die Angabe von Fahrtrichtung und Geschwindigkeit.
In der Physik macht man sich diese Erkenntnis zunutze:

▶ Die Bewegung eines Körpers wird durch die Angabe von Richtung und Geschwindigkeit beschrieben.

Die Richtung einer Bewegung

In welche Richtungen können die Radfahrerinnen und Radfahrer fahren? Es gibt zum Beispiel gerade Strecken, Rechtskurven, Linkskurven sowie den Kreisverkehr. Solange eine Radfahrerin oder ein Radfahrer die Fahrtrichtung nicht ändert, geht es immer geradeaus. In der Physik spricht man in diesem Fall von einer **geradlinigen Bewegung**.

▶ Bei einer geradlinigen Bewegung behält ein Körper die Richtung seiner Bewegung bei.

Radfahrerinnen oder Radfahrer, die eine Kurve fahren, ändern ihre Fahrtrichtung. Die zugehörige Bewegung wird Kurvenfahrt genannt.
Wenn aus einer Kurvenfahrt eine Fahrt im Kreis wird, bezeichnet man die Bewegung als **Kreisbewegung**.

▶ Ändert ein Körper die Richtung seiner Bewegung, spricht man von einer Kurvenfahrt. Eine Bewegung im Kreis wird als Kreisbewegung bezeichnet.

Die Geschwindigkeit einer Bewegung

Ein Bus im Stadtverkehr muss seine Geschwindigkeit ständig ändern. Schaltet die Ampel auf Grün, fährt der Bus an (▷B 2, oben). Er wird also immer schneller. Der Bus führt eine **beschleunigte Bewegung** aus.
Anschließend fährt er mit gleich bleibender Geschwindigkeit weiter (▷B 2, Mitte).

Bewegungen

2 Im Straßenverkehr muss die Geschwindigkeit immer wieder geändert werden.

In diesem Fall liegt eine **gleichförmige Bewegung** vor.

▶ Bei einer gleichförmigen Bewegung hat ein Körper immer die gleiche Geschwindigkeit.

An der nächsten Haltestelle muss der Bus bremsen (▷ B 2, unten). Er wird langsamer. Die Geschwindigkeit des Busses nimmt ab, bis er zum Stillstand kommt.
Solche Bremsvorgänge bezeichnet man in der Physik als **verzögerte Bewegung**.

▶ Wird ein Körper immer schneller, führt er eine beschleunigte Bewegung aus. Wird er immer langsamer, handelt es sich um eine verzögerte Bewegung.

Auf dem Nürburgring
Der Nürburgring ist eine Rennstrecke mit vielen Kurven und Engstellen. Diese Engstellen bezeichnet man auch als Schikanen. Die Fahrt des Rennwagens auf der Rennstrecke setzt sich aus verschiedenen Bewegungen zusammen.

Am Start kann man eine geradlinige, beschleunigte Bewegung der Rennwagen beobachten. Vor der ersten Doppelkurve müssen die Fahrer bremsen. Die Formel-1-Rennwagen führen eine verzögerte Bewegung aus. Dann wird die Richtung der Bewegung verändert – es folgt eine Kurvenfahrt.

Nach der Doppelkurve kommt eine lange Gerade, auf die die Fahrer ihre Wagen wieder beschleunigen können. Sie erreichen auf diesem Streckenabschnitt Geschwindigkeiten von bis zu 260 km/h. Um sicher durch die anschließende Kurve zu kommen, müssen die Formel-1-Rennwagen stark abgebremst werden. Sie führen also wieder eine verzögerte Bewegung aus. Eine gleichförmige Bewegung ist auf dem Nürburgring nur kurzzeitig auf längeren geraden Streckenabschnitten möglich.

Werkstatt

Der 50-Meter-Lauf

Diesen Versuch müsst ihr in einer Gruppe von mindestens 6 Schülerinnen und Schülern durchführen. Trefft euch an einem Ort, z. B. im Stadion oder auf dem Schulhof, wo ihr eine ausreichend lange Strecke für euren Versuch abstecken könnt.

Material
5 Stoppuhren, Meterband, Heft, Stift, Kreide, farbiges Klebeband

Messpunkt	Weg in m	Zeit in s	Weg/Zeit in m/s
1			
2			
3			
4			
5			

1 Messwerttabelle

Versuchsanleitung
Übertragt zuerst die Tabelle aus Bild 1 in euer Heft. Wählt dann aus eurer Gruppe eine Person aus, die eine Teststrecke von 50 Metern laufen soll. Messt auf dem Schulhof oder im Stadion eine Strecke von fünf mal 10 Metern ab. Markiert das Ende der Teilstrecken jeweils durch einen Kreidestrich oder einen Klebestreifen auf dem Boden.
Nun stellt sich alle zehn Meter eine Schülerin oder ein Schüler mit einer Stoppuhr an der Markierung auf.

a) Zeitmessung
Auf ein Kommando startet die Läuferin bzw. der Läufer, gleichzeitig beginnen die Zeitnehmer mit der Messung. Die Zeitnehmer an den Messpunkten stoppen ihre Uhren in dem Augenblick, in dem der Läufer bzw. die Läuferin die jeweilige Markierung überquert. Tragt anschließend alle gemessenen Zeiten in eure Tabelle ein.

Aufgaben
1. Betrachtet die Messwerte für die einzelnen Streckenabschnitte. Vergleicht die Zeit für die ersten 10 Meter mit den Zeiten, die der Läufer für die doppelte Strecke, die dreifache Strecke usw. benötigt hat. Könnt ihr einen Zusammenhang erkennen?

2. Wiederholt die Messung mit anderen Läuferinnen und Läufern. Woran könnt ihr erkennen, wer schnell und wer langsam läuft?

3. Wie könnt ihr aus den Messwerten von Zeit und Strecke eine Größe berechnen, welche die Schnelligkeit eines Läufer angibt?

Vergleicht dazu einen schnellen mit einem langsamen Läufer. Für welchen der beiden Läufer muss die gesuchte Größe einen kleinen Zahlenwert, für welchen einen großen Wert annehmen? Multipliziert und dividiert die Werte für die Zeit und die Strecke. Welche Rechenoperation liefert Ergebnisse, die mit euren Überlegungen übereinstimmen?

b) Zeit-Weg-Diagramm
Beim 50-Meter-Lauf habt ihr die Zeit und den Weg gemessen. Die gemessenen Werte könnt ihr nun in einem Diagramm darstellen (▷ B 2). Das Diagramm besteht aus zwei Achsen. Wählt für die senkrechte Achse den Weg in Metern und für die waagerechte Achse die Zeit in Sekunden. Tragt nun die Messwertpaare in das Diagramm ein.

Aufgabe
Betrachtet das Diagramm, das ihr aus den Messwerten erstellt habt. Überlegt, welche Art der Bewegung die Läufer beim 50-Meter-Lauf ausführen. Wie lässt sich diese Bewegung zeichnerisch darstellen?

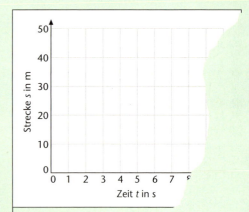

2 Zu Versuchsteil b

1. Messpunkt
Strecke: 10 m

Die Geschwindigkeit

Geschwindigkeit

Laufen zwei Sportler dieselbe Strecke, lässt sich der schnellere Läufer einfach bestimmen: Derjenige, der weniger Zeit benötigt, läuft schneller.

Schwieriger wird es, wenn man einen 50-Meter-Läufer mit einem 100-Meter-Läufer vergleichen möchte, wenn die Strecken also unterschiedlich lang sind. In diesem Fall kann man die Strecken betrachten, die die Sportler jeweils in einer festgelegten Zeit, z. B. in einer Minute, zurücklegen. Wer in dieser Zeit die längere Strecke läuft, ist der Schnellere.

▶ Die Geschwindigkeit gibt an, welchen Weg ein Körper in einer bestimmten Zeit zurücklegt.

Dieses Vorgehen lässt sich verallgemeinern. Um die Geschwindigkeit von bewegten Körpern vergleichen zu können, betrachtet man den Weg, den ein Körper in einer Sekunde zurückgelegt hat.

Berechnung der Geschwindigkeit

Will man die Geschwindigkeit v berechnen, muss man den zurückgelegten Weg s durch die dafür benötigte Zeit t dividieren:

▶ Geschwindigkeit = $\frac{\text{Weg}}{\text{Zeit}}$

$v = \frac{s}{t}$

Die Einheit der Geschwindigkeit

Du weißt nun, dass die Geschwindigkeit der Quotient aus Weg und Zeit ist. Jetzt fehlt nur noch eine Einheit für diese physikalische Größe.

Aus der Formel zur Berechnung der Geschwindigkeit lässt sich die zugehörige Einheit ableiten. Sie ist der Quotient aus den Einheiten von Weg und Zeit: 1 m/s (lies: ein Meter pro Sekunde). Häufig verwendet wird auch folgende Einheit:

1 km/h (lies: ein Kilometer pro Stunde)

Du kannst die beiden Einheiten leicht ineinander umrechnen (▷ B 1):

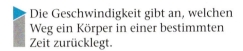

$1 \frac{m}{s} = \frac{3\,600\,m}{3\,600\,s} = \frac{3{,}6\,km}{1\,h} = 3{,}6 \frac{km}{h}$

$1 \frac{km}{h} = \frac{1\,000\,m}{3\,600\,s} = \frac{1\,m}{3{,}6\,s}$

Geschwindigkeitsmessung

Wenn man mit dem Auto unterwegs ist, dann ist es wichtig während der Fahrt zu jeder Zeit genau zu wissen, wie schnell man ist. Dafür braucht man einen **Tachometer**, auch kurz „Tacho" genannt. Ein Tachometer gibt die Geschwindigkeit meist in der Einheit Kilometer pro Stunde an. Die Geschwindigkeit, die ein Fahrzeug in einem bestimmten Moment hat, nennt man **Momentangeschwindigkeit**. Sie kann sich ständig ändern.

▶ Ein Tachometer misst die Momentangeschwindigkeit.

Durchschnittsgeschwindigkeit

Kaum eine Bewegung ist gleichförmig. Ein Fahrzeug im Straßenverkehr muss an einer Ampel anhalten und beschleunigt dann wieder. Auch auf der Autobahn fährt ein Fahrzeug nicht immer mit gleich bleibender Geschwindigkeit.

Setzt sich eine Bewegung aus verschiedenen Bewegungsarten zusammen, kann man die durchschnittliche Geschwindigkeit berechnen. Dazu bildet man den Quotienten aus dem gesamten zurückgelegten Weg und der insgesamt dafür benötigten Zeit. Man erhält die **Durchschnittsgeschwindigkeit**.

▶ Die Durchschnittsgeschwindigkeit ist der Quotient aus dem gesamten zurückgelegten Weg und der dafür benötigten Zeit.

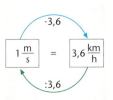

1 Umrechnung

Aufgaben

1 Bei den olympischen Sommerspielen 2000 in Sydney legte der deutsche Radsportler Robert Bartko (▷ B 2) 4 000 Meter in 4 Minuten und 18 Sekunden zurück. Berechne seine Geschwindigkeit.

2 Kira möchte die Fließgeschwindigkeit eines Bachs bestimmen. Dazu setzt sie ein Papierschiff ins Wasser. Nach Kiras Messung braucht das Schiff für eine nahezu gerade Strecke von 150 Metern 1 Minute und 23 Sekunden.
Mit welcher Geschwindigkeit fließt das Wasser?

2 Zu Aufgabe 1

Strategie

Hilfen beim Lösen physikalischer Aufgaben

Im NWA-Unterricht wirst du auf physikalische Aufgaben treffen, die du mithilfe einer Formel lösen musst. Manchmal sind die Aufgaben aber so gestellt, dass sich die zugehörige Formel nicht direkt anwenden lässt. Die folgenden Seiten zeigen dir, wie du dann vorgehen kannst.

Endlich Ferien!

Am ersten Ferientag, morgens um 6 Uhr, startet Familie Klingen aus Duisburg in den Urlaub. Ihr Ziel ist der Wörthersee in Kärnten (Österreich). Vater, Mutter und die beiden Kinder Christa und Michael fahren zunächst nur bis Stuttgart, wo die Großeltern wohnen.

Michael hat gerade in der Schule gelernt, wie man die Geschwindigkeit berechnet:

$$v = \frac{s}{t}$$

Er kann seinem Opa also erzählen: „Wir sind durchschnittlich 106 km/h schnell gefahren."

Ein Problem – mehrere Lösungswege

Am nächsten Tag fährt Familie Klingen von Stuttgart aus weiter nach Kärnten. Sie erreicht ihren Urlaubsort nach 7 Stunden. Michael erzählt seinem österreichischen Freund Erdan: „Unterwegs gab es mehrere Staus, sodass wir durchschnittlich nur mit 98 km/h fahren konnten." Erdan will nun berechnen, wie weit die Familie Klingen gefahren ist.

Auch Erdan kennt aus der Schule die Formel zur Berechnung der Geschwindigkeit. Er kann sie aber nicht benutzen, denn die Geschwindigkeit ist bereits bekannt: $v = 98$ km/h.
Gesucht ist aber die Länge der gefahrenen Strecke s. Wie kann Erdan diese Aufgabe lösen?
Du lernst jetzt einige Verfahren kennen, die du immer wieder zum Lösen ähnlicher Aufgaben benutzen kannst.

Mit welcher Durchschnittsgeschwindigkeit wurden die 424 km zwischen Duisburg und Stuttgart zurückgelegt?

Gegeben: $s = 424$ km
$t = 4$ h

Gesucht: v

Lösung: $v = \dfrac{s}{t}$

$v = \dfrac{424 \text{ km}}{4 \text{ h}}$

$v \approx 106 \; \dfrac{\text{km}}{\text{h}}$

Die Durchschnittsgeschwindigkeit betrug 106 km/h.

Für die 424 km von Duisburg bis Stuttgart braucht Familie Klingen 4 Stunden.

A. Die Tabelle

Die Fahrzeit beträgt 7 Stunden. Die Durchschnittsgeschwindigkeit betrug 98 km/h, d.h. pro Stunde hat das Auto eine Strecke von 98 km zurückgelegt. Das führt zu folgender Tabelle:

Fahrzeit t	zurückgelegte Strecke s
1 h	98 km
2 h	196 km
3 h	294 km
4 h	392 km
5 h	490 km
6 h	588 km
7 h	686 km

Lösung: Familie Klingen ist an diesem Tag eine Strecke von 686 km gefahren.

Du kannst dir sicher vorstellen, dass dieses Verfahren bei großen Zahlen umständlich ist, die Tabelle wird dann sehr lang. Die nächste Lösung kürzt den Weg ab.

B. Zweisatz / Dreisatz

Die Durchschnittsgeschwindigkeit beträgt 98 km/h. Das bedeutet, dass das Fahrzeug in einer Stunde eine Strecke von 98 km zurückgelegt hat.
In 7 Stunden fährt es demnach 7-mal so weit:

98 km x 7 = 686 km

Auch auf diesem Weg kommt man also zum richtigen Ergebnis: Die gefahrene Strecke ist 686 km lang.

C. Das Rechendreieck

Im NWA-Unterricht gibt es zum Lösen solcher Aufgaben ein sehr schönes Hilfsmittel, das Rechendreieck. Du schreibst dazu die bekannte Formel für die Geschwindigkeit in ein geteiltes Dreieck.

Übertrage in das Dreieck zuerst die rechte Seite der Formel (s/t). Der Trennstrich im Dreieck entspricht dabei dem Bruchstrich. Trage nun die Größe auf der linken Seite (v) in das verbleibende Feld ein.

Im nächsten Schritt überlegst du dir, welche der drei Größen aus dem Dreieck gesucht ist. In unserem Beispiel ist es die Strecke s. Halte die gesuchte Größe im Dreieck zu.

Nun bleibt sichtbar, wie du rechnen musst:

$s = v \cdot t$
$s = 98 \, km/h \cdot 7 \, h$
$s = 686 \, km$

Die zurückgelegte Strecke ist 686 km lang.
Mit dem Rechendreieck kannst du nicht nur s berechnen, sondern selbstverständlich auch t und v.

Beispiel-Aufgabe

Auf der Rückreise der Familie Klingen gibt es keine Staus. Deshalb liegt die Durchschnittsgeschwindigkeit bei 115 km/h.
Da der Umweg über Stuttgart entfällt, ist die Fahrstrecke nur 1 035 km lang.

Wie lang hat die Familie Klingen für die Rückfahrt gebraucht?

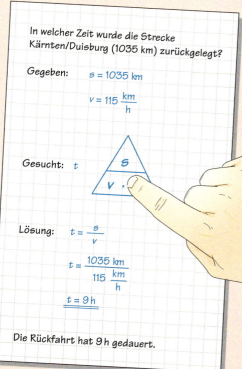

Brennpunkt

Skater und Radfahrer

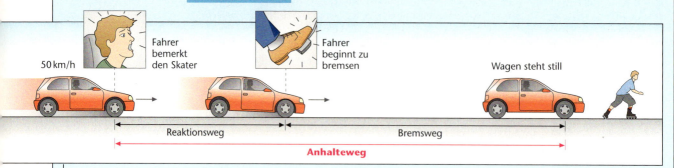

1 Anhalteweg

Radfahren – nicht immer ein Kinderspiel

Genau wie für Autos gilt auch für Fahrräder: Je größer die Geschwindigkeit, desto länger der Anhalteweg. Der Anhalteweg setzt sich aus dem Reaktionsweg und dem Bremsweg zusammen (▷ B 1):

Reaktionsweg + Bremsweg = Anhalteweg

Ein Erwachsener benötigt etwa eine Sekunde (die sog. Schrecksekunde), um die Gefahr zu erkennen und zu reagieren. Den Weg, den das Fahrzeug in dieser Sekunde noch ungebremst zurücklegt, nennt man Reaktionsweg. Der Bremsweg ist der Weg, den das Fahrzeug braucht, um bei Betätigung der Bremse bis zum Stillstand zu kommen.
Stelle dir vor, ein Radfahrer fährt mit 20 km/h. Das sind etwa 5,5 m/s. Plötzlich sieht er 5 m vor sich ein Hindernis. Braucht der Radfahrer nur eine Sekunde um zu reagieren, so wird er auf das Hindernis vor ihm völlig ungebremst auffahren.

Sicherheit im Straßenverkehr
- Fahrradhelme schützen vor schweren Kopfverletzungen.
- Sind Radwege vorhanden, müssen sie genutzt werden. Gehwege sind für Radfahrer verboten.
- Für die Überquerung von Zebrastreifen und Bahnübergängen gilt: absteigen und das Fahrrad schieben.

Inline-Skating – aber sicher!
Inline-Skater sind fast so schnell wie Fahrradfahrer. Ein Skater sollte wissen, dass er – ausgehend von der gleichen Geschwindigkeit – einen größeren Anhalteweg als ein Fahrradfahrer benötigt. Die Technik der Inline-Skates ist inzwischen so ausgefeilt, dass schon Anfänger schnell auf 20 km/h kommen können. Daher ist es sehr wichtig, die Fahrtechniken sicher zu beherrschen. Ein schnelles und sicheres Bremsen verringert den Bremsweg erheblich und vermindert das Verletzungsrisiko.

Sicherheit im Straßenverkehr
- §1 der StVO gilt auch für Skater: Vorsicht und gegenseitige Rücksichtnahme. Die nötige Fairness gegenüber anderen Verkehrsteilnehmern ist Ehrensache für einen Skater.
- Schutzkleidung ist für die eigene Gesundheit wichtig. Dazu gehören: Protektoren für beide Knie, Ellenbogen und Handgelenke sowie ein Helm.
- Sei immer bremsbereit und fahre vorausschauend.
- Fahre rechts, überhole links. Mache dich rechtzeitig vorher bemerkbar.

Fußgänger

verkehrsberuhigter Bereich

Fußgängerbereich

gemeinsamer Fuß- und Radweg

Radfahrer

Vorfahrt gewähren

Halt! Vorfahrt gewähren

2 Diese Verkehrszeichen musst du als Radfahrer und Skater unbedingt kennen.

Zeit-Weg-Diagramm

Zeit-Weg-Diagramm

Bei einem Wettlauf misst man die Zeit, in der ein Läufer eine bestimmte Strecke zurücklegt. Aus den Größen Weg und Zeit lässt sich die Geschwindigkeit des Läufers berechnen.

Manchmal werden auch Zwischenzeiten gestoppt. Das sind die Zeiten, in denen der Läufer bestimmte Abschnitte der Gesamtstrecke zurückgelegt hat. Der Zusammenhang zwischen Zeit und Weg kann dann in einem **Zeit-Weg-Diagramm** dargestellt werden. Als Beispiel wollen wir die Messwerte für einen 50-Meter-Lauf betrachten (▷ B 1).

Messpunkt	s in m	t in s
1	10	2,0
2	20	3,8
3	30	5,7
4	40	7,2
5	50	9,3

1 Zwischenzeiten beim 50-Meter-Lauf

Zeichnen eines Zeit-Weg-Diagramms

Das Zeit-Weg-Diagramm besteht aus zwei Achsen: Auf der senkrechten Achse wird der Weg s in Metern aufgetragen, auf der waagerechten Achse trägt man die Zeit t in Sekunden auf.

Die Messwertpaare aus der Tabelle werden nun in das Koordinatensystem eingetragen. Die Kreuze liegen fast alle auf einer Linie (▷ B 2). Sie ergeben eine ansteigende Gerade. Daran kannst du erkennen, dass es sich um eine gleichförmige Bewegung handelt.

▶ Bei einer gleichförmigen Bewegung entsteht im Zeit-Weg-Diagramm eine ansteigende Gerade.

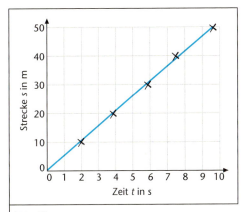

2 t-s-Diagramm

Haben wir Fehler gemacht?

Aus den Messwerten kann man nun die Geschwindigkeit des Läufers bestimmen. Dazu bildet man den Quotienten aus dem

s in m	t in s	v in m/s
10	2,0	5,0
20	3,8	5,3
30	5,7	5,3
40	7,2	5,5
50	9,3	5,4

3 Berechnete Geschwindigkeiten

zurückgelegten Weg und der dafür benötigten Zeit (▷ B 3).

Du stellst fest, dass die Geschwindigkeit nicht immer gleich ist. Auch im Diagramm liegen einige Punkte neben der Geraden. Woran liegt das?

Mögliche Fehlerquellen

Der Läufer hält nicht immer genau dieselbe Geschwindigkeit ein: Nach dem Start wird er erst schneller, am Ende der Strecke lassen vielleicht die Kräfte nach und die Geschwindigkeit nimmt ab. Außerdem können bei der Zeitmessung oder der Abmessung der Teilstrecken Fehler passieren. Wenn mehrere Schülerinnen und Schüler an der Messung beteiligt sind, können Abweichungen auftreten, weil jeder ein anderes Reaktionsvermögen besitzt. Es ist also nicht falsch, in das Diagramm die so genannte „Ausgleichsgerade" einzuzeichnen. Um das Ergebnis zu kontrollieren, kann der Lauf auch wiederholt werden.

Aufgabe

1 Ein Spielzeugauto fährt auf einer geraden Strecke. Entlang der Strecke werden jeweils Weg und Zeit gemessen.

Messpunkt	s in m	t in s
1	10	48,3
2	20	95,7
3	30	145,0
4	40	192,5
5	50	241,5

a) Berechne die Geschwindigkeit des Autos nach 10 m, 20 m, 30 m, 40 m und 50 m.
b) Zeichne anhand der Messwerte ein Zeit-Weg-Diagramm.

Brennpunkt

Geschwindigkeiten in Natur und Technik

1 Gepard und Gazelle

	Zeit	Geschwindigkeit
Marathon (Männer)		
1900 (40,260 km)	2:59:45 h	13,3 km/h
2000 (42,195 km)	2:10:11 h	19,4 km/h
800-m-Lauf (Frauen)		
1928	2:16,80 min	20,9 km/h
2000	1:56,15 min	24,8 km/h
3 000-m-Eisschnelllauf (Frauen) 2001	4:03,87 min	44,3 km/h
Ski-Abfahrtslauf (Männer) 1994	1:45,75 min	102,2 km/h

2 Sportliche Spitzenleistungen

Räuber und Beute

In der Tierwelt hängt das Überleben oft von der Schnelligkeit des einzelnen Tiers ab. Geparden müssen schnell sein, um erfolgreich jagen zu können (▷ B 1). Aber Gazellen sind für Geparden nur schwer erreichbar, weil sie fast ebenso schnell und zudem sehr wendig sind.

Für Zugvögel ist es wichtig, in einer möglichst kurzen Zeit aus ihren Winterquartieren in Afrika ins Brutgebiet zu fliegen. Meistens sieht man den Tieren schon am Körperbau an, dass sie schnell laufen, fliegen oder schwimmen können. Es gibt Tiere, die ganz unglaubliche Geschwindigkeiten erreichen können. Ein Laufkäfer legt in einer Sekunde 20 Zentimeter zurück, das ist das Zwanzigfache seiner eigenen Körperlänge.

Schneller, höher, weiter

Bei vielen Sportarten geht es darum, wer der oder die Schnellste ist (▷ B 2). Der Amerikaner Thomas Burke siegte im Jahr 1896 bei den ersten Olympischen Spielen der Neuzeit im 100-Meter-Lauf mit einer Zeit von 12,0 Sekunden. In Sydney im Jahr 2000 gewann Maurice Greene (ebenfalls USA) mit nur 9,87 Sekunden. Das entspricht etwa 36 km/h. Das sind 6 km/h mehr als vor 100 Jahren. Auf eine besonders hohe Geschwindigkeit kommen Wintersportler, z. B. Bobfahrer. Sie erreichen inzwischen ca. 140 km/h.

Wie schnell ist ein Regentropfen?

Bei Sprühregen bemerkst du nur ganz feine Wassertröpfchen, beim sommerlichen Landregen sind die Tropfen schon größer und auch schneller. Am schnellsten sind die Regentropfen bei Platzregen.

Sprühregen   ca. 0,5 m/s
Landregen   ca. 2–3 m/s
Platzregen   ca. 6–7 m/s

3 Welche Strecke wird in einer Sekunde zurückgelegt?

Windstärke	Windgeschwindigkeit	Bezeichnung	
2	6 – 11 $\frac{km}{h}$	leichte Brise	
4	20 – 28 $\frac{km}{h}$	mäßiger Wind	
6	39 – 49 $\frac{km}{h}$	starker Wind	
8	62 – 74 $\frac{km}{h}$	stürmischer Wind	
10	89 – 102 $\frac{km}{h}$	schwerer Sturm	
12	über 118 $\frac{km}{h}$	Orkan	

4 Beaufort-Skala

Windstärken
Um eine Luftströmung genau zu beschreiben, müssen ihre Richtung und ihre Stärke angegeben werden. Der britische Admiral SIR FRANCIS BEAUFORT (1774 – 1857) hat sich dazu 1805 eine Skala ausgedacht (▷ B 4). Dabei bedeutet die Stärke 0 absolute Windstille. Die höchste Stärke legte BEAUFORT mit 12 fest. Das ist dann schon ein Orkan.

„Und sie bewegt sich doch!"
Dieser Ausspruch soll von GALILEO GALILEI stammen. Unsere Erde bewegt sich tatsächlich immer. Sie dreht sich um sich selbst und um die Sonne. Mit einer Geschwindigkeit von etwa 30 km/s (▷ B 3) schafft sie es, sich auf ihrer Bahn in 365,25 Tagen um die Sonne zu bewegen.
Fliegt ein Raumschiff um die Erde, bewegt es sich in einer Sekunde 8 km weit. Die bis jetzt größte bekannte Geschwindigkeit hat das Licht mit 300 000 km/s. Auch die Funksignale von den Nachrichtensatelliten haben Lichtgeschwindigkeit.

Geschwindigkeit in Knoten
Die Seefahrer benutzten früher ein Log (▷ B 5) – ein Brett, das an einer langen Leine hing. Die Leine war in regelmäßigen Abständen mit Knoten versehen. Wurde das Log über Bord des fahrenden Schiffes geworfen, blieb das Brett auf dem Wasser zurück und der Messende zählte nun die Knoten, die in einer bestimmten Zeit durch seine Hand liefen.
Auch heute noch wird die Geschwindigkeit von Schiffen in Knoten angegeben:
1 Knoten = 1 Seemeile pro Stunde
1 Seemeile (1 sm) = 1 852 Meter
Ein Fang- und Verarbeitungsschiff der Hochseefischer erreicht etwa 14 Knoten.
14 sm/h = 14 · 1 852 m/h = 25 928 m/h
Das sind 25,9 km/h.

5 Seefahrer mit Log

Erde
108 000 km/h

30 000

Schlusspunkt
Körper in Bewegung

▶ **Bewegungsarten**
Betrachtet man die Geschwindigkeit während einer Bewegung, dann kann man drei Bewegungsarten unterscheiden: die gleichförmige Bewegung, die beschleunigte Bewegung und die verzögerte Bewegung (▷ B 1).
Wird ein Körper immer schneller, spricht man von einer beschleunigten Bewegung. Körper, deren Geschwindigkeit immer kleiner wird, führen eine verzögerte Bewegung aus.
Bleibt die Geschwindigkeit unverändert, bewegt sich der Körper gleichförmig.

▶ **Die Bewegungsrichtung**
Je nach Bewegungsrichtung unterscheidet man zwischen einer geradlinigen Bewegung, einer kreisförmigen Bewegung und einer Kurvenfahrt (▷ B 1).
Bei einer Achterbahn kannst du die verschiedenen Bewegungsarten beobachten.

▶ **Die Geschwindigkeit**
Die Geschwindigkeit gibt an, welchen Weg ein Körper in einer bestimmten Zeit zurücklegt. Die Geschwindigkeit wird berechnet als Quotient aus Weg und Zeit. Formelzeichen: v

Berechnung: $v = \frac{s}{t}$

Einheiten: $1 \frac{m}{s}$ oder $1 \frac{km}{h}$

Im Stadtverkehr, aber auch auf der Autobahn fährt ein Fahrzeug nicht immer mit der gleichen Geschwindigkeit, mal beschleunigt es, mal bremst es ab. Die Durchschnittsgeschwindigkeit des Fahrzeugs lässt sich aus der Länge der zurückgelegten Strecke und der insgesamt dafür benötigten Zeit berechnen. Die Momentangeschwindigkeit kann man auf dem Tachometer ablesen.

▶ **Das Zeit-Weg-Diagramm**
Die Bewegung eines Körpers lässt sich auch zeichnerisch darstellen. Dazu legt man ein Zeit-Weg-Diagramm an (▷ B 3). Auf der senkrechten Achse wird der zurückgelegte Weg s in Metern aufgetragen, auf der waagerechten Achse die Zeit t in Sekunden. Zeichnest du das Zeit-Weg-Diagramm einer gleichförmigen Bewegung, dann erhältst du eine ansteigende Gerade.

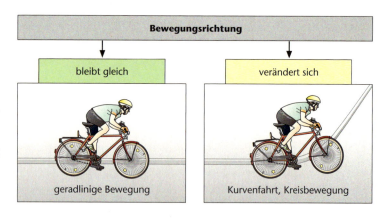
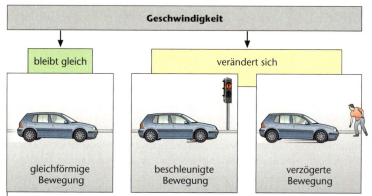

1 Richtung und Geschwindigkeit beschreiben eine Bewegung.

2 Bewegungen können ganz unterschiedlich sein.

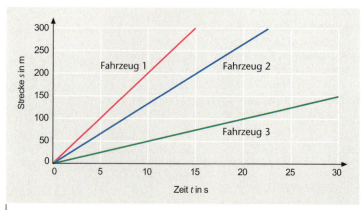

3 Zeit-Weg-Diagramm der gleichförmigen Bewegung verschiedener Fahrzeuge

Aufgaben

1 Alles bewegt sich! Welche unterschiedlichen Bewegungen kannst du in den oberen Bildern erkennen? Beschreibe die Bewegung und ordne sie den Bewegungsarten zu.

2 Schreibe für verschiedene Bewegungsarten auf, woran man sie erkennt. Beginne deine Sätze immer so: Bei einer … Bewegung bewegt sich ein Körper immer …

3 Ein Motorradfahrer legt in einer Ortschaft eine Strecke von 150 Metern in 9,7 Sekunden zurück. Ist diese Geschwindigkeit laut StVO zulässig?

4 Bei einer „Olympiade der Tiere" traten die folgenden sechs Tiere auf der 200-Meter-Strecke gegeneinander an. Sie erreichten beachtliche Zeiten:
Libelle   24,8 s
Elefant   18 s
Katze   15 s
Lachsforelle   30 s
Tigerhai   13,5 s
Stockente   6,5 s
Berechne für jedes Tier die erreichte Geschwindigkeit.

5 Die Wuppertaler Schwebebahn (▷ B 1) benötigt für 13,3 km eine Fahrzeit von 30 Minuten. Berechne ihre Durchschnittsgeschwindigkeit.

6 Ein PKW fährt mit einer Geschwindigkeit von 130 km/h auf der Autobahn. Wie lange braucht er für eine Strecke von 50 km?

7 Informiere dich bei einem Fahrradhändler oder bei der Polizei, welche Sicherheitseinrichtungen an deinem Fahrrad Pflicht sind.

8 Ein Auto fährt mit einer Geschwindigkeit von 130 km/h auf der Autobahn. Sind die folgenden Aussagen richtig oder falsch?
a) Das Auto fährt etwa 36 Meter in einer Sekunde.
b) Das Auto fährt 65 Kilometer in 30 Minuten.
c) Das Auto fährt 320 Kilometer in 2 Stunden und 30 Minuten.
d) Das Auto fährt mehr als 2 Kilometer in einer Minute.

9 Ein Flugzeug fliegt in drei Stunden von Leipzig nach Alexandria. Die Strecke beträgt 2670 km. Berechne die Geschwindigkeit des Flugzeugs.

10 In den folgenden Bildern gehören immer drei Angaben zusammen. Finde sie!

Schall in Luft   Sturm
Laufkäfer   Radfahrer
Formel-I-Rennauto
Bobfahren
Regentropfen

24   0,2   6,9
5   m/s   38,8
340   72,2

1224   25
18   km/h 86,4
140   0,72
   260

11 An verschiedenen Punkten einer Seilbahnstrecke wurden die Zeiten gemessen, die eine Kabine vom Startpunkt bis zum Messpunkt brauchte.
a) Berechne die Durchschnittsgeschwindigkeit der Seilbahn in Kilometern pro Stunde.
b) Erstelle aus den Messwerten ein Zeit-Weg-Diagramm.
c) Berechnest du die Geschwindigkeiten der Seilbahn nach den einzelnen Streckenabschnitten, wirst du eine Abweichung zur Durchschnittsgeschwindigkeit feststellen. Was könnten die Gründe dafür sein?

Weg in m	Zeit in s
60	25
100	33
270	75
450	150
650	217

1 Zu Aufgabe 5

Startpunkt

Bewegung
hält fit und macht Spaß

Tanzen, einem Ball hinterherlaufen, Fahrrad oder Inliner fahren: Das macht Spaß! Und außerdem hält es deinen Körper in Schwung und gesund!

Schon lange vor der Geburt spürte deine Mutter dein erstes Strampeln und ein paar Jahre später hast du begonnen, mit deinen Freunden Fangen zu spielen. Auch in der Schule und in der Freizeit führst du die verschiedensten Bewegungen aus. Selbst nachts, wenn sich dein Körper im Schlaf erholt, drehst du dich oft von einer Seite auf die andere.

Manche Tiere können viel schneller laufen, geschickter schwimmen, eleganter klettern, weiter springen und gekonnter balancieren als der Mensch. Aber der Mensch beherrscht, wenn auch nicht so perfekt, fast alle diese Bewegungsformen.

Wenn du schnell gelaufen bist, kannst du spüren, dass dein Herz schlägt und dass du schneller und tiefer atmest.
Auf den nächsten Seiten erfährst du, warum du deinen Körper bewegen kannst und wie das funktioniert.

Aufgaben

Plant ein Projekt zum Thema Bewegung. Bittet auch eure Sportlehrer um Unterstützung. Für den Einstieg in das Projekt könnt ihr die folgenden Aufgaben lösen.

1 a) Erstelle eine Hitliste der Bewegungen, die du gern ausführst, und der Bewegungen, die du nicht magst.
b) Wie würdest du dich am liebsten fortbewegen, wenn du alles könntest? Schreibe dazu eine Geschichte.

2 a) Denkt euch in Partnerarbeit sechs Bewegungsstationen aus. Nutzt auch Geräte, die in der Turnhalle vorhanden sind.
b) Fertigt eine Skizze der Stationen an.
c) Fragt eure Sportlehrer, ob ihr diese Bewegungsstationen mit eurer Klasse ausprobieren dürft.

Das Skelett – deine stabile innere Stütze

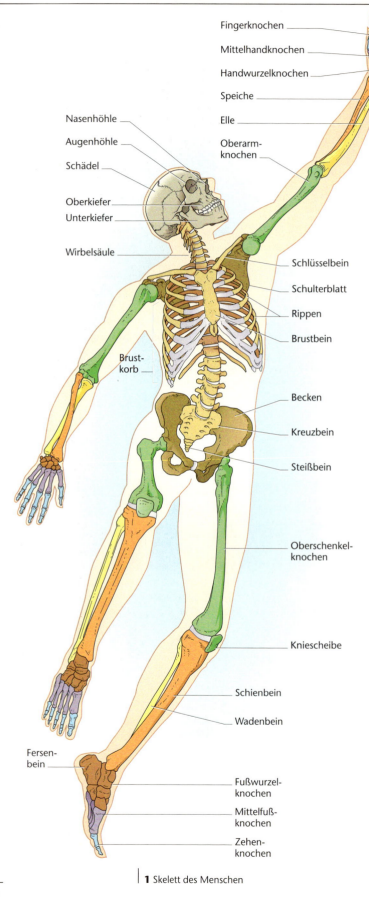

1 Skelett des Menschen

Mehr als 200 Knochen bilden dein **Skelett**. Sie stützen deinen Körper und geben ihm seine Gestalt. Ohne Knochen könntest du nicht aufrecht gehen, dein Körper würde in sich zusammensacken.

Wie ein Helm umgibt der **Schädel** schützend dein Gehirn. Er besteht aus miteinander verwachsenen Knochen (▷ B 1).

Die **Schulterblätter** bilden gemeinsam mit den **Schlüsselbeinen** den **Schultergürtel**. Die Schlüsselbeine „schieben" die Schultern nach außen (▷ B 1) und vergrößern so die Bewegungsfreiheit der Arme. Außerdem sorgen sie für eine stabile, aufrechte Haltung des Oberkörpers.

Die Rippen formen deinen **Brustkorb**. Sie sind am Rücken mit der Wirbelsäule verbunden und vorn am Brustbein befestigt (▷ B 1). Das Herz und die Lunge finden im Brustkorb Schutz.

Auch die **Wirbelsäule** bietet Schutz: In ihr verlaufen wichtige Nervenbahnen, über die das Gehirn mit allen Körperteilen Kontakt hat.

Die Wirbelsäule verbindet den Schultergürtel mit den **Beckenknochen** (▷ B 1). Im Becken liegen die Blase, der Darm und bei Mädchen die Geschlechtsorgane gut geschützt.

▶ Knochen stützen den Körper und schützen zahlreiche innere Organe.

Aufgaben

1 a) Überprüfe an dir selbst, welche Knochen gut zu ertasten sind.
b) Zeichne die ertasteten Knochen in eine Umrisszeichnung des Körpers und beschrifte sie.

2 Das Skelett erfüllt mehrere Aufgaben. Schreibe zu diesem Thema einen kurzen Text.

3 Huftiere, Hunde und Katzen besitzen kein Schlüsselbein. Warum benötigen sie diese Knochen nicht? Vergleiche mit dem Menschen.

Eine Reise in das Innere des Knochens

1 Eiffelturm (Paris)

Wie sind Knochen aufgebaut?

Die äußere, feste und harte Schicht des Knochens ist das **Knochengewebe**. Dieses ist gleichzeitig elastisch, damit der Knochen nicht so leicht bricht. Die dünne **Knochenhaut** überzieht das Knochengewebe wie ein Strumpf den Fuß (▷B 2).

Im Inneren mancher Knochen liegt eine weiche Masse, das **Knochenmark**. Es befindet sich meist nur im **Schaft** des Knochens und spielt eine wichtige Rolle bei der Bildung von Blut. Die hier gebildeten Blutbestandteile werden vom Blut mitgeführt.

Die Knochenenden zeigen einen erstaunlichen Aufbau: Viele kleine Balken und Verbindungen schaffen ein dichtes Netz (▷B 2). Ähnlich wie die Verstrebungen des Eiffelturms (▷B 1) sorgen **Knochenbälkchen** im Knochen für Stabilität. So wiegt der Knochen viel weniger, als wenn die Enden ganz mit Knochengewebe ausgefüllt wären.

▶ Der Knochen besteht aus Schaft, Knochenhaut, Knochengewebe, Knochenbälkchen und Knochenmark.

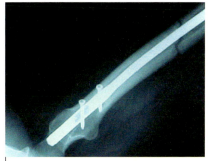

3 Röntgenaufnahme Knochenbruch

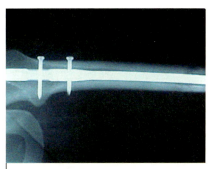

4 Röntgenaufnahme geheilter Knochenbruch

Deine Knochen leben!

Knochen sind nicht starr und tot, sondern lebende Organe. Wenn du größer wirst, wachsen deine Knochen mit. Auch wenn du nicht mehr wächst, werden die Knochen ständig erneuert.
Deshalb muss der Knochen ernährt werden. Für die Ernährung sorgt das Blut. Es gelangt über Blutgefäße in den Knochen hinein.

Manchmal bricht ein Knochen (▷B 3). Damit die Knochenteile richtig zusammenwachsen, müssen Ärzte ihre Lage überprüfen und, wenn nötig, korrigieren. Nur dann ist der nach einiger Zeit geheilte Knochen (▷B 4) wieder normal belastbar.

▶ Knochen erneuern sich ständig. Sie leben und werden über die Blutgefäße ernährt.

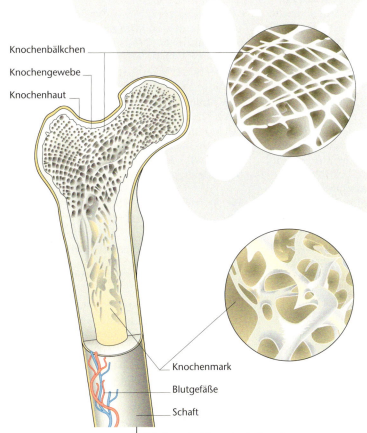

2 Aufbau des Oberschenkelknochens

Aufgaben

1. Betrachte einen großen Knochen in der Metzgerei. Fertige zu Hause eine Zeichnung an und beschrifte sie.

2. Wozu dienen die Blutgefäße im Knochen?

Ganz schön gelenkig

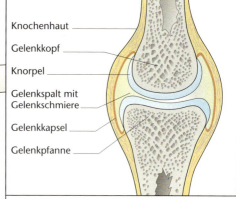

3 Aufbau eines Gelenkes, Schema

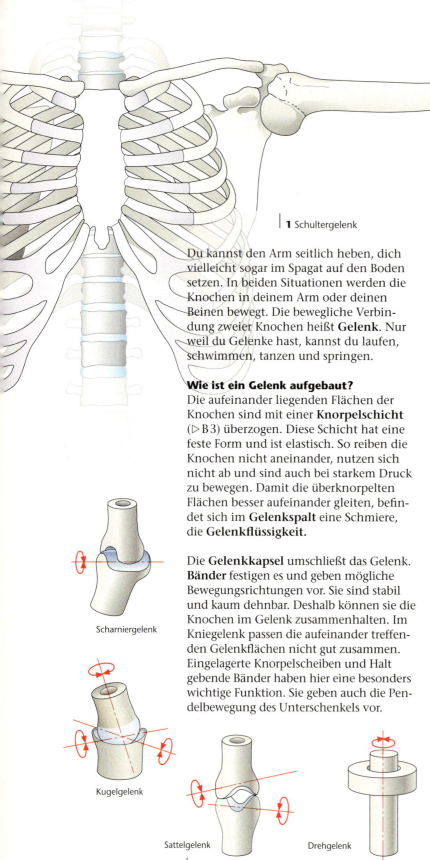

1 Schultergelenk

2 Gelenktypen

Du kannst den Arm seitlich heben, dich vielleicht sogar im Spagat auf den Boden setzen. In beiden Situationen werden die Knochen in deinem Arm oder deinen Beinen bewegt. Die bewegliche Verbindung zweier Knochen heißt **Gelenk**. Nur weil du Gelenke hast, kannst du laufen, schwimmen, tanzen und springen.

Wie ist ein Gelenk aufgebaut?
Die aufeinander liegenden Flächen der Knochen sind mit einer **Knorpelschicht** (▷ B 3) überzogen. Diese Schicht hat eine feste Form und ist elastisch. So reiben die Knochen nicht aneinander, nutzen sich nicht ab und sind auch bei starkem Druck zu bewegen. Damit die überknorpelten Flächen besser aufeinander gleiten, befindet sich im **Gelenkspalt** eine Schmiere, die **Gelenkflüssigkeit**.

Die **Gelenkkapsel** umschließt das Gelenk. **Bänder** festigen es und geben mögliche Bewegungsrichtungen vor. Sie sind stabil und kaum dehnbar. Deshalb können sie die Knochen im Gelenk zusammenhalten. Im Kniegelenk passen die aufeinander treffenden Gelenkflächen nicht gut zusammen. Eingelagerte Knorpelscheiben und Halt gebende Bänder haben hier eine besonders wichtige Funktion. Sie geben auch die Pendelbewegung des Unterschenkels vor.

Gelenke sind unterschiedlich geformt
Nach ihrer Form werden die Gelenke in verschiedene Typen eingeteilt:
Du kannst deinen Unterarm am Ellbogen wie eine Tür bewegen. Türen sind mit Scharnieren befestigt. Gelenke, die solch eine Bewegung ermöglichen, heißen **Scharniergelenke** (▷ B 2).
Dein Oberarmknochen endet kugelförmig im Schultergelenk. Deshalb kannst du deinen Arm in jede Richtung bewegen. Diesen Gelenktyp nennt man **Kugelgelenk** (▷ B 2).

Drehst du deinen Kopf nach links oder rechts, ermöglichen das die beiden obersten Wirbelknochen der Wirbelsäule. Ein Wirbel bildet einen Zapfen, der andere hat eine passende Öffnung und kann um den Zapfen drehen. Dieses Gelenk ist ein **Drehgelenk** (▷ B 2).
Dein Daumen beginnt an der Handwurzel. Die Gelenkflächen dort sehen aus wie ein Pferdesattel. Daher heißt dieser Gelenktyp **Sattelgelenk** (▷ B 2).

▶ Die bewegliche Verbindung von Knochen heißt Gelenk.
Es gibt Scharniergelenke, Kugelgelenke, Drehgelenke und Sattelgelenke.

Aufgaben
1 Versuche mit gestreckten Beinen zu hüpfen. Was beobachtest du? Begründe.

2 Viele Gegenstände aus dem täglichen Leben sind beweglich wie Gelenke. Notiere fünf Beispiele.

3 a) Überlegt in der Gruppe, wie ihr Modelle der Gelenktypen herstellen könnt.
b) Baut solche Modelle gemeinsam.

Das hat Hand und Fuß

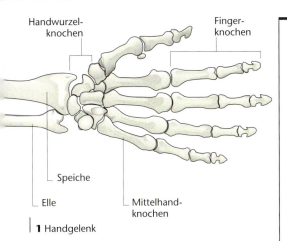

1 Handgelenk

Soweit die Füße tragen

Fast alle Kinder kommen mit gesunden Füßen zur Welt. Schlechte Schuhe und mangelnde Bewegung können die Füße aber verändern. Bei über der Hälfte der Erwachsenen sind die Füße verformt. Sie haben Senk-, Hohl- und Spreizfüße. Diese verformten Füße schmerzen meistens. Das ganze Leben halten deine Füße viele Belastungen aus. Beim gesunden Fuß federt das **Fußgewölbe** (▷ B 2) das Körpergewicht ab und verteilt es auf Ballen und Ferse, wie du es von einer Brücke und den Brückenpfeilern kennst (▷ B 3).

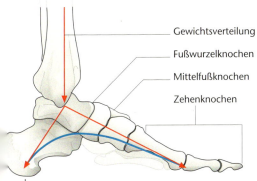

2 Fußgewölbe

3 Brücke mit Pfeilern

Aufgaben

1 a) Zeichne den Umriss deiner Hand.
   b) Markiere die beweglichen Stellen.

2 Überprüfe, wie du den gestreckten Daumen bewegen kannst.

3 Du kannst deine Hände wie Werkzeuge gebrauchen. Welche Werkzeuge sind das? Zeichne.

4 Überlege dir Übungen, die deine Füße stärken. Frage den Sportlehrer oder die Sportlehrerin, ob ihr diese Übungen gemeinsam ausprobieren könnt.

5 a) Drücke deinen nassen Fuß auf ein Küchenpapier und umrande den Abdruck sofort mit einem farbigen Stift.
   b) Vergleiche mit den Fußformen in Abbildung 4. Ist dein Fuß verformt?

Die Hand kann beinahe alles

Es ist erstaunlich, wie vielseitig du deine Hände einsetzen kannst. Du hältst einen Stift zum Schreiben, du öffnest eine Flasche und du stützt deinen Körper am Reck. Deine Arme enden mit „Universalwerkzeugen", die zugleich präzise und kräftig sind. Du kannst sie so unterschiedlich benutzen, weil du in der Lage bist, den Daumen zur Handfläche zu führen.
Die Hand ist für den Menschen ein sehr wichtiger Körperteil.

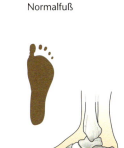
Normalfuß

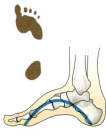
Senkfuß

Hohlfuß

4 Fußskelettformen

Einige Tipps zur Pflege der Füße

- Wasche deine Füße täglich und trockne sie gründlich ab.
  - Schneide dir regelmäßig die Zehennägel.
- Wechsle täglich die Strümpfe, da deine Füße schwitzen.
  - Gute Schuhe entsprechen der natürlichen Fußform.
- Laufe oft barfuß, um die Fußmuskulatur zu kräftigen.
  - Sorge für einen Wechsel von Bewegung und Ruhe. Lege in Ruhepausen die Füße hoch.

Die Wirbelsäule

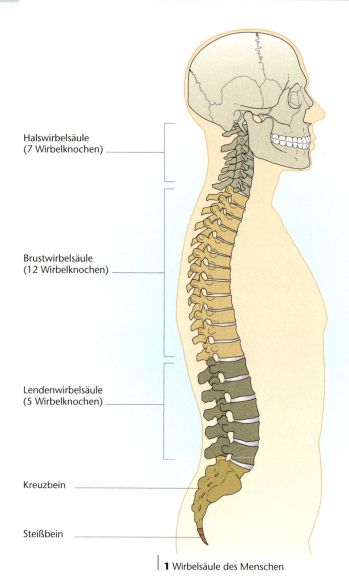

Halswirbelsäule (7 Wirbelknochen)

Brustwirbelsäule (12 Wirbelknochen)

Lendenwirbelsäule (5 Wirbelknochen)

Kreuzbein

Steißbein

1 Wirbelsäule des Menschen

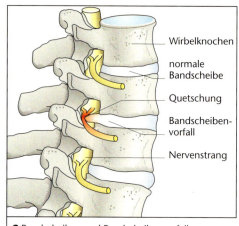

Wirbelknochen
normale Bandscheibe
Quetschung
Bandscheibenvorfall
Nervenstrang

2 Bandscheiben und Bandscheibenvorfall

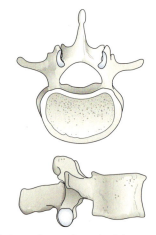

3 Wirbel von oben und von der Seite

Mitten durch deinen Oberkörper verläuft eine Stütze

Die **Wirbelsäule** verbindet Schädel und Becken. Sie verläuft durch den Schwerpunkt und die Mitte deines Körpers und ermöglicht so den aufrechten Gang.

Viele kurze Knochen – die **Wirbel** – bilden übereinander gelegt die Wirbelsäule. Sie wird in verschiedene Abschnitte unterteilt: Halswirbelsäule, Brustwirbelsäule, Lendenwirbelsäule, Kreuzbein und Steißbein (▷ B 1). Die Wirbel des Kreuz- und Steißbeins sind verkümmert und fest miteinander verwachsen.

Viele Wirbeltiere wie der Hund oder die Katze verfügen zusätzlich über eine Schwanzwirbelsäule.

Morgens bist du größer!

Die Wirbel sind durch Bänder miteinander verbunden. Elastische **Bandscheiben** liegen zwischen den Wirbeln (▷ B 2). Wenn du nach einem Sprung landest, wirken die Bandscheiben als Stoßdämpfer. Wie Gelkissen sind sie mit einer Flüssigkeit voll gesogen. Morgens sind deine Bandscheiben etwa 1 cm dick. Abends sind sie etwas flacher. Stöße und Erschütterungen werden auch durch die besondere Form deiner Wirbelsäule abgefedert. Sie sieht aus, als würdest du zwei lang gezogene „S" untereinander schreiben (▷ B 1). Bei Tieren wie dem Hund findest du diese Form nicht, da sich der Hund auf vier Beinen fortbewegt.

▶ Die Wirbelsäule des Menschen ist doppelt S-förmig und federt Stöße ab.

Die Wirbelsäule

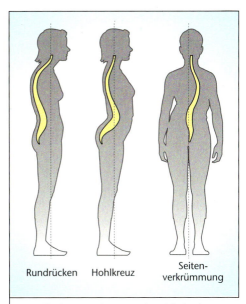

4 Krankhafte Veränderungen der Wirbelsäule

5 Falsches und richtiges Tragen

Haltungsschäden

Die Form der Wirbelsäule kann verändert sein. Ist der Bogen eines „S" sehr stark ausgeprägt, entsteht ein **Rundrücken** oder ein **Hohlkreuz**. Wenn die Wirbelsäule dauerhaft zur Seite verbogen ist, heißt das **Seitenverkrümmung** (▷ B 4). Oft sind Rückenschmerzen die Folge. Diese Haltungsschäden entstehen meist durch häufiges falsches Tragen, Heben und Sitzen (▷ B 5 – B 7).

6 Falsches und richtiges Heben

Aufgaben

1 Taste mit der flachen Hand die Rückenmitte deines Nachbarn in Längsrichtung ab. Was kannst du fühlen?

2 a) Lasse deine Körpergröße morgens und abends möglichst genau messen.
b) Vergleiche die Messwerte und begründe.

3 a) Informiere dich über den Bau der Wirbelsäule von Hunden.
b) Vergleiche die Form der Wirbelsäule von Hund und Mensch.

7 Falsches und richtiges Sitzen

Ganz schön stark – die Muskulatur

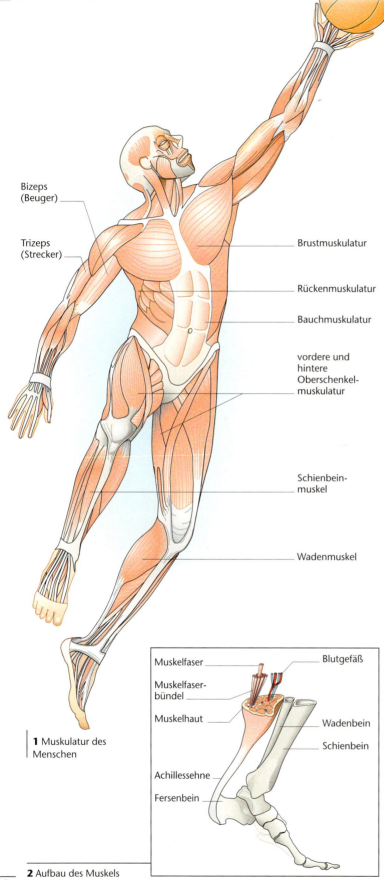

1 Muskulatur des Menschen

2 Aufbau des Muskels

Muskelsache

In Abbildung 1 siehst du die Muskulatur eines Basketballspielers in der Wurfbewegung. Die **Muskeln** sorgen dafür, dass er sich bewegen kann und dass er seine Gliedmaßen anwinkeln und strecken kann.

Auch wenn du auf einem Stuhl sitzt, halten dich Muskeln aufrecht. Die Gesichtsmuskeln bestimmen deinen Gesichtsausdruck. Insgesamt verfügt jeder Mensch über mehr als 600 Muskeln. Einer davon bringt dein Blut in Bewegung. Es ist das **Herz**. Auch die Wände von Magen und Darm bestehen aus Muskulatur.

Alle deine Muskeln zusammen machen fast die Hälfte deines Körpergewichts aus.

▶ Für alle Bewegungen braucht der Mensch Muskeln.

Wie ist ein Muskel aufgebaut?

Wenn du dir ein Stück Fleisch anschaust, siehst du einen tierischen Muskel. Der Muskel des Menschen ist genauso gebaut (▷ B 2).

Der kleinste Bestandteil ist die **Muskelfaser**. Sie ist mit bloßem Auge nicht sichtbar, erst unter dem Mikroskop kannst du sie erkennen. Viele dünne Muskelfasern werden durch eine Bindehaut zusammengehalten und bilden ein **Muskelfaserbündel**. Die Muskelfaserbündel liegen eingebettet in Bindegewebe und werden von der **Muskelhaut** umschlossen.

Zwischen den Muskelfaserbündeln befinden sich Blutgefäße. In ihnen wird das Blut transportiert, das den Muskel ernährt. Die Enden des Muskels werden von Muskelhaut gebildet, sie werden **Sehnen** genannt. Über die Sehnen sind die Muskeln an einem Knochen befestigt.

An deiner Achillessehne an der Ferse (▷ B 2) kannst du ertasten, wie fest eine Sehne ist.

▶ Der Muskel besteht aus Muskelfaserbündeln, die von Muskelhaut umhüllt sind. Er endet in einer Sehne, die am Knochen ansetzt.

Wie arbeitet ein Muskel?

Jeder Muskel kann sich zusammenziehen. Dabei wird er fester und dicker.

Wenn sich der Muskel zusammenzieht, wird der Knochen, der über eine Sehne mit diesem Muskel verbunden ist, in eine andere Lage gebracht.

Ganz schön stark – die Muskulatur

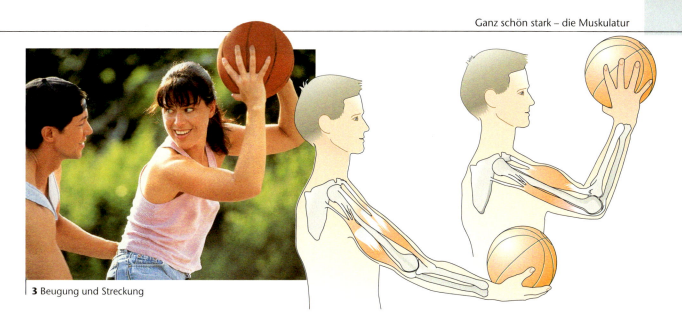

3 Beugung und Streckung

Entspannt sich der Muskel, wird er wieder länger und der Knochen bewegt sich zurück in die Ausgangslage.

▶ Muskeln können sich zusammenziehen und die Lage von Knochen dadurch verändern.

Muskeln arbeiten immer im Team
Wenn du deinen Arm (▷ B 3) beugst, wird dein Unterarm an den Oberarm herangezogen (▷ B 3). Der Muskel, der sich dabei verkürzt, heißt Bizeps. Er ist ein **Beugemuskel**.
Um den Arm zu strecken (▷ B 3), muss der Beugemuskel wieder gedehnt werden. An der Rückseite des Oberarms arbeitet ein anderer Muskel und streckt den Arm im Ellenbogengelenk. Dieser Muskel wird Trizeps genannt und gehört zu den **Streckmuskeln**. Bizeps und Trizeps überspannen das Ellenbogengelenk.

Da sich deine Muskeln nur verkürzen können, muss ein anderer Muskel sie wieder dehnen. Es gehören immer zwei Muskeln zusammen, die entgegengesetzt wirken. Diese beiden Muskeln heißen **Gegenspieler**. Auch Muskelgruppen können wie Gegenspieler wirken.

▶ Muskeln arbeiten an einer Bewegung als Gegenspieler.

Stichwort: Muskelkater
Etwa 12 Stunden nach einer ungewohnten, größeren Anstrengung können Muskelschmerzen auftreten, wenn du die entsprechenden Muskeln bewegst. Diese Schmerzen entstehen durch Überdehnungen oder winzige Verletzungen von Muskelzellen. An den folgenden Tagen darfst du dieselbe Übung nur mit halb so großer Anstrengung durchführen. Nach 3 bis 5 Tagen vergeht der Muskelkater.

4 Modell zur Armmuskulatur

Aufgaben

1 a) Ertaste die Muskeln deines linken Oberarms und deines rechten Unterschenkels.
b) Benenne die Muskeln und präge dir ihre Namen ein.

2 Betrachte Abbildung 1. Welche Muskeln sind angespannt?

3 a) Versuche durch das Gehen Stimmungen (traurig, aufgeregt, glücklich ...) auszudrücken.
b) Drücke jetzt nur mit deinem Gesicht Stimmungen aus. Die Klasse soll erraten, um welche es sich handelt.

4 a) Baue das in Abbildung 4 dargestellte Modell. Du brauchst Pappe, Gummiband, Musterklammer, Schere und Locher.
b) Winkle den Unterarm des Modells unterschiedlich stark an. Beobachte das Gummiband.
c) Was kannst du mit diesem Modell gut darstellen?
d) Was stimmt nicht mit der Funktionsweise des menschlichen Arms überein?

5 Beuge und strecke das Fußgelenk und das Kniegelenk. Beobachte, welche Muskeln du dabei anspannst.

Aus Rück(en)sicht

Führe Übungen immer so aus, wie sie beschrieben werden, denn falsche Bewegungen können schaden.

Mobilisation der Halswirbelsäule
Führe die Übung langsam und kontrolliert aus. Du neigst deinen Kopf abwechselnd nach links und rechts. Dabei dehnst du die Muskeln im Halsbereich.

Kräftigung der Bauchmuskeln
In Rückenlage mit angestellten Beinen drückst du die Fersen in den Boden. Du hebst den Kopf und die Schultern etwas an, dabei sind deine Arme locker in der Vorhalte.

Stärkung von Rumpf- und Beinmuskulatur
In Seitenlage stützt du dich auf einen Unterarm. Du hebst dein Becken an, bis dein Körper gestreckt ist. Das obere Bein und den freien Arm kannst du zusätzlich abspreizen.

Kräftigung der Rückenmuskulatur I
In Bauchlage streckst du Arme und Beine, die Nase berührt fast den Boden. Du hebst diagonal einen Arm und ein Bein etwas an. Das stärkt deine Rückenmuskulatur und gleichzeitig streckst du deine Halswirbelsäule.

Kräftigung der Rückenmuskulatur II
Die Knie sind leicht gebeugt und die Beine stehen etwa schulterbreit auseinander. Mit gestreckten Armen bringst du deinen geraden Rücken in die Vorhalte. Auch dabei werden deine Rückenmuskeln gestärkt.

Aufgaben

1 a) Trage in eine Tabelle ein, zu welcher Tageszeit du was getan hast. Kennzeichne die Bewegungsphasen rot und die Ruhephasen blau.
b) Plane deinen Tagesverlauf so, dass du mehr Zeit für Sport und Bewegung hast.
c) Besprecht in der Klasse, wie ihr gute Vorschläge umsetzen könnt. Probiert es aus.

2 a) Betrachtet die Zeichnungen zu den Rückenübungen.
b) Erstellt in Partnerarbeit mithilfe eurer Sportlehrer eine Sammlung weiterer Übungen zur Stärkung der Rückenmuskulatur.
c) Fasst die Übungen auf einem Plakat zusammen und hängt es in die Turnhalle.
d) Probiert diese Rückenübungen in der nächsten Sportstunde aus.

3 a) Bestimme das Gewicht deiner Schultasche.
b) Prüfe die Schultasche auf Dinge, die du nicht benötigst, und überlege, wie du das Gewicht deiner Schultasche weiter verringern könntest.

4 a) Welche Sportart betreibst du?
b) Welche Sportverletzungen treten in deiner Sportart häufig auf?
c) Wie kannst du diese Verletzungen vermeiden?

5 a) Erstellt in Gruppenarbeit ein Plakat mit den Dehnungs-Top-Ten und hängt es in der Turnhalle auf.
b) Führt die Übungen in der nächsten Sportstunde gemeinsam durch.

Rückenschmerzen kannst du vorbeugen

Vielleicht hat dir dein Rücken schon einmal weh getan? Bestimmt hast du zu lange gesessen oder gestanden. Das war für deinen Rücken zu einseitig. Bewege dich, wann immer es möglich ist, und achte darauf, dass sich Ruhephasen mit Bewegungsphasen abwechseln.

Eine falsche Körperhaltung kann auch die Ursache für Rückenschmerzen sein. Deine Rumpfmuskulatur muss kräftig genug sein, damit sie die Wirbelsäule und das Becken stabilisieren kann.

Mit speziellen Übungen kannst du die Muskulatur des Nackens, des Bauches und des Rückens kräftigen. Trainiere auch die Gesäßmuskulatur und die Oberschenkelmuskulatur regelmäßig.

 Kräftige Muskeln sind wichtig für einen gesunden Rücken.

Wie du richtig trainierst

Als Allererstes findest du heraus, was deine Lieblingssportart ist. In einer Trainingsgruppe, in der du dich wohl fühlst, erlernst du die typischen Bewegungen, bis du sie automatisch ausführen kannst. Dafür brauchst du Kraft. Deine Muskulatur wird nur dann stärker, wenn du sie nutzt. Nach und nach kannst du deinen Körper etwas mehr fordern. Du wirst merken, dass deine Leistungen steigen. Dann macht das Trainieren noch mehr Spaß.

Aber vermeide zu starke Beanspruchung. Nach einem anstrengenden Training musst du deinem Körper Zeit geben, um sich zu erholen.

Durch zu lange Trainingspausen wird die Muskulatur wieder schwächer. Das kannst du schon nach drei Wochen spüren.

Aufwärmen ist ein Muss

Deine Muskulatur kann mehr leisten und du verletzt dich seltener, wenn du dich aufwärmst. Ein lockeres Spiel oder das übliche Einlaufen bereitet deine Muskeln auf die Anstrengung vor. Zum Trainingsende solltest du deine Muskeln nur leicht belasten und auch dehnen. Diese Phase des Trainings heißt Abwärmphase. Abgewärmte Muskeln nehmen seltener Schaden und du erholst dich nach einem anstrengenden Training schneller und besser.

 Trainiere regelmäßig und entsprechend deinem Leistungsstand.
Wärme dich zu Trainingsbeginn auf und zu Trainingsende ab.

Brennpunkt

Erstversorgung bei Sportverletzungen

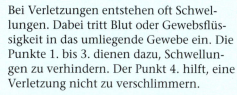

1. **Kälte**: Ein Eisbeutel soll den verletzten Bereich 30 Minuten kühlen.
2. **Kompressionsverband**: Das verletzte Gewebe wird so weit zusammengedrückt, dass Blut oder Gewebsflüssigkeit nicht weiter austritt.
3. **Hoch lagern**: Der verletzte Bereich wird höher als das Herz gelagert.
4. **Nicht bewegen**: Den verletzten Körperteil ruhig halten.

Bei Verletzungen entstehen oft Schwellungen. Dabei tritt Blut oder Gewebsflüssigkeit in das umliegende Gewebe ein. Die Punkte 1. bis 3. dienen dazu, Schwellungen zu verhindern. Der Punkt 4. hilft, eine Verletzung nicht zu verschlimmern.

Bei gerade aufgetretenen Sportverletzungen darf man **nie**
– Wärme anwenden,
– den elastischen Verband zu eng anlegen,
– Warnsignale wie Schmerz, Schwellung oder Benommenheit missachten.

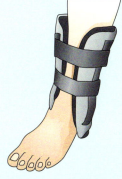

1 Behandlung einer Sportverletzung

Beim Sport kann es zu Verstauchungen, Überdehnungen, Muskelzerrungen, Bänderrissen und Muskelrissen kommen. Immer muss geklärt werden: Was genau ist passiert? Welche Verletzung liegt vor? Die zweite Frage können oft nur Ärzte klären.

Aufgaben

1. Informiere dich über Verletzungen, die im Sportunterricht passieren.

2. Wie gehst du vor, wenn sich ein Mitschüler oder eine Mitschülerin verletzt? Schreibe die einzelnen Schritte genau auf.

Strategie

Tipps für erfolgreiches Lernen

A. Vor dem Lernen

Punkt 14 Uhr sitzt du am Schreibtisch und bist entschlossen, nun mit deinen Hausaufgaben zu beginnen. Wenn du früh am Nachmittag anfängst, hast du später mehr Zeit für Sport oder dein Hobby. Der Anfang fällt dir leichter, wenn du zuerst dein Gehirn in Schwung bringst: Wie wäre es zum Start mit etwas frischer Luft? Öffne das Fenster und atme tief durch. Jetzt kann es losgehen. Stimme dich aufs Lernen ein, indem du dich motivierst. Du hast es nämlich in der Hand, ob Lernen auch Spaß machen kann.

Montag	Dienstag
14:30 Hausaufgaben	14:00 Hausaufgaben
16:00 Treffen mit Udo und Lilly im Freizeitzentrum	15:00 mit dem Rad zum See – Decken, Proviant, Badezeug –
• Tierfutter kaufen!	am Mittwoch zum TT-Kurs anmelden
18:30 Besuch mit Eltern bei Oma und Opa	+ Bücherei: Rückgabe
• Geschenk besorgen	Janine anrufen wegen Tischtennis!
Zimmer aufräumen	

Schaue zuerst auf deinen Stundenplan und überlege dir, in welcher Reihenfolge du lernen willst. Welche Aufgaben musst du schon bis zum nächsten Tag fertig haben?
Erledige zuerst Aufgaben, die dir Spaß machen oder leicht zu bewältigen sind, bis dein „Lernmotor" warm gelaufen ist. Gehe erst dann an schwierigere Aufgaben.

B. Beim Lernen

Lasse dich beim Lernen nicht ablenken, weder von Musik noch von Anrufen oder Besuchern. Je konzentrierter du bei der Arbeit bleibst, umso schneller bist du fertig.
Versuche, Ordnung in deinem Kopf zu schaffen. Gliedere einen langen Text in Abschnitte. Überlege dir Überschriften und Oberbegriffe. Schreibe dir Wörter, die nicht in deinen Kopf gehen wollen, auf. Stelle dir selber Fragen: „Wer? Was? Wann? Wo? Warum? Wieso?"
Setze dein „Kopfkino" in Gang. Stelle dir den Lernstoff möglichst bildlich und anschaulich wie in einem Film vor. Manchmal hilft es beim Lernen, wenn du dabei laut sprichst, z. B. dir selbst etwas erklärst.
Jeder lernt anders. Du hast sicher schon gehört, dass es verschiedene „Lerntypen" gibt. Zu welchem Lerntyp du gehörst, musst du erst ausprobieren.
Wenn du mal länger lernen musst, plane Pausen ein. Die erste solltest du nach 20 Minuten machen. Verschaffe dir Bewegung, reck und streck dich oder tanze nach deiner Lieblingsmusik. Iss eine Banane und weiter geht's.

C. Nach dem Lernen

Schaue dir den Lernstoff regelmäßig wieder an, am besten nach einem Tag, nach einer Woche und nach einem Monat. Drei bis vier Wiederholungen reichen, um einmal Gelerntes zu speichern und nicht mehr zu vergessen. Vielleicht hört dir jemand zu, während du den Lernstoff wiederholst und du kannst seine Fragen beantworten. Das hilft, dass sich das Gelernte im Gehirn „setzt".

Brennpunkt

Leistungs- oder Breitensport

1 Im Freibad

2 Schwimmwettkampf

Lisa schwimmt sehr gern. Sie hat ein großes Ziel – sie will Deutsche Meisterin werden. Lisa schwimmt schon sehr schnell. Ihre Trainerin sagt, sie habe großes Talent und das müsse gefordert und gefördert werden. Die Trainerin kennt sich gut aus, sie ist Sportlehrerin und selbst schon einmal bei den Olympischen Spielen gestartet.

Im Verein ist Lisa ein Vorbild für die jüngeren Schwimmerinnen. Sie trainiert fünfmal in der Woche: viermal im Wasser und einmal an Land. Das Trockentraining mit Gewichten dient dem Kraftaufbau. Lisa betreibt Leistungssport.

Verantwortliche Trainer achten darauf, dass sie ihre Schützlinge mit Spaß und ohne Schmerzen zu sehr guten Leistungen führen.

Lisa will in drei Wochen bei den Landesmeisterschaften besonders schnell schwimmen. Doch sie hat Schmerzen in der Schulter und überlegt, ob sie ein Schmerzmittel einnehmen soll.

Ihre Eltern werden sie zum Wettkampf begleiten, um sie anzufeuern. Sie erwarten viel von Lisa, denn im letzten Jahr gewann sie eine Silbermedaille.

Martha treibt auch gern Sport. Sie ist im Sportverein angemeldet und geht zweimal pro Woche zum Schwimmtraining. Schwimmen ist Marthas Hobby, sie betreibt Breitensport.

Es macht Martha viel Spaß sich im Wasser zu bewegen. Sie erlernt die verschiedenen Schwimmstile und die Wasserspiele am Ende der Trainingseinheit sind immer ein schöner Abschluss.

Manchmal geht Martha nicht zum Training, wenn sie viele Hausaufgaben erledigen muss oder eine ihrer Freundinnen Geburtstag hat.

Am liebsten schwimmt Martha im Sommer. Dann findet das Training im Freibad statt und auf dem Rasen wird auch Volleyball gespielt.

Aufgaben

1. Warum treiben Lisa und Martha Sport? Nenne für beide Mädchen die Gründe.

2. Was würdest du tun, wenn du vor einem Wettkampf Schmerzen hättest wie Lisa? Begründe deine Antwort.

3. Erstellt in Gruppenarbeit eine Tabelle mit Argumenten für und gegen den Leistungssport.

3 Siegerehrung

Schlusspunkt

Bewegung hält fit und macht Spaß

▶ Skelett
Das Skelett ist aus zahlreichen Knochen zusammengesetzt. Sie stützen den Körper und geben ihm Gestalt. Außerdem bieten die Knochen vielen inneren Organen Schutz.

▶ Aufbau der Knochen
Ein Knochen besteht aus Schaft, Knochenhaut, Knochengewebe, Knochenbälkchen und Knochenmark.
Die Knochen leben: Sie werden über die Blutgefäße ernährt und erneuern sich ständig.

▶ Gelenke
Die beweglichen Verbindungen der Knochen heißen Gelenke. Man unterscheidet Scharniergelenke, Kugelgelenke, Drehgelenke und Sattelgelenke.

▶ Hand und Fuß
Hände sind Universalwerkzeuge. Sie erhalten ihre Vielseitigkeit dadurch, dass man den Daumen zur Handfläche führen kann.
Die Füße tragen das gesamte Körpergewicht. Bei gesunden Füßen ist das Fußgewölbe wie eine Brücke geformt. Dadurch wird das Gewicht auf Ballen und Ferse verteilt.

▶ Die Wirbelsäule
Die Wirbelsäule besteht aus vielen Wirbeln, die durch Bänder miteinander

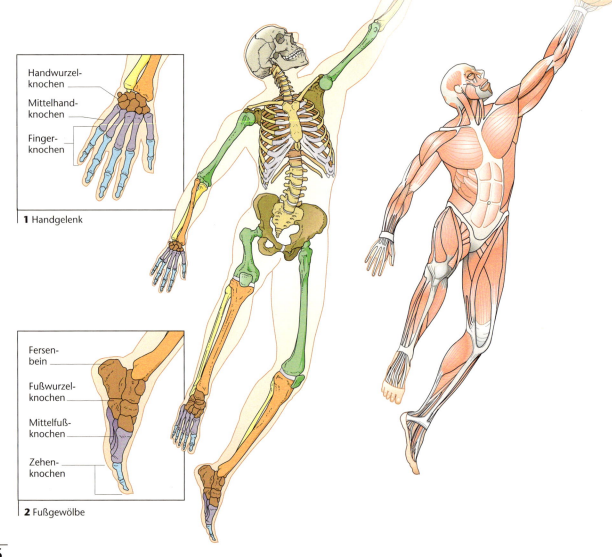

1 Handgelenk

2 Fußgewölbe

verbunden sind. Zwischen den Wirbeln liegen die Bandscheiben. Sie dienen als Stoßdämpfer.
Die doppelt S-förmige Wirbelsäule federt Stöße und Erschütterungen ab und schützt das Rückenmark.

▶ Muskulatur

An jeder Bewegung sind Muskeln beteiligt. Ein Muskel besteht aus Muskelfaserbündeln, die von Muskelhaut umhüllt sind, und endet in einer Sehne.
Ein Muskel kann sich nur verkürzen. Jeder Muskel hat einen Gegenspieler, der ihn wieder dehnt.

▶ Durch richtiges Training Rückenschmerzen vorbeugen

Durch eine kräftige Rückenmuskulatur kann man Rückenschmerzen vorbeugen. Ebenso wie die Muskulatur von Nacken, Bauch, Gesäß und Oberschenkeln lässt sich die Rückenmuskulatur mit bestimmten Übungen trainieren.
Achte beim Trainieren darauf, dass du deinen Leistungsstand einhältst. Wichtig ist außerdem, dass du dich zu Trainingsbeginn auf- und am Trainingsende abwärmst.

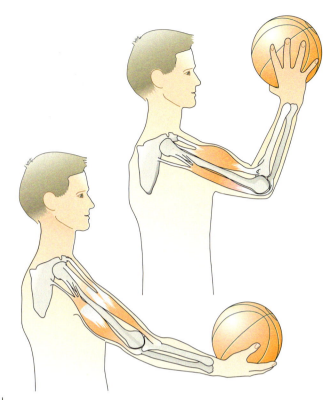

3 Das Zusammenspiel der Muskeln

Aufgaben

1 Das Skelett hat unterschiedliche Funktionen. Zum einen stützt es den Körper, zum anderen bietet es den inneren Organen Schutz.
Nenne Teile des Skeletts und gib an, welche Organe sie schützen.

2 Beschreibe anhand von Bild 1 den Aufbau eines Knochens. Ordne den Zahlen die passende Bezeichnung zu.

3 Suche in der Technik oder der Architektur nach Konstruktionen, deren Aufbau der Anordnung der Knochenbälkchen ähnlich ist.

4 a) Welche Gelenktypen kennst du?
b) Nenne zu jedem Gelenktyp ein Beispiel aus deinem Körper.

5 Die verschiedenen Gelenktypen kommen auch in vielen Gegenständen des täglichen Gebrauchs zur Anwendung. Nenne solche Gegenstände, die bei dir zu Hause oder in der Schule benutzt werden.

6 Betrachte das Armskelett und das Beinskelett. Welche Gemeinsamkeiten kannst du feststellen?

7 Welche Muskeln im Bein kennst du?

8 Nenne einen Muskel und seinen Gegenspieler. Beschreibe deren Wirkungsweise.

9 Jeder Mensch kann etwas für die Gesunderhaltung seines Skeletts und seiner Muskulatur tun. Beschreibe, wie du dazu beitragen kannst und worauf du achten musst.

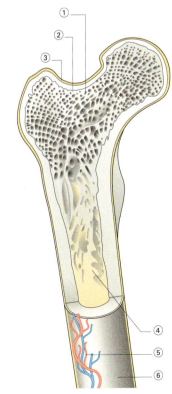

1 Zu Aufgabe 2

Startpunkt

Luft und Feuer

Feuer ist faszinierend und für uns im Alltag von großem Nutzen. Wenn man unachtsam damit umgeht, kann Feuer aber auch lebensbedrohlich werden und großen Schaden anrichten.

Um ein Feuer zu machen, benötigst du brennbare Stoffe. Beispiele dafür sind Holz, Kohle, Lampenöl oder Erdgas. Feuer erzeugt Licht und Wärme. Die Flamme einer Öllampe leuchtet hell im Dunkeln. Am Lagerfeuer wird die Luft warm, in seiner Nähe kannst du dich aufwärmen. Über glühender Holzkohle oder der Flamme eines Gasherds kannst du Fleisch braten oder Gemüse kochen.

Feuer kann für Menschen und andere Lebewesen aber auch gefährlich sein. Die Flammen zerstören alles Brennbare, zurück bleibt meist nur Asche. Die Feuerwehr setzt geeignete Löschmittel zur Bekämpfung von Bränden ein. Das gebräuchlichste Löschmittel ist Wasser.

Luft und Feuer gehören zusammen. Starke Winde lassen Brände häufig wieder aufflammen. Ohne Luft ersticken die Flammen, das Feuer geht aus.

Werkstatt

Versuche mit einer Kerze

1 Flamme auf dem Sprung

Material
Schutzbrille, Kerze, Kerzenhalter, Streichhölzer

Versuchsanleitung
Entzünde die Kerze. Warte, bis die Flamme ruhig brennt. Blase die Flamme aus und halte ein brennendes Streichholz sofort in die Nähe des Dochtes. Wiederhole den Vorgang mehrmals nacheinander (▷ B 1).

1 Flamme auf dem Sprung

2 Flamme aus der Flamme

Material
Schutzbrille, Kerze, Kerzenhalter, Streichhölzer, Glasröhrchen (gewinkelt, gleichschenklig), Tiegelzange

Versuchsanleitung
Entzünde eine Kerze. Halte mit einer Tiegelzange ein gewinkeltes Glasröhrchen mit der einen Öffnung in den innersten Bereich der Kerzenflamme (Glasröhrchen nicht mit den Fingern anfassen! Verbrennungsgefahr). Bringe eine Streichholzflamme an das offene Ende des Glasröhrchens (▷ B 2).

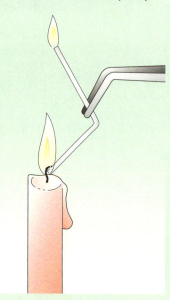

2 Flamme aus der Flamme

3 Auf die Luft kommt es an

Material
Schutzbrille, Kerze, Kerzenhalter, Zündhölzer, Glasrohr (beidseitig offen, Ø etwa 30 mm), Holzplatte, Glasplatte, 2 Unterlegklötzchen

Versuchsanleitung
a) Stelle eine brennende Kerze auf eine Holzplatte. Stülpe ein Glasrohr über die Kerze. Decke das obere Ende des Glasrohres mit einer Glasplatte ab (▷ B 3, links).

b) Wiederhole den Versuch und stelle das Glasrohr auf zwei Holzklötzchen. Lasse das Glasrohr oben offen (▷ B 3, rechts).

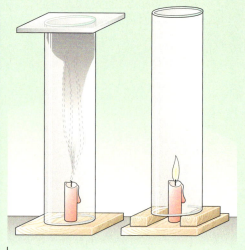

3 Auf die Luft kommt es an

4 Mikadostäbchen selbst gemacht

Material
Schutzbrille, Kerze, Kerzenhalter, Streichhölzer, Holzstäbchen

Versuchsanleitung
Entzünde eine Kerze. Halte ein Holzstäbchen zwischen beiden Händen und führe es durch den unteren Teil der Flamme. Wiederhole den Vorgang mehrmals, bis ein markiertes Mikadostäbchen nach Wahl entstanden ist (▷ B 4).

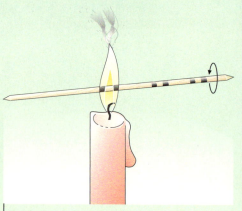

4 Mikadostäbchen selbst gemacht

Aufgabe
Beobachte das erstmalige Entzünden einer Kerze genau und überlege, warum die Flamme zunächst kleiner wird.

Zeitpunkt

Vom Feuerstein zum Feuerzeug

Von den Anfängen des Feuermachens

Feuerstein, auch Flint genannt, kommt in der Natur vor. Der graue oder schwarze Stein ist härter als Stahl, abgesplitterte Bruchstücke sind scharfkantig. Feuersteine dienten dem Menschen in der Steinzeit zum Feuerschlagen. Der Funkenflug entzündete einen Zunderschwamm, das ist ein Baumpilz, der vor allem auf alten Buchen wächst. Nicht nur durch Schlagen, auch durch Reibung wurde früher Feuer entfacht. Dazu wickelte man eine Schnur schleifenförmig um einen Holzstab und befestigte sie an einem Bogen. Durch Bewegen des Bogens drehte sich der Stab schnell auf weichem Holz. Durch Reibung entstand Wärme, die trockenes Material zusammen mit Zunder entzündete.

Feuer – nicht nur zum Wärmen und Kochen

Griechisches Feuer wurde im 7. Jahrhundert als „Feuerwaffe" in Seeschlachten im Mittelmeer eingesetzt (▷ B 1). In einer Chronik wird berichtet, dass im Jahr 674 Kaiser Konstantin IV. Feuer speiende Rohre gegen feindliche Schiffe gerichtet und diese in Brand gesetzt hat. Der Brandsatz enthielt unter anderem auch Petroleum. Mit der Erfindung von Feuerwaffen wurde auch das **Lustfeuerwerk** entdeckt, zuerst in China, später auch in Europa.

Ab dem 15. Jahrhundert wurden Feste an europäischen Fürsten- und Königshäusern mit Feuerwerk gefeiert. Dazu stellten Feuerwerker schnell und langsam brennende Zündschnüre und Pulvermischungen her. Durch Zusatz von Salzen ließen sich die Flammen gelb, rot oder grün färben.

1 Griechisches Feuer

Feuerzeuge – früher und heute

Das erste Feuerzeug wäre heute nicht mehr zulässig. In Paris erfand im Jahr 1808 Jean-Louis Chancel ein **Tunkfeuerzeug** (▷ B 3). Dazu wurden Hölzer mit Schwefel und einer Zündmischung bestrichen. Wollte man Feuer anzünden, tauchte man den Kopf des Holzes in eine Paste mit Schwefelsäure.

Die heutigen Feuerzeuge (▷ B 4) werden meist mit Gas (verflüssigtes Butan) betrieben. Wird ein Stahlrädchen an einem Zündstein gerieben, entsteht ein Funke, der das ausströmende Gas entzündet. Der Zündstein besteht hauptsächlich aus dem seltenen Metall Cer und aus Eisen.

2 Steinzeitliches Taschenfeuerzeug – der allererste Versuch

3 Tunkfeuerzeug

4 Moderne Feuerzeuge

Werkstatt

Brennmaterial für ein Lagerfeuer

Ein Feuer im Freien darf nur an genehmigten Plätzen entzündet werden. Am besten geeignet ist ein ummauerter Grillplatz.

Das Feuer muss ständig beaufsichtigt werden. Wenn starker Wind aufkommt, dann musst du das Feuer sofort löschen. In der Nähe von Gebäuden oder leicht entzündlichen Stoffen darfst du kein Feuer anmachen.

Aufgabe
Erkunde einen Platz, an dem eine Feuerstelle vorhanden ist und ein Feuer gemacht werden darf.

1 Was brennt am besten?

Material
Zeitungspapier, Papiertüte, Schreibpapier, Stroh, Watte, Heu, dünne und dicke Ästchen, dünne und dicke Holzscheite, Zapfen, Holzkohle oder andere Brennmaterialien, Tiegelzange, Teelicht, Streichhölzer, feuerfeste Handschuhe, Wasserflasche, Wasser, feuerfeste Unterlage, Schutzbrille

Versuchsanleitung
a) Ziehe die Handschuhe an. Stelle ein brennendes Teelicht auf die feuerfeste Unterlage in der Feuerstelle. Halte kleine Stücke eines Brennmaterials mit der Tiegelzange über die Flamme des Teelichts (▷ B 1). Beobachte, ob die Stoffe Feuer fangen.

b) Feuchte Papier und kleine Ästchen mit Wasser an. Wie schnell fängt das Material jetzt Feuer?

Aufgaben
1. Erstelle ein Versuchsprotokoll. Gib zuerst an, welches Brennmaterial du verwendet hast. Beschreibe anschließend, welche Stoffe schnell Feuer fangen. Wie sehen die Brandreste aus?

2. Was beobachtest du, wenn das Brennmaterial feucht ist?

3. Wie kannst du das Aufflammen bei schwer entzündlichen Stoffen beschleunigen? Überprüfe deine Überlegungen im Versuch.

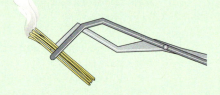

1 Wie gut brennt Stroh?

2 Ein Lagerfeuer aufschichten

Material
Verschiedene Brennmaterialien, feuerfeste Handschuhe, Streichhölzer, Schutzbrille

Versuchsanleitung
Schichte aus verschiedenen Brennmaterialien ein Lagerfeuer auf und entzünde es. Beobachte, in welcher Reihenfolge die Stoffe Feuer fangen.

Aufgaben
1. Warum werden locker zerknüllte Papierseiten ins Feuer gelegt und nicht die zusammengefaltete Zeitung?

2. Warum darf im Lagerfeuer kein Kunststoff verbrannt werden?

3 Feuer aus!

Material
Sand, Schaufel

Versuchsanleitung
Lösche das Lagerfeuer mit Sand (▷ B 2). Beobachte die Feuerstelle so lange, bis du sicher bist, dass in der Asche keine Glut mehr vorhanden ist und das Feuer vollständig gelöscht ist.

Aufgaben
1. Ist ein Feuer gelöscht, wenn keine Flammen mehr zu sehen sind?

2. Unter welchen Bedingungen kann sich ein Feuer wieder entzünden?

3. Die Feuerwehr lässt an einer Brandstelle eine Brandwache zurück. Nenne Gründe dafür.

2 Eine Flamme wird erstickt.

Ein Brand entsteht

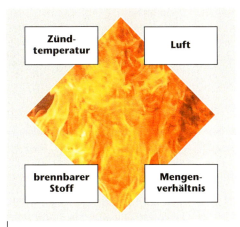

1 Bedingungen für eine Verbrennung

2 Was zündet zuerst?

3 Bestimmung der Zündgrenze

Brennmaterial für ein Lagerfeuer
Ein Lagerfeuer wird kunstvoll aufgeschichtet: Unten liegt zerknülltes Zeitungspapier, darüber legt man dünne Äste und trockene Holzstücke. Wurzelstücke und dicke Äste werden so aufgestellt, dass Luft dazwischen gelangen kann (▷ B 4).

Bedingungen für eine Verbrennung
Für ein Feuer benötigst du brennbare Stoffe. Papier, Holz und Kohle sind feste Brennstoffe. Benzin ist ein flüssiger, Erdgas ein gasförmiger Brennstoff.

Bevor ein Stoff Feuer fängt, muss er auf seine **Zündtemperatur** erwärmt werden (▷ B 2; V 1). Ein Lagerfeuer wird nach der Zündtemperatur der Brennstoffe geschichtet. Beim Verbrennen von Papier wird so viel Wärme frei, dass die Zündtemperatur von Holz erreicht wird. Dünne Äste und fein zerteiltes Holz fangen schnell Feuer. Die entstehende Hitze führt dann zur Zündung der dicken Holzscheite.
Kommt ein Lagerfeuer nicht richtig in Gang, fehlt meistens **Luft**. Nur wenn ausreichend Luft vorhanden ist, entsteht ein kräftiges Feuer.

Die Zündfähigkeit eines Benzin-Luft-Gemisches wird in einem Zündrohr untersucht (▷ B 3; V 2). Je nach Tropfenzahl entstehen verschiedene **Mengenverhältnisse** von Benzin und Luft, die unterschiedlich gut zünden. (Achtung: Bringe nie eine offene Flamme in die Nähe von Benzin!)

▶ Damit eine Verbrennung stattfindet
  – muss ein brennbarer Stoff vorliegen,
  – genügend Luft zugeführt werden,
  – die Zündtemperatur erreicht sein,
  – das Mengenverhältnis stimmen.

Versuche

1 Auf einer Metallplatte liegen ein Stück Pappe, ein Holzklotz, ein Stück Kohle und mehrere Zündhölzer. Mit der Brennerflamme wird die Plattenmitte von unten erhitzt.

2 In ein Zündrohr werden 5 Tropfen Wundbenzin gegeben. Das Rohr wird mit einem Kunststoffdeckel dicht verschlossen und der Inhalt gut durchgeschüttelt. Im abgedunkelten Raum wird das Benzin-Luft-Gemisch gezündet (Schutzbrille!) (▷ B 3).
Der Versuch wird mit veränderter Tropfenzahl wiederholt.

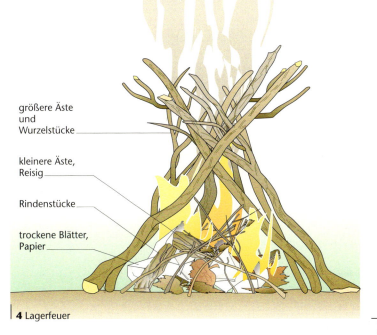

größere Äste und Wurzelstücke
kleinere Äste, Reisig
Rindenstücke
trockene Blätter, Papier

4 Lagerfeuer

Werkstatt

Zündende Versuche

Wie kannst du einen Stoff zum Brennen bringen? Beim Umgang mit Feuer kannst du lernen, warum es das eine Mal brennt und das andere Mal nicht. Wer ein Feuer entzünden kann, weiß auch, wie er das Zünden verhindert.

1 Zünden durch Reiben
Material
Schutzbrille, Streichholzschachtel, Streichhölzer

Versuchsanleitung
Entnimm der Streichholzschachtel ein Streichholz. Bewege das Streichholz entlang der Reibfläche, bis es entzündet wird (▷ B 1). Bewege es vom Körper weg.

1 Zünden eines Streichholzes

Aufgaben
1. Hast du eine Idee, was beim Zünden des Streichholzes passiert?

2. Nach dem Entzünden kannst du das brennende Streichholz nur kurz zwischen den Fingern halten. Was geschieht, wenn du es nach oben, nach unten oder waagerecht hältst? Versuche eine Erklärung dafür zu finden.

2 Zünden durch Hitze
Material
Schutzbrille, Reagenzglas, Reagenzglashalter, Gasbrenner, 6 Streichhölzer, Stoppuhr

Versuchsanleitung
a) Gib in ein Reagenzglas 3 Streichhölzer mit dem Streichholzkopf nach unten. Halte das Reagenzglas über die nicht leuchtende Brennerflamme (▷ B 2). Miss die Zeit bis zur Zündung.

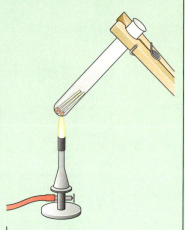

2 Zu Versuch 2

b) Wiederhole den Versuch mit 3 Streichhölzern, deren Kopf nach oben weist. Vergleiche die Zeiten bis zur Zündung.

Aufgabe
Beschreibe, wodurch die Zündhölzer Feuer fangen. Wie sehen die Brandreste aus?

3 Zünden in der Flamme
Material
Schutzbrille, Teelicht, Streichhölzer, Wunderkerze, feuerfeste Unterlage

Versuchsanleitung
Halte eine Wunderkerze über die Flamme eines Teelichts (▷ B 3). Achte darauf, dass die sprühende Wunderkerze in sicherem Abstand zu Personen und brennbaren Stoffen abbrennt.

3 Brennende Wunderkerze

Aufgabe
Überlege, warum Wunderkerzen nicht unbeaufsichtigt abbrennen dürfen.

4 Zünden aus der Ferne
Material
Schutzbrille, feuerfeste Unterlage, feuerfeste Schale, langer Holzspan, Teelicht, Streichhölzer, Brennspiritus

Versuchsanleitung
Gib 2 ml Brennspiritus in die Schale. Stelle die Schale auf eine feuerfeste Unterlage. Entzünde einen langen Holzspan über der Flamme eines Teelichts und nähere den brennenden Holzspan von oben der Schale mit Spiritus (▷ B 4).

4 Zu Versuch 4

Aufgaben
1. Schätze ab, wie nahe der brennende Holzspan an die Flüssigkeitsoberfläche gebracht werden muss, bis der Spiritus Feuer fängt.

2. Welche Sicherheitsvorschriften müssen beim Umgang mit feuergefährlichen Stoffen beachtet werden (▷ B 5)?

5 Sicherheitshinweise

Zeitpunkt

Holz verkohlen wie vor 2000 Jahren

Von Beruf Köhler
Dürre Ästchen verbrennen rasch, zurück bleibt ein kleines Häufchen Asche. Dicke Holzstücke verkohlen im Feuer, bevor sie entflammen und zu Asche verbrennen. Nur ein Köhler weiß, wie aus schweren Baumhölzern die leichte Holzkohle entsteht. Heute gibt es nur noch wenige Köhler, die die Kunst der Holzverkohlung beherrschen.

1 Ein Holzkohlemeiler

2 Köhlerhütte aus früherer Zeit

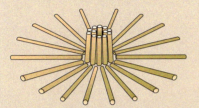

Zuerst wird die Ebene, die Kohlenplatte, hergestellt. In der Mitte entsteht ein Schacht.

Auf der Kohlenplatte werden die Hölzer um den Schacht gesetzt.

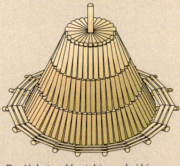

Der Holzstapel besteht aus drei bis vier Stockwerken stehender Spalten. In den Schacht wird der Füllstamm gestellt.

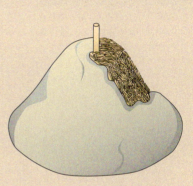

Der Meiler wird mit feuchter Asche und Gras luftdicht abgedeckt. Der Meiler wird im Schacht gezündet.

3 Aufbau eines Holzkohlemeilers

Kunstvoll geschichtet im Meiler
Die Herstellung von Holzkohle ist harte Arbeit und dauert mehrere Wochen. Während dieser Zeit bleibt der Köhler in seiner Hütte nahe beim Holzkohlemeiler (▷B2). Für den Aufbau des 3 bis 4 Meter hohen Meilers wählt er einen windgeschützten Platz, in dessen Nähe ein Bach vorbeifließt.
Zunächst werden lange Holzstangen so aufgestellt, dass in der Mitte ein schmaler Luftschacht bleibt. In diesen Schacht wird ab der ersten Lage ein Füllstamm eingesetzt. Rundherum werden trockene Holzstücke in mehreren Etagen zu einem Meiler aufgeschichtet (▷B3). Meist werden dicke Buchenholzstücke verwendet, die etwa einen Meter lang sind. Darüber kommt eine Schicht aus feuchtem Laub oder Heu. Dann wird der ganze Meiler mit Erde luftdicht abgedeckt und gezündet. Dazu zieht der Köhler den Füllstamm in der Mitte heraus und füllt den Schacht von oben mit glühender Holzkohle.

Verkohlen bei Tag und bei Nacht
Nun muss der Köhler Tag und Nacht dafür sorgen, dass der Meiler nicht ausgeht oder Feuer fängt. Damit das Holz langsam verkohlt, sticht er kleine Luftlöcher in die Erdhülle. Bei etwa 300 °C bilden sich im Holzkohlemeiler Wasserdampf und Gase. Aus den Löchern steigen feine weiße Wölkchen auf (▷B1). Man sagt: „Der Meiler schwitzt".

Entweicht blauer Rauch, ist die Verkohlung abgeschlossen und alle Luftlöcher müssen wieder verstopft werden. Ohne Luftzufuhr erstickt die Glut und der Meiler erkaltet. Schicht für Schicht wird die fertige Holzkohle abgetragen, mit Wasser gekühlt und in Säcke gefüllt.

Holzkohle (▷B4) ist ein begehrter Brennstoff, da sie beim Verbrennen viel mehr Hitze entwickelt als Holz. Sie wird heute meist nicht mehr im Freien, sondern in modernen Industrieanlagen erzeugt.

4 Holzkohle

Werkstatt

Wir verbrennen Stoffe

1 Wie lange brennt ein Teelicht?

Material
Schutzbrille, Teelicht, Becherglas (100 ml), Becherglas (250 ml), Becherglas (500 ml), Stoppuhr, feuerfeste Unterlage, Streichhölzer

Versuchsanleitung
Stelle ein Teelicht auf die feuerfeste Unterlage und entzünde es. Stülpe das kleinste Becherglas über das Teelicht.
Miss die Zeit, wie lange das Teelicht unter dem Becherglas brennt. Wiederhole den Versuch mit dem mittleren und zuletzt mit dem größten Becherglas (▷ B 1). Vergleiche die Brenndauern.

1 Wie lange brennt das Teelicht?

2 Eine Kerze verbrennt

Material
Kerze, Streichhölzer, Porzellanschale, Tiegelzange, feuerfeste Unterlage

Versuchsanleitung
Entzünde eine Kerze und lasse sie etwas brennen. Halte dann mit der Tiegelzange eine kalte, trockene Porzellanschale über die Kerzenflamme.

Aufgabe
Beobachte und erkläre das Ergebnis.

3 Verändert sich die Masse von Eisen beim Glühen?

Material
Schutzbrille, Waage, Porzellanschale, Gasbrenner, Eisenwolle

Versuchsanleitung
a) Lege die Porzellanschale auf die Waage und stelle die Waage auf „null". Lege die Eisenwolle auf die Porzellanschale und lies den Wert ab (▷ B 2a).

b) Nimm die Porzellanschale mit der Eisenwolle von der Waage. Entzünde das Gas am Brenner und halte die schwach rauschende Gasflamme vorsichtig von der Seite an die Eisenwolle (▷ B 2b). Stelle die Porzellanschale mit der Eisenwolle wieder auf die Waage. Was kann man aus der Veränderung der Anzeige schließen?

Aufgabe
Zerreibe das Verbrennungsprodukt und vergleiche dessen Farbe und dessen Festigkeit mit der Eisenwolle.

a)

b)

2 Eisenwolle wird gewogen und entzündet

3 Zahnstocher auf der Unterlage tragen die Münzen

4 Verbrennungen verändern Stoffe

Material
Schutzbrille, 6 kleine Münzen, 2 Zahnstocher aus Holz, Pinzette, 2 Holzklötzchen als Unterlage, Waage, feuerfeste Unterlage, Gasbrenner

Versuchsanleitung
a) Lege die beiden Zahnstocher wie in Bild 3 gezeigt auf die Klötzchen und belaste sie mit allen Münzen. Drücke mit dem Finger zusätzlich darauf und prüfe die Festigkeit der Zahnstocher.

b) Verbrenne die beiden Zahnstocher wenigstens auf einer Länge von 4 cm. Halte sie dabei mit der Pinzette. Halte die Zahnstocher waagerecht und drehe sie beim Verbrennen um ihre Längsachse, dann bleiben sie nahezu gerade. Lege nun die zwei verbrannten Zahnstocher auf die Klötzchen. Untersuche, wie viele Münzen diese beiden Zahnstocher tragen können.

Aufgabe
Erkläre die Versuchsergebnisse.

Verbrennung – eine chemische Reaktion

1 Vorher enthielt das Lagerfeuer noch Holz.

2 Eine Fackel erzeugt Licht.

Verbrennungen verändern die Stoffe
Zündet man Holzkohle an, so glüht sie bei Luftzufuhr hell auf und verglüht langsam unter Wärmeabgabe. Zurück bleibt hellgraue, fast weiße Asche. Ein Vergleich zeigt, dass die Asche wesentlich leichter ist als die Holzkohle, welche man ursprünglich eingesetzt hat. Es müssen demnach bei der Verbrennung flüchtige Stoffe entstanden sein. Die bei der Verbrennung entstandenen Stoffe haben also neue Eigenschaften. Einen Vorgang, bei dem Stoffe mit neuen Eigenschaften entstehen, nennt man eine **chemische Reaktion**.

▶ Bei einer chemischen Reaktion entstehen Stoffe mit neuen Eigenschaften.

Magnesium verbrennt
Kennst du das weiße Pulver, mit dem sich Turner vor den Turnübungen die Hände einreiben (▷ B 4)? Dieses Pulver heißt Magnesia. Es saugt den Körperschweiß auf, sodass der Turner nicht abrutscht.
Dieses Pulver kannst du herstellen, indem du ein Stück Magnesiumband anzündest (▷ V 1). Dann verbrennt das grau glänzende Metall mit greller Flamme zu einem weißen Pulver (▷ B 3).

Auch hier hat also eine **Stoffumwandlung** stattgefunden. Aus Magnesium ist durch eine chemische Reaktion Magnesia entstanden.

Verbrennungen setzen Energie frei
Ein Lagerfeuer wärmt. Eine Fackel erhellt den dunklen Nachthimmel (▷ B 2).
Bei der Verbrennung von Magnesium zu Magnesia kannst du eine grell leuchtende Flamme beobachten.
Bei einer Verbrennung entstehen nicht nur neue Stoffe, sondern es wird auch immer Energie frei. Diese Energie wird in Form von Wärme und Licht abgegeben.

▶ Jede Verbrennung ist eine chemische Reaktion, bei der Energie frei wird.

Versuch

1 Ein 15 cm langes Magnesiumband wird über einer Porzellanschale verbrannt. Die Eigenschaften des Magnesiums und des Verbrennungsproduktes werden untersucht.
Nicht direkt in die Flamme schauen!

3 Magnesium verbrennt zu Magnesiumoxid.

4 Magnesia verhindert das Abrutschen beim Turnen.

Brandbekämpfung

1 Methoden der Brandbekämpfung

Entzug des brennbaren Stoffes
Hitze und Trockenheit erhöhen im Sommer die Brandgefahr. Eine achtlos weggeworfene Flasche kann als Brennglas wirken und ein Feuer entfachen. Sind genügend trockene Brennstoffe vorhanden, breitet sich das Feuer rasch aus. Ein Flächenbrand kann meist nur noch aufgehalten werden, wenn die Feuerwehr breite Schneisen schlägt oder Gräben zieht. Ohne Brennstoffe geht das Feuer aus. Auch in einer dicht bebauten Altstadt kann sich ein Feuer rasch ausbreiten. Manchmal hilft es nur, ein angrenzendes Haus einzureißen, um das Feuer zu stoppen (▷ B 1).

Abkühlen unter die Zündtemperatur
Die Feuerwehr bekämpft einen Brand meist mit großen Mengen Wasser. Wasser löscht durch Kühlen. Der brennende Stoff wird unter seine Zündtemperatur abgekühlt (▷ V 1; V 2).

Unterbrechen der Luftzufuhr
Wasser ist nicht immer das geeignete Löschmittel. Kleine Brände in Töpfen oder Pfannen können durch rasches Abdecken erstickt werden. Die brennende Kleidung einer Person wird durch Einhüllen in eine Decke gelöscht.

Benzinbrände werden mit Schaum (▷ B 2) oder mit Kohlenstoffdioxid bekämpft. Der Schaum verhindert die Luftzufuhr und wirkt kühlend. Das gasförmige Kohlenstoffdioxid verdrängt die Luft und erstickt die Flammen. Metall-Brände werden mit Sand, Salz oder Zement abgedeckt. Dadurch wird die Luftzufuhr unterbrochen und das Feuer geht aus.

Verändern des Mengenverhältnisses
Ein Gemisch aus Benzin und Luft zündet bei einem bestimmten Mengenverhältnis. Enthält die Luft zu viel oder zu wenig Benzindampf, stimmt das Mengenverhältnis nicht mehr und das Gemisch zündet nicht. Bei einem Brand sollte man daher Türen und Fenster schließen, um das Mengenverhältnis von Luft und brennbarem Stoff zu verändern.

▶ Möglichkeiten der Brandbekämpfung:
  – Entzug des brennbaren Stoffes,
  – Abkühlen unter die Zündtemperatur,
  – Unterbrechen der Luftzufuhr,
  – Verändern des Mengenverhältnisses.

Versuche

1 Ein Streifen Pappe wird mit der Tiegelzange in die Nähe eines Teelichts gehalten. In welcher Entfernung fängt er Feuer? Der Versuch wird mit einem angefeuchteten Pappstreifen wiederholt. Vergleiche die Ergebnisse.

2 Eine Streichholzschachtel wird mit Wasser gefüllt und mit der Tiegelzange über die Flamme eines Teelichts gehalten. Beobachte, was geschieht. Wie kannst du die Beobachtung erklären?

2 Die Feuerwehrleute am Schaumlöscher werden mit Wasser gekühlt.

Über Brandgefahren Bescheid wissen

Richtiges Handeln kann Leben retten

Brände entstehen meist ganz überraschend. Wer weiß, was zu tun ist, der kann sich und andere vor Schaden bewahren. Wenn es brennt, bilden sich Flammen, Hitze und Rauch. Am gefährlichsten für den Menschen ist der Rauch. Er ist schneller als das Feuer und nimmt die Sicht. Giftiger Rauch wirkt erstickend.

Bei einem Brand ist es wichtig, möglichst alle Türen zu schließen. Dadurch werden Flammen und Hitze zurückgehalten und die Fluchtwege bleiben rauchfrei, sodass anderen Menschen noch die Flucht gelingt. Die Fluchtwege sind durch grüne Schilder mit weißen Symbolen gekennzeichnet. Wer die Fluchtwege kennt, kann das Gebäude im Falle eines Brandes schnell verlassen.

An Orten, an denen Gefahrstoffe gelagert werden, gelten besondere Sicherheitsvorschriften. In der Nähe brennbarer Stoffe ist es z. B. verboten zu rauchen oder ein offenes Feuer zu entzünden (▷ B 5).

Erst melden, dann löschen

Wichtiger als das Feuer zu bekämpfen ist die Alarmierung der Feuerwehr. Das hat den Vorteil, dass die Feuerwehr schon unterwegs ist, wenn einem beim Löschen etwas zustoßen sollte. Jeder ist verpflichtet, ein Feuer oder die Notlage von Menschen und Tieren zu melden. Dies gilt auch für Kinder. Wer einen Notruf abgibt, muss ruhig und deutlich sprechen. Für die Feuermeldung sind die Fragen in Bild 1 wichtig. Bis die Feuerwehr eintrifft, kann man mit einem Feuerlöscher, mit einem Eimer Wasser, mit einer Löschdecke oder mit Sand löschen (▷ B 4).

1 Feuermeldung über die Notrufnummer 112

Feuergefährliche Stoffe erkennen

Auf Behältern mit feuergefährlichen Stoffen sind Gefahrensymbole abgebildet. Genaue Informationen über die Gefahr geben der Kennbuchstabe und die Gefahrenbezeichnung. Das Flammensymbol und der Buchstabe F+ bedeuten „hochentzündlich". Solche Stoffe können sich schon bei Temperaturen unter 0 °C entzünden. Das Flammensymbol und der Kennbuchstabe F weisen auf leicht entzündliche Stoffe hin (▷ B 2). Stoffe, die explodieren können, sind mit dem Explosionssymbol und dem Buchstaben E gekennzeichnet (▷ B 3).

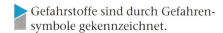 Gefahrstoffe sind durch Gefahrensymbole gekennzeichnet.

2 Gefahrensymbol „entzündlich"

3 Gefahrensymbol „explosionsgefährlich"

Aufgabe

1 Wie meldest du einen Brand bei der Feuerwehr? Plant zu zweit ein Rollenspiel und führt es vor.

4 Mittel zur Brandbekämpfung

5 Kraftstoff ist feuergefährlich.

Strategie

Eine Dokumentation erstellen

Die Feuerwehr informiert
Erstelle zum Thema Feuerwehr eine Dokumentation.

A. Sammle Informationen
Organisiere zuerst bei der Feuerwehr einen Besuchstermin für die Klasse oder lade Feuerwehrleute ein. Suche auch im Internet (Homepage der Feuerwehr) oder in Büchern Informationen zur Feuerwehr.

B. Wähle Informationen aus
Verschaffe dir einen ersten Überblick über das Stoffangebot, z. B. Jugendfeuerwehr, Ausrüstung der Feuerwehr, Brandursachen usw., und wähle dann ein interessantes Thema aus. Arbeite möglichst in einer Gruppe.

C. Ordne die Informationen
Nun müssen die unterschiedlichen Informationen und Themen zusammengetragen und sinnvoll geordnet werden. Mögliche Ordnungskriterien sind:
- gleichartige Informationen/Themen zusammenfassen
- Überbegriffe bzw. übergeordnete Themen finden, z. B. Brände: Brandursachen/Brandarten/Brandbekämpfung
- weniger wichtige Informationen aussortieren

D. Erstelle eine Dokumentation
Welche Möglichkeiten gibt es hier (z. B. Plakatwand, Schaukasten)? Welche sind geeignet und warum? Sollen die Arbeiten aus einem ungewöhnlichen Blickwinkel dargestellt werden?
Tipps:
- Text-, Bild- und Anschauungsmaterial sollen gleichgewichtig nebeneinander stehen.
- Die Dokumentation sollte nicht zu überladen sein (weniger ist mehr!).
- Der Textteil sollte kurz und informativ sein und in möglichst großer Schrift dargestellt werden.

Brennpunkt
Feurige Ratschläge

Brandschutzeinrichtungen
Feuermelder (▷ B 4) sind an einem roten Kästchen mit schwarzem Punkt zu erkennen. Im Notfall schlägt man die Scheibe z. B. mit einem Schuh ein und drückt kurz den schwarzen Knopf. Die Nummer des Feuermelders wird direkt an die Feuerwehr weitergeleitet. Ist kein Feuermelder vorhanden, kann man von jedem Handy und fast jedem öffentlichen Telefon kostenlos die Notrufnummern 110 (Polizei) oder 112 (Feuerwehr) anrufen.

In öffentlichen Gebäuden befinden sich auch oft **Wandhydranten**, die mit einem eigenen Symbol gekennzeichnet sind. In einem Metallkasten ist ein flacher oder formbeständiger Druckschlauch aufgerollt, der über Steigleitungen an das Wassernetz angeschlossen ist.

Sprinkleranlagen
Vor allem Kaufhäuser, Theater, Tiefgaragen und Lagerhallen sind mit so genannten **Sprinkleranlagen** ausgerüstet. Sie sind zugleich Feuerlöscher und Feuermelder. Über Rohrleitungen gelangt Wasser zu Sprinklerdüsen, die an der Decke befestigt sind. **Sprinkler** (engl. to sprinkle: sprühen) sind kleine Brausen (▷ B 2). Ihre Öffnungen sind mit zugeschmolzenen Glasröhren verschlossen, die eine gefärbte Flüssigkeit enthalten. Bricht ein Feuer aus, erwärmt sich die Flüssigkeit im Glas und dehnt sich aus. Dadurch zerspringt das Glas. Das aus der Leitung strömende Wasser verteilt sich auf dem Sprühteller des Sprinklers und besprüht das Feuer. Gleichzeitig wird Feueralarm ausgelöst. Anstelle von Wasser können Sprinkler auch andere Löschmittel enthalten.

1 Hinweise zur Bedienung eines Feuerlöschers

2 Sprinkler

3 Feuerlöschen

4 Feuermelder

311

Schlusspunkt

Luft und Feuer

Bedingungen für eine Verbrennung

Eine Verbrennung findet nur statt, wenn vier Bedingungen gleichzeitig erfüllt sind (▷ B 1):
1. Ein brennbarer Stoff muss vorhanden sein.
2. Luft muss Zutritt zum brennbaren Stoff haben.
3. Die Zündtemperatur des brennbaren Stoffs muss erreicht sein.
4. Die Luft und der brennbare Stoff müssen in einem bestimmten Mengenverhältnis vorliegen.

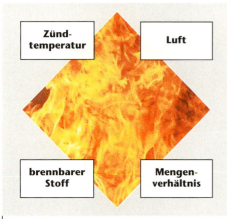

1 Bedingungen für eine Verbrennung

Brandschutzeinrichtungen

Brandschutzeinrichtungen dienen dazu, ein Feuer möglichst schnell zu melden oder seine Ausbreitung zu verhindern, bis die Feuerwehr eintrifft. Zu den Brandschutzeinrichtungen gehören Feuermelder, Feuerlöscher, Wandhydranten und Sprinkleranlagen (▷ B 3).

3 Sprinkleranlage

Möglichkeiten der Brandbekämpfung

Es gibt verschiedene Möglichkeiten, um ein Feuer zu löschen:
1. Entzug des brennbaren Stoffs
2. Unterbrechung der Luftzufuhr
3. Abkühlen unter die Zündtemperatur
4. Verändern des Mengenverhältnisses

2 Löschhubschrauber

Die Meldung eines Brandes

Bei der Meldung eines Brandes oder eines Unfalls sind folgende Angaben wichtig:
1. Wo ist etwas geschehen?
2. Was ist geschehen?
3. Wie viele Personen sind verletzt?
4. Welcher Art sind die Verletzungen?

Chemische Reaktion

Bei einer chemischen Reaktion entstehen Stoffe mit neuen Eigenschaften. Jede Verbrennung ist eine chemische Reaktion, bei der Energie frei wird.

Gefahrstoffe

Gefahrstoffe sind gekennzeichnet durch Gefahrensymbole (▷ B 4, B 5), Kennbuchstaben und Gefahrenbezeichnungen.

4 Leicht entzündlich

5 Explosionsgefährlich

Abkühlen unter die Zündtemperatur

Entzug des brennbaren Stoffes

Unterbrechung der Luftzufuhr

Luft und Feuer

1 Ein Silvesterfeuerwerk

2 Grillen am offenen Feuer

3 Kerzen als Weihnachtsschmuck

Aufgaben

1 In den meisten Fällen entstehen Brände durch die Unachtsamkeit von Menschen. Nenne Ursachen von Bränden und ordne sie.
a) Welche Tätigkeiten können zu Bränden führen?
b) Zu welchen Jahres- oder Tageszeiten entstehen vermehrt Brände?
c) Welche Gegenstände oder Geräte im Haushalt können ein Feuer verursachen?

2 Bei der Jugendfeuerwehr werden Mädchen und Jungen zwischen 12 und 18 Jahren zu Feuerwehrleuten ausgebildet (▷ B 7). Informiere dich, was du bei der Jugendfeuerwehr lernen kannst.

3 Brennendes Fett darf nicht mit Wasser gelöscht werden. Wie könntest du ein Feuer in der Pfanne bekämpfen (▷ B 4)? Erkläre die Vorgehensweise mit deinem Wissen über die Brandbekämpfung.

4 Betrachte eine Kerzenflamme genau.
a) In welchem Zustand brennt das Wachs, im festen, im flüssigen oder im gasförmigen Zustand? Überlege, wie du deine Antwort überprüfen kannst.
b) Eine brennende Kerze wird langsam kleiner. Wie kannst du feststellen, ob die Kerze beim Brennen leichter oder schwerer wird? Plane einen Versuch, mit dem du diese Frage klären kannst, und führe ihn durch (▷ B 5).

5 Gibt man ein Streichholz in ein Reagenzglas, das man dann in die Flamme eines Gasbrenners hält, entzündet sich das Streichholz auch ohne direkten Kontakt mit der Brennerflamme (▷ B 6). Erläutere an diesem Beispiel, unter welchen Bedingungen eine Verbrennung stattfindet.

6 Erst melden, dann löschen! Beschreibe, was du der Feuerwehr melden musst, wenn du einen Brand entdeckst.

4 Brennendes Fett in der Pfanne

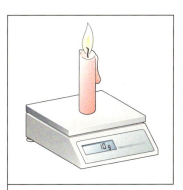
5 Zu Aufgabe 4

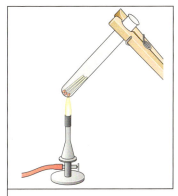
6 Zu Aufgabe 5

7 Jugendfeuerwehr

313

Startpunkt

Alles nur Luft

Luft umgibt uns nahezu überall. Weil wir sie nicht sehen, nicht riechen und nicht schmecken können, nehmen wir sie kaum wahr.

Ohne Luft könnten Pflanzen, Menschen und Tiere aber nicht überleben. Flugzeuge und Vögel werden von der Luft getragen, Segelboote und Windräder von ihr angetrieben.

Luft kann jedoch auch zerstörerisch wirken: Ein starker Wind oder Sturm hinterlässt oft große Schäden, mit Schadstoffen belastete Luft führt bei vielen Menschen zu gesundheitlichen Problemen.

Was aber ist Luft eigentlich? Woraus besteht sie und welche Eigenschaften hat sie? In diesem Kapitel wirst du Antworten auf diese und weitere Fragen finden.

Luft – ein unsichtbarer Stoff

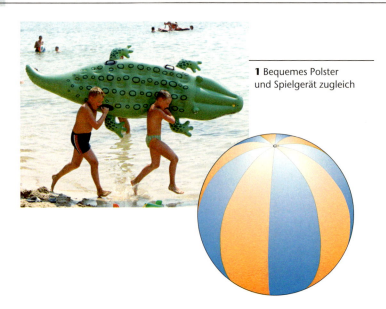

1 Bequemes Polster und Spielgerät zugleich

2 Ein luftgefülltes Kissen schützt vor Verletzungen.

Luft – mehr als nichts

Mario will sich etwas Duschgel aus dem Vorratsbehälter abfüllen. Er hält eine leere Plastikflasche unter einen dicken Strahl der auslaufenden Flüssigkeit (▷ B 3, links). Sein Versuch ist erfolglos – die Flasche bleibt leer. Was hat Mario falsch gemacht?

Mario hat nicht berücksichtigt, dass die Flasche nicht leer, sondern mit Luft gefüllt ist. Die Luft nimmt den gesamten Raum in der Flasche ein. Wenn die Flüssigkeit in die Flasche hinein soll, dann muss Luft aus der Flasche heraus. Weil der dicke Flüssigkeitsstrahl aber die gesamte Flaschenöffnung abdeckt, ist der Luft der Weg nach draußen versperrt.

Im zweiten Anlauf lässt Mario das Duschgel in einem dünnen Strahl aus dem Vorratsbehälter laufen. Wenn er jetzt genau zielt, dann lässt sich die Flasche problemlos befüllen (▷ B 3, rechts): Die Luft kann nun über die verbleibende Öffnung aus der Flasche entweichen.

Luft nimmt einen Raum ein

Wie aber ist die Luft in die „leere" Flasche gelangt?

Die Luft, die uns umgibt, ist ein unsichtbares Gemisch aus verschiedenen Gasen. Gasförmige Stoffe zeichnen sich wie feste Stoffe oder Flüssigkeiten durch gewisse Eigenschaften aus.

Besteht ein Körper aus einem festen Stoff, besitzt er ein bestimmtes Volumen und eine bestimmte Form. Ein Stein in deinem Schuh drückt z. B. beim Laufen, er passt sich der Form deines Fußes nicht an.

Ein flüssiger Körper kann seine Form dagegen verändern. Du kannst Saft entweder in ein hohes schlankes Glas füllen oder in einen Becher – die Flüssigkeit passt sich immer der Form des Gefäßes an. Ihr Volumen bleibt dabei aber gleich.

Gase wiederum füllen gleichmäßig den gesamten Raum aus, der ihnen zur Verfügung steht. Gasförmige Körper haben weder eine feste Form noch ein festes Volumen.

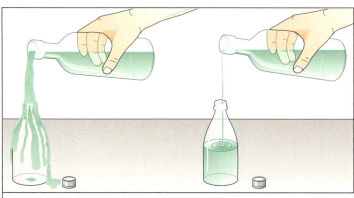

3 Bevor man die Flasche füllen kann, muss die Luft raus.

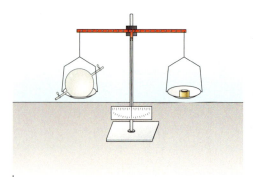

4 Ein luftgefüllter Kolben hat ein Gewicht.

Auch Luft ist ein gasförmiger Körper und füllt den gesamten verfügbaren Raum aus – also auch den Raum in der Flasche.

Luft hat ein Gewicht

Dass du an festen und flüssigen Körpern manchmal „schwer" zu tragen hast, ist für dich eine alltägliche Erfahrung. Aber auch gasförmige Stoffe wie Luft haben ein Gewicht. Mit folgendem Versuch kann man es nachweisen: Eine Glaskugel mit zwei Öffnungen wird auf einer Feinwaage gewogen (▷ B 4). Nun verschließt man eine der Öffnungen und pumpt über die andere Öffnung möglichst viel Luft heraus. Nach dem Verschließen der zweiten Öffnung wird die Kugel erneut gewogen. Sie ist nun leichter (▷ B 5).

▶ Luft ist ein unsichtbares Gasgemisch. Sie nimmt einen Raum ein und hat ein Gewicht.

Dem Gewicht der Luft sind wir ständig ausgesetzt. Du weißt bestimmt, dass die Erde von einer Lufthülle – der Atmosphäre – umgeben ist. Ihr Gewicht ist die Ursache für den Luftdruck, der an der Oberfläche der Erde herrscht.

Aufgaben

1. Erkläre, warum sich eine Flasche mit engem Hals besser mit Wasser füllen lässt, wenn der Wasserstrahl nur dünn ist.
2. Eine Autotüre lässt sich leichter schließen, wenn ein Fenster etwas geöffnet ist. Erkläre, warum das so ist.
3. Was versteht man unter dem Luftdruck?

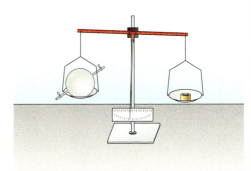

| 5 Der luftleere Kolben ist leichter als der luftgefüllte.

Werkstatt

Eigenschaften von Luft

1 Luft contra Wasser

Material
Wanne, Becherglas, Papiertuch

Versuchsanleitung
Fülle die Wanne so hoch mit Wasser, dass du das Becherglas vollständig eintauchen kannst. Stecke ein Papiertuch in das Becherglas. Befestige es eventuell mit einem Klebstreifen. Drehe das Glas um und tauche es mit der Öffnung nach unten in das Wasserbad ein (▷ B 1). Was kannst du beobachten? Erkläre.

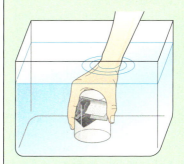

| 1 Ein Papiertuch unter Wasser

2 Luft nimmt ein Volumen ein

Material
2 Flaschen mit engem Hals, 2 Trichter, Knetmasse, 1 Trinkhalm

Versuchsanleitung
a) Stecke den Trichter in den Hals der Flasche. Dichte den Spalt zwischen Flaschenhals und Trichter mit Knetmasse ab. Fülle nun Wasser in den Trichter. Was passiert? Erkläre deine Beobachtung.

b) Nimm die zweite Flasche und stecke zusätzlich zum Trichter noch den Trinkhalm in den Flaschenhals (▷ B 3). Dichte die Flaschenöffnung wieder mit Knetmasse ab. Welchen Unterschied zu Versuch a) kannst du beobachten, wenn du nun Wasser in den Trichter füllst? Begründe deine Beobachtung.

| 3 Zu Versuch 2b

3 Luft hat ein Gewicht

Material
2 Luftballons, 1 dünner Holzstab, Bindfaden, 1 Nadel

Versuchsanleitung
Blase zwei Luftballons zu gleicher Größe auf. Befestige sie mit einem Bindfaden an den Enden des Holzstabes.
Befestige in der Mitte des Stabes einen Bindfaden, an dem du die gesamte Anordnung aufhängen kannst. Verschiebe die Aufhängung nun so lange nach rechts oder links, bis der Stab waagerecht hängt (▷ B 2). Stich mit der Nadel in einen der beiden Ballons.
Beschreibe, was passiert, und erkläre das Ergebnis.

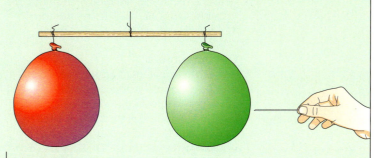

| 2 Zu Versuch 3

317

Luft unter Druck

1 Ein Barometer misst den Luftdruck.

2 Beim Aufpumpen erhöht sich der Druck im Reifen.

3 Auch in einem aufgeblasenen Luftballon herrscht erhöhter Druck.

Was ist Druck?

Die Erde ist von einer Lufthülle, der Atmosphäre, umgeben. Das Gewicht dieser Lufthülle erzeugt den Luftdruck.
Einen Druck erzeugst du auch selbst, wenn du beispielsweise Luft in einen Fahrradreifen pumpst (▷ B 2) oder einen Luftballon aufbläst (▷ B 3).
Was aber versteht man eigentlich unter Druck und wie genau kommt er zustande?

Ein Versuch zeigt dir, wie sich Druck auswirkt. Dazu gibt man einen aufgeblasenen Luftballon in ein mit Wasser gefülltes Gefäß. In die Öffnung des Gefäßes steckt man einen passenden Kolbenprober. Presst man nun den Kolben nach unten, kann man beobachten, dass der Ballon in der Flüssigkeit kleiner wird (▷ B 5). Dabei wird der Luftballon gleichmäßig von allen Seiten zusammengepresst und nicht etwa nur von oben verformt.

Indem man eine Flüssigkeit zusammenpresst, erzeugt man Druck in ihr. In gleicher Weise wird auch in Gasen durch das Zusammenpressen ein Druck erzeugt.

▶ Druck bezeichnet den Zustand eines Gases, das zusammengepresst wird. Der Druck wirkt an allen Stellen innerhalb des Gases gleichmäßig in alle Richtungen.

Luft unter Druck

Versuche einmal, die Luft in einer Luftpumpe zusammenzupressen. Halte dazu das Ventil vorne zu und drücke den Kolben in den Zylinder. Du wirst feststellen, dass du den Kolben bis zur Mitte des Zylinders bewegen kannst. Du hast also den Raum, den die Luft einnimmt, um etwa die Hälfte verringert. Das Gas wird nun auf einen kleineren Raum zusammengedrängt. Dabei nimmt gleichzeitig der Druck zu.

▶ Wenn man ein Gas zusammenpresst, verkleinert man sein Volumen und erhöht den Druck.

Die Lufthülle der Erde

Was du bisher über Gase gelernt hast, kannst du auch auf die Lufthülle unserer Erde anwenden. Die Lufthülle ist ein gasförmiger Körper unter Druck.
Diesen Druck erzeugt die Luft durch ihr Gewicht selbst: Die außen liegenden Schichten pressen die innen liegenden Schichten zusammen – und zwar umso stärker, je näher sie dem Erdboden sind.

Aus diesem Grund wird der Luftdruck immer größer, je näher man dem Erdboden kommt (▷ B 4). Umgekehrt nimmt der Luftdruck mit zunehmender Höhe ab.
Das Gerät, mit dem der Luftdruck gemessen wird, ist das Barometer (▷ B 1).

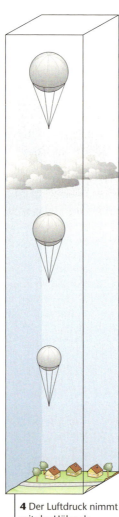

4 Der Luftdruck nimmt mit der Höhe ab.

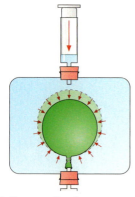

5 Ein Luftballon unter Druck

Zeitpunkt

Otto von Guericke

1 Selbst acht Pferde konnten die Magdeburger Halbkugeln nicht trennen.

Vor mehr als 350 Jahren lebte in Magdeburg der Ratsherr und Physiker Otto von Guericke (1602–1686) (▷ B 3). Er ließ die Bevölkerung an seinen naturwissenschaftlichen Untersuchungen teilhaben und führte in der Öffentlichkeit zum Teil spektakuläre Versuche vor.

Die Magdeburger Halbkugeln

Um die Wirkung des Luftdrucks zu demonstrieren, ließ von Guericke zwei große Halbkugeln aus Kupfer anfertigen. Sie wurden zusammengesetzt und durch einen Lederring abgedichtet. Anschließend wurde die Luft aus der Hohlkugel herausgepumpt.

Nun ließ von Guericke an den beiden Halbkugeln Zugseile anbringen, an die jeweils vier Pferde angespannt wurden. Die Pferde zogen in entgegengesetzen Richtungen an den Halbkugeln (▷ B 1). Es gelang ihnen aber nicht, die Hälften zu trennen. Erst als der Absperrhahn geöffnet wurde und Luft in die Hohlkugel strömte, fielen die beiden Hälften auseinander.
Diese Vorführung verblüffte die Menschen, sie glaubten an Zauberei.

Die Ursache des Effekts

Tatsächlich ist aber der Luftdruck die Ursache für diesen Effekt: Wenn man die beiden Halbkugeln zusammensetzt, wird in ihrem Inneren Luft eingeschlossen. Der Luftdruck innerhalb der Kugel ist zunächst genauso groß wie der Luftdruck, der außerhalb herrscht.
Durch das Abpumpen der Luft sinkt der Druck in der Kugel ab. Dort herrscht Unterdruck. Aufgrund des Druckunterschieds zwischen dem Inneren und dem Äußeren der Kugel (▷ B 2) werden die Kugelhälften so stark zusammengepresst, dass selbst acht Pferde sie nicht trennen können. Sobald Luft einströmen kann, gleicht sich der Druck in der Kugel dem äußeren Luftdruck wieder an und die Kugelhälften fallen auseinander.

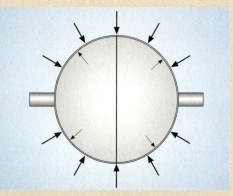

2 Der äußere Luftdruck hält die Hälften zusammen.

3 Otto von Guericke

Brennpunkt
Luftkissenfahrzeuge

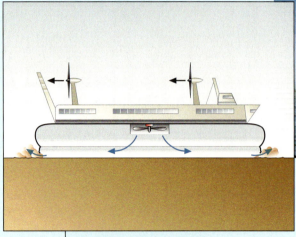

1 Die Erzeugung eines Luftkissens

2 Luftkissenfahrzeuge können sich auf jedem ebenen Untergrund fortbewegen.

Auf dem Wasser und an Land

Das Luftkissenfahrzeug ist ein ungewöhnliches Fahrzeug. Es hat keine Räder wie ein Auto oder Kufen wie ein Schlitten und es schwimmt auch nicht im Wasser. Das Fahrzeug schwebt – etwa zwanzig Zentimeter über dem Boden – auf einem Luftkissen. So kann es sich überall dort fortbewegen, wo der Untergrund relativ eben ist, also z. B. auf Wasserflächen (▷ B 2), Straßen, Wiesen und Mooren.

Du kannst dir sicher denken, welche Vorteile das hat. Ein Luftkissenfahrzeug kann dort eingesetzt werden, wo andere Fahrzeuge Probleme haben, z. B. in sumpfigem oder schwer zugänglichem Gelände oder auf vereistem Boden.

Luft hebt das Fahrzeug hoch

Die Konstruktion dieses Fahrzeugs soll am Beispiel des Luftkissenbootes erklärt werden: Stelle dir vor, du kippst ein riesiges Schlauchboot um. Darauf baust du eine große Fahrgastzelle, in der die Passagiere Platz finden. Auf dem Dach bringst noch große Propeller an (▷ B 1).
Auf dem „umgekippten Schlauchboot" ist ein großes Gebläse angebracht, das durch einen Schlitz im Boden Luft unter das Fahrzeug bläst. Dadurch hebt das Luftkissenboot vom Boden ab. Die Propeller sorgen dafür, dass es sich vorwärts bewegt. Luftkissenboote können in einer Stunde bis zu 100 Kilometer zurücklegen, mehrere hundert Passagiere befördern und auch andere Fahrzeuge transportieren.

Versuch

1 Nimm einen Plastikbecher (z. B. einen Jogurtbecher) und bohre mit einem Nagel oder mit einer Schere ein Loch in den Boden. Das Loch sollte etwa so groß sein wie der Durchmesser des Trinkhalms.
Stecke den Trinkhalm durch das Loch und klebe ihn von innen und außen am Boden fest. Dichte die Öffnung gut mit Knetmasse ab.
Stelle den Becher auf den Tisch und puste von oben Luft hinein (▷ B 3).
Erkläre deine Beobachtung.

3 Der schwebende Becher

Aufgabe

1 Erkläre die Funktionsweise von Luftkissenfahrzeugen. Welche Vorteile haben sie?

Zeitpunkt

Gerettet in einer Luftblase

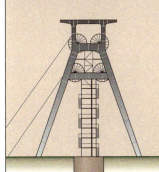

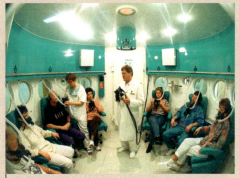

1 Moderne Druckkammer

Wassereinbruch in der Erzgrube

Am 24. Oktober 1963 ereignete sich in Lengede, einem kleinen Ort in der Nähe von Braunschweig, ein schweres Unglück in der Erzgrube. Aus einem großen Klärteich floss Wasser in einen 60 Meter tiefen Bergwerksstollen.

In den nächsten 24 Stunden konnten 86 Bergleute gerettet werden. Aber 11 wurden noch vermisst. Zu ihnen konnten die Rettungsmannschaften nicht vordringen, weil das Wasser ihnen den Weg versperrte. Man vermutete die Bergleute in einem ansteigenden Stollen, in dem sich nach den Berechnungen der Ingenieure eine große Luftblase gebildet haben musste.

Die Rettungskräfte vermaßen das Gelände. An der Stelle, an der man die Bergleute vermutete, begann man mit der Bohrung. Dabei gingen die Rettungskräfte sehr vorsichtig vor, denn das Bohrloch musste sofort nach dem Durchbruch in den Stollen oben verschlossen werden. Da die Luft im Stollen durch das Wasser sehr stark zusammengepresst wurde, herrschte dort ein hoher Luftdruck. An der Erdoberfläche war der Luftdruck dagegen viel kleiner.

Hätte man das Loch nicht sofort abgedichtet, wäre die Luft aus dem Stollen entwichen. Dadurch wäre das Wasser angestiegen und die Bergleute wären ertrunken.

Aber – welch eine Erleichterung – die Aktion gelang, die Überlebenden in der Luftblase schlugen gegen den Bohrer.

Durch das schmale Bohrloch konnten die Bergleute nun mit Nahrung und Medikamenten versorgt werden.

Druckkammer über dem Bohrloch

Unter großen Schwierigkeiten wurde nun ein weiteres Loch mit größerem Durchmesser gebohrt. Durch dieses zweite Loch sollten die Bergleute nach oben geholt werden.

Zuvor wurde über dem Bohrloch eine große Druckkammer errichtet. Sie sollte zum einen verhindern, dass die Luft aus dem Stollen entweicht und das Wasser ansteigt. Zum anderen musste man die Bergleute erst wieder langsam an den geringeren Luftdruck an der Erdoberfläche gewöhnen, sie hätten sonst gesundheitlichen Schaden genommen.

Sieben Tage dauerte es noch, bis die Bergleute nach oben geholt werden konnten. In der Druckkammer wurde ein Druck aufgebaut, der genau so groß war wie in der Luftblase im Stollen. Nachdem man die Bergleute mit Rettungsgeräten nach oben geholt hatte, verbrachten sie noch einige Zeit in der Druckkammer. Dort wurde der Luftdruck langsam verringert, bis er genau so groß war wie außerhalb.

Auf diese Weise gelang es schließlich, die 11 Bergleute zu retten.

Die Luft ändert ihr Volumen

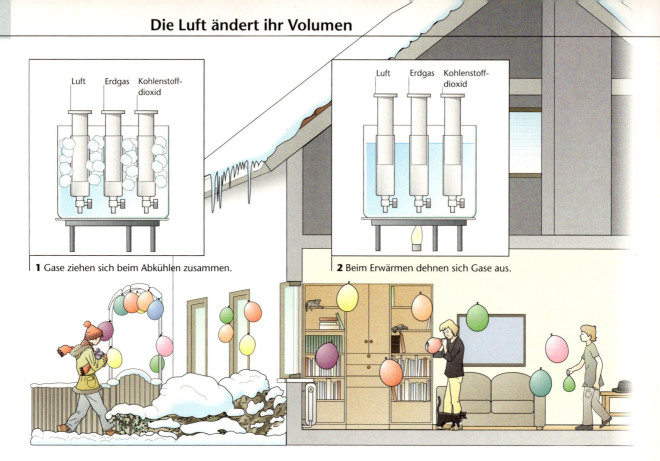

1 Gase ziehen sich beim Abkühlen zusammen.

2 Beim Erwärmen dehnen sich Gase aus.

Eine Geburtstagsüberraschung

Nina hat im Januar Geburtstag. Damit alle, die zu ihrer Geburtstagsfeier kommen, das Haus leichter finden, hat sie in der warmen Wohnung bunte Luftballons aufgeblasen und sie dann draußen in der kalten Luft an der Haustüre befestigt. Als die ersten Gäste eintreffen, wundert sich Nina über die Größe ihrer Luftballons: Sie sind alle kleiner als zuvor.

Gase verändern ihr Volumen, wenn man sie erwärmt oder abkühlt. Beim Erwärmen dehnen sie sich aus und beim Abkühlen ziehen sie sich zusammen (▷ B 1; B 2). Dies gilt für alle Gase in gleicher Weise: Sind Ausgangsvolumen und Temperaturänderung gleich, dann ändert sich das Volumen aller Gase gleich stark.

▶ Luft dehnt sich beim Erwärmen aus und zieht sich beim Abkühlen zusammen.

Aufgaben

1 Beschreibe, wie das Gasthermometer funktioniert (▷ B 3).

2 Was passiert, wenn ein erwärmter Glaskolben in Eiswasser eingetaucht wird (▷ B 4)?

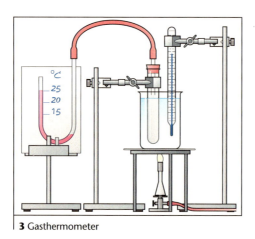

3 Gasthermometer

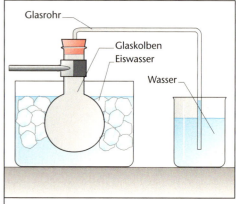

4 Zu Aufgabe 2

Werkstatt

Die Ausdehnung von Luft

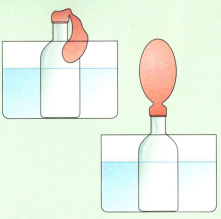

1 Zu Versuch 1

1 Ein Luftballon füllt sich selbst

Material
1 Luftballon, 1 gekühlte Glasflasche, Becken mit heißem Wasser

Versuchsanleitung
Spanne den Luftballon über die kalte Glasflasche. Erwärme die Flasche, indem du sie in das heiße Wasserbad stellst (▷ B 1).
Was kannst du beobachten?

2 Die springende Münze

Material
1 gekühlte Glasflasche, 1 Münze

Versuchsanleitung
Befeuchte die Öffnung der gekühlten Flasche mit Wasser und lege das Geldstück darauf. Erwärme die Flasche mit deinen Händen.
Was passiert mit dem Geldstück?

3 Die steigende Wassersäule

Material
1 gekühlter Glaskolben, 1 durchbohrter Stopfen, 1 Glasrohr, Haartrockner

Versuchsanleitung
Fülle den gekühlten Glaskolben bis zur Hälfte mit Wasser. Verschließe ihn mit dem durchbohrten Stopfen. Stecke ein Glasrohr so durch den Stopfen, dass es bis ins Wasser reicht (▷ B 2). Erwärme nun den oberen Teil des Kolbens mit einem Haartrockner.
Beobachte den Flüssigkeitsstand im Glasrohr. Erkläre deine Beobachtung.

2 Anordnung zu Versuch 3

Zeitpunkt

Ein geheimnisvoller Altar

In der Antike wurden den Göttern Opfer dargebracht, um sie gnädig zu stimmen. Die Menschen hofften, dass ihr Opfer angenommen würde und warteten nach der Gabe auf ein Zeichen der Götter.
Eine Legende erzählt von einem besonderen Altar, bei dem ein solches deutliches Zeichen immer folgte.

Neben dem Altar waren zwei Figuren aufgestellt, die in ihren erhobenen Händen jeweils ein mit Wein gefülltes Gefäß hielten. Wurde auf dem Altar eine Opfergabe verbrannt, floss der Wein nach einiger Zeit wie von Wunderhand aus den Gefäßen und löschte die Flammen auf dem Altar. Die Menschen betrachteten das als ein gutes Zeichen: Die Götter hatten das Opfer angenommen.
Sieh dir den Altar einmal genauer an. Die Flammen wurden nicht durch den Willen der Götter gelöscht. Vielmehr kannte der Baumeister dieses Altars bereits viele Naturgesetze und wusste sie anzuwenden.
Du findest bestimmt selbst heraus, weshalb der Wein aus den Bechern zu fließen begann.

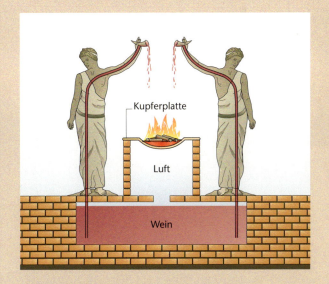

Luft in Bewegung

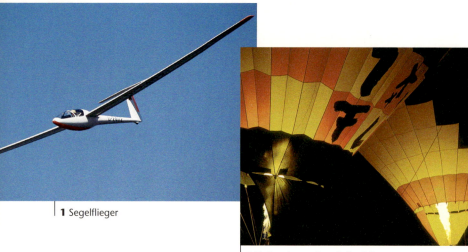

1 Segelflieger

2 Vorbereitung einer Ballonfahrt

3 Weihnachtspyramide

Warme und kalte Luft

Sicherlich hast du schon einmal beobachtet, dass sich eine Weihnachtspyramide dreht, wenn die Kerzen darunter angezündet werden (▷ B 3). Auch die Gardinen bewegen sich über einer warmen Heizung im Winter.
Die Ursache für die Bewegung ist die Erwärmung der Luft. Luft dehnt sich, wie andere Gase auch, bei Erwärmung aus. In einer kühleren Umgebung steigt die warme Luft auf. Dabei versetzt sie die Pyramide in Drehung oder bewegt die Gardine.

Versuch 1b demonstriert dir dies auf anschauliche Weise. Da sich warme und kalte Luft in mancher Hinsicht ähnlich wie warmes und kaltes Wasser verhalten, wird dieser Versuch mit Wasser durchgeführt.
Eine mit heißem, gefärbtem Wasser gefüllte Flasche wird vorsichtig in ein Becherglas mit kaltem Wasser getaucht. Man kann nun beobachten, wie das gefärbte Wasser nach oben aufsteigt (▷ B 4).

4 Warmes Wasser steigt auf

▶ Wie alle Gase dehnt sich Luft beim Erwärmen aus und steigt in einer kühleren Umgebung nach oben.

Ballonfahrer, Segelflieger und Vögel

Auch Ballonfahrer nutzen die leichtere warme Luft, um vom Boden abzuheben. Unterhalb der Ballonhülle wird ein Brenner angebracht, der die Luft in der Hülle erwärmt (▷ B 2).
Segelflieger suchen Gebiete mit aufsteigender Luft, um sich in weiten Bögen immer höher in die Luft schrauben zu können (▷ B 1). Das kannst du an Sommertagen auch bei manchen Vögeln beobachten, die mit weit ausgebreiteten Flügeln durch die Luft gleiten.

Aufgaben

1. Erkläre, warum ein Heißluftballon vom Boden abheben kann.

2. Über Heizkörpern sind Zimmerdecken oft schmutziger als anderswo. Begründe.

Versuch

1 Warme und kalte Luft verhalten sich ähnlich wie warmes und kaltes Wasser. Deshalb werden die folgenden Versuche mit Wasser durchgeführt.

a) Fülle einen Luftballon mit sehr warmem Wasser und einen zweiten mit Eiswasser (Wasser, das mit Eiswürfeln abgekühlt wurde). Achte darauf, dass sich in den Ballons keine Luftblasen befinden. Lege beide Ballons in ein Gefäß mit lauwarmem Wasser. Beobachte und erkläre.

b) Fülle ein großes Gefäß zu drei Vierteln mit kaltem Wasser. Befestige am Hals einer kleinen Flasche eine Schnur, sodass ein Henkel entsteht. Befülle die Flasche bis zum Rand mit heißem, gefärbtem Wasser. Tauche nun die Flasche in das kalte Wasserbad ein. Beschreibe deine Beobachtung und erkläre sie (▷ B 4).

Werkstatt

Baue einen Heißluftballon

1 Material

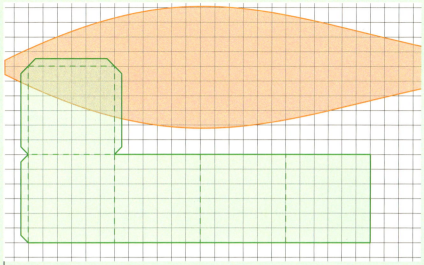

3 Vorlagen für die Bahnen der Ballonhaut (orange) und den Korb (grün)

Material
Farbiges Seidenpapier (ca. 25 Bogen), Tonpapier, Draht, Nadel, Lineal, Stift, Klebstoff, Schere, Packpapier, Faden

Hinweis: Die Grafiken zeigen den Bau eines verkleinerten Ballonmodells, damit du weißt, wie du Schritt für Schritt vorgehen musst.

Versuchsanleitung
Übertrage eine 16fach vergrößerte Kopie der orangefarbenen Form (▷ B 1) auf Packpapier und schneide sie aus.

Klebe je drei Blatt Seidenpapier an den schmalen Seiten zusammen. Lege die Schablone auf das Seidenpapier und zeichne ihre Umrisse

2 Zusammenkleben der Bahnen

nach. Für die Ballonhaut benötigst du insgesamt acht solcher Bahnen. Schneide alle Bahnen aus dem Seidenpapier aus und klebe sie an den Rändern zusammen. Forme aus Draht einen Ring. Achte darauf, dass der Durchmesser des Rings so groß ist wie der Durchmesser der Ballonöffnung (▷ B 4).

4 Einkleben des Drahtrings

Klebe den Drahtring in die Öffnung des Ballons.

5 Anfertigung des Ballonkorbes

Übertrage eine 10fach vergrößerte Form des Korbes mithilfe der Schablone auf einen Bogen Tonpapier. Schneide die Form entlang der äußeren Kontur aus. Knicke das Papier an den gestrichelten Linien. Bestreiche die Klebeflächen mit Klebstoff und falte das Papier zu einem offenen Würfel (▷ B 5).

Stich oben in die Kanten des Würfels Löcher. Stich außerdem oberhalb des Drahtrings an der Ballonöffnung in gleichen Abständen vier Löcher in die Ballonhaut. Befestige den „Korb" des Ballons mithilfe von Nähgarn an der Hülle.

Dein Ballon ist jetzt fertig. Damit er aufsteigt musst du nur noch mit einem Haartrockner warme Luft in die Ballonöffnung blasen.

6 Warme Luft lässt den Ballon steigen.

Luft – ein Gasgemisch

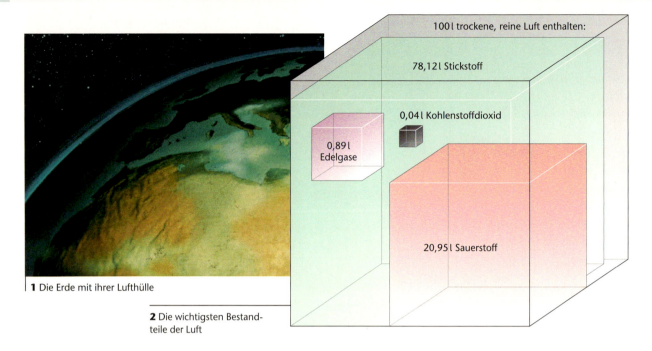

1 Die Erde mit ihrer Lufthülle

2 Die wichtigsten Bestandteile der Luft

Die Bestandteile der Luft

Stellst du eine brennende Kerze unter einen luftgefüllten Zylinder, wird die Flamme kleiner. Schließlich geht sie ganz aus (▷ B 3). Wiederholst du den Versuch mit dem selben Zylinder, erlischt die Flamme bereits an der Kolbenöffnung.

Für die Verbrennung wird nur ein Teil der Luft benötigt. Das Gas, das an der Verbrennung beteiligt ist, ist der Sauerstoff. Sauerstoff lässt sich durch einen speziellen Versuch nachweisen, die so genannte **Glimmspanprobe**: Hält man einen glimmenden Holzspan in reinen Sauerstoff, flammt der Span sofort auf (▷ B 4).

Das Restgas, das sich nach dem Erlöschen der Kerze noch im Zylinder befindet, fördert die Verbrennung nicht. Es besteht zum größten Teil aus Stickstoff. Die Eigenschaft, dass es Flammen erstickt, gab diesem Gas seinen Namen.

Der Stickstoff ist ein wichtiger Rohstoff für die Industrie. Sie stellt daraus z. B. Düngemittel her, die in der Landwirtschaft eingesetzt werden.

Ein weiterer, aber geringer Teil der Luft besteht aus Kohlenstoffdioxid. Es bildet sich, wenn man Holz, Kohle oder Öl verbrennt. Auch Menschen und Tiere erzeugen beim Atmen Kohlenstoffdioxid.

Dieses Gas lässt sich mithilfe von Kalkwasser nachweisen. Leitet man Kohlenstoffdioxid in Kalkwasser ein, wird die Flüssigkeit trüb.

3 Ein Teelicht erlischt unter einem Becherglas.

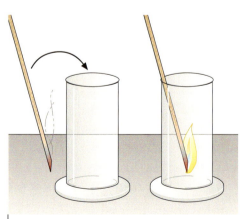

4 In Sauerstoff entflammt ein glimmender Span.

326

5 Das Luftschiff ist mit Helium gefüllt.

Kaum mehr als 150 Jahre ist es her, dass Wissenschaftler in der Luft weitere Stoffe entdeckten. Es handelt sich um die Edelgase, die nur in sehr geringen Mengen vorhanden sind.
Zu den Edelgasen gehört das Helium. Dieses leichte Gas wird z. B. als Füllgas für Zeppeline verwendet. In Leuchtstoffröhren leuchten die Edelgase Neon und Argon.

Welchen Anteil die verschiedenen Gase an der Luft jeweils haben, zeigt dir Bild 2 nochmals anschaulich.

▶ Luft setzt sich aus den Gasen Stickstoff, Sauerstoff, Kohlenstoffdioxid sowie den Edelgasen zusammen.

6 Edelgase erzeugen unter Einwirkung von elektrischem Strom farbiges Licht.

Werkstatt

Nachweis der Luftbestandteile

1 Sauerstoffnachweis
Material
Schutzbrille, Reagenzglas, Holzspan, Streichhölzer

Versuchsanleitung
Lasse dir von deiner Lehrerin oder deinem Lehrer ein Reagenzglas mit Sauerstoff befüllen.
Entzünde einen Holzspan an einer Streichholzflamme und lasse ihn richtig brennen. Blase die Flamme aus und tauche den glimmenden Span in das Reagenzglas (▷ B 1). Blase den entflammten Span außerhalb des Reagenzglases wieder aus. Wiederhole den Versuch mehrmals.

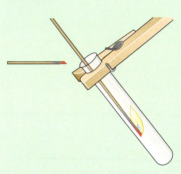

1 Die Glimmspanprobe – der Nachweis für Sauerstoff

2 Eine Münze trockenlegen
Material
1 flacher Teller, 1 Münze, 1 Kerze, Streichhölzer, Trinkglas, Wasser

2 Zu Versuch 2

Versuchsanleitung
Stelle eine brennende Kerze auf einen flachen Teller. Gieße etwas Wasser auf den Teller. Lege eine Münze auf den Rand des Tellers ins Wasser. Stülpe ein Trinkglas über die brennende Kerze. Der Rand des Trinkglases muss im Wasser sein (▷ B 2).

Aufgabe
Beobachte und beschreibe, was geschieht. Überlege, wodurch die Münze trockengelegt wird.

3 Kohlenstoffdioxidnachweis
Material
Schutzbrille, Kalkwasser, Standzylinder, Becherglas, Schlauchstück, Trinkhalm

Versuchsanleitung
a) Fülle den Standzylinder zu einem Drittel mit Kalkwasser. Deine Lehrerin oder dein Lehrer soll nun Kohlenstoffdioxid in das Kalkwasser einleiten.
b) Fülle das Becherglas zur Hälfte mit Kalkwasser. Atme tief ein und halte die Luft einen Moment lang an. Blase die Atemluft langsam und gleichmäßig durch den Trinkhalm in das Kalkwasser (▷ B 3). Vorsicht, du darfst die Flüssigkeit nicht ansaugen!

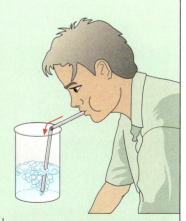

3 Kalkwasser dient zum Nachweis von Kohlenstoffdioxid.

Aufgabe
Beobachte das Kalkwasser und beschreibe die Veränderung.

Der Kreislauf der Luft

Die Bedeutung der Wälder

Ein großer, mächtiger Baum wie in Bild 1 gezeigt ist schön anzusehen. Er ist ein Blickfang in der Landschaft. An einem heißen Tag kann man sich in seinem Schatten ausruhen.

Bäume und Wälder haben aber noch andere wichtige Funktionen. Sie speichern und filtern z. B. das Wasser im Boden und reinigen die Luft von Staub und Schadstoffen.

Eine weitere Funktion der Wälder besteht darin, den für Menschen und Tiere lebenswichtigen **Sauerstoff** zu erzeugen. Dazu brauchen die Bäume **Kohlenstoffdioxid**. Dieses Gas ist in geringen Mengen in der Luft enthalten.

Kohlenstoffdioxid wird z. B. von Menschen und Tieren gebildet und beim Ausatmen an die Luft abgegeben. So entsteht ein Kreislauf, in dem Menschen und Tiere eine ebenso wichtige Rolle spielen wie die Pflanzen. Bild 2 zeigt, wie er funktioniert.

Kohlenstoffdioxid entsteht allerdings auch bei der Verbrennung von z. B. Kohle und Benzin. Ein zu hoher Anteil dieses Gases in der Luft kann dazu führen, dass die Temperatur in der Atmosphäre zunimmt und sich dadurch das Klima auf der Erde verändert. Umgekehrt ist ein gewisser Anteil an Kohlenstoffdioxid in der Luft erforderlich: Würde man seinen Anteil verringern, könnte die Temperatur der Atmosphäre absinken.

Es ist daher sehr wichtig, die Zusammensetzung der Luft im Gleichgewicht zu halten. Die Pflanzen leisten dazu ebenso einen Beitrag wie Menschen und Tiere.

Aufgaben

1. Welche Bedeutung haben die Wälder für uns Menschen?

2. Beschreibe den in Bild 2 dargestellten Kreislauf der Luft mit eigenen Worten.

3. Der Anteil von Kohlenstoffdioxid in der Luft ist sehr gering. In 1000 Litern Luft sind nur 4 Liter Kohlenstoffdioxid enthalten.
   Schlage in einem Lexikon nach, warum Kohlenstoffdioxid wichtig ist, aber auch „gefährlich" werden kann. Erstelle einen Steckbrief des Gases.

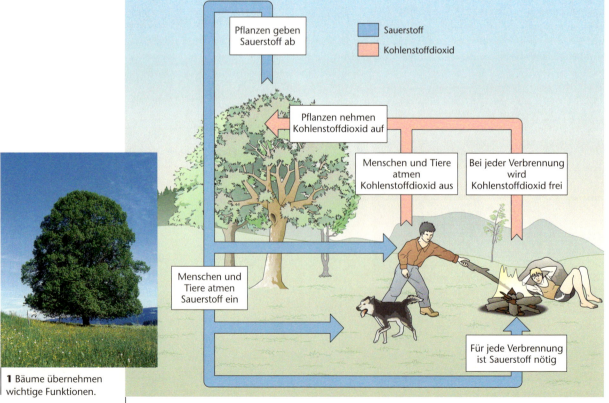

1 Bäume übernehmen wichtige Funktionen.

2 Einige Bestandteile der Luft werden ständig verbraucht und wieder neu erzeugt – ein Kreislauf entsteht.

Werkstatt

Stoffproduktion sichtbar gemacht

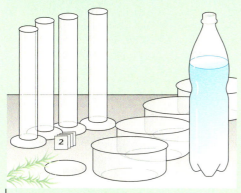

1 Material zum Versuch

Material
4 Standzylinder, 4 Glaswannen, Wasserpestpflanze, Leitungswasser, kohlenstoffdioxidreiches Mineralwasser, 1 kleine runde Glasscheibe, 1 dunkles Tuch

Versuchsanleitung
Fülle etwa einen halben Liter Leitungswasser in ein Becherglas. Erhitze das Wasser bis es siedet. Schalte die Flamme nach etwa zwei Minuten ab und lasse das Wasser abkühlen. Das abgekochte Leitungswasser ist jetzt nahezu frei von Kohlenstoffdioxid.
Klebe auf jeden Standzylinder ein Etikett und nummeriere die Zylinder von 1 bis 4.

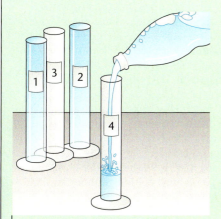

2 Befüllen der Standzylinder

Befülle nun die vier Standzylinder bis zum Rand mit folgenden Flüssigkeiten (▷ B 2):

Standzylinder 1: Leitungswasser
Standzylinder 2: abgekochtes Leitungswasser
Standzylinder 3 und 4: Leitungswasser und Mineralwasser (je zur Hälfte)
Fülle anschließend die Glaswannen 1 bis 4 etwa 5 cm hoch mit den entsprechenden Flüssigkeiten.

Gib in jeden Standzylinder zwei bis drei etwa gleich große Sprosse der Wasserpest. Der abgeschnittene Spross sollte jeweils nach unten zeigen.
Decke Standzylinder 1 mit der Glasscheibe ab. Achte darauf, dass die Öffnung dicht verschlossen ist (▷ B 3).

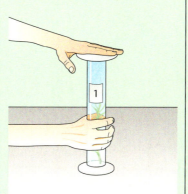

3 Abdecken der gefüllten Zylinder

Drehe den Standzylinder um und tauche ihn mit der Öffnung nach unten in die gefüllte Glaswanne

Sobald die Öffnung des Standzylinders ganz ins Wasser eintaucht, kannst du die Glasscheibe wegnehmen.

4 Eintauchen des Zylinders

Verfahre in gleicher Weise mit den Standzylindern 2, 3 und 4.

Stelle die vier Versuchsanordnungen an einem sonnigen Platz auf, z. B. an einem Fenster.
Dunkele die Versuchsanordnung 4 ab, indem du sie mit einem dichten schwarzen Tuch abdeckst oder einen Pappzylinder darüber stülpst (▷ B 5).

Aufgabe
Beobachte die Versuchsanordnung einige Tage lang und erstelle ein Protokoll zum Versuch.

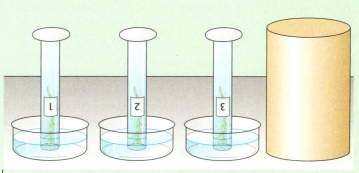

5 Die Versuchsanordnung wird über einen längeren Zeitraum beobachtet.

Atmen heißt leben

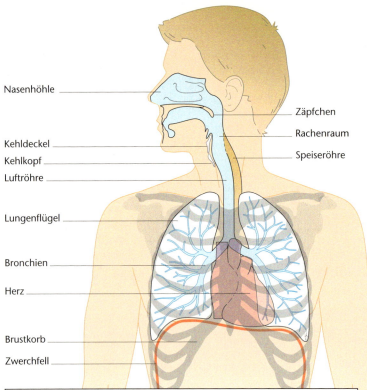

Nasenhöhle — Zäpfchen — Rachenraum — Kehldeckel — Kehlkopf — Speiseröhre — Luftröhre — Lungenflügel — Bronchien — Herz — Brustkorb — Zwerchfell

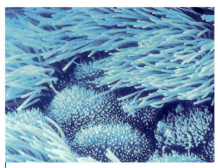

2 Flimmerhärchen

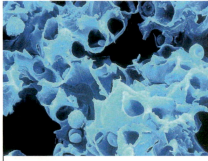

3 Lungenbläschen

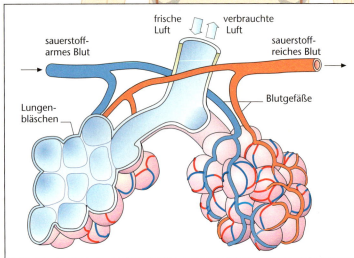

1 Atmungsorgane

sauerstoffarmes Blut — frische Luft — verbrauchte Luft — sauerstoffreiches Blut — Lungenbläschen — Blutgefäße

Atmen geht von allein
Der Mensch atmet ständig ein und aus, am Tag und in der Nacht, ob er sitzt, läuft oder schläft. Das Atmen geht von allein, ohne dass du daran denken musst. Den Atem kannst du sehen als Hauch in der kalten Winterluft und auf einer Glasscheibe oder auch als Luftblasen, wenn du unter Wasser ausatmest. Den Atem kannst du hören als ruhiges Schnaufen oder als Keuchen, wenn du schnell gerannt bist. Den Atem kannst du spüren, wenn du durch Mund oder Nase auf deine Hand atmest.

Wohin geht dein Atem?
Alle Muskeln und Organe brauchen **Sauerstoff** zum Arbeiten. Der Sauerstoff ist in der Luft enthalten, die wir einatmen. Beim Einatmen strömt Luft durch die Nasenhöhle über den Rachen in die **Luftröhre**. Die Luftröhre gabelt sich an ihrem unteren Ende in zwei Äste, die **Bronchien**, die zu den beiden **Lungenflügeln** führen (▷ B 1). Die Schleimhaut in der Nasenhöhle erwärmt und befeuchtet die Luft. Außerdem reinigt sie die Atemluft, indem kleine Staubteilchen an ihr haften bleiben. Auch die Luftröhre und die Bronchien sind von einer Schleimhaut ausgekleidet. Auf dieser sitzen viele kleine **Flimmerhärchen** (▷ B 2), die durch ihre Bewegung Staubteilchen und Krankheitserreger mit dem Schleim nach oben in den Rachen abtransportieren.

Die Bronchien verzweigen sich wie die Äste eines Baumes in immer kleinere Zweige. Die feinsten dieser Verästelungen enden in den **Lungenbläschen** (▷ B 1, B 3), von denen sich etwa 500 Millionen in der Lunge befinden. Die Wände der Lungenbläschen sind von feinen Blutgefäßen umgeben.

Der Sauerstoff aus der Luft dringt durch die hauchdünnen Wände der Lungenbläschen in diese Blutgefäße ein. Über das Blut wird der Sauerstoff dann zu allen Muskeln und Organen transportiert.

▶ Die Atemluft wird auf dem Weg zur Lunge erwärmt, befeuchtet und gereinigt. In der Lunge gelangt der Sauerstoff aus der Luft ins Blut.

Außer Atem
Wenn du schnell gelaufen bist, ändert sich deine Atmung. Dein Atem geht schneller, du atmest also häufiger ein und aus, und du atmest tiefer, was du am Heben und Senken des Brustkorbs beobachten kannst.

Bei Anstrengung atmen wir schneller
Beim Laufen brauchen deine Beinmuskeln mehr Sauerstoff als in Ruhe, weil sie dann mehr arbeiten müssen. Damit das Blut mehr Sauerstoff zu den Muskeln transportieren kann, muss es in der Lunge auch mehr davon aufnehmen. Durch die stärkere Atmung wird der Sauerstoff schneller nachgeliefert.
Bei der Arbeit der Muskeln und Organe wird nicht nur Sauerstoff verbraucht, sondern es entsteht auch **Kohlenstoffdioxid**. Dieses wird vom Blut zu den Lungen transportiert und gelangt über die Lungenbläschen in die Atemluft. Beim Ausatmen verlässt es dann den Körper. Es geht also genau den umgekehrten Weg wie der Sauerstoff. Je mehr die Muskeln arbeiten, desto mehr Kohlenstoffdioxid produzieren sie. Auch deshalb musst du beim Sport mehr atmen als in Ruhe.

Tief Luft holen
Bei körperlicher Anstrengung kannst du spüren, wie sich dein Brustkorb hebt und senkt. Dabei heben Zwischenrippenmuskeln den Brustkorb an und dehnen ihn aus. Dadurch strömt Luft in die Lungen. Beim Ausatmen senkt sich der Brustkorb, die Lunge verkleinert sich wieder und die Luft strömt aus ihr heraus. Diese Atmung nennt man **Brustatmung** (▷ B 4).

Ruhig durchatmen
In Ruhe bewegt sich der Brustkorb kaum beim Atmen. Nur der Bauch hebt und senkt sich. Das liegt an der Bewegung des **Zwerchfells** (▷ B 5), einer Muskelschicht, die Brust- und Bauchraum trennt. Bei dieser **Bauchatmung** zieht sich das Zwerchfell nach unten, wodurch sich der Bauch nach vorne wölbt. Außerdem wird dadurch auch die Lunge gedehnt, sodass Luft in sie hineinströmt. Zum Ausatmen hebt sich das Zwerchfell wieder und die Luft wird aus den Lungen herausgedrückt.

▶ Die Atmung dient der Aufnahme von Sauerstoff und der Abgabe von Kohlenstoffdioxid. Man unterscheidet die Brustatmung und die Bauchatmung.

6 Glasglockenexperiment

Versuche

1 Das Modell (▷ B 6) veranschaulicht wie die Bauchatmung funktioniert. Die Glasglocke stellt den Brustkorb dar, die Luftballons die Lungenflügel und die Gummihaut das Zwerchfell. Was passiert mit den Luftballons, wenn du das Modellzwerchfell nach unten ziehst? Vergleiche deine Beobachtung mit dem Text zur Bauchatmung.

2 Zähle, wie oft du in einer Minute ein- und ausatmest, wenn du ruhig sitzt. Notiere die Zahl deiner Atemzüge pro Minute. Laufe dann mindestens eine Minute lang. Zähle danach erneut deine Atemzüge pro Minute und notiere diese Zahl. Vergleiche die beiden Werte miteinander. Erkläre den Unterschied.

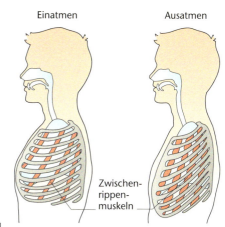

4 Brustatmung

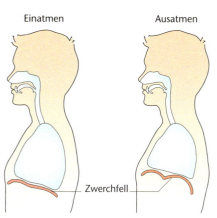

5 Bauchatmung

Smog – belastete Luft

Die Belastung der Luft
Unsere Atmosphäre besteht nicht aus „reiner" Luft. Sie enthält z. B. auch große Mengen an Staub- und Rußteilchen sowie Blütenpollen, die durch den Wind verbreitet werden.
Ein Teil dieser Stoffe gelangt durch natürliche Vorgänge wie Vulkanausbrüche oder Staubstürme in die Luft.
Aber auch der Mensch trägt zur Erhöhung der Luftfracht bei: Autos, Industrieanlagen, Kraftwerke und Haushalte erzeugen eine Vielzahl fester und gasförmiger Stoffe, die die Luft belasten (▷ B 2).
Diese Belastung bringt viele Probleme mit sich: Immer mehr Menschen leiden unter einer Reizung oder Erkrankung der Atemwege, das Pflanzenwachstum wird beeinträchtigt und aggressive Stoffe können sogar die Substanz von Gebäuden angreifen (▷ B 1).

1 Verschmutzte Luft kann aggressiv wirken

2 Industrieabgase verunreinigen die Luft.

Smog
Eine Folge der zunehmenden Luftverschmutzung ist die Bildung von Smog. Das Wort Smog setzt sich aus den beiden englischen Wörtern **Sm**oke (= Rauch) und f**og** (= Nebel) zusammen.
Von Smog spricht man, wenn sich am Boden eine große Menge an Abgasen und Schadstoffen ansammelt. Für Menschen mit Herzbeschwerden oder einer Atemwegserkrankung und für Kleinkinder kann diese Form der Luftverschmutzung lebensbedrohend werden. Wie kommt es zur Bildung von Smog?

Wintersmog
In der Regel ist die Luft am Erdboden wärmer als in der Höhe (▷ B 4). Und weil warme Luft in kühlerer Umgebung aufsteigt, transportiert sie die Schadstoffe vom Boden mit in die Höhe.

3 Smog schadet Menschen und Pflanzen.

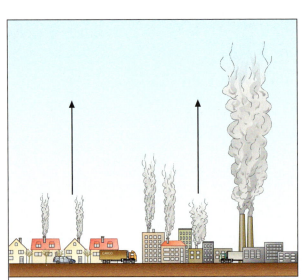

4 Bei normaler Wetterlage werden die Schadstoffe abtransportiert.

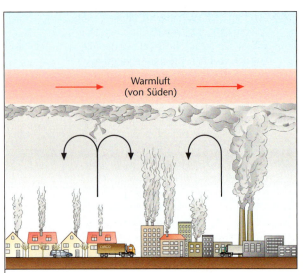

5 Bei „Smog-Wetterlage" sammeln sich die Schadstoffe am Boden.

Sommersmog tritt inzwischen immer häufiger auch in Deutschland auf. Du hast vielleicht auch schon einmal mitbekommen, dass über das Radio oder das Fernsehen eine Ozonwarnung ausgesprochen wurde.

Das Ozon reizt die Atemwege. Die damit verbundenen Beschwerden hängen aber nicht nur vom Ozongehalt, sondern auch von der eingeatmeten Luftmenge ab. Daher sollte man bei einer Ozonwarnung keinen Sport im Freien treiben.

6 Dunstglocke über einer Großstadt

Während der kalten Jahreszeit kann es aber vorkommen, dass sich über die kalte Luft am Boden eine wärmere Luftschicht schiebt (▷ B 5). Diese warme Luftschicht wirkt wie ein Deckel. Sie verhindert das Aufsteigen der unteren Luftschicht und hält damit auch die Schadstoffe am Boden zurück – sie können nicht abziehen. Wenn diese besondere Wetterlage mehrere Tage anhält, dann kann die Schadstoffkonzentration gefährlich hohe Werte erreichen. Man spricht dann vom **Wintersmog**.
Im Dezember 1952 war die Smogbelastung in London verheerend groß. Innerhalb von 14 Tagen starben mehr als 4000 Menschen an den Folgen der Luftverschmutzung. Auch bei uns ist Wintersmog schon aufgetreten, allerdings in deutlich geringerer Stärke.

Smogalarm
Um die Menschen zu schützen, wird beim Überschreiten festgelegter Grenzwerte Smogalarm ausgelöst. Je nachdem, wie hoch der Gehalt an Schadstoffen ist, gelten verschiedene Alarmstufen. Damit der Schadstoffgehalt nicht weiter zunimmt, werden z. B. Fahrverbote für Fahrzeuge ausgesprochen und bestimmte Industrieanlagen stillgelegt. Ändert sich dann die Wetterlage, werden die Schadstoffe wieder abtransportiert und die Luft wird besser.

Sommersmog
In Großstädten wie Los Angeles, Mexiko-Stadt, Sao Paulo oder Athen werden die Menschen durch eine andere Form des Smogs belastet. Der starke Verkehr auf den Straßen und das heiße, sonnige Wetter führen zur Entstehung von Sommersmog. Dabei bilden sich unter dem Einfluss der Sonnenstrahlung aus den Autoabgasen giftige Stoffe wie z. B. Ozon.

Aufgaben

1 Erkläre die Bedeutung des Begriffs „Smog".

2 Unter welchen Voraussetzungen entsteht Smog?

3 Welche Gefahren für Mensch und Umwelt sind mit dem Smog verbunden?

4 Suche im Internet nach dem Begriff „Smogverordnung". Stelle in einem Referat zusammen, was darin geregelt ist.

Werkstatt
Smog im Glas

Material
2 große Bechergläser, 2 Standzylinder, 2 Räucherkegel, Thermometer, Kochsalz, Eis, Wasser, Streichhölzer

Versuchsanleitung
Fülle die beiden Bechergläser je zur Hälfte, das eine mit heißem Wasser, das andere mit einer Kältemischung aus Kochsalz und Eis. Stelle in jedes Becherglas einen Standzylinder.

Miss nach einigen Minuten die Temperatur der Luft im unteren Bereich des Standzylinders und die Temperatur im oberen Bereich. Notiere die Messwerte. Gib anschließend in beide Standzylinder einen glimmenden Räucherkegel.

Aufgabe
Beobachte, wie sich der Rauch in den beiden Zylindern ausbreitet. Kannst du Unterschiede erkennen? Erkläre deine Beobachtung.

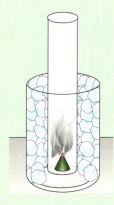

Schlusspunkt

Alles nur Luft

1 Sauerstoffnachweis

2 Kohlenstoffdioxidnachweis

3 Lampe mit Edelgasfüllung

▶ Luft – ein unsichtbares Stoffgemisch

Luft ist ein Gemisch aus verschiedenen Gasen. Sie enthält Sauerstoff, Stickstoff, Kohlenstoffdioxid und Edelgase. Wie andere Stoffe hat auch die Luft ein Gewicht und nimmt einen Raum ein. Die Erde ist von einer Hülle aus Luft – der Atmosphäre – umgeben.

▶ Der Luftdruck

In einem Gas, das zusammengepresst wird, herrscht ein Druck. Der Luftdruck auf der Erde wird durch das Gewicht der Lufthülle verursacht: Die innen liegenden Schichten der Lufthülle werden von den außen liegenden Schichten zusammengepresst. Aus diesem Grund nimmt der Luftdruck zu, je weiter man sich dem Erdboden nähert.

▶ Verhalten bei Erwärmung und Abkühlung

Wie andere Gase auch verändert Luft ihr Volumen, wenn man sie erwärmt oder abkühlt. Beim Erwärmen dehnt sie sich aus, beim Abkühlen zieht sie sich zusammen.

▶ Bewegung durch warme Luft

Warme Luft ist leichter als kalte Luft und steigt auf. Kalte Luft ist schwerer und sinkt zu Boden. Ballons, die mit warmer Luft gefüllt werden, steigen auf. Auch Segelflieger und Vögel nutzen für ihren Flug die aufsteigende warme Luft (▷ B 5).

▶ Der „Kreislauf" der Luft

Menschen und Tiere nehmen beim Einatmen Sauerstoff auf und geben beim Ausatmen Kohlenstoffdioxid ab. Pflanzen benötigen Kohlenstoffdioxid für das Wachstum. Sie wandeln das Kohlenstoffdioxid aus der Luft um und produzieren dabei Sauerstoff.

5 Segelflieger

▶ Atmen heißt leben

Die Atmung dient dazu, den Körper mit lebensnotwendigem Sauerstoff zu versorgen und Kohlenstoffdioxid abzugeben. Der Austausch von Sauerstoff und Kohlenstoffdioxid findet in der Lunge durch die dünnen Wände der Lungenbläschen statt.

▶ Smog – belastete Luft

Die Luft wird durch Schadstoffe, Staub- und Rußteilchen belastet. Industrie, Verkehr und Haushalte gehören zu den Verursachern der Luftverschmutzung. Bei immer mehr Menschen führt dies zu gesundheitlichen Problemen.

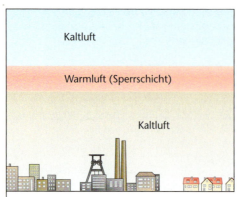

4 Smog belastet die Umwelt und die Gesundheit.

6 Tier und Pflanze: wichtig für den Kreislauf der Luft

Aufgaben

1. Unter welcher Bedingung lässt sich eine Flasche unter einem fließenden Wasserstrahl am einfachsten füllen?

2. Wenn du einen Trichter betrachtest (▷ B 1), stellst du fest, dass er an seiner Unterseite drei kleine „Verstrebungen" hat. Aus welchem Grund sind sie angebracht?

1 Zu Aufgabe 2

3. Luft ist ein Gasgemisch. Aus welchen Gasen setzt sie sich zusammen?

4. Welches Problem haben wir Menschen, wenn wir in große Höhen hinaufsteigen?

5. Wie funktioniert eine Wasserspritzpistole?

6. Wie groß ist der Anteil des für Menschen und Tiere lebensnotwendigen Sauerstoffs in der Luft?

7. Mit welchem Versuch lässt sich Sauerstoff nachweisen?

8. Betrachte die Versuchsanordnung in Bild 3. Welche Kerzen gehen schnell aus, welche brennen weiter? Begründe deine Antwort.

9. Wenn du sauren Sprudel mit Kalkwasser mischst, trübt sich das Kalkwasser. Was kannst du aus dieser Beobachtung schließen?

10. Beschreibe den Weg der Atemluft, wenn du durch den Mund atmest.

11. Warum wölbt sich bei der Bauchatmung der Bauch vor? Und warum fällt dir das Einatmen schwer, wenn du sehr viel gegessen hast?

12. Nenne einige Beispiele für die Verwendung von Edelgasen.

13. Warum kann man das Kohlenstoffdioxid als einen nützlichen Bestandteil der Luft bezeichnen? Wieso kann man es auch als Schadstoff ansehen?

14. Wie hieß der Ratsherr und Physiker aus Magdeburg, der seine Mitmenschen mit interessanten Experimenten verblüffte?

2 Zu Aufgabe 15

15. Beschreibe, wie sich ein Luftkissenfahrzeug fortbewegt.

4 Zu Aufgabe 18

16. Neben dem Luftkissenboot gibt es weitere Fahrzeuge und Geräte, die auf einem Luftkissen schweben. Informiere dich im Internet, wo diese Technik noch eingesetzt wird.

17. Im Jahr 1963 ereignete sich in Lengede ein schweres Unglück. In eine Erzgrube drang Wasser ein, 97 Bergleute gerieten in Lebensgefahr. Es gelang den Helfern, die Bergleute zu retten. Wodurch haben die Bergleute überlebt?

18. Betrachte das Bild 4. Überlege, wie man das hartgekochte Ei in die Flasche bekommt, ohne es mit der Hand durch die Öffnung zu pressen.

19. Warum kann ein Heißluftballon aufsteigen?

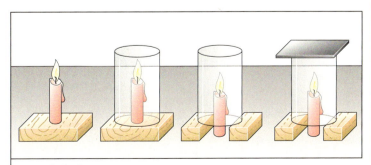

3 Zu Aufgabe 8

Startpunkt

Wetter und Klima

An manchen Tagen ist es warm, an anderen kalt. Mal ist es bewölkt, mal wolkenlos, mal ist es trocken und mal regnet es.

Das Wetter ist unser ständiger Begleiter. Es beeinflusst uns in starkem Maße. Das beginnt schon am Morgen beim Anziehen, es hat Einfluss auf unser Freizeitverhalten.

Was gehört eigentlich zum Wetter? Warum bilden sich Wolken? Warum fallen aus einigen Wolken Niederschläge, aus anderen wieder nicht? Wie wird der Wetterbericht gemacht? Auf diese und andere Fragen wirst du in diesem Kapitel Antworten erhalten.

Und dann gibt es neben dem Wetter noch das Klima. Du hast bestimmt schon gehört, dass von möglichen Klimaveränderungen die Rede ist. Aber was haben wir Menschen damit zu tun und welche Folgen könnte das für uns haben? All das sind spannende und für uns wichtige Fragen.

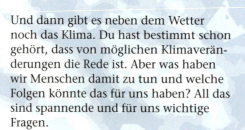

Wetter und Klima

1 So ein Wetter!

Das Wetter – tägliches Gesprächsthema
„Ist das heute ein Wetter!" „Mir geht das Wetter auf die Nerven!" – Bemerkungen wie diese kennst du bestimmt.
Das Wetter hat großen Einfluss auf unser Leben. Wir richten uns danach mit unserer Kleidung, mit dem, was wir in unserer Freizeit unternehmen und wo wir Urlaub machen. Menschen, die im Freien arbeiten, sind besonders vom Wetter abhängig. Landwirte müssen sich z. B. bei der Bestellung der Felder und bei der Ernte sehr stark nach der Wetterlage richten.
Auch unser Wohlbefinden hängt vom Wetter ab. Wenn es im Sommer lange Zeit regnet und kühl ist, sind wir gereizt und schlecht gelaunt. Aber auch große Hitze kann uns zu schaffen machen.

Die Elemente des Wetters
Am Wetter interessiert uns hauptsächlich die Temperatur und ob es regnet. Wenn du dir aber einen Wetterbericht im Fernsehen ansiehst, dann bekommst du Informationen über weitere Bestandteile des Wetters: Da ist vom Wind und von der Bewölkung die Rede, manchmal auch vom Luftdruck und der Luftfeuchtigkeit.
Das Wetter setzt sich wie ein Puzzle aus all diesen Teilen zusammen, die auch als **Wetterelemente** bezeichnet werden (▷ B 2).

Die „Wetterschicht" der Atmosphäre
Die Lufthülle der Erde bezeichnet man als Atmosphäre. Ähnlich wie ein Haus ist auch die Atmosphäre in Stockwerke eingeteilt. Das unterste Stockwerk ist die **Troposphäre**. Sie reicht bis in eine Höhe von etwa zehn Kilometern. In ihr findet das Wettergeschehen statt (▷ B 4). Passagierflugzeuge fliegen in einer Höhe, die am oberen Rand der Wetterschicht liegt. Dort gibt es keine Niederschläge

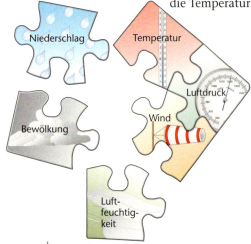

2 Die Elemente des Wetters

3 Das Wetter kann sich an einem Ort innerhalb von einer Stunde ändern.

mehr und die Luft ist klar. Auch Winde erreichen diese Höhen meist nicht, sodass die Flugzeuge dort ruhig in der Luft liegen. Erst bei der Landung kann es „turbulent" werden.

Wetter und Klima

Über das Wetter wurde schon immer gesprochen. Das Klima dagegen ist lange unbeachtet geblieben. Es ist uns erst in den letzten Jahrzehnten ins Bewusstsein gerückt, seit durch den Einfluss der Menschen eine Klimaveränderung droht.

Was ist Wetter?

Unter Wetter versteht man den augenblicklichen Zustand der Troposphäre (▷ B 4). Wie ist die Temperatur, regnet oder schneit es? Welcher Luftdruck herrscht, wie hoch ist die Luftfeuchtigkeit? Wie stark weht der Wind, ist der Himmel bewölkt oder klar?

Das Wetter ergibt sich aus dem Zusammenwirken verschiedener Wetterelemente zu einem bestimmten Zeitpunkt an einem bestimmten Ort. Dabei kann es selbst innerhalb einer Stadt in einem Gebiet regnen, während in einem anderen Stadtteil bei wolkenlosem Himmel die Sonne scheint. Das Wetter kann sich sehr schnell ändern (▷ B 3).

▶ Wetter ist das momentane Zusammenwirken der Wetterelemente an einem bestimmten Ort.

Was ist Klima?

Auch das Klima wird von den Wetterelementen bestimmt. Allerdings betrachtet man hier die Entwicklung von Temperatur, Niederschlägen usw. über sehr lange Zeiträume in einem großen Gebiet (z. B. Mitteleuropa). Aus den Messwerten berechnen die Meteorologen Durchschnittswerte für die Wetterelemente.

Großräumige Gebiete der Erde, in denen diese Mittelwerte ähnlich sind, bilden eine **Klimazone**. Die verschiedenen Klimazonen ziehen sich wie „Bänder" um die Erde. Deutschland liegt z. B. in der gemäßigten Zone. Und obwohl in Hamburg und München dasselbe Klima herrscht, kann das Wetter in den beiden Städten zur gleichen Zeit vollkommen unterschiedlich sein.

▶ Das Klima ergibt sich aus den langjährigen Durchschnittswerten aller Wetterelemente eines großen Gebietes.

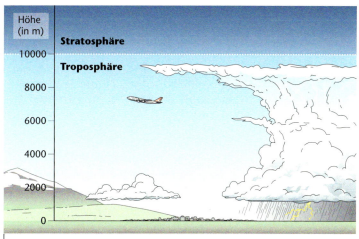

4 Die Wetterschicht der Atmosphäre

Ganz anders als bei uns ist z. B. das Klima im Mittelmeerraum, an den Polen oder am Äquator. Diese Gebiete liegen in anderen Klimazonen. Welche Klimazonen es auf der Nordhalbkugel gibt und über welche Gebiete der Erde sie sich erstrecken, zeigt Bild 5.

Aufgaben

1 Erkläre mit eigenen Worten, was man unter Wetter und was man unter Klima versteht.

2 In welche Klimazonen ist die Erde eingeteilt? In welcher Zone leben wir (▷ B 5)?

3 Sieh dir einen Wetterbericht im Fernsehen an. Welche Wetterelemente werden dort angesprochen?

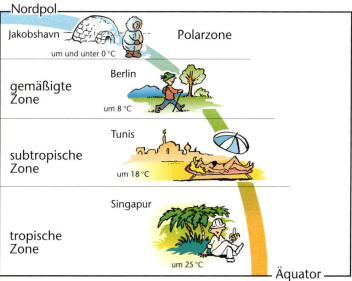

5 Klimazonen auf der Nordhalbkugel

Temperaturen – überall anders

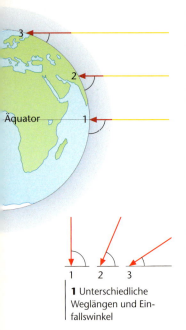

1 Unterschiedliche Weglängen und Einfallswinkel

Die Erde – ein beheizter Lebensraum
Die Sonne ist „Lampe" und „Heizstrahler" für unsere Erde. Sie spendet uns Licht und Wärme. An den Polen und am Äquator sind die Temperaturen zur selben Zeit aber ganz unterschiedlich. Grund dafür ist die Kugelform der Erde: Die Strahlung der Sonne fällt unter verschiedenen Winkeln auf die Erdoberfläche (▷ B 1).

Den Zusammenhang zwischen Einfallswinkel und Erwärmung der bestrahlten Fläche zeigt dir Versuch 1. Je nachdem wie du die Lampe ausrichtest, wird die Pappe mehr oder weniger stark erwärmt (▷ B 3).

Gleiches gilt für die Erdoberfläche: Nahe des Äquators trifft die Sonnenstrahlung steil auf. Dort erwärmt sich die Erdoberfläche stärker als im Bereich der Pole. Das liegt zum einen daran, dass die Sonnenstrahlung durch den steilen Einfall auf eine besonders kleine Fläche konzentriert ist. Zum anderen legt sie hier den kürzesten Weg durch die Atmosphäre zurück (▷ B 1). Je kürzer dieser Weg ist, desto mehr Strahlung erreicht den Erdboden.

Temperaturen im Verlauf eines Jahres
Die Temperaturen sind nicht nur zwischen den Polen und dem Äquator unterschiedlich. Sie ändern sich über das Jahr auch an einem festen Ort. Das liegt daran, dass die Sonne in den verschiedenen Jahreszeiten zur Mittagszeit unterschiedlich hoch am Himmel steht. Damit verändert sich wiederum der Winkel, unter dem die Sonnenstrahlung auf die Erde fällt.

Bild 2 zeigt dir, warum das so ist: Die Erdachse steht schräg und ist deshalb beim Umlauf um die Sonne einmal zur Sonne hin geneigt, einmal weist sie von ihr weg.

Temperaturen im Verlauf eines Tages
Im Lauf von 24 Stunden wechseln sich Tag und Nacht ab. Nur eine Seite der Erde – die „Tagseite" – wird von der Sonne beleuchtet. Die „Nachtseite" liegt im Schatten. Daraus ergeben sich die Temperaturunterschiede zwischen Tag und Nacht.

Auch während des Tages verändern sich die Temperaturen an einem Ort, denn die Sonne steigt erst immer höher und sinkt dann wieder.

Auch Dunst, Nebel oder Wolken verändern die Sonneneinstrahlung. Das merkst du an einem warmen Sommertag, wenn sich eine Wolke vor die Sonne schiebt.

3 Je nach Einfallswinkel werden unterschiedlich große Flächen bestrahlt.

▶ Je mehr Sonnenstrahlung ein Gebiet der Erde erreicht, desto stärker wird dieses Gebiet erwärmt. Entscheidend sind dabei der Einfallswinkel der Strahlung und die Länge ihres Wegs durch die Atmosphäre.

Versuch
1 ▶ Beleuchte schwarze Pappe senkrecht von oben mit einer Lampe. Wiederhole den Versuch mit schräg gerichteter Lampe (▷ B 3). Prüfe mit der Hand, in welchem Fall die Pappe wärmer wird. Kannst du mithilfe deiner Beobachtung die Temperaturunterschiede auf der Erde erklären?

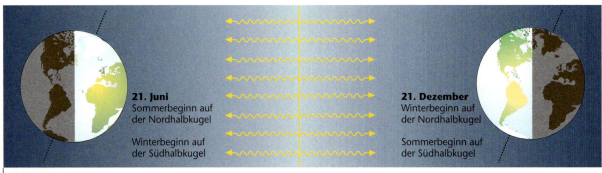

2 Die Erdachse steht schräg.

Werkstatt

Temperaturen messen und berechnen

Die Temperatur ist nur eines von mehreren Wetterelementen – allerdings ein sehr wichtiges. Aus dem Verlauf der Temperatur während eines Monats oder Jahres kannst du z. B. ablesen, welche Monate günstig für das Pflanzenwachstum sind. Wie du Temperaturen misst und daraus Monats- und Jahresmittelwerte berechnest, lernst du auf dieser Seite.

Material
Thermometer, Heft, Lineal, Stift

Durchführung
Zeichne in dein Heft eine Tabelle wie in Bild 1 gezeigt. Hänge das Thermometer im Freien an einem schattigen Platz auf. Lies die Temperatur jeden Tag drei Mal ab. Achte darauf, dass du die Temperatur immer zu den gleichen Zeiten misst (z. B. um 7 Uhr, um 14 Uhr und um 21 Uhr). Trage die Messwerte in die Tabelle ein.

Datum	7 Uhr	14 Uhr	21 Uhr	Tagesmitteltemperatur
14. Juli	18 °C	24 °C	19 °C	20 °C

1 Gemessene Temperaturwerte

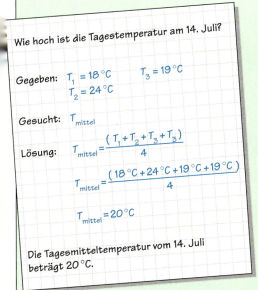

2 Berechnung der Tagesmitteltemperatur

a) **Tagesmitteltemperatur**
Um die Temperaturen verschiedener Tage vergleichen zu können, musst du die Tagesmitteltemperatur berechnen. Addiere dazu die Temperaturwerte, die du um 7 Uhr, um 14 Uhr und 21 Uhr gemessen hast. Den Messwert von 21 Uhr musst du doppelt zählen, der zweite Wert dient als Nachttemperaturwert.
Diese Summe durch 4 dividiert ergibt die Tagesmitteltemperatur ($\triangleright$ B 2). Notiere die Werte in einer Tabelle wie in Bild 3.

Erstelle aus den berechneten Werten ein Diagramm ($\triangleright$ B 4).

Datum	1.4.	2.4.	3.4.	…
Tagesmitteltemp. in °C	12	14	17	…

3 Tagesmitteltemperaturen

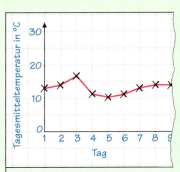

4 Temperaturverlauf eines Monats

b) **Monatsmitteltemperatur**
Um die Monatsmitteltemperatur zu berechnen, bildest du von allen Tagesmitteltemperaturen eines Monats die Summe. Dividiere diese Summe anschließend durch die Anzahl der Tage.

Wenn du am Ende jeden Monats die berechnete Monatsmitteltemperatur ($\triangleright$ B 5) deines Wohnorts in ein Temperaturdiagramm einträgst, kannst du erkennen, wie sich die Temperatur im Laufe des Jahres verändert hat ($\triangleright$ B 6).

Monat	Mai	Juni	Juli	…
Monatsmitteltemp. in °C	14	18	18	…

5 Monatsmitteltemperaturen

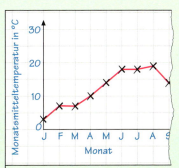

6 Temperaturverlauf eines Jahres

Aufgaben
1. Die Jahresmitteltemperatur berechnet sich ähnlich wie die Monatsmitteltemperatur: Zähle die durchschnittlichen Temperaturen aller Monate zusammen und teile die Summe durch 12. Berechne auf diese Weise aus den Werten in Bild 7 die Jahresmitteltemperatur von Rom.

2. Erstelle aus den in Bild 7 angegebenen Werten die Temperaturkurven eines Jahres für Oslo, Rom und Frankfurt/M. Zeichne das Diagramm wie in Bild 6 vorgegeben.

Monat	J	F	M	A	M	J	J	A	S	O	N	D
Oslo	−5	−4	0	5	11	15	17	16	11	6	1	−2
Frankfurt/M.	0	1	5	9	14	17	19	18	15	9	5	1
Rom	7	8	11	14	18	22	25	24	21	16	12	9

7 Monatsmitteltemperaturen (in °C) verschiedener Städte

341

Luftfeuchtigkeit – Wolken – Niederschläge

1 Die möglichen Folgen starken Regens

Die Luftfeuchtigkeit
An kalten Tagen beschlagen Fensterscheiben manchmal von innen und nach dem Duschen kannst du dich im Badezimmerspiegel meist nicht mehr erkennen.

In der Luft ist Wasser enthalten. Du kannst es in der Regel nicht sehen, weil es gasförmig ist. Das Wasser gelangt z. B. durch die Verdunstung über Seen und Flüssen, aber auch über Wiesen und Feldern in die Luft.

Luft kann Wasser aufnehmen – und zwar umso mehr, je wärmer sie ist. Die Menge an Wasser in der Luft bezeichnet man als Luftfeuchtigkeit. Welche Wassermenge ein Würfel Luft mit einer Kantenlänge von 1 Meter – das sind 1m³ oder 1000l – bei

Lufttemperatur in °C	Wassermenge in g/m³
+40	51
+30	30
+20	17
+10	9
0	5
–10	2
–20	1

2 Maximale Wasserdampfmenge in 1m³ Luft

einer bestimmten Temperatur höchstens aufnehmen kann, erfährst du aus der Tabelle in Bild 2. Wenn dieser Wert erreicht ist, dann ist die Luft „gesättigt".

Wolkenbildung und Niederschläge
Warme Luft kühlt sich beim Aufsteigen ab. Kalte Luft kann aber nicht so viel Wasser speichern wie warme Luft (▷ B 2). Das überschüssige Wasser sammelt sich zunächst in winzigen, schwebenden Tröpfchen. Diese Tröpfchen bilden die Wolken.

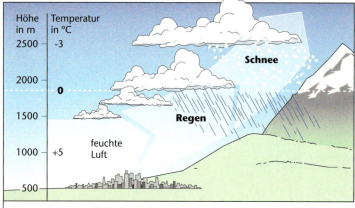

3 Entstehung von Steigungsregen

4 Ein Modell für die Entstehung von Niederschlägen

Das ist ein Vorgang ähnlich dem Beschlagen des kalten Badezimmerspiegels. Die Tröpfchen innerhalb der Wolken können zu größeren Tropfen „zusammenfließen". Wenn sie zu groß werden, dann können die Tropfen nicht mehr schweben. Sie fallen zur Erde.

Niederschlagsarten
In unseren Breiten ist der Regen die häufigste Niederschlagsart (▷ B 1). Beträgt die Lufttemperatur zwischen Wolken und Erdboden durchgehend weniger als 0 °C, erreichen die Niederschläge die Erdoberfläche in Form von Eiskristallen oder Schnee. Hagelkörner entstehen vor allem in Gewitterwolken. Dort können die Eiskristalle sehr groß werden. Wenn Regentropfen erst in Bodennähe gefrieren, spricht man von Graupelschauer.

Niederschlagsmessung
Wie die Temperatur sind auch die Niederschläge ein wichtiges Wetterelement. Gemessen werden sie mit einem Messzylinder, in dem sich das Wasser sammelt.

Versuche

1 Fülle ein Glas zur Hälfte mit warmem Wasser und ein anderes zur Hälfte mit Eiswürfeln und Wasser. Lasse die Gläser eine halbe Stunde stehen. Beschreibe und erkläre deine Beobachtung.

2 Fülle einen Topf zu einem Drittel mit Wasser. Lege den Deckel auf den Topf und erhitze das Wasser bis es siedet. Hebe den Deckel schräg an (sei vorsichtig und verwende einen Topflappen). Fange das heruntertropfende Wasser in einem Glas auf (▷ B 4). Erkläre den Zusammenhang zwischen dem Versuch und der Verdunstung, der Wolkenbildung und dem Niederschlag auf der Erde.

Luftfeuchtigkeit – Wolken – Niederschläge

Am Ende des Tages liest der Meteorologe die Höhe der Wassersäule in Millimetern ab. Um die Niederschlagsmenge eines Monats zu bestimmen, zählt er die Messwerte der einzelnen Tage zusammen. Zeichnerisch werden die Niederschlagswerte in Säulendiagrammen dargestellt (▷ B 5).

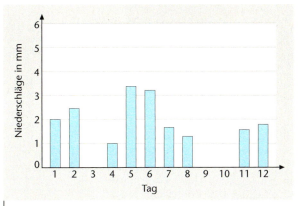

5 Niederschlagsdiagramm von Stuttgart (Tagesniederschläge)

Aufgaben

1. In 1000 Litern Luft (20 °C) sind 10 g Wasser enthalten. Die Luft kühlt sich auf 10 °C ab (▷ B 2). Was passiert?

2. Wie entsteht Steigungsregen (▷ B 3)?

3. a) Berechne die Jahresniederschläge für die in der Tabelle (▷ B 6) angegebenen Stationen. Schlage im Atlas nach, in welcher Klimazone Bilma liegt.
   b) Zeichne mithilfe der Tabelle die Niederschlagsdiagramme für beide Städte.

Station	J	F	M	A	M	J	J	A	S	O	N	D
Stuttgart	46	39	38	49	73	92	80	75	64	47	46	38
Bilma (Niger)	1	0	0	0	1	1	3	10	5	2	1	0

6 Monatsniederschläge (in mm) von Stuttgart und Bilma

Werkstatt

Geräte für die Wetterbeobachtung

1 Bau eines Luftfeuchtigkeitsmessers

Material
1 großes Stück Pappe, 1 großer Kiefernzapfen, 1 Trinkhalm, Knetmasse, Stift

Versuchsanleitung
Knicke die Pappe so, dass eine Hälfte als Boden, die andere als Rückwand dient. Stecke den Trinkhalm auf einen der Schuppen des Kiefernzapfens; er dient als Zeiger. Befestige den Zapfen mit Knetmasse auf der Pappe (▷ B 1). Zeichne auf der Rückwand eine Skala auf.

Steigt die Luftfeuchtigkeit, schließen sich die Schuppen, nimmt die Luftfeuchtigkeit ab, öffnen sie sich. Mithilfe deines Messgeräts kannst du schon kleine Unterschiede erkennen.

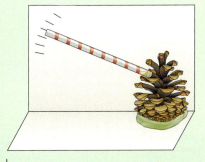

1 Ein Gerät zur Messung der Luftfeuchtigkeit

2 Bau eines Niederschlagsmessers

Material
1 Trinkglas, Millimeterpapier, Klebstoff, Schere

Versuchsanleitung
Voraussetzung für eine genaue Messung ist, dass das Trinkglas eine gerade Wand und einen ebenen Boden besitzt.

Schneide einen etwa 1 cm breiten Streifen aus dem Millimeterpapier und ziehe alle 5 Millimeter einen Strich; damit erleichterst du dir später das Ablesen der Werte.
Klebe den Streifen so auf das Glas, dass sich der Nullpunkt der Skala am Boden des Glases befindet.

Stelle deinen Niederschlagsmesser im Freien auf und lies jeden Tag die Niederschlagsmenge ab. Halte dazu das Glas auf Augenhöhe.
Trage die Messwerte in eine Tabelle ein und erstelle ein Säulendiagramm aus den Werten.

2 Ein Niederschlagsmesser – einfach selbst gebaut

Strategie

Ein Diagramm erstellen und deuten

Diagramme
Diagramme sind ein wichtiges Hilfsmittel um Daten, wie z. B. Messwerte, in eine übersichtliche Form zu bringen.
Durch die grafische Darstellung werden viele Zusammenhänge deutlich, die beim Betrachten der reinen Zahlenwerte nur schwer zu erkennen wären. Am Beispiel des Klimadiagramms wirst du erfahren, wie ein Diagramm erstellt wird und wie man Informationen daraus abliest.

Das Klimadiagramm
Klimadiagramme enthalten Informationen über die Temperaturen und die Niederschläge an einem Ort. Aus diesen beiden Wetterelementen lassen sich z. B. Rückschlüsse auf die Wachstumsbedingungen für Pflanzen ziehen.

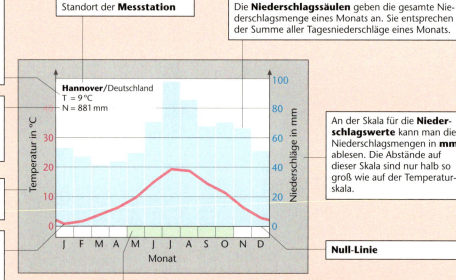

- Die **Jahresmitteltemperatur** gibt die durchschnittliche Temperatur des ganzen Jahres an. Sie wird errechnet, indem man die Monatsmitteltemperaturen addiert und die Summe durch 12 teilt.
- Der **Jahresniederschlag** gibt die Niederschlagsmenge des ganzen Jahres an. Er ist gleich der Summe der Niederschläge aller 12 Monate.
- An der **Temperaturskala** kann man die Temperaturwerte in **°C** ablesen.
- An der **Temperaturkurve** kann man die mittlere Temperatur für jeden Monat ablesen. Die Monatsmitteltemperatur wird errechnet, indem man die Tagesmitteltemperaturen addiert und durch die Anzahl der Tage teilt.
- Standort der **Messstation**
- Die **Niederschlagssäulen** geben die gesamte Niederschlagsmenge eines Monats an. Sie entsprechen der Summe aller Tagesniederschläge eines Monats.
- An der Skala für die **Niederschlagswerte** kann man die Niederschlagsmengen in **mm** ablesen. Die Abstände auf dieser Skala sind nur halb so groß wie auf der Temperaturskala.
- **Null-Linie**
- Wenn die Durchschnittstemperatur eines Monats über 10 °C liegt und zusätzlich die Niederschlagssäule die Temperaturkurve überragt, dann herrschen **günstige Bedingungen für das Pflanzenwachstum**. Diese Monate werden „humid" genannt und **grün** gekennzeichnet. Monate mit schlechten Wachstumsbedingungen heißen „arid".

Das Klimadiagramm richtig lesen und deuten
Ein Klimadiagramm kann dir viele Informationen liefern. Die Fragen und Hinweise in Bild 1 helfen dir, Klimadiagramme auszuwerten.

1. In welchem Bereich liegt die Jahresmitteltemperatur?
   - um bzw. unter 0 °C: die Station liegt in der polaren Zone
   - um 8 °C: die Station befindet sich in der gemäßigten Zone
   - um 18 °C: die Station liegt in den Subtropen
   - um 25 °C: die Station liegt in den Tropen

2. Wie verläuft die Temperaturkurve?
   - die Temperaturen sind im Juni, Juli und August am höchsten: die Station liegt auf der Nordhalbkugel
   - die Temperaturen sind im November, Dezember und Januar am höchsten: die Station befindet sich auf der Südhalbkugel
   - die Temperaturen ändern sich im Verlauf des Jahres deutlich, die Winter sind kalt, die Sommer warm: die Station liegt auf dem Kontinent

1 Informationen zur Deutung eines Klimadiagramms

Klimadiagramme zeichnen

Wenn du ein Klimadiagramm zeichnen willst, dann gehe in den folgenden Schritten vor.
Tipp: Verwende ein kariertes Blatt oder Millimeterpapier. (Die Angaben im Beispiel beziehen sich auf die Werte der Tabelle in Bild 2.)

Monat	J	F	M	A	M	J	J	A	S	O	N	D
Monatsmitteltemperatur in °C	2	3	6	9	14	16	18	18	14	10	6	4
Niederschlag in mm	43	52	46	44	76	84	83	64	47	41	72	107

2 Klimawerte von Stuttgart

A. Festlegen des Rahmens

Die Breite des Diagramms ist durch die 12 Monate des Jahres vorgegeben (▷ B 3). Wenn du für jeden Monat ein Kästchen vorsiehst, dann wird das Diagramm 12 cm breit.

Die Temperaturskala an der linken Seite richtet sich nach der höchsten und der tiefsten Temperatur des Jahres. In unserem Beispiel reicht sie von +2 °C bis +18 °C. Nach oben und unten solltest du immer etwas Platz lassen.

Die Niederschlagsskala auf der rechten Seite richtet sich nach dem größten Niederschlagswert. In unserem Beispiel beträgt er 84 mm. Auch hier sollte nach oben hin etwas Platz bleiben.

Die Linie, die einen Niederschlag von 0 mm anzeigt, liegt auf der Höhe der Temperatur 0 °C. Wichtig ist, dass du die Abstände auf der Niederschlagsskala nur halb so groß wie auf der Temperaturskala wählst. Auf der Höhe von 10 °C liegt also der Niederschlagswert 20 mm, auf der Höhe von 30 °C der Wert 60 mm. Nur wenn du diese Einteilung wählst, kannst du das Diagramm später auch richtig auswerten. Damit die Skala bei großen Niederschlagswerten nicht zu hoch wird, verkürzt man sie. Oberhalb einer Niederschlagsmenge von 100 mm ist die Skala nicht mehr in 20-mm-, sondern in 100-mm-Schritte eingeteilt.

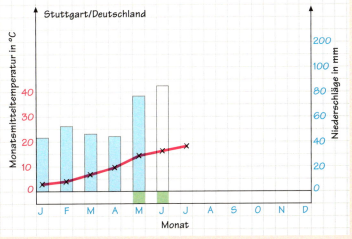

3 Ein Klimadiagramm entsteht.

B. Temperaturkurve zeichnen

Trage den Temperaturwert für einen Monat in das Diagramm ein, indem du auf der Höhe des entsprechenden Wertes auf der Temperaturskala ein Kreuz einzeichnest (▷ B 3). Verbinde die Kreuze für die verschiedenen Monate anschließend durch eine rote Linie.

C. Niederschlagssäulen zeichnen

Den Niederschlagswert eines Monats markierst du durch einen kleinen Strich auf der Höhe des Wertes auf der Niederschlagsskala. Zeichne nun eine schmale Säule von der Null-Linie bis zu diesem Strich und male sie blau aus.

D. Bestimmung der humiden Monate

In den Monaten, in denen die Durchschnittstemperatur über 10 °C liegt und die Niederschlagssäule die Temperaturkurve überragt, herrschen gute Bedingungen für das Pflanzenwachstum. Diese Monate werden durch ein grünes „Kästchen" gekennzeichnet. Man bezeichnet sie als humide Monate (▷ B 3).

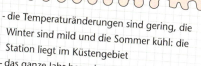

- die Temperaturänderungen sind gering, die Winter sind mild und die Sommer kühl: die Station liegt im Küstengebiet
- das ganze Jahr herrschen gleich bleibend hohe Temperaturen um 25 °C: die Station befindet sich im tropischen Regenwald

Wie sind die Niederschläge verteilt?
- die Niederschläge sind über das ganze Jahr gleichmäßig hoch: die Station liegt im tropischen Regenwald
- die Niederschläge sind sehr gering: die Station liegt im Wüstenbereich

Der Luftdruck

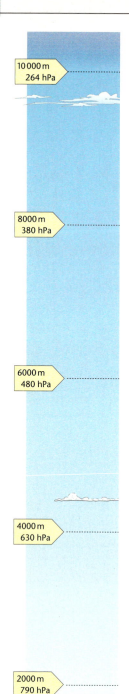

1 Der Luftdruck sinkt mit steigender Höhe.

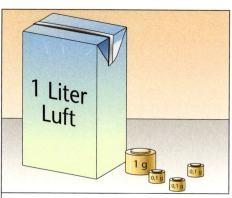

2 Das Gewicht von einem Liter Luft entspricht dem eines 1,3-Gramm-Wägestücks.

Luft – ein unsichtbarer Stoff

Die Erde ist von einer Lufthülle umgeben, der Atmosphäre. Sie reicht bis in eine Höhe von 400 Kilometern.
Luft selbst können wir nicht sehen. Aber wir können die Auswirkungen von Luftbewegungen sehen: Ein schwacher Luftzug wirbelt Blätter umher, stürmische Luftbewegungen können Bäume entwurzeln oder Dächer abdecken.

Luft hat ein Gewicht

Jeder Körper auf der Erde hat ein Gewicht. Das gilt auch für einen Körper, der aus Luft besteht. Das Gewicht von beispielsweise 1 Liter Luft ist gleich dem Gewicht eines 1,3-Gramm-Wägestücks (▷ B 2).

Aufgrund des Gewichts der Luft werden die tiefer liegenden Luftschichten der Atmosphäre von den höher liegenden zusammengepresst. Dadurch entsteht der Luftdruck. Es wird auch verständlich, warum der Luftdruck kleiner wird, wenn man z. B. auf einen Berg steigt. Die Luftschicht, die den Druck erzeugt, wird mit zunehmender Höhe immer schmäler (▷ B 3).

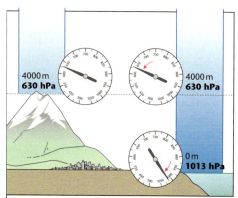

3 Unterschiedlich hohe Luftsäulen – unterschiedlich großer Luftdruck

In etwa 6000 Metern Höhe ist der Luftdruck nur noch halb so groß wie über dem Meeresspiegel.

Luftdruckmessung

Gemessen wird der Luftdruck mit dem Barometer. Die heute gebräuchlichste Form ist das Dosenbarometer (▷ B 4). Gemessen wird der Luftdruck in Pascal (Pa), oft auch in Bar (bar): 1 bar = 100 000 Pascal.

Der mittlere Luftdruck über dem Meeresspiegel ist festgelegt auf 1013 hPa (1 hPa = 100 Pa; h steht für hekto, griech.: 100). Er wird auch als Normaldruck bezeichnet.

▶ Das Gewicht der Luft ist die Ursache für den Luftdruck. Die Einheit des Luftdrucks ist das Pascal (Pa). Mit zunehmender Höhe nimmt der Luftdruck ab.

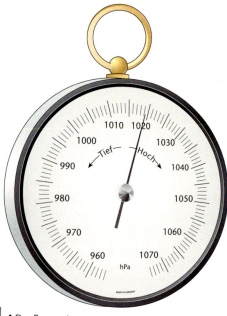

4 Das Barometer

Ein gewaltiger Druck

Kannst du dir vorstellen, wie groß ein Druck von 1013 hPa ist? Ein Beispiel soll dir helfen.

Betrachte eine Fläche von 1 Meter Länge und 1 Meter Breite. Stapele darauf in Gedanken etwa 100 000 Tafeln Schokolade, die jeweils 100 g wiegen.
Dieser gewaltige Schokoladenberg erzeugt an der Fläche einen Druck, der genau so groß ist wie der Luftdruck, der auf uns wirkt (▷ B 1). Wir Menschen spüren diesen Druck aber nicht, da wir ständig mit ihm leben.

Werkstatt

Luftdruck – messen und erfahren

Die folgende Anleitung zeigt dir, wie du dir ein einfaches Barometer selbst baust. Mit diesem Messgerät kannst du Veränderungen des Luftdrucks feststellen.

1 Ein selbst gebautes Barometer

Material
1 Flasche mit großer Öffnung (z. B. eine Saftflasche), 1 Luftballon, Schere und Lineal, 1 Trinkhalm, Tonpapier, Gummiband, Klebstoff

Bauanleitung
Schneide den Hals des Luftballons (▷ B 1) ab. Spanne den Ballon straff über die Öffnung der Flasche und befestige ihn mithilfe des Gummibands. Achte darauf, dass die Öffnung der Flasche luftdicht verschlossen ist (▷ B 2).

Klebe den Trinkhalm auf die Mitte der gespannten Ballonfläche

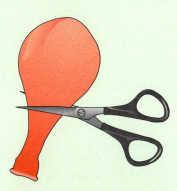

1 Zuschneiden des Luftballons

2 Der Luftballon wird über die Öffnung der Flasche gespannt

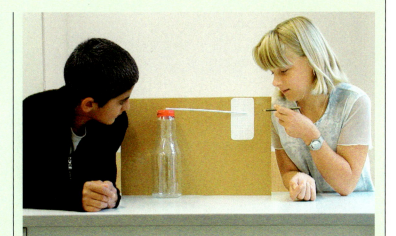

3 Das Barometer im Einsatz

(▷ B 3). Klebe eine Rückwand aus Tonpapier an die Flasche und zeichne eine Skala ein.

4 Zeigerausschlag bei hohem (oben) und niedrigem Luftdruck (unten)

Stelle dein Barometer an einem schattigen Platz auf, es sollte nicht in der Sonne oder in der Nähe der Heizung stehen.
Beobachte die Veränderung des Luftdrucks mit deinem Barometer über einen längeren Zeitraum. Überlege dir, wie dein Barometer funktioniert.

2 Luft oder Wasser – wer gewinnt?

Material
1 Trinkglas, Wasser, 1 Blatt Papier

Tipp: Führe den Versuch im Freien oder über einer Badewanne durch.

Versuchsanleitung
Fülle ein Trinkglas randvoll mit Wasser. Decke es mit einem glatten Blatt Papier ab, das etwas größer ist als die Öffnung des Glases. Achte darauf, dass du keine Luftblase einschließt.

Halte das Papier mit einer Hand fest. Drehe das Glas langsam um, sodass die Öffnung nach unten zeigt. Nimm jetzt vorsichtig die Hand unter dem Papier weg (▷ B 5). Beschreibe, was passiert und erkläre das Ergebnis.

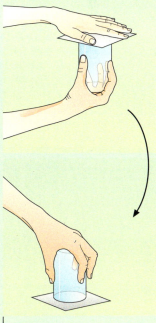

5 Zu Versuch 2

Wind – sich bewegende Luft

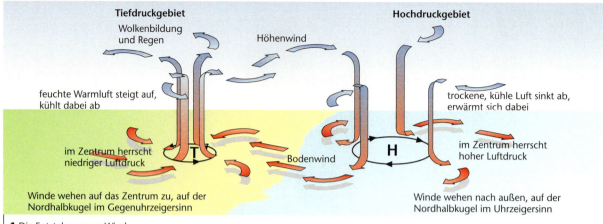

1 Die Entstehung von Wind

Wie entsteht Wind?
Du verbringst einen heißen Sommertag am Strand. Der Sand und das Wasser werden gleichermaßen von der Sonne beschienen. Wenn du barfuß durch den Sand läufst, verbrennst du dir fast die Fußsohlen. Das Wasser aber ist kühl. Der Sand hat sich also stärker erwärmt als das Wasser. Wegen der stärkeren Erwärmung des Sands erwärmt sich auch die Luft darüber stärker als über dem Wasser. Und das ist eine Ursache für Wind.
Die warme Luft steigt auf (▷B 1). Am Boden verringert sich dadurch der Luftdruck. Die Druckunterschiede zwischen der kühlen Luft über dem Wasser und der warmen Luft über dem Sand werden durch eine Luftströmung – den Wind – ausgeglichen.

Vom Hoch zum Tief
Was am Beispiel der Sandküste beschrieben wurde, passiert auch großräumig auf der gesamten Erde. Winde entstehen durch die unterschiedliche Erwärmung verschiedener Gebiete der Erde. In Gebieten, in denen warme Luft vom Boden aufsteigt, nimmt der Luftdruck am Boden ab. Dort herrscht Tiefdruck. Wo kalte Luft absinkt, sind die Verhältnisse umgekehrt. Am Boden entsteht ein Hochdruckgebiet. Zwischen einem Hoch und einem Tief findet ein Druckausgleich statt. Dabei strömt Luft vom Hochdruckgebiet (H) zum Tiefdruckgebiet (T). Dies bezeichnen wir als Wind (▷B 1).
Aufgrund der Erddrehung bewegt sich die Luft aber nicht direkt vom Hoch zum Tief. Sie strömt auf der Nordhalbkugel im Uhrzeigersinn aus dem Hoch heraus und gegen den Uhrzeigersinn ins Tief hinein. Auf der Südhalbkugel ist es gerade umgekehrt.

▶ Hoch- und Tiefdruckgebiete entstehen durch unterschiedliche Erwärmung verschiedener Gebiete auf der Erde. Es findet ein Druckausgleich statt, indem Luft vom Hoch- zum Tiefdruckgebiet strömt. Diese Luftbewegung wird als Wind bezeichnet.

Die Westwindzone
Wir leben in einer Zone, in der der Wind fast während des ganzen Jahres aus westlicher Richtung weht. Diese Zone wird daher Westwindzone genannt.
Dort, wo der Wind besonders stark ist, können Bäume in eine Richtung gekrümmt sein. Der ständig aus Westen wehende Wind hat sie so „verformt" (▷B 3).

2 Sturm

3 Vom Westwind verformte Bäume

Aufgaben
1 Erkläre, wie Hoch- und Tiefdruckgebiete entstehen.
2 Was ist Wind?
3 Wie bewegt sich Luft vom Hoch zum Tief?

Werkstatt

Was die Luft bewegt

Du weißt jetzt, wodurch Luftströmungen verursacht werden. Mit folgenden Versuchen kannst du die Voraussetzungen für die Entstehung von Wind überprüfen und leichte Luftbewegungen nachweisen.

1 Erwärmung von Wasser und Sand

Material
2 Schälchen, Sand, Wasser, 1 Küchenwaage, Thermometer, Löffel, Herdplatte oder Heizung

Versuchsanleitung
Fülle in ein Schälchen 200 g Wasser, in das andere 200 g Sand. Die Anfangstemperaturen von Sand und Wasser müssen gleich sein. Erwärme das Wasser und den Sand gleichzeitig. Stelle dazu beide Schälchen für etwa 10 Minuten auf eine warme Herdplatte oder etwa eine halbe Stunde auf die warme Heizung (▷ B 1).

Durchmische den Sand nach Ablauf der Zeit gründlich mit einem Löffel. Rühre auch das Wasser kurz um. Miss die Temperaturen von Wasser und Sand. Übertrage die Tabelle (▷ B 2) in dein Heft und trage die Werte ein. Miss nach einer halben Stunde erneut die Temperaturen von Sand und Wasser. Stelle deine Ergebnisse in einen Zusammenhang mit der Entstehung von Wind.

	Wasser	Sand
Anfangstemperatur		
nach 30 min		
nach …		

2 Tabelle zu Versuch 1

2 Bauanleitung für eine Flügelscheibe

Material
1 Blatt Papier, Zirkel, Schere, Lineal, 1 Stecknadel, 1 Stabmagnet, Kerze

Versuchsanleitung
Zeichne mit dem Zirkel zwei ineinander liegende Kreise (Radien 1 cm und 5 cm) auf das Papier. Teile die Kreise mit Lineal und Stift in 8 gleiche Teile (die Linien müssen durch das Einstichsloch des Zirkels gehen).

Schneide nun den äußeren Kreis aus. Schneide anschließend entlang der Linien bis zum inneren Kreis. Knicke alle „Flügelteile" in die gleiche Richtung etwas nach oben. Stecke die Stecknadel durch das Einstichsloch des Zirkels.

Hänge die Stecknadel an den Magneten und halte die Flügelscheibe im Abstand von ca. 15 cm über eine Kerzenflamme. Beschreibe und erkläre deine Beobachtung.

3 Luftbewegung zwischen zwei Räumen

Material
Streichhölzer, Kerze

Versuchsanleitung
Diesen Versuch kannst du in einem Türrahmen zwischen einem warmen und einem kalten Raum durchführen. Im Winter kannst du ihn auch an einem geöffneten Fenster machen. Achte darauf, dass kein Durchzug entsteht.

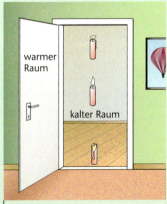

4 Zu Versuch 3

Halte eine brennende Kerze oben, in der Mitte und unten in den Türrahmen der geöffneten Tür (▷ B 4).

Aufgabe
Beobachte und erkläre das Verhalten der Kerzenflamme.

1 Zu Versuch 1

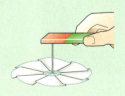

3 Zu Versuch 1

Lexikon

Die Messgeräte der Wetterstation

Barograph
Der Barograph ist ein Gerät, das den Luftdruck aufzeichnet. Auf einer sich drehenden Walze, auf der auch die Zeit mit angegeben wird, zeichnet ein Schreiber die gemessenen Luftdruckwerte in Form einer Kurve auf.

Barometer
Das Barometer misst den Luftdruck in Hektopascal (hPa). In Wetterstationen werden Quecksilberbarometer verwendet, in Haushalten meist Dosenbarometer.

Bodenmessfeld
Im Bodenmessfeld werden mit Thermometern die Temperaturen wenige Zentimeter über dem Boden sowie im Boden in unterschiedlicher Tiefe gemessen.

Hygrometer
Ein Hygrometer ist ein Messgerät zur Bestimmung der Luftfeuchtigkeit. Dabei macht man sich zunutze, dass sich Haare abhängig von der Feuchtigkeit unterschiedlich stark dehnen lassen.
Das Gerät, das die Feuchtigkeitswerte aufzeichnet, heißt Hygrograph.

Minimum-Maximum-Thermometer
Auf diesem Thermometer kann man die tiefsten und die höchsten Temperaturwerte seit der letzten Messung ablesen.

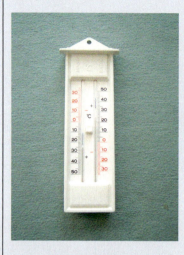

Niederschlagsmesser
Zur Messung der Niederschlagswerte dient der Niederschlagsmesser. Er befindet sich etwa einen Meter über dem Boden an einer windgeschützten Stelle. Die Niederschläge fallen in ein geeichtes trichterförmiges Auffanggefäß.

Thermometer
Mit den Thermometern werden die Temperaturen der Luft in zwei Metern Höhe, unmittelbar über dem Erdboden und die Temperatur des Bodens gemessen.

Wetterhütte
Die Wetterhütte ist ein „Kasten", der sich in etwa zwei Metern Höhe befindet. Die Wetterhütte hat keine geschlossenen Wände, sondern Lamellenwände, die eine gute Belüftung zulassen. In der Wetterhütte befinden sich die Messgeräte für Temperatur, Luftdruck und Luftfeuchtigkeit.

Windfahne und Windmesser
Diese beiden Messgeräte findet man häufig kombiniert.

Der Windmesser – auch Anemometer genannnt – ist in etwa 10 Metern Höhe im freien Gelände an einem Mast angebracht. Mit diesem Gerät wird die Windgeschwindigkeit gemessen.
Die Windfahne zeigt die Windrichtung an.

Werkstatt

Wetterbeobachtung und -aufzeichnung

Material
Heft, Stifte, Lineal, Thermometer, Barometer, Niederschlagsmesser, Kompass, Wollfaden

Mit diesem Versuch kannst du dich selbst als Meteorologe versuchen. Miss dazu über einen längeren Zeitraum (zum Beispiel über 4 Wochen) die Werte verschiedener Wetterelemente und zeichne die Daten auf.
Wichtig ist, dass du die Messwerte jeden Tag zur gleichen Uhrzeit abliest.

Versuchsanleitung
Übertrage den Wetterbeobachtungsbogen (▷ B 1) in dein Heft.

a) Temperaturmessung
Hänge das Thermometer draußen an einem schattigen Platz auf. Achte darauf, dass du das Thermometer beim Ablesen der Messwerte immer auf Augenhöhe hältst (▷ B 4).
Lies die Temperatur zu drei verschiedenen Tageszeiten ab (zum Beispiel um 7 Uhr, um 14 Uhr und um 21 Uhr). Trage die Messwerte in die Tabelle ein. Am Ende des Tages kannst du die Tagesmitteltemperatur berechnen.

b) Messung des Luftdrucks
Das Barometer solltest du an einem Platz aufhängen, der vor Sonne und Regen geschützt ist. Lies die Anzeigewerte des Messgeräts einmal täglich ab und trage sie in die Tabelle in deinem Heft ein.

c) Niederschlagsmessung
Stelle den Niederschlagsmesser möglichst frei auf, also nicht in der Nähe einer Hauswand oder anderer Gegenstände. Entleere das Messgerät nach dem Ablesen (sofern es geregnet hat).

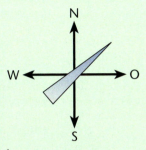

| 2 Wind aus Südwest

d) Bestimmung der Windrichtung
Bevor du die Windrichtung bestimmen kannst, musst du mit einem Kompass die Himmelsrichtungen zuordnen.

Lasse dann am ausgestreckten Arm einen leichten Wollfaden herunterhängen. Er zeigt an, aus welcher Richtung der Wind weht (▷ B 5). Bestimme die Windrichtung zweimal täglich, einmal am Vormittag und einmal am Nachmittag.

Zeichne in das zugehörige Kästchen einen Pfeil ein, der die Windrichtung angibt.

○ wolkenlos
 heiter
 halb bedeckt
 wolkig
 bedeckt

| 3 Bewölkung

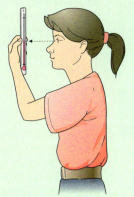

| 4 Richtiges Ablesen der Temperatur

| 5 Bestimmung der Windrichtung

e) Aufzeichnung der Bewölkung
Die Bewölkung wird je nach Stärke durch einen teilweise bis vollständig ausgemalten Kreis (▷ B 3) dargestellt. Bestimme den Grad der Bewölkung ebenfalls am Vor- und Nachmittag.

Aufgabe
Vergleiche nach Abschluss deiner Wetterbeobachtung deine Ergebnisse mit denen deiner Mitschüler. Stimmen eure Werte überein?
Wenn nicht, welche Ursachen könnte das haben?

Tag	Temperatur (in °C)				Niederschlag	Luftdruck	Windrichtung		Bewölkung	
	7.00	14.00	21.00	Tagesmittel-temperatur	(in mm)	(in hPa)	vor-mittags	nach-mittags	vor-mittags	nach-mittags

1 In den Wetterbeobachtungsbogen werden die Messwerte eingetragen.

Wetterbericht und Wetterkarte

1 Wetterballon

2 Wettermessboje

Wetterdaten werden gesammelt

Bevor eine Wettervorhersage gemacht werden kann, muss eine Wetterbeobachtung durchgeführt werden. Dazu sammelt man die Wetterdaten innerhalb eines größeren Gebietes.

Ganz Deutschland ist von einem dichten Netz von Wetterstationen überzogen. Außerdem gibt es über das Land verteilt zahlreiche Wetterämter.
Die Wetterämter sammeln die Messdaten aller Wetterstationen in ihrer Region. Diese Daten werden dann an das Zentralamt des Deutschen Wetterdienstes nach Offenbach übermittelt und dort weiterverarbeitet.

Zusätzlich liefern Wettersatelliten, Wetterballons (▷ B 1) und Messbojen (▷ B 2) im Meer Wetterdaten.

Austausch von Wetterdaten

Zu den Wetterdaten gehören Angaben über Lufttemperatur, Luftdruck, Luftfeuchtigkeit, Bewölkung, Windrichtung und Windstärke. Diese Daten werden zwischen verschiedenen Wetterämtern ausgetauscht.

Der Austausch von Informationen erfolgt weit über die Landesgrenzen hinaus, denn auch die Wetterdaten angrenzender Staaten sind wichtig für die Erstellung von Wetterkarte und Wettervorhersage.

3 Hier wird das Wetter „gemacht".

Aufgaben

1 a) Wie werden Wetterdaten gesammelt und gespeichert?
b) Nicht nur die Wetterstationen am Boden liefern Daten zu den Wetterelementen. Welche weiteren Informationsquellen kennst du?
c) Was muss getan werden, bevor der Wetterbericht erstellt wird?

2 Sammle aus unterschiedlichen Zeitungen Wetterberichte.
a) Über welche Wetterelemente werden Aussagen gemacht?
b) Stimmen die Aussagen überein?

3 Vergleiche an mehreren aufeinander folgenden Tagen die Wettervorhersage mit dem tatsächlichen Wettergeschehen. Kannst du Unterschiede feststellen?

4 Die Bilder 4 und 5 zeigen die gleiche Wettersituation, einmal auf einer amtlichen Wetterkarte und einmal als Satellitenaufnahme. Vergleiche die beiden Darstellungen und beantworte folgende Fragen: Wie ist zum angegebenen Zeitpunkt das Wetter in Berlin, München, Oslo, Madrid und London? Mache Aussagen über Luftdruck, Niederschlag, Bewölkung, Windrichtung und Windstärke.

5 a) Versuche anhand von Bild 4 vorherzusagen, wie sich das Wetter in den nächsten Tagen in München entwickeln wird.
b) Welcher Luftdruck herrscht in London und Madrid? „Verfolge" die schwarzen Linien, die Orte gleichen Luftdrucks miteinander verbinden. Diese Linien heißen Isobaren (Zonen gleichen Drucks).

Wetterbericht und Wetterkarte

Wetterkarte und Wettervorhersage

Alle drei Stunden erstellt ein Computerprogramm aus den gespeicherten Wetterdaten eine Wetterkarte (▷ B 4). Sie beschreibt die momentane Wettersituation in einem bestimmten Raum.
Wenn der Meteorologe nun mehrere zeitlich aufeinander folgende Wetterkarten vergleicht, dann kann er aus den Veränderungen des Wetters eine Wettervorhersage treffen.

Genauigkeit der Vorhersage

Das Wetter wird von vielen Faktoren beeinflusst. Daher ist es schwierig, eine genaue Vorhersage zu machen.

Man unterscheidet zwischen kurzfristigen Wettervorhersagen (die für 24 Stunden gültig sind), mittelfristigen (für 3 bis 10 Tage gültigen) und langfristigen Wettervorhersagen (gültig für mehr als 10 Tage).

Dabei wird die Genauigkeit der Vorhersage immer geringer, je länger der Zeitraum ist, für den die Vorhersage gelten soll. Kurzfristige Vorhersagen sind in etwa neun von zehn Fällen richtig. Bei Vorhersagen über Zeiträume von mehr als drei Tagen sinkt die Genauigkeit: Nur noch in der Hälfte aller Fälle entwickelt sich das Wetter so, wie es die Vorhersage beschrieben hat.

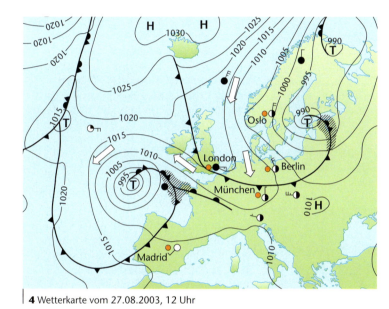

4 Wetterkarte vom 27.08.2003, 12 Uhr

5 Satellitenaufnahme vom 27.08.2003, 12 Uhr

Extreme Wettersituationen – bei uns und weltweit

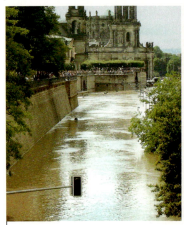

1 Hochwasser an der Elbe

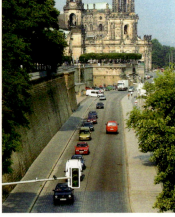

2 Vom Hochwasser zerstörte Häuser

3 Der Rüssel eines Tornados

4 Tornados hinterlassen eine Spur der Zerstörung.

Überschwemmungen im Sommer

Beim Thema Überschwemmungen denken wir zunächst nicht an Deutschland, sondern an weit entfernte Gebiete in Südostasien. Dort stehen im Sommer riesige Gebiete nach sintflutartigen Regenfällen oft meterhoch unter Wasser.

Der Sommer 2002 brachte auch Deutschland eine Überschwemmungskatastrophe. Eine Zeitung meldete: „Zehntausende fliehen vor der Flut". Was war geschehen?

Im Süden und Südosten Deutschlands sowie in den angrenzenden Ländern regnete es im August 2002 so lange und heftig, dass Elbe, Donau und deren Nebenflüsse das Wasser nicht mehr aufnehmen konnten. Weite Gebiete rechts und links der Flüsse wurden überschwemmt (▷B 1). Dämme brachen, durch manche Orte flossen Wasserströme, Menschen mussten vor den Fluten in Sicherheit gebracht werden. Die Schäden an Gebäuden und Verkehrswegen waren gewaltig (▷B 2).

Winterstürme

Alljährlich im Spätherbst und im Winter gibt es bei uns heftige Stürme, die Windgeschwindigkeiten von bis zu 200 Kilometern pro Stunde erreichen.

Anfang des Jahres 1990 verwüsteten die Orkane „Daria", „Vivian" und „Wiebke" Gebiete in Deutschland und England. Die Gesamtschäden in Mitteleuropa betrugen 10 Milliarden Euro.

Im Dezember 1999 verursachen die Orkane „Lothar" und „Martin" gewaltige Schäden, 140 Menschen kamen ums Leben. In Frankreich entstanden die größten Sturmschäden seit Jahrhunderten. Folge dieser heftigen Orkane waren Sturmfluten, die die Küsten zu überschwemmen drohten.

Tornados

Tornados sind extrem starke Wirbelwinde. Sie haben im Durchschnitt eine Breite von nur 100 Metern. Die Geschwindigkeiten in ihrem Innern können aber Werte bis zu 700 Kilometer pro Stunde erreichen.

Die schnell drehenden Wirbelwinde, die sich wie ein Rüssel von einer Gewitterwolke hinunter zum Boden ziehen, hinterlassen die sprichwörtliche „Schneise der Zerstörung" (▷B 3, B 4). Mit einer Geschwindigkeit von 100 Kilometern pro Stunde bewegen sie sich über das Land und reißen dabei wie ein gigantischer Staubsauger alles in die Luft.

Einem Tornado geht aber schon nach wenigen Kilometern die Puste aus. Er verschwindet so schnell wie er gekommen ist. Tornados entstehen am häufigsten im Mittleren Westen der USA. In der Zeit von April bis Mai ziehen Jahr für Jahr über 800 Wirbelstürme über diesen Landstrifen.

Aufgabe

1 Sieh in einem Lexikon oder im Internet nach, wie ein Tornado entsteht.

Hurrikans und Taifune

Hurrikans sind Wirbelstürme mit einem Durchmesser von mehreren hundert Kilometern, die in den Tropen vorkommen. Sie entstehen hauptsächlich im südlichen Teil des Karibischen Meeres.

Eine andere Bezeichnung tragen die Wirbelstürme, die in äquatornahen Zonen des Indischen und Pazifischen Ozeans entstehen. Sie werden Taifune genannt. Typisch für Hurrikans und Taifune ist die kreisrunde Wolkenwand, die ein windstilles Zentrum umgibt – das „Auge" des Orkans (▷ B 5).

Wenn sie über die warmen Ozeane ziehen, nehmen die Wirbelstürme große Wassermengen auf. Aufgrund des starken Luftdruckunterschieds zwischen dem Zentrum und dem äußeren Bereich erreichen die Windgeschwindigkeiten innerhalb des Wirbels Werte von 200 bis 400 Kilometern pro Stunde. In Verbindung mit den bis zu 20 Meter hohen Wellen, die sie erzeugen, verursachen diese Wirbelstürme verheerende Schäden.

Bei einer Warnung vor diesen „Naturereignissen" verbarrikadieren die Menschen ihre Häuser und ziehen sich selbst weit ins schützende Hinterland zurück.

Monsun

Der Monsun ist ein jahreszeitlich wechselnder Wind, der in Teilen Südostasiens vorkommt. Im Sommer weht er vom Indischen Ozean in Richtung Kontinent, im Winter umgekehrt vom Kontinent in Richtung Ozean.

Der Sommermonsun enthält große Mengen Wasserdampf, die er über dem warmen Indischen Ozean aufgenommen hat. Dieses Wasser regnet über dem Kontinent ab. Für die Bauern in Indien und anderen Teilen Südostasiens sind diese Niederschläge sehr wichtig für die Ernte. Bleibt der Monsun einmal aus, tragen die Felder keine Früchte.

Oft sind die Regenfälle so stark, dass viele Landesteile meterhoch unter Wasser stehen. Es können innerhalb weniger Tage mehr Niederschläge fallen als bei uns während eines ganzen Jahres.

5 Das „Auge" des Orkans

6 Monsunregen

Aufgaben

1 Schlage im Atlas nach, wo Hurrikans und Taifune entstehen.

2 Warum ist der Sommermonsun feucht und der Wintermonsun trocken?

Werkstatt

Der Rüssel des Tornados

Mit diesem Versuch kannst du zwar keinen Tornado erzeugen, aber du kannst dir den „Rüssel" eines Tornados ansehen. Der Versuch wird mit Wasser durchgeführt, weil es sich oft ähnlich wie Luft verhält und zudem „sichtbar" ist.

Material
2 große Plastikflaschen, Isolierband, angefärbtes Wasser, Schere

Versuchsanleitung
Klebe die beiden Verschlusskappen der Wasserflaschen mit den Oberseiten aneinander, indem du sie mit Isolierband mehrmals fest umwickelst. Bohre mit der Schere in die Mitte der beiden verbundenen Verschlüsse ein Loch (Durchmesser etwa 5 mm).

Fülle eine der Flaschen bis etwa 7 cm unterhalb der Öffnung mit dem angefärbten Wasser. Schraube nun die zusammengeklebten Verschlüsse auf. Schraube die zweite Flasche oben auf.
Drehe die verbundenen Flaschen (die wassergefüllte Flasche befindet sich oben) und führe eine kreisende Bewegung aus, bis auch das Wasser kreist. Halte die Flaschen nun ruhig und beobachte die Bewegung des Wassers.

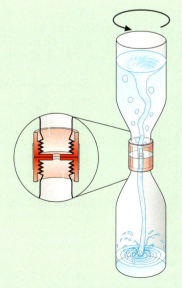

1 In kreisendem Wasser bildet sich ein Rüssel.

Einfluss von Wetter und Klima auf Menschen, Tiere und Pflanzen

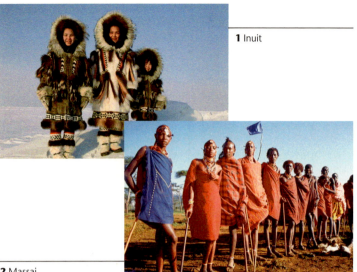

1 Inuit

2 Massai

Der Mensch
Das Wetter beeinflusst das Wohlbefinden des Menschen. Das Phänomen der Wetterfühligkeit ist wissenschaftlich belegt. Das Wetter macht zwar nicht krank, aber es kann Beschwerden verstärken.
Auch das Klima hat Einfluss auf den Menschen. Im Laufe von vielen tausend Jahren haben sich die Menschen an die klimatischen Verhältnisse ihres Lebensraums angepasst. Ein Beispiel ist die Hautfarbe: Je nach Stärke der Sonnenstrahlung in den verschiedenen Klimazonen haben Menschen helle oder dunkle Haut (▷ B 1, B 2). Der Körperbau ist ein weiteres Beispiel. In kalten Zonen der Erde ist es besser untersetzt zu sein, man verliert dann nicht so viel Wärme.

Pflanzen sind angepasst
Pflanzen sind an die jeweilige Klimazone angepasst. Laub, Nadeln oder z. B. mit einer Wachsschicht überzogene Blätter sind Merkmale, die Pflanzen entwickelt haben, um sich auf die Klimaverhältnisse ihrer Umgebung einzustellen.
In unseren Breiten bestimmt der Wechsel der Jahreszeiten das Pflanzenwachstum. Es beginnt im Frühjahr, wenn es warm wird, und dauert bis in den Herbst an.
Im Tropischen Regenwald nahe des Äquators ist das ganz anders. Dort gibt es keine Jahreszeiten. Das ganze Jahr hindurch ist es sehr warm und feucht, es herrschen ideale Wachstumsbedingungen für die Pflanzen. Die eine Pflanze trägt Früchte, während eine andere blüht.
Man kann Pflanzen gut innerhalb einer Klimazone umsiedeln. Schwieriger ist es, sie in einer anderen Klimazone anzubauen. So wächst z. B. die Kartoffel bei uns ideal, während tropische Früchte hier oft nicht ausreifen.

Tiere im Winter
Tiere kommen auf ganz unterschiedliche Weise durch den Winter. Einige haben ein dickes Winterfell wie z. B. der Fuchs (▷ B 4) und sind somit gegen große Kälte geschützt. Sie finden zwar weniger Nahrung, aber die im Körper gespeicherten Reserven des letzten Sommers reichen meist aus, um unbeschadet durch den Winter zu kommen.
Tiere wie das Eichhörnchen ruhen im Winter. Das heißt, sie verbringen die meiste Zeit in einem wärmenden Nest und werden nur gelegentlich aktiv, um versteckte Vorräte zu verzehren.
Igel gehören zu den Tieren, die Winterschlaf halten. Während des Winterschlafs wird die Körpertemperatur stark abgesenkt und das Herz schlägt langsamer. Auf diese Weise kommt der Körper mit den Reserven aus, die er im Sommer angelegt hat.
Ein Teil der Vögel muss im Winter in wärmere Gebiete der Erde „umziehen", um überleben zu können. Diese so genannten Zugvögel ernähren sich von Insekten und anderen Tieren, die sie im Winter bei uns nicht finden. Sie würden verhungern.

▶ Wetter und Klima beeinflussen das Leben, das Wohlbefinden und die Gewohnheiten von Menschen und Tieren. Auch die Pflanzen sind an das Klima angepasst.

4 Ein Jäger im Schnee – der Fuchs

3 Kakteen – an das trockene Klima angepasst

Aufgabe
1 Schlage in einem Lexikon nach, welche Tiere zu den Winterruhern und Winterschläfern zählen und welche Vögel sich im Herbst auf die Reise in den Süden machen.

Brennpunkt

Pflanzenwachstum zwischen Pol und Äquator

Polare Kältewüste
Nur in zwei Sommermonaten übersteigen die Temperaturen die Frostgrenze knapp. Es fällt geringer Niederschlag als Schnee. Pflanzen können hier nicht wachsen.

nördlicher Polarkreis

Tundra
Die Tundra liegt nördlich der Waldgrenze. Die 10-°C-Marke wird höchstens im Juli erreicht. Hier wachsen vor allem Flechten und Moose, selten Sträucher und kleine Bäume.

Taiga – nördlicher Nadelwald
Drei Monate übersteigen die Temperaturen die 10-°C-Marke. Während dieser kurzen Sommerphase fällt mehr Niederschlag. Es können nur Nadelbäume wachsen.

Sommergrüner Laub- und Mischwald
Während sechs Monaten des Jahres liegen die Temperaturen über der 10-°C-Marke. Es fallen genügend Niederschläge. Damit herrschen ideale Wachstumsbedingungen für Gemüse sowie viele Getreidearten und Obstsorten.

Hartlaubgehölze der Winterregengebiete
Hier liegen die Temperaturen ganzjährig über 10 °C. Im Sommer fallen geringe, im Winter stärkere Niederschläge. Pflanzen wie Pinien und Zypressen sind vor Verdunstung durch wachsüberzogene Blätter oder Dornen geschützt.

nördlicher Wendekreis

Wüste
Kaum messbare Niederschläge bei ganzjährig hohen Temperaturen. Pflanzenwachstum ist nur möglich, wo künstlich bewässert wird.

Savannen und Trockenwälder
Im Sommer Niederschläge bis 700 mm pro Monat. Hier wachsen Akazien- und Affenbrotbäume.

Tropischer Regenwald
Die Temperaturen sind ganzjährig gleichmäßig hoch (etwa 25 °C) bei sehr starken Niederschlägen. Die Zahl der verschiedenen Pflanzenarten ist sehr groß.

Äquator

Säugetiere in der Wüste

1 Dromedar

2 Dromedare können auch Pflanzen mit Dornen fressen.

3 Dromedare an einer Wasserstelle

Glühend heiß und eiskalt
Das Leben in der Wüste ist schwierig: Die Tiere müssen mit extremen Lebensbedingungen fertig werden. In manchen Gegenden der Sahara z. B. regnet es mitunter mehrere Jahre gar nicht. Am Tag kann die Temperatur des Wüstensandes bis zu 80 °C erreichen und in der Nacht sinkt die Lufttemperatur nicht selten unter 0 °C.
Alle Tiere, die in der Wüste leben, brauchen Anpassungen, um mit dem extremen Wassermangel und den großen Temperaturunterschieden zurechtzukommen.

Durch die Wüste ohne Wasser
Es ist fast unglaublich, aber ein Dromedar (▷ B 1) kann in der Wüste bis zu zwei Wochen überleben ohne zu trinken. Wir Menschen schaffen das normalerweise nur drei Tage. Wenn das Dromedar zu einer Wasserstelle kommt (▷ B 3), trinkt es in wenigen Minuten bis zu 120 l Wasser. Das entspricht fast der Menge, die in eine Badewanne passt. Das aufgenommene Wasser verteilt sich im gesamten Körper und wird dort gespeichert. Auch der Wiederkäuermagen enthält viel Wasser. Der **Höcker** des Dromedars dient als **Fettreserve** für nahrungsarme Zeiten. Die Körpertemperatur eines Dromedars kann zwischen 34 °C am Morgen und 42 °C während der heißen Zeit des Tages schwanken. Erst wenn die Körpertemperatur so hoch ist, beginnt das Kamel zu schwitzen. Das vermindert den Wasserverlust. Das Tier scheidet sehr wenig Urin aus und spart so ebenfalls Wasser.

Das Nutztier der Wüstenbewohner
Seit wahrscheinlich 4 000 Jahren wird das Dromedar als Nutztier gehalten. Als Lasttier kann es über 200 kg tragen. Zudem liefert es Fleisch und Milch und wird häufig als Reittier eingesetzt.

4 Anpassungen des Dromedars

Das dichte Fell schützt vor Hitze am Tag und Kälte in der Nacht.

Der Höcker enthält Fettreserven für nahrungsarme Zeiten.

Augen und Ohren können zum Schutz vor Sand sehr fest verschlossen werden.

Gespaltene Fußsohle, dicke Hornschwielen an den Füßen erleichtern das Gehen im heißen Sand.

Auch die Nüstern sind fest verschließbar und verhindern das Eindringen von Sand (z. B. bei Sandstürmen).

Säugetiere in der Arktis

1 Anpassungen beim Eisbär

Überleben in der Eiswüste

Arktis und Antarktis gehören zu den lebensfeindlichsten Gebieten der Erde. In der Arktis gibt es im Winter Temperaturen unter –40 °C, eiskaltes Wasser, heftige Stürme und ein halbes Jahr Dämmerlicht. Im Sommer steigen die Temperaturen kaum über 0 °C. Hier können nur noch wenige Tiere überleben.

Frostschutz

Das dichte, gelblich weiße Fell des Eisbären ist ein wirksamer Schutz gegen die Kälte. Das Fell lässt die Sonnenstrahlen auf die **schwarze Haut** des Eisbären durch. So kann die Wärme der Sonne besser aufgenommen werden. Die mehrere Zentimeter dicke Fettschicht unter der Haut ist der wirksamste Kälteschutz.

Winzlinge

Zu Beginn des Winters gräbt das trächtige Weibchen eine Schneehöhle und bringt darin im Dezember meistens zwei hilflose, blinde und taube Junge zur Welt. Die Jungen sind nur etwa 25 cm groß und wiegen etwa 500 g. Sie bleiben 1–2 Jahre bei der Mutter und müssen das Überleben in der Eiswüste von ihr lernen.

Der Eisbär – ein großer, unruhiger Jäger

Er ist mit seinen etwa 2,5 m Länge und einem durchschnittlichen Gewicht von 400–500 kg das größte Raubtier der Arktis. Ständig ist der Bär auf Wanderschaft und sucht nach Nahrung. Nur wenn im Winter das Wetter zu schlecht und der Sturm zu stark wird, gräbt er sich eine Schneehöhle, in der er die schlechte Zeit über schläft. Sobald das Wetter aber wieder besser wird, wandert er weiter. Seine bevorzugte Beute sind Robben. Er lauert ihnen meist an ihren Atemlöchern auf (▷ B 3). Im arktischen Sommer, wenn es Beeren und Moos gibt, frisst der große Jäger auch schon einmal pflanzliche Kost.

2 Eisbär in seinem Lebensraum

3 Eisbär bei der Jagd

4 Eisbär mit Jungen

Schlusspunkt

Wetter und Klima

▶ Was ist Wetter, was ist Klima?
Wetter ist das augenblickliche Zusammenwirken der Wetterelemente an einem bestimmten Ort. Zu den Wetterelementen gehören Temperatur, Niederschlag, Luftdruck, Wind und Bewölkung.
Das Klima ergibt sich aus langjährigen Beobachtungen der Wetterelemente. Klimadiagramme geben die zeitlich und über einen großen Raum gemittelten Werte dieser Größen an.

▶ Temperaturen auf der Erde
Die Erde wird zwischen den Polen und dem Äquator unterschiedlich stark erwärmt. Aber auch an einem festen Ort haben die Jahreszeiten und die Tageszeiten Einfluss auf die Temperatur: Sie hängt davon ab, ob die Sonnenstrahlung steil oder unter einem flachen Winkel einfällt.

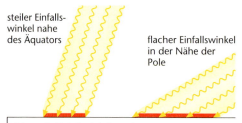

1 Je nach Einfallswinkel werden unterschiedlich große Flächen bestrahlt.

▶ Luftfeuchtigkeit, Wolken und Niederschläge
In der Luft ist Wasserdampf enthalten. Der Gehalt an Wasserdampf in der Luft – die Luftfeuchtigkeit – wird mit dem Hygrometer gemessen.
Wenn feuchte Luft aufsteigt, kommt es in höheren, kälteren Luftschichten zur Bildungen von Wassertröpfchen. Wenn sich die feinen Wassertröpfchen zusammenschließen, bildet sich Niederschlag. Niederschläge treten in Form von Nebel, Regen, Schnee, Hagel oder Graupeln auf.

▶ Der Luftdruck
Die Lufthülle übt aufgrund ihres Gewichts einen Druck aus, den man als Luftdruck bezeichnet. Er wird mit dem Barometer gemessen und in der Einheit Hektopascal (hPa) angegeben. Mit zunehmender Höhe nimmt der Luftdruck ab.

Ein Gebiet mit hohem Luftdruck heißt Hochdruckgebiet (H), eines mit niedrigem Druck Tiefdruckgebiet (T).

▶ Wind – Luft in Bewegung
Hoch- und Tiefdruckgebiete entstehen durch unterschiedlich starke Erwärmung verschiedener Bereiche der Erdoberfläche.
Zwischen einem Hochdruckgebiet und einem Tiefdruckgebiet findet durch eine Luftströmung ein Druckausgleich statt. Diese Luftströmung wird als Wind bezeichnet.

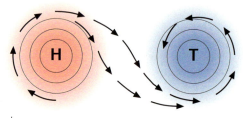

2 Der Wind weht vom Hoch zum Tief

▶ Wetterbericht und Wetterkarte
Um einen Wetterbericht und eine Wetterkarte erstellen zu können, werden Wetterdaten gesammelt und in Computern verarbeitet. Es entstehen die Wetterkarten, die als Grundlage für die Wettervorhersage dienen.
Heute gibt es in weiten Teilen der Erde ein dichtes Netz von Wetterstationen. Auch Satelliten beobachten die Entwicklung des Wetters. Daher sind inzwischen sehr genaue Wettervorhersagen möglich.

▶ Extreme Wettersituationen – bei uns und weltweit
In den letzten Jahren ist zu beobachten, dass das Wetter immer extremer wird. Das zeigt sich z. B. an den Wirbelstürmen, die in den USA und Südostasien toben.
Aber auch bei uns verursachen große Hitze und lang anhaltende Trockenheit während der Sommermonate geringere Ernten. Immer häufiger haben heftige Stürme im Herbst verheerende Folgen.

▶ Einfluss von Wetter und Klima auf Menschen, Tiere und Pflanzen
Wetter und Klima beeinflussen das Wohlbefinden und die Gewohnheiten der Menschen. Ebenso wie die Tiere und die Pflanzen haben sich die Menschen den klimatischen Bedingungen ihres Lebensraums angepasst.

Wetter und Klima

Aufgaben

1. Worauf musst du beim Messen der Lufttemperatur achten, um Messfehler zu vermeiden?

2. Erkläre, wie man die Tages-, Monats- und Jahresmitteltemperaturen berechnet.

3. Wie kommt es zur Bildung von Wolken?

4. Warum fallen aus einigen Wolken Niederschläge, aus anderen aber nicht?

5. Erkläre, was man unter gesättigter Luft versteht.

6. Informiere dich, was man in der Natur unter dem „Kreislauf des Wassers" versteht.

7. Worüber werden im Klimadiagramm Aussagen gemacht?

8. Welche Massestücke haben zusammen das gleiche Gewicht wie 1 Liter Luft?

9. Was versteht man unter dem Luftdruck?

10. In welcher Einheit wird der Luftdruck gemessen?

11. Wie heißt das Gerät zur Messung des Luftdrucks?

12. Welcher Druck wird als Normaldruck bezeichnet?

13. Bei einem Urlaub am Meer stellst du fest, dass der Wind tagsüber meist vom Meer in Richtung Land weht (▷ B 1). Erkläre diese Beobachtung.

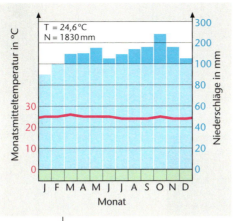

2 Zu Aufgabe 25

14. In welcher Windzone leben wir?

15. Mit dem Hygrometer wird die Luftfeuchtigkeit gemessen. Was macht man sich bei diesem Gerät zunutze?

16. Welche Messgeräte gehören zu einer Wetterstation?

17. Worauf solltest du achten, wenn du Wetterbeobachtungen machst und die Werte in den Wetterbeobachtungsbogen einträgst?

18. Über welchen Zeitraum kann eine zuverlässige Wettervorhersage gemacht werden?

19. Informiere dich in einem Lexikon oder über das Internet, wie ein tropischer Wirbelsturm entsteht.

20. Nenne Beispiele, die zeigen, dass Pflanzen an das Klima angepasst sind (▷ B 4).

21. Tiere kommen auf ganz unterschiedliche Weise „durch den Winter". Erkläre die Unterschiede an Beispielen.

22. Erkläre, wie eine Weihnachtspyramide funktioniert.

23. Wie bezeichnet man die Wetterschicht der Atmosphäre?

24. a) Wie nennt man Monate, in denen günstige Bedingungen für Pflanzenwachstum herrschen?
b) Welche Werte müssen die Temperaturen und die Niederschlagsmengen in diesen Monaten mindestens erreichen?

25. Betrachte das Klimadiagramm in Bild 2. Wo liegt die Station, mit der dieses Diagramm aufgenommen wurde?

26. Jedes Frühjahr und jeden Herbst nehmen etwa 20 000 Ringelgänse vorübergehend Quartier auf der Hallig Hooge in der Nordsee. Erkläre das Verhalten der Vögel. Gibt es einen Zusammenhang mit dem Klima in unserem Gebiet?

1 Zu Aufgabe 13

3 Zu Aufgabe 26

4 Zu Aufgabe 20

Startpunkt

Eine neue Zeit beginnt

Hast du nicht auch manchmal den Eindruck, es ist nichts mehr so wie früher? Dein Körper verändert sich, aber auch Gefühle, Einstellungen und Interessen werden andere. Du wirst erwachsen.

Verflixt, die Badezimmertür ist immer noch abgeschlossen. Mark hämmert mit der Faust dagegen und ruft ärgerlich: „Christina, beeil dich, ich komme sonst zu spät!" Hinter der Tür ertönt nur gereizt: „Ja, ja, ich bin gleich fertig, du nervst!" Der hat ja keine Ahnung, denkt Christina, ich muss doch wenigstens so gut aussehen wie meine Freundinnen. Denen fällt doch immer alles gleich auf.

Mark ist wütend auf seine Zwillingsschwester. Wieso verbringt sie immer so viel Zeit vor dem Spiegel? Das war doch früher nicht so.
Immer öfter streitet Christina sich mit ihren Eltern und auch mit ihm. Ihr Zimmer hat sie auch ganz verändert und er darf nur noch hinein, wenn er angeklopft hat. Mark findet das alles ziemlich albern, aber Schwestern müssen wohl so sein.

„Mark, wie sieht es denn hier aus und angezogen bist du auch noch nicht", ertönt da die vorwurfsvolle Stimme der Mutter aus seinem Zimmer. „Wie willst du in dem Chaos deine Sachen finden?"

Gut, dass ich gleich hier raus bin, denkt Mark, als Christina endlich aus der Tür kommt. Schnell huscht er ins Bad und schließt die Tür hinter sich.
Draußen hört er noch seine Mutter entsetzt sagen: „Kind, wie siehst du denn aus, so willst du doch wohl nicht in die Schule?"

Mark freut sich auf seine Klassenkameraden, die wenigstens so sind wie er und ihn verstehen.

Erwachsen werden – die Zeit der Pubertät
Du erlebst nun einen neuen Lebensabschnitt, in dem du geschlechtsreif wirst: die Pubertät.
In dieser Zeit entwickelst du dich vom Mädchen zur jungen Frau oder vom Jungen zum jungen Mann.

Die Pubertät dauert einige Jahre und verläuft bei jedem anders. Bei den Mädchen beginnt sie etwa zwischen dem 9. und 14. Lebensjahr, bei den Jungen etwa zwischen dem 11. und 16. Lebensjahr.
Erwachsen werden ist eine schöne, aber manchmal auch schwierige Zeit.

Immer mehr Gefühle bestimmen dein Leben

Gute Zeiten – schlechte Zeiten

Christina stürmt wutschnaubend auf ihre Freundinnen zu: „Meine Mutter nervt total! Ich hatte mich so auf den Einkaufsbummel gefreut, aber ich sollte mal wieder das schön finden, was sie ausgesucht hatte. Nie lässt sie mich selber entscheiden, ich bin doch kein Kleinkind mehr. Der ganze Nachmittag war kaputt und gekauft haben wir auch nichts. Das finde ich so gemein. Außerdem hat ihr heute morgen wieder nicht gefallen, wie ich aussehe."

Christinas schlechte Laune ist trotzdem schnell wieder verflogen, denn das Neueste von der heißgeliebten Musikgruppe macht die Runde. Die Mädchen haben noch viel zu reden. Oft geht es um meckernde Erwachsene, von denen sie sich nicht verstanden fühlen, Freundschaften und Cliquen, Mode und Musik.
Voller Freude und Ausgelassenheit kichern sie manchmal drauflos und können nicht mehr aufhören zu lachen. Nur in ihrer Gruppe fühlen sie sich wohl und verstanden. Wem sonst als den besten Freundinnen könnten sie sich anvertrauen?

Auch Mark, Christinas Zwillingsbruder, versteht sich mit seinen Freunden meistens sehr gut. Die Jungen haben aber ganz andere Interessen als die Mädchen und bleiben auch unter sich. Bei ihnen geht es hauptsächlich darum, in der Gruppe eine bestimmte Rangfolge festzulegen. Sie denken sich „Mutproben" aus, mit denen sie sich gegenseitig imponieren wollen.
Mark ist als guter Sportler sehr beliebt. Manche seiner Freunde beneiden ihn deswegen. Beim letzten Schwimmwettkampf hat er gesiegt und fühlt sich seitdem besonders gut. Zu Hause und in der Schule zeigt er sich stark und will sich ständig durchsetzen.
Das Verhalten seiner Schwester kann er oft nicht mehr verstehen. Dann verschwindet er in sein Zimmer und setzt sich an den Computer oder hört Musik.

3 Verliebt

1 Mädchen unter sich

2 Jungen unter sich

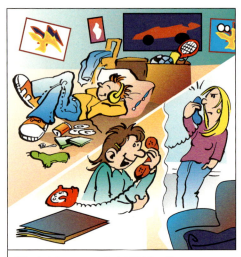

4 Typisch Jungen, typisch Mädchen!?

Warum bin ich plötzlich anders?

Früher haben Mark und Christina oft zusammen gespielt. Das hat sich geändert. Beide haben anscheinend keine Gemeinsamkeiten mehr und sind nur noch mit ihren Freunden oder Freundinnen zusammen. Zu Hause gehen sie sich möglichst aus dem Weg.
Die Veränderungen im Körper sind die Ursache für das Anders-Sein der beiden. Jungen und Mädchen entwickeln sich im gleichen Alter verschieden schnell. Deshalb verhalten sie sich auch so unterschiedlich.

Gefühle zeigen – oder nicht?

Angst, Eifersucht, Sehnsucht, Trauer, Glück und Liebe lassen sich nur schwer erklären. Diese Empfindungen sind einfach da, du fühlst sie.
Die angenehmen Gefühle möchtest du festhalten, die negativen bedrücken und verwirren dich schon mal. Lasse sie trotzdem zu und versuche, einem vertrauten Menschen davon zu erzählen. Sprich aus, was dir gefällt oder nicht gefällt und was dir gut tut. Jetzt werden beste Freunde oder Freundinnen vielleicht noch wichtiger, als sie früher schon waren.
Manchmal ist es aber auch richtig, Gefühle für sich alleine zu haben.

Allmählich möchtest du selbstständig sein und deinen eigenen Weg gehen. Eltern und anderen Erwachsenen gegenüber wirst du immer kritischer und sträubst dich gegen alle möglichen Anordnungen und Regeln. Häufig kommt es deswegen zum Streit. Du fühlst dich unverstanden, allein gelassen und unglücklich. Das geliebte Plüschtier spendet dir Trost. In kurzen Zeitabständen erlebst du dich immer anders. Du brauchst also viel Geduld mit dir.

Aufgaben

1 a) Schreibe auf, wie sich die Mädchen und die Jungen im Text, auf den Fotos und in den Cartoons verhalten.
b) Versetze dich in die Rolle einer Mutter oder eines Vaters. Spielt Szenen vor, in denen Sohn oder Tochter bestärkt werden sollen, sich nicht unbedingt rollentypisch zu verhalten.

2 Erstellt eine Liste von Streitsituationen mit Erwachsenen, die in der Klasse häufig genannt werden.

3 Fertigt in Jungen- und Mädchengruppen je ein „Mädchen-sind-so-..."- und ein „Jungen-sind-so-..."-Plakat an. Sammelt Aussagen über positive und negative Eigenschaften des jeweils anderen Geschlechts. Was stellt ihr fest?

4 Nenne Gründe, warum du gerne ein Junge oder ein Mädchen bist.

6 Junge in der Küche

5 Keiner fragt danach, was ich eigentlich will.

7 Mädchen repariert Fahrrad

Jungen werden zu jungen Männern

1 In der Sauna

Dein Körper verändert sich

Bei kleinen Kindern, die du nackt von hinten siehst, kannst du Jungen und Mädchen nicht unterscheiden. Erst von vorne erkennst du sie an den Geschlechtsorganen, die schon von Geburt an vorhanden sind. Diese heißen **primäre Geschlechtsmerkmale**. Äußerlich sichtbar sind bei Jungen das Glied bzw. der Penis und der Hodensack, der die Hoden und Nebenhoden enthält. Die beiden Samenleiter, die Bläschendrüse und die Vorsteherdrüse liegen verborgen im Unterleib.
In der Pubertät entwickeln sich dann weitere Geschlechtsmerkmale, die den erwachsenen Mann vom Jungen unterscheiden. Sie heißen **sekundäre Geschlechtsmerkmale**.

Jungen bemerken den Beginn der Pubertät meistens daran, dass Körperhaare vor allem oberhalb des Gliedes im Schambereich und in den Achselhöhlen wachsen. Später erscheint ein leichter Bartflaum auf der Oberlippe. Bei manchen Jungen wachsen auch Haare auf Armen und Beinen, sowie Brust, Bauch, Po und Rücken.
Am Anfang der Pubertät streckt sich der Körper in die Länge. Die Schultern werden breiter, die Hüften bleiben schmal. Die Muskulatur wird nach und nach überall kräftiger, sodass die ganze Körperform männlicher wird.

Deutlich tritt der Kehlkopf als „Adamsapfel" hervor und die Stimmbänder werden darin länger. Dadurch „bricht" schon mal die hohe Kinderstimme in eine tiefere Männerstimme um. Die Stimmbänder sind noch nicht richtig auf die veränderte Länge eingestellt. Das ist der **Stimmbruch**.

Warum verändert sich der Körper mit Beginn der Pubertät? Der Körper bildet in Drüsen Botenstoffe oder **Hormone**, die auf die verschiedenen Organe einwirken. Auch die Hoden bilden Geschlechtshormone.
Es ist völlig normal, dass diese Veränderungen nicht bei allen Jungen zum gleichen Zeitpunkt beginnen und enden.
Außerdem ist es normal, dass die Pubertät bei Jungen später beginnt als bei Mädchen.

▶ Botenstoffe oder Hormone bewirken die Ausbildung der sekundären Geschlechtsmerkmale:
– die typisch männliche Körperform,
– die Körperbehaarung,
– der Bartwuchs,
– die tiefe Stimme.

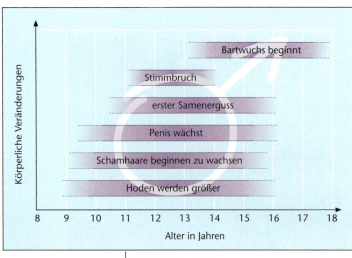

2 Entwicklung bei Jungen

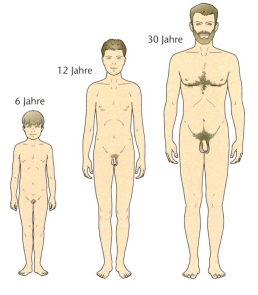

366

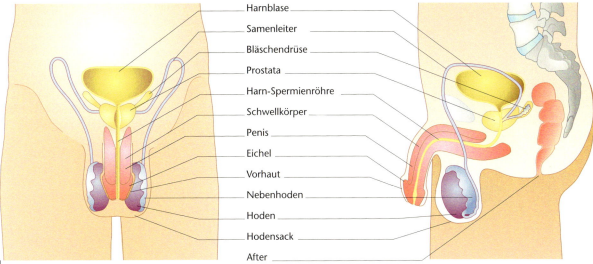

3 Männliche Geschlechtsorgane

Männliche Geschlechtsorgane

In der Pubertät wachsen auch Penis, Hoden und Hodensack.
In den Hoden entstehen die männlichen Keimzellen oder **Spermien**, die ab jetzt ein Leben lang nachgebildet werden. Es sind täglich mehrere Millionen, die sich in den Nebenhoden sammeln.

Vorne am Penis befindet sich die Eichel. Sie ist sehr empfindlich und wird durch die Vorhaut bedeckt. Der Penis kann sich aufrichten und steif werden, weil sich die Blutgefäße in den Schwellkörpern prall mit Blut füllen. Eine solche Gliedversteifung heißt **Erektion**.

Anschließend können die Spermien durch die beiden Samenleiter zusammen mit Flüssigkeiten aus Bläschendrüse und Vorsteherdrüse, der Prostata, durch die Harnröhre nach außen gelangen. Das weißliche Gemisch aus Spermien und Drüsenflüssigkeit heißt **Sperma**.

Was bedeutet eigentlich „geschlechtsreif" sein?

Der erste Samenerguss erfolgt meist unbewusst im Schlaf. So eine Pollution ist ein ganz natürlicher Vorgang.
Der Junge ist mit dem ersten Samenerguss geschlechtsreif und könnte nun ein Kind zeugen.

Auch eigene Berührungen oder Gedanken, Träume und Bilder führen manchmal zu einer Erektion. Dabei empfinden Jungen und Männer ein erregendes Gefühl. Durch Reiben des Penis kommt es zum Höhepunkt der Lust, dem Orgasmus, der mit einem Samenerguss verbunden ist. Dieses Selbstbefriedigen oder Onanieren ist ganz normal und nicht schädlich.

> Wenn sich die männlichen Geschlechtsorgane vergrößert haben, bilden die Hoden Spermien.
> Ab dem ersten Samenerguss ist der Junge geschlechtsreif und kann Kinder zeugen.

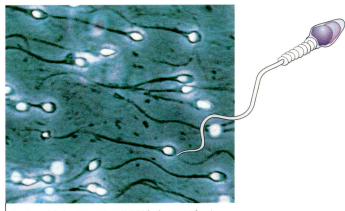

4 Menschliche Spermien (1 000fach vergrößert)

Aufgaben

1. Beschreibe mit eigenen Worten die Entwicklung vom Jungen zum Mann.

2. Erkläre, wie die Veränderungen während der Pubertät ausgelöst werden.

3. Beschreibe den Unterschied zwischen Spermien und Sperma.

Mädchen werden zu jungen Frauen

1 Am Strand

Dein Körper verändert sich

Während der Kindheit wachsen die Geschlechtsorgane, die du von Geburt an hast, einfach mit deinem Körper mit und verändern sich nur wenig.
Diese **primären Geschlechtsorgane** liegen beim Mädchen verborgen im Unterleib: Gebärmutter, Eierstöcke mit unreifen Eizellen und Eileiter. Äußerlich sind nur die großen Schamlippen sichtbar.

Mit Einsetzen der Pubertät bilden die Eierstöcke Botenstoffe oder **Hormone**, die über das Blut auf die verschiedenen Organe einwirken. Deshalb entwickeln sich nun auch die **sekundären Geschlechtsmerkmale**, die den Körper einer erwachsenen Frau vom kindlichen Mädchenkörper unterscheiden.

Zu Beginn der Pubertät verändert sich die Figur des Mädchens. Die Hüften werden breiter und die Taille bildet sich aus. Fetteinlagerungen in der Unterhaut machen den Körperumriss runder und weicher.
Wenn die Brüste zu wachsen beginnen, wachsen auch die Haare im Schambereich und etwas später in den Achselhöhlen.

Manche Mädchen warten sehnsüchtig darauf, dass sie Brüste bekommen und die Körperform weiblicher wird. Andere sind über die sichtbaren Veränderungen ihres Körpers noch nicht so glücklich. Mal empfinden sie sich als zu dick, mal als zu dünn, mal als zu früh fraulich oder noch zu kindlich.

Manchmal versuchen Mädchen sogar, mit ihren Essgewohnheiten die Körperveränderungen gewaltsam zu beeinflussen.

▶ Botenstoffe oder Hormone bewirken die Ausbildung der sekundären Geschlechtsmerkmale:
– die typisch weibliche Körperform,
– Scham- und Achselhaare,
– Brüste.

Weibliche Geschlechtsorgane

Die äußerlich sichtbaren primären Geschlechtsorgane, die großen Schamlippen, sind weiche Hautfalten. Sie überdecken und schützen die kleinen Schamlippen, den Kitzler und den Eingang zur Scheide. Der Kitzler ist eine sehr empfindsame Stelle und etwa so groß wie eine Erbse.

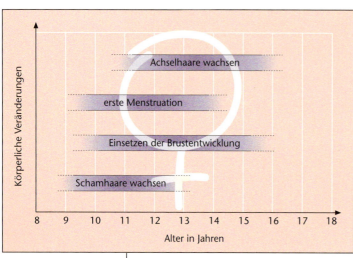

2 Entwicklung bei Mädchen

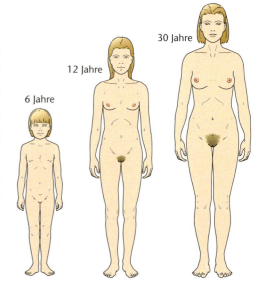

Mädchen werden zu jungen Frauen

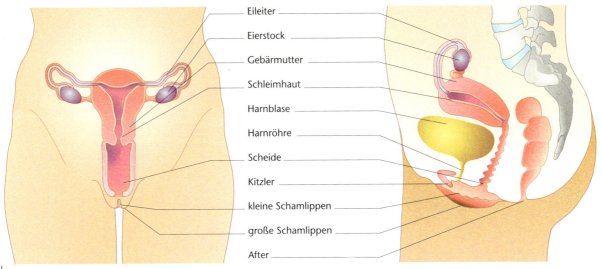

3 Weibliche Geschlechtsorgane

Die Verbindung von außen zur Gebärmutter ist die Scheide. Bei jungen Mädchen ist der Scheideneingang durch ein feines Häutchen, das Jungfernhäutchen, teilweise umrandet.

Das unverletzte Jungfernhäutchen wird oft als Beweis dafür verstanden, dass ein Mädchen noch Jungfrau ist. Eine Jungfrau ist eine Frau, die noch nie mit einem Mann geschlafen hat, egal ob das Häutchen gerissen ist oder nicht. Das kann auch schon vorher ohne Geschlechtsverkehr passieren, z. B. beim Sport.

Was heißt eigentlich „geschlechtsreif" sein?

Die Gebärmutter ist ein sehr dehnbares Organ. Sie hat die Form und Größe einer kleinen Birne. Während der Schwangerschaft kann sie sich so ausdehnen, dass in ihr ein Baby bis zur Geburt Platz findet. Rechts und links von der Gebärmutter führt je ein Eileiter zu einem Eierstock. Die beiden Eileiter verbreitern sich vor den Eierstöcken zu einem Eitrichter.

Ab der Pubertät reifen in den Eierstöcken die weiblichen Keimzellen, die Eizellen. Dann ist ein Mädchen geschlechtsreif und könnte ein Kind bekommen.

Mädchen können durch Streicheln der äußeren Geschlechtsorgane intensive Lustgefühle haben und sich selbst befriedigen. Dabei erleben sie den Höhepunkt der Erregung als Orgasmus.
Selbstbefriedigung ist ein ganz natürlicher Vorgang und schadet nicht.

▶ Von den primären weiblichen Geschlechtsorganen sind äußerlich nur die großen Schamlippen zu erkennen. Gebärmutter, Eierstöcke und Eileiter liegen geschützt im Becken.
Mädchen sind geschlechtsreif, wenn reife Eizellen gebildet werden.

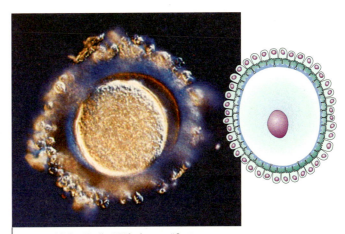

4 Menschliche Eizelle 270fach vergrößert

Aufgaben

1. Beschreibe die unterschiedlichen Geschlechtsmerkmale auf dem Foto / der Grafik in Abbildung 1 und 2.

2. Beschreibe mit eigenen Worten die Entwicklung vom Mädchen zur Frau.

3. Erkundige dich bei Mitschülerinnen anderer Kulturen über Verhaltensregeln, die sie ab dem Beginn der Pubertät einhalten müssen.
Berichte darüber.

Der Menstruationszyklus

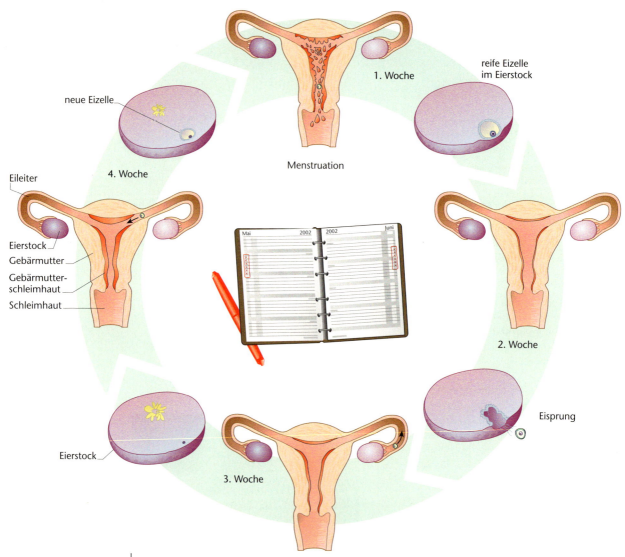

1 Menstruationszyklus

Eine Eizelle reift heran
In den Eierstöcken liegen die weiblichen Keimzellen, die Eizellen. Schon von Geburt an hat jedes Mädchen etwa 400 000 Eizellenanlagen in den Eierstöcken, aber nur 400–500 davon werden im Laufe eines Lebens heranreifen.

Zu Beginn der Pubertät bewirken bestimmte Hormone, dass sich alle 26–30 Tage abwechselnd im linken und rechten Eierstock eine Eizelle entwickelt. Sie wächst in einem flüssigkeitsgefüllten Bläschen heran, das nach etwa 14 Tagen aufplatzt und die reife Eizelle freisetzt. Das ist der **Eisprung**.

Der Trichter des Eileiters fängt die Eizelle auf. Da sich die Eizelle nicht selbst fortbewegen kann, tragen die Bewegungen feinster Härchen an den Innenwänden der Eileiter die Eizelle zur Gebärmutter. Die Eizelle könnte jetzt von einem Spermium befruchtet werden.

Eine befruchtete Eizelle beginnt sich zu teilen und nistet sich nach einigen Tagen in der Gebärmutterschleimhaut ein. Die Frau ist dann schwanger.

Menstruation – die Regelblutung
Wird die Eizelle nach dem Eisprung nicht befruchtet, stirbt sie ab. Nach ungefähr 14 Tagen löst sich dann die Gebärmutterschleimhaut ab. Schleimhautfetzen und Blut werden durch die Scheide ausgeschieden. Die Blutung dauert einige Tage und tritt ab jetzt fast regelmäßig einmal im

Monat auf. Deshalb wird diese Blutung auch **Regelblutung**, Monatsblutung, Periode oder einfach „Tage" genannt. Ärzte sprechen von **Menstruation**.
Die erste Blutung in der Pubertät zeigt an, dass das Mädchen **geschlechtsreif** ist.

Schon während der Regelblutung reift in dem anderen Eierstock eine neue Eizelle heran und der ganze Vorgang beginnt von Neuem. Da es sich um einen immer wiederkehrenden Kreislauf handelt, wird er mit dem Fremdwort **Zyklus** bezeichnet.

Was ist ein Menstruationskalender?
Am Anfang der Pubertät ist der Zyklus noch alles andere als regelmäßig. Auch die Dauer kann schwanken und damit verschiebt sich der Zeitpunkt der nächsten Regelblutung. Es ist deshalb wichtig, einen **Menstruationskalender** zu führen. Darin werden alle Tage der Blutung eingetragen. Etwa 26–30 Tage später ist dann mit der nächsten Blutung zu rechnen. Regelmäßige Eintragungen helfen, die persönlichen Abweichungen zu erkennen.

An manchen Tagen …
Viele Mädchen fühlen sich kurz vor und zu Beginn der Regelblutung nicht wohl. Bauch- und Rückenschmerzen oder auch Kopfschmerzen können auftreten, verschwinden aber allmählich wieder. Bei sehr starken, krampfartigen Schmerzen sollte ein Arzt oder eine Ärztin befragt werden.
Die Regelblutung ist ein ganz natürlicher Vorgang und keine Krankheit. Leichter Sport ist gut und kann Krampfschmerzen entgegenwirken.
Mit etwa 50 Jahren hört die Regel wieder auf. Frauen können dann keine Kinder mehr bekommen.

> Kommt es nicht zur Befruchtung, löst sich die Gebärmutterschleimhaut ab und wird mit Blut ausgeschieden. Dieser einmal pro Monat wiederkehrende Vorgang heißt Regelblutung oder Menstruation.

Hygiene während der „Tage"
Aus der Gebärmutter fließen während der Periode etwa 120 ml Blut – das entspricht ungefähr einer halben Tasse.
Hygiene ist in dieser Zeit besonders wichtig, denn Blut und Schleimhautreste lassen Krankheitserreger besonders gut wachsen. Diese könnten jetzt leicht bis in die Gebärmutter vordringen.

Saugfähige **Binden** fangen das ausfließende Blut außerhalb des Körpers auf. Sie werden in die Unterwäsche eingelegt und kleben dort rutschfest.

Tampons sind kleine Watteröllchen, die in die Scheide eingeführt werden und das Blut bereits im Körper aufnehmen. Mit einem speziellen Rückholfaden können sie wieder herausgezogen werden (▷ B 2). Dünne Tampons passen durch die Öffnung des Jungfernhäutchens und beschädigen es normalerweise nicht.

Blut selbst riecht nicht. An der Luft wird es aber durch Bakterien zersetzt. Dadurch entstehen unangenehme Gerüche. Binden und Tampons müssen deshalb alle paar Stunden gewechselt werden. Sie gehören niemals in die Toilette, sondern in den Mülleimer.

Die äußeren Geschlechtsorgane sollen während der Regelblutung sorgfältig gewaschen werden. Duschen ist erlaubt und schadet nicht.

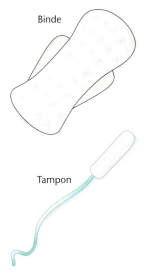

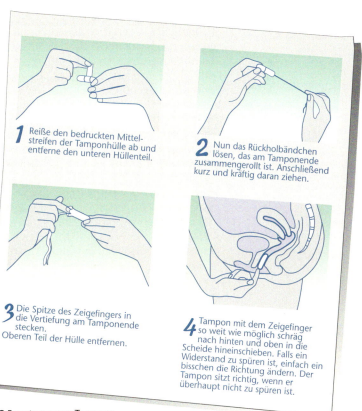

2 Benutzung von Tampons

Körperpflege ist wichtig

1 Waschorgie

2 Sport

3 Gruppenarbeit

Waschen – wann und wie?

Während der Pubertät verändert sich auch die Haut und verlangt besondere Pflege. Der Körpergeruch nimmt zu, weil die Schweißdrüsen mehr Flüssigkeit abgeben. Schweiß ist eigentlich geruchlos. Der unangenehme Geruch entsteht erst, wenn Bakterien Schweiß, abgestorbene Hautzellen und Hautfett zersetzen. Diese Bakterien sind keine Krankheitserreger, sondern kommen immer auf einer gesunden Haut vor.

Wenn du stark geschwitzt hast, ist es besonders wichtig, dass du dich wäschst und die Wäsche wechselst. Dabei darfst du Strümpfe oder Socken nicht vergessen, denn auch die Fußsohlen sondern mehr Schweiß ab.
Deos verhindern zwar den Schweißgeruch, sollten aber keinesfalls zum Überdecken des Geruchs verwendet werden.
Dennoch ist auch zu häufiges Duschen ungesund und trocknet die Haut nur unnötig aus.

Bei der täglichen Körperpflege darfst du die Geschlechtsorgane, also den Intimbereich, nicht auslassen.

Die Jungen müssen beim Waschen die Vorhaut des Penis vorsichtig zurückschieben und die talgähnlichen Absonderungen entfernen. Neben unangenehmem Geruch können sonst auch Entzündungen entstehen. Mädchen müssen bei der Intimpflege und auf der Toilette besonders darauf achten, sich von vorne nach hinten zu reinigen. Sonst können Bakterien vom Darm in die Scheide gelangen.

▶ Weil in der Pubertät die Schweißdrüsen verstärkt Schweiß absondern, ist regelmäßige Körperpflege besonders wichtig.

Keine Frage – eine Plage: Pickel, Akne, Mitesser

Hast du im Gesicht, vor allem um die Nase herum, auch schon mal schwarze Pünktchen entdeckt?
Das sind **Mitesser.** So werden die dunklen Stellen genannt, die meist auf fettiger Haut zu sehen sind. Talgdrüsen produzieren unter dem Einfluss von Geschlechtshormonen besonders viel Talg, der die Drüsenausgänge verstopft. An der Hautoberfläche verfärbt er sich schwarz. Aus den Mitessern können leicht **Pickel** entstehen. Hautbakterien gelangen in die Talgdrüsen, es bildet sich Eiter. Wenn der Pickel „reif" ist, sind die äußeren Hautschichten ganz dünn geworden und können aufreißen. Aufkratzen oder ausdrücken darfst du sie auf keinen Fall, denn so werden die Bakterien unnötig verteilt. Außerdem entstehen vielleicht hässliche Narben.

Treten im Gesicht oder auf dem Rücken viele solcher Pickel auf, dann hast du **Akne.** Sie ist eine typische Erscheinung in der Pubertät und kein Zeichen von nachlässiger Hautpflege.
Oft hilft es schon, wenn du dich anders er-

4 In der Disko

nährst. Zuviel Fett, Süßigkeiten oder stark gewürzte Speisen fördern die Aknebildung. Starke Akne solltest du immer vom Hautarzt behandeln lassen.

▶ Mitesser, Pickel und Akne sind Hautunreinheiten, die besonders häufig in der Pubertät vorkommen.

Aufgaben

1 Erstelle einen Ratgeber für richtige Körperpflege von Kopf bis Fuß.

2 Erarbeitet in Gruppen Vorschläge, wie ihr eine Mitschülerin oder einen Mitschüler freundlich darauf aufmerksam machen könnt, dass sie/er die Körperpflege vernachlässigt.

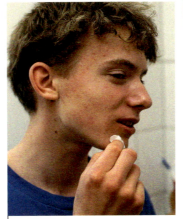
5 Hautpflege ist wichtig.

6 Hilfe, ein Pickel!

Zeitpunkt

Ohne Wasser stinkt's gewaltig

Da es im 17. Jahrhundert nicht üblich war sich zu waschen, muss es gewaltig gestunken haben.
Wer es sich leisten konnte, kaufte sich jede Menge Parfüms und Puder, um den eigenen Gestank zu überdecken.

Die prunkvollen Kleider der Leute am Hofe des Königs LUDWIG XIV (1635–1715) in Versailles konnten nie gewaschen werden. Flöhe und auch Läuse vermehrten sich besonders gut.
Wenn ihre weißen Perücken schmutzig waren, kam einfach viel weißer Puder darauf. So sammelten sich nach Jahren ganze Puderschichten auf Haar und Haut. Pickel wurden mit seidenen „Schönheitspflästerchen" einfach überklebt.

Da es keine Toiletten gab, brachten Diener den Adeligen und Geistlichen am Hof spezielle Pfannen zum Auffangen der Fäkalien hinter die riesigen Vorhänge. Nicht selten machten sie einfach auf Treppen und in die Kamine.

In den Städten wurden nachts die Inhalte aus Eimern und Nachttöpfen achtlos auf die Straße gekippt und in Rinnen weitergeleitet. Es stank bestialisch!

Kein Wunder also, wenn es viele Krankheiten gab. Ärzte konnten auch nicht helfen, weil das Wissen um die Gefahren noch nicht bekannt war.
Durch mangelnde Hygiene starben häufig auch Mütter bald nach der Geburt eines Kindes an einem damals noch unerklärlichen Fieber. Richtiges Waschen der Hände, Bettlaken und Nachthemden hätte vielen Müttern und Babys das Leben gerettet.

1 Kratzhand

1 Höfische Gesellschaft zur Zeit LUDWIGS XIV

Ein neuer Mensch entsteht

Geschlechtliche Vereinigung

Im Verlauf der Pubertät entwickelt sich zum ersten Mal der Wunsch, einem vertrauten und geliebten Partner auch körperlich ganz nah zu sein. Küssen und Streicheln des ganzen Körpers verstärken das Verlangen. Eine sexuelle Erregung entsteht und die Partner wollen „miteinander schlafen". Das ist nur eine Umschreibung für Geschlechtsverkehr, Liebe machen oder Sex haben.

Bei der geschlechtlichen Vereinigung gleitet der steife Penis in die Scheide. Drüsen in der Scheide sondern Gleitflüssigkeit ab und machen die Scheide feucht. Beide Partner bewegen sich stürmisch oder sanft hin und her und können dabei einen **Orgasmus** erleben. Kommt es beim Mann zum Samenerguss, schwimmen Millionen Spermien in Richtung Eizelle.

▶ Jede geschlechtliche Vereinigung kann zu einer Befruchtung und damit zu einer Schwangerschaft führen.

Eine Eizelle wird befruchtet

Nur das erste Spermium, das die Eizelle erreicht, kann mit seinem Kopf eindringen und dann mit der Eizelle verschmelzen. Das ist die **Befruchtung**. Danach bildet die Eizelle eine Schutzhülle, die verhindert, dass weitere Spermien eindringen. Die Eizelle kann nur in den ersten 12 Stunden nach dem Eisprung befruchtet werden.

Der Keim nistet sich ein

Die befruchtete Eizelle teilt sich auf dem Weg durch den Eileiter mehrmals. Nach fünf Tagen nistet sie sich als vielzellige Kugel in der verdickten Gebärmutterschleimhaut ein. Die Frau ist **schwanger**. Die Gebärmutterschleimhaut wird nicht abgestoßen und die Regelblutung bleibt aus. Ab der dritten Schwangerschaftswoche wird der Keim **Embryo** genannt.

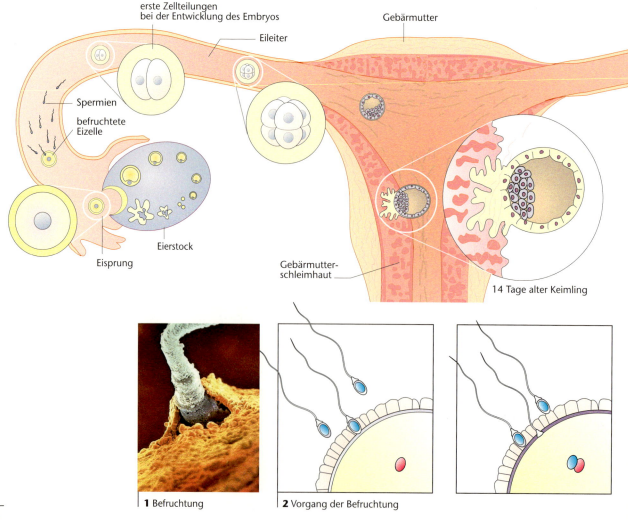

1 Befruchtung

2 Vorgang der Befruchtung

Ein neuer Mensch entsteht

3 Schwangere mit Kleinkind

Der Embryo bekommt menschliche Gestalt

Ein Teil des bläschenförmigen Keims bildet zusammen mit der Gebärmutterschleimhaut die **Plazenta**. Von dort erhält der Embryo durch eine Nabelschnur alle Nährstoffe aus dem mütterlichen Blut. Der wachsende Embryo sieht zunächst einem Baby noch gar nicht ähnlich. Er liegt geschützt in der Fruchtblase, die mit Fruchtwasser gefüllt ist.

In den ersten acht Wochen werden schon alle Organe angelegt, obwohl der Embryo am Ende des 2. Monats erst etwa 4 cm groß ist und 1 g wiegt. Inzwischen ähnelt er einem winzigen Baby. Im 3. Monat werden Augen, Ohren, Nase und Mund weiter ausgebildet.
Der Embryo heißt ab jetzt **Fetus**, er misst 12 cm und wiegt 30 g.
Ab dem 5. Monat bewegt sich der Fetus so heftig, dass die Mutter die Bewegungen spüren kann. Er nimmt Geräusche und Musik von außen wahr und hört die Stimme seiner Mutter. Außerdem können Ärzte auf dem Ultraschallbild erkennen, ob es ein Mädchen oder ein Junge ist.
Nach sieben Monaten könnte ein Fetus schon gut überleben, wenn er als Frühgeburt oder „Frühchen" auf die Welt kommt. Bis zur Geburt vergehen normalerweise 40 Wochen oder etwas mehr als neun Monate.

▶ In den ersten drei Monaten der Entwicklung im Mutterleib werden alle Organe beim Embryo angelegt. Danach nimmt der Fetus hauptsächlich an Größe und Gewicht zu.
Ein werdendes Kind braucht ganz besonderen Schutz für seine gesunde Entwicklung.

Die Verantwortung für ein Kind fängt schon früh an

Schon bevor ein Baby auf die Welt kommt, kann es bei den Eltern für manche Aufregung sorgen. Der Körper der werdenden Mutter verändert sich und sie muss ihr Leben darauf einstellen. Neben der Freude stellt sich jede Mutter auch immer wieder die ängstliche Frage: Wird sich mein Baby normal entwickeln und gesund zur Welt kommen?

Sie selbst kann viel dazu beitragen, wenn sie sich richtig ernährt, nicht raucht, keinen Alkohol trinkt oder andere Drogen nimmt. Durch regelmäßige Vorsorgeuntersuchungen überwacht die Ärztin oder der Arzt die Gesundheit von Mutter und Kind.

Erkrankt die Mutter während der Schwangerschaft an **Röteln**, kann das schlimme Folgen für das Baby haben. Es wird durch Giftstoffe des Krankheitserregers körperlich und geistig schwer geschädigt. Deshalb sollten alle Mädchen schon vor der Pubertät gegen Röteln geimpft werden. Auch in deiner Schule werden sicher jedes Jahr Impfaktionen durchgeführt.

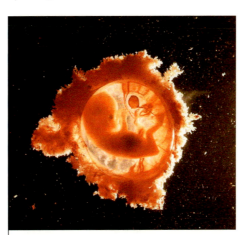

4 Fetus

Aufgaben

1 Erkläre, was Befruchtung bedeutet.

2 Beschreibe die Vorgänge von der Befruchtung der Eizelle bis zur Einnistung.

3 Beschreibe den Fetus auf dem Foto und gib an, welche Körperteile du erkennen kannst.

4 Wie ansteckend sind Röteln? Informiert euch im Internet und berichtet.

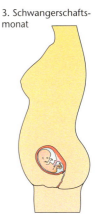

3. Schwangerschaftsmonat

7. Schwangerschaftsmonat

5 Entwicklung vom Embryo zum Fetus

Ein neuer Mensch kommt auf die Welt

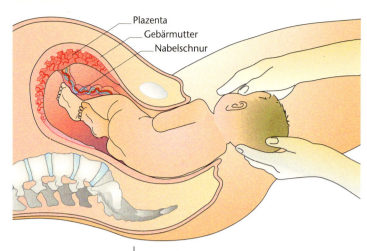

1 Austreibungsphase

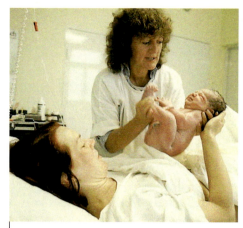

3 Die Hebamme hilft auch nach der Geburt.

Geburtstag

Gegen Ende der Schwangerschaft ist der Bauch der werdenden Mutter so dick, dass ihr auch leichte Tätigkeiten schwer fallen. Das wachsende Kind braucht immer mehr Platz und drückt die Organe seiner Mutter nach oben. Immerhin ist das Kind kurz vor der Geburt 50 bis 55 cm groß und wiegt manchmal bis zu 4000 g. Die Mutter spürt schon einige Tage vor der **Geburt**, dass die Schwangerschaft zu Ende geht.

Ziehende Schmerzen im Rücken und im Bauch, die **Wehen**, kündigen die Geburt an. Die Muskulatur der Gebärmutter zieht sich zusammen und drückt das Baby im Normalfall mit dem Kopf in Richtung Scheidenausgang.
Die Fruchtblase platzt und das Fruchtwasser läuft aus. Danach wird das Kind mit Presswehen durch die Gebärmutteröffnung, den Muttermund, aus der Scheide herausgepresst. Die Mutter hilft mit, indem sie ihre Bauchmuskulatur fest anspannt. Hebamme, Arzt oder Ärztin unterstützen sie dabei. Sie führen und halten das Köpfchen des Kindes bis es geboren ist. Häufig erlebt auch der Vater die Geburt seines Kindes mit. Viele Mütter finden es beruhigend und schön, ihren Partner während diesem besonderen Ereignis bei sich zu haben.
Direkt nach der Geburt wird die Nabelschnur ohne Schmerzen abgebunden und durchtrennt. Daher hat die **Entbindung** ihren Namen.

Der erste Schrei

Mit dem ersten Schrei atmet das Neugeborene selbstständig. Die Plazenta wird mit einer Wehe als Nachgeburt ausgestoßen. Hebamme, Arzt oder Ärztin legen der Mutter ihren Säugling gleich nach der Geburt auf den Bauch. Die vertrauten Herztöne der Mutter und der Hautkontakt sind Erholung nach der anstrengenden Geburt.

▶ Die Geburt beginnt mit Wehen. Mit der Entbindung wird das Neugeborene von der versorgenden Plazenta der Mutter getrennt.

2 Neugeborenes auf dem Bauch der Mutter

Aufgaben

1 Woran erkennt eine werdende Mutter, dass die Geburt unmittelbar bevorsteht?

2 Erkläre, was mit Entbindung gemeint ist.

3 Informiere dich über die Aufgaben einer Hebamme und berichte.

4 Lasse dir von deiner Mutter über Einzelheiten deiner Geburt berichten.

Manchmal kommen zwei Babys auf die Welt

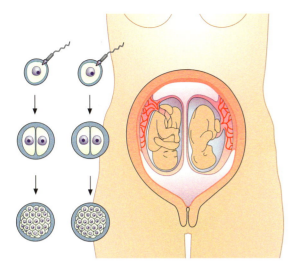
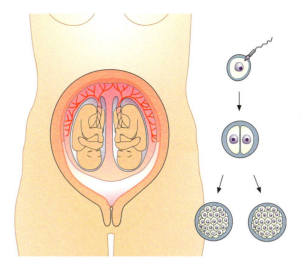

1 Zweieiige Zwillinge

2 Eineiige Zwillinge

Zehn Minuten älter

Als Christina und Mark in die neue Klasse kamen, schauten ihre Mitschülerinnen und Mitschüler ganz ungläubig, als beide der Lehrerin gegenüber behaupteten: „Wir haben das gleiche Geburtsdatum, aber Mark ist älter." Christina und Mark sind also nicht nur Geschwister, sondern Zwillinge. Mark kam zehn Minuten eher auf die Welt und ist deshalb ein bisschen älter als seine Schwester.

Werden beim Eisprung ausnahmsweise zwei reife Eizellen abgegeben, können diese dann jeweils von einem Spermium befruchtet werden. Die beiden Embryonen entwickeln sich zu zwei Babys. Es können zwei Jungen, zwei Mädchen oder ein Junge und ein Mädchen geboren werden.

Christina und Mark sind also **zweieiige Zwillinge** und gleichen sich deshalb nicht mehr als Geschwister mit verschiedenen Geburtstagen.

Zum Verwechseln ähnlich

„Die gleichen sich ja wie ein Ei dem anderen", hast du sicherlich auch schon einmal Leute erstaunt sagen hören. Gemeint sind Zwillinge, die man nach ihrem Aussehen kaum unterscheiden kann. Wie ist so etwas möglich? Sie sind aus einer befruchteten Eizelle entstanden. Nach der ersten Teilung der befruchteten Eizelle haben sich die beiden Zellen vollständig voneinander getrennt und unabhängig voneinander weiter entwickelt. So sind **eineiige Zwillinge** entstanden. Diese Geschwister sind immer zwei Mädchen oder zwei Jungen.

▶ Zweieiige Zwillinge entstehen, wenn zwei Eizellen befruchtet werden. Eineiige Zwillinge entstehen aus einer befruchteten Eizelle.

Aufgabe

1 Erkläre, warum Christina und Mark nur zweieiige Zwillinge sein können.

Dein Körper gehört dir!

Gute Geheimnisse – schlechte Geheimnisse

Tom schwärmt Peter von einem Mädchen aus der Parallelklasse vor. Er findet sie ganz süß und würde gern mal mit ihr ins Kino gehen. Peter soll sein Ehrenwort geben, dass er es keinem weitererzählt. Natürlich hält Peter sich daran und freut sich, als er erfährt, dass die beiden schon miteinander telefoniert haben.

Mandy scheint still und zurückgezogen. Ihre Freundinnen finden sie verändert und fragen schon ein paar Mal nach, was denn los sei. Schließlich vertraut Mandy ihrer engsten Freundin Lydia ein Geheimnis an: Der Freund von Mandys Vater will Mandy immer wieder streicheln und küssen, wenn sie alleine sind. Er hat ihr gesagt, dass sie niemandem davon erzählen dürfe, weil es ihr gemeinsames Geheimnis wäre.

Wie soll es nun weitergehen?

Hier findest du Hilfe:
Frauen- und Mädchenberatungsstellen,
pro-familia,
Notruf für Frauen und Mädchen,
Kinderschutzbund,
Vertrauenslehrerin,
Jugendämter

Aufgaben

1 Wann würdest du ein Ehrenwort oder Verbot übertreten, etwas weiterzuerzählen? Spielt das jeweilige Gespräch vor.

2 Gib Lydia einige Tipps, an wen sie sich wenden soll mit ihrem Geheimnis über Mandy.

3 Sag Mandy selbst, wen sie um Hilfe und Rat bitten sollte.

4 Stelle dir vor, du wärst in Mandys Situation.
Wie würdest du als Mandy diesen Mann zurückweisen?

5 Ordne in einer Tabelle die Aussagen aus Bild 2 den Überschriften „Wann ich NEIN sage" und „Was ich zulasse" zu.

1 „Nein" heißt „nein"

Lexikon

Verhütung – erst recht beim ersten Mal

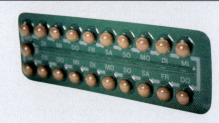

Viele Paare wollen Sex haben, ohne ein Kind zu zeugen. Kinder und Jugendliche können die große Verantwortung für ein Kind noch nicht übernehmen. Schon vor dem ersten Mal müssen Mädchen und Jungen unbedingt an Verhütung denken.
Es gibt viele Möglichkeiten eine Schwangerschaft zu verhindern. Die bekanntesten sind die Antibabypille und das Kondom.

Das **Kondom** ist eine dünne Gummihülle. Vor dem Geschlechtsverkehr wird es über den steifen Penis gerollt. An der Spitze fängt ein kleiner Hohlraum das Sperma auf. Kondome verhindern eine Schwangerschaft, wenn sie richtig und nur einmal benutzt werden.
Sie schützen außerdem vor der Übertragung von ansteckenden Krankheiten.

Die „**Pille**" verhindert, dass eine Eizelle im Eierstock heranreift. Sie muss als rezeptpflichtiges Medikament von einem Arzt oder einer Ärztin verschrieben werden, da sie Hormone enthält. Nach Vorschrift eingenommen, ist sie ein sicheres und weit verbreitetes Verhütungsmittel.

Wie ich mich kleide, so wirke ich

In diesem Sommer findet Birgit ihr neues bauchfreies Top und die eng anliegende kurze Hose total schick. Sie hat sich vorm Spiegel hin und her bewegt und von allen Seiten begutachtet. Die Mädchen-Models in ihrer Lieblings-Zeitschrift sehen nicht besser aus. Ihre Figur zeigt schon deutlich mehr Frauliches als noch vor Monaten.

Mit ihren langen, schlanken Beinen in der ganz knapp sitzenden Hose, die hinten etwas von den Pobacken frei lässt, fühlt sie sich beneidenswert gut aussehend.
Zum ersten Mal hat sie sich Gesicht, Mund und Augen geschminkt. So bewundert sie sicher jeder, weil sie so hübsch ist.

Wer sich körperlich aufreizend gibt, zieht die Blicke mancher Leute auf sich. Ob Birgit bewusst ist, dass die Reaktionen auf ihre Reize auch lästig werden können?

Selbstbewusstsein ist wichtig

Trotzdem darf niemand ein Mädchen oder einen Jungen belästigen! Wir haben alle das Recht, uns schön anzuziehen.
Auch wenn dir jemand nachpfeift oder dich anmacht, sag bestimmt und selbstbewusst, dass du das nicht magst.

„Mein Körper gehört mir!"

Dein Körper bist du. Du hast das Recht, allein über ihn zu bestimmen. Nur deinen Gefühlen solltest du trauen.

Für jeden Menschen ist es schön, Zärtlichkeit, Liebe und Sexualität zu erleben. Aber leider gibt es Erwachsene, die ihre Macht benutzen, um ihre eigene Lust durch Kinder befriedigen zu lassen.

Die Täter sind häufig gar nicht fremde Menschen. Oft missbrauchen Personen aus der Nachbarschaft oder Bekanntschaft oder sogar aus der eigenen Familie das ehrlich aufgebaute Vertrauen von Kindern.

Immer wenn du ungute Gefühle hast und dir jemand aufdringlich vorkommt, solltest du mit einem Menschen, dem du traust, darüber reden.

> Jedes Kind hat das Recht zu bestimmen, wer es wann, wo und wie anfassen darf.
> Jedes Mädchen oder jeder Junge sollte über sexuelle Belästigungen oder den Missbrauch an sich oder anderen reden.

3 Wie ich mich kleide, so wirke ich.

2 Mein Körper gehört mir!

Schlusspunkt

Eine neue Zeit beginnt

▶ **Junge oder Mädchen?**
Von Geburt an unterscheiden sich Jungen und Mädchen durch die äußerlich sichtbaren und die im Körper liegenden primären Geschlechtsmerkmale.

▶ **Pubertät – Zeit der Veränderungen**
Der Entwicklungszeitraum vom Kind zum geschlechtsreifen Erwachsenen wird Pubertät genannt. Sie beginnt bei Jungen und Mädchen unterschiedlich zwischen dem 9. und 16. Lebensjahr.
Botenstoffe oder Hormone bewirken die Ausbildung der körperlichen und seelischen Veränderungen in der Pubertät.

▶ **Gefühle, Einstellungen und Interessen wechseln häufig**
Oft lehnen Jugendliche die Regeln der Erwachsenen ab und wollen selbstständig sein. Nur durch gegenseitiges Verständnis können Konflikte gelöst und Streit geschlichtet werden.

▶ **Sekundäre Geschlechtsmerkmale**
Durch sekundäre Geschlechtsmerkmale wird ein Junge zum Mann und ein Mädchen zur Frau.

▶ **Wann sind Jungen geschlechtsreif?**
Jungen werden geschlechtsreif, wenn ihre Hoden Spermien bilden. Zusammen mit Drüsenflüssigkeiten entsteht Sperma. Als Zeichen der Geschlechtsreife gilt die Pollution.

1 Säugling

▶ **Wann sind Mädchen geschlechtsreif?**
Sobald in den Eierstöcken Eizellen heranreifen, werden Mädchen geschlechtsreif. Bei der monatlichen Menstruation wird die Eizelle mit Blut und Schleimhautresten aus der Gebärmutter ausgeschieden.

▶ **Körperhygiene ist wichtig**
In der Pubertät beginnen Schweißdrüsen vermehrt Schweiß zu produzieren. Deshalb ist es wichtig, dass Jungen und Mädchen sich ab jetzt regelmäßig waschen. Wichtig: Die äußeren Geschlechtsorgane nicht vergessen. Auch die Kleidung sollte häufiger gewechselt werden.

▶ **Befruchtung**
Beim Geschlechtsverkehr wird der steife Penis in die Scheide eingeführt. Nach dem Samenerguss schwimmen die Samenzellen, die Spermien, von der Scheide durch die Gebärmutter in den Eileiter. Treffen sie auf eine Eizelle, kommt es zur Befruchtung, wenn ein Spermium in die Eizelle eindringt.

▶ **Ein neuer Mensch entsteht**
Eine Schwangerschaft beginnt mit dem Einnisten der mehrfach geteilten Eizelle in die Gebärmutterschleimhaut. Der Embryo besitzt nach drei Monaten alle Organanlagen. Danach wächst er als Fetus weiter heran und wird größer und schwerer.

▶ **Geburtstag**
Nach neun Monaten zieht sich die Gebärmuttermuskulatur zusammen und presst mit Wehen das Kind heraus. Mit der Durchtrennung der Nabelschnur ist ein neuer Mensch als Säugling auf die Welt gekommen.
Zwillinge können aus einer oder zwei Eizellen entstehen.

▶ **Kondome und Pille verhüten**
Wer die Verantwortung für ein Kind nicht tragen kann oder will, sollte mit Kondomen oder der Pille verhüten.

▶ **Dein Körper gehört dir!**
Über Missbrauch solltest du unbedingt mit einer Vertrauensperson sprechen. Jedes Mädchen und jeder Junge hat das Recht „NEIN" zu sagen, wenn jemand ihn oder sie sexuell belästigt.

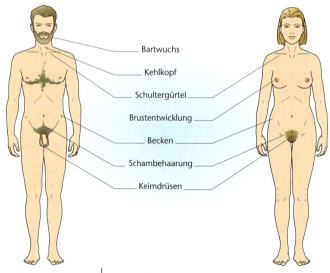

2 Sekundäre Geschlechtsmerkmale

Aufgaben

3 Säugling

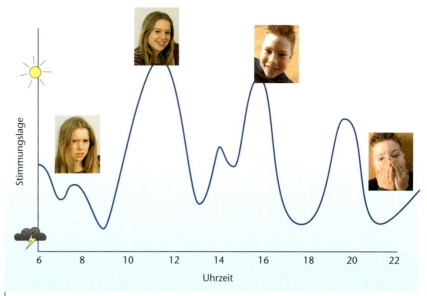

4 Zu Aufgabe 4

1 a) Welche primären Geschlechtsorgane hat ein Junge schon bei der Geburt? Liste auf.
b) Erstelle eine entsprechende Liste für ein Mädchen.

2 Zähle auf, welche sekundären Geschlechtsmerkmale sich entwickeln
a) bei einem Jungen
b) bei einem Mädchen

3 „Himmelhoch jauchzend – zu Tode betrübt", lautet eine Redewendung.
Finde eine Erklärung für dieses „Achterbahnfahren" deiner Stimmungen.

4 Ordne den Fotos der Mädchen und Jungen in Abbildung 4 ihre jeweiligen Gefühle zu. Versetze dich in eine der Personen.
Schreibe eine kleine Geschichte in der Ich-Form, die zu der jeweiligen Stimmungslage geführt haben könnte.

5 Stelle dir vor, du bist mit dem Mädchen oder dem Jungen auf den Fotos in Bild 4 eng befreundet: Wie reagierst du? Schreibe dein Gespräch mit ihr oder ihm auf.

6 Erkläre, wie ein Pickel entsteht.

7 Begründe, warum es wichtig ist, sich gründlich überall zu waschen, frische Kleidung zu tragen und gut zu riechen.

8 Beschreibe den Weg der Spermien von der Entstehung bis zum Samenerguss.

9 Erkläre, wo die weiblichen Keimzellen entstehen und wann sie befruchtungsfähig sind.

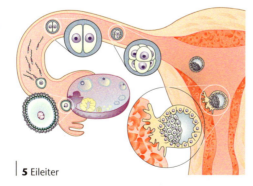

5 Eileiter

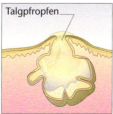

6 Entstehung eines Pickels

10 Beschreibe genau den Vorgang der Befruchtung.

11 Ist es möglich, dass eine Eizelle von mehreren Spermien befruchtet wird?
Begründe deine Aussage.

12 Wie entstehen Zwillinge? Zeichne beide Möglichkeiten in dein Heft und beschrifte.

13 Beschreibe den Menstruationszyklus.

14 Warum ist Hygiene an den „Tagen" besonders wichtig? Schreibe die Gründe auf.

15 Plant einen Besuch eurer Klasse bei einer Frauenärztin oder einem Frauenarzt.

16 Notiere dir drei weitere Fragen zum Thema Pubertät in dein Heft.
Suche im Internet auf der Homepage der Bundeszentrale für gesundheitliche Aufklärung, BzgA, nach Antworten. Trage die Antworten in dein Heft ein.

Musterlösungen

Naturwissenschaftliches Arbeiten
erforscht die Erde und das Leben

1 **NOT-AUS-Schalter:** Mit diesem Schalter können alle Strom- und Gaszuführungen gleichzeitig unterbrochen werden.
Feuerlöscher: Kleine Brände können mit einem Feuerlöscher bekämpft werden.
Feuerlöschdecke: Durch Einhüllen brennender Personen mit einer Feuerlöschdecke können die Flammen erstickt werden.
Augendusche: Chemikalien, die in das Auge gelangt sind, können mit einer Augendusche ausgespült werden.
Erste-Hilfe-Kasten: Kleine Verletzungen können mit Erste-Hilfe-Materialien behandelt werden.
Telefon (Notruf): Mit den Telefonnummern 110 für Polizei und 112 für Feuerwehr kann Hilfe herbeigerufen werden.

8 a) Zone 1: Außenkegel, etwa 800 °C; Zone 2: heißeste Zone, etwa 1 200 °C; Zone 3: Innenkegel, etwa 300 °C
b) Die rauschende Flamme führt zu einer sehr starken Erhitzung, sodass die Flüssigkeit aus dem Reagenzglas spritzen kann. Beim Erhitzen einer Flüssigkeit sollte daher die nicht leuchtende Flamme eingestellt werden. Die leuchtende Flamme ist häufig nicht heiß genug und führt außerdem zur Rußbildung.
c) In einer Experimentierpause sollte die leuchtende Flamme eingestellt werden, weil diese gut zu sehen und nicht so heiß ist wie die beiden anderen Flammentypen.

Menschen halten Tiere – und sind für sie verantwortlich

3 Rinder und Pferde haben ein Pflanzenfressergebiss. Die Backenzähne sind kräftig und haben eine breite Kaufläche. Damit wird die Pflanzennahrung zermahlen.
Katzen und Hunde sind Fleischfresser. Ihre Eckzähne, die so genannten Fangzähne, haben dolchartige Spitzen. Mit diesen Zähnen können sie ihr Beutetier durch einen Biss in den Nacken töten. Mithilfe der scharfhöckrigen Backenzähne zerteilen Hunde und Katzen das Fleisch.

6 Kätzchen – Katze – Kater
Welpe – Hündin – Rüde
Fohlen – Stute – Hengst
Küken – Henne – Hahn
Kälbchen – Kuh – Bulle
Ferkel – Sau – Eber

Ohne Wirbel durch das Leben

4 Das bedeutet, dass jedes Tier sowohl männliche als auch weibliche Geschlechtsorgane besitzt. Nach der Paarung legen die Tiere etwa 80 Eier in eine Erdhöhle ab. Die Jungtiere, die bereits ein kleines Schneckenhaus auf dem Rücken tragen, schlüpfen nach wenigen Wochen.

7 Kellerasseln besitzen Kiemen, über die sie den Sauerstoff aufnehmen. Die Sauerstoffaufnahme ist nur dann möglich, wenn die Kiemen ständig feucht gehalten werden. Asseln leben daher in feuchter Umgebung. Asseln sind landlebende Krebse, sie sind mit den Flusskrebsen und dem Hummer verwandt.

11 Diese Umwandlung nennt man Metamorphose. Sie umfasst vier Stadien: Ei – Larve – Puppe – erwachsener Käfer.
Das Ei ist etwa 1,5 mm lang und oval. Daraus schlüpft eine Larve, die ungefähr 2 mm lang ist. Sie wird auch Mehlwurm genannt. Die Larve häutet sich etwa 10- bis 20-mal, dann hat sie ihre endgültige Größe von etwa 25 bis 30 mm erreicht. Frisch gehäutete Larven sind meist weiß, ihre gelbliche Farbe bekommen sie dann nach einigen Tagen.
Nach etwa vier bis fünf Monaten verpuppt sich die Larve. Das Puppenstadium dauert noch einmal elf Tage. Dann schlüpft der fertige Käfer. Dieser Vorgang kann bis zu einer Stunde dauern. Frisch geschlüpfte Käfer sind weiß. Ihre dunkelbraune bis fast schwarze Farbe bekommen sie erst nach ein paar Tagen.

Magnetismus

1

N	O	R	D	P	O	L			
			H	U	F	E	I	S	E	N
	G	I	L	B	E	R	T			
	G	L	E	I	C	H				
			E	I	S	E	N			
M	A	G	N	E	T	I	T			
			M	I	S	S	W	E	I	S	U	N	G
				U	H	R				
		J	U	P	I	T	E	R		
M	A	G	N	E	T	F	E	L	D	
A	U	S	T	R	A	L	I	E	N	

3 Überlege zuächst, welche Eigenschaften ein Magnet hat, die ein normaler Eisenstab nicht hat: Die Magnetkraft ist an den Polen am stärksten, in der Mitte dagegen wirkt keine. Ein Eisenstab wird zwar von einem Magneten angezogen, zieht aber selbst keine anderen Gegenstände an.
Werden die Stäbe so wie im Bild zueinander gelegt, können zwei Dinge geschehen:
1. Die beiden Stäbe ziehen sich nicht an. Das bedeutet aber, dass Stab A der Magnet ist. (In der Mitte wirkt keine Magnetkraft.)
2. Die Stäbe ziehen sich an. Dann muss Stab B der Magnet sein, denn er zieht einen Eisenstab an jeder Stelle an.

4 a) Die Aussage ist richtig aus folgendem Grund: Der Nordpol der Kompassnadel zeigt zum magnetischen Südpol der Erde.
b) Falsch, denn: Nur Körper aus Eisen, Nickel oder Cobalt können magnetisiert werden.
c) Falsch, denn: Wird ein Magnet zerbrochen, entstehen zwei neue Magnete mit jeweils einem eigenen Nordpol und Südpol.

Elektrostatik – elektrische Ladungen

3 Elektrisch geladene und elektrisch ungeladene Körper ziehen sich gegenseitig an. Der Wasserstrahl ist elektrisch neutral, der Kamm ist elektrisch geladen. Zwischen dem Kamm und dem Wasserstrahl treten daher anziehende Kräfte auf.

5 Das negativ geladene Elektroskop zeigt einen Ausschlag an. Berührt man es mit einem positiv geladenen Stab, geht der Zeigerausschlag zurück.
Das liegt daran, dass sich die negativen Ladungen des Elektroskops und die positiven Ladungen des Stabs (teilweise) ausgleichen.

Den Stoffeigenschaften auf der Spur

2 a) **Wasser** ist eine farblose, geruchlose Flüssigkeit. Seine Schmelztemperatur liegt bei 0 °C, seine Siedetemperatur bei 100 °C. Reines Wasser ist nicht elektrisch leitfähig.
b) **Kupfer** ist bei Raumtemperatur ein rötlich glänzendes Metall. Es zeigt die typischen Eigenschaften eines Metalls: Kupfer ist elektrisch leitend, ein guter Wärmeleiter und leicht verformbar. Kupfer schmilzt bei 1083 °C und siedet bei 2567 °C.
c) **Eisen** ist ein grau glänzendes Metall. Daher ist Eisen elektrisch leitfähig und ein guter Wärmeleiter. Es ist außerdem leicht verformbar. Die Schmelztemperatur von Eisen beträgt 1535 °C, seine Siedetemperatur liegt bei 2750 °C.
d) **Diamant** ist ein farbloser, durchsichtiger Kristall. Er ist elektrisch nicht leitend, aber ein sehr guter Wärmeleiter. Diamant ist der härteste aller bekannten natürlichen Stoffe. Seine Schmelztemperatur liegt bei 3547 °C, seine Siedetemperatur beträgt 4830 °C.

Stoffe mischen und trennen

2 a) Bei den fein verteilten Tröpfchen handelt es sich um Fetttröpfchen.
b) Ein solches Stoffgemisch nennt man Emulsion.
In der Regel entmischen sich Emulsionen aus einem Fett oder Öl und Wasser nach kurzer Zeit. Das in der Milch enthaltene Eiweiß verhindert eine Trennung der beiden Flüssigkeiten.

4 Der Sprudel ist ein Stoffgemisch aus einem Gas und einer Flüssigkeit. Das Gas liegt im Wasser gelöst vor, es handelt sich also um eine Lösung.
Bei einer Lösung sind die einzelnen Bestandteile des Stoffgemisches nicht mehr erkennbar, auch nicht unter dem Mikroskop.

Grüne Pflanzen – Grundlage für das Leben

2 Folgende Unterschiede sollten genannt werden:

	Tierzelle	Pflanzenzelle
Zellwand	Nicht vorhanden	Gibt der Zelle Festigkeit
Zellmembran	Schließt die Zelle nach außen hin ab, kontrolliert den Stoffaustausch zwischen den Zellen	Durch sie werden Stoffe zwischen den Zellen ausgetauscht
Zellkern	Regelt alle Lebensvorgänge in der Zelle	Regelt alle Lebensvorgänge in der Zelle
Zellplasma	Füllt die Zelle aus und umgibt den Zellkern	Füllt die Zelle aus; darin sind Zellbestandteile wie Zellkern und Blattgrünkörner eingelagert
Vakuolen	Nicht vorhanden	Darin werden verschiedene Stoffe gelagert: Öle, Farbstoffe, Duftstoffe und Abfallstoffe
Blattgrünkörner	Nicht vorhanden	Dienen zur Herstellung von Nährstoffen

7 a) Wurzeln
b) Ausläufer
c) Staubbeutel
d) Stempel
e) Erbse
f) Reis
g) Lupe
h) Insekten
i) Nadeln
j) Samenschale
k) Eizelle

Lösungswort: Wasserlinse

Pflanzen und Tiere im Schulumfeld

1 Die Pflanze müsste harte Blätter und Stängel haben, die nur schwer zu zerreißen sind. Die Blätter sollten flach auf dem Boden ausgebreitet sein und möglichst eine Rosette bilden. Es dürfte der Pflanze nichts ausmachen, wenn gelegentlich auf ihr herumgetreten wird. Die Wurzeln müssten sehr tief in den Boden reichen, damit sie auch bei längerer Trockenheit noch an Wasser gelangen.

3 Die alten Nester besitzen wegen der Benutzung und der Witterungseinflüsse oft nicht mehr ihre alte Form und Stabilität. Außerdem haben sich häufig auch zahlreiche kleine Insekten (Parasiten) eingefunden, die den Vogeljungen gefährlich werden könnten.

Der Wald – ein Lebensraum für Pflanze, Tier und Mensch

1 Wenn die hohen Bäume noch genügend Licht durch das „Blätterdach" hindurch lassen, entstehen darunter weitere Pflanzenschichten aus Sträuchern und niedrig wachsenden Kräutern. Im dichten Rotbuchenwald gibt es meistens nur eine Krautschicht, während der lockere Stieleichen-Birkenmischwald über eine Strauch- und eine Krautschicht verfügt.

8 Während des Winters auf der Nordhalbkugel ist auf der Südhalbkugel Sommer. Die Pflanzen dieser Länder und auch der tropischen Länder geben genügend Sauerstoff ab. Daneben gehören die Meeresalgen zu den wirkungsvollsten Sauerstoffproduzenten der Erde. Sie geben auch im Winter Sauerstoff ab.

Anpassung an den Lebensraum

1 Durch Verbissschäden werden vor allem junge Bäume geschädigt. Sie wachsen dann verkrüppelt. Das Fegen von zu vielen Rehböcken und Hirschen schadet der Rinde der Bäume und Sträucher. Die Bäume und Sträucher werden verletzt und sind dann anfällig für Schädlinge und Krankheiten.

6 Der Stoffwechsel der wechselwarmen Tiere ist stark herabgesetzt, sodass kaum Sauerstoff benötigt wird. Zur Aufrechterhaltung der Körperfunktionen gelangt ausreichend Sauerstoff über die Hautatmung in den Körper.

12 Folgende Besonderheiten ermöglichen den Vögeln das Fliegen:
– stromlinienförmiger Körper
– Federn
– kräftige Flugmuskulatur
– luftgefüllte Röhrenknochen
– Lunge mit Luftsäcken

14 Der Strauß hat keine Schwungfedern, die ihn beim Fliegen tragen würden. Wie im Bild zu sehen ist, sind seine Federn luftdurchlässig und deshalb zum Fliegen nicht geeignet.

16 In der Technik besitzen viele Fahrzeuge (Autos, Flugzeuge, Raketen wie das Space Shuttle oder U-Boote) die Stromlinienform.
Der Vorteil dieser Bauform liegt in der Verringerung des Luft- bzw. Wasserwiderstandes. Dadurch können höhere Geschwindigkeiten bei einem geringeren Benzin- bzw. Energieverbrauch erzielt werden.

17 Wegen der vor allem nachts stark absinkenden Temperaturen würde die Entwicklung der Embryonen in den Eiern aussetzen. Im Körper der Reptilien werden starke Temperaturschwankungen ausgeglichen.

21 Die Entwicklung der Fische kann am Beispiel der Forellen beschrieben werden: Aus den befruchteten Eiern schlüpfen Larven, die sich zuerst von den Nährstoffen des Dottersacks ernähren. Mit dem Verbrauch der Nährstoffe wird der Dottersack zurückgebildet. Die jungen Forellen ernähren sich von wirbellosen Kleinlebewesen (z. B. Insektenlarven). Im Verlauf von drei bis vier Jahren wachsen die Tiere heran und werden geschlechtsreif. Die erwachsenen Forellen leben räuberisch von kleineren Fischen. Um Skizzen der Stadien anzufertigen, kannst du dich an den Bildern auf Seite 234 orientieren.

24 Das Leben in Schwärmen bietet den Heringen Schutz vor Fressfeinden. In einem Schwarm sind einzelne Tiere nicht so leicht zu erkennen und zu ergreifen. Der Schwarm als Ganzes wirkt wie ein Einzellebewesen. Dadurch wird der Strömungswiderstand herabgesetzt und somit beim Schwimmen weniger Energie verbraucht. Außerdem finden die Fische in einem Schwarm leichter einen Partner, mit dem sie sich paaren können. In einem Schwarm können die Jungfische von den anderen Fischen lernen.

Körper in Bewegung

8 a) 130 km/h : 3,6 = 36 m/s; die Aussage ist richtig
b) 130 km/h · 0,5 h = 65 km; die Aussage ist richtig
c) 130 km/h · 2,5 h = 325 km; die Aussage ist falsch
d) 130 km : 60 min = 2,2 km/min; die Aussage ist richtig

11 a) Die durchschnittliche Geschwindigkeit der Seilbahn beträgt 10,8 km/h.
b) Zeit-Weg-Diagramm:

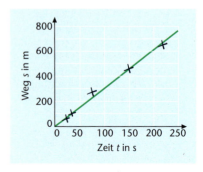

c) Die Seilbahn bewegt sich nicht immer gleichförmig – mal beschleunigt sie, mal bremst sie ab. Aus diesem Grund unterscheiden sich die Geschwindigkeiten.

Bewegung hält fit und macht Spaß

1 Schädel: schützt Gehirn
Brustkorb: schützt Lunge, Herz
Becken: schützt Blase, Darm, weibliche Geschlechtsorgane; auch Stützfunktion
Wirbelsäule: schützt Rückenmark; auch Stützfunktion

4 a) Es gibt Scharniergelenke, Kugelgelenke, Drehgelenke und Sattelgelenke.
b) Scharniergelenk: Knie-, Ellbogen-, Finger- und Zehengelenk
Kugelgelenk: Hüft- und Schultergelenk
Drehgelenk: zwischen den obersten zwei Wirbeln (Atlas, Axis)
Sattelgelenk: Daumengrundgelenk

Luft und Feuer

3 Wenn es brennt, muss zuerst die Feuerwehr alarmiert werden. Erst anschließend beginnt man mit der Brandbekämpfung. Das hat den Vorteil, dass die Feuerwehr schon unterwegs ist, wenn man die eigene Situation nicht richtig eingeschätzt hat oder einem beim Löschen etwas zustoßen sollte.

Brennendes Fett in einer Pfanne darf man nicht mit Wasser löschen, sondern durch Abdecken mit einem passenden Deckel oder mithilfe eines Feuerlöschers (kein Wasserlöscher). Das Feuer wird gelöscht, weil man die Luftzufuhr unterbricht.

5 Bedingungen einer Verbrennung:
– Ein brennbarer Stoff muss vorhanden sein (Holz, Streichholz).
– Luft muss Zutritt zum brennbaren Stoff haben (offenes Reagenzglas).
– Die Zündtemperatur des brennenden Stoffs muss erreicht sein (durch das Erhitzen des Reagenzglases).
– Luft und brennbarer Stoff müssen im richtigen Mengenverhältnis vorliegen (begrenzte Luftmenge im Reagenzglas).

Alles nur Luft

5 Die Spritzpistole enthält eine Luftpumpe, die mit dem Wassertank verbunden ist. Drückt man den „Abzugshebel", wird die Luft im Inneren der Pumpe zusammengepresst. Der Luftdruck steigt an und presst über die Verbindung zum Wassertank das Wasser durch die Düse.

10 Die Atemluft strömt durch den Mund über den Rachen, die Luftröhre und die Bronchien in die beiden Lungenflügel bis zu den Lungenbläschen.

13 Menschen und Tiere atmen Kohlenstoffdioxid in die Luft aus und die Pflanzen benötigen Kohlenstoffdioxid zur Fotosynthese. In diesem Sinne ist Kohlenstoffdioxid ein natürlicher Luftbestandteil. Übermäßig an die Luft abgegebenes Kohlenstoffdioxid, welches aufgrund seiner Menge von den grünen Pflanzen nicht vollständig gebunden werden kann, trägt zur Erwärmung der Erdatmosphäre bei und wird in diesem Sinne als Luftschadstoff angesehen.

17 Die Bergleute überlebten in einer Luftblase. Es drückte zwar Wasser in den Stollen, in dem sie eingeschlossen waren, allerdings war der leicht ansteigende Stollen abgeschlossen. Aus diesem Grund konnte die darin enthaltene Luft nicht entweichen und der Stollen lief nicht ganz mit Wasser voll. Im Stollen herrschte jedoch ein höherer Luftdruck als an der Erdoberfläche. Aus diesem Grund wurde über der Bohrung eine Druckkammer angebracht. Sie verhinderte, dass die Luft durch das Bohrloch entweichen konnte.

19 Die warme Luft im Inneren der Ballonhülle ist leichter als die Luft der Umgebung. Dadurch steigt der Ballon auf.

Wetter und Klima

1 Das Thermometer muss draußen an einem schattigen Platz aufgehängt werden. Beim Ablesen ist die Skala des Thermometers senkrecht und auf Augenhöhe zu halten.

14 Wir leben in der Westwindzone.

22 Die Kerzenflammen erwärmen die Luft. Die warme Luft ist leichter als die Umgebungsluft und steigt auf. Es entsteht eine Luftbewegung, wodurch die Flügel angetrieben werden.

26 Die Ringelgänse sind Zugvögel, die auf ihrem Weg ins Winterquartier auf der Hallig Hooge Zwischenstation machen. Weil die Winter im Norden Europas kalt sind und in dieser Jahreszeit kaum Pflanzen wachsen, finden die Vögel nicht genügend Nahrung. Aus diesem Grund ziehen sie jedes Jahr im Herbst in Quartiere, die in wärmeren Gebieten der Erde liegen. Im Frühjahr kehren die Vögel wieder zurück.

Eine neue Zeit beginnt

1 Primäre Geschlechtsorgane beim Jungen:
Penis, Hodensack mit Hoden und Nebenhoden
primäre Geschlechtsorgane beim Mädchen:
Gebärmutter, Eierstöcke mit Eileiter, Schamlippen

2 Die sekundären Geschlechtsorgane beim Jungen sind: typisch männliche Körperform, Körperbehaarung, tiefe Stimme.
Die sekundären Geschlechtsorgane beim Mädchen sind: weibliche Körperform, Brüste, Scham- und Achselbehaarung.

9 Jeden Monat reift in einem der Eierstöcke eine Eizelle heran. Etwa am 14. Tag gelangt sie nach dem Eisprung in den Eileiter und ist dort befruchtungsfähig.

Stichwortverzeichnis

A

Aal 236
Abgießen 133, 134, 137, 146
Ableger 182
Absetzen lassen 133, 134, 137, 145, 146
Abstoßung 77
Achsen 272, 277
Afterflosse 230
Aggregatzustände 114, 124
Akne 372
Aktivkohlefilter 141
Alaun 118, 139
Amphibien 238–243
Amsel 198, 199
Anakonda 248
Anbindestall 44
Android 29
Anemometer 350
Anhalteweg 276
Antibabypille 378
Anziehung 77
Anzucht 157
Äquator 339, 340
Arbeitsblatt 54, 55
Argon 327
ARISTOTELES 92
Arktis 359
Armskelett 284
Aronstab 181
Art 172
Assel 61
Atemloch 57
Atemöffnung 57
Atmosphäre 338
Auerochse 42
Aufschlämmung 130
Aufwärmen 293
Augendusche 22
Ausdehnung von Gasen 316, 322–324
Ausgleichsgerade 277
Ausläufer 182
Auslesen 133, 134, 146
Auspressen 145
Aussehen 104, 105
äußere Befruchtung 234

B

Bachforelle 232, 234, 235
Ballonfahrer 324
Bänder 286
Bandscheiben 288
Barograph 350
Barometer 346, 350
Bartenwal 140
Basalt 84
Bastet 37
Bauchatmung 331
Bauchflosse 230
Bauchmuskeln 292
Bauchschuppe 247
BEAUFORT, SIR FRANCIS 277
Beckenknochen 246, 284
Befruchtung 178, 244, 262, 374
Beinmuskeln 292
Beobachtungsprotokoll 31
BERBLINGER, ALBRECHT 252
Bernstein 90, 92
Berufkraut, Kanadisches 196
Bestäubung 178, 179, 181
Bestimmung 174
Bestimmungsschlüssel 174
Beugemuskel 291
Bewegung 28, 150, 230, 268–281, 282, 290,
Bewegung
 – beschleunigte 270
 – geradlinige 270
 – gleichförmige 271
 – verzögerte 271
Bewegungsarten 270, 271
Bewegungsformen 282
Bewegungsrichtung 280
Bewölkung 338
Binde 371
Bionik 168, 169
Bizeps 290
Blatt 162, 164
Blättermagen 43
Blattgrünkörner 154
Blattscheide 159
Blauwal 140
Blende 152
Blindschleiche 246
Blitz 92, 98
Blitzableiter 99
Blitzkarte 99
Blitzschutzanlage 98
Blüte 162, 170, 171, 178
Bodenmessfeld 350
Bogenstrahl 253
Bohnensamen 158
Boxenstall 45
Brand 303, 308, 309
Brandbekämpfung 308
Brandschutzeinrichtung 311
Braunstieliger Streifenfarn 196
Brausepulver 128, 129
Breitensport 295
Bremsweg 276
brennbar 298, 303, 308
Brennerrohr 24
Brennmaterial 303
Brennnessel 172
Brennnessel, Große 196
Brennnesselbrühe 220
Brennstoffe 303, 305
Brieftaube 85
Bronchien 330
Browser 82
Brunft 223
Brustatmung 331
Brüste 368
Brustflosse 230
Brustkorb 284
Brutblatt 183
Brutdauer 289
Brutpflege 36, 61
Bulle 42
Buntspecht 214
Buschwindröschen 210
Bussard 254, 256

C

CELSIUS, ANDERS 110, 111, 113
Cer 301
CHANCEL, JEAN-LOUIS 301
chemische Reaktion 307, 312
Chiroptera 226
Chitin 56
Chitinborsten 53
Chloroplasten 154
Chromatografieren 143, 145
Citronensäure 129
Cobalt 67

D

Daunenfedern 253
DA VINCI, LEONARDO 168
Dämmerungsjäger 35
Dauermagnete 71
Deckfeder 253
Demutsverhalten 38
Diagramm 112, 272
Dinosaurier 249
Dokumentation 310
Doldenblütengewächse 177
Donner 98
Drehgelenk 286
Dreisatz 275
drohen 38
Dromedar 358
Druck 318, 321
DU FAY, CHARLES 90
Duftmarke 36, 38
Durchschnittsgeschwindigkeit 273

E

Eckzähne 224
Edelgase 327
Ei 58, 234, 262, 263
Eibe 197
Eichhörnchen 194, 224
Eierstock 262, 369, 370
Eileiter 262, 369, 370
Eindampfen 136, 137, 146
eineiige Zwillinge 377
einhäusige Pflanzen 180
Einheit 273
einkeimblättrige Pflanzen 159
Einstellschraube Luftregulierung 24
Einzelgänger 34, 225
Eisbär 359
Eisen
 – Erdkern 84
 – Erdmagnetismus 67, 84
Eisenwolle 306
Eisprung 370
Eizellen 178, 369–371
elektrisch geladen 90
elektrische Abstoßung 94
elektrische Anziehung 94
elektrische Kräfte 90
elektrischer Leiter 90
Elektroskop 96
Elektrostatik 88ff
Elementarmagnete 73
Embryo 262, 374, 375
Emulsion 130
Energie 307
Entbindung 376
Entladung 93
Entsaften 145
Entwicklungsstadien 58, 59
entzündlich 309
Erde 81, 84
Erdgas 298, 303
Erdkröte 242
Erdmagnetismus 80, 84
Erdstängel 210
Erdungskabel 93
Erektion 367
Erstarren 114, 116, 124
Erste-Hilfe-Kasten 20
Erstversorgung 293
Eule 258

386

Europäische Sumpfschild-
  kröte 248
Euter 45
Experimentieren 15
explosionsgefährlich 309

F

Fahne 253
FAHRENHEIT, GABRIEL 113
Falbkatze 37
Familie 172
Fangleitung 99
Farbstifte 143
Feder 253, 258
Federkiel 253
Feldlinien 76
Feldlinienbild 76, 77
Feststoffmischung 130
Fettreserve 358
Fetus 375
Feuer 298
feuerfest 302, 306
feuergefährlich 309
Feuerlöscher 20, 309, 311
Feuermelder 309, 311
Feuermeldung 309, 311
Feuerstein 301
Feuerwehr 298, 308, 310
Feuerzeug 301
Filter 136, 140, 141
Filtrieren 136, 137, 141, 145, 146
Fisch 230, 232–237
Fischadler 257
Fischpräparation 232
Flachs 186
Flamme
  – leuchtende 24
  – nicht leuchtende 24
  – rauschende 24
Fledermaus 226, 227
Fleischfressergebiss 34, 41
Fliegender Fisch 235
Flimmerhärchen 330
Flint 301
Fliegenragwurz 181
Fluchtweg 20
Flugapparat 168
Flugarten 254
Flugmuskeln 252
Fortpflanzung 28, 150
Fotosynthese 166, 167
FRANKLIN, BENJAMIN 92
Froschlurch 238
Frucht 162, 178, 179
Fruchtblase 376
Fruchtblatt 170
Fruchtknoten 170
Frühblüher 210, 211
Funkenentladung 93
Fuß 287
Fußgewölbe 287

G

Galopp 47
Gangarten 47
Gangsystem 225
Gartenkrokus 211
Gartentulpe 211
Gas 318
Gasbrenner 17
Gasdüse 24
Gasgemisch 317, 326
Gasthermometer 322
Gebärmutter 367, 374
Gebiss 224–226
Gebiss
  – Hund 41
  – Katze 34
  – Pferd 47
  – Rind 41
Geburt 376
Gefahrensymbol 129, 309
Gegenspieler 291
Gehäuseschnecke 56
Gehör 226, 258
Gehör Katze 35
Gelenk 286
  – Drehgelenk 286
  – Kugelgelenk 286
  – Sattelgelenk 286
  – Scharniergelenk 286
Gelenkflüssigkeit 286
Gemische 126ff
Gemüse 200
geografischer Pol 81
Gepard 37
Gerade 271, 277
geradlinig 270
Geräte 17–19
Gerste 185
Geruch 104, 105, 106
Geruchssinn 225, 236
Geschlechtsmerkmal
  – primäres 366, 368
  – sekundäres 366, 368
Geschlechtsorgane 366–370
geschlechtsreif 367, 369, 371
Geschlechtsverkehr 374
Geschmack 104, 105, 106, 128
Geschwindigkeit 272, 273, 278–280
Geschwindigkeit
  – Licht 98
  – Schall 98
Geschwindigkeitsberechnung 274, 275
Geschwindigkeitsmessung 273
Getreide 159, 185, 186
getrenntgeschlechtliche Blüten 180
Gewebe 155
Geweih 222
Gewitter 98, 99
Gewölle 256, 258, 259
Giftpflanze 197
Giftschlange 247
Giftzahn 247
GILBERT, WILLIAM 92
Glaselektrizität 91
Glasgeräte 19
Glasglockenmodell 331
gleichwarm 253
Gleitflug 254
Gliederung 54, 163
Glimmlampe 90
Glimmspanprobe 326
Gold 107, 125, 135
Gold, weißes 138
Goldgräber 135
Goldregen 197
Goldwaschen 135
GPS 79
Grabhand 225
Granit 130
Gräser 159, 185, 187
Gräten 230
Graupelschauer 343
Graureiher 260
Greiffüße 256, 258
Greifvogel 257
Griechisches Feuer 301
Griffel 170
Große Brennnessel 196
Großtrappe 260
Grundorgane Pflanze 162
Grüner Leguan 248
Grünspecht 215
GUERICKE, OTTO VON 92, 319
Gundermann 172

H

Habicht 257
Hafer 185
Hagel 342
Hahn 262
Hakenschnabel 256
Hakenstrahl 253
Haltungsschäden 289
Hand 287
Hanf 186
Härte 107, 108, 124
Harzelektrizität 91
Haselstrauch 180
Hauptwurzel 158
Haustier 30, 42, 48
Haustiertest 32
Hautatmung 241
Hecke 197
Heckenkirsche 197
Heftführung 163
Heißluftballon 324
Helium 327
Henne 262
Herbarium 175
Herdentiere 42, 44
Herz 290
Hetzjäger 38, 41
Hinterbein
  – Pferd 47
  – Rind 43
Hirse 185
Hirtentäschelkraut 162
Hochdruckgebiet 348
Höchstalter
  – Pflanzen 151
  – Tiere 29
Höcker 358
Höckerschwan 199
Hoden 366
Hohlfuß 287
Hohlkreuz 289
Holzkohle 298, 305
Holzkohlemeiler 305
Honigbeutler 181
Honigschleuder 142
HOOKE, ROBERT 152
Hormone 366, 368, 370
Hornschuppe 245
Horst 256
Hufeisenmagnet 76
Hufeisennase 226
Hühnerei 262
humid 345
Humusbildung 53, 61
Hund 39–41
Hunderassen 39
Hurrikan 354
Hygiene 371, 373
Hygrometer 350

I

Imponiergehabe 38
Insekt 201
Insektenfressergebiss 225

Internet 82
Inuit 356
Iodkaliumiodid-Lösung 167
Isobare 352

J

Jagdverhalten
 – Katze 35
 – Wolf 38
Jahresmitteltemperatur 341
Jahreszeiten 340
Jungfernhäutchen 369

K

Kakteen 356
Kalb 42, 45
Kaliumpermanganat 118
Kalkwasser 326
Kaltblut 46
Kältekörperchen 110
Kältewüste 357
Kanadisches Berufkraut 196
Karpfen 230, 231
Kartoffel 184
Katze 34ff
Katzenauge 35
Katzenkralle 34
Kaulquappe 240
Keimblätter 158
Keimling 158
Keimscheibe 263
Keimung 159
Kelchblätter 170
Kellerassel 61
Kennbuchstaben 309
Kernbeißer 261
Kerze 300, 306
Kiemen 61, 231, 232, 240
Kiemenblättchen 231
Kiemenbogen 231, 232
Kitzler 368
Klang 104, 105
Klappzunge 239
Kleiber 260
Klette 169
Kletterfuß 214
Klettverschluss 169
Klima 336–361
Klimadiagramm 344, 345
Klimazone 339
Kniescheibe 284
Knochen 285
Knochenbälkchen 285
Knochenbruch 285
Knochenhaut 285
Knochenmark 285

Knollen 182, 210
Knorpelschicht 286
Knoten 279
Kobel 224
Kochsalz 137, 138
Kohlenstoffdioxid 166, 251, 318, 326–328, 331
Kohlenstoffdioxidnachweis 327
Köhler 305
Kohlmeise 199, 252
Kolibri 181
KOLUMBUS, CHRISTOPH 187
Kompass 68, 78, 80
kondensieren 114, 115, 124
Kondensor 152
Kondom 378
Korbblütengewächse 176
Körpersprache 38
Krebse 61
Kreisbewegung 270
Kreislauf 328
Kreisverkehr 270
Kreuzblütengewächse 173, 176
Kreuzotter 247
Kreuzworträtsel 55
Kriechsohle 57
Kriechtiere 244–250
Krill 140
Kristalle 139
Krokodil 248
Kronblätter 170
Krötenwanderung 242
Krötenzaun 242
Kugelgelenk 286
Kuh 42
Küken 263
Kulturfolger 194, 195, 222
künstliche Felsen 194
Kurvenfahrt 270

L

Labmagen 43
Lachs 236
Ladungsarten 91
Ladungsausgleich 98
Ladungsnachweis 90, 96
Lagerfeuer 298, 302, 303
Laich 234, 240
Laichgewässer 240
Landtier 245
Larve 58, 234
Laubbäume 174
Laufstall 44
Lebensmittelfarben 144
Lebewesen 28
Legebild 171

Leichtbauweise 168, 169
Lein 186
Leistungssport 295
Leitbündel 164
Leittier 38
Lernen 294
leuchtende Gasflamme 24
Licht 307
Lichtsinneszellen 53
LILIENTHAL, OTTO 168
Link 82
Lippenblütengewächse 172, 176
Log 279
Löschdecke 20
Löschmittel 309
Lösung 118, 119, 124, 130
Lösungsmittel 118
Lotus 169
Löwe 37
Luchs 37
Luft 314–335
Luftdruck 317, 318
Luftdruckmessung 346, 348
Luftfeuchtigkeit 338, 342
Luftkissen 320
Luftkissenfahrzeug 320
Luftröhre 330
Luftsäcke 252
Luftverschmutzung 332, 333
Luftzufuhr 24
Lunge 331
Lungenbläschen 330
Lungenflügel 330
Lurche 238–242

M

Magdeburger Halbkugeln 319
Magensteine 250
Magnesia 307
Magnesium 307
Magnet 64ff
Magneteisenstein 78, 80, 87
Magnetfeld 74ff
magnetische Wirkung 67
magnetischer Pol 68, 69, 81
magnetisieren 70
Magnetismus 64ff
Magnetit 78, 80, 85
Magnetkraft 67, 74
Magnetometer 85
Magnetpol 68, 81, 84
Magnettrennung 145
Mais 185
Marder 194

MARGGRAF, ANDREAS SIGISMUND 187
Märzenbecher 211
Massai 356
Massentierhaltung 44
Material 105, 107
Mauer 196
Mauerassel 61
Mauergecko 248
Mauerpfeffer, Scharfer 196
Mauerraute 196
Mauersegler 194, 260
Mauer-Zimbelkraut 196
Maulwurf 225
Mäusebussard 199, 256
Mehlkäfer 58, 59
Mehlkörper 158
Mehlwurm 58, 59
Meißelschnabel 214
Mengenverhältnis 303, 308
Menstruation 370
Menstruationskalender 371
MERICOURT, PETER VON 80
Messwerte 272, 277
Metalle 107, 109, 116, 117
Metamorphose 58, 240
Mikroskop 152
Mikroskopieren 153
Milch 45, 234
Milchdrüsen 45
Milchtritt 36
Mimose 150
Mineralsalze 166
Minimum-Maximum-Thermometer 350
mischen 126, 132
Missbrauch 378, 379
Missweisung 81
Mitesser 372
Modelle 72
Momentangeschwindigkeit 273
Monatsmitteltemperatur 341
Monsun 355
Mundschleimhaut 155
Muskelfaser 290
Muskelfaserbündel 290
Muskelhaut 290
Muskelkater 291
Muskeln 290
Musterlösungen 382

N

Nachgeburt 376
Nachtschmetterling 181

nachwachsende Rohstoffe 186
Nagetier 224
Nagezähne 224
Narbe 170, 178
Narzisse 211
Nasenhöhle 330
Nasentier 40
Natriumhydrogencarbonat 129
Natron 129
Naturfarben 144
Naturtagebuch 33
Naturwissenschaften 14
Naturwissenschaftliches Arbeiten 14
Nebenhoden 367
Nebenwurzel 158
negative Ladung 91
Nektar 178
Neon 327
Nesseln 172
Nestbau 198
Nestflüchter 45, 199, 263
Nesthocker 199, 224, 256
Netzgerät 17
Netzmagen 43
Nichtleiter 120, 124
nicht leuchtende Gasflamme 24
Nickel 67, 84
Niederschlag 339, 342
Niederschlagsarten 342
Niederschlagsdiagramm 344
Niederschlagsmesser 343, 350
Niederschlagsmessung 343
Nilkrokodil 248
Nisthilfen 201
Nordpol 68ff
Normalfuß 287
NOT-AUS-Schalter 20
Nürburgring 271
Nutzpflanzen 188
Nutztier 26
– Pferd 46
– Rind 44

O

Oberflächenbeschaffenheit 104, 105
Objektiv 152
Objektträger 152
Obst 200
Ohrentier 40

Okular 152
Ordnungskriterien 310
Organ 155
Orgasmus 367–369, 374
Osterglocke 211

P

Paarhufer 42
Pansen 43
Papierfilter 137
Pascal 346
Penis 366
Periode 371
Petrischale 17
Pferd 46, 47
Pflanzenembryo (Keimling) 158
Pflanzenfamilien 172, 173, 176, 177
Pflanzenfresser 43, 47, 53, 56, 250
Pflanzenfressergebiss 43, 47
Pflanzenzelle 154
Pickel 372
Pille 378
Plakat 237
Plankton 140
Plateosaurus 250
Plazenta 375
Pol
– geografischer 81
– magnetischer 68, 81, 84
Polarstern 79
Pole 339, 340
Polgesetze 69
Pollen 170, 178
Pollenschlauch 178
Pollution 367
Pony 46
positive Ladung 91
PRIESTLEY, JOSEPH 167
primäre Geschlechtsorgane 366, 368
Prostata 367
Protektoren 276
Provider 82
Pubertät 362–381
Pupillen 35
Puppe 58
Putzverhalten 36

Q

Quecke 183
Quellung 159
Quotient 273, 277

R

Radula 56
Rangordnung 38
Raps 176, 186
Raspelzunge 56
Rasse
– Hund 39
– Rind 42
Raubkatze 37
Reaktion, chemische 307
Reaktionsweg 276
RÉAUMUR 113
Rechendreieck 275
Regelblutung 371
Regen 342
Regenwald 357
Regenwurm 52, 53
Reh 222
Reinstoff 129
Reis 185
Reizbarkeit 28, 150
Reptilien 244–250
Revier 198
Richtung 270
Riechfeld 106
Riechzellen 40
Riesen-Bärenklau 173, 177
Rind 42ff
Rindermagen 43
Ringelnatter 247
Ringerder 99
Ritztest 107, 108
Robben 359
Rogen 234
Roggen 185
Röhrenknochen 252
rollig 36
Röntgenaufnahme 285
Rosenblütengewächse 177
Rote Liste 16
Röteln 375
Rothirsch 223
Rotkehlchen 194
Rotmilan 257
Rotwangenschmuckschildkröte 248
Rückenflosse 230
Rückenmuskulatur 292
Rudel 38, 223
Ruderflug 254
Ruderschwanz 240
Rundrücken 287

S

Sachordner 163
Salatschleuder 142
Salweide 180

Salzbergwerk 138
Salzstraßen 138
Samenruhe 159
Samenschale 158
Sammeln 175
Sand-Kies-Filter 136
Sattelgelenk 286
Sauerstoff 166, 330
Sauerstoffnachweis 167, 326
Säugetiere 36
Säugling 376
Säulendiagramm 112
Saurier 249, 250
Schachblume 211
Schädel 224–226, 247, 252, 284
Schaft 253, 285
Schamlippen 368
Scharbockskraut 210
Scharfer Mauerpfeffer 196
Scharniergelenk 286
Schikanen 271
Schildkröte 244, 248
Schlange 247, 248
Schlauchschelle 24
Schleichjäger 34
Schleiereule 259
Schleim 53, 56
Schleudern 142
Schlüsselbein 284
Schmelzen 114, 116, 124
Schmelztemperatur 115, 116, 124
Schmetterlingsblütengewächse 173, 177
Schmuck 109
Schnabel 214, 252, 261
Schnee 342
Schneidezähne 224
Schnurrhaare 35
Scholle 235
Schritt 47
Schulgarten 200
Schulterblätter 284
Schultergürtel 284
Schuppen 230
Schutzbrille 19, 21
Schützenfisch 235
schwanger 374
Schwangerschaft 376
Schwanzfeder 253
Schwanzflosse 230
Schwanzlurch 238
schwarze Haut 359
Schwarzspecht 215
Schwimmblase 231, 233
Schwimmhäute 239

389

Schwungfeder 253
Seemeilen 279
Seepferdchen 233
Segelflieger 324
Segelflug 254
Segmente 53, 61
Sehnen 290
Seidelbast 197
Seitenlinienorgan 230
Seitenverkrümmung 289
sekundäre Geschlechts-
  organe 366, 368
Selbstbefriedigung 367,
  369
Senkfuß 287
Sichelbein 225
Sicherheit 276
Sicherheitseinrichtungen
  20
Sieben 133, 134, 146
Siedetemperatur 115,
  124
Silbermöwe 260
Singdrossel 197
Sinnesorgane 105
Sinneszelle 230
Skelett 41, 226, 230, 246,
  252, 259, 284, 296
Smog 332, 333
Sommersmog 333
Sonnenlicht 166
Soßen 131
Spallanzani, Lazzaro 226
Spaltöffnungen 162, 164,
  166
Specht 214, 215
Spechtschmiede 215
Spechtzunge 214
Sperber 257
Sperma 367
Spermien 367
Spiegel 222
Sporenbein 226
Sport 295
Sprinkleranlage 311
Sprossachse 162, 164,
  184
Sprossknollen 184
Spule 253
Stabmagnet
  – Magnetfeld 74, 76
  – Pole 68
Stallhaltung 44
Stängel 162
Stärke 158, 166, 167, 184
Staubbeutel 170
Staubblätter 170
Stechling 182
Stechadler 260

Steinkauz 259
Steinmarder 195
Steinsalz 137
Stempel 178
Stickstoff 326, 327
Stimmbruch 366
Stockwerke des Waldes
  207
Stoffe 104, 105, 107, 122,
  123, 126
Stoffeigenschaften 102,
  104, 122, 124
Stoffgemische 126, 128,
  129, 146
Stoffsteckbrief 122
Stoffumwandlung 307
Stoffwechsel 29, 151
Stratosphäre 339
Streckmuskel 291
Streifenfarn, Braunstieliger
  196
Stromkreis 121
Stromleiter 120, 124
Stromlinienform 230, 252
stromlinienförmig 230,
  252
Stützschwanz 214
Suchmaschine 82
Südpol 68ff
Sumpfschildkröte, Euro-
  päische 248
Surfen 83
Suspension 130

T

Tabellen 272, 275
Tachometer 273
Tagesmitteltemperatur 341
Taifun 355
Taiga 357
Talgdrüse 372
Tampon 371
Tastsinn 225
Taube 195
Taubnessel
  – Rote 172
  – Weiße 172, 196
Teclubrenner 22
Temperatur 110, 111, 124,
  340
Temperaturkurven 112
Temperatursinn 110, 111
Temperaturskala 110
Temperaturzonen 22
Thales 92
Themenheft 163
Thermometer 110, 111,
  124, 350

Tiefdruckgebiet 348
Tierschutzgesetz 16
Tierzelle 155
Tiger 37
Tochterknollen 184
Tochterpflanze 182
Tod 29, 151
Tornado 354
Trab 47
Training 293, 295
Traubenhyazinthe 211
Traubenzucker 166
Trennen 126, 128, 133
Triaszeit 250
Trittpflanze 193
Trizeps 290
Troia 85
Tropischer Regenwald 357
Troposphäre 338
Tubus 152
Tunkfeuerzeug 301
Turmfalke 194, 257

U

Überschwemmung 354
Uhu 259
Ultraschall 226
ungeschlechtliche Vermeh-
  rung 182
Unpaarhufer 47
Ur 42
Usambaraveilchen 183

V

Vakuole 154
Vampirfledermaus 227
Verbrennung 303, 306,
  307
Verdampfen 114, 115, 124
Verdauung
  – Pferd 46, 47
  – Rind 42, 43
Verformbarkeit 107, 108,
  109, 124
Verhütung 378
Versuchsprotokoll 15
Vögel 252–260
Vollblut 46

W

Wachstum 28, 150
Wachstumskurve 161
Waldeidechse 245
Waldkauz 258
Waldohreule 259
Walhai 235

Wanderfisch 236
Wanderratte 194
Wandhydranten 311
Warmblut 46
Wärme 301
Wärmekörperchen 110
Wärmeleitfähigkeit 117,
  124
Waschbär 195
Wäscheschleuder 142
Wasser 112, 114, 115, 118
Wasserdampf 114
Wasserleitung 164, 165
Wasserpest 183, 329
Wasserverdunstung 151,
  164, 166
Webcam 199, 257
wechselwarm 230, 241
Weg-Zeit-Diagramm 277,
  280
Wehen 376
Weichtier 56
Weidetier 42, 46
Weidewirtschaft 44
Weinbergschnecke 56, 57
Weizenkorn 159, 185
Westwindzone 348
Wetter 336–361
Wetterdaten 352
Wetterelemente 338
Wetterhütte 350
Wetterkarte 353
Wettervorhersage 353
Wiederkäuen 43
Wiesensalbei 181
Wiesenweihe 257
Wildeinkorn 186
Wildkaninchen 195
Wildkatze 37
Wildtier 26
Wind 348
Windbestäubung 179
Windfahne 350
Windgeschwindigkeit 277,
  350, 354
Windmesser 350
Windsichten 133
Windstärke 279
Winterregengebiet 357
Winterruhe 224
Winterschlaf 225, 227
Wintersmog 332
Winterstarre 57, 241, 245,
  246
Winterstürme 354
Wirbel 288
Wirbellose 50
Wirbelsäule 40, 284, 288,
  296

Wirbeltiere 50, 241, 245
Wolf 38, 39
Wolkenbildung 342
World Wide Web 82
Wortsuchspiel 54
Wurzel 162, 164, 166
Wurzelhaare 164
Wüste 357, 358

Z

Zähmung 37, 39
Zähne
– Hund 41
– Katze 34
– Pferd 47
– Rind 41
Zehengänger 40, 48
Zehenspitzengänger 42, 47, 48
Zeitmessung 272
Zeit-Weg-Diagramm 272, 277
Zellatmung 166
Zelle 152
– Mensch 155
– Pflanze 154
– Tier 155
Zellkern 154, 155
Zellmembran 154, 155
Zellorganellen 154
Zellplasma 154, 155
Zellwand 154
Zentrifugieren 145
Zimmerpflanzen 156, 157
Zitzen 36
Züchtung 37, 38, 39, 186
Zucker 119, 129, 187
Zuckerfabrik 187
Zuckerrohr 187
Zuckerrübe 187
Zünden 304
Zündgrenze 303
Zündtemperatur 303, 308
zweieiige Zwillinge 377
zweihäusige Pflanze 180
zweikeimblättrige Pflanze 159
Zweisatz 275
Zwerchfell 331
Zwergkaninchen 28–31
Zwerggrundel 235
Zwiebeln 182
Zwitter 56
Zwitterblüten 180

Bildnachweis

12.1 Mauritius (Canstock), Mittenwald – 12.2 Astrofoto, Sörth – 12.3 Okapia (Bertel Möller), Frankfurt – 12.4 Mauritius (Hänel), Mittenwald – 12.5 Stockfood Photo Stock Agency (Food Photography Eis), München – 12.6, 13.8 MEV, Augsburg – 13.9 Okapia (Adam Jones), Frankfurt – 13.10 Corel Corporation., Unterschleissheim – 13.11 Mauritius (age), Mittenwald – 13.12 Thomas Seilnacht, Mühlheim/Donau – 13.13 dpa, Frankfurt – 16.1,2 Ulrich Niehoff, Bienenbüttel – 16.4 Mauritius (Havel), Mittenwald – 16.5 Picture-Alliance (Okapia/Mirjam Wiede), Frankfurt – 17.1 Reinhard Peppmeier, Grevenbroich – 17.4 Conrad Electronic GmbH, Hirschau – 17.5 Euromex microscopes BV, Arnhem – 18.1 BASF AG, Ludwigshafen – 18.2 phywe ag, Göttingen – 19.1 Okapia (Klaus Rose), Frankfurt – 25.3 Corbis (Patrick Johns), Düsseldorf – 26.1 Reinhard-Tierfoto, Heiligkreuzsteinach – 26.2 Okapia (Manfred Uselmann), Frankfurt – 27.3 Reinhard-Tierfoto, Heiligkreuzsteinach – 27.4 FOCUS (S. Julienne, Cosmos), Hamburg – 27.5 Wildlife (R. Usher), Hamburg – 28.1 Angermayer (Hans Reinhard), Holzkirchen – 28.2 Reinhard-Tierfoto, Heiligkreuzsteinach – 28.3 Wolfgang Elias, Zierenberg – 28.4 Bruce Coleman Collection (Hans Reinhard), Cahlfont St Peter Bucks – 29.5 Wildlife (O. Diez), Hamburg – 29.6 Ulrich Niehoff, Bienenbüttel – 29.7 Cinetext, Frankfurt – 30.1 Wolfgang Elias, Zierenberg – 30.2 Juniors Bildarchiv (M. Wegler), Ruhpolding – 31.3 Ulrich Niehoff, Bienenbüttel – 32.1 Juniors Bildarchiv (M. Wegler), Ruhpolding – 32.2,3 Reinhard-Tierfoto, Heiligkreuzsteinach – 32.4 Ulrich Niehoff, Bienenbüttel – 33.1 Wischuf, Tilman, Brackenheim – 34.1, 35.5 IFA, Ottobrunn – 35.4A,B Okapia, Frankfurt – 36.1 Angermayer (Hans Reinhard), Holzkirchen – 36.2 Reinhard-Tierfoto (Hans Reinhard), Heiligkreuzsteinach – 37.1 Landesmedienzentrum Baden-Württemberg (Klaus Paysan), Stuttgart – 37.2 BPK (Margarete Büsing), Berlin – 37.3 Wischuf, Tilman, Brackenheim – 37.4 Angermayer (Günter Ziesler), Holzkirchen – 37.5 Reinhard-Tierfoto, Heiligkreuzsteinach – 37.6 Wischuf, Tilman, Brackenheim – 33.7 Okapia (Norbert Rosing), Frankfurt – 38.1 Wischuf, Tilman, Brackenheim – 39.1 Mauritius (Mitterer), Mittenwald – 39.2 Angermayer (Hans Reinhard), Holzkirchen – 39.3 Visum (Gebhard Krewitt), Hamburg – 39.4 Reinhard-Tierfoto, Heiligkreuzsteinach – 39.5 Action Press (Axel Kirchhof), Hamburg – 39.6 Wildlife (R. Nagel), Hamburg – 40.1 Visum (Kai Sawabe), Hamburg – 41.3 Wischuf, Tilman, Brackenheim – 42.1 Reinhard-Tierfoto (Hans Reinhard), Heiligkreuzsteinach – 42.2 Angermayer, Holzkirchen – 44.2,3 Silvestris, Dießen – 45.4 Okapia (Oswald Eckstein), Frankfurt – 45.5 Angermayer (Hans Reinhard), Holzkirchen – 45.6 Silvestris (Martin Wendler), Dießen – 45.7 Okapia, Frankfurt – 46.1 Helga Lade (Thalau), Frankfurt – 46.2 Silvestris (Sunset), Dießen – 46.3 Visum (Sven Döring), Hamburg – 47.7, 48.2, 49.1A,C,D,E Reinhard-Tierfoto, Heiligkreuzsteinach – 49.1F MEV, Augsburg – 50.1 Angermayer (Hans Pfletschinger), Holzkirchen – 50.2 Okapia, Frankfurt – 51.3 Naturfotografie Frank Hecker, Panten-Hammer – 53.1 Okapia, Frankfurt – 56.1 Greiner&Meyer (Greiner), Braunschweig – 56.2,3,6 Angermayer (Hans Pfletschinger), Holzkirchen – 56.4 Roland Herdtfelder, Reutlingen – 57.4 Mauritius (Arthur), Mittenwald – 58.1 Silvestris (Frank Hecker), Dießen – 58.2 Okapia (Manfred P. Kage), Frankfurt – 61.1, 57.2 Reinhard-Tierfoto, Heiligkreuzsteinach – 62.2 Sabine Jelinek, Gundelfingen – 62.3 Reinhard-Tierfoto, Heiligkreuzsteinach – 62.5 Dr. Bruno P. Kremer, Wachtberg – 63.1 Creativ Collection Verlag GmbH, Freiburg – 63.2,3 Okapia, Frankfurt – 63.5 Heinz Schrempp, Breisach – 63.6, 60.1 Okapia, Frankfurt – 65.3 Informationszentrum Weißblech e.V., Düsseldorf – 65.5 Transrapid GmbH & Co. KG, Berlin – 69.1 Dr. Klaus Hell, Essen – 69.6, 67.1 Heinz-Joachim Ciprina, Dortmund – 72 Wiking-Modellbau GmbH & Co. KG, Lüdenscheid – 78.4 Mauritius (Nakamura), Mittenwald – 81.2 Silva Sweden AB, Sollentuna – 81.3A-D Astrofoto (NASA), Sörth – 85.1 Corbis, Düsseldorf – 85.3 Das Fotoarchiv (Ernst Horwarth), Essen – 85.4 Prof. Dr. Nikolai Petersen, München – 85.5,6 Eberhard Karls Universität, Tübingen (Troja Projekt), Tübingen – 88.2 Corbis (Tom Ives), Düsseldorf – 88.3 FOCUS (Peter Menzel/menze), Hamburg – 89.4 Corbis (Roger Ressmeyer), Düsseldorf – 89.5 VW, Wolfsburg – 90 Ulrich Niehoff, Bienenbüttel – 92.1 Heinz-Joachim Ciprina, Dortmund – 92.1B Corbis (Bettmann), Düsseldorf – 92.2 FOCUS, Hamburg – 93.2 Mauritius (Cassio), Mittenwald – 93.3 Eltex-Elektrostatik-Gesellschaft mbH, Weil am Rhein – 93.4 Stockfood Photo Stock Agency (Vaillant J.C.), München – 95.3 Ute Schuhmacher, Stuttgart – 98.2 Corbis (Ray Bird-Frank La), Düsseldorf – 99.3 Getty Images PhotoDisc, München – 101.3 Harald Lange Naturbild, Bad Lausick – 103.1 Mauritius (Phototheque SDP), Mittenwald – 103.2 Stockfood Photo Stock Agency, München – 103.3 Thomas Seilnacht, Mühlheim/Donau – 104.1 MEV, Augsburg – 105.1,3 106.1 Mauritius, Mittenwald – 106.2 Corel Corporation., Unterschleissheim – 106.4 Okapia (D. Luria), Frankfurt – 107.1A-D 107.2 Mauritius, Mittenwald – 107.3 Corel Corporation, Unterschleissheim – 107.4 Das Fotoarchiv (Fred Ward), Essen – 107.5 Ulrike Medenbach, Witten – 114.1 MEV, Augsburg – 114.2 MEV, Augsburg – 114.3 Helga Lade (Fischer), Frankfurt – 114.4 Getty Images PhotoDisc, München – 114.8 Corel Corporation, Unterschleissheim – 117.1 Getty Images (FoodPix), München – 118.1 Mauritius (Pigneter), Mittenwald – 118.2-7 Thomas Seilnacht (Seilnacht), Mühlheim/Donau – 119.3 Rolf Strecker, Ludwigsburg – 125.1 Corel Corporation., Unterschleissheim – 125.3 Mauritius (A. Mayer), Mittenwald – 125.5 MEV, Augsburg – 126.1 Mauritius (U. Kerth), Mittenwald – 126.2 IFA (Garet), Düsseldorf – 126.3 Mauritius (T. Müller), Mittenwald – 127.4 Stockfood Photo Stock Agency, München – 127.5 Creativ Collection Verlag GmbH, Freiburg – 127.6 Getty Images PhotoDisc, München – 129.1 Zuckerfabrik Digital, Stuttgart – 129 3,6 Rolf Strecker, Ludwigsburg – 129.4 Mauritius (Pöhlmann), Mittenwald – 130.1 Thomas Seilnacht, Mühlheim/Donau – 130.4A-C Stockfood Photo Stock Agency, München – 132.1 Getty Images Stone (Andy Sackes), München – 132.2 Corbis (Vince Streano), Düsseldorf – 132.3 Rolf Strecker, Ludwigsburg – 133.2 Bilderberg (Klaus-D. Francke), Hamburg – 133.3 Okapia (Hans Reinhard), Frankfurt – 135.1 Corbis (Hulton-Deutsch Collection), Düsseldorf – 136.1 Okapia (Hans Reinhard), Frankfurt – 136.3 AEG, Nürnberg – 138.2 Stadtarchiv Schwäbisch Hall, Schwäbisch Hall – 138.3 ullstein bild, Berlin – 138.4 Das Fotoarchiv (Henning Christoph), Essen – 140.3 Okapia (Jeff Foott), Frankfurt – 141.4 Manfred P. Kage/Christina Kage, Lauterstein – 142.1 Stockfood Photo Stock Agency, München – 142.2 Mauritius (Rathmann), Mittenwald – 142.3 Creativ Collection Verlag GmbH, Freiburg – 142.4 Okapia (R. Förster), Frankfurt – 145.2 Creativ Collection Verlag GmbH, Freiburg – 145.3 Carl-Jürgen Bautsch, Hamburg – 145.6 Mauritius (Rosenfeld), Mittenwald – 146.1 Thomas Seilnacht (Seilnacht), Mühlheim/Donau – 147.1,2 Mauritius, Mittenwald – 147.3A Okapia (G. Büttner), Frankfurt – 147.3B Thomas Seilnacht (Seilnacht), Mühlheim/Donau – 147.4 ullstein bild (Caro/Bastian), Berlin – 147.5 MEV, Augsburg – 147.6 Mauritius (A. Bartel), Mittenwald – 147.7 Okapia (Hans Reinhard), Frankfurt – 148.1 Thomas Wildemann, Bad Herrenalb – 148.2,3, 149.4,5 Okapia, Frankfurt – 149.6,7 Stockfood Photo Stock Agency, München – 149.8 Wischuf, Tilman, Brackenheim – 150.2A,B Gert Haala, Wesel – 150.3 Okapia (Cyril Ruoso), Frankfurt – 150.4 Silvestris (Siegfried Kerscher), Dießen – 151.6 Wischuf, Tilman, Brackenheim – 152.1 Manfred P. Kage/Christina Kage, Lauterstein – 152.3A Okapia (Jeffrey Telner), Frankfurt – 152.3B FOCUS (eye of science), Hamburg – 154.2 Klett-Archiv (Aribert Jung), Stuttgart – 155.3 Manfred P. Kage/Christina Kage, Lauterstein – 155.4, 152.1 Okapia, Frankfurt – 156.2 Klett-Archiv (Kooiman), Stuttgart – 157.4,5 Reinhard-Tierfoto, Heiligkreuzsteinach – 158.1 Okapia (Hans Reinhard), Frankfurt – 158.2, 159.3 Silvestris, Dießen – 162.2 Wischuf, Tilman, Brackenheim – 163.2 Okapia (Martin Wendler), Frankfurt – 163.3 Naturfotografie Frank Hecker (Frieder Sauer), Panten-Hammer – 163.4 Okapia (Muriel Nicolotti), Frankfurt – 165.3 Okapia (Karl Gottfried Vock), Frankfurt – 168.1 AKG, Berlin – 168.2 MEV, Augsburg – 169.1 Corbis (Hulton-Deutsch Collection), Düsseldorf – 169.2 Helga Lade (E. Morell), Frankfurt – 169.3 Okapia (Vock), Frankfurt – 169.4,5 Mauritius, Mittenwald – 169.6 Prof. Dr. Wilhelm Barthlott, Bonn – 170.1 Silvestris (Harald Lange), Dießen – 171.2 Okapia (Ernst Schacke), Frankfurt – 171.3 Silvestris, Dießen – 171.4 Greiner&Meyer (Meyer), Braunschweig – 172.1-3 Tilman Wischuf, Brackenheim – 172.4 Prof. Dr. Horst Müller, Dortmund – 173.1 Walter Haas, Stuttgart – 173.2 Tilman Wischuf, Brackenheim – 173.3,4 Okapia, Frankfurt – 176.1 MEV, Augsburg – 176.2,3, 173.4 Tilman Wischuf, Brackenheim – 177.5 Reinhard-Tierfoto, Heiligkreuzsteinach – 177.6 Wischuf, Tilman, Brackenheim – **178.1** Nature + Science, Vaduz – **178.2, 179.3** Silvestris, Dießen – **179.4** Reinhard-Tierfoto, Heiligkreuzsteinach – **179.7,8** Okapia, Frankfurt – **180.1** Wischuf, Tilman, Brackenheim – **180.2** Reinhard-Tierfoto, Heiligkreuzsteinach – **181.1** Okapia (M.&I. Morcombe), Frankfurt – **181.2** Silvestris (Wothe), Dießen – **181.3** Werner Zepf, Bregenz – **181.4** Dr. Eckart Pott, Stuttgart – **181.5,6, 182.1** Wischuf, Tilman, Brackenheim – **182.2** Silvestris (Daniel Bühler), Dießen – **182.3** Tilman Wischuf, Brackenheim – **182.4** Silvestris (Simon Rausch), Dießen – **182.5** Okapia (Richard Shiell), Frankfurt – **183.1,2** Reinhard-Tierfoto, Heiligkreuzsteinach – **183.3** Okapia (W. Wisniewski), Frankfurt – **184.1A, 184.1, 185.1** Wischuf, Tilman, Brackenheim – **184.1B, 185.2,3** Okapia, Frankfurt – **186.1-4** Reinhard-Tierfoto, Heiligkreuzsteinach – **186.5** Greiner&Meyer (Meyer), Braunschweig – **187.1** AKG, Berlin – **187.4** Okapia, Frankfurt – **188.4** MEV, Augsburg – **189.1** Okapia, Frankfurt – **190.1** Mauritius (Enzinger), Mittenwald – **191.2,3** Reinhard-Tierfoto, Heiligkreuzsteinach – **191.4** Greiner&Meyer (Meyer), Braunschweig – **192.1** Manfred Pforr, Langenpreising – **193.1** Tilman Wischuf, Brackenheim – **193.2,3** Silvestris, Dießen – **194.1** Reinhard-Tierfoto, Heiligkreuzsteinach – **194.2** Okapia (R. Müller-Rees), Frankfurt – **194.3** Reinhard-Tierfoto, Heiligkreuzsteinach – **194.4** ARDEA London Limited (John Daniels), London – **194.5,6** Okapia, Frankfurt – **13.7** Bruce Coleman Collection (Hans Reinhard), Cahlfont St Peter Bucks – **195.8** Okapia (Stefan Meyers), Frankfurt – **195.9** Reinhard-Tierfoto, Heiligkreuzsteinach – **195.10,11** Okapia, Frankfurt – **195.12, 14.1** Reinhard-Tierfoto, Heiligkreuzsteinach – **196.2** Okapia (Norbert Fischer), Frankfurt – **197.1** Angermayer, Holzkirchen – **197.B1,3-4, 197.2** Reinhard-Tierfoto, Heiligkreuzsteinach – **197.B4A, 197.B2** Okapia (Hans Reinhard), Frankfurt – **197.B1A** Okapia (Josef Ege), Frankfurt – **198.1** Dr. Helmut Schmalfuss, Stuttgart – **198.2** Silvestris (R. Wilmshurst), Dießen – **198.3,4, 17.1** Okapia, Frankfurt – **199.2** Getty Images (Neil McIntyre), München – **199.4** Okapia (Hans Dieter Brandl), Frankfurt – **200.1** Silvestris (Brockhaus), Dießen – **200.2,3** Okapia, Frankfurt – **201.1** Angermayer (Hans Pfletschinger), Holzkirchen – **201.2-4** Silvestris, Dießen – **202.2** Reinhard-Tierfoto, Heiligkreuzsteinach – **202.3** Angermayer (Hans Pfletschinger), Holzkirchen – **202.4** Silvestris (Jürgen Lindenburger), Dießen – **202.5** Tilman Wischuf, Brackenheim – **202.6** Manfred Pforr, Langenpreising – **202.7-9** Reinhard-Tierfoto, Heiligkreuzsteinach – **204.1** Ulrich Niehoff, Bienenbüttel – **204.3** Action Press (Guido Ohlenbostel), Hamburg – **204.3** Mauritius (O'Brien), Mittenwald – **204.4** Stihl Andreas AG & Co. KG, Waiblingen – **204.5** Angermayer (Hans Pfletschinger), Holzkirchen – **205.6** Okapia, Frankfurt – **205.7,8** Tilman Wischuf, Brackenheim – **206.1,2** Ulrich Niehoff, Bienenbüttel – **206.3** Staatliches Forstamt (Jutta Wagner), Schleiden – **208.2** MEV, Augsburg – **208.3** Okapia (Hans Reinhard), Frankfurt – **209.1** Silvestris (Norbert Schwirtz), Dießen – **209.2, 210.2** Okapia, Frankfurt – **210.1** Tilman Wischuf, Brackenheim – **210.3** Prof. Dr. Horst Müller, Dortmund – **211.1** Okapia (Claudia Schäfer), Frankfurt – **211.2-4** Silvestris, Dießen – **211.6** Reinhard-Tierfoto, Heiligkreuzsteinach – **211.7** Greiner&Meyer (Greiner), Braunschweig – **212.1** Helga Lade (Lange), Frankfurt – **212.2** Juniors Bildarchiv (M. Danegger), Ruhpolding – **212.3** Okapia (Günther Bachmeier), Frankfurt – **212.4** Reinhard-Tierfoto, Heiligkreuzsteinach – **212.5** Helga Lade, Frankfurt – **212.6** S. Meyers – **213.2** Reinhard-Tierfoto, Heiligkreuzsteinach – **213.4,5** Okapia, Frankfurt – **213.6** Angermayer, Holzkirchen – **214.1** Reinhard-Tierfoto, Heiligkreuzsteinach – **215.4** Manfred Danegger, Owingen – **215.5A** Okapia (E. Pott), Frankfurt – **215.5,6** Reinhard-Tierfoto, Heiligkreuzsteinach – **217.1** Silvestris (Josef Zachl), Dießen – **217.2** Corbis (Duomo), Düsseldorf – **217.3** MEV, Augsburg – **217.4** Prof. Dr. Horst Müller, Dortmund – **218** MEV, Augsburg – **219.2** Corbis (Will & Deni McIntyre), Freiburg – **219.6** Creativ Collection Verlag GmbH, Freiburg – **220.1** Tilman Wischuf, Brackenheim – **221.2** Okapia (Ingo Arndt), Frankfurt – **221.3** Silvestris (Dietmar Nill), Dießen – **221.4** Okapia (Robert Maier), Frankfurt – **221.5** Silvestris (Wolfgang Willner), Dießen – **221.6, 40.1** Reinhard-Tierfoto, Heiligkreuzsteinach – **222.2** Okapia (Klein&Hubert), Frankfurt – **222.3** Silvestris (Stefan Meyers), Dießen – **223.5** Okapia (L. Martinez), Frankfurt – **224** Reinhard-Tierfoto, Heiligkreuzsteinach – **226.2, 227.5** Okapia, Frankfurt – **227.6** Angermayer (Hans Pfletschinger), Holzkirchen – **228.1** Okapia (NAS J.L. LEPORE), Frankfurt – **229.3** Marion Barmeier, Essen – **229.2A-C** Okapia, Frankfurt – **230.1, 234.2,3** Reinhard-Tierfoto, Heiligkreuzsteinach – **234.4,5** Okapia, Frankfurt – **234.6** Silvestris (Heppner), Dießen – **235.2,3** Okapia, Frankfurt – **235.4** Mauritius (Frei), Mittenwald – **237** Okapia, Frankfurt – **238.2** AKG, Berlin – **238.3** Getty Images Stone (Frans Lanting), München – **239.2** SAVE-Bild (F. Rauschenbach), München – **239.3,5** Angermayer (Hans Pfletschinger), Holzkirchen – **240.1,2** Tilman Wischuf, Brackenheim – **240.7,8, 241.3** Angermayer (Hans Pfletschinger), Holzkirchen – **241.4** SAVE-Bild (M. Ochse), München – **241.5,6** Angermayer (Hans Pfletschinger), Holzkirchen – **242.1** Silvestris (Martin Wendler), Dießen – **242.2,3** Tilman Wischuf, Brackenheim – **243.4** Okapia (Herbert Schwind), Frankfurt – **244.1,2** Tilman Wischuf, Brackenheim – **244.3** Okapia (Michel Gunther), Frankfurt – **245.2** Tilman Wischuf, Brackenheim – **245.3, 246.1** Angermayer (Hans Pfletschinger), Holzkirchen – **247.1** Tilman Wischuf, Brackenheim – **247.2** Staatliches Museum für Naturkunde (Dr. Axel Kwet), Stuttgart – **248.1** Tilman Wischuf, Brackenheim – **248.3** Natural History Phot. Agency (Anthony Bannister), Ardingly Sussex – **248.4** Silvestris, Dießen – **248.5** Wildlife (B. Stein), Hamburg – **248.6** Okapia (Werner Layer), Frankfurt – **249.2** Manfred Bergau (Autor), Bohmte – **250.3** Staatliches Museum für Naturkunde (Rotraud Harling), Stuttgart – **251.1** Mauritius (Phototeque SDP), Mittenwald – **254.1** Okapia (Stefan Meyers), Frankfurt – **254.2** Wildlife (Delpho), Hamburg – **256.1** Silvestris (F. Pölking), Dießen – **256.2** Wildlife (H. Thoms), Hamburg – **256.3** Silvestris (Raimund Cramm), Dießen – **256.4** Okapia (Manfred Danegger), Frankfurt – **257.1** Silvestris (Frank Hecker), Dießen – **257.2** Okapia (BIOS/F. Cahez), Frankfurt – **257.3** IFA (R. Maier), Ottobrunn – **257.4-6** Okapia, Frankfurt – **258.3** Silvestris (Erich Kuch), Dießen – **259.1,2** Okapia, Frankfurt – **259.3** Tilman Wischuf, Brackenheim – **259.4** Okapia (Manfred Danegger), Frankfurt – **260** Tilman Wischuf, Brackenheim – **261.5** Silvestris (Fischer), Dießen – **261.6** IFA (Schösser), Ottobrunn – **261.7, 263.6A-D** Okapia, Frankfurt – **264.1** Reinhard-Tierfoto, Heiligkreuzsteinach – **264.4** Silvestris (Aitken Kelvin), Dießen – **265.1** Angermayer (Pfletschinger), Holzkirchen – **268.1** Das Fotoarchiv (Jerry Irwin), Essen – **268.2** Bongarts (Kienzler), Hamburg – **269.1** Helga Lade, Frankfurt – **269.3** IFA (LDW), Ottobrunn – **269.5** Corbis (Mark Jenkinson), Düsseldorf – **269.6** Mauritius (Nill), Mittenwald – **271.1** Sporting Pictures, London – **271.2-4, 91.2** Sportpressephoto Bongarts, Hamburg – **274.1** Getty Images (Taxi / Denis Boissav), München – **275.1** Marion Barmeier, Essen – **276.2A** IVB-Report (IVB-Report), Kappelrodeck – **276.2B, 280.2A** Sportpressephoto Bongarts, Hamburg – **280.2B** Corbis (2001), Düsseldorf – **281.1** Helga Lade (KaKi), Frankfurt – **281.4-6** Europa-Park, Rust – **282.1** Action Press, Hamburg – **282.2** Corbis (Mark A. Johnson), Düsseldorf – **283.3** Mauritius, Mittenwald – **283.4** Action Press, Hamburg – **283.5** Mauritius (Pöhlmann), Mittenwald – **285.1** Reinhard-Tierfoto, Heiligkreuzsteinach – **285.3,4** Dr. Bernd Thomas, Bergatreute – **287.3** JMS-Edition, Gandria – **291.3** Corbis (Steve Prezant), Düsseldorf – **293.1** Ulrich Niehoff, Bienenbüttel – **295.1** Das Fotoarchiv (Rupert Oberhäuser), Essen – **295.2** Gert Haala, Wesel – **295.3** Getty Images, München (allsport photographic plc) – **298.1** FIRE Foto - Thomas Gaulke (Thomas Gaulke), München – **298.2** Superbild, Unterhaching / München – **299.3,4, 300.1** Mauritius, Mittenwald – **301.1** aus O. Krätz Faszination Chemie, Callwey Verlag, München – **301.1A** Aventinum Publishing House, Praha – **301.3** Deutsches Museum, München – **302.1** Mauritius (Gatzen), Mittenwald – **304.5** Okapia (Wolfgang Weinhäupl), Frankfurt – **305.1** Mauritius (Eye-Press), Mittenwald – **305.2** Helga Lade, Frankfurt – **307.1** Mauritius (erich), Mittenwald – **307.2** IMAGINE, Hamburg – **307.4** Bongarts, Hamburg – **307.3B** Thomas Seilnacht, Mühlheim/Donau – **308.2** FIRE Foto - Thomas Gaulke (Thomas Gaulke), München – **309.5** IMAGO (Peter Widmann), Berlin – **310** FIRE Foto - Thomas Gaulke, München – **311.2** Anne Schlumbom, Köln – **312.2** Mauritius (Hubatka), Mittenwald – **313.1,3** MEV, Augsburg – **313.6** IMAGO (Sämmer), Berlin – **314.2** Corbis (Joseph Sohm, ChromoSohm Inc.), Düsseldorf – **315.3** Mauritius, Mittenwald – **315.4** Helga Lade (BAV), Frankfurt – **316.1** Picture-Alliance (dpa-Fotoreport/Rainer Jensen), Frankfurt – **316.2** DaimlerChrysler, Stuttgart – **318.1** MEV, Augsburg – **318.2** Helga Lade, Frank-

Bildnachweis

furt – **318.**3 Stockbyte, Tralee, County Kerry – **319.**3 Deutsches Museum, München – **320.**2 Okapia (Emu), Frankfurt – **321.**1 Picture-Alliance (dpa-Fotoreport), Frankfurt – **324.**1 Mauritius (Kalt), Mittenwald – **324.**2 MEV, Augsburg – **324.**3 Mauritius (Speedy), Mittenwald – **324.**4, **325.**1 Ute Schuhmacher, Stuttgart – **326.**1 Helga Lade (Stock Photo), Frankfurt – **327.**5 Mauritius (Weinhäupl), Mittenwald – **328.**1 Helga Lade, Frankfurt – **330.**2,3 Okapia (Manfred Kage), Frankfurt – **332.**1,2 Mauritius, Mittenwald – **334.**1 Harald Lange Naturbild, Bad Lausick – **334.**5 Helga Lade (Josef Ege), Frankfurt – **334.**2A,B Stephan, Frithjof, Stuttgart – **335.**2 Okapia (Alwin Fingerling), Frankfurt – **336.**1 Corbis, Düsseldorf – **336.**2 Deutscher Wetterdienst/ Flugwetter, Dresden – **336.**3 Visum (Gebhard Krewitt), Hamburg – **336.**4 MEV, Augsburg – **336.**5 Corbis (Martin B. Withers,Frank Lane Picture), Düsseldorf – **337.**6 Ulrich Bungarz, Köln – **337.**9,10 Mauritius, Mittenwald – **337.**11 Ulrich Bungarz, Köln – **338.**1A-C Mauritius, Mittenwald – **338.**3A,B Klaus Hell, Essen – **342.**1 dpa (Carsten Rehder), Frankfurt – **347.**3, **348.**3 Klaus Hell, Essen – **350.**1,2 Wilh. Lambrecht GmgH, Göttingen – **350.**3,4 Klaus Hell, Essen – **350.**5 dpa (Stefan Sauer), Frankfurt – **352.**2 Deutscher Wetterdienst, Offenbach – **354.**1A dpa (Matthias Hiekel), Frankfurt – **354.**1B Picture-Alliance (dpa-Fotoreport), Frankfurt – **354.**4 Corbis (Wichita Eagle Beacon/Corbis Sygma), Düsseldorf – **355.**5 Astrofoto, Sörth – **355.**6 dpa (Dennis Sabangan), Frankfurt – **356.**1,2 Corbis, Düsseldorf – **356.**3 Silvestris, Dießen – **356.**4 Okapia (Manfred Danegger), Frankfurt – **357.**1 Corel Corporation, Unterschleissheim – **357.**2 Getty Images, München – **357.**3 Creativ Collection Verlag GmbH, Freiburg – **357.**4 Corel Corporation, Ottawa, Ontario – **357.**6 Corbis (Danny Lehmann), Düsseldorf – **358.**1,2 Reinhard-Tierfoto, Heiligkreuzsteinach – **358.**3 Okapia (NAS/T. McHugh), Frankfurt – **359.**2 Reinhard-Tierfoto, Heiligkreuzsteinach – **359.**3 Wildlife (D. J. Cox), Hamburg – **359.**4 Angermayer (Fritz Pölking), Holzkirchen – **361.**4 Realfoto Altemüller, Simmozheim – **361.**5 Klaus Hell, Essen – **362.**1 Ulrike Fehrmann – **362.**2 Mauritius, Mittenwald – **363.**4,5 Action Press, Hamburg – **363.**6 Bilderberg (Wolfgang Kunz), Hamburg – **363.**7 ZEFA (S. Oskar), Düsseldorf – **364.**3 Bilderberg (Nomi Baumgartl), Hamburg – **365.**6 Ulrich Niehoff, Bienenbüttel – **365.**7 Mauritius (SST), Mittenwald – **366.**1 Peter Widmann, Tutzing – **367.**4 Mosaik Verlag (Lennart Nilsson), München – **368.**1 Helga Lade (BAV), Frankfurt – **369.**4 Mosaik Verlag (Lennart Nilsson), München – **372.**2 DPA, Hamburg – **372.**3 Mauritius (age), Mittenwald – **373.**1 AKG, Berlin – **373.**5 Ulrich Niehoff, Bienenbüttel – **374.**1 Mosaik Verlag (L. Nilsson), München – **375.**3 Okapia (A. Jorgensen /Petit), Frankfurt – **375.**4 Mosaik Verlag (Lennart Nilsson), München – **376.**2 Picture Press (Raith), München – **376.**3 Bilderberg (Wolfgang Kunz), Hamburg – **377.**2 Mauritius (age fotostock), Mittenwald – **378.**1 Zartbitter e.V., Köln – **378.**L1-3 Mauritius, Mittenwald – **379.**3 IFA, Ottobrunn – **379.**2A Getty Images (stone/Chris Windsor), München – **379.**2B Picture Press (Frank P. Wartenberg), Hamburg – **380.**1,3 Mauritius, Mittenwald – **381.**4A,B Matthias Müller, Böbingen an der Rems – **381.**4C,D Ulrich Niehoff, Bienenbüttel

Alle weiteren Fotos stammen von Werkstattfotografie Neumann und Zörlein, Stuttgart oder aus dem Archiv des Ernst Klett Verlags.

Grafiken
Christiane von Solodkoff, Neckargemünd
S. 262, Abb. 3 – **S. 262**, Abb. 4 – **S. 263**, Abb. 5

Prof. Jürgen Wirth, Fachhochschule Darmstadt (Fachbereich Gestaltung)
S. 210, Wurzelknolle – **S. 254**, Aufbau Versuch 2 – **S. 374**, Gebärmutter